主要产品：磁选机/除铁器/起重电磁铁/永磁滚筒/永磁起重器/超导高梯度磁分离机

- 拥有40项国家专利
- 国家高新技术企业
- 中科院技术合作企业
- 辽宁省工程技术研究中心

隆基品牌产品应用

HMDS煤用磁选机

吸钢板用群组起重电磁铁

LMW1系列废钢起重电磁铁

上吸式废钢及冶金渣磁选机

高梯度磁过滤器

立式强磁选机

钢渣专用带磁机

湿式精选机

LJK磁性物料除铁器

粉矿磁选机

地址：辽宁省抚顺经济开发区顺发路82号
传真：0413-6605768　　邮编：113122
电话：0413-6605765 6605766
E-mail:longi@ljmagnet.com

广州港集团45t/43m RMG

重庆国际集装箱有限公司50t/60m RMG

法国阿科玛集团45t/17.4m RMG

武汉新港52t/26m STS

四川泸州港45t/17m STS

广西贵港港45t/18m STS

“杰马”品牌起重装备是由南通润邦重机有限公司倾力打造的，致力于自主研发、设计、制造的高品质专业起重装备品牌。自成立之初，润邦重机就高度重视技术创新，努力打造高水平的研发平台。公司组建的润邦重机技术中心于2009年被认定为“江苏省特种起重装备工程技术研究中心”。

润邦重机技术中心目前拥有研发、设计、电气、焊接、机械等各类技术人员近100人，形成了具有中高级职称以及各类专业人才的多结构、多层次人才梯队。研究范围覆盖海洋风电工程起重机、特种船舶起重机、工矿类起重机以及港口起重机械等多个产品系列。公司在产品开发设计方面申请了多项专利，其中，通过自主研发的方式获得了10项国家实用新型专利。350t海上风电工程起重机是国内起升高度领先的海上工程起重机，在起重量、起升高度、作业难度和性能控制等方面与国际同步。海洋工程水下独立管桩导向架则集成了高精度的变频电控系统和高要求的结构制造工艺，在产品可靠性、稳定性以及定位精度上，达到国际先进水平。

公司始终将产品质量放在第一位，力求为客户提供高品质的产品。公司全面导入ISO9000质量体系认证工作，通过了DNV ISO9000质量体系,SLV焊接工艺以及GL、LR、DNV、KR、ABS、NK、BV、CCS等船级社的审核认证；焊接与制造符合ISO3834-2、DIN18800-7标准，从事特种设备制造、安装的人员全部持证上岗。

凭借与世界知名企业的长期合作，润邦重机掌握着丰富的大型结构业务及先进的机加工经验。在吸取先进起重装备制造技术的基础上，公司积极创新，确保了“杰马”品牌具备专业、先进的产品制造能力。

“杰马”品牌始终坚持为客户创造更多价值，以“追求客户满意、超越客户期望”为宗旨，将汽车“4S服务理念”（专业、标准、快捷、满意）成功应用到起重装备的服务中，以“杰马”红色服务快车为载体，竭诚为客户提供“4S”流动星级服务。

致力于为市场提供：

海洋风电工程起重机类

专业应用于海上风力发电设备转运、安装、调试的起重机；解决风电设备塔筒、轮毂、机舱、叶片的吊运和安装；是一种新型的海洋风电工程安装起重机和打桩起重装备。

特种船舶起重机类

根据客户以及水上作业环境的需要进行设计和制作的起重装备，适用于海上起重作业的工程船舶以及工程平台。产品设计先进、科技含量高，能自如应付各种恶劣环境。

衡阳运输机械有限公司

Hengyang Conveying Machinery Co., Ltd.

为神华天津港煤炭码头项目装卸系统设计制造的带式输送机项目

3 600m^{2}的技术研发中心

厂区大门

笃守诚信　创造卓越

衡阳运输机械有限公司是一家具有50余年历史的带式输送机生产企业，是国家高新技术企业，国内专业制造带式输送机的龙头骨干企业。公司拥有1家“省级企业技术中心”和1家“市级企业技术中心”，具有国内先进的带式输送机研发核心能力，专注于长距离、大带宽、大运量带式输送机，以及圆管式、移置式等特种智能化带式输送机的研发，现已拥有47项相关技术的国家发明专利。公司拥有完整的带式输送机生产工艺系统，具有独立面向市场的设计、生产、销售系统。公司的主要产品有六大类近300种，主导产品有：DT系列带式输送机，深槽、平面转弯、波状挡边、线摩擦等各种带式输送机及其他非标设备等。产品成功服务于三峡水电站、葛洲坝水电站、山西大同煤矿、神华集团、宝钢、首钢、华润水泥、海螺水泥、曹妃甸、日照港、黄骅港等国内重大工程。产品还覆盖印度、印度尼西亚、尼日利亚、马来西亚、巴西、伊朗、苏丹等10多个国家和地区。

地址：湖南省衡阳市珠晖区狮山路1号
电话：0734–3172111
传真：0734–3172111

津一航曹妃甸5 000万t煤码头输送系统
的带式输送机

为国家重点工程——黄骅港提供的整套输煤系统带式输送机

为陕西冀东海德堡（泾阳）水泥设计制造的单机长达9.343km的带式输送机

中国华电工程（集团）有限公司
CHINA HUADIAN ENGINEERING CO.,LTD.
华电重工装备有限公司

白音华圆形煤场双刮板堆取料机

峨圣水泥下运势能发电胶带机

神华天津煤码头斗轮机

常熟电厂管状带式输送机

华电重工装备有限公司是中国华电工程（集团）有限公司的全资子公司，主要从事散装物料输送系统、发电厂空冷岛、高温高压管道、大型钢结构的技术开发、系统承包、设备制造等业务。公司现有员工1 200多人，其中专业技术人员200多人。在曹妃甸、天津、武汉、郑州、蓬莱等五地设有制造基地。其散装物料输送业务遍及电厂、港口、矿山、钢铁、化工等行业，主要技术处于国际一流水平，已经成为中国散装物料领域的重要力量。

工程系统设计和大型设备设计。主要设计人员均为国内一流的设计专家，有多年与国内外著名公司的合作经验，可承担各行业散装物料的装卸、堆储、制备、输送工艺系统及辅助系统的工程设计和主要设备的开发设计。

系统工程总承包及大型设备供货。具有优秀的工程管理团队，先后完成了煤炭、港口、冶金、矿山、化工、电力等行业50多个项目，总承包项目包括各辅助系统的设计、供货、施工、安装、调试和培训。

长距离曲线胶带机。带宽从1 200mm到1 800mm，出力从1 800t/h到6 000t/h，最大单机长度约9km。

管状带式胶带机。管径从250mm到600mm，出力从200t/h到4 500t/h，最大单机长度约4.5km。

大型装卸船设备。装船机出力6 000t/h，卸船机出力从800t/h到2 100t/h。

斗轮堆取料机。出力从600t/h到6 600t/h，臂长从25m到55m。

圆形料场。直径从60m到120m，容量从60 000m^3到230 000m^3，最大单体储量400 000t。

翻车机。单车、双车回转式翻车机系统。

装车楼。最大装车能力5 000t/h，单线、双线装车楼。

地址：北京市海淀区西三环北路91号南门　　邮编：100048
电话：0086-10-6227 9999　　传真：0086-10-6871 0553
http: //www.chec.com.cn　　E-mail：chec@chec.com.cn

神华天津煤炭码头装卸运输系统

中国机械工业年鉴系列

中国重型机械工业年鉴

2010

中国机械工业年鉴编辑委员会
中国重型机械工业协会
编

机械工业出版社
China Machine Press

《中国重型机械工业年鉴》2010年刊设置综述、行业篇、市场篇、企业篇、统计资料、标准与质量、政策法规、大事记和附录等栏目，集中反映2009年重型机械行业的发展情况，详细记录了18个分行业的生产发展、产品产量、市场销售、科技成果及新产品、标准与质量、基本建设及技术改造等情况，公布重型机械行业权威统计数据。另外，本年鉴新增的“人物访谈”专栏客观、真实地记录了重型机械行业优秀企业家的创新经营理念、调整结构的成功经验，为更多行业企业提供借鉴。

《中国重型机械工业年鉴》主要发行对象为政府决策机构、机械工业相关企业决策者，从事市场分析、企业规划的中高层管理人员以及国内外投资机构、贸易公司、银行、证券、咨询服务部门和科研单位的机电项目管理人员等。

图书在版编目(CIP)数据

中国重型机械工业年鉴.2010/中国机械工业年鉴编辑委员会，中国重型机械工业协会编.—北京：机械工业出版社，2011.3
(中国机械工业年鉴系列)
ISBN 978-7-111-33713-3

Ⅰ.①中… Ⅱ.①中… ②中… Ⅲ.①重工业：机械工业—中国—2010—年鉴 Ⅳ.①F426.42-54
中国版本图书馆CIP数据核字(2011)第037518号

机械工业出版社(北京市百万庄大街22号 邮政编码100037)
责任编辑：袁士华
北京正合鼎业印刷技术有限公司印制
2011年3月第1版第1次印刷
210mm×285mm·19.5印张·53插页·780千字
定价：300.00元

凡购买此书，如有缺页、倒页、脱页，由本社发行部调换
购书热线电话(010)88379821、88379830
封面无机械工业出版社专用防伪标均为盗版

中国机械工业年鉴系列

作为『工业发展报告』

记录企业成长的每一阶段

中国机械工业年鉴

编辑委员会

中国重型机械工业年鉴

鉴证行业发展足迹
振兴重型装备工业

中国重型机械工业年鉴
执行编辑委员会

主　　任	吴生富	中国重型机械工业协会理事长
常务主任	徐善继	中国重型机械工业协会常务副理事长
副 主 任	肖立群	中国重型机械工业协会秘书长
	王建国	中国重型机械研究院副院长
	张喜军	北京起重运输机械设计研究院总工程师
	邹声勇	洛阳矿山机械工程设计研究院常务副院长
	王光儒	中国第一重型机械集团公司设计院院长
	蒋新亮	中国第二重型机械集团公司副总工程师

委　　员（按姓氏笔画排列）

丁光正	中国重型机械工业协会油膜轴承分会秘书长
王　清	中国重型机械工业协会润滑液压设备分会秘书长
王顺亭	国家起重运输机械质量监督检测中心常务副主任
王祥元	中国重型机械工业协会千斤顶分会秘书长
冯朝阳	中国重型机械工业协会洗选设备专业委员会秘书长
刘　文	中国重型机械工业协会大型铸锻件分会常务副秘书长
祁庆民	中国重型机械工业协会物流与仓储机械分会秘书长
李　群	中国重型机械工业协会带式输送机分会秘书长
张升奇	中国重型机械工业协会矿山机械分会秘书长
张艳君	中国重型机械工业协会副秘书长
张继勇	中国重型机械工业协会传动部件专业委员会秘书长
张维新	中国重型机械工业协会副秘书长
邵龙成	中国重型机械工业协会散料装卸机械与搬运车辆分会秘书长
杨发孝	中国重型机械工业协会破碎粉磨设备专业委员会秘书长
尚　洪	国家质量监督检验检疫总局特种设备局调研员
赵玉良	中国重型机械工业协会重型基础件分会秘书长
郭希文	中国重型机械工业协会传动部件专业委员会副秘书长
陶庆华	中国重型机械工业协会桥式起重机专业委员会秘书长
龚建平	中国重型机械工业协会停车设备工作委员会秘书长
傅树利	中国重型机械工业协会秘书处副总工程师
臧义成	中国重型机械工业协会秘书处副总工程师

中国重型机械工业年鉴

鉴证行业发展足迹

振兴重型装备工业

中国重型机械工业年鉴
编辑出版工作人员

总编辑 郭锐

主编 李卫玲

副主编 刘世博 肖新军

执行主编 赵敏

责任编辑 袁士华

市场编辑 黎平 金薇 江道芝 蒋斌

图文设计 张慕原

地址 北京市西城区百万庄大街22号(邮编100037)

编辑部 电话（010）88379830 传真（010）88379812

发行部 电话（010）68326643 传真（010）68326017

E-mail:cmiy@vip.163.com

http://www.cmiy.com www.mepfair.com

中国重型机械工业年鉴

展示知名企业品牌

助您提升行业地位

中国重型机械工业年鉴
特约顾问单位特约顾问

特约顾问单位	特约顾问
大连重工·起重集团有限公司	宋甲晶
上海电气重工集团	吕亚臣
中国重型机械研究院有限公司	谢东钢
中国建材装备有限公司	方　芳
卫华集团有限公司	韩宪保
华电重工装备有限公司	王汝贵
北京首钢机电有限公司	鲍生旭
衡阳运输机械有限公司	廖纯德
四川矿山机器（集团）有限责任公司	杨　军
芜湖起重运输机器有限公司	李　静
株洲天桥起重机股份有限公司	成固平
山起重型机械股份公司	徐新民
广州起重机械有限公司	黄海珊
江苏三马起重机械制造有限公司	杜汝平
北方重工集团有限公司输送设备分公司	王　瑀
太原矿山机器润滑液压设备有限公司	郝尚清
长沙重型机器制造有限责任公司	肖　熳
上海科大重工集团有限公司	李　平
新乡市中原起重机械总厂有限公司	郝兆庆
中原圣起有限公司	齐景光
柳州起重机器有限公司	张志玲
北京约基同力机械制造有限公司	马立民
浙江东海减速机有限公司	王孙同
河南省东风起重机械有限公司	李伟敏
浙江双鸟机械有限公司	张文忠
八达机电有限公司	杜左海
亚洲重工集团有限公司	张瑞庆
浙江通力重型齿轮股份有限公司	蔡福成
湖州双力自动化科技装备有限公司	冯　勇
无锡新大力电机有限公司	徐　敏
山东华特磁电科技股份有限公司	王兆连
抚顺隆基电磁科技有限公司	张承臣
南昌矿山机械有限公司	李顺山
武汉电力设备厂	陈义国
鞍钢重型机械有限责任公司	扎世利
马鞍山钢铁股份有限公司重型机械设备制造公司	潘　宁
南通润邦重机有限公司	吴　建
通化市起重运输机械制造有限责任公司	李荣华
宁波东力传动设备股份有限公司	宋济隆
焦作市虹桥重工科技发展股份有限公司	荆　韬
松滋市金津矿山机械有限责任公司	伍发新
郑州一帆机械设备有限公司	杨安民
河南省群英机械制造有限责任公司	詹东平
浙江镇南精工机械有限公司	徐灿军
奔宇电机集团有限公司	赵文明
上海雄风起重设备厂有限公司	沈慈宏
湖北鄂南起重运输机械有限公司	邱旺生
中国长江航运集团电机厂	吴临元
河南华北起重吊钩有限公司	韩景轩
广东永通起重机械实业有限公司	叶宏洪
南京特种电机厂有限公司	孙重远
武汉正通传动技术有限公司	余晓锁

中国重型机械工业年鉴

展示知名企业品牌

助您提升行业地位

中国重型机械工业年鉴
特约顾问单位特约编辑

特约顾问单位	特约编辑
大连重工·起重集团有限公司	邵龙成
上海电气重工集团	陈　伟
中国重型机械研究院有限公司	晁春雷
中国建材装备有限公司	刘建利
卫华集团有限公司	衡振虎
华电重工装备有限公司	刘伯宽
北京首钢机电有限公司	姜　波
衡阳运输机械有限公司	张晓华
四川矿山机器（集团）有限责任公司	夏发明
芜湖起重运输机器有限公司	吴晓更
株洲天桥起重机股份有限公司	黄文斌
山起重型机械股份公司	赵建平
广州起重机械有限公司	罗杏金
江苏三马起重机械制造有限公司	陈国平
北方重工集团有限公司输送设备分公司	李　群
太原矿山机器润滑液压设备有限公司	王　清
长沙重型机器制造有限责任公司	陈春连
上海科大重工集团有限公司	蒋亚林
新乡市中原起重机械总厂有限公司	杨章顺
中原圣起有限公司	刘　杰
柳州起重机器有限公司	邓丽静
北京约基同力机械制造有限公司	黄文林
浙江东海减速机有限公司	杨培寿
河南省东风起重机械有限公司	李金铎
浙江双鸟机械有限公司	盛嘉庆
八达机电有限公司	应祖敏
亚洲重工集团有限公司	董　燕
浙江通力重型齿轮股份有限公司	林　微
湖州双力自动化科技装备有限公司	王飞华
无锡新大力电机有限公司	彭月萍
山东华特磁电科技股份有限公司	王成文
抚顺隆基电磁科技有限公司	张　奕
南昌矿山机械有限公司	陈万海
武汉电力设备厂	杜惠明
鞍钢重型机械有限责任公司	姜炳琨
马鞍山钢铁股份有限公司重型机械设备制造公司	昌劲松
南通润邦重机有限公司	徐永华
通化市起重运输机械制造有限责任公司	夏德清
宁波东力传动设备股份有限公司	罗岳芳
焦作市虹桥重工科技发展股份有限公司	原冬梅
松滋市金津矿山机械有限责任公司	张旭明
郑州一帆机械设备有限公司	张元凯
河南省群英机械制造有限责任公司	张素华
浙江镇南精工机械有限公司	陈海萍
奔宇电机集团有限公司	刘桂英
上海雄风起重设备厂有限公司	罗天然
湖北鄂南起重运输机械有限公司	李耀成
中国长江航运集团电机厂	曾　璐
河南华北起重吊钩有限公司	郑劲草
广东永通起重机械实业有限公司	罗永杰
南京特种电机厂有限公司	许宝山
武汉正通传动技术有限公司	高巧兰

前　　言

重型机械行业（包括冶金机械、矿山机械、起重运输机械、重型锻压机械、大型铸锻件）主要服务于钢铁、冶金、电力、煤炭、交通、石化、国防、机械及水利等国民经济各部门，是我国装备制造业的重要组成部分，也是关系到国民经济命脉和国家安全的一个重要产业。在中央振兴装备制造业的战略决策指引下，“十一五”期间重型机械行业主要经济指标创历史最高水平，取得了平稳较快的增长。

“十二五”期间，重型机械行业将着力加快产业结构调整，转变经济增长方式。通过加强创新能力的建设，提升传统产业的升级，同时加快发展战略性新兴产业，为我国由装备制造大国转变为制造强国作出应有的贡献。中国重型机械工业协会希望通过《中国重型机械工业年鉴》向各界展示行业的整体面貌，进一步加强与各界同仁的交流与沟通，共同努力推动我国重型装备制造业的平稳发展。

《中国重型机械工业年鉴》2010 年版对重型机械行业总体和各分行业的发展概况、新产品、新技术、新工艺及技术改造、主要重点企业介绍、国内外市场、行业标准、质量、科技成果、行业大事、行业协会活动以及重型机械行业的各项经济指标等内容进行了记载。

在《中国重型机械工业年鉴》的编纂过程中，得到了各有关企业和用户的大力支持，也得到了许多行业领域专家的指导，在此表示诚挚的感谢。中国重型机械工业协会将一如既往为行业提供真诚的服务。

中国重型机械工业协会理事长

中国重型机械工业协会常务副理事长

2011 年 2 月

索

引

展示知名企业品牌

助您提升行业地位

中国工业年鉴出版基地

广告索引

索引

展示知名企业品牌

助您提升行业地位

中国工业年鉴出版基地

人物访谈专栏索引

目　录

综　述

行 业 篇

市 场 篇

企 业 篇

统 计 资 料

秦皇岛煤五期机电设备成套工程

12500t/h取料机

7.63m焦炉机械成套设备

480/80t铸造起重机

20 000t×125m多吊点桥式起重机

标准与质量

政策法规

大 事 记

附 录

如何让您的物料输送无后顾之忧？
FLENDER drives — 保障您的物料输送无后顾之忧
弗兰德驱动在煤炭矿山行业多年的应用经验将使您的设备在恶劣的运行环境中依旧表现出色。让您的物料输送无后顾之忧。
弗兰德减速机具备多样的安装方式、高传动效率、低齿轮箱噪音、良好的散热性能；随着产品多样化和广泛性的增强与本土化进程的加快，我们不仅能够以具有竞争力的价格为客户提供独立的驱动元件，同时致力于满足客户需求提供全套驱动方案。
凭借全集成自动化，引领行业标准。(Totally Integrated Automation)
西门子（中国）有限公司工业业务领域工业自动化集团/驱动技术集团/楼宇科技集团
免费热线：4008104288 传真：010-64719991 网址：www.ad.siemens.com.cn
北京：010-64768888 上海：021-38893889 广州：020-37182888 沈阳：024-82518111 成都：028-86199499
Answers for industry.
SIEMENS

Contents

Summary

Industry

Markets

Enterprises

Statistical data

Standards & quality

Policies & legislations

Calendar

Appendix

中国建材装备有限公司

Sinoma Equipment & Engineering Corp., Ltd.

中国建材装备有限公司（SINOMA E&E）是建材专业设备集成服务和工程总承包单位，是北京市认定的高新技术企业，国家建材机械标准化技术委员会主任单位、中国建材机械工业协会会长单位、中国重型机械工业协会副理事长单位。

主要业务及业绩

公司以建材装备和工程集成、国际知名品牌产品总经销和国内外工程及机电设备招标代理服务为三大主业，承接了国内外90余条水泥生产线和40余条玻璃生产线的成套设备供应、工程总承包和机电设备招标代理工作，具有丰富的国际工程承包和建材成套设备出口经验。公司拥有1000～10000t/d级水泥生产线的标准设计和定型设计；在玻璃工程业务方面，拥有先进的全氧燃烧技术及浮法玻璃（超白浮法玻璃）、压延玻璃（超白压延玻璃）、太阳能电池玻璃、加工玻璃等各类平板玻璃工厂的工程设计及生产技术，改变了我国在此领域长期依赖进口的状况。

公司以“创造价值，回报社会”为企业宗旨；以“善待客户、善待合作伙伴、善待同事”为合作、协作原则，正朝着建材装备行业国际知名企业的道路不断前行！

中国建材装备有限公司
董事长 方芳

浮法玻璃熔窑

浮法玻璃锡槽

浮法玻璃退火窑

浮法玻璃冷端分片设备

破碎机

长形预均化堆场—堆料机

原料立磨

窑尾预热器

地址：北京市海淀区三里河路17号甘家口大厦12层
邮编：100037
12th Floor, Ganjiakou Plaza, No.17 Sanlihe Road, Haidian District, Beijing, China
电话：010-88392221 88392857
http://中国建材装备有限公司.cn
http://www.sinomaee.com

回转窑

袋式收尘器

水泥生产线夜景

产品发运

瓦锡兰6RT—82C机曲轴下线

核电上部堆内构件

国内自主设计和制造的二代加百万千瓦级蒸汽发生器在上海电气研制成功并发运

两大基地

闵行基地

630t·m锻造操作机

450t电渣重熔炉

165MN自由锻造油压机

临港基地

临港码头

TEC8000AG重型数控龙门镗铣床

上海电气 SHANGHAI ELECTRIC | 上海电气重工集团 Shanghai Electric Heavy Industry Group

三大产品

核电核岛主设备：集成制造核电核岛主设备是上海电气重工集团核电产业发展的独特优势，目前已形成年产2.5套百万千瓦级核电站核岛重型容器（压力容器、蒸汽发生器、稳压器等）和年产4.5套百万千瓦级核电站核岛反应堆堆内构件和控制棒驱动机构的生产能力。2009年7月，临港二期扩能改造（含核电泵阀）项目开工，2011年底将在临港基地形成年产4～6套百万千瓦级核岛重型容器、8～10套堆内构件和控制棒驱动机构以及核电主泵和核二级、三级泵32台（套）的制造能力。

大型铸锻件：大型铸锻件是国家重大技术装备和重大工程建设所必需的关键基础部件，其制造能力和水平直接决定着我国装备工业的制造能力和整体水平。上海电气重工集团围绕我国急需的大型铸锻件，重点发展核电、电站转子、船用曲轴和冶金支撑辊等四大锻件产品，生产能力和生产能级处于国内领先水平。其中核电大钢锭等级从200吨级提升到500吨级，仅一年左右时间，走过了世界领先企业十年左右的攻关历程。

船用曲轴：2005年，国产化大型船用曲轴诞生在上海电气重工集团，打破国家船用曲轴长期依赖进口的局面，填补了国内空白；2006年实现批量化生产。目前已具有年产200根以上大型船用曲轴的生产能力，其产品规格已覆盖世界两大著名品牌柴油机公司设计的（MAN公司40-108机型以及Wartsila公司RT-flex50至96C/T机型）全部柴油机曲轴。

8RT--flex68D柴油机曲轴

核电大型锻件

核电主泵

核电堆内构件

秦山二期600MW蒸汽发生器

址:上海市闵行区东川路3988号　邮编：200245　电话:021-67287000　传真:021-67287008　http://www.shanghai-electric.com

中国重型机械研究院有限公司

CHINA NATIONAL HEAVY MACHINERY RESEARCH INSTITUTE CO.,LTD.

中国重型机械研究院有限公司（原西安重型机械研究所）创建于1956年，是我国重型机械行业综合性技术研发单位。现有员工1 000余人，其中中国工程院院士1名，获国家特殊津贴的专家50多名，研究员70多名，高级工程师200多名。

中国重型机械研究院有限公司是以工程设计、冶炼、轧制、重型锻压、环保装备为主，机、电、液和基础件配套齐全的大型现代科技企业，可提供工程咨询、机械工程监理、设计咨询、设备检测等专业技术服务。具有国家相关部门颁发的建筑工程咨询甲级资质、钢铁行业咨询甲级资质，国家建设部门颁发的建筑工程设计甲级资质及冶金行业、市政公用燃气工程设计乙级资质；具有进出口经营权。

中国重型机械研究院有限公司为我国钢铁、有色金属行业提供了2 000多台（套）重大装备，荣获260多项国家和省部级科技进步奖，获得300多件授权专利。荣获“全国五一劳动奖”，“做出突出贡献的企业”，全国创新型企业。产品还销往美国、俄罗斯、印度、土耳其、伊朗、缅甸等国家。

“金属挤压与锻造装备技术国家重点实验室”、国家装备制造业“高精度带材轧制成套装备产业化基地”、“机械工业烟气治理工程（技术）研究中心”、“机械工业连铸技术装备重点（工程）实验室”、“陕西省大型工业铝型材挤压技术与装备工程技术研究中心”、“陕西省大型板坯连铸成套技术装备产业化基地”、“陕西省能量回收转炉煤气干法净化成套装备产业化基地”等都设在中国重型机械研究院有限公司。

中国重型机械研究院有限公司以“开发创新、装备中国”为时代使命，以提升生活品质、服务社会为核心目标，尊崇“溯源、创新、诚信、奋进”的企业精神。

地址：陕西省西安市未央区东元路209号
邮编：710032
电话：029-86322970　86322362
传真：029-86713965
http://www.sino-heavymach.com

板坯连铸机

纵剪线

精炼炉

开发创新 装备中国

电除尘

CHINA NATIONAL HEAVY MACHINERY RESEARCH INSTITUTE CO.,LTD.

LG220—HL冷轧管机(用)

板带轧机

125MN铝合金双动挤压机

165MN油压机

CD1型电动葫芦
KITO
1t
环链葫芦
KITO HK-M
HK型电动葫芦
中外合资
江阴凯澄起重机械有限公司

创豫起国际品牌　兴中华民族工业

CHUANGYUQIGUOJIPINPAI　XINGZHONGHUAMINZUGONGYE

郝兆庆，男，汉族，1966年出生于长垣县龙相村，中共党员，大学学历，现任新乡市中原起重机械总厂有限公司董事长、总经理。是中国重机协会理事，长垣县第八届政协委员、长垣县慈善协会副会长、长垣县企业家联谊会副会长，新乡市民营经济维权发展促进会会员、新乡市质量检验协会理事、“优秀民营企业家”、蒲东区“优秀共产党员”，河南省青年乡镇企业家协会会员、河南省合同管理协会会员、河南省企事业法人代表权益保护协会会员，中国中小企业高峰论坛优秀代表。

20世纪90年代，郝兆庆自主创业，积极投身改革开放大潮，艰苦奋斗、顽强拼搏，凭着吃苦耐劳、坚忍不拔的毅力、魄力、自信和执着精神，以超强的胆略和过人的智慧，领导公司实现了跨越式发展，创造了一个又一个奇迹。公司由年产值几十万元的小厂发展到年产值4亿元，总资产达3亿元，公司员工由几十人发展到上千人，场区由租赁发展到自有厂区达20多万m^2。

企业发展了，但郝兆庆同志仍牢记社会责任，不忘感恩。几年来，他积极参与希望工程、建桥修路、资助贫困大学生和抗震救灾等各种公益活动。

500t吊钩组

yuqi 新乡市中原起重机械总厂有限公司

ZHONGYUAN QIZHONG

河南省著名商标　河南省优质产品

中原起重　轻松皆由我！

新乡市中原起重机械总厂有限公司是集研发、生产、销售于一体的省级科技企业。“豫起”牌系列起重机畅销全国30多个省、市、自治区的化工、建材、工矿、冶金、电力、交通、铁路、油田、港口等行业，并远销越南、马来西亚、蒙古、新加坡等国家。公司设备先进，技术力量雄厚，各种检测设备齐全，有力地保证了产品的高质量。公司诚信经营，以优质的售后服务赢得了更多用户，扩大了市场占有份额，实现了企业的跨越式发展。

公司自主研发生产的具有核心竞争力的全自动管坯移送装置被河南省科技部门评为“科技成果”，获得国家科技奖三等奖，获新乡市政府项目转化资金扶持；同时获“实用新型”等两项专利，行销全国重点大中型钢管企业，性能稳定，质量可靠，受到用户良好赞誉。

公司自主设计制造的280t四梁铸造起重机一次试车成功，受到用户的高度赞扬。自主设计生产的门座式旋转起重机出口马来西亚，用户评价很好，为中国人争了光。

公司始终坚持科技创新、管理创新、经营创新，高起点、大手笔、大气魄，以中原豫起人的雄心壮志，实现了企业的大发展。

管坯移送装置新厂区奠基仪式

YZ280/80t四梁铸造起重机

多功能加工中心

地址：河南省长垣县东外环南段　　邮编：453400
电话：0373-8893567 8814680　　传真：0373-8810258
http://www.xxzyqz.com　　E-mail：hzh6785@126.com

雙鳥
中国驰名商标
浙江双鸟
ZHEJIANG SHUANG
HSZ-A618系列手拉葫芦
HSH-A623系列手扳葫芦
SHH型环链电动葫芦
HHXG系列环链电动葫芦
CD、MD型钢丝绳电动葫芦
手动葫芦 / 电动葫芦 / 吊索具

机械有限公司
NIAO MACHINERY CO., LTD.
国家重点高新技术企业
国家行业标准参与制订企业
浙江双鸟机械有限公司创建至今风雨26年，是国内专业生产“双鸟”牌手动葫芦、电动葫芦、单轨行车、高强度圆环链、锚链、吊索具、夹持器等系列轻小型起重工具的大型企业。公司拥有德国WaFios多条链条生产线，年产各种链条（起重链、索具链、矿用链等）达300万m，还生产服务于机械行业的数控机床和立式、卧式、龙门加工中心。产品远销北美、欧洲、大洋洲、东南亚等80多个国家以及国内大部分地区。
公司是全国工商联五金机电商会常务理事，中国重型机械工业协会理事，中国重型机械工业协会物料搬运工作委员会副理事长单位，是浙江省文明单位，浙江省专利示范企业。
地址：浙江省嵊州市黄泽双鸟工业园
电话：0575-83055889 83053788
传真：0575-83503838 83056988
E-mail: Sales@tbmhoist.com
http://www.tbmhoist.com
免费服务热线
400-826-4000
TBM
双鸟集团
SHUANG NIAO GROUP

ISO14000 GB/T28001 ISO9001
优秀企业风采
BADA
BADA ELECTROMECHANICAL
八达机电
八达葫芦——减轻您的负担
BADA HOIST—RELEASE YOUR BURDEN
PA500
单相电动葫芦
吊重量：100～1 000kg
浙江名牌产品
全球同类产品大型制造商
国家星火项目
国家重点新产品
国家专利产品
中国驰名商标 浙江著名商标
国家高新技术企业
中国·八达机电有限公司
BADA MECHANICAL & ELECTRICAL CO., LTD.• CHINA
地址：浙江省瑞安经济开发区毓蒙路8号 邮编：325200
Add: No.8 Yumeng Road, Ruian Economic Development Zone, Ruian City 325200, Zhejiang, P.R.China
电话（TEL）：0086-577-65156698 65596666 传真（FAX）：0086-577-65159998
法人代表：何国胜 http://www.cn-bada.com E-mail: bada@cn-bada.com

总部
地址：宁波市江北工业园区C区苏湖路1号
销售热线：86-574-88398888
服务热线：86-574-88398899
传　　真：86-574-88398889

石家庄
地址：河北省石家庄市桥东区建设北大街228号11C2
邮编：050000
电话：0311-86053111
传真：0311-86055333

上海
地址：上海市中山北一路1230号柏树大厦2305室
邮编：200437
电话：021-65177666
传真：021-65177555

长沙
地址：湖南省长沙市芙蓉区五一西路二号第一大道写字楼1504室
邮编：410005
电话：0731-85598555
传真：0731-82769111

北京
地址：北京市海淀区永定路88号长银大厦6A01室
邮编：100039
电话：010-58895666
传真：010-58895777

郑州
地址：河南省郑州市金水区经三路68号2号楼金城国际D座1209室
邮编：450000
电话：0371-87558555
传真：0371-87558333

南京
地址：江苏省南京市白下区洪武路359号福鑫国际大厦东楼2901室
邮编：210002
电话：025-86558777
传真：025-86559777

重庆
地址：重庆市渝中区大同路45号9-11室
邮编：400010
电话：023-63826111
传真：023-63826000

天津
地址：天津市东丽区大无缝生活区择月里12号楼201室
邮编：466000
电话：022-24353261
传真：022-24353261

西安
地址：陕西省西安市莲湖区西北一路7号粮食局西院4楼408室
邮编：710003
电话：029-87322569
传真：029-87322569

无锡
地址：江苏省无锡市崇安区人民中路123号摩天360大厦B座717室
邮编：214000
电话：0510-83715666
传真：0510-83725666

广州
地址：广东省韶关市曲江区
邮编：512100
电话：0751-6661532
传真：0751-6661532

沈阳
地址：辽宁省沈阳市和平区和平南大街2号东宇大厦1702室
邮编：110001
电话：024-23309888
传真：024-23865999

太原
地址：山西省太原市万柏林区千峰南路1号国际能源中心1号1013室
邮编：030024
电话：0351-3333777
传真：0351-6183000

南昌
地址：江西省新余市劳动南路24号渝水区保险公司内
邮编：336500
电话：0790-6220619
传真：0790-6220619

昆明
地址：云南省昆明市五华区金色梧桐小区5单元1202室
邮编：650032
电话：0871-5368969
传真：0871-5368969

济南
地址：山东省济南市历下区山大路201号创展中心大厦605室
邮编：250001
电话：0531-67863111
传真：0531-67865111

包头
地址：内蒙古自治区包头市青山区赛音道七号街15栋46号
邮编：014030
电话：0472-3315990
传真：0472-3315990

武汉
地址：湖北省武汉市硚口区武胜路134号泰合广场1501室
邮编：430033
电话：027-85861666
传真：027-85862666

宁波东力传动设备股份有限公司
NINGBO DONLY TRANSMISSION EQUIPMENT CO.,LTD.

Drive Endless Possibility

山东华特磁电科技股份有限公司
SHANDONG HUATE MAGNETISM TECHNOLOGY CO.,LTD.
华特磁电
HUATE MAGNETISM
国家发明专利产品　中国科学院技术合作企业　国家重点高新技术企业
山东华特磁电科技股份有限公司，是由潍坊华特磁电设备有限公司作为主发起人联合其他境内投资者共同发起设立的现代化企业，是国家指定的生产磁电、粉体设备的重点骨干企业，是中国重型机械工业协会洗选设备委员会理事单位、国家重点高新技术企业，设有省级磁电工程技术中心、省级磁力分选技术研究所和省级粉体工程技术研究所三所省级研发机构。
发明专利号：200710116248.4
低温超导除铁器
专利号：ZL200620085563.6
强迫油循环电磁除铁器
专利号：ZL2004 2 0097652.3
美国专利号：US-2006-0124279-A1
蒸发冷却自卸式电磁除铁器
专利号：ZL200320106009.8
永磁自卸式除铁器
专利号：ZL200420097106.X
磁性矿除铁系统
金属探测仪
专利号：ZL200620162175.3
CTB系列永磁筒式磁选机
专利号：ZL200820024592.0
立环高梯度磁选机
平环高梯度磁选机
过滤机
球磨机
破碎机
高频振动筛
全球大型的磁电设备生产制造基地

中国重型机械工业协会主办、山东华特磁电科技股份有限公司承办的“中国磁电设备技术发展论坛／中国超导磁体技术应用发展论坛”

中科院武汉分院叶朝辉院士（左）、日本东京都立大学渡边恒雄教授（右）在“中国磁电设备技术发展论坛／中国超导磁体技术应用发展论坛”上作学术报告

山东华特磁电科技股份有限公司、中国科学院高能物理研究所、潍坊新力超导磁电科技有限公司低温超导除铁器产品鉴定会

山东华特磁电公司倡议成立“磁电与低温超导磁体应用产业技术创新战略联盟”

山东华特磁电公司召开新产品新技术推广交流会

芜湖起重运输机器有限公司

Wuhu Crane&Conveyor Co.,Ltd.

芜湖起重运输机器有限公司（原芜湖起重运输机器厂）成立于1956年，是机械行业定点生产输送设备的专业厂，2005年12月改制为民营股份制企业。是中国重型机械工业协会理事、输送机给料机分会理事长单位。公司下辖输送设备和起重设备两个生产制造基地，是集设计开发、生产制造于一体的科技创新型工业企业。公司总占地面积18.9万m^2，建筑面积7.8万m^2。

公司主要产品为输送设备和起重设备,其中输送机械产量已攀升至全国同行业第三位，连续六年被评为安徽省“名牌”产品，并获得安徽省“著名”商标。企业于2006年通过ISO9001:2000国际质量体系认证、CE认证、矿用产品安全认证及芜湖市计量合格认证。2010年，公司完成产值2.7亿元，上缴各种税收约800万元。

公司成功研发了具有国际领先水平的LSII1250螺旋机，NSE800、NSE1000大规格板链提升机，TDS系列钢丝胶带斗式提升机和DTIIB800×11 600m带式输送机。其中TDS钢丝胶带提升机获“中国机械工业科学技术奖”。公司已形成年产10万m带式输送机的生产能力，获得发明及实用新型专利13项。

公司注重科技创新，不断开发新型产品。本着“质量第一、用户至上”的经营原则，以先进的思想、科学的管理、全新的技术、优质的产品、良好的信誉、开拓创新的精神，竭诚为用户服务，努力做行业的领跑人.

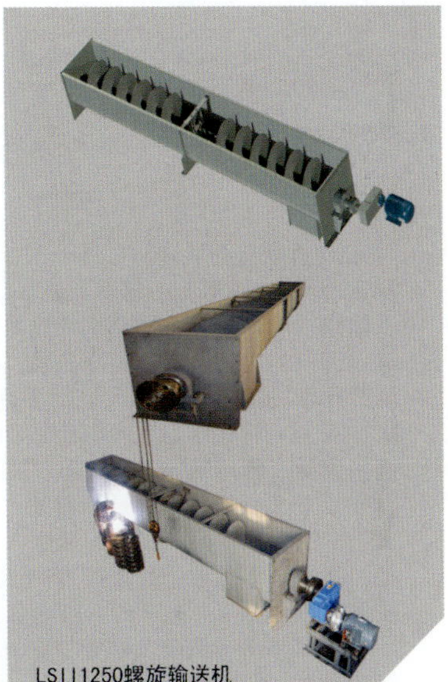

LSII1250螺旋输送机

地址：安徽省芜湖市三山经济开发区官河路与浮山路交叉口
邮编：241080
电话：0553－5859945 5853724
传真：0553－5852711
http://www.whqzys.com
E-mail:wuhu5000@163.com

公司成立于1999年，是一家专业从事起重设备研发、制造、销售业务的高新技术企业。截至2010年初，公司注册资本1.2亿元，总资产逾6亿元，净资产逾2亿元，年产值近6亿元。公司在株洲市田心高新工业园区和龙头铺镇兴隆工业园区建有现代化生产基地，并投资设立了一家专业从事起重设备核心零部件制造的子公司——株洲天桥起重配件制造有限公司。公司及子公司共拥有土地使用权约18万m^2，生产及办公房屋17幢，建筑面积近7万m^2，主要工艺设备500余台(套)，职工900余人，其中各类专业技术人才300余人。2009年，公司技术中心被认定为“省级企业技术中心”，公司研发的三梁铝电解多功能机组荣获“中国机械工业科学技术进步奖”等诸多荣誉，公司商标“天桥牌”被评为湖南省著名商标。

公司主要产品有：通用桥式、门式起重机，铝电解多功能机组，阳极焙烧炉用多功能机组，阳极炭块堆垛机组，铸造起重机，夹钳起重机，电磁挂梁起重机，核电起重机，提梁机，港口门座式起重机，公路架桥设备等。公司注重引进、吸收国内外先进技术，加强与科研院所和跨国公司的交流合作，技术不断创新。产品销售网络覆盖全国几乎所有省、直辖市、自治区，并出口德国、阿曼、俄罗斯、越南、赞比亚、印度等诸多国家。

公司秉承“诚信、敬业、自强、卓越”的企业精神，奉行“天道酬勤”的核心价值观，坚持“顾客至上、诚信为本、规范管理、精心运作、持续改进、开拓创新”的质量方针，立足起重行业，耕耘起重行业，以“服务社会和国家经济的和谐发展、致力客户和企业价值的稳定提升、立足员工和股东利益的持续实现”为宗旨，不懈努力。

三梁铝电解多功能机组

PTM型铝电解多功能机组

FTA型阳极炭块焙烧炉用多功能机组

吊钩双梁桥式起重机

450t+450t提梁机

JQL80—35型公路架桥机

地址：湖南省株洲市石峰区田心北门　邮编：412001
电话：0731-28432961　（销售部）
22337000-8010（企划部）
22337000-8046（技术部）
22337000-8043（质保部）
传真：0731-22337000-8009
http://www.tqcc.cn　E-mail:tqcc@tqcc.cn

国家二级企业 山东省著名商标

山起重型机械股份公司
SHANQI HEAVY MACHINERY CO.,LTD.

山起重型机械股份公司（原山东起重机厂有限公司）始建于1968年，原为国有中型一类企业，是机械行业在山东省定点生产桥式、门式起重机的专业生产厂。1989年被命名为“国家二级企业”。2009年底成功改制为股份制企业，是山东省重点企业、省机械行业五十强和高新技术企业，于2008年率先取得省级企业技术中心资格，2009年荣获“山东省著名商标”称号。

公司现有职工1 080人，其中工程技术人员128人，高级工程师10人，工程师38人。公司占地面积25万m^2，其中厂房面积6万m^2，露天作业场地3万m^2。下设6个分厂：结构一分厂、结构二分厂、结构三分厂、机械加工配套分厂、电气分厂和备料分厂，生产各类起重、装卸设备，年吞吐钢材能力2.3万t。产品现有19个系列，1 000多个规格品种。公司主要经济指标在全省同行业中领先，在全国同行业中名列前茅。

公司被山东省企业信誉评价委员会授予“特级信誉企业”，被中国信用协会评为“中国起重机质量放心用户满意十佳诚信企业”，被中国技术监督情报协会评为“起重机产品用户市场调查3•15质量无投诉，服务无投诉诚信企业”。

公司发展目标明确，规划到2012年完成企业上市。公司将继续加强内部管理，完善创新体系，坚持质量第一和诚信服务，加快企业技术改造步伐。预计到2015年，实现销售收入30亿元，利税3.5亿元。

地址：山东省青州市昭德北路2198号 电话：0536-3203038 传真：0536-3203037 网址：www.sdqz.com 邮箱：qizhong1569@sina.com

柳起

柳州起重机器有限公司

柳州起重机器有限公司（原名柳州市起重机厂、柳州起重运输机械总公司）创建于1958年，占地面积6万多m^2，是国家质量监督检验检疫部门许可生产桥式、门式起重机，国家水利部门定点生产启闭机的专业企业，具有起重机械制造、安装、改造、维修A级资质；是全国起重运输机械行业理事单位。注册商标“柳起”牌。

公司生产设备和检测手段齐全，质量保证体系完善，2002年率先通过ISO9001质量管理体系认证。公司技术力量雄厚，现有员工420余人，其中中高级技术人员占员工总数的20%；与北京起重运输机械设计研究院、武汉科技大学等建立了稳固长期的技术协作关系，能够承担各类起重运输机械的科研、开发、设计、制造、安装、调试和检测等业务。公司2010年与德马格起重机械（上海）有限公司签约，成为德马格在西南地区的OEM战略合作伙伴。

公司产品开发设计广泛采用计算机辅助设计（CAD）技术，并逐步采用工程有限元分析（FEA）技术，提高了产品性能及可靠性。公司还积极将新技术应用于各类起重机产品上，使起重机调速范围大，工作连续平稳、节能，性能优越。此外，公司还为码头、港口、矿厂进行输送机栈桥钢结构、堆取料机钢结构的设计制造，并在该领域取得了良好业绩。

多年来，公司在冶炼、水利、电力、铝业、糖业、造纸等行业拥有骄人的业绩，产品经验收使用后，运行质量稳定，均获得用户好评。

公司始终坚持“用户至上，质量第一”的宗旨，不断采用新技术、新工艺向广大用户提供优质产品和至上服务，热忱欢迎各界朋友与我们进行广泛合作。

地址：广西壮族自治区柳州市阳和工业新区雒容工业园2号　邮编：545616
电话：0772-3126830、6513818　传真：0772-3130680、6513818
E-mail：lzqizhong@263.net　http://www.gxlq.cn

广州起重机械有限公司成立于1956年，年销售额近亿元，年产各类起重机近800台，2003年与世界起重机优秀生产企业芬兰科尼起重机公司合资成立了泰克力起重机公司。1996年起“广起”牌起重机连续获得广州市名牌产品、全国桥式起重机优等品、全国起重运输机械行业“信得过产品”，公司获质量信誉双保障单位等荣誉称号。1996年底通过了ISO9001国际质量体系认证。

“广起”牌起重机是具有高知名度的品牌。40多年来，公司采用现代设计理念，应用先进的CAD系统，为国内(含港澳台)及东南亚地区近百家单位和企业提供了大量的优质起重机，用户遍布国内外。主要产品包括：0.5～16t电动单梁起重机、5~200t通用双梁桥式起重机和冶金专用起重机、5～200t门式起重机以及各种专用起重机械设备、液压升降机械、金属结构、生产线工程等。产品应用范围涉及机械行业、冶金行业、石油化工行业、能源、造纸、环保、一般制造业等。

①
②③④⑤
⑥

①通用桥式
②电动单梁
③电动葫芦桥式
④立柱式旋臂吊
⑤电动单梁悬挂式
⑥通用门式

公司地址：广州市广园中路283号（公司本部）
广州市花都区北兴镇花都大道北28号（生产厂区）
电　话：020-86592003　86592004
传　真：020-86577651
邮　编：510405
http://www.gzcranes.cn
E-mail:market@gzcranes.cn　　gzcrane@tom.com

三马起重
SANMA HOISTS & CRANES

江苏三马起重机械制造有限公司
SANMA HOISTS & CRANES CO., LTD.

总经理：辜宁生

我们希望继续将三马打造成一家百年企业。

在2008年三马的50周年庆典上，首席执行官辜宁生如此表示。

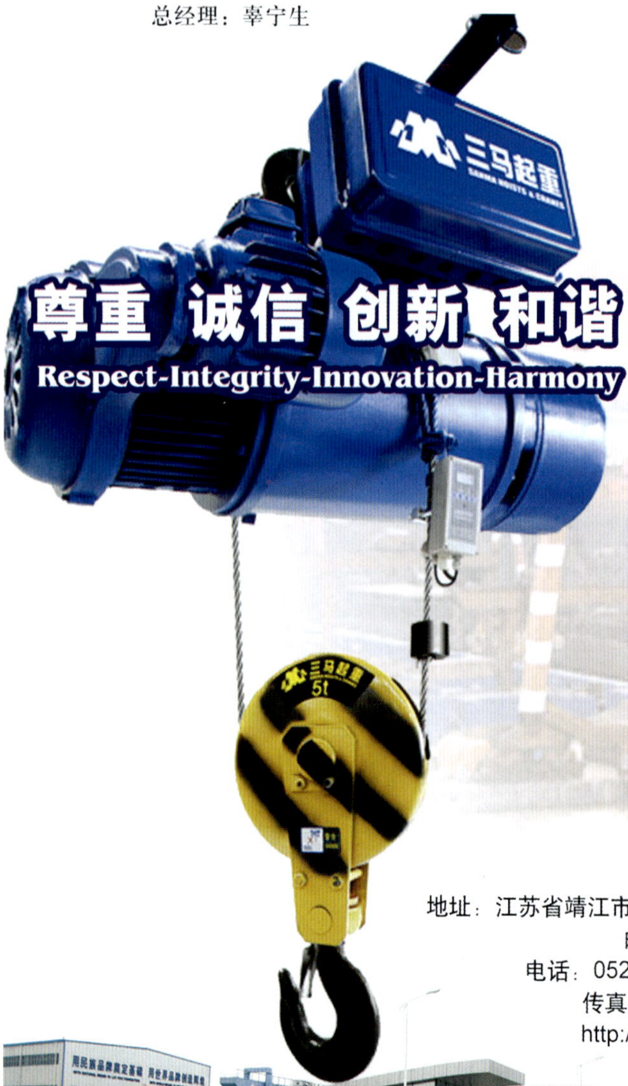

三马起重创立于1958年，位于江苏省靖江市。2008年，三马为一个占地面积100 000m²的生产厂区举行落成仪式。三马已获得国内起重机制造的A级资质，并拥有超过550名的员工。

公司主要生产电动葫芦和起重机等起重设备，年产能分别达到11 000多台和300多台。

2009年11月，三马正式成为一家合资公司。全球领先的芬兰起重设备集团科尼集团收购了三马65%的股权，剩余35%股份则由继续担任公司管理层的原所有人持有。

三马向全国各地的其他起重机制造商提供电动葫芦，是国内第二大电动葫芦供应商。其生产的大型起重机则主要供给江苏省境内的船厂及港口。

公司为机械、冶金、电力、水处理、造船、铁路及港口等诸多行业的客户提供服务。重要客户包括宝钢集团、新世纪船业、江苏东方造船有限公司、上汽集团、上海外高桥船厂、沙钢集团、沃尔沃公司、徐工集团及浙江秦山核电站等。

三马通过诚信及服务为客户创造价值，可为客户提供售前咨询及售后服务。

地址：江苏省靖江市经济开发区城南园区江防西路3号
邮编：214500
电话：0523-84866933 84866984
传真：0523-84866284
http://www.sanma.com

NHI 北方重工

北方重工集团有限公司输送设备分公司

Conveying Equipment Company NHI Group Co.,Ltd.

北方重工集团有限公司是在沈重集团和沈矿集团合并重组基础上组建的国有独资公司，2007 年并购德国维尔特控股公司和法国 NFM 公司后，成为跨国经营企业，于 2008 年进入世界机械 500 强行列。

输送设备分公司是北方重工旗下重要分公司之一，其前身是沈矿集团山普分公司，其主导产品为带式输送机。2009 年实现销售收入 15 亿元，2015 年企业销售收入计划超过 35 亿元。通过重组，输送设备分公司整合了资源，更新了设备，完善了管理体系。在引进国外先进技术的基础上，开发研制了广泛应用于港口、水泥、电力、煤炭、钢铁等领域高速、长距离、大运量、高强度带式输送机，实现了带式输送机输送系统工程设计制造，成为我国大规模的带式输送机研发生产基地。目前正在建设散料输送综合性实验室，现有各类专业人员 100 余人，其中教授级高工 10 人。

总经理：王瑀

地址：沈阳市经济技术开发区开发大路 16 号
邮编：110141
电话：024-25802233
传真：024-24835186
E-mail：ss@nhigroup.com.cn

滚筒生产线

托辊全自动生产线

元宝山露天矿胶带机

高炉胶带机

港口胶带机

9.6km 平面转弯胶带机

露天矿胶带机输送系统

研发中心

河南省东风起重机械有限公司
HENAN DONGFENG CRANE CO.,LTD.

河南省东风起重机械有限公司是集研发、生产、销售于一体的高水平企业。“东起”牌产品主要有起重机及其配套的起重配件：起重机产品有单双梁桥式、门式起重机，绝缘、防爆，定柱式旋臂起重机和钢丝绳电动葫芦等；配件产品主要有各种型号车轮组、卷筒组、吊钩组、滑轮组、联轴器等五大类六百余种。公司具有设计各种非标起重机的技术水平和过硬的安装维修能力。“东起”牌产品销往全国各地，并得到用户的好评。

“质量第一、跟踪服务”的诚实信念，健全的质量管理体系，完善的质量检测手段，严格的控制程序和灵活的经营机制，为企业发展奠定了基础，为公司产品质量提供了保证。

2002年5月，公司顺利通过了ISO9001质量管理体系认证，2008年5月，取得了ISO14001环境管理体系认证和GB/T28001职业健康安全管理体系认证。2007年，公司荣获“河南省名牌产品”、“河南省著名商标”、“河南省科技企业”等荣誉称号。与时俱进的东起人，以昂扬的姿态，迈着矫健的步伐，求实创新，奋发进取，努力把公司建设成为“企业建设一流，产品质量一流，管理水平一流，社会信誉一流”的企业。

地址：河南省长垣县工业路96号
电话：0373-2156889 2156668
2156667 2156669
传真：0373-8810386 8814996
http://www.dfcrane.net
E-mail:dfcrane@vip.163.com

TONQi 通化市起重运输机械制造有限责任公司

Tonghua hoisting and conveying machinery co.,ltd.

李荣华董事长

为哈大高速铁路客运专线生产制造的MG450t/34m提梁机

为亚泰集团生产制造的B1200km×3.4km长距离越野带式输送机

为一汽模具生产的40/10t遥控起重机

为一汽轿车生产的50/16t变频调速遥控起重机

通化市起重运输机械制造有限责任公司始建于1964年，是从事起重运输机械开发设计、生产制造、安装维修的专业企业，是定点生产起重机和输送机的专业公司，是中国重型机械工业协会及桥式起重机分会、带式输送机分会理事单位，是吉林省同行中规模较大的生产制造商。

公司位于吉林省通化市，占地面积8.2m²，建筑面积2.6万m²，注册资本5 100万元，总资产9 400万元，拥有员工386人，其中工程技术人员86人。公司组织机构完善，技术力量雄厚，工艺装备检测手段齐全，生产能力可达3万t起重运输设备。

公司主要产品有起重设备与输送设备两大类。其中起重设备有10个系列，近百个规格品种，主要有电动单梁起重机，电动单梁悬挂起重机，电动双梁桥式起重机，抓斗桥式起重机，装卸桥，单双梁门式起重机，电磁桥式起重机，电动葫芦门式起重机，电动葫芦桥式起重机。

输送机械有10个系列，百余品种规格，主要有带式输送机，大倾角带式输送机，板链斗式提升机，板链提升机，带式提升机，圆环链斗式提升机，空气输送斜槽，库底充气装置，堆取料机和卸煤机等产品。

产品主要服务于机械、冶金、电力、汽车、建材、石化、粮食等行业，为一汽轿车、一汽模具、亚泰集团、通化钢铁公司改造等国家重点工程项目提供了大量的起重设备和输送设备，同时还远销海外多个国家和地区。良好的产品质量和服务，赢得了用户的广泛赞誉，国内市场占有率可达20%。

公司率先在国内将变频调速、定子调压调速、PLC控制技术应用于起重设备，并达到国内先进水平。公司技术研发中心被授予"省级企业技术中心"；"通启牌"起重机被授予"吉林省名牌产品"称号。公司董事长李荣华获通化市劳动模范、吉林省"五一劳动奖章"、通化市有突出贡献的科技人才、吉林省劳动模范等荣誉称号。

公司秉承"诚信为本、质量立业、尽职尽责、共享收益"的核心价值观，外抓经营，内强管理，努力实现企业与员工的共同美好愿景，共进、共赢。

欢迎国内外新老用户来公司考察、洽谈业务，共谋发展，实现双赢！

地址：中国.吉林省通化市东昌区保安路2369号　邮编：134000　联系人：夏德清
电话：0086-435-3652136　传真：0086-435-3617752
E-mail：xdq3457@163.com　http://www.thqzys.com

长沙重型机器制造有限责任公司

长沙重型机器制造有限责任公司（原长沙重型机器厂）始建于1958年，占地面积58万㎡，地理位置优越，交通便捷。公司在长沙金霞经济开发区拟投资5亿元打造新的生产制造基地，计划未来几年完成搬迁。

经过半个多世纪的发展，企业现已具备年产50 000t机械设备的生产制造能力，主导产品有斗轮堆取料机、焦炉设备、港口设备、圆筒混合机、钢板开卷—矫正—剪板生产线、球磨机、颚式破碎机、大型集装箱传送装置、大型城市垃圾处理装置等。产品广泛适用于能源、电力、冶金、交通、轻工等基础设施行业。

公司制定了立足自身、着眼长远、产业报国的企业发展战略思路。改制后的几年，企业生产经营形势出现较大转机，经济效益明显提高，物质文明和精神文明均有长足进步，企业各项工作呈现良好发展势头。近几年，企业工业总产值、销售收入、市场占有率等多项主要经济指标每年均有较大幅度增长。

当前，长沙重型机器制造有限责任公司已被长沙市政府列入四大千亿产业集群企业之一，生产经营正朝着良性方向发展。未来几年，公司将进一步拓展生存空间，大力推进企业国际化战略，力争做大做强。

圆形料场堆取料机

斗轮堆取料机

大型集装箱检查系统传送装置分系统

港口起重机
——台架式起重机

双臂式堆料机

地址：湖南长沙市东二环一段56号 邮编：410014 销售电话：0731-85318079
销售传真：0731-85317288 E-mail:changzjq@vip.163.com

YUEJI 北京约基同力机械制造有限公司

BEIJING YUEJI TONGLI MACHINE MANUFACTURING CO.,LTD.

传动滚筒

在厂内试装的B2000样机

地址：北京市通州区中关村科技园通州园光机电一体化产业基地兴光六街5号

邮编：101111

电话：010-81502099

传真：010-81502082

http：//www.yueji.com.cn

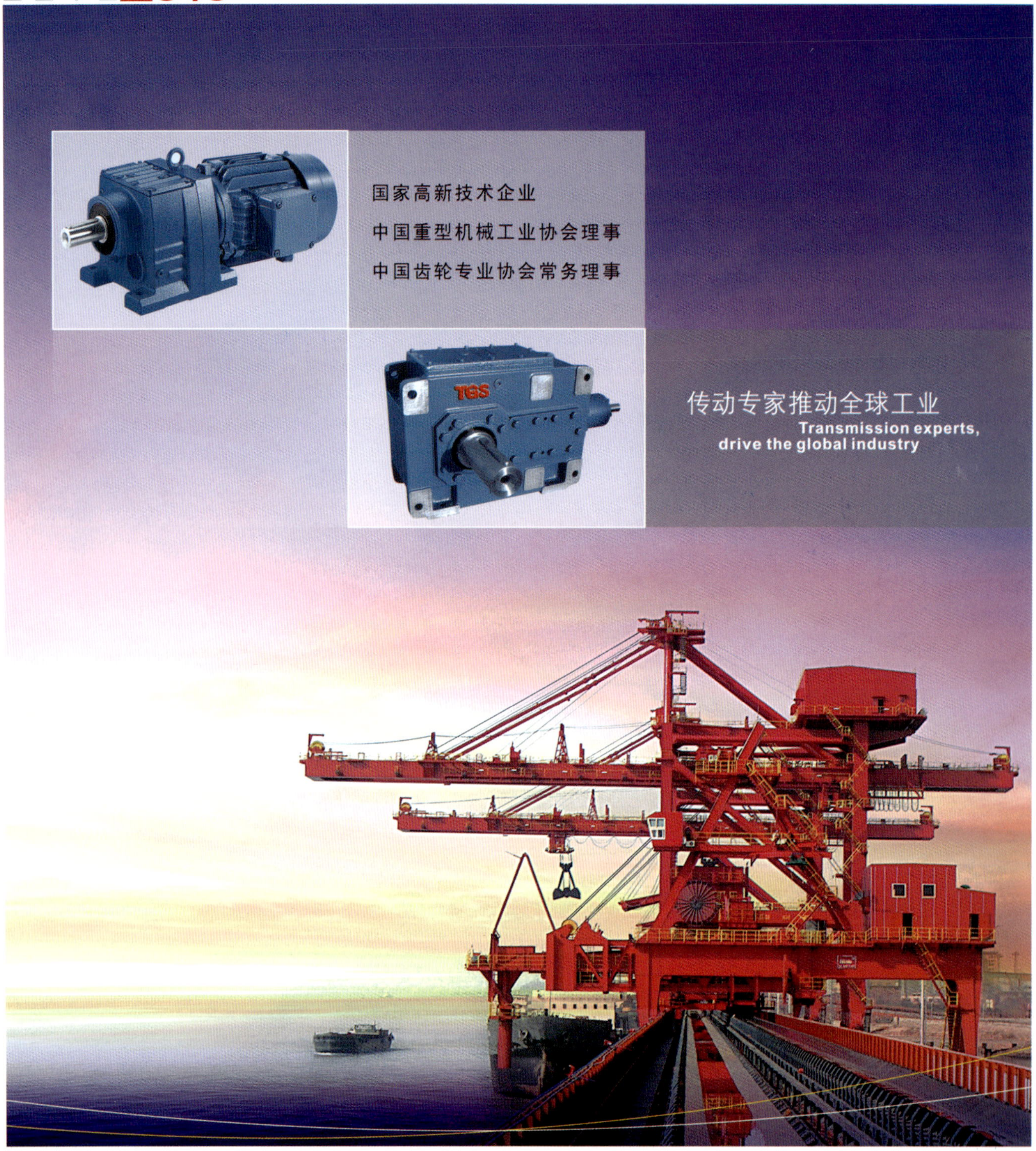
国家高新技术企业
中国重型机械工业协会理事
中国齿轮专业协会常务理事
TGS
传动专家推动全球工业
Transmission experts,
drive the global industry

亚洲重工集团有限公司

Asia Advance Forgings Pte Ltd

无锡宏达重工股份有限公司是一家具有四十余年历史的专业锻造企业，她位于太湖之滨，为中国锻压协会、中国重型机械工业协会理事单位，中国民营企业家协会会员单位。

公司拥有4 000t自由锻水压机、1 600t自由锻水压机、3t电液锤等锻压设备，最大规格3.5m×3m×12m全电脑控制电炉及配套美国进口淬火介质等热处理设备和各类大型机械加工设备。至2008年底，公司年生产能力达到10万多吨，生产的锻件最大单重达到30余吨。

公司现有员工450多名，其中技术人员55名，高级工程师8名，大专以上学历55名，硕士1名。

公司拥有经验丰富的专业技术人员和科技研发机构，建有专业的无损检测室和理化试验中心，产品研发、生产制造和质量检控能力雄厚。

公司生产的风电锻件、高压容器锻件、电站锅炉锻件、加氢反应器锻件、船用锻件、起重吊钩锻件以及大中型机械装备锻件，遍销电力、石化、冶金、造船、航空、交通、建材、重型机械等领域。

公司已获中国、法国、美国、韩国、德国、英国、意大利船级社工厂认证证书，压力容器用钢锻件产品安全注册证书，起重吊钩制造许可证书，压力管道元件制造许可证书和ISO9001质量管理体系认证证书，ISO14000环境管理体系认证证书和 OHSMS 18000职业健康安全管理体系证书。

公司愿以先进的技术、优良的品质、一流的服务与各界同仁一起携手合作，共创我国锻造业辉煌。

4 000t
自由锻
水压机

无锡宏达重工股份有限公司
地址：无锡市滨湖区南方泉
邮编：214128
电话：0510 － 85950666
传真：0510 － 85950555
网站：www.asafor.com

南京博大重型锻造有限公司
地址：南京市大厂姜桥500＃（南化机厂内）
邮编：210048
电话：025 － 57793561
传真：025 － 57064783
网站：www.asafor.com

务实 奋进 创新 共赢

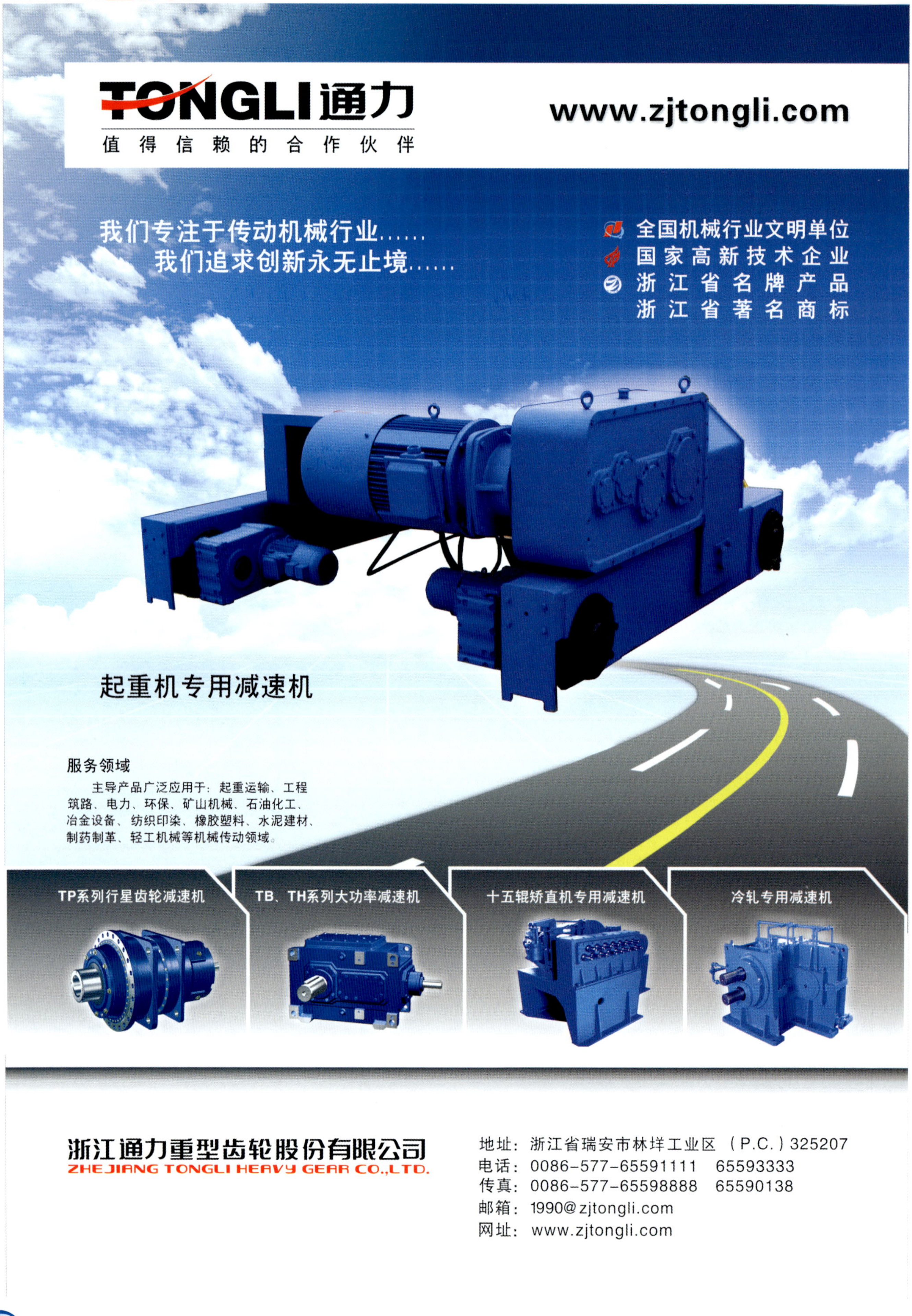
TONGLI通力
值 得 信 赖 的 合 作 伙 伴
www.zjtongli.com
我们专注于传动机械行业……
我们追求创新永无止境……
全国机械行业文明单位
国 家 高 新 技 术 企 业
浙 江 省 名 牌 产 品
浙 江 省 著 名 商 标
起重机专用减速机
服务领域
主导产品广泛应用于：起重运输、工程筑路、电力、环保、矿山机械、石油化工、冶金设备、纺织印染、橡胶塑料、水泥建材、制药制革、轻工机械等机械传动领域。
TP系列行星齿轮减速机
TB、TH系列大功率减速机
十五辊矫直机专用减速机
冷轧专用减速机
浙江通力重型齿轮股份有限公司
ZHEJIANG TONGLI HEAVY GEAR CO.,LTD.
地址：浙江省瑞安市林垟工业区 （P.C.）325207
电话：0086-577-65591111 65593333
传真：0086-577-65598888 65590138
邮箱：1990@zjtongli.com
网址：www.zjtongli.com

湖州双力自动化科技装备有限公司（湖州电动滚筒有限公司）是一家集科研、开发、生产、销售和服务为一体的专业化电动滚筒制造企业。公司一直执著于为广大客户奉献高品质的电动滚筒产品，并在核心领域作深入研发。公司引进德国专有技术设计，为生产优质的电动滚筒奠定了坚实的基础，确保公司在电动滚筒行业激烈的竞争中，始终以一流的质量永立潮头。

公司于2000年被中国重型机械工业协会授予“全国起重运输机械行业信得过产品和企业”证书，2007年被评为“浙江省高新技术企业”，1999年2月通过ISO9002质量体系认证，并于2002年2月通过ISO9001:2000质量管理体系认证。公司拥有年产10 000台以上电动滚筒生产能力以及设计生产变型产品、延伸产品和其他产品的应变能力，是全国电动滚筒制造的骨干企业，是中国南方地区大型的电动滚筒专业生产厂家。公司生产的“星力”牌电动滚筒广销全国各地及东南亚、中南美等地区。三峡工程、首钢集团、宝钢集团等重点工程和企业，都采用了“星力”牌电动滚筒做为输送工程驱动设备，具有良好的市场口碑。

公司经过自主研发和技术合作，产品拓展出了电动滚筒、辊道输送机、带式输送机、平板硫化机、挡烟垂壁等5大系列1 000多个规格。其中电动滚筒有：油冷式电动滚筒、油浸式电动滚筒、外装式电动滚筒、隔爆型油冷式电动滚筒（已获煤安证）、单相油浸式电动滚筒等。公司致力于不断满足市场变化的需要，引领国内电动滚筒行业革新与进步。

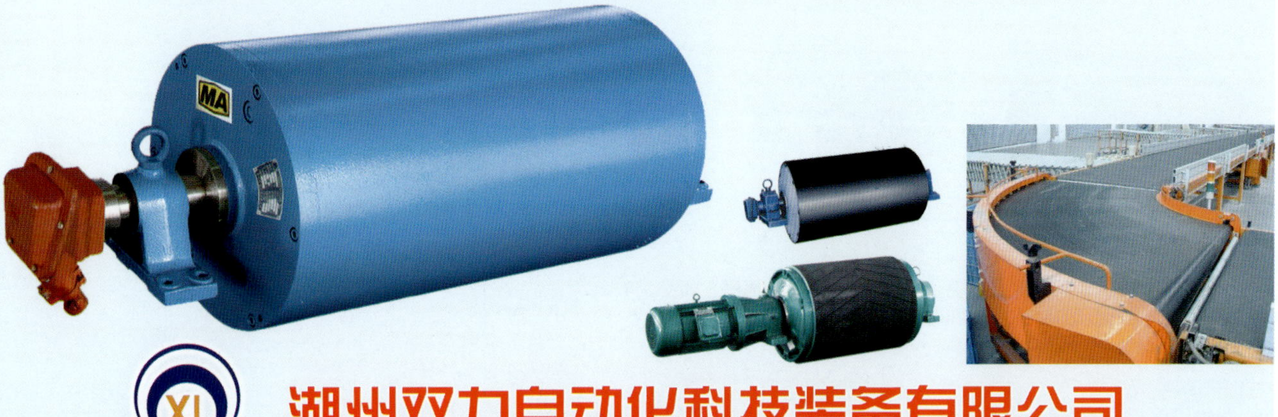

星力 XINGLI

湖州双力自动化科技装备有限公司
湖州电动滚筒有限公司

地址：浙江省湖州市西凤路888号
电话：400-881-0572
电动滚筒销售部：0572－2022227 2022209
物流设备销售部：0572－2053013 2111363
办公室：0572－2037996
http://www.hzdt.com.cn

邮编：313000
成套设备销售部：0572－2022263 2022202
橡胶机械销售部：0572－2110327 2032080
消防设备销售部：0572－2361228
传真：0572－2059480
E-mail：sf@hzdt.com.cn

MASTEEL

马鞍山钢铁股份有限公司重型机械设备制造公司

马钢重机公司经理：潘宁

马鞍山钢铁股份有限公司重型机械设备制造公司拥有以大型锻钢、大型铸造、重型机械加工为代表的全套重型机械设备制造能力，装备精良配套，技术力量雄厚，长期从事矿山、焦化、球团、烧结、炼铁、炼钢、轧钢、输送等成套设备及备品备件的制作。是华东地区大型铸锻中心重型冶金成套设备、备件制造厂家之一。公司钢锭和机械产品两条线取得中国冶金工业质量认证中心（北京国金恒信）质量体系认证，输送设备生产线通过ISO9000:2000版产品认证。

经过近几年的快速发展，公司已形成特种钢锭、中重型成套设备、大型铸锻件及各类轧辊和输送机械设备五大产品，并与德国西马克公司建立起轧机设备制造和供应战略合作伙伴关系，成功进入高端冶金设备制造国际市场。公司旗下的马钢联合电钢轧辊有限公司是与世界著名轧辊制造商美国联合电钢轧辊有限公司合资组建的合资公司，拥有一条能生产68t以下锻钢支撑辊的生产线，具有年产10 000t锻钢支撑辊的能力，产品性能达国际先进水平。马钢重型机械设备制造公司正致力于产品和资产结构的持续调整，用更优良的质量、更诚信的服务、更丰富的产品来满足各界用户的需要。

地址：安徽省马鞍山市经济技术开发区阳湖路499号　邮编：243000
电话：0555-2109730　传真：0555-2109722　http://www.mgzj.com.cn

安徽盛运机械股份有限公司（以下简称“盛运股份”）创建于1997年，主营业务为城市生活、医疗垃圾焚烧发电尾气净化处理设备及干法脱硫除尘一体化设备和各种系列输送机械产品。盛运股份下设3个子公司及1个省级研发中心，即安徽盛运环保设备有限公司、安徽盛运科技工程有限公司、北京欧特顿兰源环保科技有限公司及安徽盛运技术研发中心。

公司占地面积35万㎡，员工960人，其中各类技术人员370人；拥有总资产6.5亿元，固定资产3亿元，注册资金9 563万元；拥有发明专利4项，实用新型专利17项，非标技术成果11项。2009年实现营业收入3.67亿元，上缴国家税收2 156.7万元。

公司通过了ISO9001：2008标准国际质量体系认证。企业先后荣获“全国环境工程50强重点推荐企业”、“全国重点环保产品定点生产企业”、中国重型机械工业协会带式输送机分会行业前“十强”企业等荣誉称号。2008年，公司成为国家高新技术企业。2010年，“盛运”牌商标被认定为“中国驰名商标”。

公司始终坚持“完善质量体系、强化过程管理、坚持持续改进、增强顾客满意”的质量方针，形成了输送机械产品和新型环保产品的研发设计、制造、销售、安装服务一整套质量运行保证体系，并以雄厚的技术力量、规模实力和辉煌的销售业绩，在国内外电力、矿山、冶金、建材、化工、交通运输路桥工程、港口码头、轻工、城市垃圾焚烧发电工程、市政环保工程等行业客户中，享有较高的知名度和影响力。公司一贯秉承“至诚团结、拼搏进取、求精创新、追求一流”的盛运精神，努力提高员工专业技能和职业道德品质素质，强化内部管理，立足技术创新，着力实施品牌发展战略。以诚信为根本，以市场为导向，不断扩张规模赢市场，全力推进盛运股份持续、快速、健康发展。

未来盛运股份将继续以技术、营销、管理创新为动力，努力发展成为国内垃圾焚烧发电和火电厂、钢铁厂、水泥厂、石油化工厂、港口码头、交通运输路桥工程、市政环保工程等行业前十强的设备供应商。

地　　址：安徽省桐城市同安路265号　　　　邮　编：231400
销售热线：0556-6206966　　总　机：0556-6207688　　传　真：0556-6205898
http:// www.sy-168.com　　E-mail：ahsy99@163.com　tcss2006@163.com

ANHUI SHENGYUN MACHINBRY CO.,LTD.

河南省群英机械制造有限责任公司

河南省群英机械制造有限责任公司坐落于焦作市内。公司始建于1961年，2003年改制为股份制企业。公司总资产1.6亿元，占地面积12万m²，专为冶金、矿山、建材、化工、煤炭、电力等行业提供各类破碎机、球磨机、选矿设备、烧结球团设备、水泥建材设备、洗煤和石料厂等成套设备及矿用提升机。公司是河南省优秀诚信企业和焦作市重点工业企业。

公司拥有ø8.0m、ø5.0m滚齿机，ø6.3m、ø5.0m重型立式车床，ø3.5m、ø2.5m数控立式车床，ø5.0m×18.0m筒体卧式车床，ø220mm、ø160mm镗床，ø160mm落地镗铣床，数控切割机，铣边机，自动焊接中心，60mm×3m卷板机等多台大、精、稀加工设备。

地址：河南省焦作市解放中路397号
电话：0391-3906898 3933375　　传真：0391-3933430 3911397
http: //www.jzqy.cn　　E-mail: jzqyjsc@126.com

鄂南起重®

湖北鄂南起重运输机械有限公司
Hubei Enan Hoisting Converyance Machiney Co.,Ltd.

湖北鄂南起重运输机械有限公司是由原湖北蒲圻起重机械总厂优秀人才合资组建的新型民营股份制企业，是集起重机械研发、设计、制造、销售、安装、服务、进出口业务为一体的综合型企业，具备机械加工、焊接、装配、检测计量和安装改造等综合能力。公司主要经营单双梁门式起重机、单双梁桥式起重机、造船起重机、架桥机、架桥挂篮、港口机械、钢结构及其他大吨位非标准新型起重运输机械等八大系列1 000多个品种规格的产品。产品广泛应用于机械、冶金、电力、铁路、水利、桥梁等多个行业，遍及全国近30个省、市、自治区，并远销中亚、南亚、非洲等国家和地区。

公司高度重视产品质量，建立了科学的质量保障体系并拥有先进的产品质量检测手段。公司以产品质量和诚信赢得与国内著名企业的长期合作。公司2009年完成销售产值7 000万元，上缴税收285万元；计划2010年完成销售产值11 000万元，上缴税收400万元。

公司注重技术创新和管理创新，坚持“诚信守法、严控过程、持续改进、安全高效”的经营方针，不懈努力，孜孜追求，不断提高企业的核心竞争力。“鄂南起重”秉承“一切为客户着想”的服务理念，为新老客户提供精良的产品和优质快捷的服务，得到了广大顾客认可和青睐，成为赤壁市经济开发区的亮点企业。

地址：湖北省赤壁市经济开发区起重机械工业园
电话：0715－5250326、5250777
传真：0715－5250919
E-mail: e_nanqizhong@vip.163.com　　http://www.enqz.net.cn

广东永通起重机械实业有限公司

广东永通起重机械实业有限公司是中国重型机械工业协会会员单位，中国重型机械工业协会桥式起重机分会理事单位，以及中国工程机械协会港口机械分会理事单位，是广东省起重机A级生产企业、广东省质量技术监督部门专家直接驻厂监检单位，是广东省起重机行业中同时具备生产桥门式起重机和港口起重机以及造船起重机(桥式、门式、门座式)能力的专业化企业，是目前广东省起重机行业中规模大、产品品种齐全、产销量大的企业。

公司总占地面积8万m^2，其中建筑面积5万m^2，各种生产检测设备近700台(套)，员工500多人，其中高中级专业技术人员、管理人员130多人。公司通过了ISO9001:2008版国际质量管理体系认证。近年来，通过与国际起重机知名企业德马格和国际著名的港机制造商蒂森-克虏伯进行技术合作，大力发展高新技术起重机产品，与国际先进起重机技术水平接轨，公司逐步发展成为高新技术型企业，并走出了一条自我创新和可持续发展的道路。

“质量高于一切”，优良的产品质量为企业赢得市场的同时，也得到了质量监督部门和国家质量权威机构的认可和表彰。公司先后被广东省质量技术监督部门和中国国家质量评价中心以及广东省科技部门评为“广东名牌产品企业”、“产品质量信誉AAA+企业”，2009年被认定为高新技术企业。各类起重机产品多次荣获国家质量技术监督部门颁发的质量荣誉证书。

愿我们携手共进，真诚合作，实现互惠双赢。

地址:广东省佛山市顺德区陈村镇潭村工业区三路 邮编:528313
电话: 0757-23357118 传真: 0757-23357378
http://www.gd-yt.cn E-mail:118@gd-yt.cn

金鹏机械

南阳起重机械厂有限公司

南阳起重机械厂有限公司始建于1956年，是一家集科研开发、生产制造于一体的综合性企业。系国家起重运输机械专业生产企业，河南省机电产品出口骨干企业，具有自营进出口经营权。1998年在同行业率先获得ISO9001质量体系认证，先后又获得德国GS认证、欧盟CE认证、美国船级社认证、中国船级社认证，是中国重型机械工业协会副理事长单位。企业技术力量雄厚，生产设备先进，拥有当今国际先进的德国、意大利高强度圆环链条生产线。主要产品有通用型桥式起重机、手拉葫芦、手扳葫芦、防爆葫芦、电动葫芦，卷闸门葫芦、手推手拉单轨小车、手动牵引器、80～100级高强度圆环链条、吊具系列、轮式装备、铁路运输圆环链捆绑拉索等12大类50余个规格。产品畅销国内，并出口日本、韩国、美国、东南亚、中东、南美等世界各大市场.

电动葫芦•桥式起重机采用国家起重机标准制造；整体结构新颖，造型完美，工艺性好，操作灵活平稳，安全可靠；广泛用于普通重物的装卸与搬运，还可配以多种专用吊具进行特殊作业。选用时应注明工作环境的最高、最低温度及电源引入方式、司机室平台开门方向等技术要求。公司还可根据用户要求设计制造非标准桥式起重机。

南阳起重机械厂有限公司　董事长（总经理）：秦强华　地址：河南省南阳市光武中路1615号　邮编：473008
电话：15225607088　传真：0377-63380410　http：//www.nyhoist.com

PTC ASIA
2011 亚洲国际动力传动与控制技术展览会
2011年10月25~28日
中国 • 上海新国际博览中心
覆盖市场热点，树立行业发展风向标
中国液压气动密封件工业协会
北京市西城区三里河路46号 邮编：100823
联系人：王征 先生 / 祁金一 女士
电话：010-6859 5199
传真：010-6859 5197
邮箱：chpsa-ptc@mei.net.cn
网址：www.chpsa.org.cn
中国机械通用零部件工业协会
北京市西城区三里河路46号 邮编：100823
联系人：姚海光 先生 / 杜国森 先生
电话：010-6859 4863 / 6859 4837
传真：010-6857 2092
邮箱：china-parts@163.com
网址：www.cmca-view.com
汉诺威米兰展览(上海)有限公司
上海市浦东新区银霄路393号百安居浦东商务大厦301室 邮编：201204
联系人：叶晋熔 女士 / 黄荔 女士 / 汤建国 先生 / 水俊婧 女士
电话：021-5045 6700转357/252/264/225
传真：021-6886 2355 / 5045 9355
邮箱：ptc-asia@hmf-china.com
网址：www.ptc-asia.com
www.ptc-asia.com

名优配套件专栏

NGP 新大力电机

无锡新大力电机有限公司坐落于美丽的太湖之滨，无锡惠山经济开发工业园区内，是国内起重及冶金用三相异步电动机和起重用隔爆型三相异步电动机行业的资深企业、全国旋转电机标准化技术委员会起重冶金电机分标委会委员、中国重型机械工业协会桥式起重机专业委员会理事单位。公司先后荣获"全国质量稳定合格产品"、"江苏省名牌产品"、"江苏省著名商标"、"无锡市名牌产品"、"无锡市质量信得过企业"、"劳动保障诚信单位"、"国家高新技术企业"等荣誉称号，资信等级AAA级。

公司占地面积6万m^2，建筑面积3.6万m^2，拥有多名专业设计专家，专业技术人员占员工总数的20%以上，年生产电动机100万kw。先进的专业生产设备及检测仪器、较强的工艺保障能力和检测水平，确保了产品质量的稳定性。依靠雄厚的技术力量和科学的管理模式，企业在行业内名列前茅。

主导产品有起重及冶金用三相异步电动机、起重用隔爆型三相异步电动机、船用电动机三个大类，共20多个系列。产品结构合理、性能可靠、品质优良、品种规格齐全。产品有出口产品质量许可证书、CE认可证书、船用产品型式认可证书，并获得国家发明专利十余项，填补了国内空白。

公司具有完整的质量管理体系，ISO9001：2008质量管理体系的持续有效运行，使企业生产制造全过程处于监控之中，为产品的优质可靠提供了科学保证。

公司一贯奉行"团结拼搏、求实创新"的企业宗旨。

公司追求的目标：紧跟世界先进技术平，专注做好现有产品，不断推出一流精品，最大限度地满足客户的要求。

YBZ、YBZS系列
起重用隔爆型三相异步电动机

YBZ E、YBZS E 系列
起重用隔爆型电磁制动三相异步电动机

YBZR系列
起重用隔爆型绕线转子三相异步电动机

YZRW系列
起重及冶金用涡流制动绕线转子三相异步电动机

YZR系列
起重及冶金用绕线转子三相异步电动机

YZ系列
起重及冶金用三相异步电动机

YZP系列
起重及冶金用变频调速三相异步电动机

YZRE系列
起重及冶金用电磁制动绕线转子三相异步电动机

无锡新大力电机有限公司
地　　址：江苏无锡市惠山经济开发区惠畅路19号
销售热线：0510-83760666 83760999
传　　真：0510-83621022 83760777
邮　　编：214177
网　　址：www.wuxingp.com
邮　　箱：ngp@wuxingp.com

名优配套件专栏

HUAWU华伍

致力传动安全

Committed To Transmission Security

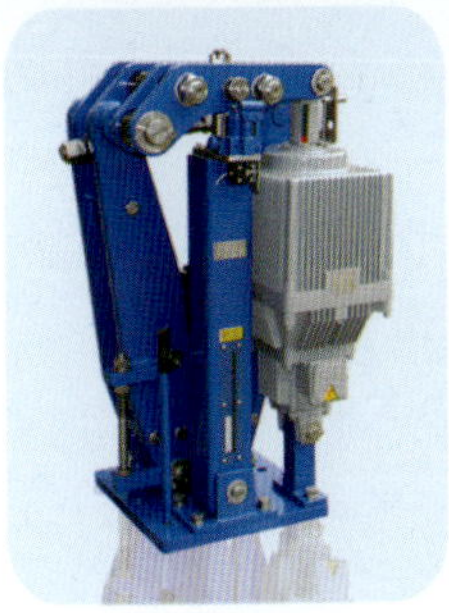

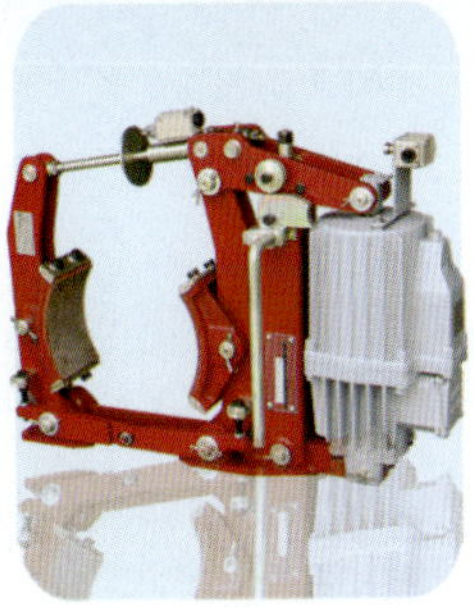

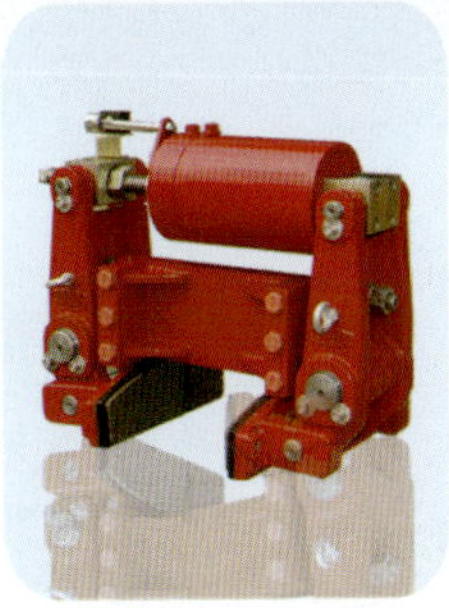

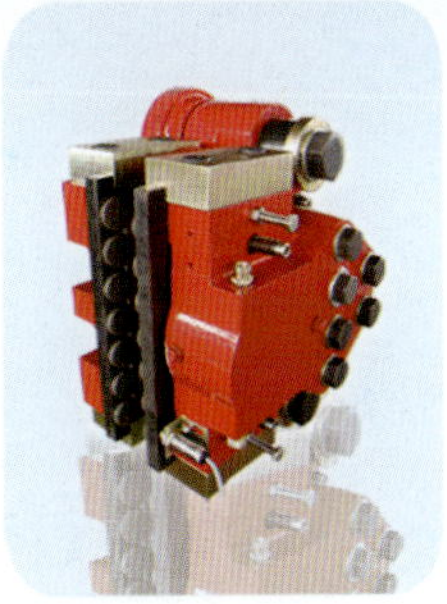

江西华伍制动器股份有限公司是国内生产规模大、自主创新能力强、产品线丰富的工业制动器和防风装置的专业制造商。产品在国内市场份额独占鳌头，且随各种主机远销欧美、非洲、中东、东南亚、中国香港及中国台湾等近70个国家和地区。

公司产品广泛应用于港口机械、散料机械、起重运输机械、工程机械、冶金设备、电力设备、海上重工及化工轻工机械等领域。公司为广大用户专业提供工业传动系统的安全保护。

HUAWU
江西华伍制动器股份有限公司
JIANGXI HUAWU BRAKE CO.,LTD.
地址：江西省丰城市工业园区新梅路7号
电话：0795-6201884 6203474 传真：0795-6201896
http://www.hua-wu.com E-mail:hw@hua-wu.com

ZHENNAN®

镇南精工

公司简介

浙江镇南精工机械有限公司创建于2000年，是集科研、开发、生产、销售于一体的高新技术企业。公司专业生产矿山机械和工程机械用实体铜套、固体镶嵌轴套、铜锅轮、钢套、润滑接头、高压胶管总成、液压接头，直径20~1 200mm重1.5t的各种牌号铜产品，拥有自营出口权。

公司拥有可靠的质量保证体系，先进的车、铣、刨、雕、磨、铸等生产设备及形位公差、化学测试、物理测试等检测设备，通过了国际ISO9001:2000质量体系和ISO 14001环境管理体系认证。公司将以规范的管理、先进的技术、精致的产品、合理的价格，期待与中外客户进行多方位、多层次的合作，以谋求“双赢”，共同发展。

我们愿成为世界各地客户心目中的优秀供应商。

浙江镇南精工机械有限公司

Zhejiang Zhennan Machinery Co.,Ltd.

镇南机械　精益求精

地址：浙江省诸暨市店口镇工业区
电话：0575—87655388　87169888　87657388
传真：0575—87655618
http://www.chinaznjx.com
E-mail:znxh@vip.163.com

长航电机 Chmotor

中国长江航运集团电机厂成立于1970年，隶属中国中外运长航集团。工厂地处湖北省武汉市江夏区藏龙岛科技园，是湖北省高新技术企业，也是该省生产冶金起重电动机的专业厂家。新厂占地面积8.3m²（124亩），其中建筑面积33 359m²；拥有各种先进的生产设备350多台（套），年生产特种电动机80万kW。产品广泛运用于冶金、起重、建筑、港口、水利水电和化工等领域。

我们热忱欢迎广大客户朋友垂询洽谈！莅临指导！

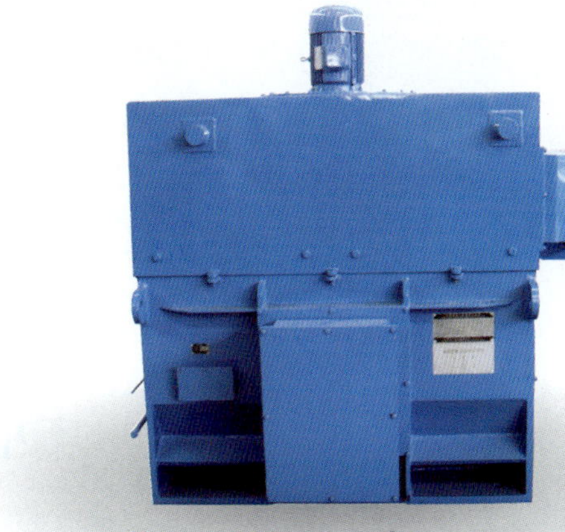

▲YVF3低压大功率电动机

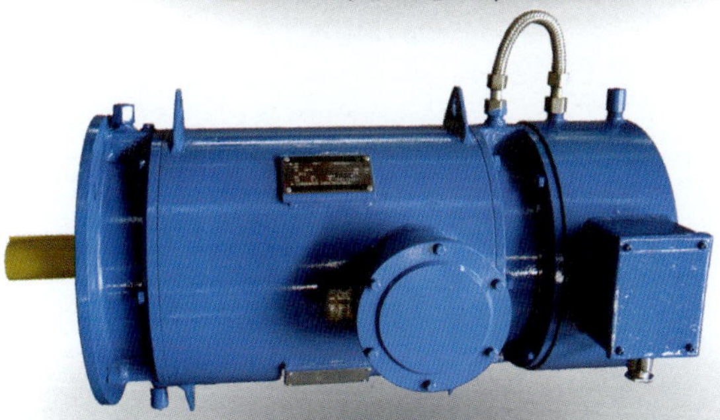

▲YZPSL水冷系列电动机

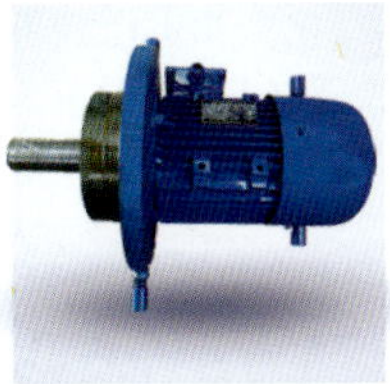

▲
棒线材专用辊道输送电动机▶

▲YZP系列变频电动机

▲
YG系列辊道电动机

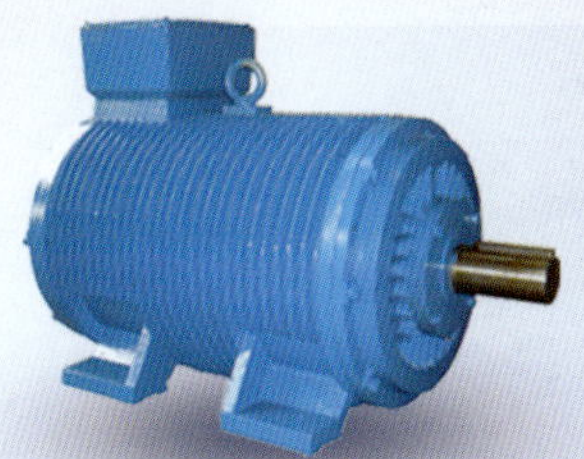

▲YGP系列辊道变频电动机

地址：湖北省武汉市江夏区藏龙岛科技园
邮编：430205
电话：027-87801308 81977358
传真：027-87405067 87801306
E-mail:info@chmoto.com
http://www.chmoto.com

华北吊钩
HUABEI HOOK

河南华北起重吊钩有限公司，位于河南省长垣县起重工业园区，占地面积4.8万m^2，资产总额1.2亿元，员工260余人，其中中高级工程技术及管理人员36人。

公司自1990年成立以来，一直从事起重机吊钩、吊具的研究、开发、生产和销售，是具有独立知识产权，工艺技术成熟，质量保证体系完善的现代化专业生产制造企业。其主要产品“华起”牌3.2～3 000t起重吊钩和吊钩组在同行业中率先通过了国家产品质量认证，公司率先生产了模锻吊钩P级200号以下产品。

机械设备方面，公司除拥有5t、3t、1t电液锤，800t宽锻机，进出料机，操作机，6 000t压力机，大型龙门机加工中心等先进的生产设备外，还于2009年投资1 000余万元建成了配备有2 000t拉力实验机、理化实验室等检测设备的“吊钩检测中心”。

随着生产能力的增强，科学的管理制度和完善的质量保证体系的建立，企业产品日益受到客户的青睐。公司先后获得部、省、市“新科技进步企业”，“全面质量达标企业”，“重合同守信誉企业”，“质量信得过企业”等荣誉称号，并于2004年通过了ISO9001国际质量体系认证。2007年，公司产品荣获“河南省优质产品”称号；2008年，“华起”商标荣获“河南省著名商标”；2009年，公司研制的吊钩液压折弯机获得国家实用新型专利；2010年，公司产品荣获“河南省名牌产品”称号。

公司销售网络已遍布全国30多个省、市、自治区，产品远销俄罗斯、印度、中东、东南亚、非洲等国家和地区，年销量以30%的速度递增。

公司本着“造精品服务社会、谋创新开拓未来”的宗旨，真诚与国内外各界朋友广泛合作，共创辉煌！

地址：河南省长垣县工业园区华北大道12号　　邮编：453424
电话：0373-8791377　8791040　　传真：0373-8710503
http://www.hbqzdg.com　　E-mail：hbqzdg@hbqzdg.com

南京特种电机厂有限公司
Nanjing Special Motor Factory Co., Ltd.

南京特种电机厂有限公司专业制造锥形转子电动机35年来，励精图治，开拓创新，以振兴民族工业为己任，不断为全国起重机械、建筑机械、冶金机械等行业推出高品质的配套电动机产品。公司是我国规模较大的锥形电动机生产企业之一，现为中国电器工业协会中小型电机分会、中国建筑机械工业协会成员单位，中国重型机械工业协会起重葫芦分会理事单位。

公司占地面积66 000m²，建筑面积31 000m²，拥有各类机械加工设备300余台（套），专业化程度高，年综合生产能力240万kW。注册商标“合力”牌是江苏省“著名商标”，产品荣获江苏省“名牌产品”称号。南特电机以其高质量、高稳定性深受业内用户信赖，并成为全国用户优先选用的品牌电动机。

公司主要产品：ZD1、ZDY1、ZDS1、ZDM1、ZDX、ZDR、YZD-SQ系列起重机械配套用电动机；YEZ、YEZW、YEZS系列建筑机械配套用电动机；YZR2系列起重冶金电动机；BZD、BZDY、BZDS系列隔爆电动机。还可为用户单独设计多种规格型号的“非标”电动机。

公司热切希望与行业内外各界朋友携手合作，共创未来。

勤奋敬业　务实创新　正心致和　勇争一流

地址：江苏省南京市六合区雄州东路289号　邮编：211500
电话：025-57759838 57512555　传真：025-57107279
http://www.njtzdj.com　　E-mail:tzdj@njtzdj.com

广州飞旋橡胶有限公司是广州市华源投资有限公司与广州广橡企业集团有限公司属下企业广州胶带制品厂及广州第一橡胶厂，于2008年1月成立的合资公司。公司拥有两家专业制造分厂，生产经营“飞旋”牌胶带和“钻石”牌力车胎。

飞旋胶带分厂的“飞旋”牌胶带包括：输送带、普通V带、高强力V带，产品具有五十多年的生产工艺技术积累，在华南地区具有很强的品牌效应。产品主要应用于矿山、码头、钢铁、水泥等多个行业的带式输送机传送，连续多年通过国家监督检测，质量深受国外客户赞赏。“飞旋”牌商标被认定为广州市著名商标。分厂的年产能达到运输带500万m^2、V带3 000万Am。

飞旋车胎分厂专业制造“钻石”牌与“奇伦”牌力车胎。拥有六十多年历史的拳头产品“钻石”牌自行车胎自20世纪50年代就出口至东南亚、非洲、南美洲，在国际市场上享有很高的声誉，出口创汇历年位居国内同行业前列。年产能达到自行车外胎2 000万条、内胎2 500万条。

广州飞旋橡胶有限公司通过ISO9001：2008国际质量体系认证，是中国橡胶工业协会管带分会及力车胎分会的理事单位。

GUANGZHOU
FEIXUAN RUBBER
PRODUCT

化验设备

输送带

V带

生产车间

地址：广东省广州市花都区
电话：0086-20-86748966、86748783
传真：0086-20-86748969、86748782
联系人：岑平 13602230876 销售部（经理）
E-mail：sales@gzfeixuan.com
http://www.gzfeixuan.com

综合索引

鉴证行业发展足迹

振兴重型装备工业

中国工业年鉴出版基地

编辑说明

一、《中国机械工业年鉴》是由中国机械工业联合会主管、机械工业信息研究院主办的大型资料性、工具性年刊，创刊于1984年。

二、根据行业需要，1998年中国机械工业年鉴编辑委员会开始出版分行业年鉴，逐步形成了中国机械工业年鉴系列。该系列现已出版了《中国电器工业年鉴》、《中国工程机械工业年鉴》、《中国机床工具工业年鉴》、《中国通用机械工业年鉴》、《中国机械通用零部件工业年鉴》、《中国模具工业年鉴》、《中国液压气动密封工业年鉴》、《中国重型机械工业年鉴》、《中国农业机械工业年鉴》、《中国石油石化设备工业年鉴》、《中国塑料机械工业年鉴》、《中国齿轮工业年鉴》、《中国磨料磨具工业年鉴》和《中国机电产品市场年鉴》。

三、《中国重型机械工业年鉴》作为该年鉴系列之一，2005年创刊，每年出版一期，2010年为第6期。该年鉴集中反映了重型机械行业的发展情况，全面系统地提供了重型机械行业及其企业的主要经济技术指标。

四、《中国重型机械工业年鉴》2010年版内容由综述、行业篇、市场篇、企业篇、统计资料、标准与质量、政策法规、大事记和附录9部分构成，统计资料中的数据由中国重型机械工业协会提供，数据截至2009年12月31日。

五、本年鉴在编纂过程中得到了中国重型机械工业协会及所属分会、研究院所和企业的大力支持和帮助，在此深表谢意。

七、由于水平有限，难免出现错误及疏漏，敬请批评指正。

中国机械工业年鉴编辑部

2011年3月

综述

回顾2009年重型机械行业发展状况、“十一五”期间重型机械行业取得的主要发展成就，公布2009年“中国机械工业科学技术奖”重型机械获奖情况，提出落实装备制造业调整振兴规划的措施建议

Review the development of the heavy machinery industry in 2009 and the progress made during the period of the 11th Five-Year Plan, announce the winners of the 2009 Science and Technology Prize of China Machinery Industry and put forward proposals on implementing the plan for adjusting and invigorating the equipment manufacturing industry

综述

2009 年重型机械行业总体发展情况

重型机械制造业是延用原机械工业部时期行业分类名称。在 1995 年前，冶金专用设备制造业被称为重型机械行业，之后又泛指重型装备制造业。2001 年国家机械工业局撤销后，因中国重型机械工业协会归口全国冶金、矿山机械及起重运输机械制造等行业服务工作，故现在的重型机械行业是指上述多种制造业的合称，因以原机械工业八大重机厂为代表的重型装备制造企业均归属此行业，所以有时也特指重型装备制造业。

为反映本行业实际情况，根据行业特点的不同，一般将重型机械行业分为冶金矿山机械行业（属于专用设备制造业，原机械工业八大重机厂为代表的重型装备制造企业均归属此行业）和物料搬运（起重运输）设备行业（属于通用设备制造业，国际上通称为物料搬运设备行业）等两大行业来叙述。

一、行业总体发展情况

2003～2008 年重型机械行业主要经济指标完成情况见表 1。

2007～2008 年重型机械行业主要经济指标占全国机械工业的比重见表 2。

表 1　2003～2008 年重型机械行业主要经济指标完成情况

指标名称	单　位	2003 年	2004 年	2005 年	2006 年	2007 年	2008 年	年均增长（%）
企业数	个	1 357	2 385	2 179	2 494	2 879	4 187	25.28
工业总产值（当年价）	亿元	1 101.50	1 711.76	2 138.85	2 771.78	3 711.86	5 125.66	36.00
工业增加值	亿元	271.66	456.3	577.16	738.08	966.48	—	—
主营业务收入	亿元	1 067.13	1 639.51	2 071.75	2 634.46	3 535.41	4 954.37	35.94
利润总额	亿元	40.66	70.87	108.49	162.95	233.49	345.02	53.37
主营业务利润（总额）率	%	3.81	4.32	5.24	6.19	6.60	6.96	0.63 个百分点
全员劳动生产率	万元/人	5.38	7.88	9.81	12.16	15.03	—	—
从业人员年均人数	万人	50.52	57.92	58.85	60.72	64.29	77.99	9.07
资产总值	亿元	1 393.64	1 852.25	2 121.38	2 586.78	3 345.48	4 776.56	27.94

注：表中原始数据来源于国家统计局规模以上企业年报资料，2004 年、2008 年为全国经济普查数据，其他年份为日常年报数据。

表 2　2007～2008 年重型机械行业主要经济指标占全国机械工业的比重

年份	名称	企业数（个）	占全国机械工业比重（%）	工业总产值（当年价）（亿元）	占全国机械工业比重（%）	主营业务收入（亿元）	占全国机械工业比重（%）	利润总额（亿元）	占全国机械工业比重（%）	资产总值（亿元）	占全国机械工业比重（%）
2007	全国机械工业	72 956	100.00	73 567.4	100.00	71 618.9	100.00	4 587.0	100.00	57 660.8	100.00
	重型机械行业	2 879	3.95	3 711.86	5.05	3 535.41	4.94	233.49	5.09	3 345.48	5.80
2008	全国机械工业	99 304	100.00	94 040.1	100.00	91 706.5	100.00	6 049.4	100.00	73 245.7	100.00
	重型机械行业	4 187	4.22	5 125.66	5.45	4 954.37	5.40	345.02	5.70	4 776.56	6.52

注：表中全国机械工业数据来源于中国机械工业联合会年报资料，其中 2008 年为全国经济普查数据。

二、2009 年重型机械行业总体经济发展简况

1. 2009 年重型机械行业主要经济指标完成情况

2009 年重型机械行业主要经济指标完成情况见表 3。

表 3　2009 年重型机械行业主要经济指标完成情况

行业名称	企业数（个）	比上年增长（%）	工业总产值（当年价）（亿元）	比上年增长（%）	新产品产值（亿元）	工业销售产值（亿元）	比上年增长（%）	出口交货值（亿元）	比上年增长（%）
重型机械行业合计	4 388	4.80	5 787.89	12.92	1 374.04	5 633.41	13.69	584.43	-17.70
冶金矿山机械行业	2 238	7.96	2 579.80	17.02	539.51	2 496.05	18.72	106.98	-6.82
物料搬运（起重运输）机械行业	2 150	1.70	3 208.08	9.82	834.53	3 137.36	9.99	477.45	-19.80

（续）

行业名称	主营业务收入（亿元）	比上年增长（%）	利润总额（亿元）	比上年增长（%）	资产合计（亿元）	比上年增长（%）	工业总产值全员劳动生产率（万元/人）	比上年增长（%）	主营业务收入利润（总额）率（%）	比上年增长（百分点）
重型机械行业合计	5 649.58	14.03	407.92	18.23	5 578.13	16.78	69.11	5.16	7.22	0.26
冶金矿山机械行业	2 505.33	19.24	167.87	9.98	2 755.84	14.26	59.75	6.34	6.70	-0.56
物料搬运（起重运输）机械行业	3 144.26	10.20	240.04	24.77	2 822.29	19.35	79.06	4.90	7.63	0.89

注：1. 表中原始数据来源于国家统计局2009年年报资料。从2008年起，重型机械行业不再包括有轨工矿车辆行业数据。

2. 表中数据由于四舍五入，合计数有微小出入。

2. 2009年重型机械行业进出口情况

2009年重型机械行业产品进出口情况见表4。

表4 2009年重型机械行业产品进出口情况

行业名称	出口额（亿美元）	比上年增长（%）	进口额（亿美元）	比上年增长（%）	进出口总额（亿美元）	比上年增长（%）	进出口顺差（亿美元）	上年顺差（亿美元）	比上年增长（%）
重型机械行业合计	113.88	-19.25	55.73	-7.66	169.61	-15.77	58.16	80.67	-27.90
冶金矿山机械	27.89	-1.09	22.83	-0.86	50.72	-0.99	5.06	5.17	-2.13
物料搬运机械	85.99	-23.78	32.90	-11.86	118.89	-20.82	53.10	75.50	-29.67

注：表中原始数据来源于海关总署2009年12月统计资料。

3. 2009年重型机械行业经济运行特点

（1）行业生产销售总值再创历史新高。2009年，重型机械行业完成工业总产值5 787.89亿元，同比增长12.92%；工业销售产值5 633.41亿元，同比增长13.69%；主营业务收入5 649.58亿元，同比增长14.03%；利润总额407.92亿元，同比增长18.23%；行业生产销售总值再创历史新高，但受2008年9月发生的国际金融危机影响，行业经济增长率比上年有较大下降。

（2）行业进出口额比上年下降明显。2009年，重型机械行业出口额113.88亿美元，比上年下降19.25%；进口额55.73亿美元，比上年下降7.66%；进出口总额169.61亿美元，比上年下降15.77%；进出口顺差58.16亿美元，比上年下降27.90%，受国际金融危机的影响，2009年重型机械行业进出口下降比较明显。

三、重型机械行业产业结构组成及利用境外资本情况

1. 产业结构组成

2009年重型机械行业产业结构比重见表5。

2009年，物料搬运（起重运输）机械行业工业总产值、主营业务收入占重型机械行业的比重分别比上年下降3.56个百分点和1.94个百分点，冶金矿山机械行业生产销售比重在上升。

表5 2009年重型机械行业产业结构比重

行业名称	企业数（个）	占行业比重（%）	工业总产值（当年价）（亿元）	占行业比重（%）	主营业务收入（亿元）	占行业比重（%）	利润总额（亿元）	占行业比重（%）	资产总计（亿元）	占行业比重（%）
重型机械行业	4 388	100.00	5 787.89	100.00	5 649.58	100.00	407.92	100.00	5 578.13	100.00
冶金矿山机械行业	2 238	51.00	2 579.80	44.57	2 505.33	44.35	167.87	41.15	2 755.84	49.40
物料搬运（起重运输）机械行业	2 150	49.00	3 208.08	55.43	3 144.26	55.65	240.04	58.85	2 822.29	50.60

注：表中数据由于四舍五入，合计数有微小出入。

2. 利用境外资本情况

2009年重型机械行业利用境外资本情况见表6。

表6 2009年重型机械行业总体利用境外资本情况

行业名称	实收资本（亿元）	比上年增长（%）	境外资本（亿元）	比上年增长（%）	中国港澳台地区资本（亿元）	比上年增长（%）	外商资本（亿元）	比上年增长（%）	境外资本占实收资本比重（%）	上年境外资本占实收资本比重（%）
重型机械行业合计	992.99	21.38	205.03	29.31	50.08	53.67	154.95	23.01	20.65	19.38
冶金矿山机械行业	458.73	21.78	57.86	80.93	5.16	-6.86	52.70	99.32	12.61	8.49
占重型机械行业比重（%）	46.20		28.22		10.30		34.01			

（续）

行业名称	实收资本（亿元）	比上年增长（%）	境外资本（亿元）	比上年增长（%）	中国港澳台地区资本（亿元）	比上年增长（%）	外商资本（亿元）	比上年增长（%）	境外资本占实收资本比重（%）	上年境外资本占实收资本比重（%）
物料搬运（起重运输）设备行业	534.27	21.06	147.17	16.27	44.92	66.06	102.25	2.73	27.55	28.68
占重型机械行业比重（%）	53.80		71.78		89.70		65.99			

注：表中数据由于四舍五入，合计数有微小出入。

2009年，冶金矿山机械行业利用境外资本占重型机械行业的比重为28.22%，比上年增加8.05个百分点。物料搬运（起重运输）机械行业利用境外资本占重型机械行业的比重为71.78%，比上年减少8.05个百分点。

四、近12年重型机械行业经济增长走势图

1998～2009年重型机械行业工业总产值和主营业务收入走势见图1。1998～2009年重型机械行业工业总产值增长率和主营业务收入年增长率走势见图2。1998～2009年重型机械行业利润总额和利润总额年增长率走势见图3。1998～2009年重型机械行业产品进出口及年增长率走势见图4。1998～2009年重型机械行业从业人员平均人数及其年增长率走势见图5。1998～2009年重型机械行业全员劳动生产率及其年增长率走势见图6。

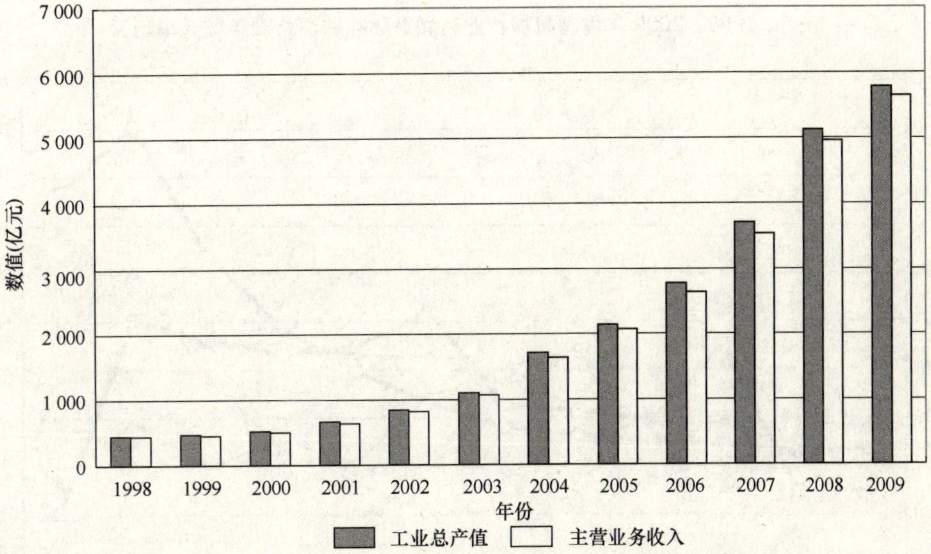

图1　1998～2009年重型机械行业工业总产值和主营业务收入走势

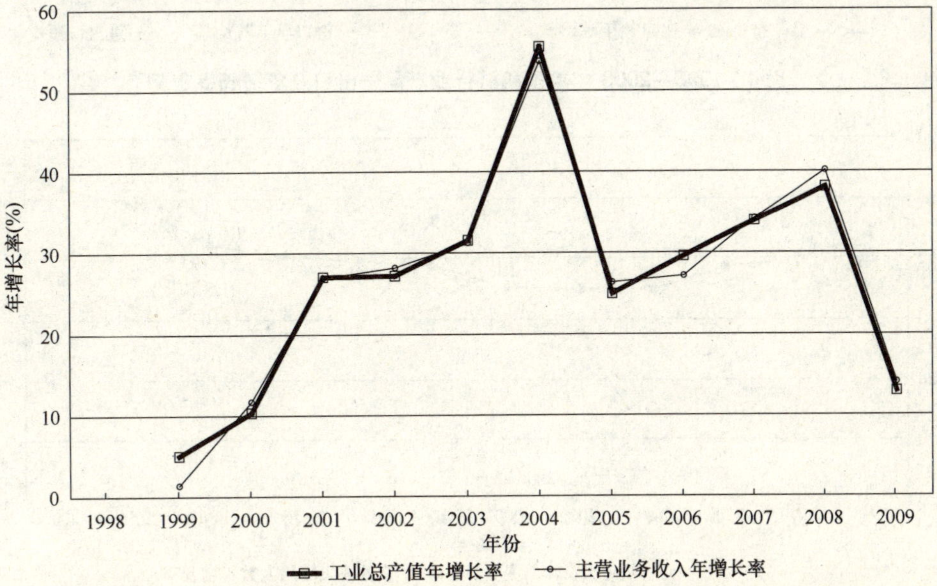

图2　1998～2009年重型机械行业工业总产值增长率和主营业务收入年增长率走势

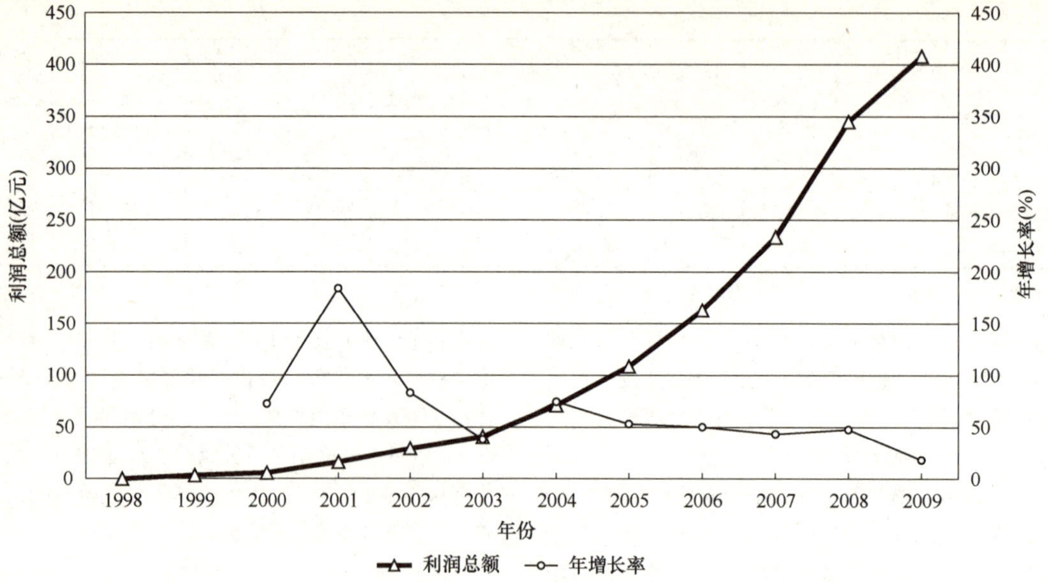

图3　1998～2009年重型机械行业利润总额和利润总额年增长率走势

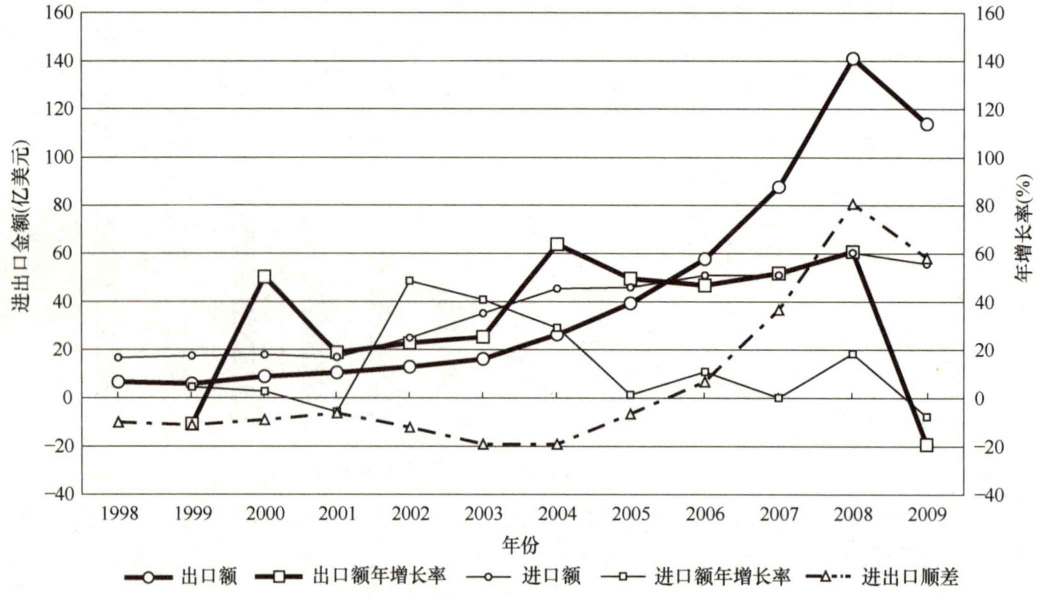

图4　1998～2009年重型机械行业产品进出口及年增长率走势

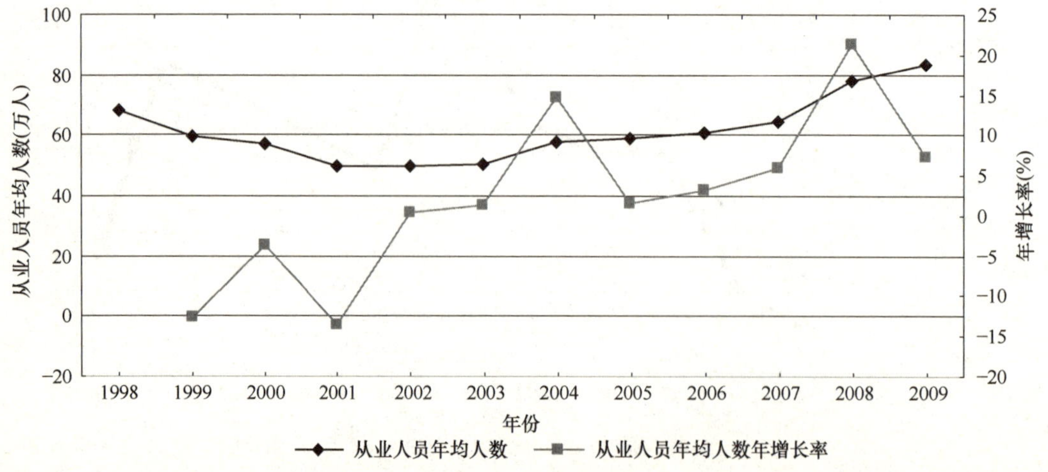

图5　1998～2009年重型机械行业从业人员平均人数及其年增长率走势

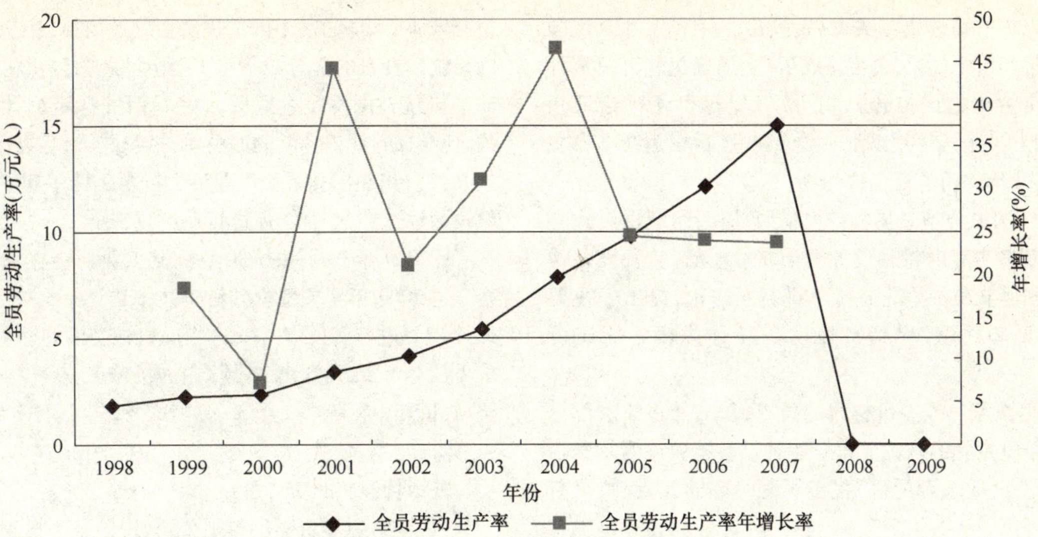

图6 1998～2009年重型机械行业全员劳动生产率及其年增长率走势

〔撰稿人:中国重型机械工业协会臧义成 审稿人:中国重型机械工业协会徐善继〕

加快调整产业结构 转变经济发展方式 实现重型机械行业又好又快发展

面对国际金融危机的严峻冲击和国内冶金设备市场的疲软,重型机械行业根据党的十七大,十七届三中、四中全会和中央经济工作会议的精神,坚持以科学发展观引领行业走新型工业化道路,认真落实装备制造业调整和振兴规划,积极调整产业和产品结构,转变发展方式,2009年全行业仍实现了平稳较快发展,取得了可喜的成绩。

一、始终坚持为企业和政府双向服务的宗旨,推动重型机械行业又好又快发展

(一)充分发挥协会的桥梁和纽带作用,积极参与政府有关部门制定产业政策,协助政府搞好行业管理

1. 积极参加国家发改委和工信部对《装备制造业调整和振兴规划》的审定工作,代表行业提出了涉及重型机械行业调整和振兴的意见和建议。

2. 为深入贯彻落实《国务院关于振兴装备制造业的若干意见》,进一步促进装备制造业的科学发展,根据工信部办公厅工信厅〔2008〕100号《关于开展2006～2008年装备制造业发展总结工作的通知》,协会完成了《2006～2008年我国大型薄板冷热连轧成套设备及镀涂层加工成套设备重大技术装备发展总结报告》及《2006～2008年我国大型煤炭井下综合采掘、提升和洗选设备及大型露天矿设备领域重大技术装备发展总结报告》,并上报工信部装备工业司。

3. 遵照工信部装备工业司《关于请协助提出提高我国大型铸锻件自主化能力的建议的函》的要求,在征求有关企业意见的基础上,向工信部装备工业司提交了《关于提高我国大型铸锻件自主化能力的建议的报告》,提出的有关政策建议和措施意见被原则采纳。另外还完成了冶金机械出海口基地技术改造专项建议等报告。

4. 协会代表行业多次参加由国家发改委、财政部、工信部、国家海关总署等联合组织的对重大技术装备制造企业实施进口税收优惠政策的专家审查会,对有关冶金、矿山、盾构机等成套设备制造所需的进口关键零部件及配套设备免税进行了审查。为避免盾构机的无序生产,提出了规模小无国产化能力的企业不列入免税范围的建议。

5. 协会参加了国家质量监督检验检疫总局在河南省新乡市举办的起重机产业发展论坛并作了主旨发言,分析了当前起重机械行业现状及存在的主要问题,并对推进起重机行业产能过剩的重组与发展提出了建设性意见。

6. 针对当前我国大型自由锻压机生产能力过剩的趋势,应上级部门要求,协会向中国机械工业联合会提出了《我国大型自由锻压机生产能力现状和政策建议的报告》,深入分析了我国现有的1 000吨级以上大型自由锻压机拥有、分布情况及总体需求,分析了存在的突出问题,提出了相应的政策建议。

7. 为深入贯彻《国务院关于振兴装备制造业的若干意见》,提高我国装备工业自主化创新水平,工信部装备工业司要求从2003年至2007年连续五年年进口额超过50亿美

元的产品大类中筛选出相关产品，提出支持和鼓励实现国产化的政策和措施建议，协会完成了《金属轧机轧辊及零件重大产品自主化论证报告》、《连续卸船机自主化论证报告》、《排土(岩)机自主化论证报告》和《客运索道缆车自主化论证报告》等4份论证报告，上报工信部。

8. 配合国家质检总局特种设备局，协会组织桥门式起重机主要制造企业对特种设备安全技术规范《特种设备焊接操作人员考核细则(报批稿)》进行了讨论，提出了重要的修改意见和建议，得到特种设备局有关领导的充分肯定。

9. 根据国家发改委价格司的要求，秘书处在征求部分协会成员单位意见的基础上，对《特种设备检验检测收费标准(中央级)》(征求意见稿)提出了意见和建议，反映了行业企业的呼声。

10. 针对国家统计局《国民经济行业分类》修订框架，提出将起重运输机械行业细分为6个行业小类等修改意见并被采纳。

11. 积极参加国家发改委、工信部、商务部有关司局以及中机联组织的有关专题经济运行分析会，提供了行业经济运行分析报告，反映了行业动态及存在的问题。

12. 根据商务部商反垄竞争函(2010)3号"关于征求对比塞洛斯国际公司与淮南矿业集团公司成立合资企业意见的函"，秘书处进行了调研并提出了意见。

13. 组织完成了由国家发改委等政府有关部门联合编制并发布的《国家重点行业清洁生产技术导向目录》2009年版行业项目的申报工作，更好地引导企业采用先进清洁生产技术。

14. 协助工信部提出使用国产首台(套)重大技术装备情况调查报告。

(二)加强行业统计工作，做好经济运行分析研究，供企业和政府决策参考

1. 编辑了《中国重机协会统计简报》(月报)、《2008年重机协会统计年报》、《2008年冶金矿山机械进出口年报》、《2008年物料搬运(起重运输)机械进出口年报》和《中国重机通讯》(双月刊)等资料，提供给政府及行业有关单位。同时通过《简报》、《年报》、《通讯》等资料，提供行业信息，分析行业经济运行状况，提出重大领域和有关行业的发展与对策，供行业企业参考。

2. 2009年7月，在广西南宁市召开了中国重型机械工业协会2009年度统计工作会议。会议总结了协会统计网成立一年来的主要工作成绩及存在的主要问题，提出了统计工作是协会的工作重点。会议要求主要分会理事以上企业及重要会员企业要积极参加统计网，扩大统计网参加单位的覆盖面。会议表彰了39个单位为2009年度协会统计工作先进单位，表彰了21个单位为2009年度协会统计工作表扬单位。会议通过了《中国重型机械工业协会统计工作实施细则》修订稿。

3. 本着资源共享的原则，根据统计网网员单位的要求，将原来协会编辑的《中国重机协会统计简报》中有关统计网网员统计资料的部分内容单独编印为《中国重机协会统计简报》(统计网网员企业版)，并专门发送至统计网网员单位，使参加行业统计网的网员单位实现了信息共享。

(三)组织中国机械工业科学技术奖评审和中国企业新纪录的评选推荐工作，促进行业科技进步

1. 2009年7月，中国重型机械工业协会在大连市主持召开了2009年度重型机械科学技术奖评审会议，对申报的60个项目进行了评审，并经"中国机械工业科学技术奖"评审委员会审定，共评出36项"中国机械工业科学技术奖"获奖项目，其中特等奖2项，一等奖3项，二等奖17项，三等奖14项。

获得特等奖的项目是：

(1)上海重型机器厂有限公司、中国重型机械研究院有限公司等单位完成的"165MN自由锻造油压机研制"。

(2)中信重工机械股份有限公司、西安交通大学、洛阳矿山机械工程设计研究院有限公司等单位完成的"纯低温余热双压利用成套工艺技术及装备"。

获得一等奖的项目是：

(1)燕山大学完成的"带钢平整设备工艺及控制关键技术的研发与应用"。

(2)中国第一重型机械集团公司等单位完成的"21/4Cr-1Mo-1/4V材料开发及加氢反应器研制"。

(3)北方重工沈阳重型机械集团有限责任公司完成的"QJRN-112泥水平衡盾构机"。

2. 配合中国企业联合会，组织申报、评审"中国企业新纪录"，重型机械行业共有34项获得"2009年中国企业新纪录(第十四批)"。

(四)组织新技术交流活动，推动行业科技进步

1. 2009年12月，在广州市组织召开了"2009年度重型机械行业科技创新工作会议暨科研院所长、高校领导座谈会"。会议主题是"如何加强科技创新能力建设，以科技创新成果应对国际金融危机"。出席会议的有工业与信息化部工业司、中国机械工业联合会、中国钢铁工业协会、科研院所、高校和骨干企业等31个单位41名代表。

与会领导分别介绍了各自单位2009年经济运行情况和应对国际金融危机采取的行之有效的措施和做法，近年来在科技创新能力建设方面所做的工作，以及提高自主研发能力的做法和经验。原机械工业部孙昌基副部长和中国工程院钟掘院士出席了会议，对行业科技创新、人才培养等提出了许多建设性意见。

2. 2009年9月，为跟踪国际散料装卸输送系统发展趋势，展示我国散料装卸输送技术最新发展，引导产业发展方向，搭建行业最具影响力的交流平台，中国重型机械工业协会和北京起重运输机械设计研究院在天津市召开了"2009年全国散料输送新技术大会"，来自全国113个单位的196名代表出席了会议。大会邀请11位行业知名专家作专题技术报告，受到与会代表的一致肯定和欢迎。

（五）认真办好中国重型机械工业协会官方网站和会刊《中国重机通讯》，扩大协会的影响力

充分利用协会官方网站和会刊《中国重机通讯》向会员单位积极宣传国家发改委、工信部、商务部等政府部门颁布的政策措施，报导会员单位的业绩和企业信息，特别是改版后的《中国重机通讯》版面新颖，信息量大，受到会员单位的欢迎和肯定。

为更好地为会员单位服务，秘书处完成了对协会官方网站的改版工作，改版后的网站将对所有的会员单位进行全面的宣传和展示。

（六）组织行业编写《2009 年中国重型机械工业年鉴》

《年鉴》是反映重型机械行业整体面貌的工具书，具有较高的权威性。协会组织行业几十名专家撰写，以供全行业参考。

（七）组织 2010 中国（北京）国际矿山、起重运输机械展览会暨重型、矿山、起重运输机械科技创新成果展览会

展览会由中国机械工业联合会和中国重型机械工业协会联合主办，得到了许多会员单位的支持，国内外许多著名厂商参展，展示了行业重大科技成果和新产品。

（八）组织行业调查，为企业搭建合作平台

2009 年 6 月，协会组织由 13 位大型企业专家组成的液压件调研组，对 13 个国内知名液压润滑设备制造企业进行调研，全面考察企业基本情况，产品技术和质量情况，使主机企业对配套产品有了更深入的了解。

二、遵照国资委行业协会办公室指示精神，认真推进协会改革，促进协会工作健康有序发展

（一）遵守协会章程，充分发挥重型机械协会会员代表大会、理事会、常务理事会的领导作用

1. 2009 年 4 月 18 ~ 19 日，召开了中国重型机械工业协会五届二次会员代表会议暨理事会议，149 个会员单位的 234 名代表参加了会议。大会审议通过了《中国重型机械工业协会五届二次会员代表大会工作报告》、《中国重型机械工业协会五届二次理事会财务报告》、《中国重型机械工业协会五届理事会人员调整变更名单》、《中国重型机械工业协会五届理事会理事增补名单》，大会表彰、授予山建国等 33 名同志为"全国重型机械行业科技创新优秀工作者"称号，于玺等 25 名同志为"全国重型机械行业高技能优秀工人"称号，王铁锋等 100 名同志为"中国重型机械工业协会先进工作者"称号，还表彰了破碎粉磨设备专业委员会、桥式起重机专业委员会、停车设备工作委员会、带式输送机分会、大型铸锻件分会、散料装卸机械与搬运车辆分会等 6 个先进分支机构和矿山机械分会等 10 个表扬分支机构。

2. 召开了三次常务理事会（其中二次以通信方式召开），对提供会员大会的主要事宜进行了研究审议；结合对分支机构调整成立起重葫芦分会有关事宜进行了审议。

（二）加强协会自身建设，进一步提升服务能力

1. 实施协会工作的规范化和民主化管理

秘书处经常召开常务副理事长、秘书长、副秘书长和党支部书记参加的领导办公会，商定协会的主要工作。召开秘书处全体成员会通报和布置工作。

2. 积极有效推进秘书处人员的年轻化和专业化

在社会上招聘了 3 名大学生、研究生参加协会工作，正对其进行培训，使其尽快适应协会工作。

3. 对分支机构的规范化管理取得初步成效

主要是制定管理办法，做到有章可循，将协会秘书处与分支机构秘书处建成有机整体，分工合作，发挥各自功能。加强对分支机构工作的考核，在换届过程中对分支机构新一届理事会组成方案、理事长、副理事长单位及秘书长人选进行协调和审核，并加强财务监督，促使分支机构走上规范化管理的轨道。

2009 年完成了桥式起重机分会、散料装卸机械分会、润滑液压设备分会、传动部件专委会、大型铸锻件分会、重型基础件分会等 6 个分会的换届工作和带式输送机分会、洗选设备专委会的换届审核工作。随着行业发展和企业对协会工作需求的多样化，完成了对葫芦单双梁专委会和手动葫芦分会的重组工作，组建起重葫芦分会并由总会直接管理。

为规范对分支机构管理，协会还制定了《中国重型机械工业协会分支机构工作条例（范本）》。

4. 2009 年 7 月，中国重型机械工业协会召开了分支机构秘书长会议，传达了上级部门有关协会工作的指示，贯彻落实了中国重型机械工业协会会员代表大会、常务理事会的精神和部署了当年的协会工作。

5. 分支机构主要情况

各分支机构开展了许多卓有成效的工作和活动，进一步加强了协会组织的凝聚力和影响力。

（1）破碎粉磨设备专业委员会。组织召开经济形势分析会，探讨应对国际金融危机的措施，提供会员企业借鉴；组织会员单位建立战略合作伙伴关系，联合开发新产品和开拓新市场，帮助困难企业共渡难关；办好"中国破碎机械网站"，扩大协会影响力；积极组织行业企业联合参加相关展览会，扩大企业的市场影响力；认真编写《中国重型机械工业年鉴》；对行业企业共用配套产品如专用轴承、减速机、电动机等，组织联合选点、定点，保证了配套产品的质量，降低了企业采购成本；在会员单位内积极组织经验交流，搭建产、学、研合作平台，推进行业科技进步，深受会员单位欢迎。

（2）桥式起重机专业委员会。积极发展会员单位，现已成为中国重型机械协会下属的最大分支机构之一，在行业中影响很大，凝聚力也很强；积极配合重型机械协会办好展览会、编写《中国重型机械工业年鉴》；认真组织成员单位年会和理事会议，并与行业专家一起探索起重机行业的发展趋势及研究相应的对策，指导行业发展；深入企业进行调研，搭建主机厂与配套厂的合作平台，受到会员单位好评。

（3）停车设备工作委员会。受国家技术监督局特种设

备局和中国重型机械工业协会秘书处的委托，积极开展停车设备制造许可的评审工作，通过评审推动企业建立健全质量管理体系，保证产品质量；重视信息统计工作、开展经济运行的分析研究，组织行业专家探索停车设备行业的发展趋势，指导行业发展；向会员单位推荐优质配套产品，降低企业采购成本；组织会员单位参加国内外相关产品展览会及办好会刊，为会员单位提供信息服务，增强了协会的凝聚力。

(4)带式输送机分会。是中国重型机械协会下属的最大分会之一，在行业中影响很大，凝聚力很强；积极组织行业活动与交流，每年年会上组织技术交流，分会理事长与有关专家对行业发展提出许多建设性意见，指导行业的发展；搭建主机厂与配套厂的合作平台，注重行业标准化工作与《中国重型机械工业年鉴》的编写工作；注意探索分会的管理工作，通过按区划分小组、评选协会先进个人等措施，提高了分会的管理水平，受到会员单位好评。

(5)大型铸锻件分会。积极探索新的办会思路，分会理事长非常重视分会工作，以大型铸锻件研究所为依托，组织行业专家研究国外发展动向，对推动行业科技进步和发展提出许多建设性意见；在组织制定行业发展规划和制修订行业技术标准以及办好行业会刊《大型铸锻件》等方面做了大量工作，受到会员单位好评。认真编写《中国重型机械工业年鉴》，在为政府咨询服务工作中提供有关行业资料。

(6)散料装卸机械与搬运车辆分会。认真组织各种行业交流活动，为推动行业技术进步、拓展市场及振兴企业发挥了良好的作用；分支机构管理工作规范性强，通过认真调研，编写的《中国重型机械工业年鉴》散料装卸机械行业篇水平高，对行业发展有指导作用，受到会员单位的好评。积极支持中国重型机械工业协会的工作，组织行业有关企业参加中国重型机械工业协会组织的展览会等行业活动，在为政府咨询服务工作中提供有关行业资料。

(7)矿山机械分会。加强分会建设，规范分会会员单位的管理，充分利用协会、标准、检测、信息平台，为会员单位服务，推动行业进步；认真编写《中国重型机械工业年鉴》，配合总会积极发展统计网成员单位，积极组织开展矿井提升机、矿用磨机等专业技术交流和研讨会，举办矿业设备技术国际学术报告会，受到会员单位的好评。

(8)洗选设备专委会、物料搬运机械分会、输送机给料机分会、千斤顶分会、传动部件专委会、重型基础件分会、油膜轴承分会、润滑液压设备分会等。根据各自不同的特点，在会员企业之间开展多种形式的交流活动，努力为会员企业服务；认真执行总会秘书处提出的年度工作计划，完成所布置的各项任务。

三、存在的主要问题和建议

1. 由于重型机械行业涉及冶金机械、矿山机械、起重运输机械和大型铸锻件等行业，每个行业还有相当数量的小行业，专业面广，产品繁多，而且每种产品的技术性能、制造工艺、生产和销售模式以及最终用户群体差异巨大，因此客观上给行业管理及行业技术交流活动造成很大困难。同时对协会工作人员专业知识面和水平的要求也非常高，协会人才素质和人员短缺的问题比较突出，也很难解决。

2. 协会创收渠道有限，收缴的会费又低，政府购买服务不到位，所以经济实力差，经济收入已成为制约协会发展的瓶颈。

3. 除停车设备工作委员会、大型铸锻件分会外，大多数分支机构秘书处只有少量的专职人员，只能应付日常工作，没有能力对企业进行深入调研，以及开展国外行业发展动向和战略发展的研究。有待进一步探讨分支机构的管理模式。

建议：理事长、副理事长单位派有一定技术专长的人员到协会短期工作，增强秘书处的实力。

四、当前重型机械行业的发展形势及“十二五”发展思路

(一)重型机械行业2009年经济运行情况

1. 重型机械行业主要经济指标完成情况

2009年，重型机械行业工业总产值达到5 746.03亿元，同比增长14.81%；销售产值达到5 580.27亿元，同比增长14.88%；新产品产值1 375.12亿元，同比增长16.48%；出口交货值达到600.42亿元，同比下降8.97%；利润总额约350亿元，同比增长20%。可喜的是，利润的增长率超过了销售产值的增长率，说明行业的整体经济效益有较大的提高。

2009年，重型机械行业主要产品产量：大型金属轧制设备、金属冶炼设备分别下降22%和27.5%，水泥设备增长40.39%，输送设备增长51.52%。

国际金融危机对重型机械行业的冲击比较大，特别是对冶金装备制造业影响特别明显，虽然影响有一定的滞后性，但从2008年下半年开始，增长速度已明显趋缓。在国家拉动内需的一系列政策支持下，行业大多数企业通过结构调整，加强创新能力建设，发展新产品，增强优势特色产业的竞争能力，积极开拓国内外市场，促使重型机械行业呈现复苏的态势。其中起重运输机械行业工业总产值、销售产值、出口交货值增长较快，矿山机械行业增长缓慢，冶金设备行业仍处于逐月回落状况，而新产品产值增长迅速，说明主要企业正在加快产品结构调整。重型机械产品出口形势严峻，特别是冶金、矿山机械产品尤甚。

2. 当前行业存在的主要问题

(1)国际金融危机以及钢铁行业前几年过度扩张，相当长的时间内不会上新项目，对冶金设备制造业的冲击很大，订货量大幅度下降，估计降幅超过70%。国内外市场总体疲软，一定时期内又难以复苏，冶金设备行业急需加快结构调整，但难度比较大。

(2)有些行业的生产能力大大超出市场需求，特别是起重运输机械行业中的桥式、门式起重机和带式输送机产品，已处于过度竞争状态，影响行业的健康发展和产业升级，政府有关部门应实施准入门槛制度，以促进产业结构调整和重组。

(3)大型装备重复建设现象非常严重，造成资金和生产能力的很大浪费，大大降低了投资效益。如1.5万吨级以上的水压机、油压机已有4台(其中1台正在安装)，万吨级以上水压机和6 000~8 000吨级水压机已各有10台左右，大型自由锻造压机的产能总体过剩。

(4)中小企业技术创新能力不足，缺少技术支撑，产品升级换代比较缓慢，产品缺乏核心竞争力，需要加强产、学、研一体化科技创新体系的建设。

(二)行业发展的形势及面临的国内外环境

2009年12月召开的中央经济工作会议对国内外经济形势做了精辟的论述，重型机械行业应结合行业实际情况认真学习、加深理解，准确把握经济发展的基本走势，以科学发展观指导行业发展。

国际金融危机以来，世界经济的复苏进程艰难，虽然主要工业国家遏制了近半年的经济萎缩势头，但是世界经济复苏的基础仍很脆弱，未来的经济形势仍不容乐观。贸易保护主义持续升温，对我国重型机械产品的出口市场影响比较大；新的经济增长领域如海洋工程、民用核电、风力发电、盾构机等重大装备仍面临国外大公司的激烈竞争。

2010年，我国国民经济增长目标定为8%左右，工信部将装备制造业增长指标定为12.5%。国家宏观经济政策仍然看好，将继续实施积极的财政政策和适度宽松的货币政策，国家将出台一系列政策促进产业优化升级和战略性新兴产业的发展。调整产业结构、转变经济发展方式是2010年经济工作的主旋律。国家采取了大量有针对性的积极举措，进一步完善鼓励企业增加研发投入的政策措施；研究制定和启动了加快发展战略性新兴产业专项规划和专项工程，通过政府采购和风险补助措施，鼓励使用新兴产业产品和技术；支持重大技术装备自主开发，研究设立鼓励使用国产首台(套)重大装备风险补助资金，推动重大装备的国产化；技术改造要围绕产业调整振兴规划进行，技术改造的专项资金中继续安排一定的额度扶植支持中小企业的技改和科技进步；将建立100个产业集群示范，鼓励中小企业走“专、精、特、新”和与大企业协作配套的路子。

(1)对承担国家重大技术装备的企业实施技术改造项目国债贴息贷款。从2002年国家安排国债定额贷款到2006年，机械工业实施国债资金技改项目200多项，总投资200多亿元。其中，重型机械行业有多家承担国家重点产品企业的技改项目都是在国债贴息贷款的支持下完成的。

(2)国家对东北、中部和内蒙古东部老工业基地实施扩大增值税抵扣范围的优惠政策。根据2003年《中共中央国务院关于实施东北地区等老工业基地振兴战略若干意见》和《东北地区振兴规划》，财政部、国税总局发出了《2004年东北地区扩大增值税抵扣暂行办法》的通知及2008发出了《内蒙古东部地区扩大增值税抵扣范围暂行办法》的通知。这些政策使重型机械行业不少企业受惠。

(3)对自主化重大装备进口关键零部件、原材料等减免进口关税和进口增值税优惠政策。2007年，根据《国务院加快振兴装备制造业的若干意见》的要求，国家出台了《财政部、国家发改委、海关总署、国家税务总局关于落实国务院加快振兴装备制造业的若干意见有关进口税收政策的通知》，对承担16个重大技术装备的企业进口关键零部件、原材料实行先征后退进口关税和进口环节增值税的优惠政策，同时对进口成套设备不再免税。

(4)对首台(套)重大技术装备试验、示范项目的优惠政策。根据《国务院加快振兴装备制造业的若干意见》的要求，2008年国家发改委、财政部、科技部、国防科工委等部门联合下发了《首台(套)重大技术装备试验、示范项目管理办法》。该办法指出：“国家优先审批、核准和安排首台(套)重大技术装备试验、示范项目，国家政策性银行应在自身业务范围内给予信贷支持，国家有关部门优先安排用地审查、优先安排环保评估、优先纳入科技支撑计划。”对开发符合规定条件的首台(套)重大技术装备所需进口关键配套部件或系统及原材料，可申请享受《财政部、国家发改委、海关总署、国家税务总局关于落实国务院加快振兴装备制造业的若干意见有关进口税收政策的通知》中的专项税收政策。项目单位采购的首台(套)自主创新重大技术装备，符合税法规定加速折旧条件的，允许加速折旧。对首台(套)重大技术装备的成套设备、核心设备、核心部件研制或总成过程中可能出现的风险，实施单位可申请国家给予必要的风险补助，但补助数额应不高于设备平均价格的10%(不包括军工项目)。

(三)重型机械工业“十二五”发展思路，主要目标和重点发展的领域

1. 发展思路

中央经济工作会议指出了经济工作的新重点：深入贯彻落实科学发展观，保持宏观经济政策的连续性和稳定性，特别是要更加注重提高经济增长的质量和效益，更加注重推动经济发展方式转变和经济结构调整，更加注重推进改革开放和自主创新，增强经济增长活力和动力，更加注重改善民生、保持社会和谐稳定，更加注重统筹国内和国际两个大局，努力实现经济平稳较快发展。中央经济工作会议精神为重型机械行业制定“十二五”规划指明了方向。

重型机械制造业是关系国民经济命脉和国家安全的重要产业之一。在中央振兴装备制造业的战略决策及3年振兴规划的指引下，在“十二五”期间，重型机械制造业应深入贯彻落实科学发展观，以国际一流重型机械企业为目标，坚持走新型工业化道路；以结构调整和发展方式转变为主线，实施“调整转型、创新升级”战略；围绕建设装备制造业强国的战略目标，着力加强自主创新，加快形成自

主技术、标准和品牌；依托国家重点工程项目，开展重大技术装备自主化研制，着力培育发展战略性新兴产业，构建新的竞争优势和经济增长点；着力推进信息化与工业化融合，提升装备制造业整体素质，促进我国由装备制造业大国向强国转变。

2. 主要目标

预测“十一五”末（即2010年），重型机械行业工业总产值约7 000亿元，工业销售产值约6 800亿元，比2009年增长约20%。

预测“十二五”末（即2015年），重型机械行业工业总产值将达到14 150亿元，工业销售产值将达到13 800亿元，平均年增长16%左右。利润总额约1 000亿元，出口额达到1 400亿元，实现产品进出口顺差95亿美元。国产设备价值量国内市场占有率88%～90%，重大技术装备自主化率达95%。

3. 重点发展的领域

主要发展领域包括：核电、水电、风电设备的大型铸锻件，煤化工大型容器，千万吨级煤炭井下综合采掘、洗选、提升成套设备及露天矿成套设备，全断面岩石掘进机和盾构机，风电设备，海洋工程成套设备，大型薄板冷热连轧成套设备及涂镀层加工成套设备，大型港口装卸设备（自动化装卸船机、全回转浮吊等），大型集装箱装卸输送成套设备，大型散料装卸输送成套设备，大型自动化物流配送分拣中心成套设备，核电用起重机、环保用起重机与自动化搬运装卸设备，低温余热发电设备，停车设备，大型风力发电设备、全断面岩石掘进机和盾构机等重大装备关键零部件[减（增）速器、主轴承、液压元件、制动器、电气自动化控制系统等]。

4. 政策措施建议

包括：①对列入3年振兴规划的国家重点项目、科技支撑项目给予资金上的支持。②提高国家重点项目的首台（套）奖励的力度及建立用户使用保险基金制度。③对国家重点项目、重点新产品关键零部件进口继续实行免税政策。④加快产业结构调整，对产业大规模优化重组给予优惠政策。⑤加强产业政策的研究，特别是要对产能过大，甚至过剩的产业要执行准入门槛制度。⑥加快国家级、省级技术中心建设。⑦加强对行业性科研院所及高校重点实验室的支持力度。⑧建设面向行业中小型企业的科研创新研发平台。

五、2010年协会的工作任务

（1）继续做好政府有关部门委托的工作，发挥协会的桥梁和纽带作用。认真完成工信部和国家发改委安排的重型机械行业“十二五”发展规划的编制工作。“十二五”时期是我国应对国内外发展环境的重大变化，加快实现全面建设小康社会目标的关键时期。科学编制和有效实施重型机械行业“十二五”发展规划，对科学指导重型机械行业发展，促进行业做大做强具有十分重要的意义。

为了编好“十二五”规划，必须充分发挥大型重点骨干企业、有关行业科研院所（中国重型机械研究院、北京起重运输机械设计研究院、洛阳矿山机械工程设计研究院和大型铸锻件研究所），以及有关高校的专家作用，由协会秘书处组织共同完成。“十二五”规划将成为优化产业结构，加快转变发展方式的规划；提高国际竞争力，增强可持续发展能力的规划；进一步推进信息化和工业化融合的规划。

（2）加强对协会统计工作的领导，继续搞好统计工作，加强行业经济运行分析研究；在巩固现有统计网员单位的基础上，扩大吸收对行业有影响的企业参加统计网，并进一步细化统计的产品门类；加强行业经济运行情况的调研工作，建立与重点骨干企业的联系制度，做好主要产业情况的收集与分析工作。主要分支机构的工作也要突出统计工作和经济运行分析研究。

（3）配合中国机械工业联合会做好中国机械工业名牌产品的推荐与评审工作。为落实国务院“加强工业产品质量工作座谈会”精神，推进机械工业品牌战略，引导、鼓励、支持企业创名牌，中国机械工业联合会会同有关专业协会开展中国机械工业优质品牌产品评选工作。推进“名牌战略”对于促进行业高速健康发展，增强国际竞争力是非常重要的。认真制定中国机械工业名牌“十二五”培育规划、名牌评选办法、年度评选产品目录、评选细则，组织行业有关专家公正、客观、科学评定中国机械工业名牌产品。

（4）组织中国机械工业科学技术奖和中国企业新纪录的评审和推荐工作。评审工作要真正做到公平、公正，评审的成果经得起行业的检验。

（5）组织好由中国机械工业联合会和中国重型机械工业协会联合主办的《2010中国（北京）国际矿山、起重运输机械展览会》暨《重型、矿山、起重运输机械科技创新成果展览会》，展示行业的新技术、新产品，扩大市场影响力。

（6）发挥协会的平台以及官方网站作用，通过协会会刊《中国重机通讯》，扩大对会员单位特别是中小企业会员的信息宣传和服务工作。

（7）加强与国外对口专业协会的交流，积极促进协会会员参与国际交流和合作。

（8）完成《2010中国重型机械工业年鉴》编辑工作。

（9）加强秘书处自身建设，提升协会的服务能力。

（10）加强对到期换届的分支机构换届工作的领导，贯彻落实《中国重型机械工业协会分支机构暂行管理办法》。

〔撰稿人：中国重型机械工业协会徐善继　审稿人：中国重型机械工业协会肖立群〕

重型机械行业落实装备制造业调整振兴规划的措施建议

一、行业发展现状

1. 行业经济发展基本情况

重型机械行业主要包括冶金、矿山、起重、运输、重型锻压机械及大型铸锻件等制造行业，到2009年底，有规模以上企业4 184个。2009年实现工业销售产值5 580.27亿元，(其中冶金矿山机械行业2 462.71亿元，起重运输机械行业3 117.56亿元)，同比增长14.88%；其中出口交货值600亿元，同比下降10%，出口交货值占工业销售产值的比重为10.75%。

从2001年起，我国重型机械行业连续7年高速发展，其工业总产值、主营业务收入、利润增长显著，进出口贸易发展突出，连年刷新历史最高纪录。受2008年国际金融危机的影响，2009年重型机械行业工业总产值、主营业务收入、利润的增长速度明显下降，进出口贸易出现负增长。2001～2009年重型机械行业经济发展情况见表1。

表1　2001～2009年重型机械行业经济发展情况

年份	工业总产值(当年价)(亿元)	比上年增长(%)	主营业务收入(亿元)	比上年增长(%)	利润总额(亿元)	比上年增长(%)	进出口总额(亿美元)	出口额(亿美元)	比上年增长(%)	进口额(亿美元)	比上年增长(%)	进出口差额(亿美元)
2001	658.44	27.03	634.42	26.93	16.11	184.13	26.82	10.29	19.10	16.53	11.84	-6.24
2002	837.40	27.18	813.18	28.18	29.45	82.81	37.52	12.78	24.20	24.73	49.61	-11.96
2003	1 101.50	31.54	1 067.13	31.23	40.66	38.06	51.19	16.05	25.59	35.14	42.09	-19.09
2004	1 711.76	55.40	1 639.51	53.64	70.87	74.30	71.66	26.28	63.74	45.37	29.11	-19.09
2005	2 138.85	24.95	2 071.75	26.36	108.49	53.08	85.42	39.39	49.89	46.03	1.45	-6.65
2006	2 771.78	29.59	2 634.46	27.16	162.95	50.20	108.71	57.75	46.61	50.96	10.71	6.80
2007	3 711.86	33.92	3 535.41	34.20	233.49	43.29	138.57	87.63	51.74	50.93	0.06	36.70
2008	5 125.66	38.09	4 954.37	40.14	345.02	47.77	201.37	141.02	60.93	60.35	18.50	80.67
2009	5 787.89	12.92	5 649.28	14.03	407.92	18.23	169.61	113.89	-19.24	55.73	-7.66	58.16

注：表中原始数据来源于国家统计局规模以上企业行业年报资料，其中2004年、2008年为全国经济普查统计数据，其他年份为日常年度统计数据。

从表1可以看出，2001～2008年，重型机械行业生产、销售每年都以25%以上的高速度增长，经济效益年年创历史最高水平。在进出口方面，出口额迅速增长，从2003年开始进口额增速开始呈下降趋势；2006年彻底结束了重型机械行业多年进出口逆差的局面，实现了有史以来的第一次进出口顺差6.80亿美元；2007年实现进出口顺差36.70亿美元，同比增长4.40倍；2008年实现进出口顺差80.67亿美元，同比增长119.81%；受国际金融危机影响，2009年进出口顺差为58.16亿美元，同比下降27.19%。

2. 重点企业产品结构调整和临海产业化基地建设情况

(1)重点企业产品结构调整情况。①为解决国内大型水电、火电铸锻件及半组合式船用柴油机曲轴长期依靠进口问题，特别是百万千瓦级核电用大型铸锻件的国产化问题，中国第一重型机械集团公司、中国第二重型机械集团公司、上海重型机器厂有限公司、中信重工机械股份有限公司都投入大量资金进行技术改造，并形成了具有一次冶炼钢液700t以上、真空铸锭600t以上、自由锻造压机150MN以上及相应的配套能力，达到当今世界大锻件制造顶尖级的设备能力，从设备能力上完全满足了最大等级核电设备所需大型铸锻件的要求。②大连重工·起重集团有限公司、上海重型机器厂有限公司花巨资进口了国际最先进的半组合式船用曲轴加工设备，具备了全系列曲轴的加工能力。③为适应城市地铁工程、引水工程、交通建设等对大量全断面掘进机的需要，北方重工集团开发了盾构机产品并建立了专业化组装生产线，形成年产30套盾构机的生产能力，并成功收购了对软土型盾构机具有丰富设计经验的德国维尔特控股公司、法国NFM公司，成为目前国内全断面掘进机产品品种和制造能力最强的企业。该产品已成为企业的主导产品之一。④为适应国家快速发展可再生能源的需求，大连重工·起重集团有限公司、中国第二重型机械集团公司毅然挺进风电设备制造领域，大连重工·起重集团有限公司迅速形成2 000台以上，1.5MW以上风力发电机，以及批量生产3MW海陆两用风力发电机的生产能力，成为国内最大的风力发电机制造企业；中国第二重型机械集团公司也形成了1 000台以上1.5MW以上风力发电机配套增速机的生产能力。⑤为适应国家发展节能经济的需要，中信重工机械股份有限公司自主开发了与新型干法水泥成套设备配套的双低压余热发电设备，并迅速形成批量生产能力，已与30多家企业签订70多套供货合同。该产品已成为国家推广的新型节能设备，成为企业一个新的经济增长点。⑥为适应我国大型露天矿及井下综采发展的需要，太原重型机械集团有限公司开发了$35m^3$、$55m^3$等超大型矿用挖掘机，以及1 800kW、2 000kW、2 500kW电牵引采煤机，一举打破这些超大型设备主要依靠进口的局面，成为该集团重要的新经济增长点。⑦为满足军工、航空及其他领域对大型模锻件的需求，经国家批准，世界最大的8万t模锻机生产线已在中国第二重型机械集团公司全面开工建设。该技术改造完成后，将为中国第二重型机械集团公司开辟一个新的产品领域。

（2）临港产业化基地建设情况。重型机械行业的重点骨干企业基本都是计划经济时期建厂的大型企业，随着产品不断向大型化发展及出口的迅速增长，产品的运输瓶颈矛盾十分突出，严重阻碍了企业的发展。近几年，一些重型机械厂开始在临海经济开发区建设大型成套设备生产组装基地。①中国第一重型机械集团公司继在大连建设了大型锻焊结构压力容器加工组装基地，使组装生产和发运千吨级以上锻焊结构压力容器成为可能后，又在天津滨海建设“中国一重天津滨海制造基地”，用于生产和组装多工位压力机、大型成套设备总装出口、海水淡化设备等。②中国第二重型机械集团公司计划总投资80亿～85亿元，其中一期工程投资31亿元，在镇江丹徒经济开发区建设“中国二重（镇江）重大技术装备制造基地”。③太原重型机械集团有限公司计划总投资35亿元，在天津滨海建设太重临港基地。2009年6月10日太原重型机械集团有限公司与天津滨海工业园区在投资合同书上签字，标志着该项目已迈出实质性步伐。

二、行业发展存在的主要问题、差距及原因分析

1. 大型成套设备的关键核心技术对外依赖度比较高，自主开发能力有待加强，设备成套能力特别是工程成套能力有待提高

重型机械行业的主导产品为冶金、矿山等领域的国家重大基本建设项目中的大型成套设备，这些大型成套设备不仅对各组成单机的要求高，对成套性、系统性、特别是系统控制技术要求更高。由于设备的工艺流程、工艺参数的确定完全由生产工艺决定，在我国生产工艺设计与机械产品的设计、制造一直是分离的，归属不同行业。重型机械制造企业经多年引进技术消化吸收、技术合作，以及与国内生产工艺设计院所合作，基本实现了对多数重大成套设备的自主设计、制造，但其中最关键的核心技术，如精度集成控制技术、全流程设备成套技术、工程成套技术等，与国外先进水平还有一定的差距。

2. 行业重点服务领域钢铁行业产能严重过剩，产品结构调整势在必行

钢铁行业是重型机械制造行业一个非常重要的服务领域，国家经济建设急需钢铁工业的快速发展，钢铁工业发展也急需大量现代化成套设备。前些年，由于国内大型成套设备在设计制造方面与国外先进水平有较大差距，而进口国外成套设备不仅来得快，还可以得到卖方资金支持，所以改革开放后的20多年，国家从政策上过多支持了大型成套设备的大量重复进口，削弱了对国内自主研发的支持力度，使国内大型冶金成套设备的自主开发研制进展缓慢，绝大部分关键成套设备的国内市场被国外所垄断。进入21世纪以后，中央支持东北等老工业基地及振兴我国装备制造业的政策陆续出台，国家对重型机械行业中大型骨干企业的技术改造和自主开发给了很多政策和资金支持。我国大型冶金成套设备的自主开发制造水平得到跳跃式提高，不仅实现了绝大多数大型冶金成套设备的自主制造，而且2008年、2009年还实现了多套成套设备的出口。国内冶金成套设备刚进入快速发展轨道，却碰到了国际金融危机及国内钢铁生产能力的严重过剩，给以冶金机械为主导产品的重型机械企业的发展带来很大的挑战。企业产品结构调整势在必行。

3. 重复建设、无序竞争，严重影响存量能力的发挥

我国重型机械行业大型骨干企业的显著特点，一是大而全，产品制造社会化程度低，自制率高，生产效率低，经济效益差；二是设备构成和产品结构雷同，科研、基建投入重复，投资效益差，产品相互压价竞争，经济效益不高，特别是热加工部分更是如此。大型铸锻件是重型机械制造企业的重要产品，每个重型机械厂都有一个庞大的热加工生产系统，由于都是隶属于母体重型机械厂一部分，所以都优先服务于母体重型机械厂，很难成为真正意义上的社会化的大型铸锻件供应中心。就总体的设备构成来说，我国大型铸锻件制造能力已足够大，但多年来大型铸锻件一直是我国重大成套设备制造中的瓶颈，甚至引起中央领导的关注和批示。造成这种状况的重要原因之一就是重复建设严重，资金使用分散，尤其是科研投入不足。虽然行业总体规模很大，但每个企业的规模相对较小，水平较低或不够高，低档产品能力过剩，相当一部分高端产品长期依赖进口。

三、重型机械行业三年调整、振兴应达到的目标

1. 产品结构调整目标

调整的目标是加快新能源、节能新产品、大型、成套出口等高端机械产品开发和生产能力建设，用三年时间上一个新台阶。

（1）加快新能源领域高端产品的开发和生产能力建设。用三年时间，全部掌握百万千瓦级以上核电、超超临界机组火电、70万千瓦级以上水电设备所需成套大型铸锻件的制造技术，并形成每年5～10套核电铸锻件的供货能力，全面满足国内核电及水电、火电建设对大型铸锻件的需求，并实现部分出口；完善和扩大1.5MW以上风力发电机整机及配套增速机的制造、装配、试验生产线的能力，形成年产增速

机5 000台、整机3 000台的生产能力，实现3MW风力发电机大批量生产和5MW风力发电机的试制及小批量生产。

(2)加快高端进口替代产品的开发和制造能力建设，用三年的时间上一个新台阶。加快全断面掘进机的开发和生产能力建设，掌握硬岩、软土全系列全断面掘进机的制造技术，并形成年产40套各种不同形式全断面掘进机的生产能力，全面满足国内建设需要，并实现部分出口；加快年产2 000万吨级以上大型露天矿、1 000万吨级井下煤矿采、装、运、破碎、筛分、洗选成套设备的开发及制造能力建设，基本实现$35m^3$、$55m^3$挖掘机，320t以下电动轮自卸车，2 500kW以下电牵引采煤机及大型液压支架的自主化制造；加快宽厚板轧机特大型支承辊的开发和生产能力建设，基本实现3.5~5.5m宽厚板轧机特大型支承辊的自主化制造；加快船用半组合低速柴油机曲轴的全系列产品开发和生产能力建设，全面实现船用半组合低速柴油机曲轴的自主化制造，并实现部分出口；加大海水淡化成套设备及海洋工程成套设备的开发力度，争取使其成为重型机械行业新的战略发展领域。

(3)加快节能产品的开发和生产能力建设，为用户技术改造、节能改造提供高新技术节能产品。加快新型干法水泥配套纯低温余热发电成套设备生产能力建设，形成年产纯低温余热发电成套设备40套的能力，全面满足国内水泥生产企业节能技术改造的需求；加快大电炉炼钢废气余热预热废钢振动输送系统生产能力的建设，形成年产10套以上废钢输送系统的能力，全面满足国内大电炉节能技术改造的需求。

2. 行业主要经济指标三年调整振兴发展目标

全行业工业总产值、利润总额、出口创汇总额比2009年增长50%以上，年平均增长率大于15%，重点企业新产品产值比2009年增长100%以上，万元工业总产值能耗平均每年下降5%。

3. 生产组织结构及管理模式调整目标

推动中国第一重型机械集团公司、中国第二重型机械集团公司、太原重型机械集团有限公司完成出海口组装基地的建设，改善企业大型成套设备的生产、发运条件，降低企业运营成本，提高企业的竞争能力；积极推动重型机械制造企业的热加工从母体企业中分离出来，成为具有独立法人的大型铸锻件生产供应中心，并在分离的基础上，以产权为纽带，逐步推进跨地区铸锻件生产企业的兼并重组，最终形成大型铸锻件生产的合理布局。

四、促进重型机械行业实现调整振兴目标的措施及支持政策建议

为促进重型机械行业实现调整振兴目标，建议采取如下措施：

(1)进一步深化企业改革力度，推动企业兼并、联合、重组，特别是推动和支持行业内大型企业集团与大型用户企业集团及工艺、设计院的联合，以进一步增强设备成套特别是工程成套的竞争能力。

(2)进一步推动企业深化产品结构调整的力度，不断强化和突出几个大型企业集团的优势产品特点。如中国第一重型机械集团公司、中国第二重型机械集团公司的大型铸锻件产品、冷热板轧机成套设备、重型锻压设备，大连重工·起重集团有限公司的风力发电设备、船用曲轴、港口起重装卸设备及大型通用桥式、门式起重机，太原重型机械集团有限公司的大型挖掘机、火车轮对、水电站大坝起重机及冶金起重机、电牵引采煤机，中信重工机械股份有限公司的水泥成套设备及配套纯低温余热发电设备、大型成套破碎粉磨设备、大型矿井提升及建井设备，北方重工集团的全断面掘进机、水泥厂料场混匀堆取料机、大型带式输送机等。

(3)进一步推动企业加强科学管理，不断提高管理水平。特别要提高企业的信息技术应用水平，充分发挥信息技术在科研、设计、制造、管理及企业战略决策中的重要作用，使企业在两化融合方面上一个新台阶。

(4)进一步推动企业增加科研和新产品开发投入，加大科研和新产品的开发力度，下决心走自主创新之路，进一步提高企业的核心竞争力。

(5)推动企业加强节能降耗管理和成本管理，加大节能降耗技术改造力度，尽量采用先进工艺，降低生产成本，提高企业经济效益。

(6)推动重点骨干企业加快出海口基地建设的步伐，尽快形成生产能力，为企业扩大生产规模和扩大出口创造条件。

为促进重型机械行业实现调整振兴目标，建议国家给予如下政策支持：

(1)我国万吨级以上自由锻液压机已有10多台，超过全世界其他国家所拥有的万吨级以上自由锻液压机的总和，已是名副其实的万吨级自由锻压机的超级大国。仅就水压机本身的能力讲，已是严重过剩，再新上万吨级以上自由锻压机，从整体上讲，对提高我国大型锻件的竞争能力已是有害无利。因此，建议国家尽快出台相关政策，严格规定新上万吨级以上自由锻压机需经国家审核批准，违反规定的加收重复建设资源浪费税。

(2)建议国家出台优惠政策，鼓励大型重型机械制造企业将铸锻件生产从母体企业中分离出来，成为具有完全独立法人资格的、面向社会的铸锻件生产企业，以进一步实现在全国范围内的兼并重组。这不仅有利于合理利用我国现有大型铸锻件生产能力的存量资源，从整体上提高我国大型铸锻件的生产能力和技术水平，而且有利于淘汰落后产能，推动具有专业特色的专用大型铸锻件生产线的形成，更重要的是，可有效防止各主机厂对热加工的重复升级改造。为此，建议国家对主动剥离热加工的重型机械制造企业，给予一定时间的减免所得税的优惠政策，以推动和鼓励大型铸锻件的专业化生产。

(3)由于需替代进口的一些关键大型铸锻件制造难度大，技术改造和科研攻关投入大，试制生产阶段废品率高，企业经营风险大，建议国家对中国第一重型机械集团公司、中国第二重型机械集团公司、上海重型机器厂有限公司三个大锻件核心生产企业的百吨级以上大型铸锻件给予三年减征、免征增值税的优惠政策。

(4)进入21世纪以来,随着我国钢铁工业的迅速发展,铁矿石的对外依赖度节节攀升,已经超过了50%。与此同时,国外三大矿山巨头联手垄断国际市场,给我国钢铁生产造成很大困难。近几年,我国在辽宁鞍山和本溪、河北冀东、山东兖州等铁矿集中区已累计新探明铁矿资源储量近100亿t,我国在大型矿山成套工艺及设备制造方面也达到或接近国际先进水平。建议国家通过政策引导和资金支持,大力扶持国内铁矿石开采,一方面解决铁矿石进口依赖度过高、受制于人的问题;另一方面为国产矿山设备扩大内需,开拓市场,支持矿山设备制造业的发展。

(5)建议国家通过政策引导和资金支持,在重型机械行业开展合同能源管理试点。合同能源管理是发达国家普遍推行的、运用市场手段促进节能的服务机制。当前欧美等发达国家的节能产业快速发展,离不开合同能源管理模式的全面推广。该模式在我国也已推行几年,取得了一定的经验和成绩。国务院办公厅曾下发《国务院办公厅转发发展改革委等部门关于加快推行合同能源管理促进节能服务产业发展意见的通知》,以期加快在我国推行合同能源管理的步伐。

庞大的热加工系统,使重型机械制造企业成为机械制造行业中的耗能大户。因其节能改造费用高,而且相对回收期较长,而现阶段专业合同能源管理企业一般规模相对较小。对大型重型机械厂动辄上亿元的节能改造投资,没有国家贴息贷款或其他的优惠政策支持,一般专业节能管理公司不敢介入。建议国家将重型机械制造企业作为国家推广合同能源管理的重点试点单位,给予贴息贷款的优惠政策,推动重型机械行业的节能减排上一个新台阶。

〔撰稿人:中国重型机械工业协会傅树利　审稿人:中国重型机械工业协会徐善继〕

“十一五”期间重型机械行业取得的主要成就与启示

一、行业发展现状

重型机械装备制造业是我国装备工业的重要组成部分,是为我国矿山、冶金、石油、化工、建材、水利、电力、交通、环保、国防等工业提供矿山开采、矿物加工、金属冶炼、金属轧制、压力加工、起重运输等专用设备和重大装备的行业,主要包括大型成套装备和特大型铸锻件产品。重型机械装备制造业是资金和技术密集行业,准入条件很高,肩负着国家重大工程建设和重点产业调整振兴的使命。

进入21世纪以来,我国重型机械行业逐步进入一个快速发展的时期,全行业连续8年经济运行呈现高速稳定增长态势,其工业总产值、销售收入、利润总额增长显著,进出口贸易发展迅速。工业总产值和销售收入年均增长达到32%以上,利润总额年均增长达到69%,产品出口额年均增长达到42%。

截至2009年12月,我国重型机械制造业规模以上企业数量达4 184个,其中大型企业38个、中型企业322个、小型企业3 824个;行业从业平均人数76.3万人。2009年行业工业总产值(当年价)达5 746.03亿元,工业销售产值(当年价)达5 580.27亿元,出口交货值600亿元,利润总额360亿元。

重型机械的产品范围,通常分为冶金机械、矿山机械、起重运输机械、重型锻压机械、大型铸锻件5个专业,共21大类产品,约4 200多个品种。

当前,重型机械企业有能力为年产1 000万吨级钢铁联合企业提供常规流程的成套设备(包括4 350m^3高炉,6m焦炉,450m^2烧结机,方坯、圆坯、板坯连铸机,大型热连轧板机、冷连轧板机,无缝钢管热连轧机,高速线材轧机,大型中厚板轧机及大型螺旋焊管机组等成套设备),为年产2 000万吨级露天矿、年产60万~70万吨级以下金属矿、年产500万吨级井下煤矿、年处理300万~400万吨级选煤厂、单系列年处理能力300万吨级选矿厂、日产3 000~8 000吨级熟料干法工艺水泥厂提供成套装备;物料搬运(起重运输)机械行业已能提供大型、特大型起重机及三箱集装箱装卸桥,大型散料装卸与输送系统成套设备,大型立体仓库成套设备,各种工业车辆及电梯与自动扶梯,机械式立体停车设备;此外还能提供万吨级以上金属挤压机等大型装备与重大成套设备。

国务院关于加快振兴装备制造业的若干意见中确定重点突破的十六项主要任务中,有十个项目的主要设备和关键零部件需要重型机械企业参与研制开发。

在国家重大装备的研制中,重型机械企业实现重大装备国产化,对用户企业节约外汇、降低基建和技改投资,抑制引进设备价格起到很大的作用。

我国经济和对外贸易的飞速发展,大型港口具有越来越重要的作用,重型机械企业对推动我国大型港口建设发挥了积极的作用。

特别在我国国防和尖端科学的发展中,重型机械企业作出了重大贡献。如我国高通量工程试验反应堆建设中,中国第二重型机械集团公司承担了主体制造，并负责整体成套。太原重型机械集团有限公司为承担发射运载我国人造卫星、宇宙飞船的西昌、酒泉、太原火箭发射中心，提供了90%以上的航天发射架。以上海重型机器厂有限公司为主，在主要用于导弹、反导弹、卫星、飞船等航天飞行器和发动机喷流等型号的超高速气动模拟实验和理论研究的2M激波风洞实验基地，研制了风洞主体装备。

重型机械行业将为我国军事装备、飞机制造、航空航天的发展，继续开发研制大批试验和实用装备。所以，重型机械制造业是关系国家安全的产业，是国民经济的重要支柱产业。重型机械制造业作为国家的基础工业，在我国实现现代化过程中，发挥着有力的、不可替代的作用。

二、"十一五"行业取得的主要成就

(一)主要经济指标完成情况

重型机械行业"十一五"发展规划提出的发展目标是：2010年重型机械主要产品产量达700万t，工业总产值达3 500亿元，销售收入达3 400亿元，利润总额200亿元，全员劳动生产率57.0万元/人，出口交货值达到600亿元，实现产品进出口额基本平衡，国产设备国内市场占有率85%。

"十一五"前三年，在"国务院关于加快振兴装备制造业的若干意见"、"国家大型冶金装备自主化实施方案"、"装备制造业振兴规划"等一系列政策措施推动下，以及我国国民经济持续稳定高速发展，促进了国内重型机械市场需求旺盛，重型机械行业继续保持快速发展态势。其工业总产值、销售收入、利润总额增长显著，出口贸易发展突出。

2009年，受国际金融危机影响，重型机械行业经济运行在连续8年高速度、大幅度增长的情况下，行业经济发展速度呈现突减，增速比往年同比下降20%，进出口贸易双双出现负增长，特别是为冶金行业服务的装备制造业受影响非常大。在国家拉动内需的政策支持下，大多数企业积极调整产业和产品结构，提高优势特色产品和产业的竞争能力，积极开拓国内外市场，2009年全行业实现工业总产值5 790亿元，销售收入5 633亿元，利润总额408亿元，总产值和销售收入同比仍保持13%的两位数增长，实属不易。2006～2009年重型机械行业主要经济指标完成情况见表1。

表1　2006～2009年重型机械行业主要经济指标完成情况　　(单位:亿元)

序号	指标名称	2005年	2006年	2007年	2008年	2009年	年均增长(%)
1	企业数(个)	2 179	2 494	2 879	4 187	4 388	17.74
	比上年增长(%)		14.46	15.44	45.43	4.80	
2	工业总产值(当年价)	2 138.86	2 771.78	3 711.86	5 125.66	5 787.89	28.03
	比上年增长(%)		29.59	33.92	38.09	12.92	
3	新产品产值	370.40	659.00	909.64	1 169.17	1 374.04	42.38
	比上年增长(%)		77.92	38.03	28.53	17.52	
4	工业销售产值(当年价)	2 075.89	2 679.22	3 605.29	4 954.85	5 633.41	28.05
	比上年增长(%)		29.06	34.56	37.43	13.69	
5	出口交货值	284.27	389.54	512.78	710.11	584.43	20.55
	比上年增长(%)		37.03	31.64	38.48	-17.70	
6	工业增加值	577.16	738.08	966.48			
	比上年增长(%)		27.88	30.95			
7	主营业务收入	2 071.75	2 634.46	3 535.41	4 954.37	5 649.58	27.93
	比上年增长(%)		27.16	34.20	40.14	14.03	
8	利润总额	108.49	162.95	233.49	345.02	407.92	34.50
	比上年增长(%)		50.20	43.29	47.77	18.23	
9	全员劳动生产率(万元/人)	9.81	12.16	15.03			
	比上年增长(%)		23.96	23.60			
10	工业总产值全员劳动生产率(万元/人)	36.34	45.65	57.74	65.72		21.81
	比上年增长(%)		25.62	26.48	13.82		
11	主营业务收入利润(总额)率(%)	5.24	6.19	6.60	6.96	6.40	0.29个百分点
	比上年增长(%)		0.95	0.41	0.36	-0.56	
12	总资产贡献率(%)	8.89	9.56	10.81	11.12		0.56个百分点
	比上年增长(%)		0.67	1.25	0.31		
13	成本费用利润率(%)	5.52	6.60	7.15	7.50		0.50个百分点
	比上年增长(%)		1.08	0.55	0.35		
14	全部从业人员平均人数(万人)	58.85	60.72	64.29	77.99		9.83
	比上年增长(%)		3.18	5.88	21.31		

（二）2006～2009 年进出口贸易情况

2006 年重型机械产品进出口贸易总额 108.71 亿美元，其中进口 50.96 亿美元，出口 57.75 亿美元，首次出现顺差 6.79 亿美元，结束了进出口贸易长期逆差的局面。

2007 年产品出口发生突破性变化，当年出口 87.73 亿美元，同比增长 52.15%，实现进出口贸易顺差 36.70 亿美元。在物料搬运机械（包括港口集装箱起重机）和矿山设备（包括石灰石大型水泥成套设备）继续保持出口增长的基础上，我国长期依赖进口的大型冶金成套设备出口出现喜人的变化。出口尼日利亚 900mm 冷连轧机成套设备 1 套，出口印度 1 800mm 热连轧机成套设备 1 套，出口泰国 1 700mmHC 薄板冷连轧机成套设备 1 套，出口波兰 2 250mm 大型板坯热连轧机成套设备 1 套，标志着我国重型机械的技术水平和产品质量得到了国际社会的认可。

2008 年进出口总额 201.37 亿美元，其中进口额 60.35 亿美元，出口额 141.02 亿美元，进出口顺差 80.66 亿美元。其中，冶金矿山机械合计出口额 28.20 亿美元，进口额 23.03 亿美元，进出口总额 51.22 亿美元，进出口顺差 5.17 亿美元，同比增长 159.92%。物料搬运机械出口额 112.82 亿美元，进口额 37.33 亿美元，进出口总额 150.15 亿美元，进出口顺差 75.49 亿美元，同比增长 40.93%。

2009 年重型机械产品进出口贸易双双出现负增长，进出口贸易总额 169.61 亿美元，其中进口 55.73 亿美元，同比下降 7.65%；出口 113.88 亿美元，同比下降 19.24%；贸易顺差 58.15 亿美元，同比下降 27.9%。

（三）行业固定资产投资

“十一五”规划重型机械行业固定资产投资目标是：通过技术改造、引进技术消化吸收和技术创新，全面提高重型机械装备技术水平，到 2010 年重型机械产品按品种数至少 50% 达到当代国际水平。要加快现有企业的技术改造，其中重点技改项目主要是加速推进重型机械行业规模化、科技化和产业化，提高生产效率，降低生产成本，提高经济效益。重点技改项目如中国第一重型机械集团公司、中国第二重型机械集团公司、上海重型机器厂有限公司万吨水压机及锻造操作机改造项目、煤液化直接反应器产业化项目，以及铸造能力和技术水平提高等基础设施更新改造项目。

“十一五”期间，重型机械行业多数企业面对国家实施积极财政政策、拉动内需，启动西部大开发和南水北调等工程以及国民经济持续快速发展的利好环境，抓住有利时机，纷纷扩大产能规模，通过技术改造实现产业升级。在党的十六大提出的振兴我国装备制造业目标的指引下，一些省市重视装备制造业的发展与投资，开始建立重型装备制造基地，大大推动了我国重型机械装备制造业的发展。根据国家发改委发布的投资报告，2006 年整个制造业投资同比增长 29.4%。而重型机械制造业固定资产投资增长速度远高于制造业，仅 2007 年上半年，重型机械制造业的固定资产投资同比增长高达 112%；2008 年完成固定资产投资 665.7 亿元；2009 年完成固定资产投资 896.9 亿元，同比增长 35%。2008～2009 年重型机械行业固定资产投资情况见表 2。

表 2　2008～2009 年重型机械行业固定资产投资情况

年份	行业名称	计划总投资（万元）	同比增长（%）	当年新开工项目计划总投资（万元）	同比增长（%）	自开始建设累计完成投资（万元）	同比增长（%）	当年完成投资（万元）	同比增长（%）
2008	矿山机械制造	4 456 482	37.43	2 312 385	22.48	3 335 368	54.56	2 582 754	49.26
	冶金机械制造	4 658 306	53.78	1 629 429	112.05	2 653 594	90.04	1 641 443	58.84
	起重运输设备制造	4 816 642	18.46	1 736 678	-2.30	3 595 316	28.99	2 432 954	27.60
2009	矿山机械制造	7 820 483	75.49	4 670 321	101.97	5 125 516	53.67	3 815 519	47.73
	冶金机械制造	6 086 710	30.66	1 085 189	-33.40	3 540 243	33.41	2 058 679	25.42
	起重运输设备制造	6 108 746	26.83	2 931 324	68.79	4 650 908	29.36	3 095 055	27.21

（四）行业科学技术进步

“十一五”期间，在引进技术、消化吸收的基础上，自主化能力得到了极大提高，重型机械行业自主开发了具有自主知识产权的诸多重大装备和新产品，使得我国许多冶金、矿山、起重运输、重型锻压等新装备的技术水平接近或达到了国际先进技术水平。许多优秀科研项目获得各级科学技术进步奖。

2006～2009 年重型机械行业共有 10 项科技成果获得“国家科技进步奖”。其中一等奖 2 项，二等奖 8 项。

2006～2009 年，重型机械行业共荣获“中国机械工业科学技术奖”152 项，其中特等奖 3 项，一等奖 17 项，二等奖 71 项，三等奖 61 项。

这些优秀科研项目经过实践与应用，有力地促进了重大成套项目的建设。

1. 冶金机械行业重大成套产品完成情况

（1）大型连铸机成套设备已经全面实现自主化设计与制造。2006 年以来完成的大型连铸机成套设备有：舞阳钢铁公司的二流 2 500mm、承德钢铁公司的二流 1 600mm、唐山钢铁公司的二流 1 650mm、涟钢的二流 2 100mm 和本溪钢铁公司的二流 1 900mm 以及邯钢的一流 1 800mm、重钢的一流 2 100mm 和 1 600mm、青山钢铁公司的一流 1 700mm、建龙钢铁公司的一流 1 900mm、日照钢铁公司的一流 1 780mm、本溪钢铁公司的一流 1 900mm 等 11 个重大项目中 12 套 17 流大型板坯连铸成套设备，攀钢五流 360mm ×450mm、邢钢六流 380mm × 450mm 两个重大项目中的 11 流大型方坯连铸成套设备。近年来，仅中国重型机械研究院研制的1 600mm以上大型板坯连铸机总计有10套。

(2)大型热、冷连轧板机成套设备在自主设计及制造方面开创了新局面。除个别要求特别高的钢材品种外，钢铁企业技术改造或产能扩大、产品技术升级等所需的大型热、冷连轧板机成套设备已基本实现自主化设计、制造。

应用于重大冶金工程项目中的典型大型热连轧板机成套设备有：鞍山钢铁公司的1 700mm、2 150mm，武汉钢铁公司的1 580mm，邯郸钢铁公司的2 250mm，天铁热轧板有限公司的1 750mm，北台钢铁集团有限责任公司的1 780mm，宁波建龙钢铁公司的1 780mm，迁安钢铁公司的1 250mm，山东日照钢铁集团公司的1 580mm，海鑫钢铁有限公司的1 500mm，莱钢集团有限公司的1 500mm等20多套大型热连轧板机成套设备。

应用于重大冶金工程项目中的大型冷连轧板机成套设备有：鞍山钢铁公司的1 780mm、2 130mm，宝山钢铁公司的1 420mm、1 750mm，武汉钢铁公司的1 550mm(大型酸洗冷轧生产线)，宁波建龙钢铁公司的900mm、山东泰山钢铁集团的1 700mmHC等冷连轧板机成套设备以及唐山恒通厂的年产超百万吨的冷轧镀锌生产线，唐山贝氏体钢铁集团公司的1 450mm冷轧生产线连续退火酸洗镀锌连轧生产线成套设备等。

(3)大型热、冷连轧成套设备成套出口：出口印度1 800mm热连轧板机成套设备1套，出口波兰2 250mm热连轧板机成套设备1套，出口泰国1 700mmHC冷连轧机成套设备1套，出口尼日利亚900mm冷连轧机成套设备1套，出口伊朗1 725mm炉卷轧机1套，中国第二重型机械集团公司与奥钢联签订1套1 800mm不锈钢连轧机制造合同。中国第一重型机械集团公司冷热连轧板机组相继出口非洲、印度、意大利、韩国，中国第二重型机械集团公司大型热连轧机组出口匈牙利等国家，标志着我国重型机械的技术水平和产品质量得到了国际社会的认可。自主化冶金装备不但装备本国，正在走向世界。

(4)宽厚板轧机成套设备制造基本实现国产化。应用于重大冶金工程项目中的典型大型宽厚板轧机成套设备有：宝山钢铁公司的5 000mm，鞍山钢铁公司的5 500mm，江苏沙钢的5 000mm，宁波建龙钢铁公司的4 200mm，重钢的4 100mm，南钢的3 200mm(中厚板炉卷轧机)，出口韩国浦项钢铁公司的5 500mm等宽厚板轧机。

2. 矿山机械机行业重大成套产品完成情况

矿山机械机行业具备年提供数十万吨大型矿山成套设备的生产能力。具备为年产2 000万吨级露天矿、年产60万～70万吨级以下金属矿、年产500万吨级井下煤矿、年处理300万～400万吨级选煤厂、单系列年处理能力300万吨级选矿厂、日产3 000～8 000吨级熟料干法工艺水泥厂等提供成套装备的技术和能力。

煤矿综合成套装备技术和制造能力快速提升，综合机械化开采已实现大采高(4.5～6m)一次采全高工作面年产600万t，及1m薄煤层工作面年产100万t；特厚煤层大采高综采放顶煤工作面也实现了年产1 000万t，煤矿综合机械化开采程度有了显著提高。高端综采成套装备国产化率达到60%以上，普通综采装备已实现全部国产化。

大型钻机、大型提升机、大型破碎站设备、大型洗选设备，取得了一定的技术突破。

大型立盘过滤机、大型自磨机技术达到世界先进水平。

年产150万t新型干法水泥装备，包括回转窑、水泥磨、辊压机、立式磨机和其他水泥主机设备技术达到国际先进水平。

我国一些主要矿山机械产品，近年具有了与国外相当或接近的自主知识产权技术。

如：太原矿山机器集团有限公司2005年研制的电牵引采煤机(MGTY750/1800—3.3D)爬坡能力强，实现了智能化控制，适用于倾斜中厚煤层综采(放)工作面作业，可在有瓦斯、煤尘或其他爆炸性混合气体的煤矿中使用，日产原煤2万t。

太原重型机械集团有限公司2008年建成的55m^{3}矿用挖掘机，采用三维动态仿真设计、集齿轮—齿条刚性推压和交流变频驱动系统于一身，采用大功率专用行星齿轮减速装置、自动润滑、大功率AFE整流回馈控制、运行监测及故障诊断、数字控制等多项先进技术，整机技术达到国际先进水平。该机自重1 500t、高22m，每铲挖掘量55m^3、100t重，可露天年采原煤1 500万t。

中信重工机械股份有限公司2009年研制的ZJKYB—3.5×1.7J液压防爆提升机，卷筒直径3.5m，最大装机功率800kW，最大提升速度3.3m/s，最大提升高度1 650m。2008年研制的ϕ4.5m×8.4m洗矿机，产量2 400t/h，为世界同类设备规格最大，产量最高；研发的LGMS5725矿渣立磨，可配置于年产120万t矿渣粉磨线；研制的ϕ8.8m×4.8m半自磨机、ϕ6.2m×9.5m溢流型球磨机，是国内半自磨机、球磨机最大规格。2007年研制成功了当时世界上钻凿直径最大、钻凿外筒最深的“AD130/1000”动力头式竖井钻机，技术达到国际领先水平。

上海建设路桥机械设备有限公司2007年研制的6MRX超细摆式磨粉机，具有分级精度高、产量大、高效节能的特点。加工细度可达1 250目(D97，10μm)，在同等细度下其产量比传统雷蒙磨增加50%～80%，能耗下降30%～35%，耐磨件寿命提高1倍。研制的PE1500×1800大型液压颚式破碎机，生产能力达到450～1 000t/h。

河南太行振动机械股份有限公司研发的TXZF系列自同步香蕉形直线振动筛，筛面尺寸3 000mm×7 300mm，振幅8～10mm，振动频率980次/min，筛分效率80%，处理量800t/h。

北方重工沈阳矿山机械(集团)有限公司为大连港设计制造的30万吨级矿石码头主体产品，其自动化控制系统以及环保功能等均达到或优于国内外同类系统的技术水平。

3. 起重运输机械行业重大科技成果完成情况

我国经济的快速发展，促使起重运输机械行业获得了空前的发展，在不同服务领域均出现了重大突破性进展。

如太原重型机械集团有限公司2006年研制成功并安装

于马鞍山钢铁股份有限公司新区炼钢厂的 480t/100t 铸造起重机，创亚洲铸造起重机起重量最大新纪录；为攀钢轨梁厂研制的百米钢轨专用起重机——21t 电磁挂梁桥式起重机，可吊运百米钢轨。太重集团的核电站 190t/20t + 190t 环行起重机研制项目 2008 年通过了负荷试验，顺利吊装了压力容器、蒸汽发生器等重大部件，运行情况良好，满足了核电站高标准的使用要求。

四川省自贡运输机械有限公司 2006 年为长江三峡公司金沙江向家坝水电站研制成功的 31kmDTII 型带式输送机，输送线总长 31.1km，布置高差 838m，输送能力 3 000t/h，创国内同类型输送机输送线路距离最长的新纪录。

大连重工·起重集团有限公司 2007 年为烟台莱佛士船厂设计制造的 20 000t × 125m 多吊点桥式起重机，用于海上钻井平台作业，采用高低布置双主梁多吊点形式（48 个吊点），最大起重量 2 万 t，最大跨度 125m，最大起升高度 100m，创多项世界新纪录。

上海振华重工集团股份有限公司 2007 年设计建造的 4 000t全回转打捞起重工程船“华天龙”号，全回转起重 4 000t、水深作业 300m、提升高度 95m；2008 年研发的 7 500t 蓝鲸号全回转自航浮吊，在长兴岛生产基地落成并成功起吊，回转圆筒直径 35m，回转面积增大，误差率万分之一。

三一重工集团有限公司 2008 年研制的 SCC9000 型履带式起重机，最大起吊能力 900t，采用全闭式液压系统设计、100 公斤级高强度材料，创吨位最大、技术最先进的亚洲新纪录。

长沙中联重科集团公司 2008 年研制的动臂塔式起重机，起吊能力为 630t·m，用于城市超高层建筑工程、桥梁工程、港口工程、电力工程、水利工程等。

杭州西子石川岛停车设备有限公司 2009 年研发的 PCS104T—XI 型超高速垂直升降类停车设备，升降高度达 104m，单库库容 104 辆汽车，创亚洲同类设备单库容车最多的新纪录。

4. 大型铸锻件行业能力建设和科技进步情况

大型铸锻件产品是发展电力、冶金、石化、造船、铁路、模具、工程、矿山、军工等工业装备必不可缺的关键基础件，是衡量一个国家重工业发展水平的重要标志之一。

近几年我国铸锻件产量递增较快，2009 年我国铸钢件产量 569.46 万 t、锻钢件的产量 523.10 万 t，同比分别增长 27.95% 和 31.12% 。

2006 年，中国第一重型机械集团公司设计建造的 1.5 万吨级自由锻造水压机，荣获国家科技进步奖一等奖。2007 年国家发改委批准中国第一重型机械集团公司实施的铸锻钢基地及大型铸锻件自主化改造项目，在能力水平上都瞄准了世界一流。项目建成后，中国第一重型机械集团公司将形成年产钢液 50 万 t，锻件 24 万 t，铸钢件 6 万 t 的生产能力；届时可一次提供钢液 700t，浇注最大双真空钢锭 600t，最大铸件 500t，提供最大锻件 400t，将成为我国第一个大型铸锻件制造基地。

2007 年，中国第二重型机械集团公司设计建造的 160MN 自由锻造水压机在四川德阳试车成功。

2008 年，由中国重型机械研究院有限公司设计，上海重型机器厂有限公司制造的 165MN 自由锻造油压机正式投入生产，经与 630t·m 操作机联调试车成功。

2009 年，中信重工机械股份有限公司投资建设的 185MN 自由锻造油压机目前正在安装过程中，2010 年底调试试车。

2010 年，山东禹城通裕重工有限公司自主研发制造的 120MN 自由锻造压力机试车后投产。

2010 年，太原重型机械集团有限公司 120MN 自由锻造压力机正在建设中。

以上大型自由锻造液压机的建成和投产，大大提升了我国大型、超大型铸锻件生产能力，为改变我国大型、超大型铸锻件依赖进口的局面，提供了强有力的硬件基础。

当前我国在核岛铸锻件及核岛主设备方面掌握了“二代半”核岛一回路主设备铸锻件的制造技术及第三代核岛一回路主设备关键铸锻件的制造技术及核反应堆压力容器的制造技术，产品已通过美国 ASME N NPT 认证和法国 RCCM 认证，技术水平国际先进。

在石油化工重型容器方面掌握了锻焊结构热壁加氢反应器的制造技术，具有自主研发和技术提升能力，部分关键技术已达到国际领先水平，如中国第一重型机械集团公司制造的 2 040t 煤制油加氢反应器是当前国际上最大的加氢反应器。

在火电设备方面，具备生产 300 ~ 600MW 亚临界火电机组大型铸锻件、汽轮机转子锻件、汽轮发电机转子锻件、大型无中心孔汽轮机和发电机转子锻件、高低压联合转子锻件、超临界汽轮机缸体铸钢件、超超临界火电机组转子的制造技术。

在水电设备方面具备了生产 70 万 kW 以上巨型水水轮机关键铸锻件大轴、上冠、下环、叶片等的制造能力和技术。

中国第一重型机械集团公司的核电大型铸锻件制造技术研究成果显著，部分锻件制造水平世界领先。二代加核电锻件已实现批量生产，第三代 AP1000 核电锻件研制取得了突破性进展，已形成稳定的生产线，具备了年产 5 套核压力容器的批量生产能力；常规岛低压转子研制成功；大型先进压水堆重大专项完成了阶段性任务；完成了堆内构件制造技术研究，并开展了工业性试验。

中国第二重型机械集团公司 2008 年底交货给上海电气电站设备有限公司的 1 000MW 级超超临界发电机转子锻件，经过第三方对各项指标进行复检，2009 年通过了鉴定。鉴定结论认为：“各项性能指标满足了上海发电机厂的技术规范要求（等同于西门子公司技术规范要求），与国外同类先进产品的技术水平相当，可以替代进口用于超超临界发电机中”。首件 1 000 兆瓦级超超临界发电机转子锻件的制造成功，不仅开拓了大型发电机转子锻件的市场领域，同时为推进 1 000 兆瓦级超超临界发电机机组全面国产化作出了贡献，为生产核电半速1 000兆瓦级发电机转子锻件打下了坚实的技术基础。

上重核电大钢锭等级从200吨级提升到500吨级，1年左右时间，走过了世界领先企业10年左右的攻关历程，正在为实现第三代核电AP1000堆内构件和控制棒驱动机构实现国产化制造而努力。

核电主管道是连接反应堆压力容器和蒸汽发生器的大型厚壁承压管道，是核蒸汽供应系统输出堆芯热能的“大动脉”，也是保证核安全的关键设备，性能要求很高。AP1000技术更将主管道由不锈钢分段铸件焊接形式改成了不锈钢整锻带管嘴一体化形式，制造难度极大。2009年底中国第二重型机械集团公司率先在世界上首次成功完成了AP1000主管道的不锈钢整锻制造。

由太原重工轮轴分公司研发的，适用于时速220km以上的高速列车轮对，除提供我国高铁使用外，还出口东南亚国家和进入欧洲市场，现已出口20余个国家和地区，标志着太重火车轮轴高端产品出口步伐加快。

中国第一重型机械集团公司为伊朗国家石油公司Arak精炼厂扩建工程承制的5台加氢反应器，全部一次探伤合格和水压试验合格。这是中国第一重型机械集团公司首次在国外现场批量制造大型石化容器，标志着我国大型石化容器走出国门迈出了坚实的一步。

总之，“十一五”期间大型铸锻件行业技术取得显著进步。以CPR1000为代表的二代加反应堆压力容器和蒸汽发生器整套锻件已经实现首台（套）的制造，个别企业实现批量制造；以超超临界高中压转子、超纯净低压转子、超临界汽缸等为代表的火电机组铸锻件已完成首件试制，部分产品已实现批量化制造；以AP1000为代表的第三代核电铸锻件，已有个别产品实现了首件制造，如AP1000锻造主管道等。在大型化方面，实现了5 000mm轧机用特大型铸件400吨级（净重480t）、特大型锻件200吨级（净重226t，使用钢锭450t）的制造；实现了核电常规岛发电机半速转子300吨级锻件（净重226.4t、锻件重量320t、使用钢锭560t）的首件制造等。钢锭大型化方面取得突出成绩，完成了由300吨级、400吨级到500吨级钢锭的跨域，目前最大钢锭达到580t，制造能力达到世界水平。

（五）产品结构调整为行业拓宽了服务领域

（1）为解决国内大型水电、火电设备铸锻件及半组合式船用柴油机曲轴长期依靠进口问题，特别是百万千瓦级核电用大型铸锻件的国产化问题，中国第一重型机械集团公司、中国第二重型机械集团公司、上海重型机器厂有限公司、中信重工机械股份有限公司都投入大量资金进行技术改造，拥有了世界顶尖级大型铸锻件制造设备，从设备能力上满足了最大等级核电设备所需大型铸锻件的要求。

（2）大连重工·起重集团有限公司、上海重型机器厂有限公司通过技术改造和进口国际最先进的半组合式船用曲轴加工设备，具备了50～108型全系列曲轴的加工能力，为我国大型船用铸锻件制造打下了坚实的基础。

（3）为适应发展可再生能源设备的市场需求，大连重工·起重集团有限公司、中国第二重型机械集团公司、太原重型机械集团有限公司通过引进国外技术和技术改造，积极开拓风电设备制造领域。中国第二重型机械集团公司形成了年产1 000套1.5MW以上风电增速机的生产能力。大连重工·起重集团有限公司具备了年产2 000套以上1.5MW以上风电设备的制造能力，已自主开发出3MW海上风力发电机，2009年完成风力发电设备300万kW，正在开发5MW风力发电设备，成为国内最大的风电设备制造企业。太重集团制造的风电机组正在考核运行中。

（4）中信重工机械股份有限公司自主开发的与新型干法水泥成套设备配套的双低压余热发电设备，成为国家推广的新型节能设备，已与70多个企业签订176套供货合同，成为企业一个新的经济增长点。

（5）为适应城市地铁工程、引水工程、交通建设等对全断面挖掘进机的大量需求，继中国第二重型机械集团公司、大连重工·起重集团有限公司研制成功全断面掘进机后，北方重工集团有限公司也开发了盾构机产品并建立了专业化组装生产线，形成年产30套盾构机的生产能力，并成功收购了对软土型盾构机具有丰富设计经验的德国维尔特控股公司/法国NFM公司，使该产品成为企业的主导产品之一。

（6）为满足我国大型露天矿及井下综采设备的需求，太原重型机械集团有限公司开发了35m^3、55m^{3}超大型矿用挖掘机及1 800kW、2 000kW、2 500kW电牵引采煤机。

（7）为满足军工、航空及其他领域对大型模锻件的需求，经国家批准，世界最大的8万t模锻机生产线已在中国第二重型机械集团公司全面开工建设。该技术改造项目完成后，将为中国第二重型机械集团公司开辟一个新的产品领域。

（六）企业重组取得阶段性成果

为适应越来越激烈的国际竞争形势，在重型机械行业构建几个具有国际竞争能力的大型企业集团十分必要。“十一五”期间，各骨干企业都采取了积极的兼并重组行动。

（1）太原重型机械集团有限公司整体兼并太原矿山机器集团有限公司和榆次液压件厂，又通过整合太原矿山机器集团有限公司、山西煤矿机械制造有限责任公司的国有产权，联合7个省属煤炭企业共同组建了股权多元化的煤机制造企业——太原重型机械集团煤机有限公司。

（2）沈阳重型机械集团有限责任公司和沈阳矿山机械（集团）有限责任公司联合组建为北方重工集团有限公司并成功收购德国维尔特控股公司/法国NFM公司，实现了世界领先的隧道掘进设备设计制造技术与国内强大的制造能力的有机结合。

（3）中钢集团收购西安冶金机械厂、衡阳有色冶金机械总厂、邢台机械轧辊厂的优良资产，将其重组为中钢集团西安重机有限公司、中钢集团衡阳重机有限公司、中钢集团邢台机械轧辊有限公司。

（4）中国第一重型机械集团公司联合中国华融资产管理公司、宝钢集团有限公司、中国长城资产管理公司作为发起人,设立中国第一重型机械股份公司。

(5)中国重型机械研究院整体兼并陕西冶金设计研究院,并由中国机械工业集团公司和宝钢集团有限公司共同出资组建,改制为中国重型机械研究院有限公司,第一个实现了冶金机械科研、制造与冶金工艺设计、钢铁企业的强强联合。

(6)上海重型机器厂有限公司、上海核电技术装备有限公司、上海第一机床厂、上海起重运输机械厂、上海船用曲轴公司五家大型企业正式组建上海电气重工集团。

(七)行业信息化建设

自国家信息和工业化部发出《关于大力推进企业管理信息化的指导意见》以来,重型机械行业企业信息化工作在原有的基础上有了很大的进展。据不估计,重型机械行业90%以上大中型企业建立了企业内联网(局域网),基本实现了计算机网络管理。多数企业采用了计算机辅助设计系统(CAD),以二维CAD系统设计产品。少数大型骨干企业信息化水平较高,如中国第一重型机械集团公司、大连重工·起重集团有限公司等,开始应用三维CAD设计系统、企业资源计划系统(ERP)、计算机辅助工艺计划(CAPP)系统,从合同管理、生产组织、人力资源到物资采购、财务核算等系统可实现无纸化办公;上海重型机器厂有限公司还计划实现计算机集成制造系统(CIMS)等。上述工作的开展使企业信息化建设上了一个大台阶,大大提高了企业的生产管理效率,节省了大量成本。

1. 行业电子信息推广办组织企业申报倍增计划项目36个,如上海建设路桥机械设备有限公司承担的"破碎机远程监控与服务系统"项目,中国第一重型机械集团公司承担的"重机行业企业信息系统与应用"项目,中国第二重型机械集团公司承担的"产品数据管理系统(PDM)"项目等。这些项目的实施将给重型机械企业注入经济活力,推进行业企业的信息化建设。

2. 自主开发专用软件取得成效

由于企业加大投入,行业专用软件开发及应用也取得一定的成效。据不完全统计,已开发20多种软件,应用于不同的领域,还有20多种软件正在开发中。如中国第一重型机械集团公司的大型钢锭凝固模拟软件、核电站用压力容器封头焊接坡口的数控加工软件,大连重工·起重集团有限公司开发的线材连铸机械自动化控制系统及堆取料机自动化系统,上海建设路桥机械设备有限公司开发的中小型机械制造厂的生产调度系统及破碎机远程监控与服务系统等已取得良好的应用成果。

3. 整合行业资源,构建联合优势,2004年6月以中国第一重型机械集团公司、大连重工·起重集团有限公司、上海建设路桥机械设备有限公司、燕山大学等单位联合上报信息和工业化部申请重型机械行业专用软件试点项目。该项目以中国第一重型机械集团公司、大连重工·起重集团有限公司等企业为龙头,上海建设路桥机械设备有限公司等企业为骨干合作开发、推广重型机械行业专用软件,目前该项目还在继续实施中。

三、重型机械行业快速发展的成因与启示

(一)成功原因

重型机械行业在21世纪初取得的辉煌成就和持续快速发展,主要有以下成功原因:

(1)我国加入WTO,按照世界贸易组织规则开展对外贸易,为行业发展提供了广阔的国际国内两个市场和发展空间;

(2)改革开放不断深入,国家经济建设持续、高速、稳定发展,对重型机械产品需求迅猛增长,保障了重型机械行业持续稳定高速增长;

(3)国家高度重视振兴装备制造业,重视重型装备制造业在对国民经济重点发展领域的重要性,出台了一系列有利的产业振兴政策,营造了良好发展环境;

(4)"十一五"期间民营企业的快速发展壮大,给重型机械行业企业提供了良好的发展空间;

(5)市场化取向的经济改革,极大地激发了业内企业的发展活力;

(6)对外开放政策不断完善和国际市场的产业转移,助推了重型机械行业快速发展和壮大。

(7)企业加强创新能力建设,通过引进技术、消化吸收、自主创新、扩大服务领域,赢得了市场先机。

(二)经验与启示

"十一五"期间,重型机械行业以重大装备国产化为己任,加大新产品研发和传统产业升级换代力度,完成了一批国家重大装备课题,逐步走上了创新发展的全新道路。归结起来,经验启示主要有三个方面:

(1)重型机械企业的产业结构调整要符合国家的产业发展方向,需要国家政策大力支持。企业的技术改造项目的成功和技术创新成果的取得,与国家以及省市地方政府的支持帮助是分不开的。在一系列政策扶持下,一些重大装备产业化得以顺利实现,为我国重大技术装备制造业的发展和自主创新水平的提高,创造了良好的条件。

(2)产业结构调整要以市场为导向。企业要按照市场需求对传统产品进行升级改造。只有瞄准良好的市场前景,抢占先机,大力开发新产品和进入新领域,才能形成新的经济增长点。

(3)产业结构调整要坚持以掌握核心技术为支撑。中国制造向中国创造转变,制造大国向制造强国转变,关键是国内装备制造业必须坚持自主创新和消化吸收相结合,形成自己的研发设计体系,掌握核心技术,才能不受制于人,才能支撑行业和企业不断发展。

(4)技术创新是行业和企业发展的动力源。没有技术创新,企业就没有生命力。

(5)技术创新离不开试验研究和科研技术平台建设,离不开科技队伍梯队建设和关键领军人物的培养。

〔撰稿人:中国重型机械工业协会张维新　审稿人:中国重型机械工业协会徐善继〕

欧盟物料搬运工业市场概况

一、欧盟概况

1991年12月11日,欧共体在荷兰马斯特里赫特召开首脑会议,通过了以建立欧洲经济货币联盟和欧洲政治联盟为目标的《欧洲联盟条约》,通称《马斯特里赫特条约》(简称《马约》)。1992年2月7日,《马约》由各成员国外长正式签署,并经各成员国政府批准后于1993年11月1日正式生效,欧洲联盟正式成立。

欧盟是一个超国家的组织,既有国际组织的属性,又有联邦的特征。欧盟下设欧洲理事会、欧洲联盟理事会、欧盟委员会等组织结构,还设有欧洲统计局等机构,对欧盟的机制运行起辅助作用。

首批成员国有奥地利、比利时、丹麦、芬兰、法国、德国、希腊、爱尔兰、意大利、卢森堡、荷兰、葡萄牙、西班牙、瑞典、英国15个国家,简称欧盟15国。

2004年5月1日,10个新成员国加入欧盟,它们是爱沙尼亚、拉脱维亚、立陶宛、波兰、捷克、斯洛伐克、匈牙利、斯洛文尼亚、马耳他和塞浦路斯。

2007年1月1日,保加利亚、罗马尼亚加入欧盟,形成了欧盟27国。

本文根据欧盟统计局提供的统计数据对欧盟的物料搬运工业市场进行统计分析。

二、欧盟地区物料搬运工业产品分类情况

欧洲集中了一大批国际知名的物料搬运设备制造商,很多产品处于国际领先水平;同时,欧盟地区又是我国物料搬运设备主要的出口地区。因此,研究分析欧盟地区的物料搬运市场将有助于了解这个统一市场的发展和变化情况。

进入欧盟统计局与物料搬运工业有关的产品共有41类,包括轻小型起重设备、起重机、工业车辆、连续输送设备、起重和搬运设施、起重和搬运设备维修服务和相关零部件等几大类。由于历史的原因,其统计目录在不同时期有合并或拆分,产品分类名称有一定差别,但覆盖了所有的物料搬运产品,包括:①轻小型起重设备,包括电动葫芦、手动葫芦、千斤顶、滑车、卷扬机、汽车举升器等;②起重机,包括桥式起重机、门式起重机、装卸桥、跨运车或轮胎式门式起重机、塔式起重机、门座起重机、流动式起重机等;③工业车辆,包括电动叉车、手动搬运车、牵引车辆等;④连续输送机械,包括气动提升和输送机械、斗式提升机、带式输送机、辊子输送机、给料机械、装卸机械、架空索道、电梯和扶梯等;⑤相关零部件,包括抓斗、夹钳、铲斗和其他零部件;⑥起重和搬运设备维修服务;⑦起重和搬运设施。

上述产品分类与我国国家统计局以及海关进出口统计所包括的产品类别略有差别,主要体现在上述的⑥起重和搬运设备的维修服务以及⑦起重和搬运设施等2项,这在我国的有关统计中没有包括。

三、欧盟地区主要产品的总产值统计分析

欧盟地区物料搬运工业总产值从2003年的420.9亿欧元至2008年的646亿欧元,年均增幅8.96%。受国际金融危机的影响,2009年欧盟地区物料搬运工业总产值为489亿欧元,比上年下降24.2%。2003~2009年欧盟27国物料搬运工业总产值走势见图1。

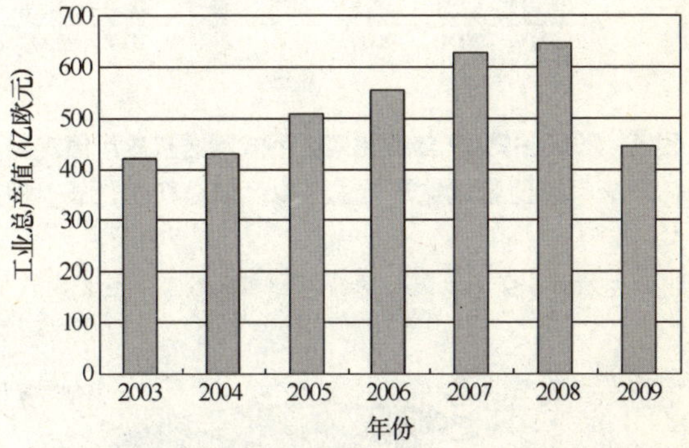

图1 2003~2009年欧盟27国物料搬运工业总产值走势

2008年欧盟地区桥式、门式起重机总产值为25.4亿欧元,达到近几年的最高。由于受国际金融危机的影响,2009年桥式、门式起重机总产值同比下降28.9%。2003~2009年欧盟地区桥式、门式起重机总产值走势见图2。

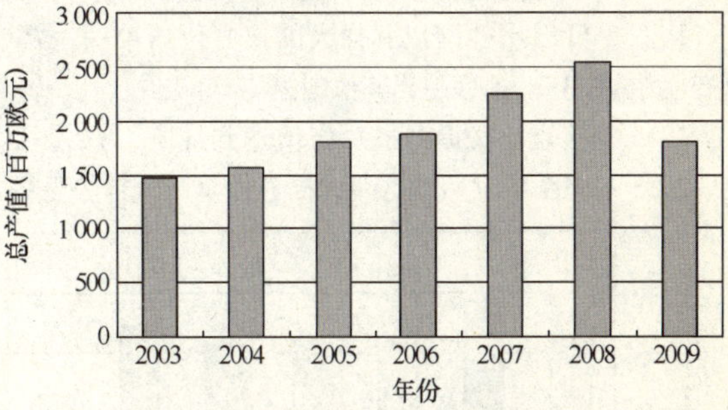

图2 2003~2009年欧盟地区桥式、门式起重机总产值走势

2009年欧盟地区桥式、门式起重机主要生产国总产值所占比例见图3。

2007年欧盟地区带式输送机总产值达到近几年的最高,为23亿欧元。受国际金融危机的影响,2009年带式输送机总产值同比下降21.4%。2003~2009年欧盟地区带式输送机总产值走势见图4。

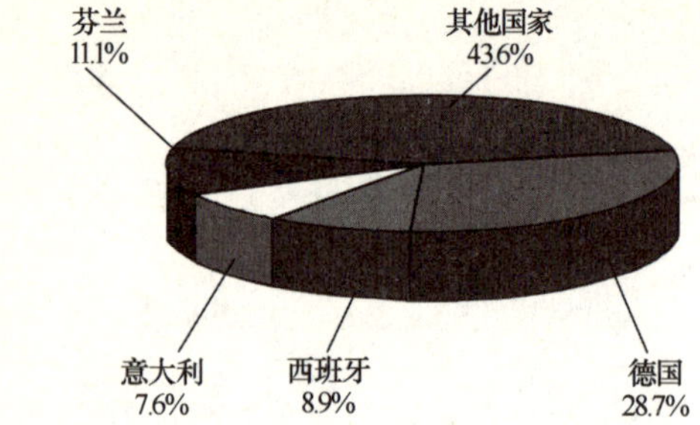

图3　2009年欧盟地区桥式、门式起重机主要生产国总产值所占比例

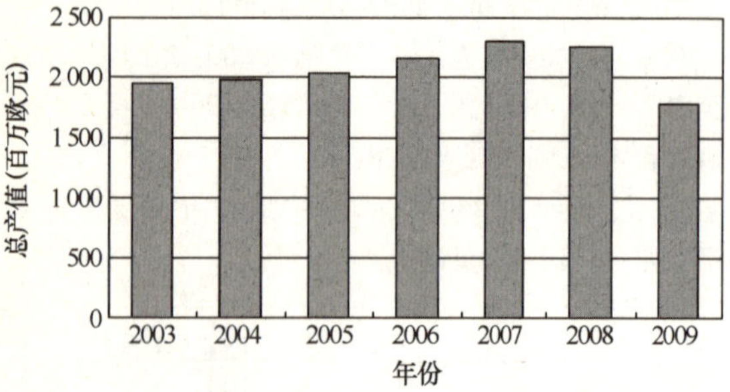

图4　2003～2009年欧盟地区带式输送机总产值走势

2009年欧盟带式输送机主要生产国总产值所占比例见图5。

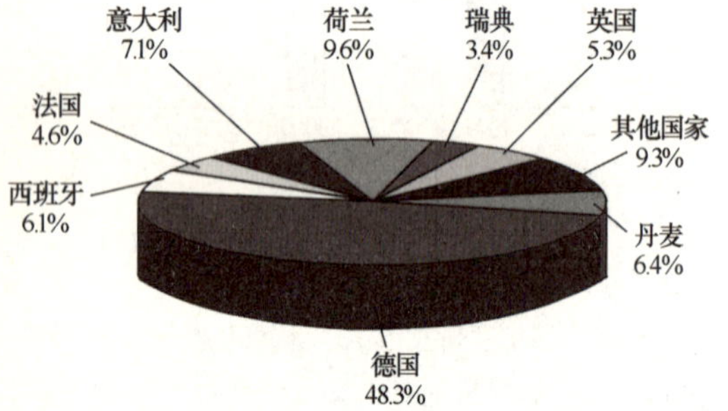

图5　2009年欧盟带式输送机主要生产国总产值所占比例

从图5可以出德国以其强大的实力位居第一，占欧盟总产值的48.3%，远远超出其他国家。

2005年欧盟斗式提升机总产值达到最高，为2.2亿欧元。2003～2009年欧盟地区斗式提升机总产值走势见图6。

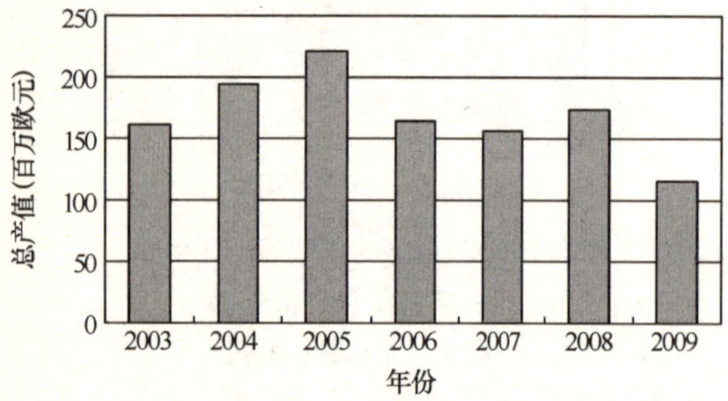

图6　2003～2009年欧盟地区斗式提升机总产值走势

2003年至2008年欧盟电动葫芦市场连续增长，年均增长率为17.7%，2008年欧盟电动葫芦总产值为5.5亿欧元，达到近几年的最高。受国际金融危机的影响，2009年电动葫芦总产值同比下降30.9%。2003～2009年欧盟地区电动葫芦总产值走势见图7。

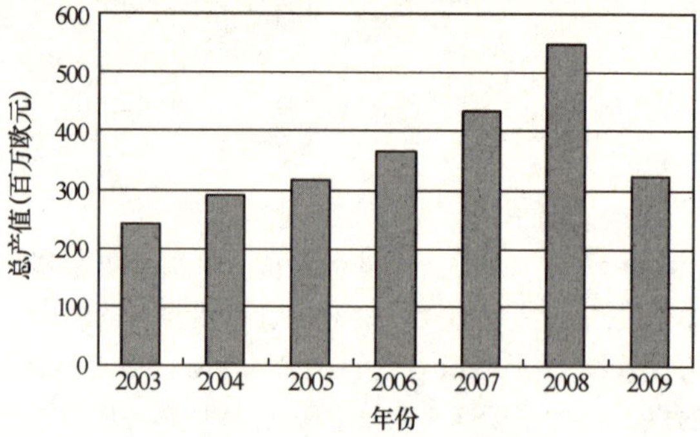

图7　2003～2009年欧盟地区电动葫芦总产值走势

2009年欧盟地区电动葫芦主要生产国总产值所占比例见图8。

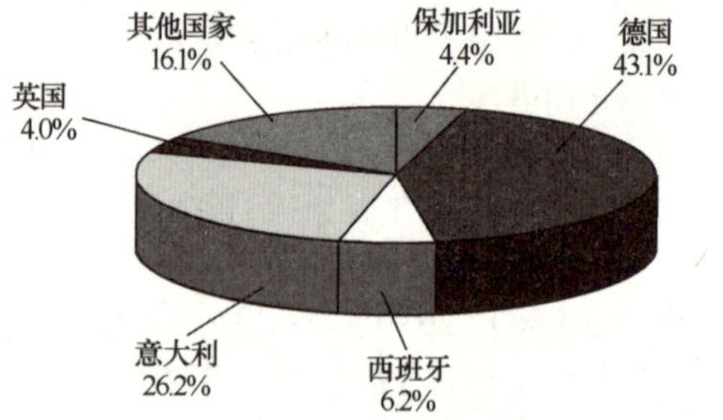

图8　2009年欧盟地区电动葫芦主要生产国总产值所占比例

从图8可以看出，德国占43.1%，位居第一，远远超出其他国家。

欧盟地区的服务业极其发达，也非常受重视，不光表现在企业对维修服务的重视，还表现在欧盟统计局将维修服务列入统计目录中，其中包括起重和搬运设备的维修服务。从欧盟统计局的统计资料来看，2007年欧盟地区从事起重和搬运服务的总产值接近100亿欧元，约占同年物料搬运工业总产值的16%。2003～2009年欧盟地区物料搬运维修服务总产值走势见图9。

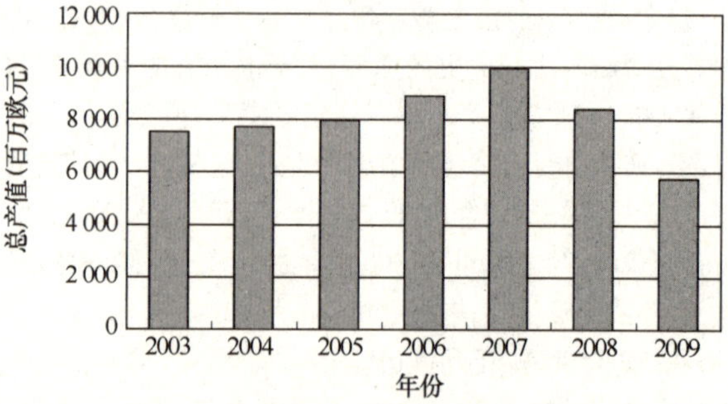

图9　2003～2009年欧盟地区物料搬运维修服务总产值走势

2009年欧盟地区物料搬运服务业主要国家总产值所占比例见图10。

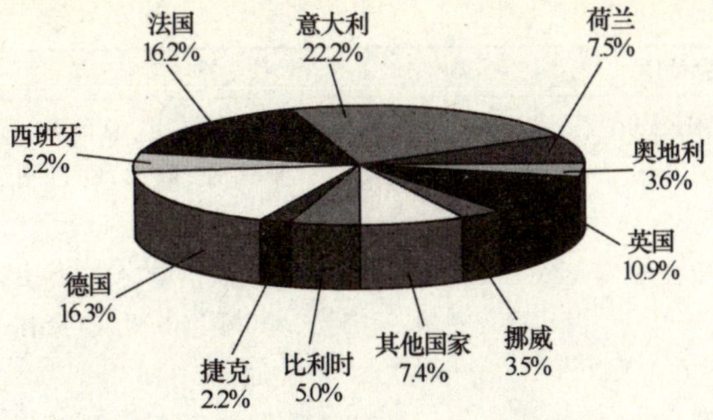

图10　2009年欧盟地区物料搬运服务业主要国家总产值所占比例

由图10可以看出，意大利所占比例最大，总产值为12.7亿欧元，占22.2%；德国居第二，总产值达9.4亿欧元，占16.3%；法国居第三，总产值达9.3亿欧元，占16.2%。

〔撰稿人：中国重型机械工业协会肖立群　审稿人：中国重型机械工业协会徐善继〕

2009年“中国机械工业科学技术奖”重型机械行业获奖项目

中国重型机械工业协会2009年7月4日在辽宁省大连市组织召开重型机械行业科学技术奖评审会议，对全行业企业、科研单位、大专院校申报的59项中国机械工业科学技术奖项目进行评审，并经“中国机械工业科学技术奖”评审委员会审定，重型机械行业荣获中国机械工业科学技术奖项目共35项，其中特等奖2项，一等奖2项，二等奖17项，三等奖14项。2009年“中国机械工业科学技术奖”重型机械行业获奖情况见表1。

表1　2009年“中国机械工业科学技术奖”重型机械行业获奖情况

项目编号	项目名称	获奖等级	完成单位	完成人
0904033	165MN自由锻造油压机研制	特等奖	上海重型机器厂有限公司、中国重型机械研究院有限公司、上海交通大学、重庆大学	韩炳涛、吕亚臣、高峰、谢东钢、王醒雷、成先飚、罗仁昌、杨大祥、叶志强、郭为忠、王宏亮、黄志祥、王勇勤、张保均、张营杰
0904060	纯低温余热双压利用成套工艺技术及装备	特等奖	中信重工机械股份有限公司、西安交通大学、洛阳矿山机械工程设计研究院有限责任公司	任沁新、彭岩、王继生、戴义平、张凯、陈付平、王新建、姚敏娟、胡明是、俞章法、戚天明、袁曙光、叶长虹、郝景周、仝伟峰
0904015	带钢平整设备工艺及控制关键技术的研发与应用	一等奖	燕山大学	刘宏民、彭艳、白振华、连家创、杨利坡、王东城、马庆龙、于丙强、高殿荣、张齐生、刘妍、孙建亮
0904057	$2^1/_4$Cr-1Mo-$^1/_4$V材料开发及加氢反应器研制	一等奖	中国第一重型机械集团公司、中国石化集团洛阳石油化工工程公司、中国石化工程建设公司、中国石油化工股份有限公司镇海炼化分公司、中油抚顺石化设备检测监理研究中心	刘恩清、邵建雄、张文辉、陈崇刚、仇恩沧、黎国磊、余良俭、丁舍庚、殷凤春、樊明祥、蔡连重、王宝忠、谷文、王欢、张景利
0904004	RH真空精炼插入管离线喷补机	二等奖	北京中冶设备研究设计总院有限公司、鞍钢股份有限公司第三连轧厂	于伟民、秦旭、宋秉钧、曹兴平、牟永国、张勇、黄健、韩树志、陈明、王长勇
0904005	4.3m×9.2m大型香蕉形直线振动筛	二等奖	鞍山重型矿山机器股份有限公司	徐文彬、安晓卫、李素妍、李秀艳、陈建中、尔卫江、张建忠、佟大光
0904009	分辊驱动变辊数辊式板材矫正机	二等奖	湖北鄂重重型机械有限公司	张本源、叶勇、吕军、龚德新、王青庭、季如良、徐绍刚、皮之中、徐景刚、江宁

（续）

项目编号	项目名称	获奖等级	完成单位	完成人
0904011	XPG—200大型真空盘式过滤机	二等奖	沈阳矿山机械有限公司	张宪伟、冯泉、耿洪臣、倪日亮、潘德强、郭天纲、姜国强、薛成、胡成勇、李文奇
0904012	XGYW—18筒型真空过滤式永磁过滤机	二等奖	沈阳矿山机械有限公司	冯泉、张宪伟、耿洪臣、倪日亮、郭天纲、宋晓光、米世诚、朱彦、刘贵林、潘德强
0904013	YG1000/110混匀堆取料机	二等奖	沈阳矿山机械有限公司	费勇、吕顺、佟嘉武、闵振东、徐丽、刘冬梅、赵艳、张兵、陶福贵、李凤娟
0904017	大连重工·起重集团有限公司技术中心创新研发平台项目	二等奖	大连重工·起重集团有限公司	宋甲晶、邹胜、邵龙成、张本麒、陈承继、林建伟、白永昕、王景财、王晓东、陈历辉
0904019	雅戈尔物流配送中心自动化物流系统	二等奖	北京起重运输机械设计研究院	吴宇东、汪浩、秦叙斌、徐庆才、李晋铃、张明瑞、陈肖群、杨黎明、赵峰、侯娟
0904025	高性能宽带钢连续电镀锡生产线的研制开发	二等奖	北京机械工业自动化研究所	吴小兵、刘新、张锡东、霍大维、金旭芳、周春临、刘宽信、曾津鹏、冯磊、张冬云
0904028	加热炉坯温实时跟踪预报显示及数据管理系统的开发	二等奖	燕山大学、石家庄钢铁有限责任公司、华博机械教育科技开发有限公司	李国友、董敏、刘才、梁枚、齐建军、封一丁、黄承光、周然飞、张志强、周巧玲
0904031	彩色钢板印花工艺和设备技术研究	二等奖	中国重型机械研究院有限公司、顺德新源镒钢铁制造有限公司	浦文杰、程军周、陈海雄、刘鹏、范海峰、常旭宏、谢咏山、卢进莉、屈黎明、胡东仓
0904032	LG—15—GHLL型两辊高速环孔型冷轧管机	二等奖	中国重型机械研究院有限公司、常熟华新金属工业品有限公司、西安航空发动机（集团）有限公司第八机械厂	阎雪峰、成海宝、赵永平、李丽、纪松山、展京乐、李为、郭琳、张杰、李小荣
0904038	核电站190t/20t+190t环行起重机研制	二等奖	太原重工股份有限公司	顾翠云、武建平、刘焕江、王吉生、申昌宏、李志强、袁忠东、王首成、王月明、吴建华
0904039	无线并车吊运百米钢轨新型桥式起重机的研制	二等奖	太原重工股份有限公司	闫俊慧、柏俊山、魏双庆、胡晴莽、吴文明、王吉生、申昌宏、王首成、李柏林、李朗明
0904046	新型液固流化床粗煤泥分选机研制	二等奖	晋城蓝焰煤业股份有限公司成庄矿、中国矿业大学	李延锋、刘文朝、刘炯天、张新民、王中民、王德璋、王东斌、张文军、李阳、王新民
0904052	ϕ8.0m×2.8m湿式自磨机	二等奖	中信重工机械股份有限公司、洛阳矿山机械工程设计研究院有限责任公司	姬建钢、王成伟、喻晓、瞿铁、初国庆、孙伟力、陈松战、翟蓉芳、赵爱东、邹声勇
0904056	DG400双向输送圆管型带式输送机	二等奖	上海青浦起重运输设备厂有限公司	刘新、丁曙光、吴良宏、蒋亚林
0904001	轻型轮胎式集装箱门式起重机	三等奖	交通部水运科学研究所	饶京川、贾志平、任良成、李志建、杨瑞
0904002	冷轧带钢新技术在八钢冷连轧机组中的应用	三等奖	北京中冶设备研究设计总院有限公司	周德林、赵峡、席约强、李子文、于天锁
0904010	全自动管坯移送装置	三等奖	新乡市中原起重机械总厂有限公司	郝兆庆、李大明、杨章顺、陈松涛、李志刚
0904014	GLQ40双驱动交流变频港口轮胎起重机	三等奖	卫华集团有限公司	韩宪保、秦英奕、孙明尧、徐长生、刘光富

（续）

项目编号	项目名称	获奖等级	完成单位	完成人
0904018	北京香山公园客运索道更新改造工程	三等奖	北京起重运输机械设计研究院	李刚、段琰、梁海燕、黄鹏智、刘旭升
0904020	ϕ110mm/ϕ160mm/ϕ450mm×450mm 六辊 HC 液压可逆精轧机组	三等奖	昆明力神重工有限公司	赵勇、胡式保、李凌、杨亚希、张成益
0904022	新型三梁铝电解多功能机组	三等奖	株洲天桥起重机股份有限公司	郑正国、何新华、李春贵、谭永新、熊庆锋
0904027	绿色建材（加气混凝土）生产线自动化起重运输设备	三等奖	天津起重设备有限公司	陈瑞明、田莹欣、袁耀华、韩振强、李洪福
0904029	2兆瓦级风力发电增速齿轮箱关键技术研究和产业化	三等奖	重庆齿轮箱有限责任公司	曹云、杜木信、刘波、黄永平、曹春华
0904030	多层巷道堆垛类智能车库	三等奖	山东莱钢泰达车库有限公司	王志武、赵伟忠、陈传继
0904035	超强电磁除铁器	三等奖	山东华特磁电科技股份有限公司	王兆连、周宇舟、刘风亮、纪乐文、王承圣
0904045	矿用悬浮液压支柱开发及应用	三等奖	中国矿业大学、北京科技大学、金湖小青青机电设备有限公司、重庆天巨承机械制造有限责任公司、徐州天能机电有限责任公司	李炳文、赵继云、王启广、朱冬梅、王建武
0904047	极薄煤层开关磁阻电牵引采煤机研究	三等奖	中国矿业大学、新汶矿业集团有限责任公司、无锡盛达机械制造有限公司	杜长龙、刘送永、王燕宁、魏翔、崔新霞
0904051	ZLD—20、ZLD—30 履带式电动装岩机	三等奖	淄博大力矿山机械有限公司	孙明文、张合、李兵、李前进、王艾泉

〔撰稿人：中国重型机械工业协会张维新　审稿人：中国重型机械工业协会徐善继〕

2009年重型机械行业十大新闻

1. 在国家“保增长、调结构、扩内需”宏观经济政策的指导和推动下，我国重型机械行业经过顽强努力，继续保持了稳定高速发展，再创历史新高。2009年完成工业总产值5 746.03亿元，同比增长14.81%；工业销售产值5 580.27亿元，同比增长14.88%；新产品产值1 375.12亿元，同比增长16.48%。其中，冶金矿山机械行业完成工业总产值2 565.64亿元，同比增长18.71%；工业销售产值2 462.71亿元，同比增长19.14%；新产品产值554.76亿元，同比增长20.81%；物料搬运（起重运输）机械行业完成工业总产值3 180.39亿元，同比增长11.85%；工业销售产值3 117.56亿元，同比增长11.72%；新产品产值820.36亿元，同比增长13.73%。2009年有5个行业重点企业工业总产值超过100亿元，他们是：大连重工·起重集团有限公司181.33亿元，北方重工集团有限公司130.15亿元，中国第一重型机械集团公司126.76亿元，太原重型机械集团有限公司114.23亿元，中信重工机械股份有限公司105.33亿元。

2. 在重型机械行业企业为抗击国际金融危机的冲击努力拼搏，为企业发展辛勤工作时，多位党和国家领导人来到行业骨干企业调研和视察工作，带来了中央领导对重型机械行业发展的关怀和指导，极大地鼓舞了广大企业职工的斗志和为国家建设做出更大贡献的决心。3月20日温家宝总理视察了北方重工集团有限公司，3月31日习近平副主席视察了中信重工机械股份有限公司，4月3日周永康同志视察了太原重型机械集团有限公司，5月26日习近平副主席视察了太原重型机械集团有限公司，7月4日温家宝总理视察了太原重型机械集团有限公司，7月6日习近平副主席视察了大连重工·起重集团有限公司，11月12日李长春同志视察了中信重工机械股份有限公司。

3. 中国重型机械工业协会五届二次会员代表会议暨理事会议4月18～19日在北京召开。吴生富理事长作了重要讲话，强调协会的发展方向和目标，就是要始终坚持服务行业企业、服务政府的根本宗旨，通过服务获得自身应有的社会地位。徐善继常务副理事长做了《加快结构调整，增强自主创新能力，促进重型机械行业平稳发展》的工作报告，总结了过去一年的工作和2009年的工作安排。大会通过了《中国重型机械工业协会五届二次会员代表大会工作报告》、《中国重型机械工业协会五届二次理事会财务报告》、《中国重型机械工业协会五届理事会人员调整变更名单》、《中国重型机械工业协会五届理事会理事增补名单》。大会举行了隆重的表彰仪式，授予山建国等33名同志“全国重型机械行业科技创新优秀工作者”称号，授予于玺等25名同志“全国重型机械行业高技能优秀工人”称号，授予王铁峰等100名同志“中国重型机械工业协会先进工作者”称号，表彰了2007～2008年度行业工作和活动突出的破碎粉磨专业委员会等6个分支机构为先进分支机构，矿山机械分会等10个分支机构为表扬分支机构。大会组织了专题报告会，并针对国际金融危机对我国重型机械行业的影响进行了交流发言。

4. 中国重型机械工业协会狠抓行业科技进步和创新工作，一年一度的重型机械行业科技创新工作会议暨科研院所长高校领导座谈会，成为行业科技创新工作的交流平台，对促进行业科技进步具有重大影响和指导作用。12月7～9日在广州市召开了2009年度会议。会议主题是重型机械行业重点企业、科研院所及高校在国际金融危机后大背景下，如何加强科技创新能力建设，以科技创新成果应对金融危机。中国重型机械工业协会徐善继常务副理事长做了《重型机械行业2009年经济运行状况及“十二五”发展思路、目标和重点发展领域》的专题报告，指出重型机械行业要加强产、学、研一体化的科技创新体系建设，通过加快科技创新，推动结构调整，促进企业和行业的平稳发展。与会代表为会议做了认真准备，分别介绍各单位经济运行情况和应对金融危机采取的行之有效的措施和做法，近年来在科技创新能力建设方面所做的工作和取得的重大突破性进展；交流了在建设、完善技术创新体系，加强技术平台建设过程中，找准发展方向，瞄准关键技术，提高自主研发能力的做法和经验；提出了“十二五”期间技术创新与产品开发的初步计划。

5. 应国家建设和市场需求，一批具有自主知识产权的重大装备新产品和新技术相继在2009年推出。如：中信重工机械股份有限公司研制的国内首台MZL370大型立磨双行星减速器，打破了世界著名传动公司的垄断，为实现大型立磨减速器国产化奠定了良好基础。太原重型机械集团有限公司制造成功当今世界上最大的100MN双动卧式短行程前上料铝挤压机，跻身世界先进水平。大连重工·起重集团有限公司制造出国内目前最大的海陆两用3MW风电机组。太原矿山机器集团有限公司研制的“高压大排量斜轴式轴向柱塞泵”，是世界上最大排量的斜轴式液压泵，达到世界先进水平，售价只有进口设备的1/10。中信重工机械股份有限公司为澳大利亚最大的铁矿项目制造成功世界规格最大、技术最先进的ϕ7.93m×13.6m溢流型球磨机和与之配套的世界首台最大功率的PH1250型平行轴硬齿面减速器，标志着中国企业完全有能力设计、研发、制造大型矿山核心装备，也使国内外知名矿业企业对中国制造有了更强大的信心。大连重工·起重集团有限公司自主研发设计的液压振动系统在燕山钢铁有限公司板坯连铸机总包工程中一次热试成功，在连铸技术上又上了一个新台阶，打破了国外公司对该技术的垄断。上海振华重工（集团）公司承建的我国首艘自主研制的1 200t浅水铺管船——“海洋石油202”正式交付，标志着我国铺管作业船从以使用进口二手船为主的时代，开始跨入自主创新时代，开辟了我国铺管船建造和海洋铺管作业的新纪元。四川川润股份有限公司制造的国产化首套年产45万t合成氨/80万t尿素装置换热器设备是当前国产直径最大、换热面积最大、重量最重、制造最复杂的换热器设备，填补了国内此项领域的空白。内蒙古北方重工业集团有限公司自主研制的首台3.6万t垂直挤压机成功挤出第一根合格的厚壁无缝钢管，打破了国外对耐高温高压厚壁成型高端材料的垄断，是国家十六大科技重大专项和十大基础制造装备之一。中科华核电技术研究院有限公司和上海起重运输机械厂有限公司联合研制成功大型压水堆核电站核燃料装卸料机，打破了国外垄断，在设备性能更优的情况下大大降低了供货价格。中国第一重型机械集团公司研制成功国内首台换热面积最大的管壳式换热器——镇海循环气冷却器，多项技术填补国内空白，打破了国外长期对大型换热器的垄断格局。中国第二重型机械集团公司自主设计研发成功2.5MW风机增速箱，这是风机中最为关键的机械部件，素以设计研发难度大、使用要求高著称，国内大多数现有的大功率级风机增速箱都是靠进口或引进国外技术。太原重型机械集团有限公司首台1.5MW风力发电机组成功发运，这是其自主创新的又一重要成果，标志着太原重型机械集团有限公司风电产品取得重大的突破。太重煤机煤矿装备成套有限公司制造的国家“十一五”科技支撑项目“千万吨级综采成套设备”，由世界最大的2 500kW电牵引采煤机、6.4m液压支架、1.25m刮板运输机及转载机等组成，结束了我国千万吨级综采成套设备长期依赖进口的历史。中钢集团衡阳重机有限公司研制成功我国首台完全国产化的CY—1.5A型柴油铲运机，这是现代井下矿山无轨化采矿的重大装备，意味着我国井下采矿将摆脱“洋技术”的束缚。自贡运输机械有限公司自行设计制造成功亚洲最长的一条管状带式输送机，全长7km，创当前管状带式输送机单机长度亚洲第一、世界第二。大连重工·起重集团有限公司研发成功40t履带运输车，自重80t，可运载重量40t，爬坡能力17°；该公司风电项目研发也取得了又一个重要进展，自主研发成功风电SCADA系统，破解了国内长期以来不具备设计能力、一直依赖国外进口的瓶颈。

6. 重型机械行业骨干企业在大型铸锻件加工制造上取得新成绩。3月24日，中国第二重型机械集团公司成功浇注出一支用于1 100MW核电半速转子生产的重560t的特大型钢锭，当前世界范围只有日本能够生产这种超大型钢锭。4月7日，中国第一重型机械集团公司锻造成功当前国内最大的5m轧机支撑辊，再次刷新国内同类产品的锻造纪录。4月19日，中国第一重型机械集团公司为韩国现代制铁公司制造的5m宽厚板轧机机架在大连港成功装运，共有2个机架，每个机架高15.2m、宽4.67m，重412.28t。6月2日，中国第一重型机械集团公司承制的三门核电2#机组首台国产化AP1000反应堆压力容器成功浇注，标志着我国在实现核电技术装备自主化方面又向前迈进了一步。同月，中国第二重型机械集团公司为营口中板生产的5m轧机支承辊完成全部工序加工，该支承辊直径2 302mm、总长11 226mm、重226.4t，是国内最大的支承辊。8月7日，中国原子能科学研究院和中国第一重型机械集团公司联合设计制造的、国际上公认的第四代核能系统——中国首台实验快堆主设备反应器堆容器及堆内构件、旋转屏蔽塞设备的全部制造任务圆满完成，各项技术指标达到国际先进水平，标志着中国首座实验快堆核岛主设备全部实现国产化，展现了中国在复杂核设备领域的科技水平和制造实力。8月17日，中国第一重型机械集团公司采用580t钢锭锻造的、当前国内最大、具有国际先进水平的核电常规岛低压转子在15 000t水压机上锻造成功，这是一重有史以来锻造的最大吨位钢锭，无论重量和尺寸，都创下了一重乃至国内锻造业之最。12月，中钢集团邢台机械轧辊有限公司为宝钢公司研制成功总长5.87m、辊径0.22m的宽厚板冷矫直辊，填补了国内空白，满足了新型现代化轧机用辊需求。

7. 重型机械行业企业国际市场竞争力进一步提高，产品出口再创新成绩，不少产品打入世界主要工业国家，说明国际上已认可我国装备制造业的实力，认可"中国制造"和"中国创造"产品的先进性和高质量。2月17日，上海振华重工(集团)股份有限公司与巴西淡水河谷公司签订采购9台特大型散料装卸设备合同，包括3台3 000t/h卸船机、2台5 000t/h斗轮取料机、1台10 000t/h斗轮取料机、1台1 500t/h堆料机、1台10 000t/h堆料机及1台10 000t/h装船机，总额达8 000万美元。这是上海振华重工(集团)股份有限公司与世界最大的铁矿石巨头签订的境外最大散货设备供应合同。19日，北方重工集团有限公司与巴西淡水河谷公司签署《阿曼球团成套项目暨合作备忘录》，北方重工获得了4 870万美元的订单，将向巴西淡水河谷的阿曼球团厂提供20条带式输送机和1套取制样系统，以及所有附件及辅助设备。4月，河南卫华集团有限公司生产的两台240t大型桥式起重机顺利出口英国，为河南起重设备出口发达国家增添了亮点，也为河南企业出口欧盟市场积累了经验。5月21日，中国重型机械总公司成功开发并控股投资建设的柬埔寨达岱水电站BOT项目开工。该项目是中国企业在柬埔寨投资额最大的项目，装机容量246MW，工程总投资概算为5.05亿美元，项目期限42年，其中工程建设期5年，项目运营期37年。2009年开工建设，2013年底发电。该项目的建设将促进柬埔寨国民经济的发展，对中柬两国关系的发展起到积极的促进作用。7月20日，西班牙ADHK公司向上海振华重工(集团)股份有限公司采购22亿美元海工装备项目签约。这是我国装备制造业迄今为止最大的出口合同，该项目包括供货10台海上自升式钻井平台、7台陆上钻机和2艘浮吊，标志着上海振华向世界海工市场进军迈出了第一步。8月7日，大连重工·起重集团有限公司与阿根廷特纳锐斯钢铁集团就其在墨西哥建设的钢管厂项目，签订了11台起重机供货合同，这是该公司起重机产品首次进入美洲市场，也是企业2009年成功开发的又一海外新客户，标志着公司海外市场开拓取得了新的突破，产品已远销全球46个国家和地区。9月10日，中国第一重型机械集团公司承制并出口韩国浦项的5.5m宽厚板轧机在大连港发运。该轧机是当前世界上宽度最大的厚板轧机，代表了当今世界冶金轧制设备的最高水平。12月29日，上海振华重工(集团)股份有限公司建造的美国加州奥克兰新海湾大桥首批钢箱梁，从上海长兴岛随船起航，驶往美国。新海湾大桥是世界第一大单塔自锚抗震悬索钢结构桥梁，大桥主航道桥跨径为565m，钢塔总高约160m，能确保每天30万辆汽车通过。上海振华重工承建的是新海湾大桥的钢桥、钢塔、浮吊等，总标的额为3亿美元，为上海振华重工打开了进军世界钢桥市场的大门。

8. 中国第一重型机械集团公司自主研制的15 000t水压机在国家科学技术进步奖励大会上，被授予"国家科学技术进步奖一等奖"。这是我国重型锻压设备获得的国家最高奖项，标志着我国在重型锻压设备领域跻身世界先进行列。

2009年重型机械行业荣获"中国机械工业科学技术奖"35项，其中特等奖2项，一等奖2项，二等奖17项，三等奖14项。

特等奖是：①165MN自由锻造油压机研制(上海重型机器厂有限公司、中国重型机械研究院有限公司、上海交通大学、重庆大学)；②纯低温余热双压利用成套工艺技术及装备(中信重工机械股份有限公司、西安交通大学、洛阳矿山机械工程设计研究院有限责任公司)。

一等奖是：①带钢平整设备工艺及控制关键技术的研发与应用(燕山大学)；② $2^1/_4$ Cr-1Mo- $^1/_4$ V材料开发及加氢反应器研制(中国第一重型机械集团公司、中国石化集团洛阳石油化工工程公司、中国石化工程建设公司、中国石油化工股份有限公司镇海炼化分公司、中油抚顺石化设备检测监理研究中心)；③QJRN—112泥水平衡盾构机(沈阳重型机械集团有限责任公司）。

9. 地处内陆的行业骨干企业近几年纷纷与沿海地区合作，建立企业的临港生产和科研基地，以扩大大型和超大型重型装备产品的科研和生产加工能力，以及大型产品的运输能力。2 月 20 日，太原重型机械集团有限公司与天津滨海新区临港产业区举行了合作签约仪式，太重将在天津滨海新区投资建设临港重型装备制造基地项目。2 月 28 日中国第一重型机械集团公司与大连市政府举行战略合作框架协议签署仪式，中国一重将在大连建设世界上最大、最具竞争力的大型石化容器和核电设备制造基地。2009 年底，中国第二重型机械集团公司与江苏省镇江市在镇江丹徒经济开发区隆重举行了中国二重（镇江）重大技术装备制造基地一期工程开工典礼。

10. 7 月 30 日，重型机械行业有 19 个企业入选“中国机械 500 强”，它们是：大连重工・起重集团有限公司、北方重工集团有限公司、太原重型机械集团有限公司、中国第一重型机械集团公司、中信重工机械股份有限公司、中国第二重型机械集团公司、太原重工股份有限公司、上海重型机器厂有限公司、江苏通润机电集团有限公司、上海建设路桥机械设备有限公司、太原矿山机器集团有限公司、上海冶金矿山机械厂、四川矿山机器（集团）有限责任公司、昆明力神重工有限公司、新乡市起重设备厂有限责任公司、南京高精传动设备制造集团有限公司、重庆齿轮箱有限责任公司、泰星减速机股份有限公司、杭州东华链条集团有限公司。大连重工・起重集团有限公司首次入选 2009 年《世界机械 500 强》，显示了我国重型机械行业企业不断做大做强的发展现状。

〔撰稿人：中国重型机械工业协会李广孝　审稿人：中国重型机械工业协会徐善继〕

行业篇

从生产发展情况、市场及销售、产品进出口、科技成果及新产品等方面阐述重型机械各分行业2009年的发展情况

It briefs the development made in 2009 in all the sectors of the heavy machinery industry, namely production, marketing, sales, product import and export, technical development and the new product creation

行业篇

冶金矿山机械

行业简况 冶金矿山机械行业是以提供炼焦、烧结、冶炼、轧制、矿山开采、提升、破碎粉磨、煤矿采掘、筛分洗选、竖井及隧道挖掘、水泥、重型锻压等大型成套设备及相关配套产品，以及为能源、原材料、化工、造船、军工、机械等部门提供所需大型铸锻件产品的机械制造行业。该行业的主要产品多为重大基本建设项目所需的核心设备，因此不仅在国民经济建设中占有十分重要的地位，而且是体现国家制造实力的重要表征。

2001～2008 年冶金矿山机械行业主要经济指标完成情况见表 1。2001～2008 年冶金矿山机械行业主要经济指标占重型机械行业的比重见表 2。

表 1　2001～2008 年冶金矿山机械行业主要经济指标完成情况

年份	企业数（个）	工业总产值（当年价）（亿元）	工业增加值（亿元）	主营业务收入（亿元）	利润总额（亿元）	主营业务收入利润（总额）率（%）	资产总计（亿元）
2001	488	200.9	52.6	187.8	-4.9	-2.6	501.9
2002	511	249.3	64.7	241.7	-0.3	-0.1	561.5
2003	603	351.1	92.3	338.6	4.3	1.3	620.7
2004	1 002	568.8	149.9	540.9	13.1	2.4	809.6
2005	931	784.2	204.4	765.2	30.3	4.0	973.6
2006	1 131	1 098.6	322.8	1 019.4	54.5	5.4	1 238.7
2007	1 386	1 520.9	426.1	1 385.2	100.3	14.7	1 584.3
2008	2 073	2 204.5		2 101.1	152.6	7.3	2 411.9

表 2　2001～2008 年冶金矿山机械行业主要经济指标占重型机械行业的比重

年份	行业名称	企业数（个）	占行业比重（%）	资产总计（亿元）	占行业比重（%）	工业总产值（当年价）（亿元）	占行业比重（%）	主营业务收入（亿元）	占行业比重（%）	利润总额（亿元）	占行业比重（%）
2001	重型机械行业	1 100	100.00	1 144.85	100.00	658.40	100.00	634.42	100.00	16.11	100.00
	冶金矿山机械行业	488	44.36	501.89	43.84	200.90	30.51	187.74	29.59	-4.87	-30.23
2002	重型机械行业	1 193	100.00	1 227.06	100.00	837.40	100.00	813.18	100.00	29.45	100.00
	冶金矿山机械行业	511	42.83	561.47	45.76	249.30	29.77	241.64	29.72	-0.26	-0.88
2003	重型机械行业	1 357	100.00	1 393.64	100.00	1 101.50	100.00	1 067.13	100.00	40.60	100.00
	冶金矿山机械行业	603	44.44	620.74	44.54	351.10	31.87	338.57	31.73	4.30	10.59
2004	重型机械行业	2 385	100.00	1 852.30	100.00	1 711.80	100.00	1 639.50	100.00	70.90	100.00
	冶金矿山机械行业	1 002	42.01	809.60	43.71	568.80	33.23	540.90	32.99	13.10	18.48
2005	重型机械行业	2 179	100.00	2 121.40	100.00	2 138.80	100.00	2 071.70	100.00	108.50	100.00
	冶金矿山机械行业	931	42.73	973.60	45.89	784.20	36.67	765.20	36.94	30.30	27.93
2006	重型机械行业	2 494	100.00	2 586.80	100.00	2 771.80	100.00	2 634.50	100.00	163.00	100.00
	冶金矿山机械行业	1 131	45.35	1 238.70	47.88	1 098.60	39.63	1 019.40	38.69	54.50	33.44
2007	重型机械行业	2 879	100.00	3 345.48	100.00	3 711.86	100.00	3 535.41	100.00	233.49	100.00
	冶金矿山机械行业	1 386	48.14	1 584.28	47.36	1 520.89	40.97	1 385.24	39.18	100.38	42.99
2008	重型机械行业	4 187	100.00	4 776.56	100.00	5 125.66	100.00	4 954.37	100.00	345.02	100.00
	冶金矿山机械行业	2 073	49.51	2 411.92	50.49	2 204.50	43.01	2 101.12	42.41	152.64	44.24

行业经济运行情况

1. 主要经济指标完成情况

2009年冶金矿山机械行业主要经济指标完成情况见表3。

表3 2009年冶金矿山机械行业主要经济指标完成情况

企业分类	企业数（个）	比上年增长（%）	工业总产值（当年价）（亿元）	比上年增长（%）	出口交货值（亿元）	比上年增长（%）	工业销售产值（亿元）	比上年增长（%）
冶金矿山机械行业	2 238	7.96	2 579.80	17.03	106.98	-6.82	2 496.05	18.73
其中：大型企业	27	0.00	1 003.58	26.43	62.08	26.26	968.69	28.74
中型企业	152	-3.18	547.25	0.73	22.91	-43.16	521.65	1.89
小型企业	2 059	9.00	1 028.97	18.63	21.98	-13.22	1 005.71	20.03
其中：国有企业	96	5.88	740.25	7.62	38.61	-3.74	710.69	11.12
私营企业	1 373	11.09	731.16	24.24	4.48	-41.66	712.30	25.40
其他内资企业	629	4.66	878.65	24.08	31.97	-4.62	844.38	23.41
三资企业	140	3.71	229.74	4.45	31.92	-4.71	228.68	8.63
其中：国有控股	183	1.11	1 259.04	14.42	67.99	4.69	1 207.68	16.39
集体控股	131		92.58		0.88		90.02	
私人控股	1 718	11.56	972.62	25.42	8.77	-19.54	945.43	26.14
三资控股	106	9.28	169.45	9.62	25.37	0.24	169.94	13.14
其他控股	100		86.11		3.96		82.98	

企业分类	主营业务收入（亿元）	比上年增长（%）	主营业务利润（亿元）	比上年增长（%）	利润总额（亿元）	比上年增长（%）	利税总额（亿元）	比上年增长（%）
冶金矿山机械行业	2 505.33	19.24	383.06	10.31	167.87	9.98	259.85	17.74
其中：大型企业	988.47	31.80	149.41	17.64	67.77	27.61	99.28	38.74
中型企业	524.20	0.06	84.45	-8.17	35.37	-8.60	56.40	0.65
小型企业	992.66	20.00	149.20	16.28	64.73	6.42	104.17	11.89
其中：国有企业	710.78	11.71	111.14	0.00	42.94	9.02	65.99	4.39
私营企业	703.13	25.40	105.26	24.96	50.06	16.72	79.76	18.52
其他内资企业	868.16	40.04	120.87	14.24	52.43	29.52	81.99	32.08
三资企业	223.25	5.23	45.78	-0.69	22.45	1.73	32.11	14.07
其中：国有控股	1 236.57	17.27	187.54	6.75	77.61	7.32	117.16	19.42
集体控股	92.84		9.70		2.64		6.10	
私人控股	928.74	27.25	135.34	233.65	62.69	18.56	100.36	19.52
三资控股	166.76		37.11	4.83	18.01	-0.33	26.25	16.98
其他控股	80.41		13.38		6.92		9.98	

企业分类	资产合计（亿元）	比上年增长（%）	流动资产合计（亿元）	比上年增长（%）	固定资产合计（亿元）	比上年增长（%）	总资产贡献率（%）	上年同期（%）	流动资金周转率（次）	上年同期（次）
冶金矿山机械行业	2 755.84	14.26	1 854.65	17.72	703.87	11.92	10.23	10.03	1.35	1.49
其中：大型企业	1 452.52	26.24	1 052.99	35.91	327.98	3.60	7.64	7.14	0.94	1.06
中型企业	666.52	-1.96	437.55	-5.84	157.53	18.99	9.13	9.13	1.20	1.34
小型企业	636.80	9.53	364.11	8.47	218.36	21.36	17.28	16.80	2.73	2.66
其中：国有企业	1 108.50	4.14	804.09	8.59	224.03	-2.72	6.85	6.98	0.88	1.02
私营企业	399.37	17.32	208.53	10.44	153.74	33.17	21.24	20.83	3.37	3.25
其他内资企业	1 003.11	31.39	663.53	35.43	270.41	29.86	8.77	8.78	1.31	1.52
三资企业	244.86	0.57	178.50	14.48	55.69	-25.60	13.56	12.19	1.25	1.30
其中：国有控股	1 871.49	15.65	1 319.53	18.79	423.83	12.35	7.03	6.95	0.94	1.10
集体控股	77.52		54.69		16.42		8.62		1.70	
私人控股	548.25	17.49	298.51	12.64	201.73	34.19	19.38	19.00	3.11	2.99
三资控股	208.08	7.29	153.33	26.48	45.60	-28.44	13.01	12.19	1.09	1.15
其他控股	50.50		28.59		16.29		20.42		2.81	

（续）

企业分类	主营业务收入利润率（%）	上年同期（%）	主营业务收入利润（总额）率（%）	上年同期（%）	工业总产值全员劳动生产率（万元/人）	上年同期（万元/人）	工业资金利税率（%）	上年同期（%）
冶金矿山机械行业	15.29	16.53	6.70	7.26	59.75	56.19	19.62	11.78
其中:大型企业	15.12	16.93	6.86	7.08	72.88	74.91	7.59	7.84
中型企业	16.11	17.55	6.75	7.39	46.78	46.82	10.04	11.24
小型企业	15.03	15.51	6.52	7.35	58.12	50.94	18.58	20.20
其中:国有企业	15.64	17.47	6.04	7.42	79.36	69.29	6.73	7.96
私营企业	14.97	15.02	7.12	7.65	60.08	51.30	23.30	24.84
其他内资企业	13.92	15.29	6.04	5.85	47.11	48.17	9.29	10.37
三资企业	20.51	21.73	10.06	10.40	75.96	70.31	14.30	13.43
其中:国有控股	15.17	16.66	6.28	6.86	73.59	66.37	7.10	8.00
集体控股	10.45		2.85		16.97		8.80	
私人控股	14.57	15.03	6.75	7.26	58.20	49.99	21.03	22.59
三资控股	22.35	23.42	10.80	11.96	70.61	68.19	13.78	13.29
其他控股	16.64		8.60		57.36		23.23	

注:表中数据由于四舍五入,合计数有微小出入。

2. 产品生产情况

2009 年冶金矿山机械行业主要产品产量见表4。

表4　2009 年冶金矿山机械行业主要产品产量

产品名称	企业数（个）	产量（万 t）		同比增长（%）
		2009 年	2008 年	
冶金设备合计	153	129.28	145.64	-11.23
金属冶炼设备	81	61.77	68.76	-10.17
金属轧制设备	72	67.51	76.88	-12.19
矿山设备	399	339.14	324.54	4.50
水泥专用设备	66	76.45	61.41	24.49

3. 产品进出口情况

2009 年冶金矿山机械主要产品进出口情况见表5。2009 年我国冶金机械进口额、出口额2 000 万美元以上的产品见表6。2009 年矿山机械进口额、出口额 1 000 万美元以上的产品见表7。2009 年冶金机械出口额超过5 000 万美元的国家（地区）见表8。2009 年冶金机械进口额超过 5 000 万美元的国家（地区）见表9。2009 年我国矿山机械进口额、出口额超过2 000 万美元的国家（地区）见表10。

表5　2009 年冶金矿山机械主要产品进出口情况

产品名称	出口额（亿美元）	同比增长（%）	进口额（亿美元）	同比增长（%）	进出口总额（亿美元）	同比增长（%）	进出口差额（亿美元）	上年同期（亿美元）	同比增长（%）
冶金矿山机械总计	27.89	-1.10	22.83	-0.86	50.72	-0.97	5.06	5.17	-2.12
（一）冶金设备合计	18.86	-0.99	15.75	-3.49	34.61	-2.14	3.11	2.74	13.51
占行业总计比重（%）	67.63		68.99		68.24			52.90	
1. 金属冶炼设备小计	1.21	18.63	0.66	20.00	1.88	18.99	0.55	0.47	17.03
占冶金设备合计比重（%）	6.42		4.19		5.43			17.30	
2. 连铸设备小计	0.47	-9.61	0.48	-28.35	0.95	-20.83	-0.01	-0.15	93.37
占冶金设备合计比重（%）	2.50		3.05		2.75			-5.47	
3. 金属轧机设备小计	3.92	3.71	3.77	-14.51	7.69	-6.10	0.15	-0.63	
占冶金设备合计比重（%）	20.79		23.94		22.20			-22.91	
4. 冶金设备零件小计	13.25	-3.42	10.84	1.50	24.09	-1.31	2.41	3.04	-20.78
占冶金设备合计比重（%）	70.26		68.83		69.55			111.08	
（二）矿山设备合计	9.03	-1.20	7.08	5.68	16.11	1.64	1.95	2.44	-20.08

（续）

产品名称	出口额（亿美元）	同比增长（%）	进口额（亿美元）	同比增长（%）	进出口总额（亿美元）	同比增长（%）	进出口差额（亿美元）	上年同期（亿美元）	同比增长（%）
占行业总计比重(%)	32.38		31.02		31.77			47.10	
1. 采掘设备及钻机小计	1.18	-6.35	2.22	-16.54	3.39	-13.30	-1.04	-1.40	25.72
占矿山设备合计比重(%)	13.07		31.36		21.05			-57.35	
2. 筛分、洗选设备小计	1.80	11.12	1.41	7.64	3.21	9.56	0.39	0.31	25.87
占矿山设备合计比重(%)	19.94		19.92		19.93			12.17	
3. 破碎粉磨设备小计	5.76	-3.19	3.21	27.89	8.97	6.16	2.54	3.44	-26.16
占矿山设备合计比重(%)	63.79		45.34		55.68			141.33	
4. 提升(卷扬)设备小计	0.05	-48.45	0.01	-97.56	0.06	328.58	0.04	0.06	-28.57
占矿山设备合计比重(%)	0.56		0.15		0.38			2.28	
5. 矿山设备零件小计	0.25	13.64	0.23	21.06	0.48	17.88	0.02	0.03	
占矿山设备合计比重(%)	2.77		3.25		2.98			1.03	

注:表中原始数据来源于海关总署2009年资料,编者按国家统计局2009《统计用产品分类目录》对归类作适当调整。

表6　2009年冶金机械进口额、出口额2 000万美元以上的产品

商品代码	商品名称	数量单位	出口量	出口额（万美元）	进口量	进口额（万美元）
84178010	焦炉	台	9	46	4	2 488
84541000	转炉	台	379	2 795	14	477
84542010	炉外精炼设备	台	1 282	9 301	31	3 680
84543021	方坯连铸机	台	330	2 894	0	0
84543022	板坯连铸机	台	9	1 015	7	4 046
84551010	热轧管机	台	149	4 550	10	3 420
84551020	冷轧管机	台	548	2 120	17	1 891
84552110	板材热轧机	台	67	13 654	3	2 327
84552130	线材轧机	台	872	2 063	45	4 967
84552210	板材冷轧机	台	1 328	5 166	30	11 682
84552190	其他热轧或冷热连轧机	台	344	1 635	23	3 054
84552290	其他金属冷轧机	台	2 427	4 481	48	1 922
84631020	拔丝机	台	745	1 244	298	4 741
84179020	焦炉零件	t	19 378	6 669	1	10
84542090	其他锭模及浇包	台	10 381	7 773	102	1 077
84549010	炉外精炼设备零件	t	8 000	3 228	88	696
84549090	其他冶炼设备及铸造机零件	t	104 833	37 671	1 622	3 013
84549021	钢坯连铸机结晶器	t	1 172	1 581	8 348	3 334
84549029	其他钢坯连铸机用零件	t	12 108	5 708	2 120	7 081
84553000	金属轧机用轧辊	个	96 152	17 989	13 672	44 360
84559000	其他金属轧机零件	t	120 607	51 162	17 352	48 216

表7　2009年矿山机械进口额、出口额1 000万美元以上的产品

商品代码	商品名称	数量单位	出口量	出口额（万美元）	进口量	进口额（万美元）
84303100	自推进的截煤机、凿岩机及隧道掘进机	台	1 608	4 953	129	13 803
84303900	非自推进的截煤机、凿岩机及隧道掘进机	台	27 694	2 409	45	4 196
84305020	矿用电铲	台	2	620	6	1 774
84305039	其他采矿钻机	台	318	542	129	1 995
84306919	其他非自推进工程钻机	台	15 182	3 063	37	205

（续）

商品代码	商品名称	数量单位	出口量	出口额（万美元）	进口量	进口额（万美元）
84741000	筛分、洗选设备	台	12 629	17 960	1 715	14 102
84742010	齿辊式固体矿物质破碎或粉磨机械	台	2 251	8 079	139	8 943
84742020	球磨式破碎及粉磨设备	台	1 196	17 092	184	754
84742090	其他固体矿物质的破碎或粉磨机械	台	13 070	32 391	926	22 418
84314910	矿用电铲用零件	t	7 274	2 547	956	2 261

表8　2009 年冶金机械出口额超过 5 000 万美元的国家（地区）

国家（地区）	出口额（万美元）	占总出口额的比重（%）
冶金机械合计	183 795	100.00
印度	49 318	26.83
韩国	16 553	9.01
土耳其	13 972	7.60
日本	12 480	6.79
美国	11 968	6.51
中国台湾	9 228	5.02
越南	7 840	4.27
巴西	6 132	3.34
意大利	5 621	3.06
德国	5 617	3.06
马来西亚	5 392	2.93
小计	144 121	78.42

表9　2009 年冶金机械进口额超过 5 000 万美元的国家（地区）

国家（地区）	进口额（万美元）	占总进口额的比重（%）
冶金机械合计	157 498	100.00
德国	56 846	24.90
日本	22 873	10.02
美国	16 556	7.25
意大利	15 580	6.82
奥地利	10 125	4.44
韩国	6 717	2.94
英国	5 235	2.29
小计	133 932	85.04

表10　2009 年我国矿山机械进口额、出口额超过 2 000 万美元的国家（地区）

国家（地区）	出口额（万美元）	占总出口额的比值（%）	国家（地区）	进口额（万美元）	占总进口额的比值（%）
矿山机械合计	90 320	100.00	矿山机械合计	70 777	100.00
印度	16 643	18.43	德国	18 694	26.41
越南	7 254	8.03	美国	13 672	19.32
中国香港	4 753	5.26	澳大利亚	5 484	7.75
沙特阿拉伯	4 074	4.51	瑞典	4 763	6.73
印度尼西亚	3 721	4.12	日本	4 744	6.70
俄罗斯联邦	3 014	3.34	法国	4 209	5.95
巴西	2 980	3.30	英国	3 921	5.54
乌兹别克斯坦	2 226	2.46	丹麦	3 084	4.36
美国	2 109	2.34	美国	2 023	2.86
小计	46 774	51.79	小计	60 594	85.61

4. 经济运行的基本特点

(1)行业生产、销售情况继续保持较快增长态势。2009年,我国经济发展虽然受到世界金融危机的影响,但由于重型机械行业生产大型成套产品对市场反应的滞后性特点,在2008年统计企业数比2007年增加687个,工业总产值(当年价)和产品销售收入分别比上年增长44.95%和51.68%的情况下,2009年仍然实现了较高的增长速度,工业总产值和主营业务收入的增速分别达到了17.03%和19.24%。从统计表看,大型企业的工业总产值和主营业务收入增长率分别为26.43%和31.80%,高出行业平均增长率近10个百分点,这也基本反映了大型成套设备制造企业对市场滞后性的实际情况。私营企业的增长率也很高,分别达到24.24%和25.40%,这与统计企业数同比增长10.09%有一定关系。

(2)行业经济效益水平继续提高,再创历史最好水平。行业利润总额达167.87亿元,比上年增长9.98%;主营业务收入利润(总额)率为6.70%,略低于上年的7.26%;而大型企业的经济效益继续迅速提高,其中大型企业27个,利润总额为67.77亿元,在过去两年大型企业利润总额同比翻番和增长31.69%高速增长的基础上,2009年利润总额又比上年增长27.61%,大型企业的利润总额占全行业利润总额的比例达到了40.37%,但大型企业的主营业务收入利润(总额)率6.86%,略高于行业平均值6.70%;国有控股企业183个,企业数占全行业的8.18%,利润总额为77.61亿元,占全行业利润总额的46.23%,主营业务收入利润(总额)率为6.28%,比上年降低了0.58个百分点,低于私人控股企业和三资控股企业,这说明国有企业的经济效益虽然取得了明显改善,但和私人控股企业及三资控股企业相比还存在一定差距。从统计数据可以看出,三资控股企业的主营业务收入利润(总额)率达到10.80%,比国有控股企业高4.52个百分点。

(3)产品出口额呈现负增长,但继续保持了全行业的进出口顺差。受国际金融危机及国际经济增长乏力的影响,2009年冶金矿山机械出口额出现负增长,出口总额为27.89亿美元,同比下降1.10%;进口额为22.83亿美元,同比下降0.86%。但上一年创造的历史上第一次实现的全行业进出口顺差5.17亿美元的成果基本得到了保持,实现进出口顺差5.06亿美元,基本与上一年持平。从统计表可以看出,实现进出口顺差的主要产品类别有:冶金设备零件实现进出口顺差2.41亿美元;破碎粉磨设备实现进出口顺差2.54亿美元。

2009年,冶金矿山机械出口额超过1 000万美元的国家和地区由上年的45个减少到38个,超过1亿美元的国家从上年的8个减少到6个。其中印度由上年的5.13亿美元增加到6.60亿美元,美国由上年1.50亿美元减少到1.41亿美元,日本从上年的1.38亿美元减少到1.27亿美元。另外出口超过1亿美元的国家还有韩国、土耳其和越南。进口额超过1 000万美元的国家和地区有18个,其中超过1亿美元的国家有5个,依次为德国7.55亿美元,美国3.02亿美元,日本2.76亿美元,意大利1.62亿美元,奥地利1.20亿美元。

2009年,冶金机械出口额超过2 000万美元的商品代码达到16个,其中超过1亿美元的有4个,商品代码为:84559000其他金属轧机零件5.12亿美元,84549090其他冶炼设备及铸造机零件3.77亿美元,84553000金属轧机用轧辊1.80亿美元,84552110板材热轧机1.37亿美元,主要还是以铸锻件为基础的零部件产品。

2009年,矿山机械出口额超过2 000万美元的商品代码达到8个,其中超过1亿美元的有3个,其商品代码为:84742090其他固体矿物质的破碎或粉磨机械3.24亿美元,84741000筛分、洗选设备1.80亿美元,84742020球磨式破碎及粉磨设备1.71亿美元。

2009年,冶金矿山机械出口额较多的产品类别依次为:冶金设备零件13.25亿美元,破碎粉磨设备5.76亿美元,金属轧机设备3.92亿美元,矿物筛分洗选设备1.80亿美元,金属冶炼设备1.21亿美元,采掘设备及钻机1.18亿元。进口额较多的产品类别依次为:冶金设备零件10.84亿美元,其中金属轧机轧辊4.44亿美元,其他金属轧机零件3.99亿美元;金属轧机设备3.77亿美元,破碎粉磨设备3.21亿美元,采掘设备及钻机2.22亿美元,矿物筛分、洗选设备1.41亿美元。

据统计,行业出口交货值的87.27%是由行业中的国有控股企业和三资控股企业实现的,其中国有控股企业实现出口交货值占全行业的比重为63.56%,三资控股企业占23.72%。

(4)国有控股企业仍处于行业主导地位,但权重在减少,私人控股企业和三资控股企业数在行业中的比重在增加。2009年,国有控股企业工业总产值、出口交货值、资产总额占行业的比重分别为48.81%、63.56%和67.91%,虽然都处于行业的主导地位,但所占比重分别比上年下降17.49个、5.46个和7.88个百分点。

国有控股企业183个,比上年增加2个,占行业企业数的比重为8.18%,基本与上年持平。私人控股企业和三资控股企业数达到了1 824个,比上年增加了151个,占行业企业数的比重达到85.51%,比上年提高了6.36个百分点。

(5)在重大新产品开发和出口方面又有新突破。中国第一重型机械集团公司成功研制出国内首台超大型换热器,出口韩国5.5m宽厚板轧机装船发运,开发研制出国内首件百万千瓦核电整锻低压转子锻件,完成国内首支最大5m轧机支承辊及国内首台实验快堆主设备的制造等;中国第二重型机械集团公司首次成功冶炼、浇注并锻造出560t钢锭核电半速转子锻件,试制出2.5MW风机增速箱,完成国内首件三峡水电发电机镜板淬火,制成国内首台175万kW核电高压缸体铸件模型等;中信重工机械股份有限公司首台世界最大自磨机筒体顺利运抵海港,制造完成世界首台最大减速器,中标印度比那水泥交钥匙工程项目等;北方重工集团 QJRN112 泥水平衡盾构机通过专家鉴定；大连重工·起重集团有限公司浇注成功首件船用大型螺旋桨、开发出带材纠偏自控技术；太原重型机械集团有限公司研制成功国内穿孔直径最大的穿孔机组；中国重型机械研究院有限公司签约世界最大断面直弧型板坯连铸机，试制成功国内最大的剪切机等。

产业结构、资本结构情况

1. 行业产业结构情况

2009 年冶金矿山机械行业产业结构见表 11。

表 11　2009 年冶金矿山机械行业产业结构

行业名称	企业数（个）	占行业比重（%）	工业总产值（当年价）（亿元）	占行业比重（%）	主营业务收入（亿元）	占行业比重（%）	资产总计（亿元）	占行业比重（%）	利润总额（亿元）	占行业比重（%）
冶金矿山机械行业	2 238	100.00	2 579.80	100.00	2 505.33	100.00	2 755.84	100.00	167.87	100.00
冶金机械行业	569	25.42	933.95	36.20	924.87	36.92	1 340.00	48.62	57.42	34.20
矿山机械行业	1 669	74.58	1 645.85	63.80	1 580.46	63.08	1 415.84	51.38	110.45	65.80

从表 11 可以看出，2009 年冶金机械行业占冶金矿山机械行业的比重为：企业数占 25.42%，工业总产值（当年价）占 36.20%，主营业务收入占 36.92%，资产总计占 48.62%，利润总额占 34.20%；与矿山机械制造企业相比，冶金机械制造企业相对规模较大，资产较多，创利能力较弱。

2. 行业资本（经济类型）结构情况

2009 年冶金矿山机械行业资本结构（经济类型）见表 12。

表 12　2009 年冶金矿山机械行业资本结构（经济类型）

	企业数（个）	占行业比重（%）	工业总产值（当年价）（亿元）	占行业比重（%）	主营业务收入（亿元）	占行业比重（%）	资产总计（亿元）	占行业比重（%）	利润总额（亿元）	占行业比重（%）
冶金矿山设备行业	2 238	100.00	2 579.80	100.00	2 505.33	100.00	2 755.84	100.00	167.87	100.00
其中：国有企业	96	4.29	740.25	28.69	710.78	28.37	1 108.50	40.22	42.94	25.28
私营企业	1 373	61.35	731.16	28.34	703.13	28.07	399.37	14.49	50.06	29.82
其他内资企业	629	28.11	878.65	34.06	868.16	34.65	1 003.11	36.40	52.43	31.23
三资企业	140	6.26	229.74	8.91	223.25	8.91	244.86	8.89	22.45	13.37

国有企业作为本行业经济发展主力军的地位在不断下降，企业数占行业企业数的比重在逐年下降，2005 年为 16.9%，2006 年为 11.32%，2007 年为 6.93%，2008 年 4.92%，2009 年为 4.29%，四年下降了 12.61 个百分点。2008 年国有企业的资产总额占行业的比重历史上第一次低于 50%，2009 年进一步下降为 40%。

重大科技成果获奖情况　2009 年，全行业共获国家科学技术进步奖二等奖 5 项：中国第一重型机械集团公司的“2 150mm 宽带钢热连轧机组装备关键技术自主创新及工程应用”；燕山大学的“冷带轧机高精度液压厚度自动控制系统关键技术及应用”；中国重型机械研究院有限公司、宝钢公司、燕山大学的“中薄板坯连铸机成套技术与关键设备开发及应用”；中信重工机械股份有限公司等单位的“复杂地层特大型竖井钻机及成井工艺关键技术”；煤炭科学研究院等单位的“年产 600 万 t 大采高综采成套技术与装备”。获中国机械工业科学技术进步奖 22 项，其中特等奖 2 项、一等奖 3 项、二等奖 11 项、三等奖 6 项。

上海重型机器厂有限公司、中国重型机械研究院有限公司、上海交通大学、重庆大学等的“165MN 自由锻水压机”；中信重工机械股份有限公司、西安交通大学、洛阳矿山机械工程设计研究院有限责任公司等的“纯低温余热双压利用成套工艺技术及装备”获特等奖。

燕山大学的“带钢平整设备工艺及控制关键技术的研发与应用”；中国第一重型机械集团公司、中国石化集团洛阳石化工程公司等单位的“$2^1/_4$Cr-1Mo-$^1/_4$V 材料开发及加氢反应器研制”；沈阳重型机械集团有限公司的“QJRN-112 泥水平衡盾构机”获一等奖。

鞍山重型矿山机器股份有限公司的“4.3m×9.2m 大型香蕉形直线振动筛”；湖北鄂重重型机械有限公司的“分辊驱动变辊数辊式板材矫直机”；沈阳矿山机械集团有限责任公司的“XPG—200 大型真空盘式过滤机”、“XGYW—18 筒形真空过滤式永磁过滤机”；大连重工·起重集团有限公司的“大连重工·起重集团有限公司技术中心创新研发平台项目”；北京机械工业自动化研究所的“高性能宽带钢连续电镀锡生产线的研制开发”；燕山大学、石家庄钢铁有限责任公司、华博机械教育科技开发有限公司等的“加热炉坯温实进跟踪预报及数据管理系统的开发”；中国重型机械研究院有限公司、顺德新源镒钢铁制造有限公司的“彩色钢板印花工艺和设备技术研究”；中国重型机械研究院有限公司、常熟华新金属工业品有限公司、西安航空发动机第八机械厂等的“LG—15—GHLL 型两辊高速坯孔型冷轧管机”；中信重工机械股份有限公司、洛阳矿山机械工程设计研究院有限责任公司的“ϕ8.0×2.8m 湿式自磨机”；中国重型机械研究院有限公司、中国第一重型机械集团公司、太原重型机械集团有限公司、大连重工·起重集团有限公司等的“重型机械标准(体系)”等获二等奖。

“冷轧带钢新技术在八钢冷轧机组中的应用”、“ϕ110mm/ϕ160mm/ϕ450mm×450mm 六辊 HC 液压可逆精轧机组”、“矿用悬浮液压支柱开发及应用”、“极薄煤层开关磁阻电牵引采煤机研究”等获三等奖。

另外，获得各省市科学技术进步奖的项目有：中国第一重型机械集团公司的“大型船用曲轴锻件研制”、“160MN 自由锻造水压机研制”分别获黑龙江省和齐齐哈尔市的科技进步奖二等奖；中国第二重型机械集团公司的“CPR1000 蒸汽发生器用 8MND5 管板锻件研制”、“1 750mm 大型热连轧机成套设备自主化设计研发”分别获四川省和德阳市科技进步奖二等奖；大连重工·起重集团有限公司的“三峡 70 万 kW 水轮机转轮上冠、下环、叶片铸件”获辽宁省科技进步奖二等奖、大连市科技进步奖一等奖；中信重工机械股份有限公司、洛阳矿山机械工程设计研究院有限责任公司等单位的“LGMS4624 矿渣立磨”、“矿用绞车试验台系统改造升级”、“提升机盘形制动器在线监控系统”均获洛阳市科技进步奖二等奖。

〔撰稿人：中国重型机械工业协会傅树利　审稿人：中国重型机械工业协会徐善继〕

冶金设备

生产发展情况　冶金设备主要包括烧结、焦炉、窑、金属冶炼铸造设备(高炉、转炉、炉外精炼、方坯连铸机、板坯连铸机、铸造机等)，金属轧制设备(板带材热轧机、板带材冷轧机、热轧管机、冷轧管机、型钢轧机、线材轧机、有色金属轧机)、金属精整及后处理设备(热镀锌机组、镀锡机组、平整机组)等。冶金设备品种规格繁多，多属于高精尖的重型成套设备。冶金设备行业主要是为冶金工业领域提供成套技术装备的行业。

2009 年冶金设备主要生产企业有：中国第一重型机械集团公司、中国第二重型机械集团公司、太原重型机械集团有限公司、大连重工·起重集团有限公司、上海重型机器厂有限公司、北方重工集团有限责任公司、邢台机械轧辊(集团)有限公司、秦皇岛冶金机械有限公司、沈阳冶金机械有限公司、唐山冶金矿山机械厂、中钢集团衡阳重机有限公司、中信重工机械股份有限公司、上海沪江机器厂、山东冶金机械厂、宝钢常州冶金机械厂、陕西压延设备厂、乐山斯堪机械制造有限公司、太原矿山机器集团有限公司、天津天发重型水电设备制造公司、昆明冶金力神重工有限公司和上海冶金矿山机械厂。

冶金设备制造业与钢铁工业关系密切，在新技术研发方面更是合作伙伴。钢铁工业的发展带动冶金设备市场繁荣，冶金设备制造业的技术进步和壮大又极大地促进了钢铁工业技术水平的提高。通过行业内制造企业的共同努力，国产冶金机械产品国内市场占有率逐年提高，由 2006 年的 71% 提高到 2009 年的 88% 左右。期间研制成功的典型冶金机械重大成套设备有：

(1)大型冷热带钢连轧机成套设备。我国大型冷热带钢连轧机成套设备在自主设计及制造方面开创了新局面，除个别要求特别高的带钢品种外，钢铁企业技术改造、升级等所需的大型冷热带钢连轧机成套设备已基本实现了自主设计、制造。1 780mm、2 130mm 五机架冷连轧机组成套设备，是国内自主研发的大型冷连轧机组。该设备的成套集成技术已广泛应用于鞍山钢铁集团公司等国内钢铁公司。特别是宝钢梅山钢铁集团公司的 1 420mm 冷连轧机组的技术升级，实现了冷连轧机组的更新换代，实现了冷连轧机组的国内设计、制造和集成，突破了冷连轧成套设备制造和生产工艺控制两大核心技术，其工艺装备水平达到了世界先进，打破了我国大型冷轧设备整套依赖进口的现状。湖南涟源钢铁公司的 2 250mm 大型热带钢连轧机的设计开发，是国内首次自主设计制造该规格大型宽薄板热连轧机。该轧机采用的主要先进技术有：高压水除鳞技术，保证了产品的表面质量；立辊轧机具有宽度自动控制和短行程自动控制功能；粗轧机采用电动加液压压下，保证了位置精度；设置热卷箱，实现了多品种钢的轧制及缩短了轧线长度；转鼓式飞剪具有头尾优化剪切功能，提高了收得率；四辊全液压精轧机，设有液压厚度自动控制技术，弯辊、串辊和板型控制技术，保证了产品板型及尺寸；全液压三助卷辊地下卷取机带自动踏步控制技术，保证了钢卷的卷形质量等。我国大型冷热连轧成套设备已开始出口国外：出口泰国 1 700mm 和尼日利亚 900mm(自主设计)冷连轧成套设备各 1 套，出口印度 1 800mm 和波兰 2 250mm 热连板轧机成套设备各 1 套(合作制造)，出口伊朗 1 725mm 炉卷轧机 1 套(合作制造)，出口美国 TKS2150 热连轧机 1 套、韩国现代 2 150mm 热轧生产线粗轧区设备以及印度 2 250mm 生产线部分设备。

(2)宽厚板轧机成套设备。我国宽厚板轧机成套设备已基本实现国产化，用于重大冶金工程项目中的典型宽厚板轧机成套设备：合作制造的生产线有鞍山钢铁公司 5 500mm宽厚板轧机、宝山钢铁公司 5 000mm 宽厚板轧机；自主设计制造的有宁波建龙钢铁公司 4 300mm，湖南湘潭、河南汉冶 3 800mm 宽厚板轧机等。独立设计制造向越南、泰国出口 3 300mm 中厚板轧机各 1 套。中国第一重型机械集团公司合作制造出口韩国浦项钢铁公司的 5 500mm 宽厚板轧机，是当前世界上规格最大、装机水平最高、轧制能力最强的宽厚板轧机，其轧机机架也是世界上重量最大的整体式铸造机架，由 5 个钢包一次浇注成功；同时合作制造向韩国现代、泰国等钢铁公司出口 5 000mm 轧机主机设备 2

套,向俄罗斯OMK、MMK,印度爱莎、JISPL等的5 000mm宽厚板生产线出口部分辅机设备。

(3)大型连铸机成套设备。经“十一五”期间的关键技术攻关,大型连铸机成套设备已经全面实现自主化设计与制造。完成承制的重大成套设备有:舞阳钢铁公司的2 500mm大型板坯连铸成套设备、承德钢铁公司的1 600mm大型板坯连铸成套设备;攀枝花钢铁公司的五流360mm×450mm和邢台钢铁公司的六流380mm×450mm两个大型方坯连铸成套设备。

(4)镀锌板工艺技术及设备。山东项通钢板有限公司的15万t热镀锌机组改造;杭州泰欣公司的彩色印花涂层机组;鄂城钢铁公司等企业的热镀锌耐指纹涂机。

2008年以前,世界冶金设备制造的重点在欧洲,曾占据了世界冶金设备市场约60%的份额。其后通过兼并重组,欧洲原有的五大世界级的冶金设备制造公司缩减到3家,即西马克SMSD、奥钢联VAI和达涅利DANIELY。2008年,世界冶金设备制造的重点已向中国转移,以中国第一重型机械集团公司和中国第二重型机械集团公司为代表的重型冶金机械制造企业的制造能力和设计水平迅速提高,不仅承担了国内90%以上的冶金成套设备的供应,而且还承担着日益增长的设备出口任务。与此同时,国内冶金设备设计制造企业不断向冶金成套设备的高端技术和市场拓展,已具备中高端设备的自主集成设计制造供应能力。2009年,国内外冶金成套设备继续向高速化、连续化和自动化方向迅速而全面发展,极大地提升了冶金产品性能,降低了能耗,改善了环境和提高了效率。仅仅最近5年间,我国自主设计制造并投产运行的大型冷热连轧成套设备已突破100套。尤其在炼钢与轧钢领域,正迅速完善以近终型连铸连轧为基本特征的直接轧制与无头轧制装备,连铸与冷轧连线工艺技术装备,高精度轧制装备,酸洗联合高速轧制工艺技术与装备,高强钢的轧制和有色金属板带轧制技术与装备,这显示出冶金设备向高端发展的新趋势。

经过数十年的不懈努力,国内冶金设备制造取得了很大进步,如广泛应用国际先进的设计技术和制造手段,消化吸收国外先进生产工艺和控制技术,积极倡导节能减排技术和绿色轧制工艺等,不断开发出先进适用的设计制造和冶金应用技术。但与国际先进水平相比,我国冶金设备仍存在一定差距,主要表现在国产大型宽带钢冷热连轧机全线多级计算机控制及生产工艺控制数学模型等还处于紧跟、学习和追赶世界先进技术阶段。我国虽然已是冶金成套设备设计制造大国,但还不是冶金成套设备设计制造强国。中国第一重型机械集团公司、中国第二重型机械集团公司这样一些知名冶金设备制造企业,虽然已成为世界上最大的冶金设备制造商,但还不是最大的冶金成套设备供应商,现阶段正处在由冶金设备制造商向冶金设备制造服务商的转变。我国也正处在由冶金成套设备设计制造大国向冶金成套设备设计制造强国的转变时期。

虽然经历了世界金融危机的冲击,我国汽车、造船、建筑、石油化工、核电能源、海洋工程、油气输送等国民经济各个领域仍在持续发展。但是,受国家钢铁政策的制约,国内许多大型钢铁企业出现了产量效益明显下滑甚至亏损的现象,新增建的大批先进冶金工艺装备普遍处于开工不足或半停产状态,致使冶金设备制造业经济总量在2008年下半年开始出现由单调递增到急速下跌的拐点,2009年一直处于低迷小幅震荡状态,企业经营甚至难以为继。

我国钢铁冶金行业的持续不景气在很大程度上影响了以冶金机械为主线的重型机械制造业的持续增长。经过连续几年的技术改造和规划扩建形成的强大冶金机械设备制造能力有不同程度的放空,这种态势对冶金设备制造业构成了严峻挑战。冶金设备制造行业面对钢铁工业已经出现的下滑亏损及行业本身经济指标的下滑态势,纷纷采取积极应对措施,如及时改变和调整产品结构,积极实施转型,开发新产品和新市场,以最大限度减少钢铁工业不景气给企业带来的负面影响。2009年,重型冶金设备制造行业的主要特点为:

(1)冶金成套设备及备件的合同额、成交量大幅度下降,甚至已经签订的合同也纷纷宣告暂停和撤销。代表我国重型冶金机械实力的原八大重型机械集团公司的合同签订数额和产值显著下降,甚至后退到5年前水平,一些中小冶金机械制造厂的生产能力也明显闲置,即使采取积极的调整措施后经营有所改观,但尚未看到明显复苏的迹象。

(2)冶金成套设备的高端产品市场正在健康成长。大型成套设备如宽厚板轧机、宽带钢冷热连轧机等自主设计集成制造能力显著提高。鞍钢5 500mm宽厚板轧机制造成功;涟钢2 250mm宽带钢热连轧机的自主设计成套投产,1 550mm酸洗冷连轧机组研制成功;宝钢1 420mm酸洗冷连轧机组的自主研制成功;首钢1 580mm带钢热连轧机投产,标志着我国重型冶金设备企业在攀登自主设计集成世界先进水平的大型高端冶金成套设备高峰方面,已取得丰硕成果。我国高端冶金装备市场持续保持国进外退的良好局面。

(3)冶金成套设备向工程总承包方向发展。随着冶金工业设备采购国际化进程的加快以及国内自主集成成套能力的增强和国内新上项目数量的减少,许多国有大中型冶金企业用户和民营企业对冶金项目工程总承包和交钥匙工程的需求越来越强烈。这种趋势为冶金机械的发展搭建了新的平台,也进一步要求冶金设备制造企业向制造服务业转变,重型冶金设备正在由中国制造向中国创造转变。其中以中国第一重型机械集团公司、中国第二重型机械集团公司为代表的冶金设备制造企业集团正在积极努力承接工程总承包和交钥匙工程,力争成为重型机械设备设计制造服务商。

(4)面对国际金融危机和钢铁市场低迷的挑战,冶金设备制造行业进一步加强了产、学、研、用多方位和多视角的合作攻关和联合开发,以攻克冶金成套设备的制高点——

先进轧制工艺及控制模型，进一步完善和提升了大型冶金成套设备的整体工艺技术水平，满足了份额有限的国内高端市场和国际市场的需求。同时，行业内一些企业也不失时机地转型向各自的新服务领域进军。

（5）面对国内冶金设备市场的紧缩，各大冶金设备制造企业正在寻找新的增长领域，制定和实施新一轮战略转型规划措施，积极参与“十二五”国民经济及科技规划的制定，并相应制定企业的中长期发展规划，不断完善自主创新体系和提升技术创新能力，加大新市场新产品研究的投入力度，谋求多元化与新的增长方式，保证企业持续发展和做大做强。

2009年冶金设备行业主要经济指标完成情况见表1。

2009年冶金设备行业主要产品产量见表2。

表1　2009年冶金设备行业主要经济指标完成情况

指标名称	单位	实际完成
企业数	个	569
工业总产值（当年价）	亿元	933.95
工业总产值比上年增长	%	7.29
主营业务收入	亿元	924.87
利润总额	亿元	57.42
资产总计	亿元	1 340.00

表2　2009年冶金设备行业主要产品产量

产品名称	企业数（家）	产量（万t）	比上年增长（%）
金属冶炼设备	81	61.77	-10.16
金属轧制设备	72	67.51	-12.20

市场与销售　每年世界范围新上冶金设备项目的60%以上市场份额都由几家世界级大公司如SMSD、VAI、DANIELY、MITSUBISHI等占据。不仅如此，这些公司已将其市场重心向我国转移，并且占据我国30%以上的冶金设备市场份额。虽然我国冶金成套设备出口呈逐年增长态势，但数量很有限，而且大多都集中在东南亚国家，只有少量进入欧美国家。2009年中国第一重型机械集团公司、中国第二重型机械集团公司等冶金成套项目的出口合同又有一定增长，但受到工艺技术水平和产品质量等方面的制约及金融危机的影响，要进一步扩大出口额以至扩大国外市场，仍然需要时间和努力。当前国内几家重型机械集团公司正在继续谋求和尝试这种市场运作。与国外公司合作或自主集成设计总包方式，逐步做大国外市场。

2009年冶金设备产品进出口额见表3。

表3　2009年冶金设备产品进出口额

产品名称	进口额（亿美元）	同比增长（%）	出口额（亿美元）	同比增长（%）
冶金设备	15.75	-3.49	18.86	-0.99
其中：金属冶炼设备	0.66	20.00	1.21	18.63
连铸设备	0.48	-28.35	0.47	-9.61
金属轧制设备	3.77	-14.51	3.92	3.71
冶金设备零件	10.84	1.50	13.25	-3.42

科技成果、新产品与标准　行业主要生产企业在引进、消化、吸收世界先进国家同类产品的基础上，自主开发的具有自主知识产权的许多重大装备新产品，其工艺技术已接近或达到国际先进水平，许多项目获科学技术奖。

2009年，冶金设备行业获国家科学技术进步奖二等奖3项，他们是：中国第一重型机械集团公司的“2 150mm宽带钢热连轧机组装备关键技术自主创新及工程应用”，燕山大学的“冷连轧机高精度液压厚度自动控制系统关键技术及应用”，中国重型机械研究院有限公司、宝钢集团、燕山大学联合完成的“中薄板坯连铸机成套技术与关键设备开发及应用”。

获中国机械工业科学技术奖10项，其中一等奖1项、二等奖6项、三等奖3项。燕山大学的“带钢平整设备工艺及控制关键技术的研发与应用”获一等奖。湖北鄂重重型机械有限公司的“分辊驱动变辊数辊式板材矫直机”，北京机械工业自动化研究所的“高性能宽带钢连续电镀锡生产线的研制开发”，燕山大学、石家庄钢铁有限责任公司、华博机械教育科技开发有限公司等联合完成的“加热炉坯温实时跟踪预报及数据管理系统的开发”，中国重型机械研究院有限公司、顺德新源镒钢铁制造有限公司联合完成的“彩色钢板印花工艺和设备技术研究”，中国重型机械研究院有限公司、常熟华新金属工业品有限公司、西安航空发动机第八机械厂等联合完成的“LG—15—GHLL型两辊高速坯孔型冷轧管机”，中国重型机械研究院有限公司、中国第一重型机械集团公司、太原重型机械集团有限公司、大连重工·起重集团有限公司等完成的重型机械标准（体系）获二等奖。“冷轧带钢新技术在八钢冷轧机组中的应用”、“ϕ110mm/ϕ160mm/ϕ450mm×450mm六辊HC液压可逆精轧机组”、“矿用悬浮液压支柱开发及应用”等获三等奖。

冶金机械的国家与行业标准有86项。标准工作由机械工业冶金设备标准化技术委员会归口，负责标准的组织编制和实施。另外，联合企业标准（简称《标重》），已由中国重型机械工业协会批准发布和执行。

冶金机械最新版的《重型机械标准》共四卷，已经四次修订，其中产品标准85%以上等效采用国外先进标准（主要是德国西马克公司标准）。

〔撰稿人：中国重型机械工业协会冶金压延机械分会王光儒　审稿人：中国重型机械工业协会傅树利〕

物料搬运(起重运输)机械

行业发展简况 起重运输机械在国际上一般通称为物料搬运机械,由于历史原因,原机械工业部系统的起重运输机械行业范围与国家统计局行业统计范围和口径有很大的差别。2001 年,国家机械工业局撤销,原机械工业系统不再进行行业统计,因国家统计局起重运输机械行业统计范围与国际上通行的物料搬运机械制造业范围基本一致,故在此称物料搬运(起重运输)机械行业。

物料搬运(起重运输)机械行业一般由轻小起重设备制造业、起重机制造业(含汽车起重机等流动式起重机及塔式起重机制造等)、工业车辆制造业、连续搬运设备制造业、电梯自动扶梯制造业及其他搬运设备制造业等行业小类组成。因国家统计局对起重运输设备行业中类没有细分行业小类,故当前行业统计中,以行业代码 3530 作为物料搬运(起重运输)机械行业小类统计。

2003～2008 年物料搬运(起重运输)机械行业主要经济指标完成情况见表 1。

2007～2008 年物料搬运(起重运输)机械行业主要经济指标完成情况及占全国机械工业的比重见表 2。

表 1 2003～2008 年物料搬运(起重运输)机械行业主要经济指标完成情况

指标名称	单位	2003 年	2004 年	2005 年	2006 年	2007 年	2008 年	年均增长(%)
企业数	个	727	1 361	1 225	1 336	1 463	2 114	23.80
工业总产值(当年价)	亿元	729.07	1 126.02	1 334.98	1 654.64	2 169.43	2 921.16	31.99
工业增加值	亿元	173.94	302.29	370.33	409.82	536.86	—	—
主营业务收入	亿元	708.23	1 082.74	1 289.04	1 599.32	2 130.35	2 853.26	32.14
利润总额	亿元	36.92	58.10	77.91	108.93	132.40	192.38	39.12
主营业务收入利润总额率	%	5.21	5.37	6.04	6.81	6.22	6.74	0.31 个百分点
全员劳动生产率	万元/人	7.78	10.69	12.52	13.73	17.13	—	—
从业人员年均人数	万人	22.35	28.29	29.57	29.85	31.34	31.34	7.00
资产总计	亿元	742.77	1 027.47	1 131.61	1 333.64	1 746.57	2 364.64	26.06

注:表中原始数据来源于国家统计局行业年报资料;2004 年、2008 年为全国经济普查统计数据,其他年份为日常年报资料。

表 2 2007～2008 年物料搬运(起重运输)机械行业主要经济指标完成情况及占全国机械工业的比重

年份	行业名称	企业数(个)	占行业比重(%)	工业总产值(亿元)	占行业比重(%)	主营业务收入(亿元)	占行业比重(%)	利润总额(亿元)	占行业比重(%)	资产总计(亿元)	占行业比重(%)
2007	全国机械工业	72 956	100.00	73 567.40	100.00	71 618.90	100.00	4 587.00	100.00	57 660.80	100.00
	物料搬运(起重运输)机械行业	1 463	2.01	2 169.43	2.95	2 130.35	2.97	132.40	2.89	1 746.57	3.03
2008	全国机械工业	99 304	100.00	94 040.10	100.00	91 706.50	100.00	6 049.40	100.00	73 245.70	100.00
	物料搬运(起重运输)机械行业	2 114	2.13	2 921.16	3.11	2 853.26	3.11	192.36	3.18	2 364.64	3.23

注:表中全国机械工业数据来源于中国机械工业联合会年报资料,其中 2008 年为全国经济普查数据。

2009 年行业经济运行情况

1. 2009 年行业主要经济指标完成情况

2009 年物料搬运(起重运输)机械行业主要经济指标完成情况见表 3。

表 3 2009 年物料搬运(起重运输)机械行业主要经济指标完成情况

企业分类	企业数(个)	比上年增长(%)	工业总产值(当年价)(亿元)	比上年增长(%)	新产品产值(亿元)	工业销售产值(亿元)	比上年增长(%)	出口交货值(亿元)	比上年增长(%)
物料搬运(起重运输)机械行业	2 150	1.70	3 208.08	9.82	834.53	3 137.36	9.99	477.45	-19.80
其中:大型企业	22	29.41	1 243.81	11.91	670.22	1 224.72	10.27	325.98	-13.57

（续）

企业分类	企业数（个）	比上年增长（%）	工业总产值（当年价）（亿元）	比上年增长（%）	新产品产值（亿元）	工业销售产值（亿元）	比上年增长（%）	出口交货值（亿元）	比上年增长（%）
中型企业	213	7.58	955.73	2.38	118.54	936.31	4.66	101.58	-33.12
小型企业	1 915	0.84	1 008.55	15.11	45.77	976.33	15.25	49.89	-24.72
其中：国有企业	56	-18.84	426.87	0.48	156.90	429.06	1.79	24.44	-61.46
私营企业	1 240	1.56	851.98	25.50	43.19	826.57	27.24	34.53	-10.68
其他内资企业	536	5.93	972.28	12.10	361.40	947.92	10.90	276.38	-4.38
三资企业	318	0.00	956.94	0.72	273.04	933.80	0.78	142.10	-30.40

企业分类	主营业务收入（亿元）	比上年增长（%）	利润总额（亿元）	比上年增长（%）	资产合计（亿元）	比上年增长（%）	工业总产值全员劳动生产率（万元/人）	比上年增长（%）	主营业务收入利润总额率（%）	比上年增长（百分点）
物料搬运（起重运输）机械行业	3 144.26	10.20	240.04	24.77	2 822.29	19.35	79.06	4.90	7.63	0.89
其中：大型企业	1 265.26	11.40	122.35	20.91	1 206.65	22.55	137.30	-13.22	9.67	0.76
中型企业	925.43	5.25	66.56	36.23	815.98	12.34	66.60	0.18	7.19	1.63
小型企业	953.57	13.76	51.13	20.79	799.66	22.34	58.74	18.62	5.36	0.31
其中：国有企业	434.23	2.78	27.12	9.80	347.03	19.10	94.40	7.42	6.25	0.40
私营企业	813.84	25.84	49.35	37.20	555.63	28.46	62.30	17.61	6.06	0.50
其他内资企业	921.22	8.29	75.78	17.23	1 118.61	16.85	70.37	0.50	8.23	0.63
三资企业	974.97	4.46	87.79	30.89	801.02	17.20	111.75	2.59	9.00	1.83

注：1. 表中原始数据来源于国家统计局2008年第二次经济普查资料。国有企业包括国有联营企业和国有独资公司。

2. 由于四舍五入，表中合计数有微小出入。

2. 2009年起重机、输送机械、叉车产量情况

2009年起重机、输送机械、叉车产量情况见表4。

表4　2009年起重机、输送机械、叉车产量情况

产品名称	企业数（个）	产量单位	2009年	2008年	同比增长（%）
起重机	392	万t	534.55	477.29	12.00
输送机械	116	万m	96.73	97.09	-0.37
电动叉车	34	万台	11.68	11.11	5.07
内燃叉车	38	万台	8.76	9.85	-11.02

注：表中数据来源于国家统计局2009年12月月报统计资料。

3. 2009年行业主要产品进出口情况

2009年物料搬运（起重运输）机械分类产品进出口及占比情况见表5。2009年物料搬运（起重运输）机械进出口额前10位国家（地区）见表6。2009年物料搬运（起重运输）机械进出口额前10位省市见表7。2009年物料搬运（起重运输）机械按企业性质分类进出口额及占比情况见表8。2009年物料搬运（起重运输）机械按贸易方式分类进出口额及占比情况见表9。

表5　2009年物料搬运（起重运输）机械分类产品进出口及占比情况

货品名称	出口额（亿美元）	同比增长（%）	进口额（亿美元）	同比增长（%）	进出口总额（亿美元）	同比增长（%）	进出口顺差（亿美元）	上年同期（亿美元）	同比增长（%）
物料搬运（起重运输）机械总计	85.99	-23.78	32.90	-11.86	118.89	-20.82	53.10	75.50	-29.67
轻小型起重机设备小计	10.02	-14.58	5.23	-6.17	15.25	-11.87	4.79	6.16	-22.20
占总计比重（%）	11.65		15.89		12.82		9.02	8.15	
起重机小计	37.77	-23.43	6.77	-8.60	44.54	-21.49	31.00	41.92	-26.05
占总计比重（%）	43.93		20.59		37.47		58.39	55.53	

（续）

货品名称	出口额（亿美元）	同比增长（%）	进口额（亿美元）	同比增长（%）	进出口总额（亿美元）	同比增长（%）	进出口顺差（亿美元）	上年同期（亿美元）	同比增长（%）
工业车辆小计	4.80	-55.03	2.83	-21.59	7.63	-46.57	1.97	7.05	-72.13
占总计比重（%）	5.58		8.61		6.42		3.71	9.34	
电梯自动扶梯及升降机小计	10.42	-22.95	1.96	4.70	12.38	-19.59	8.46	11.65	-27.39
占总计比重（%）	12.11		5.95		10.41		15.93	15.43	
连续搬运设备及其他小计	11.72	19.92	12.15	-11.31	23.87	1.69	-0.43	-3.93	-88.98
占总计比重（%）	13.63		36.93		20.08		-0.82	-5.20	
物料搬运设备零件小计	11.27	-36.69	3.96	-23.34	15.23	-33.69	7.31	12.65	-42.15
占总计比重（%）	13.10		12.03		12.81		13.77	16.75	

注：1. 表中原始数据来源于海关总署12月统计资料，编者按国家统计局2008年《统计用产品分类目录》对归类作了适当调整。

2. 由于四舍五入，表中合计数有微小出入。

表6　2009年物料搬运（起重运输）机械进出口额前10位国家（地区）

序号	国家（地区）	出口额（亿美元）	同比增长（%）	占总计比重（%）	序号	国家（地区）	进口额（亿美元）	同比增长（%）	占总计比重（%）
	物料搬运机械总计	85.99	-23.78	100.00		物料搬运机械总计	32.90	-11.86	100.00
1	韩国	7.08	20.06	8.23	1	德国	9.93	11.09	30.19
2	美国	6.17	-35.91	7.18	2	日本	5.76	-14.92	17.52
3	印度	5.45	-8.94	6.33	3	美国	2.36	-21.36	7.18
4	新加坡	3.90	-25.75	4.53	4	意大利	2.16	42.25	6.57
5	巴西	3.66	0.57	4.25	5	韩国	2.08	-20.32	6.31
6	日本	3.26	-27.43	3.79	6	挪威	1.01	13.24	3.07
7	越南	2.93	-1.65	3.40	7	荷兰	0.94	26.06	2.85
8	阿拉伯联合酋长国	2.93	-65.52	3.40	8	中华人民共和国	0.89	-62.68	2.71
9	马来西亚	2.59	-1.22	3.01	9	法国	0.85	-27.42	2.59
10	德国	2.57	-33.03	2.99	10	中国台湾	0.80	-60.67	2.44

注：1. 由于四舍五入，表中占总计比重数据有微小出入。

2. 表中从中华人民共和国进口的商品是指该商品的原产地在中华人民共和国境内。

表7　2009年物料搬运（起重运输）机械进出口额前10位省市

序号	省市名称	出口额（亿美元）	同比增长（%）	占总计比重（%）	序号	省市名称	进口额（亿美元）	同比增长（%）	占总计比重（%）
	物料搬运机械总计	85.99	-23.78	100.00		物料搬运机械总计	32.90	-11.86	100.00
1	上海市	32.24	-2.29	37.49	1	上海市	5.25	-13.89	15.97
2	江苏省	13.62	-31.71	15.84	2	北京市	4.54	11.92	13.80
3	浙江省	8.20	-39.60	9.53	3	江苏省	4.43	-10.62	13.46
4	辽宁省	5.39	-21.49	6.27	4	广东省	4.02	-40.66	12.23
5	广东省	4.61	-19.54	5.36	5	山东省	2.83	6.50	8.59
6	北京市	4.44	-16.91	5.16	6	天津市	2.32	11.68	7.04
7	山东省	3.33	-18.96	3.88	7	辽宁省	1.58	-5.84	4.80
8	天津市	3.11	-12.83	3.62	8	福建省	1.22	-37.39	3.71
9	福建省	2.11	-13.74	2.46	9	浙江省	1.14	-26.67	3.45
10	湖南省	1.60	-67.39	1.86	10	湖北省	0.93	-2.14	2.82

注：由于四舍五入，表中占总计比重数据有微小出入。

表8　2009年物料搬运(起重运输)机械按企业性质分类进出口额及占比情况

企业分类	出口额(亿美元)	同比增长(%)	占总计比重(%)	企业分类	进口额(亿美元)	同比增长(%)	占总计比重(%)
出口总计	85.99	-23.78	100.00	进口总计	32.90	-11.86	100.00
其中:中外合资企业	33.16	-9.87	38.56	其中:国有企业	10.91	14.13	33.16
私营企业	18.36	-38.93	21.35	外商独资企业	8.64	-26.27	26.25
国有企业	16.46	-18.75	19.14	中外合资企业	7.93	-24.75	24.11
外商独资企业	13.59	-25.73	15.80	私营企业	4.41	7.50	13.39
中外合作企业	2.67	-31.29	3.10	中外合作企业	0.71	-31.59	2.15
集体企业	1.69	-52.27	1.96	集体企业	0.27	-25.07	0.82

表9　2009年物料搬运(起重运输)机械按贸易方式分类进出口额及占比情况

贸易方式	出口额(亿美元)	同比增长(%)	占总计比重(%)	贸易方式	进口额(亿美元)	同比增长(%)	占总计比重(%)
物料搬运机械总计	85.99	-23.78	100.00	物料搬运机械总计	32.90	-11.86	100.00
其中:一般贸易	42.39	-38.22	49.30	其中:一般贸易	17.71	12.74	53.83
进料加工贸易	35.29	-3.50	41.04	进料加工贸易	6.39	2.46	19.42
对外承包工程出口货物	6.20	22.54	7.20	外商投资企业作为投资进口的设备、物资	5.54	-49.67	16.85
来料加工装配贸易	1.13	35.89	1.31	保税区仓储转口货物	1.29	-45.00	3.92
保税区仓储转口货物	0.51	-39.66	0.59	来料加工装配贸易	0.83	85.10	2.53

4.2009年行业经济运行特点

(1)行业生产销售再创历史新高,继续保持10%左右的增长态势。2009年,物料搬运(起重运输)机械行业工业总产值、工业销售产值、主营业务收入分别为3 208.08亿元、3 137.36亿元和3 144.26亿元,再创历史新高,同比增长分别为9.82%、9.99%和10.20%,继续保持10%左右的增长态势。但受国际金融危机影响,比上年增幅下降了约24个百分点。

行业利润总额240.04亿元,比上年增长24.77%;主营业务收入利润(总额)率7.63%,比上年提高0.89个百分点;按工业总产值计全员劳动生产率79.06万元/人,比上年增长4.90%。

2009年2~12月物料搬运(起重运输)机械行业主要经济指标各月累计增长情况见表10。

表10　2009年2~12月物料搬运(起重运输)机械行业主要经济指标各月累计增长情况

月份	工业总产值(亿元)	比上年增长(%)	工业销售产值(亿元)	比上年增长(%)	主营业务收入(亿元)	比上年增长(%)	利润总额(亿元)	比上年增长(%)
2	372.20	5.02	366.53	11.05	349.39	4.83	17.60	-0.06
3	645.38	14.76	672.93	13.10	—	—	—	—
4	900.03	11.75	878.26	10.98	—	—	—	—
5	1 180.53	11.53	1 149.17	11.06	1 120.60	10.36	66.65	7.66
6	1 499.48	12.79	1 456.58	11.87	—	—	—	—
7	1 774.04	12.20	1 732.84	12.16	—	—	—	—
8	2 057.21	12.32	2 014.99	12.67	1 966.98	11.93	127.16	23.63
9	2 368.14	13.03	2 314.72	12.80	—	—	—	—
10	2 647.34	12.05	2 584.34	11.58	—	—	—	—
11	2 904.39	11.59	2 840.59	11.34	2 817.48	12.49	183.31	22.02
12	3 180.39	11.85	3 117.56	11.72	—	—	—	—

(2)大型企业和三资企业占行业生产销售的比重优势缩小。2009年,行业大型、中型、小型企业占行业生产销售总值的比重分别约39%、30%和31%;国有、私营、其他内资及三资企业占行业生产销售总值的比重分别约14%、26%、30%和30%,大型企业和三资企业占行业生产销售比重的优势缩小。

(3)行业固定资产投资继续保持较高的增长态势。2009年,起重运输机械制造业的固定资产计划总投资610.87亿元,同比增长26.83%;当年完成投资309.51亿元,同比增长27.21%,继续保持较高的增长态势。

(4)产品进出口呈下降态势,起重机出口比重和连续搬运设备进口比重仍居行业首位。2009年,物料搬运(起重运输)机械出口额85.99亿美元,进口额32.90亿美元,进出口总额118.89亿美元,进出口顺差53.09亿美元,比上年分别下降23.78%、11.86%、20.82%和29.67%。受国际金融危机影响,进出口总体上继续保持下滑的态势。

2009年,起重机类产品出口37.77亿美元,比上年下降23.43%,占物料搬运机械出口总额的43.93%,仍居行业首位;连续搬运设备及其他进口12.15亿美元,比上年下降11.31%,占物料搬运机械进口总额的36.93%,仍居行业首位。

2009年,物料搬运机械总计出口200个国家(地区),其中出口额居前10位的国家(地区)是:韩国(7.08亿美元)、美国(6.17亿美元)、印度(5.45亿美元)、新加坡(3.90亿美元)、巴西(3.66亿美元)、日本(3.26亿美元)、越南(2.93亿美元)、阿拉伯联合酋长国(2.93亿美元)、马来西亚(2.59亿美元)和德国(2.57亿美元),前10位国家(地区)出口额占行业出口总额的47.11%。

物料搬运(起重运输)机械进口国家(地区)有72个,其中进口额前10位国家(地区)是:德国(9.93亿美元)、日本(5.76亿美元)、美国(2.36亿美元)、意大利(2.16亿美元)、韩国(2.08亿美元)、挪威(1.01亿美元)、荷兰(0.94亿美元)、中国(0.89亿美元)、法国(0.85亿美元)、中国台湾(0.80亿美元),前10位国家(地区)进口额占行业进口总额的81.43%,前5位占行业进口总额的67.77%。

5. 行业生产销售前列的主要企业

2009年物料搬运(起重运输)机械行业生产销售位居前列的主要企业情况见表11。

表11 2009年物料搬运(起重运输)机械行业生产销售位居前列的主要企业情况 (单位:亿元)

序号	企业名称	工业总产值	序号	企业名称	主营业务收入
1	徐州工程机械集团有限公司*	315.20	1	徐州工程机械集团有限公司*	505.18
2	上海振华重工(集团)股份有限公司	285.19	2	上海振华重工(集团)股份有限公司	285.19
3	广州广日集团有限公司*	84.91	3	广州广日集团有限公司*	90.53
4	上海三菱电梯有限公司*	82.98	4	西子电梯集团有限公司*	88.95
5	西子电梯集团有限公司*	75.86	5	上海三菱电梯有限公司*	83.64
6	浙江杭叉工程机械集团股份有限公司*	35.43	6	浙江杭叉工程机械集团股份有限公司*	40.51
7	安徽叉车集团公司*	34.57	7	卫华集团有限公司	31.23
8	卫华集团有限公司	31.82	8	安徽叉车集团公司*	29.27
9	江苏通润机电集团有限公司	24.06	9	江苏通润机电集团有限公司	26.47
10	中原圣起有限公司	14.20	10	中原圣起有限公司	14.17
11	河南省矿山起重机有限公司	13.50	11	河南省矿山起重机有限公司	13.25
12	无锡华东重机科技(集团)有限公司	12.78	12	无锡华东重机科技(集团)有限公司	10.08
13	河南省新乡市矿山起重机有限公司	10.08	13	河南省新乡市矿山起重机有限公司	8.61
14	河南省郑起起重设备有限公司	8.20	14	河南省郑起起重设备有限公司	7.90
15	衡阳起重运输机械有限公司	7.33	15	衡阳起重运输机械有限公司	5.93
16	豫飞重工集团	7.02	16	山起重型机械股份公司	5.89
17	上海科大重工集团有限公司	6.66	17	上海科大重工集团有限公司	5.69
18	山东起重机厂有限公司	6.06	18	江苏象王起重机有限公司	5.49
19	四川省自贡运输机械有限公司	5.68	19	四川省自贡运输机械有限公司	5.45
20	株洲天桥起重机股份有限公司	5.56	20	株洲天桥起重机股份有限公司	5.25

注:表中数据来源于中国重型机械工业协会统计网2009年年报统计资料。带*号企业来源于中国机械工业联合会年报资料。

行业重大科技成果情况 近些年来,行业企业不断加大科技投入,加强引进技术的消化吸收和自主研发,物料搬运(起重运输)机械行业科技创新能力有了很大的提高。2009年,行业完成新产品产值834.53亿元,新产品产值率保持在26.01%,又有许多科技项目获得省部级以上科技成果奖。

2009年,获中国机械工业科学技术奖14项,其中二等奖7项:由沈阳矿山机械有限公司完成的YG1000/110混匀堆取料机项目,由北京起重运输机械设计研究院完成的雅戈尔物流配送中心自动化物流系统项目,由太原重工股份有限公司完成的核电站190t/20t+190t环行起重机研制项目和无线并车吊运百米钢轨新型桥式起重机的研制项目,由上海科大重工集团有限公司完成的DG400双向输送圆管型带式输送机项目,由长沙中联重工科技发展股份有限公司完成的QAY180全地面起重机以及由徐州重型机械有限公司完成的大吨位履带起重机关键技术研究及产业化项目;三等奖7项。

2009年,行业新研制完成的部分重大科技成果有:由大连重工·起重集团有限公司研制完成的550t锻造起重机,取料能力11 000t/h、回转半径50m的QLK11000·50型斗轮取料机,堆料能力8 000t/h、回转半径45m的DBK 8000·45型矿石堆料机等项目;由卫华集团有限公司研制完成的起重量50t+50t、C形钩翻转速度0.64r/min、吊具旋转速度1.4r/min的旋转电磁自翻转C形钩组合吊具项目，起重量900t、跨度38.5m的ME900t—38.5m A3移梁机，起重机主梁及焊接卷筒CAD辅助设计程序等项目；由山东山矿机械有限公司研制完成的SKGD管状带式输送机；由洛阳矿山机械工程设计研究院有限责任公司研究完成的散料装卸设备钢结构安全现状综合评估与趋向性分析项目等。这些项目在行业内有一定影响，达到了国际先进或国内先进水平。

产业结构、经济类型及利用境外资本情况

1. 行业产业结构情况

物料搬运（起重运输）机械行业是由轻小型起重设备制造业、起重机制造业、工业车辆制造业、电梯自动扶梯制造业、连续搬运设备制造业及其他搬运设备制造业等多个行业小类构成，因当前国家统计局对物料搬运（起重运输）机械行业统计还没有细分，故还不能以统计数据对本行业产业结构进行分析。

2. 行业经济类型情况

2009年物料搬运（起重运输）机械行业按经济类型分主要经营指标完成情况见表12。

3. 行业利用境外资本情况

2009年物料搬运（起重运输）机械行业利用境外资本情况见表13。

表12　2009年物料搬运（起重运输）机械行业按经济类型分主要经营指标完成情况

企业分类	企业数（个）	占行业比重（%）	工业总产值（当年价）（亿元）	占行业比重（%）	主营业务收入（亿元）	占行业比重（%）	利润总额（亿元）	占行业比重（%）	资产合计（亿元）	占行业比重（%）
物料搬运（起重运输）机械行业	2 150	100.00	3 208.08	100.00	3 144.26	100.00	240.04	100.00	2 822.29	100.00
其中：国有企业	56	2.60	426.87	13.31	434.23	13.81	27.12	11.30	347.03	12.30
私营企业	1 240	57.67	851.98	26.56	813.84	25.88	49.35	20.56	555.63	19.69
其他内资企业	536	24.93	972.28	30.31	921.22	29.30	75.78	31.57	1 118.61	39.63
三资企业	318	14.79	956.94	29.83	974.97	31.01	87.79	36.57	801.02	28.38

注：表中数据由于四舍五入，合计数有微小出入。

表13　2009年物料搬运（起重运输）机械行业利用境外资本情况

企业分类	实收资本（亿元）	比上年增长（%）	境外资本（亿元）	比上年增长（%）	中国港澳台资本（亿元）	比上年增长（%）	外商资本（亿元）	比上年增长（%）	境外资本占实收资本比重（%）	上年境外资本占实收资本比重（%）
物料搬运（起重运输）机械行业	534.27	21.06	147.17	16.27	44.92	66.06	102.25	2.73	27.55	28.68
其中：大型企业	104.04	23.84	31.03	33.29	17.20	72.69	13.83	3.83	29.83	27.71
占行业比重（%）	19.47		21.08		38.29		13.52			
中型企业	177.71	15.83	64.11	15.12	11.52	403.06	52.59	-1.52	36.08	36.3
占行业比重（%）	33.26		43.56		25.65		51.43			
小型企业	252.52	23.85	52.03	9.28	16.20	9.46	35.83	9.20	20.60	23.35
占行业比重（%）	47.26		35.35		36.06		35.05			

注：由于四舍五入，表中占行业比重数据有微小出入。

从表13可见，2009年物料搬运（起重运输）机械行业利用境外资本比上年增长16.27%，其中利用中国港澳台资本比上年增长66.06%。中型企业利用中国港澳台资本比上年增长403.06%，增长幅度最大，且中型企业利用境外资本的比重仍然最大。

行业发展中值得关注的问题　多年来，行业生产销售连年创历史新高，年均增长率一直在30%以上高位增长，使行业固定资产投资规模不断扩大，行业产能过剩的迹象已经显现，特别是一些技术相对简单的起重运输机械产品生产能力过剩趋势明显，市场低价竞争现象一直没有中断。如何控制行业经济发展速度，减少产能盲目重复建设和低价恶性竞争状况仍是今后一段时间应当特别关注和研究的问题。

近12年物料搬运（起重运输）机械行业经济增长走势　1998～2009年物料搬运（起重运输）机械行业工业总产值、主营业务收入走势见图1。1998～2009年物料搬运（起重运输）机械行业工业总产值年增长率、主营业务收入年增长率走势见图2。1998～2009年物料搬运（起重运输）机械行业利润总额和利润总额年增长率走势见图3。1998～2009年物料搬运（起重运输）机械行业主营业务收入利润（总额）率走势见图4。1998～2009年物料搬运（起重运输）机械行业产品进出口及年增长率走势见图5。1998～2009年物料搬运（起重运输）机械行业从业人员平均人数及年增长率走势见图6。1998～2009年物料搬运（起重运输）机械行业全员劳动生产率及年增长率走势见图7。

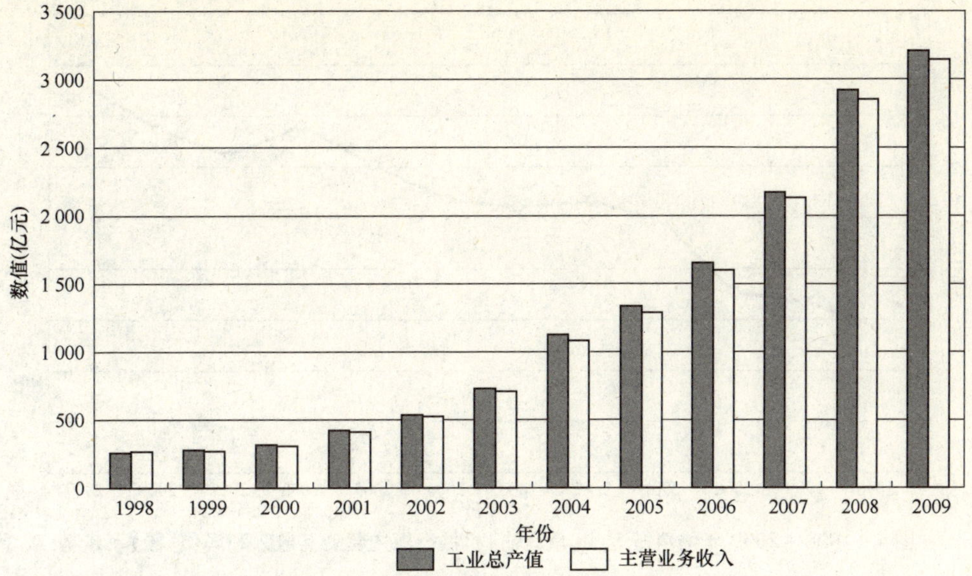

图1　1998～2009年物料搬运(起重运输)机械行业工业总产值、主营业务收入走势

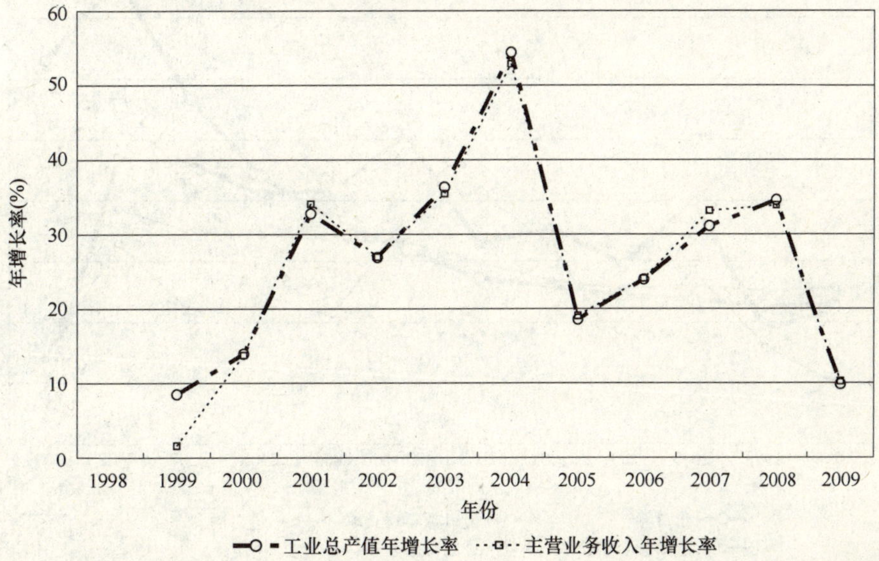

图2　1998～2009年物料搬运(起重运输)机械行业工业总产值年增长率、主营业务收入年增长率走势

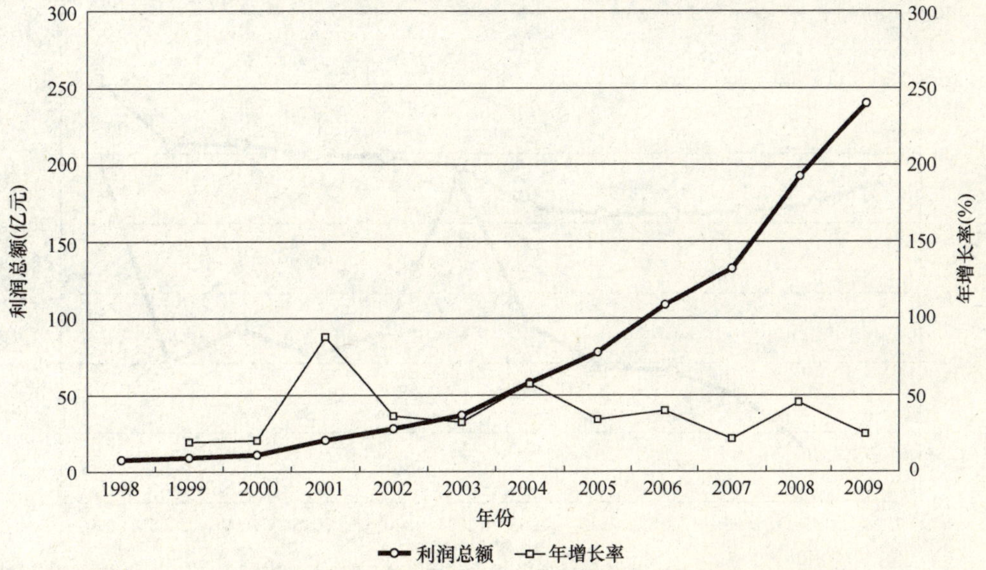

图3　1998～2009年物料搬运机械行业利润总额和利润总额年增长率走势

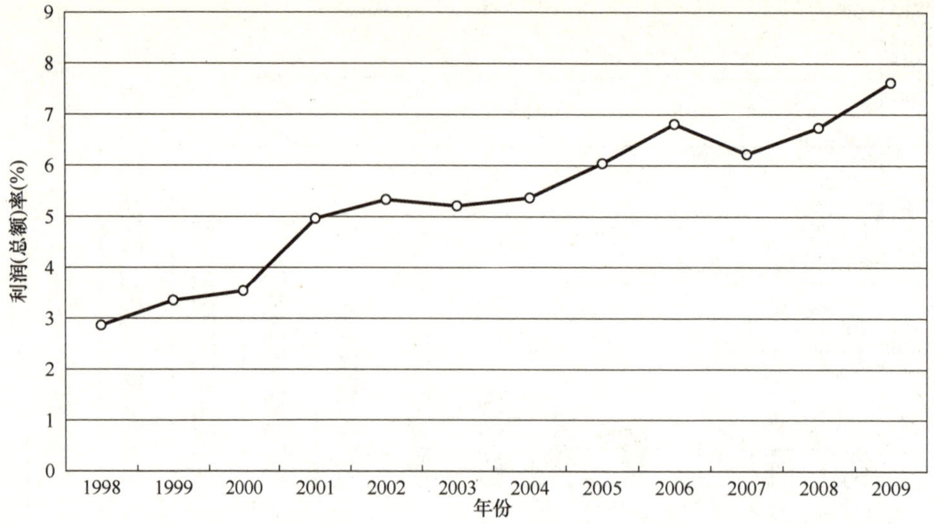

图4　1998～2009年物料搬运（起重运输）机械行业主营业务收入利润（总额）率走势

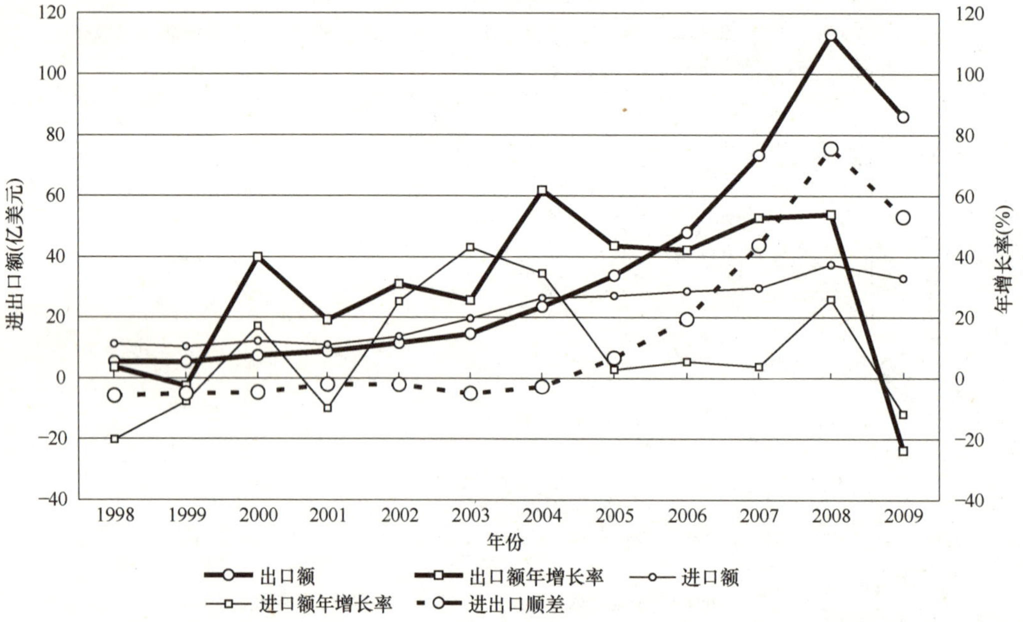

图5　1998～2009年物料搬运（起重运输）机械行业产品进出口及年增长率走势

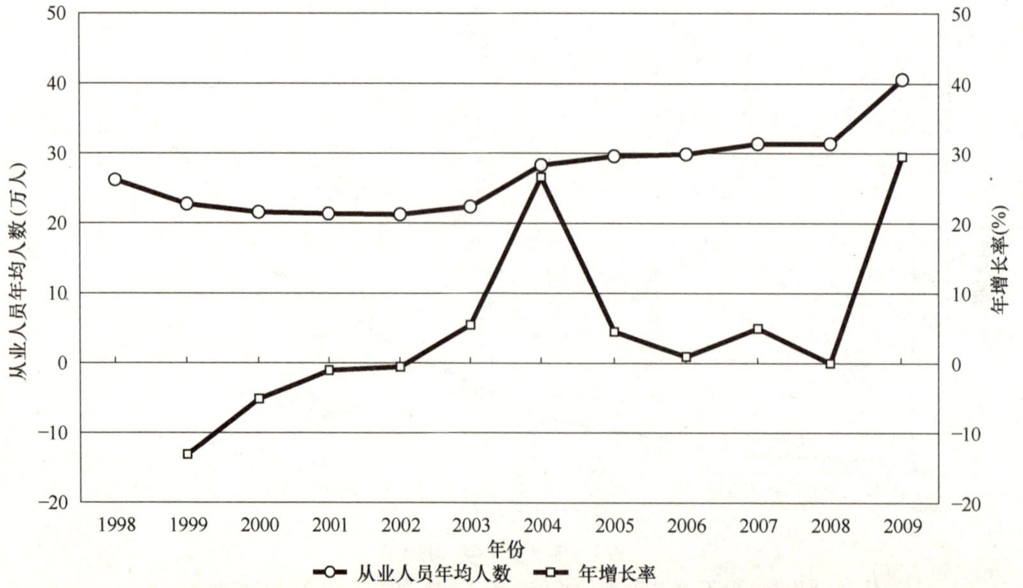

图6　1998～2009年物料搬运（起重运输）机械行业从业人员年均人数及年增长率走势

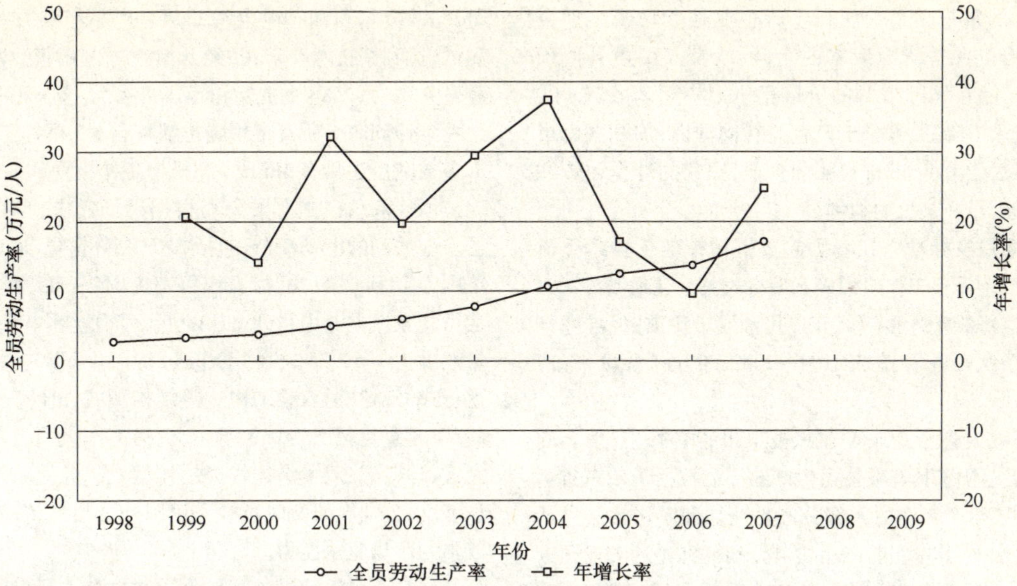

图7　1998～2009年物料搬运(起重运输)机械行业全员劳动生产率及年增长率走势

〔撰稿人:中国重型机械工业协会臧义成　审稿人:中国重型机械工业协会徐善继〕

轻小型起重设备

千　斤　顶

生产发展情况　千斤顶产品按工作原理分为液压千斤顶和机械千斤顶,其中液压千斤顶包括立式油压千斤顶、卧式油压千斤顶、分离式油压千斤顶等,机械千斤顶包括螺旋千斤顶、剪式千斤顶等。千斤顶产品按市场可大致分为商用千斤顶、汽车配套千斤顶及特种用途千斤顶。目前千斤顶产品绝大部分属于手动工具,符合节能、环保要求。

在改革开放之前,我国千斤顶年产量很小,而且品种规格很少,在较长时间内没有形成专业化、规模化生产企业。改革开放以后,行业内不少企业因为未能适应市场经济规律而先后遭淘汰。与此同时,外资不断注入国内千斤顶行业,部分境外千斤顶生产企业转移到国内,中国台湾地区大部分千斤顶生产企业转移到广东等沿海地区,推动了千斤顶行业的发展。面对新形势,江苏通润机电集团有限公司(常熟市千斤顶厂)瞄准了全球化市场经营之路,以国际市场为导向,自2000年赶超了同行企业,成为国内最大的千斤顶出口生产基地。

为了满足不断增长的新需求,生产企业特别是行业内的骨干企业投入较大的人力、财力、物力开发设计出大量新产品,改变了原来比较单一的产品结构,改进了加工工艺,提高了产品的安全性和操作方便性。目前有超过300种不同规格、不同型号的千斤顶产品极大地丰富了市场,满足了用户需求。特种用途千斤顶是传统千斤顶产品的扩展和延伸,将为千斤顶行业创造新的发展空间。

市场及销售　千斤顶产品以其科学的设计、可靠的结构性能、较大的起重能力及小巧便携等特点,被广泛地应用于国民经济的各个领域,特别是流动性起重作业领域,千斤顶制造行业在我国国民经济中有着重要的作用。千斤顶产品国际市场需求量极大,商用千斤顶年需求超过3 000万台、汽车配套千斤顶大约为6 000万台。

2009年,国内具有一定规模的千斤顶生产企业有70多家,主要分布在江苏、浙江、广东、山东沿海地区。千斤顶制造业继续向产品质量高,规模效益好,管理成本低,国际竞争能力强的东南沿海经济发达地区的大、中型企业集中。但随着这些地区劳动力成本的持续提高,这种集中的趋势有可能延缓,甚至产业区域结构有可能发生变化。行业内专业分工更加细化,千斤顶绝大部分零部件由配套企业生产。

当前我国千斤顶产品主要出口到北美、欧洲、东亚、大洋洲等地区的130多个国家,2009年全球金融危机后,受人民币升值预期和危机后补仓等因素影响,国际市场千斤顶需求量增长幅度较大。

国内千斤顶生产企业面临的新机遇:①得益于国家《汽车发展产业政策》,千斤顶在汽车制造业的市场得到长足发展。②加入世贸组织以来,我国市场经济地位越来越多地被发达国家认可,国内企业参与国际竞争的能力越来越强,经验越来越丰富。③国际分工越来越细,世界著名汽车制造企业正逐渐将汽车配套千斤顶外移,我国是主要承接地。

国内千斤顶生产企业同时也面临着风险和挑战:①发达国家对千斤顶产品的知识产权保护已经出现,应引起国内生产企业的重视。②千斤顶生产企业是劳动密集型企业,随着人力资源等资源成本的上升,以及人民币升值预期,千斤顶产品在国际市场的价格竞争力将逐步减弱。③国外市场需求下降后,部分出口企业转向国内,加剧国内市场竞争。④对于节能、减排欠账的企业,国家的环保政策和能源政策是把悬在头顶的利剑。

技术、质量及标准 在全国起重机械标准化技术委员会的领导下,千斤顶工作组积极开展标准修订工作,继2008年2月完成《螺旋千斤顶》和《车库用油压千斤顶》标准修订工作后,又组织开展了JB/T 2104—2002《油压千斤顶》标准的修订工作。

部分区域内骨干企业正在积极申报省名牌、省著名商标,山东临沂启阳工具有限公司生产的产品被授予山东省名牌称号。主要生产企业的大部分产品性能和质量水平已达到国际先进水平,其中主要产品质量分别达到先进工业国家美国ASME、英国BS、德国DIN、澳大利亚AS、日本JIS等标准的要求。主要企业质量管理体系通过了ISO 9001:2000质量管理体系认证。江苏通润机电集团有限公司还通过了汽车制造行业的TS 16949:2002认证,并已推行ISO 14000职业健康安全管理体系和职业安全卫生管理体系。

〔撰稿人:中国重型机械工业协会千斤顶分会王祥元 审稿人:中国重型机械工业协会肖立群〕

起重葫芦

产品研发情况 20世纪50年代中期,我国开始生产电动葫芦,60年代中期试制成功CD型和MD型钢丝绳电动葫芦,并批量投入生产。当前,CD、MD型钢丝绳电动葫芦仍然是国内市场上占有率最高的钢丝绳电动葫芦。由于当时设计条件的限制,上述两个系列的葫芦不能满足中高档市场的发展需求,一些国内主流起重葫芦制造企业看到这部分市场,纷纷加大研发投入,利用各自企业的优势,推出了针对性比较强、具有市场竞争优势的钢丝绳电动葫芦,进一步丰富了产品品种,扩大了用户的选择面。

江阴凯澄起重机械有限公司与日本KITO公司联合研制并推出了HK型钢丝绳电动葫芦。该系列产品的机构工作级别为M5,采用了多种安全保护装置和保护措施,使用无石棉制动材料,具有故障显示和黑匣子记忆功能,还可根据用户需求,任意设定吊钩的停止位置,起重量分别为1.6t、3.2t、5t、10t,目前,该系列产品已有普通型和低建筑型两种型式批量投放市场。

卫华集团纽科伦(新乡)起重机有限公司通过与西班牙GH公司合作,自行研发了NH3.2~50t钢丝绳电动葫芦系列产品。该系列产品最大程度地采用模块化设计,各零部件通用化程度高;起升机构采用行星齿轮,结构紧凑、轻巧,有效减小了外形尺寸;具有固定式、悬挂式和小车式几种结构型式。

南京起重机械总厂有限公司从2008年起与英国Street Crane公司合作,经授权生产Street公司第5代产品ZX6、ZX8、ZX10系列钢丝绳电动葫芦。产品经英方公司的全面测试,达到其技术要求,已经开始在国内销售。ZX6葫芦起重量0.5~5t,ZX8的起重量范围1~25t。ZX系列的吨位将继续延伸到50t,所有常用吨位都具有M5机构工作级别,绝大多数吨位还具有M6或M7机构工作级别。

浙江双鸟机械有限公司根据市场需求,自行开发研制了多个系列的电动葫芦,包括SHH型环链电动葫芦,起重量范围为125kg~5t,机构工作级别为M4~M5,具有固定式、运行式及风电专用系列;SHA型系列钢丝绳电动葫芦,起重量范围为1.6~25t,机构工作级别为M4~M5,具有固定式、运行式、低建筑、双梁结构式等结构型式;SH型钢丝绳电动葫芦,起重量范围为0.5~16t,机构工作级别为M4,具有固定式、运行式、双梁结构式等结构型式。为提高产品质量和性能,该公司在研发时直接采用国外公司的传动机构,具有较强的市场竞争能力。

北京双泰气动设备有限公司通过自主研发、技术创新,成功地将气动动力源技术运用到起重葫芦上,完成了QDH系列气动葫芦的设计、生产和系列化。该系列产品起重量范围为100kg~32t,已具有钢丝绳气动葫芦、环链气动葫芦和气动平衡器等多种品种。由于气动葫芦具有防爆等特点,因此被广泛应用于煤矿、化工、制药、采油、钻井、船舶、机械等各个领域,同时还拓展应用到桥(门)式起重机、单梁起重机、悬臂起重机等起重机上。

风电设备市场的迅猛发展,带动了电动葫芦市场的快速发展。据世界风能协会发布的统计数据,2009年中国新增风电装机容量13 800MW,相当于新建8 000~9 000台风力发电设备。按每台风电设备安装1台环链电动葫芦,相当于带来了8 000~9 000台环链电动葫芦的市场,这个市场今后还将逐年快速增长。因此,不少企业针对风电发电设备维修的特点,推出了风电专用的环链电动葫芦,如杭州武林机器有限公司、浙江双鸟机械有限公司等。

生产发展情况 据中国重型机械工业协会统计网的统计资料,2009年钢丝绳电动葫芦(不包括单相电动葫芦)产量前3位企业分别是江阴凯澄起重机械有限公司、卫华集团有限公司和河南省矿山起重机有限公司,3家企业产量总计达61 467台。2009年钢丝绳电动葫芦产量前10位企业见表1。2009年环链电动葫芦产量前3位企业见表2。

表1 2009年钢丝绳电动葫芦产量前10位企业

序号	企业名称	产量(台)
1	江阴凯澄起重机械有限公司	32 677
2	卫华集团有限公司	17 562
3	河南省矿山起重机有限公司	11 228
4	江苏三马机械制造有限公司	8 745
5	南京起重机械总厂有限公司	3 045
6	广东超宇起重设备有限公司	1 918
7	湖北银起蒲起机械有限公司	1 860
8	江西起重机械总厂	1 836

（续）

序号	企业名称	产量(台)
9	新乡市中原起重机械总厂有限公司	1 538
10	甘肃省定西起重机有限责任公司	1 000

表2　2009年环链电动葫芦产量前3位企业

序号	企业名称	产量(台)
1	杭州武林机器有限公司	4 804
2	浙江双鸟机械有限公司	3 780
3	浙江五一机械有限公司	1 282

单相电动葫芦是近几年发展非常迅速的电动葫芦产品，浙江八达机电有限公司2009年产量达293 301台，其中绝大部分供应国际市场。

根据中国重型机械工业协会统计网提供的统计数据，国内手动葫芦产量最大的3家企业分别是浙江五一机械有限公司、浙江双鸟机械有限公司、杭州武林机器有限公司，3家企业合计总产量为724 162台。2009年手动葫芦产量前3位见表3。

表3　2009年手动葫芦产量前3位企业

序号	企业名称	产量(台)
1	浙江五一机械有限公司	267 132
2	浙江双鸟机械有限公司	262 086
3	杭州武林机器有限公司	194 944

进出口情况　随着我国整体装备制造水平的提升，近几年来电动葫芦出口呈现逐年增长趋势。根据海关进出口统计数据，2009年电动葫芦出口量54.9万台（含单相电动葫芦），与2008年基本持平；出口额0.69亿美元，同比下降13.46%。2009年我国电动葫芦进出口情况见表4。2009年我国电动葫芦出口额前10位国家（地区）见表5。2009年我国电动葫芦出口额前10位省、自治区、直辖市见表6。

表4　2009年我国电动葫芦进出口情况

名　称	出口量(台)	出口额(万美元)	进口量(台)	进口额(万美元)
电动葫芦	548 929	6 855	10 510	3 918
同比增长(%)	0.57	-13.46	-84.7	-40.93

表5　2009年我国电动葫芦出口额前10位国家（地区）

序号	国家(地区)	出口额(万美元)	出口量(台)
1	美国	1 163	81 812
2	芬兰	480	5 691
3	德国	462	92 537
4	意大利	323	65 817
5	日本	284	3 304
6	乌兹别克斯坦	255	30
7	印度	237	4 411
8	越南	234	15 976

（续）

序号	国家(地区)	出口额(万美元)	出口量(台)
9	土耳其	206	29 950
10	澳大利亚	205	4 234

表6　2009年我国电动葫芦出口额前10位省、自治区、直辖市

序号	省、自治区、直辖市	出口额(万美元)	出口量(台)
1	浙江省	2 590	366 684
2	上海市	1 825	13 430
3	江苏省	830	51 531
4	北京市	611	4 113
5	福建省	278	21 654
6	重庆市	227	38 382
7	山东省	116	17 779
8	广西壮族自治区	69	6 378
9	天津市	53	113
10	江西省	52	25 048

手动葫芦属劳动密集型产品，我国的手动葫芦具有一定的国际市场竞争优势，因此，长期以来一直是我国传统的机械出口产品，多年来出口形势一直保持稳中有升的局面。受金融危机的影响，2009年手动葫芦及滑车出口数量为189.8万台，同比下降31.5%；手动葫芦及滑车出口总金额为0.73亿美元，同比下降33.3%。2009年我国手动葫芦与滑车进出口情况见表7。2009年我国手动葫芦与滑车出口额前10位国家（地区）见表8。2009年手动葫芦与滑车出口额前10位省、直辖市见表9。

表7　2009年我国手动葫芦与滑车进出口情况

名称	出口量(台)	出口额(万美元)	进口量(台)	进口额(万美元)
手动葫芦与滑车	1 897 688	7 250	19 600	1 683
同比增长(%)	-31.47	-33.33	-0.68	-49.37

表8　2009年我国手动葫芦与滑车出口额前10位国家（地区）

序号	国家(地区)	出口额(万美元)	出口量(台)
1	美国	1 361	338 898
2	印度	378	107 091
3	德国	349	87 655
4	阿拉伯联合酋长国	338	83 291
5	荷兰	288	81 188
6	澳大利亚	286	62 017
7	印度尼西亚	260	50 504
8	日本	260	71 922
9	越南	253	69 117
10	马来西亚	224	50 510

表 9　2009 年手动葫芦与滑车出口额前 10 位省、直辖市

序号	省、直辖市	出口额（万美元）	出口量（台）
1	浙江省	3 700	885 139
2	江苏省	800	242 537
3	重庆市	737	209 558
4	上海市	697	169 155
5	北京市	301	68 636
6	广东省	239	59 993
7	山东省	237	64 608
8	河北省	124	50 764
9	云南省	57	9 817
10	天津市	44	11 072

〔撰稿人：中国重型机械工业协会起重葫芦分会冷艳　审稿人：中国重型机械工业协会肖立群〕

桥式、门式起重机

生产发展概况　我国桥式、门式起重机械制造业在“十一五”的前半期均保持快速增长的态势；受国际金融危机的影响，2008 年 10 月份，行业开始感到金融危机的“风寒”，桥式、门式起重机市场开始迅速收缩，无论是销量还是产量均有较大下滑。2008 年底，国务院出台扩大内需、促进经济增长的十项措施，启动包括 4 万亿元投资在内的一揽子扩内需计划。由于国家宏观调控对经济的拉动，扭转了经济下滑的局面。因此，2009 年度，我国桥式、门式起重机市场整体销量相对比较平稳，与 2008 年四季度相比，起重机市场处于相对的高位。随着经济的复苏和回暖，整个起重机市场也逐渐呈现企稳的态势。进入 2010 年，起重机行业将逐步进入复苏阶段。随着 2010 年宏观经济环境持续向好，固定资产投资将保持相对活跃，煤炭及钢铁行业产量显著回升，投资将有明显增长；风电、核电及石化行业投资仍将保持较高水平，其他行业投资也将明显回升。这都将为桥式、门式起重机行业带来新的发展机遇，2010 年行业订单有可能超过预期的增长。

市场与销售　2009 年，我国桥式、门式起重机产品市场与销售呈现企稳向好的发展势态，桥式、门式起重机销售量约 6.3 万台，销售额约 270 亿元，与 2008 年相比，增幅约 8%。2009 年行业工业总产值和主营业务收入再创历史新高。我国桥式、门式起重机产品出口量也有较大幅度增长。2009 年，桥式、门式起重机行业销售收入前 10 位主要生产企业的桥式、门式起重机产品合计销售收入达 130.74 亿元，约占整个国内市场份额的 48.42%。2009 年进入桥式、门式起重机行业起重机产品销售收入前 37 名企业的入门值为 1.1 亿元，其中起重机产品销售收入超过 5 亿元的企业有 13 个。他们是：卫华集团有限公司 31.23 亿元，太原重型机械集团有限公司 21.00 亿元，河南豫飞重工集团有限公司 13.86 亿元，中原圣起有限公司 13.80 亿元，河南省矿山起重机有限公司 13.25 亿元，大连重工 · 起重集团有限公司 12.39 亿元，河南省新乡市矿山起重机有限公司 8.61 亿元，山起重型机械股份公司 5.89 亿元，株洲天桥起重机有限公司 5.49 亿元，上海起重运输机械厂有限公司 5.21 亿元，河南郑起起重设备有限公司 5.13 亿元，上海豪力起重机有限公司 5.02 亿元，河南重工起重机集团有限公司 5.01 亿元。2009 年桥式、门式起重机行业起重机产品销售收入前 37 位企业主要经济指标完成情况见表 1。2009 年桥式、门式起重机产品进出口情况见表 2。

表 1　2009 年桥式、门式起重机行业起重机产品销售收入前 37 位企业主要经济指标完成情况

序号	企业名称	起重机产品销售收入（万元）	工业总产值（万元）	利税总额（万元）	人均产值（万元）
1	卫华集团有限公司	312 300	318 200	24 000	67.90
2	太原重型机械集团有限公司	210 000	1 100 000	69 400	230.00
3	河南豫飞重工集团有限公司	138 603	165 167	6 927	84.30
4	中原圣起有限公司	138 000	147 800	13 200	74.00
5	河南省矿山起重机有限公司	132 547	135 000	7 582	58.70
6	大连重工 · 起重集团有限公司	123 899	1 813 285	225 083	338.00
7	河南省新乡市矿山起重机有限公司	86 120	100 767	6 785	45.90
8	山起重型机械股份公司	58 900	60 600	6 369	57.20
9	株洲天桥起重机有限公司	54 900	55 600	10 635	76.50
10	上海起重运输机械厂有限公司	52 100	52 108	4 320	77.90
11	河南郑起起重设备有限公司	51 270	52 630	4 260	43.20
12	上海豪力起重机有限公司	50 228	52 115	5 650	137.00
13	河南重工起重机集团有限公司	50 076	58 500	5 180	48.80

（续）

序号	企业名称	起重机产品销售收入（万元）	工业总产值（万元）	利税总额（万元）	人均产值（万元）
14	河南豫中起重机集团有限公司	46 000	48 000	4 000	40.00
15	河南省华东起重机集团有限公司	41 315	42 176	4 474	35.00
16	江西起重机械总厂	36 061	38 675	2 616	55.30
17	山东光明起重机械集团公司	36 000	38 100	5 700	
18	山东泰山起重机械有限公司	30 572	32 157	2 467	92.00
19	新乡市中原起重机械总厂有限公司	28 480	28 480	1 700	42.00
20	广州起重机械有限公司	26 305	27 051	1 308	72.00
21	无锡大力起重机械有限公司	23 000	23 000	1 800	80.00
22	浙江众擎起重机械制造有限公司	21 592	22 400	2 479	54.10
23	重庆起重机厂有限责任公司	21 021	22 472	1 860	28.90
24	江苏格雷特起重机械有限公司	20 068	23 468	1 537	73.00
25	宁波市凹凸起重运输机械总厂	18 100	21 619	2 925	174.00
26	四川川起起重设备有限公司	16 840	17 750	1 952	65.20
27	上海雄风起重设备厂	16 524	19 742	1 200	64.70
28	南京起重机械总厂有限公司	16 030	18 750	1 100	34.10
29	宁夏天地奔牛银起设备有限公司	15 833	15 795	1 585	38.50
30	本钢起重机制造有限公司	14 436	14 505	1 293	42.00
31	河南洛阳起重机厂	14 040	13 930	460	29.70
32	柳州起重机器有限公司	13 800	14 100	440	54.00
33	上海科大重工集团有限公司	12 500	78 460	5 850	126.00
34	广东永通起重机械实业有限公司	12 474	14 677	893	47.60
35	温州合力建设机械有限公司	11 576	11 576	1 380	50.30
36	杭州起重机械有限公司	11 354	11 994	1 146	52.60
37	湖北银轮蒲起机械有限责任公司	11 000	13 000	950	28.90

表2　2009年桥式、门式起重机产品进出口情况

产品名称	出口量（台）	出口额（万美元）	进口量（台）	进口额（万美元）	进出口总额（万美元）	进出口差额（万美元）
桥式起重机	2 734	29 300	582	4 700	34 000	24 600
门式起重机	700	68 900	49	3 800	72 700	65 100

科技成果和新产品　随着工业生产规模不断扩大，生产效率日益提高，产品生产过程中物料搬运费用占生产成本的比例逐渐增加，企业对大型、高速和自动化起重机的需求量不断增长，对能耗和可靠性提出了更高的要求。起重机的性能已成为自动化生产流程的重要环节。随着国内市场技术要求的提高和国际市场竞争的加剧，我国的桥式、门式起重机起重量越来越大，工作速度越来越快，自动化程度越来越高，技术含量明显提升。

为了适应国内外市场需求，行业龙头企业大连重工·起重集团有限公司，开发了额定起重量550t/125t＋150t/50t的大型锻造起重机，采用行星大减速器的250t铸造起重机。为了解决传统淬火桥式起重机存在的问题，开发了额定起重量125t的冶金淬火桥式起重机。该起重机在机械方面，采用行星减速器机型；电控方面，两台电动机分别由两套变频调速装置控制，两套相对独立的控制系统通过PLC逻辑控制，实现单电动机、双电动机的驱动，从而保证了上升和下降淬火的不同速度。行业重点骨干企业卫华集团有限公司坚持科技创新，促进产品更新换代，取得了显著的成绩。2009年，成功申报了国家部级项目2项，省级项目2项，市级项目3项，其中“水利工程用起升高度400m的40t/5t门式起重机”列入中国企业新纪录，被认定为“门式起重机起升高度最大世界纪录”；“GLQ40双驱动交流变频港口轮胎起重机”获中国机械工业科学技术奖三等奖。卫华集团有限公司还开发了起重量80～400t，工作级别A5～A7的低净空轻量化系列起重机。该系列起重机与原系列产品相比，自重减轻约10%～35%，轮压减少约10%～30%，自身高度也降低20%～40%，大大降低了厂房的造价。行业重点骨干企业株洲天桥起重机有限公司与沈阳铝镁设计研究院联合开发制造了我国第一套电解槽集中大修转运系统，并成功运用于东方希望包头稀土铝业有限责任公司。国内少数电解铝厂曾从国外引进过类似这套系统的产品,但国外产品价格高,且配套服务跟不上。该项目的开发填补了国内空白,对打造中国品牌,振兴民族重大技术装备具有较大的意义。

行业发展中的问题及对策建议 我国桥式、门式起重机行业市场集中度较低,这在一定程度上也是计划经济历史遗留、市场成熟度较低的必然状态。另外,桥式、门式起重机行业又是社会资本进入较早、较多的行业,地方保护、投资冲动使得低水平重复建设严重。近年来,桥式、门式起重机需求量的快速增长掩盖了分散的行业结构带来的产能过剩的隐忧。

行业企业研发投入不足,特别是在新产品开发和产品精细化程度上缺乏投入,行业整体技术水平低下,企业业务与技术的拓展深度和广度乏力,高端产品自主化程度较低,致使企业之间的竞争以价格竞争为主,企业成长只能靠单一品种的销量增加,而技术创新后劲不足。这就造成了在行业景气度高时企业增收不增利,在行业景气度低迷时企业盈利下滑甚至亏损。国际金融危机为企业并购重组提供了一定机会,一方面,受市场因素影响,有实力的企业可以以较低价格收购优质资产,实现低成本扩张。一些产量小、质量差、污染重、耗能大,又不具备研发能力的企业可能被淘汰并购。另一方面,部分有实力的企业之间,在相应政策和资金的支持下,可以进行战略重组,做大做强。再有一些有实力的企业也可趁国际金融危机国外企业经营困难时机,有选择地并购一些国外企业,从而提高我国桥式、门式起重机的制造水平。事实上,兼并重组是营造行业内部和谐发展的有效手段,不但有利于优势企业占领市场、稳定资源、做大做强,而且能够通过相互联合,增强研发实力,消除低层次竞争。有些企业也可根据当前建设资金短缺,新产品销售受到影响,在用产品维修及维修配件需求有所增加的现状,在服务中开创新的利润源泉。

当前,尽管我国起重机工业已具有非常大的规模,不少企业越来越多的产品打入国际市场,但我国还只是起重设备的制造"大国",而不是制造"强"国。国产起重机产品的外观、性能、可靠性等指标,大大低于工业发达国家的同类产品水平。起重机行业要坚持自主创新和技术引进相结合,以科技进步和自主创新作为行业振兴和发展的首要推动力量,坚持以技术创新带动行业升级,加快科技成果转化,发展具有自主知识产权的产品和技术,打造一批具有国际竞争力的企业和名牌。面对良好的市场前景,协会应积极引导国内企业共同构建产、学、研技术创新联合舰队,打造起重机械产业核心竞争力。国外一些产业联盟取得的成绩告诫我们,如果不联合起来,我们将突破不了核心技术的制约,永远跟在后面跑。尤其是共性技术问题未能很好解决,致使我国重大重点工程无法摆脱对外国产品的依赖。

我国桥式、门式起重机企业要把增强自主创新能力作为科学技术发展的战略基点和调整产品结构、转变增长方式的中心环节。拓展开发先进的起重设备,关键是全面增强自主创新能力,努力掌握核心技术和关键技术,增强科技成果的转化能力,提升行业整体技术水平。

〔撰稿人:中国重型机械工业协会桥式起重机专业委员会陶庆华　审稿人:中国重型机械工业协会徐善继〕

带式输送机

生产发展情况 带式输送机行业2006~2009年工业总产值增速分别为24.3%、23.86%、22.4%和13.7%。2009年受国际金融危机的影响,约有1/4的企业出现负增长,但行业骨干企业仍然处于较高的发展势态。带式输送机行业无论处于快速发展期还是较快发展期,利润率都很低,10年来一直徘徊在4%~5%。

经过近10年的快速发展,带式输送机制造业已具有相当规模和水平,产品质量也稳步提高。带式输送机制造中约2/3的企业实现了企业扩建技改工程,其余的企业也在筹划扩建改造工程。多数企业完成了体制改造,健全了管理体系。带式输送机行业具备了装备国内重大工程的实力,并已实现了向海外市场进军。2009年带式输送机行业骨干企业产品生产情况见表1。

表1　2009年带式输送机行业骨干企业产品生产情况

序　号	生产企业	产值 (万元)	产　量 (t)	(m)
1	北方重工集团有限公司	181 199	122 874	374 608
2	衡阳运输机械有限公司	73 000		101 887
3	山东山矿机械有限公司	59 000		
4	四川自贡运输机械有限公司	56 100		
5	上海科大重工集团有限公司	53 800		
6	中平能化集团机械制造有限公司	37 200		
7	安徽攀登机械有限公司	35 625	40 863	
8	安徽盛运机械股份公司	31 611		

（续）

序　号	生产企业	产值（万元）	产　量	
			(t)	(m)
9	焦作科瑞森机械制造有限公司	24 250		
10	北京约基同力机械有限公司	20 800		
11	山东省淄博生建机械厂	20 500		

市场与营销　带式输送机广泛应用于冶金、矿山、煤炭、交通、能源、建材等国家基础产业。这些基础工业的发展及其产业结构的调整，再加上节能减排政策的落实，促进了带式输送机行业的技术进步，并为带式输送机行业提供了稳定的市场环境。从国际市场来看，发展中国家也正在大力发展本国的基础工业，如印度、巴西等国以及南亚、东亚、中亚、非洲、拉美等地区的国家对带式输送机的需求在逐渐增多。而我国带式输送机的制造能力和价格优势在国际市场上具有很强的竞争力，所以说，在一定时期内，国内、国际市场都有上升的空间。

另一方面，由于带式输送机属于通用产品，有系列标准图样，如DTⅡ、DTⅡ(A)、TD75型，为缺少技术力量的中小企业制造普通带式输送机带来有利的条件。部分中小企业不规范介入市场，造成了带式输送机行业中标价格低，利润低，影响了带式输送机行业技术投入，也影响了产品质量的提高。

2009年，由于受国际金融危机的影响，部分企业受到冲击。但带式输送机产量继2008年突破700万m后，2009年超过800万m。带式输送机出口产值约占带式输送机工业总产值的15%~20%。

科技成果与新产品　随着带式输送机行业的快速发展，各企业都加大了科研投资力度，如北方重工集团公司、衡阳运输机械有限公司等企业成立了研发中心。北方重工集团公司从事带式输送机设计的人员已达110人，其中教授级高工10人，工程师职称以上79人。衡阳运输机械有限公司每年科技创新投入达生产值的3%。安徽盛运机械股份公司在合肥市设立设计院重点开发新产品。

圆管带式输送机属带式输送机新产品，具有空间转弯、环保等优越性能。作为一种环保型连续输送设备，逐渐引起各行各业的重视。截至目前，国内总共生产并投入使用的圆管带式输送机约有250台，总长度达270km。

四川省自贡运输机械有限公司研制的7 041m长圆管带式输送机长度为亚洲第一，其布置线路包含了水平转弯、垂直转弯等各种复杂的工况。上海科大重工集团有限公司研制的DG400双向输送圆管带式输送机获2009年度中国机械工业科技进步奖二等奖。

质量与标准　GB 50431—2008《带式输送机工程设计规范》、GB/T 10595—2008《带式输送机》两项重要的带式输送机标准正式执行。2009年10月，中国煤炭建设协会勘察设计分会与中国重型机械工业协会带式输送机分会联合举办了《带式输送机工程设计规范》宣贯培训暨新技术研讨会。来自国内主要设计院和制造企业的技术负责人80余人参加了会议。宣贯研讨会的召开，使广大工程技术人员尽早掌握了标准内容，了解了标准的制定原则，对标准的实施起到了积极的推动作用。

随着节能减排政策的实施，小火电、小煤矿、小水泥相继关闭，取而代之的工艺先进的大型工程的建设，对带式输送机的性能、质量提出了新的更高要求；近几年带式输送机国外工程项目的增多，要求按带式输送机国际标准和先进工业国家的公司标准组织生产。这两大因素对带式输送机产品质量的提高起到了积极的推动作用。行业骨干企业率先加大技改力度，严格控制制造过程，带动了带式输送机产品质量的提高。而一些技术质量相对落后的企业则面临考验，要么提高，要么淘汰。

伴随着带式输送机基础标准的实施，骨干企业在出口产品中开始执行国外标准和国外公司标准，如VALE公司标准和BHP公司标准。从商务谈判、技术准备、生产制造、质量检验乃至售后服务等全方位提高了执行标准的能力和自觉性，进而提高了企业乃至全行业的产品质量。

圆管带式输送机已成为带式输送机中的一个重要品种。原有的圆管带式输送机标准已不能适应产品设计制造要求，修订圆管带式输送机标准和建立圆管带式输送机生产许可证制度已提到了议事日程。

带式输送机保护装置八项行业标准已报批等待批复。

〔撰稿人：中国重型机械工业协会带式输送机分会李群　审稿人：中国重型机械工业协会带式输送机分会倪日亮〕

散料装卸机械

在国家标准GB/T 4754—2002《国民经济行业分类》及国家统计局行业统计中规定，散料装卸机械亦称连续搬运设备，属起重运输机械制造类。主要包括堆取料机、翻车机、装卸船机等三大类产品，约40个品种和近百个不同型号、规格的单机和成套设备。其中堆取料机有臂式、门式、混匀式、圆形料场、侧式刮板（刮斗）、桥式刮板、斗轮取料机和堆料机等；翻车机有折返式、贯通式、可翻卸解列和不解列铁路敞车式，可分类翻卸单车、双车、三车、四车等翻车机；装船机有溜筒、抓斗、带式；卸船机有链斗式、螺旋、抓斗、双带、波形挡边带式、埋刮板、绳斗和自卸船式等产品。

为统一统计口径，本篇所述产品不含岸边集装箱起重机、场地集装箱起重机、管式带式输送机等各类带式输送机。

散料装卸机械是为煤炭、矿石、水泥等大宗散状固体原料、燃料和材料转运、储运、存放、混匀和取样的重大关键设备，广泛应用于交通、冶金、电力、建材、化工、水利等国民经济重要基础工业部门。散料装卸机械现有产品品种、规格、系列及性能，完全可以满足国内需求，同时可以出口国外市场。过去我国出口的散料装卸机械大都是中小型，目前我国每小时万吨能力的斗轮取料机、每小时2 000t能力的卸船机等大型散料装卸机械设备，已成功进入国际市场，而且可以实现批量供货。我国散料装卸机械产品分类及主要生产企业见表1。

表1　我国散料装卸机械产品分类及主要生产企业

产品分类	主要生产企业
门式、混匀式、圆形料场、侧式刮板（刮斗）、桥式刮板式堆取料机	北方重工沈阳矿山机械集团有限公司、大连重工·起重集团有限公司、哈尔滨众鑫重型机器有限公司、长春发电设备有限责任公司、长沙重型机器制造有限公司、上海电力环保设备总厂有限公司、大连通达矿冶机械有限公司和大连重工机电动力有限公司
斗轮堆取料机、斗轮取料机、堆料机	大连重工·起重集团有限公司、哈尔滨众鑫重型机器有限公司、长春发电设备有限责任公司、长沙重型机器制造有限公司、上海电力环保设备总厂有限公司、中联重科物料输送设备有限公司、北方重工沈阳矿山机械集团有限公司、上海振华港口机械（集团）股份有限公司、大连通达矿冶机械有限公司、大连重工机电动力有限公司和哈尔滨龙鑫重型机器有限公司
翻车机	大连重工·起重集团有限公司、武汉电力设备厂、大连通达矿冶机械有限公司和大连重工机电动力有限公司
装船机、卸船机	上海振华港口机械（集团）股份有限公司、大连重工·起重集团有限公司和长春发电设备有限责任公司

生产发展情况　2009年，我国境内拥有设计研发与生产制造散料装卸机械的规模以上骨干企业近20家，其中工业总产值达到亿元以上的企业约占60%。这部分企业中约1/3的企业专业生产制造散料装卸机械，约2/3的企业以散料装卸机械作为主导产品。企业性质包括大型国有企业、股份制企业、民营企业、中外合资企业等类型。其中大部分企业是中国重型机械工业协会散料装卸机械分会的会员单位。据散料装卸机械分会对12个主要主机生产企业的统计，2009年，全行业完成工业总产值643.23亿元，比上年增长28.27%；销售收入518.34亿元，比上年增长15.89%。其中散料装卸机械工业总产值97.48亿元，比上年增长3.79%。2009年散料装卸机械行业主要经济指标完成情况见表2。

表2　2009年散料装卸机械行业主要经济指标完成情况

指标名称	单位	实际完成
企业数	个	12
工业总产值（当年价）	万元	6 432 334
其中：散料机械工业总产值（当年价）	万元	974 765
工业总产值比上年增长	%	28.27
其中：散料机械工业总产值比上年增长	%	3.79
工业增加值	万元	867 069
产品销售收入	万元	5 183 369
产品销售税金	万元	20 436
利润总额	万元	279 856
年末固定资产原价	万元	5 781 802
年末固定资产净值	万元	1 687 841
流动资产合计	万元	6 907 656
流动资产平均余额	万元	2 355 303
流动负债合计	万元	7 810 223
流动负债平均余额	万元	4 947 127
所有者权益	万元	799 698
全员劳动生产率	万元/人	31.72

2009年，受国际金融危机影响，我国各行业基本建设增长态势趋缓，能源、冶金、基本建设与房地产等热点行业均受到不同程度的影响。其中为冶金行业提供装备的制造业受其影响较大，为能源、港口、建材等行业提供装备的制造业企业影响不大。各企业均存在合同推迟、中止现象，金融危机的影响已波及各个企业，导致2009年散料装卸机械生产与各项经济指标较2008年有所下降。但由于当年出产产品执行的是上年签订的合同，所以产品出口额未受到影响。在中央出台拉动内需政策以后，国民经济各行业基本建设需求格局未变，相应推动了散料装卸机械重大技术装备技术与生产的发展。各企业产销散料装卸机械产品品种的国内市场占有率超过98%，产品正在向超大型化、多品种、多国家、多地域发展。如大连重工·起重集团有限公司为巴西淡水河谷公司供货的11台8 000～11 000t/h堆料机和斗轮取料机在完成全部技术准备工作的基础上，2009年实现出口3台，由于受国际金融危机影响，其余将推迟至2010年陆续交货，这是目前我国完全自主设计制造超大型散料装卸机械的最大一笔出口订单；上海振华港口机械（集团）股份有限公司出口阿曼5台10 000t/h堆料机和斗轮取料机。上海振华港口机械（集团）股份有限公司、大连重工·起重集团有限公司、长春发电设备有限责任公司、长沙重型机器厂、北方重工沈矿集团、中联重科物料输送设备有限公司、上海电力环保设备总厂、武汉电力设备厂等主要企业均实

现300万美元以上出口额。出口的堆取料机、装卸船机、翻车机可靠性明显提高，基本达到国外同类产品先进水平。行业结构出现新变化，大连重工·起重集团有限公司、上海振华港口机械（集团）股份有限公司、北方重工沈矿集团发展势头强劲，再次进入中国500强企业；大连重工·起重集团有限公司、上海振华港口机械（集团）股份有限公司进入世界机械制造500强行列。近年来，行业各企业为适应市场需求，不同程度地加大技术创新和技术改造力度，产品水平和企业综合能力大大提高，加剧了国内行业市场竞争。对于原来需要进口或与国外合作生产的大型堆取料机，双车、三车翻车机，大型装卸船机等，行业内各企业通过消化吸收国外先进技术，采取引进创新相结合的措施，加大技术创新力度，已形成自主知识产权相关产品。据统计，行业内80%以上企业拥有专利，50%以上产品获得过各级科技进步奖奖励，取得引人瞩目的成果。大连重工·起重集团有限公司、上海振华港口机械（集团）股份有限公司、北方重工沈阳矿山机械集团有限公司、长春发电设备有限责任公司4家企业拥有国家级、省级认定企业技术中心，拥有现代港口、电厂、料场等装卸机械核心技术。企业围绕产品开展技术创新，产品向高效、智能、大型化发展。但是行业根本性问题还没有很好地解决，产品标准化、系列化、通用化有待统一规范和提高。各企业在形成批量和规模化生产的同时，更应重视产品标准化、系列化、通用化和模块化设计。

产品分类产销及出口情况 我国散料装卸机械产品主要服务于全国各港口、电厂、冶金、煤炭、建材、矿山等散料均化、储存、转运的堆场。2009年，全行业生产的臂式、门式、混匀式、圆形、侧式刮板（刮斗）、桥式刮板堆取料机，斗轮取料机、堆料机，翻车机，装船机，卸船机等散料装卸机械产品产量实现585台（套），计21.33万t，产量以台（套）计比上年下降37.23%，以吨位计比上年下降28.98%。实际销量636（套），计22.74万t，比上年分别下降31.24%和21.89%，总体同比上年下降较多。其中，堆取料机销售522台（套），计16.30万t，比上年下降28.49%；翻车机销售71台（套），计2.28万t，比上年下降8.22%；装卸船机销售43台（套），计7.39万t，同比增长49.23%。堆取料机、翻车机比上年不同程度销售下降，而装卸船机增长幅度较大，充分说明市场需求旺盛。我国散料装卸机械产品的生产和销售可以满足国内市场，并可部分出口国外市场，当年实现出口额3.03亿美元，占散料装卸机械工业总产值的20.76%。2009年散料装卸机械行业主要产品产销量见表3。2009年散料装卸机械行业产品进出口情况见表4。

表3 2009年散料装卸机械行业主要产品产销量

产品名称	产量			销量		
	以套计（台、套）	以吨计（t）	以吨计比上年增长（%）	以套计（台、套）	以吨计（t）	以吨计比上年增长（%）
翻车机	71	22 756	-8.22	71	22 756	-8.22
装卸船机	43	73 873	49.23	43	73 873	49.23
堆取料机	471	148 879	-34.49	522	162 995	-28.49

表4 2009年散料装卸机械行业产品进出口情况

产品名称	数量单位	出口量	出口额（万美元）	进口量	进口额（万美元）
堆取料机	台	29	9 869		
翻车机	套	2	344		
装卸船机	台	389	13 200	14	195

科技成果及新产品 2009年，各企业在不断引进国外先进技术的同时，通过联合设计、合作制造及消化吸收国外先进技术，相继推出符合用户需求的新产品、新技术。一批具有自主知识产权的新产品获得国家相关部门和用户的认可，如北方重工集团有限公司ϕ110m（YG1000/110）圆形桥式刮板混匀堆取料机获得沈阳市政府科技进步奖一等奖、机械工业科学技术奖二等奖；大连重工·起重集团有限公司DBK8000·45型矿石堆料机、QLK11000·50型斗轮取料机获评第十四批中国企业新纪录。各企业在重视新产品开发的同时，继续加大知识产权保护，散料装卸机械中各类产品专利已达60余项，同比增长20%。

质量及标准 自2006年全国工业产品生产许可证办公室颁布实施《港口装卸机械产品生产许可证实施细则》以来，行业分会曾邀请专家多次宣讲实施细则，各企业认真贯彻执行，推动散料装卸机械产品设计、制造、质量规范化。当前已有长春发电设备有限责任公司、大连重工·起重集团有限公司、上海电力环保设备总厂有限公司、中联重科物料输送设备有限公司、上海振华港口机械（集团）股份有限公司5家企业取得港口装卸机械产品生产许可证。各企业继续强化质量管理，在通过ISO 9001:1994版认证的基础上，进行质量管理体系转版换证工作，过渡并通过了ISO 9001:2000版质量体系认证；各企业加强质量体系运行控制，完善质量管理责任制，抓好质量信息处理、传递及重点项目的质量管理档案管理、质量分析通报工作，重大项目实施检验负责制，制定检验计划，编制检验报告。各大类产品执行标准分别为：JB/T 4149—1994《臂式斗轮堆取料机 技术条件》、JB/T 7326—1994《斗轮堆取料机安全规范》、JB/T 7328—1994《斗轮堆取料机验收技术规范》、JB/T 7015—1993《回转式翻车机》，装卸船机执行用户技术规格书，除专业产品行业标准以外，还执行国家标准、机械行业标准等相关标准。大型斗轮堆取料机、翻车机、装卸船机产品设计和制造质量与近年相比有一定的提高。有近45%的企业在产品设计过程中采用三维设计软件、有限元计算分析软件作为计算机辅助优化设计平台，采用计算机“虚拟试验仿真”技术实现“整体可视化”设计分析，确保产品设计达到国际先进水平。

基本建设及技术改造 2009年，行业内各企业的基本建设及技术改造投资，仍是2008年投资的延续。为适应扩大产出规模的形势要求，在不断培育扶持协作产业链的基础上，继续加大基本建设和技术改造投入，有效缓解了制造能力不足的矛盾，因而投资相对趋缓。2009年行业基本建设及技术改造总投资额84 005万元，其中基本建设投资26 796万元，技术更新改造投资57 209万元。

对外合作 2009年，为快速提升行业产品技术水平，相关企业先后与德国、日本、奥地利等国际著名公司厂商合作，通过引进技术，实现国外先进技术国产化。斗轮取料机、堆料机、翻车机、装卸船机产品分别出口日本、韩国、马来西亚、印度、土耳其、菲律宾、泰国、越南、缅甸、马来西亚、澳大利亚、巴西、阿曼及部分欧美国家。

〔撰稿人：中国重型机械工业协会散料装卸机械与搬运车辆分会邵龙成　审稿人：大连重工·起重集团有限公司邹胜〕

仓储机械

生产发展情况 截至2009年底，全国物流仓储机械产品生产企业接近500家。2009年，仓储机械行业完成国内自动化立体库超过200座，生产不同规格型号的有轨巷道堆垛机产品1 000多台，各式货架总重量超过30万t，以托盘为储存单元的（包括利用叉车进行托盘上下架作业的货架）货位数超过500万个，生产托盘、料箱等各类器具接近200万个。

我国仓储机械产品分类及主要生产企业见表1。

表1 我国仓储机械产品分类及主要生产企业

产品分类	主要生产企业
自动化立体库项目总承包	北京起重运输机械设计研究院、昆明船舶设备集团公司、北京机械工业自动化研究所、太原刚玉仓储设备公司、德马泰克（上海）有限公司、北京中邮科技有限公司、北京高科物流设备研究所、日东科技（控股）有限公司、沈飞工业集团仓储物流设备制造有限公司、沈阳新松自动化工程公司、瑞士物流公司、大福自动化物流设备（上海）有限公司、村田机械株式会社、日本株式会社冈村制作所、台塑物流股份有限公司、今天国际物流科技公司和盟立自动化科技公司
堆垛机	北京起重运输机械设计研究院、村田机械株式会社、日东科技（控股）有限公司、太原刚玉仓储设备公司、昆明船舶设备集团公司、德马泰克（苏州）有限公司、奥地利ROBOTEC公司、大福自动化物流设备（上海）有限公司、北京高科物流设备研究所、沈阳新松自动化工程公司、台朔重工（宁波）有限公司、上海冈村家具物流设备有限公司和盟立自动化科技公司
货架	上海精星仓储设备工程有限公司、南京音飞货架制造有限公司、镇江东联仓储设备有限公司、上海十通储存设备有限公司、世仓物流设备（上海）有限公司、江苏省常州市东方仓储设备有限公司、国宝鼎虎集团、江苏顺力钢业集团、江苏六维物流设备实业有限公司、南京新众亚货架有限公司、胜斐迩仓储系统（昆山）有限公司、南京华德仓储设备制造有限公司和南京爱维斯货架制造有限公司
输送设备	贵阳普天万向物流技术股份有限公司、湖州德马输送机械有限公司和广东信源邮政设备有限公司
自动导向车（AGV）	昆明船舶设备集团公司、沈阳新松自动化工程公司、北京机科发展有限公司、瑞典ROCLLA公司和美国丹纳赫传动公司
自动分拣设备	范德兰德物流自动化系统（上海）有限公司、奥地利KNAPP公司、瑞典山特维克分拣系统公司、贵阳普天万向物流技术股份有限公司、湖州德马输送机械有限公司和瑞典FKILOGISTEX公司
自动货柜	沈飞工业集团仓储物流设备制造有限公司、上海华枫机械设备公司、德国亨乃尔全自动货柜公司、中国电子科技集团第二研究所和瑞典KADEX公司
托盘、网箱、塑料箱盒等物流器具	大森塑料工业（苏州）有限公司、上海物豪塑料有限公司和上海冠恒工业设备有限公司

市场及销售 截至2009年底，全国累计建设的自动化物流仓储系统（以自动化立体库为主要特征）超过1 000座。自动化立体库的规模越来越大，平均货位数约10 000个，高度一般约20m，系统更加复杂，设备数量越来越多，应用领域也越来越广。

自动化物流配送中心建设蓬勃发展。2009年，全国新建自动化物流配送中心超过30座，主要应用在医药、烟草、服装流通等领域，扩大了物流仓储市场。

近几年，物流仓储机械行业总体发展迅速，市场规模年复合增长率超过30%。2009年市场总量约100亿元，其中自动化立体库项目市场份额约20亿元，各类输送设备（托盘式输送设备含在自动化立体库中）包括自动分拣设备市场总量约20亿元，叉车库货架和人工拣选类货架市场总量约25亿元，托盘货箱和塑料盒等物流器具市场总量约20亿元，其他物流设备市场总量约15亿元。

产品进出口 国外厂商为占领国内市场，纷纷在国内建厂，生产堆垛机等设备。因此2009年从国外全套进口的自动化立体库明显较少，而堆垛机等关键设备进口约30台，仅占全国总销售量的10%，用户主要集中在外商独资企业和烟草制造行业的部分高端客户。

出口方面主要集中在货架等技术含量低、劳动力密集型的廉价低端产品，出口方向主要是韩国、日本及东南亚各国等邻近国家。也有较少的外资企业在中国加工部件或主机后返销海外。

印度物流仓储设备供应商较少，以往少量的印度高端客户向欧美或日本厂商订购自动化仓储设备，代价较高，也制约了自动化仓储技术在印度的应用和发展。中国物流仓储产品水平不断提高，以良好的性价比吸引了印度客户，他们纷纷向中国厂商询价或寻求合作，该国市场值得关注和开发。

行业新动态 不少欧洲知名的堆垛机部件制造商在国内建厂生产或组装货叉等关键零部件，为堆垛机制造厂提供高品质的配套产品，为我国堆垛机技术的发展提供了有利条件。为解决堆垛机存储效率低、难以满足特殊场合作业效率要求的难题，一种在货格内搬运托盘货物的梭式小车应运而生，与垂直提升设备配合使用，可以弥补堆垛机作业能力不足的缺陷，为自动化立体存储提供了另外一种技术选择。随着国内企业生产和销售规模的扩大，企业为提高自身竞争力，开始建立和整合供应链，自动化物流配送中心逐渐被企业认可和使用。

〔撰稿人：中国重型机械工业协会物流与仓储机械分会祁庆民　审稿人：中国重型机械工业协会肖立群〕

机械式停车设备

2009年，机械式停车设备行业经济的基本特点是：行业整体上恢复到2008年以前的高幅增长，主要经济指标均呈现较大的增幅，除出口额增幅低于上年外，其余指标增幅均超过30%。绝大多数生产企业的国内车库项目数量、安装车位数、企业销售额和出口额都大大超过2008年水平。国内已建机械式停车设备的城市数量继续增加。

行业基本情况 2009年机械式停车设备行业主要经济指标增长情况见表1。

表1 2009年机械式停车设备行业主要经济指标增长情况

指标名称	比上年增长(%)
车库数	33.19
车位数	36.39
国内销售额	32.55
出口额	13.13
销售总额	29.97

机械式停车库地区分布情况

1. 排名前10位的省、自治区和直辖市车位情况

2009年，共有29个省、自治区和直辖市新安装了机械式停车库。车位数排名前10位的省、自治区和直辖市，其新增车位数占总数的78.1%（2008年为85.1%），其余省、自治区、直辖市新增车位占21.9%（2008年为14.9%）。2009年与2008年相比，新增加了贵州和甘肃。2009年新增车位数排名前10位的省、自治区、直辖市及占比见表2。

表2 2009年新增车位数排名前10位的省、自治区、直辖市及占比

省(自治区、直辖市)	新增车位(个)	占比(%)
浙江省	23 179	13.5
江苏省	21 529	12.6
北京市	14 598	8.5
山西省	14 107	8.2
上海市	13 810	8.1
四川省	11 493	6.7
广东省	10 784	6.3
山东省	9 418	5.5
安徽省	7 636	4.5
天津市	7 183	4.2
前10位合计	133 737	78.1
其他省、自治区、直辖市合计	37 378	21.8

2. 排名前10位的市、县、镇车位情况

2009年共有138个市、县、镇新建了机械式停车库，比上年增加47个，增长51.6%。截至2009年底，国内安装机械式停车库的城市已接近190个。2009年新增车位排名前10位的城市新增车位94 507个，占2009年新增车位数的55.2%（2008年占64.5%，2007年占72%），其他128个城市占45%。2009年新增车位排名前10位城市及占比见表3。

表3 2009年新增车位排名前10位城市及占比

城市	新增车位(个)	占比(%)
北京市	14 598	8.5
上海市	13 810	8.1
成都市	10 588	6.2
南京市	10 488	6.1
太原市	8 552	5.0

（续）

城市	新增车位(个)	占比(%)
宁波市	7 844	4.6
杭州市	7 415	4.3
合肥市	7 408	4.3
天津市	7 183	4.2
广州市	6 621	3.9
前10位市、县、镇合计	94 507	55.2
其他城市合计	76 608	44.8

整体来看，2009 年安装机械式停车库的地区和安装的车位数均较 2008 年有较大幅度增加。然而，无论是省(区)还是市镇，排名前 10 位的车位安装量所占比例有所下降，其他地区的车位安装量所占比例在提高。

机械式停车设备类别比较

1. 新增机械式停车设备类别比较

在 2009 年新安装的 8 类机械式停车设备中，升降横移类(PSH)车库占绝大多数，车位数占近九成。2009 年新增机械式停车设备分类及占比情况见表 4。

表 4　2009 年新增机械式停车设备分类及占比情况

类别	车位数(个)	占比(%)
PSH	151 998	88.83
PJS	6 764	3.95
PPY	6 241	3.65
PXD	3 460	2.02
PCS	2 193	1.28
PCX	265	0.15
PSX	142	0.08
PDX	52	0.03
合计	171 115	100.00

注：由于四舍五入，表中所占比例合计数有微小出入。

2. 国内现有机械式停车设备类别比较

在 8 类机械式停车设备中，升降横移类应用最为广泛，占机械式车库的绝大多数，其余 7 类车位数总和不足 12%。其中 PJS、PXD、PCS、PPY 4 类近年有所增加，特别是技术含量较高的 PXD、PCS、PPY 用户逐步增多，能够生产这些车库的企业也在增多，而循环类车库目前还很少，不成气候。

2009 年底我国现有机械式停车设备车位数量及占比情况见表 5。2003 ~ 2009 年新增 PSH 走势见图 1。2003 ~ 2009 年新增 PJS、PXD、PCS、PPY 走势见图 2。2003 ~ 2009 年新增 PCX、PDX、PSX 走势见图 3。

表 5　2009 年底我国现有机械式停车设备车位数量及占比情况

类别	车位数(个)	占比(%)
PSH	617 281	88.15
PJS	28 482	4.07
PPY	21 702	3.10
PXD	15 084	2.15
PCS	13 542	1.93
PCX	2 726	0.39
PDX	1 071	0.15
PSX	337	0.05
合计	700 225	100.00

注：由于四舍五入，表中所占比例合计数有微小出入。

机械式停车设备市场销售情况

1. 整体销售情况

2009 年，机械式停车设备主要生产企业的销售额达 388 139.2万元，增幅达 30%，大大超过上年。2002 ~ 2009 年机械式停车设备主要生产企业销售总额及年增长率走势见图 4。

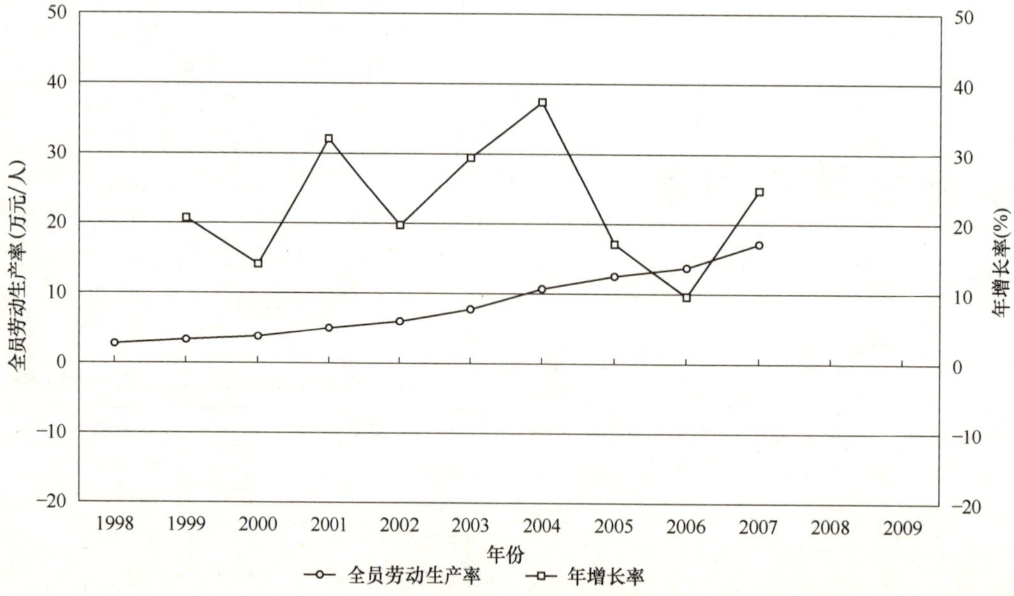

图 1　2003 ~ 2009 年新增 PSH 走势

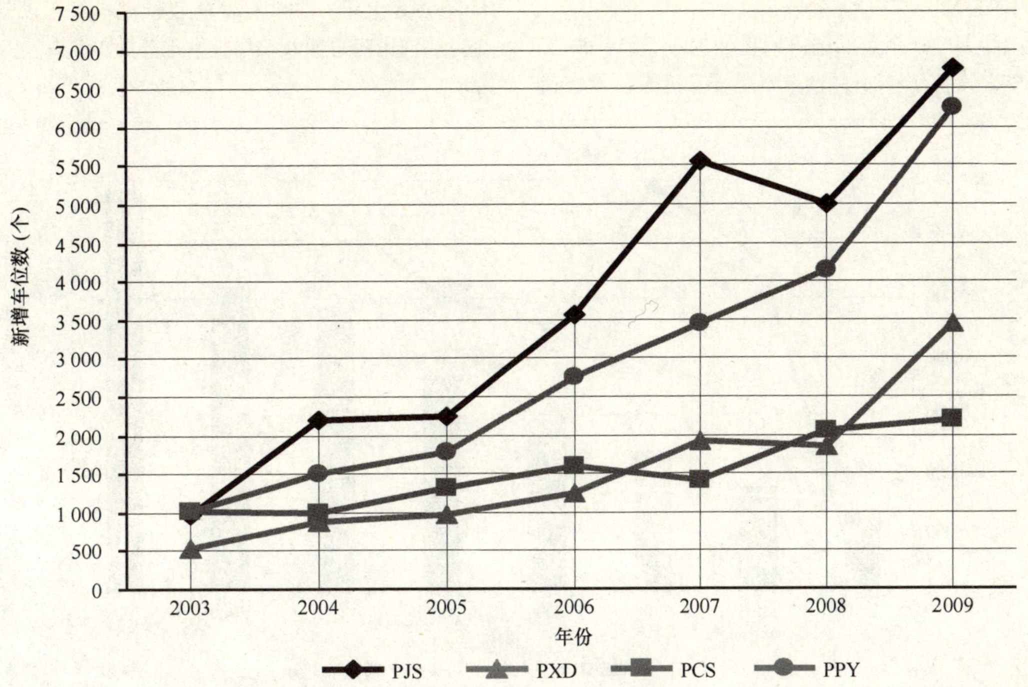

图 2　2003 ~2009 年新增 PJS、PXD、PCS、PPY 走势

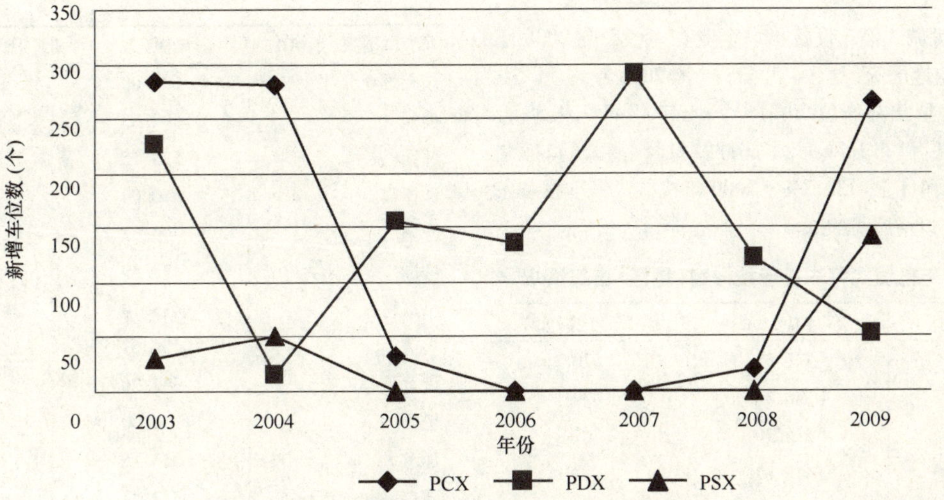

图 3　2003 ~2009 年新增 PCX、PDX、PSX 走势

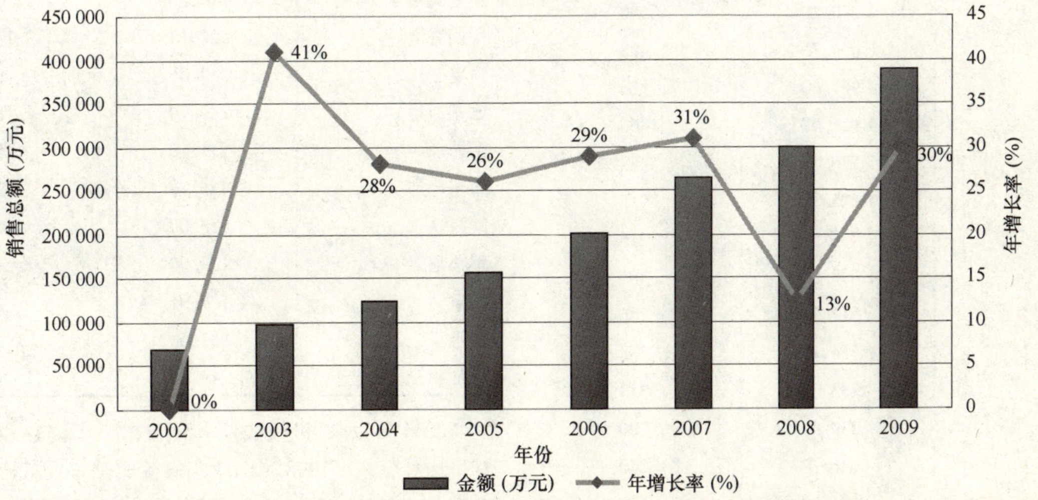

图 4　2002 ~2009 年机械式停车设备主要生产企业销售总额及年增长率走势

2. 国内销售情况

2009年，主要生产企业的国内销售额为343 219.62万元(含车库整套设备及零部件、汽车专用升降机等)，增幅达33%，远超上年。2002～2009年机械式停车设备主要生产企业国内销售总额及年增长率走势见图5。

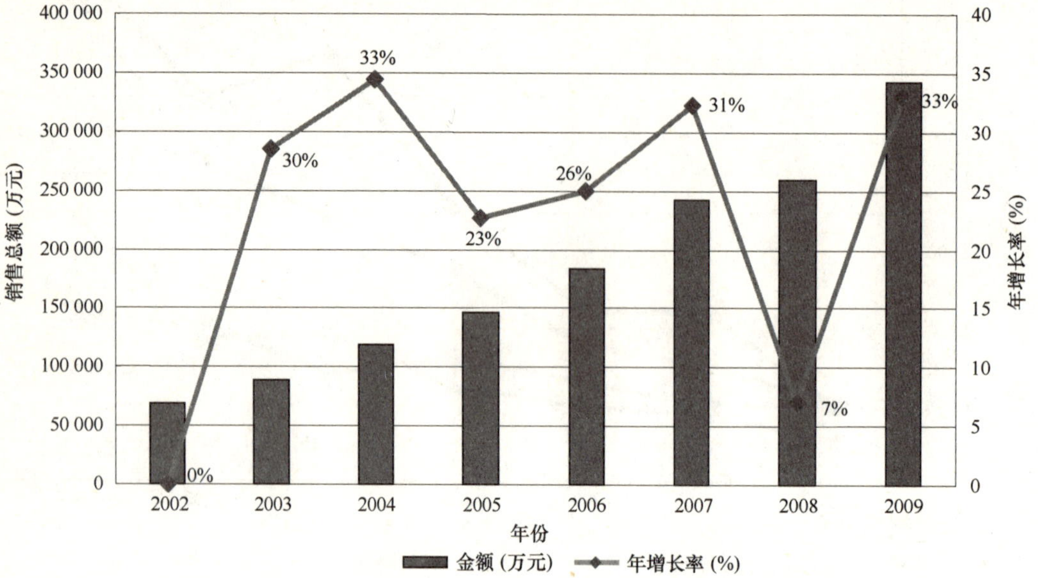

图5　2002～2009年机械式停车设备主要生产企业国内销售总额及年增长率走势

3. 出口情况

2009年，机械式停车设备出口企业有16家，与2008年相同；出口目的地国家(地区)达42个，比2008年多11个；出口项目176项，出口车位20 316个；出口额44 919.58万元(含整套设备、汽车升降机、零部件及材料等)，出口额增幅虽低于上年，但仍达13.13%。2009年机械式停车设备按国别(地区)出口情况见表6。

表6　2009年机械式停车设备按国别(地区)出口情况

出口国家(地区)	出口额(万元)	出口车位数(个)
美国	5 725.65	2 570
以色列	4 576.30	1 000
俄罗斯	4 215.50	2 707
日本	2 413.82	1 914
新西兰	2 381.30	623
罗马尼亚	2 250.20	500
墨西哥	2 034.75	428
爱尔兰	1 967.60	1 308
意大利	1 925.97	466
马来西亚	1 730.17	582
澳大利亚	1 625.98	915
西班牙	1 426.56	1 216
泰国	1 098.26	480
越南	917.58	286
印度	756.10	388
新加坡	733.60	323
白俄罗斯	730.00	200
沙特阿拉伯	636.75	200
伊朗	621.00	138

(续)

出口国家(地区)	出口额(万元)	出口车位数(个)
玻利维亚	600.00	150
英国	597.65	450
韩国	524.75	406
菲律宾	510.00	155
德国	494.63	370
法国	473.39	408
科威特	415.10	351
乌克兰	396.67	186
荷兰	362.26	292
巴西	350.00	32
加拿大	324.35	244
阿拉伯联合酋长国	313.22	133
斯洛文尼亚	270.00	60
中国香港	252.13	156
丹麦	247.85	186
巴基斯坦	212.10	86
南非	211.10	158
多米尼加	185.78	93
阿根廷	175.00	70
坦桑尼亚	150.00	50
约旦	35.91	14
瑞士	31.60	12
保加利亚	19.00	10

2004年以来，机械式停车设备出口车位数和出口额一直呈增长状态。1998～2009年机械式停车设备出口量走势见图6。2003～2009年机械式停车设备出口额走势见图7。

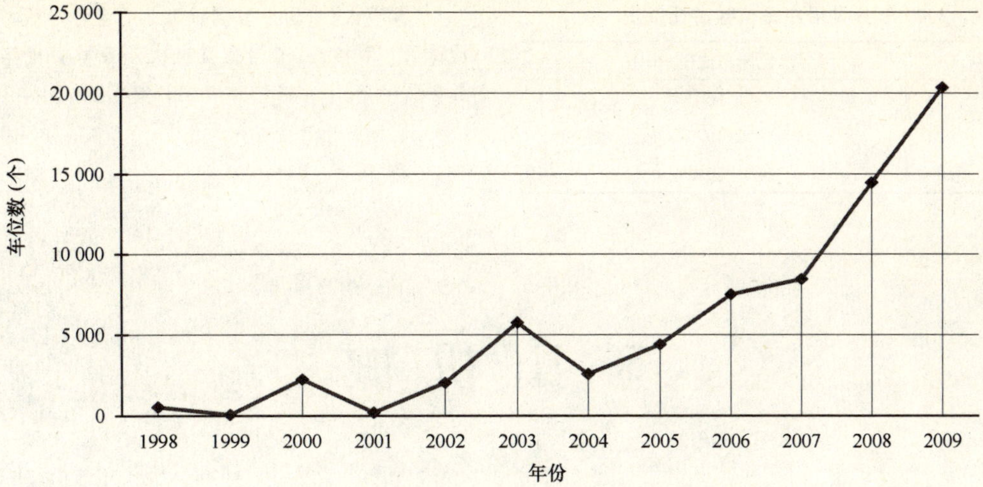

图6　1998～2009年机械式停车设备出口量走势

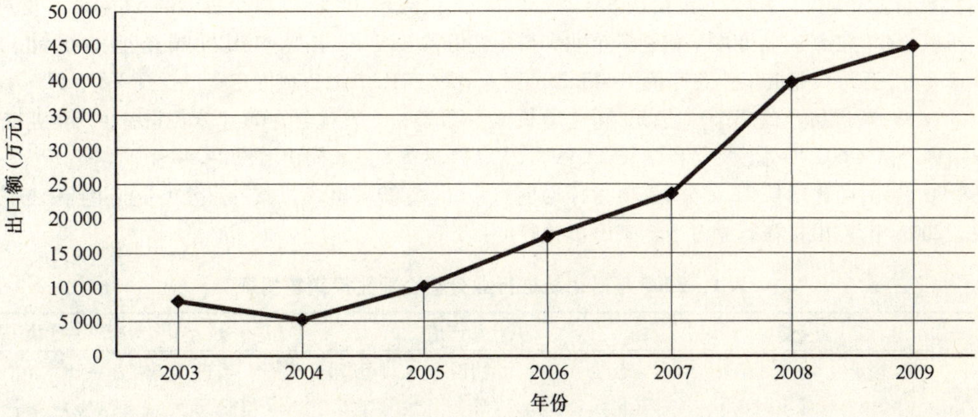

图7　2003～2009年机械式停车设备出口额走势

机械式停车设备用户比较　当前,住宅小区的车位安装量最多,增长幅度最大,始终居于高位。面向社会的公共车库和单位自用车库的车位数量还比较少,但也一直稳步增长。2004～2009年分类用户车位数走势见图8。

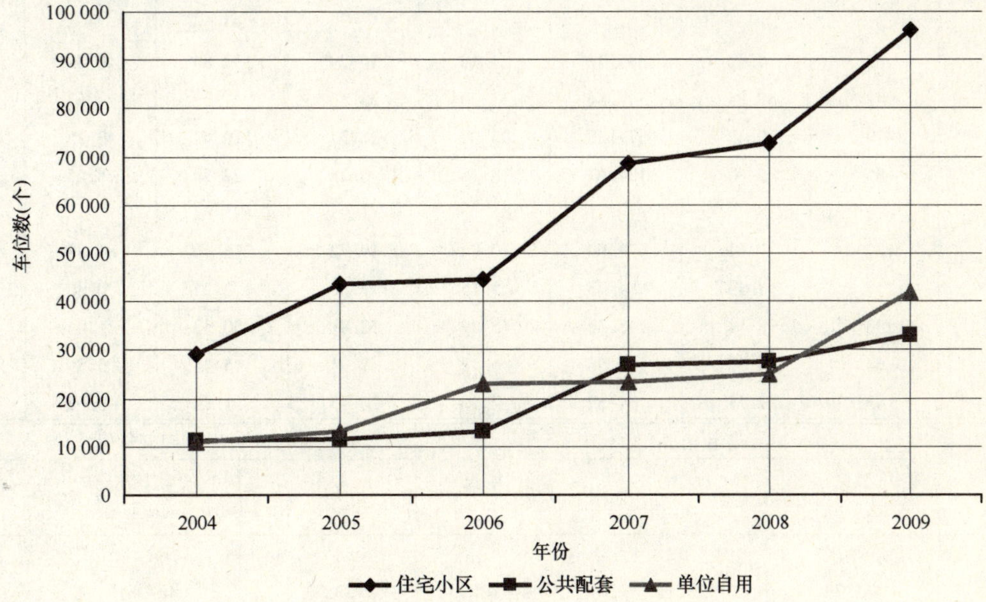

图8　2004～2009年分类用户车位数走势

表7　2009年分类用户车位数占比情况

用户类别	车位所占比例(%)
住宅小区	56
公共配套	19
单位自用	25

〔撰稿人:中国重型机械工业协会停车设备工作委员会汤保卫　审稿人:中国重型机械工业协会停车设备工作委员会明艳华〕

矿山机械

生产发展情况　按中国重型机械工业协会统计,2009年全国有矿山机械行业企业1 574个(不包括按SAC/TC88规定的属矿山机械行业的工矿有轨专用车辆制造企业和矿用自卸货车生产企业,下同),完成工业总产值1 645.25亿元,同比增长23.66%;新产品产值276.14亿元,同比增长18.96%;工业销售产值1 602.81亿元,同比增长23.99%;出口交货值68.90亿元,同比增长21.05%,各项指标均创历史最好水平。2009年,矿山机械行业占冶金矿山机械行业工业总产值的64.13%,新产品产值的49.78%,工业销售产值的65.08%,出口交货值的52.41%。据对全国主要省份的399个主要矿山机械企业的统计,共完成产量339.141 3万t;完成固定资产投资3 815 519万元,同比增长47.73%。另对全国66个水泥设备生产企业统计,完成产量76.445 8万t,同比增长24.48%。

2009年矿山机械行业分类企业生产销售情况见表1。

表1　2009年矿山机械行业分类企业生产销售情况

企业类型	企业数		工业总产值			新产品产值		
	数量(个)	占比(%)	数量(亿元)	占比(%)	同比增长(%)	数量(亿元)	占比(%)	同比增长(%)
按企业规模分								
大型企业	10	0.64	478.53	29.09	20.90	187.15	67.77	15.51
中型企业	90	5.72	351.60	21.37	17.78	67.40	24.41	24.15
小型企业	1 474	93.65	815.12	49.54	28.13	21.59	7.82	36.62
按注册类型分								
国有企业	68	4.32	385.42	23.43	15.29	112.86	40.87	8.11
私营企业	942	59.85	547.84	33.30	33.16	21.07	7.63	40.05
内资企业	479	30.43	577.38	35.09	26.37	119.42	43.25	31.12
三资企业	85	5.40	134.61	8.18	5.28	22.79	8.25	5.48
按控股类型分								
国有控股	120	7.62	672.00	40.84	19.72	226.10	81.88	16.60
集体控股	117	7.43	84.73	5.15	7.06	2.22	0.80	23.67
私人控股	1 230	78.14	748.36	45.49	32.81	30.53	11.06	45.38
三资控股	64	4.07	105.58	6.42	7.91	15.45	5.59	15.53
其他控股	43	2.73	34.57	2.10	20.45	1.85	0.67	-12.93

企业类型	工业销售产值			出口交货值		
	数量(亿元)	占比(%)	同比增长(%)	数量(亿元)	占比(%)	同比增长(%)
按企业规模分						
大型企业	461.73	28.81	20.80	33.73	48.96	74.58
中型企业	343.17	21.41	19.36	23.76	34.48	11.73
小型企业	797.90	49.78	28.07	11.40	16.55	-30.16

（续）

企业类型	工业销售产值			出口交货值		
	数量（亿元）	占比（%）	同比增长（%）	数量（亿元）	占比（%）	同比增长（%）
按注册类型分						
国有企业	370.31	23.10	16.02	30.79	44.69	114.10
私营企业	536.18	33.45	32.73	2.11	3.06	-25.16
内资企业	559.67	34.92	25.91	20.03	29.07	3.10
三资企业	136.65	8.53	9.28	15.97	23.18	-21.31
按控股类型分						
国有控股	647.18	40.38	19.39	49.14	71.32	49.97
集体控股	82.55	5.15	8.26	0.25	0.04	-76.28
私人控股	732.04	45.67	32.70	5.68	8.24	9.88
三资控股	107.68	6.72	12.36	9.39	13.63	-28.97
其他控股	33.36	2.08	24.18	4.44	6.44	-5.70

注：资料来源于中国重型机械工业协会统计简报（总第74期）。

另对全国510个建筑材料生产专用机械主要制造企业统计，其生产发展情况见表2。

表2　主要建筑材料生产专用机械制造企业生产发展情况

行业名称	企业数（个）	工业总产值（亿元）	同比增长（%）	新产品产值（亿元）	同比增长（%）	工业销售产值（亿元）	同比增长（%）	出口交货值（亿元）	同比增长（%）
建筑材料生产专用机械制造	510	390.30	34.02	25.43	93.81	374.75	33.15	9.26	-39.63

注：资料来源于中国重型机械工业协会统计简报（总第74期）。

从表1可知，就工业总产值所占比例而言，小型企业几乎是大型企业的2倍，内资企业和私营企业都大于国有企业，私人控股企业大于国有控股企业；在新产品开发方面，大型企业的开发能力大于中型和小型企业，其新产品产值是全部新产品产值的2/3，但国有企业的新产品产值却略低于内资企业，国有控股企业的新产品产值是其余控股企业新产品产值总和的4.52倍；大型企业、国有企业及国有控股企业是矿山机械出口创汇的主力军。

2009年全国主要省、直辖市矿山机械生产销售情况见表3。冶金矿山机械网员单位（行业代码3611）工业总产值前20位企业见表4。冶金矿山机械网员单位矿山机械产品产值（行业分类代码3615a）前10位企业见表5。

表3　2009年全国主要省、直辖市矿山机械生产销售情况

序号	省、直辖市	企业数（个）	工业总产值（亿元）	新产品产值（亿元）	工业销售产值（亿元）	出口交货值（亿元）	全年产量（万t）
	全国	1 574	1 645.25	276.14	1 602.81	68.90	339.141 3/399家
1	河南省	209	387.13	74.44	367.38	28.67	79.347 7/40家
2	辽宁省	217	274.85	63.13	265.88	16.21	29.340 6/66家
3	山西省	44	169.09	41.61	163.32	14.61	25.154 7/13家
4	山东省	223	157.95	5.01	154.02	2.61	38.501 5/49家
5	天津市	92	80.68	21.81	83.09	19.71	
6	河北省	79	82.03	7.93	79.15	0.60	30.328 6/37家
7	江苏省	128	66.64	0.72	65.15	1.23	14.899 3/15家
8	四川省	42	57.43	12.85	55.88	0.41	
9	上海市	34	49.62	10.72	51.32	6.37	
10	安徽省	115	48.33	2.43	47.08	0.00	
11	湖南省	61	43.26	8.73	42.39	0.47	13.220 9/28家
12	吉林省	33	32.08	1.92	30.37	0.00	

注：资料来源于中国重型机械工业协会统计简报（总第74期）。

表4　冶金矿山机械网员单位(行业代码3611)工业总产值前20位企业

序号	企业名称	工业总产值(亿元)
1	大连重工·起重集团有限公司	181.33
2	北方重工集团有限公司*	130.15
3	中国第一重型机械集团公司	126.76
4	太原重型机械集团有限公司*	114.23
5	中信重工机械股份有限公司*	105.33
6	中国第二重型机械集团公司	93.51
7	上海重型机器厂有限公司*	54.47
8	中钢集团邢台机械轧辊有限公司	23.21
9	鞍钢重型机械有限公司	20.27
10	上海建设路桥机械设备有限公司*	13.54
11	中钢集团衡阳重机有限公司*	10.44
12	北京首钢机电有限公司*	10.16
13	中钢集团西安重机有限公司	9.53
14	长沙重型机器制造有限责任公司	9.13
15	中冶陕压重工设备有限公司	8.63
16	马鞍山钢铁股份有限公司重型机械设备制造公司	7.15
17	山东山矿机械有限公司*	7.01
18	唐山冶金矿山机械厂*	6.03
19	山东华特磁电科技股份有限公司*	5.46
20	上海冶金矿山机械厂*	5.30

注:资料来源于中国重型机械工业协会统计简报(总第74期),带*企业为矿山机械行业企业。

表5　冶金矿山机械网员单位矿山机械产品产值(行业分类代码3615a)前10位企业

序号	企业名称	工业总产值(亿元)
1	北方重工集团有限公司	46.70
2	太原重型机械集团有限公司	32.22
3	中信重工机械股份有限公司	19.42
4	上海重型机器厂有限公司	10.25
5	上海建设路桥机械设备有限公司	10.19
6	山东华特磁电科技股份有限公司	5.46
7	四川矿山机器(集团)有限公司	4.31
8	中钢集团衡阳重机有限公司	1.98
9	鞍山重型矿山机器股份有限公司	1.38
10	济南重工股份有限公司	1.24

注:资料来源于中国重型机械工业协会统计简报(总第74期)。

市场与销售　2009年,我国矿山机械的国内外市场销售总额完成1 602.81亿元,是2000年99.22亿元的16.15倍,其间呈对数曲线正增长。2000～2009年矿山机械国内外销售收入走势见图1。

(1)国内市场及销售。2009年国内市场销售额约1 602.81亿元(按1美元=6.83元计,据中国重型机械工业协会《冶金矿山机械进出口年报(2009)》统计),比上年增长28.30%;国内市场占有率达96.66%,比上年略有提高。总体上讲,体现了矿山机械行业在国内市场与国外企业竞争能力的提高和国内矿山机械市场对国产矿山机械依靠度的加强。2000～2009年矿山机械国内市场供应量和国内市场占有率见表6。

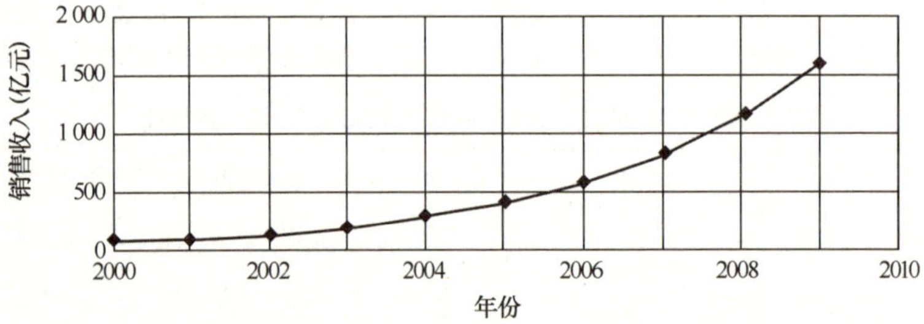

图1　2000～2009年矿山机械国内外销售收入走势

表6　2000～2009年矿山机械国内市场供应量和国内市场占有率

年份	国内市场供应量(亿元)	国内市场占有率(%)
2000	104.18	85.5
2001	117.12	74.2
2002	155.95	74.7
2003	263.49	64.1
2004	321.39	86.3
2005	426.36	91.1
2006	583.82	91.9
2007	852.22	94.0
2008	1 200.41	96.6
2009	1 541.41	96.7

(2)进出口贸易。2009年,矿山机械行业进口额、出口额、进出口总额均创下历史新高,并连续两年实现年进出口顺差。其中进口额7.08亿美元,比上年增长16.07%;出口额9.03亿美元,比上年增长124.5%;进出口总额16.11亿

美元，比上年增长12.2%；进出口顺差1.95亿元，比上年略有下降，其中洗选设备、破碎粉磨设备和矿井提升设备均实现了进出口顺差。2007～2009年矿山机械进出口情况见表7。

表7　2007～2009年矿山机械进出口情况

（单位：亿美元）

年份	出口额	进口额	进出口总额	进出口顺差
2007	4.63	7.26	11.89	-2.63
2008	4.25	6.10	10.35	-1.85
2009	9.03	7.08	16.11	1.95

科技成果及新产品　2009年矿山机械行业获奖科研项目见表8。

质量与标准

（1）行业标准化工作。按照全国矿山机械标准化技术委员会（以下简称矿机标委会）2008年度年会的要求，秘书处在2009年度内组织完成了标委会的换届工作，组成第四届矿机标委会。第四届全国矿机标委会组成方案已得到国家标准化管理委员会的批复，并于2009年11月召开了成立大会。第四届全国矿机标委会由57名委员组成，秘书处仍设在洛阳矿山机械工程设计研究院有限责任公司。

表8　2009年矿山机械行业获奖科研项目

序号	项目名称	获奖类别	获奖等级	主要完成单位
1	复杂地层特大型竖井钻机及成井工艺技术	国家科技进步奖	二等奖	中信重工机械股份有限公司、洛阳矿山机械工程设计研究院有限责任公司、华煤建设特殊工程技术有限公司、国投新集能源股份有限公司
2	QJRN—112泥水平衡盾构机	中国机械工业科学技术奖	一等奖	沈阳重型机械集团有限责任公司
3	XGYW—18筒形真空过滤永磁过滤机	中国机械工业科学技术奖	二等奖	沈阳矿山机械集团有限责任公司
4	XPG—200大型真空盘式过滤机	中国机械工业科学技术奖	二等奖	沈阳矿山机械集团有限责任公司
5	ϕ8.0m×2.8m湿式自磨机	中国机械工业科学技术奖	二等奖	中信重工机械股份有限公司、洛阳矿山机械工程设计研究院有限责任公司
6	4.3m×9.2m香蕉形直线振动筛	中国机械工业科学技术奖	二等奖	鞍山重型矿山机器股份有限公司
7	新型液固流化床粗煤泥分选机	中国机械工业科学技术奖	二等奖	晋城蓝焰煤业股份有限公司成庄矿、中国矿业大学
8	极薄煤层开关磁阻电牵引采煤机	中国机械工业科学技术奖	三等奖	中国矿业大学、新汶矿业集团有限责任公司、无锡盛达机械制造有限公司
9	ZLD—20、ZLD—30履带式电动装岩机	中国机械工业科学技术奖	三等奖	淄博大力矿山机械有限公司
10	矿用悬浮液压支柱开发及应用	中国机械工业科学技术奖	三等奖	中国矿业大学、北京科技大学、金湖小青青机电设备有限公司、重庆天巨承机械制造有限责任公司、徐州天能机电有限责任公司

1）标准复审工作。全国矿机标委会对归口的2004年以前（含2004年）批准发布的11项现行国家标准进行了复审；对归口的2003年以前（含2003年）批准发布的100项现行行业标准进行了清理，在广泛征求标准原负责起草单位意见的基础上，结合国家标准化相关政策，对这些标准的技术水平、使用情况及存在问题进行了认真分析研究，逐项提出了复审意见和结论。

2）矿山机械资源节约与综合利用国家标准的制定工作。根据国家标准化管理委员会2007～2008年国家标准项目计划，全国矿机标委会在2008～2009年完成《矿用筒式磨机　能耗指标》等7项矿山机械资源节约与综合利用国家标准的制定工作。由于这些标准项目涉及产品设计、制造和使用部门的切身利益，其研究制定工作牵涉面广，工作量大。为确保标准的科学性、合理性和可操作性，提高标准的技术水平，该7项国家标准的制定采用了标准起草工作组的形式，邀请有代表性的行业单位的专家参加标准的起草工作。2008年，已完成《锤式破碎机　锤头磨耗》国家标准的制定工作，2009年完成了余下的《矿用筒式磨机　能耗指标》等6项国家标准审查并上报。

（2）行业质量监督检验。国家矿山机械质量监督检验中心2009年9月份接受了中国合格评定国家认可委员会的实验室专项监督检查，综合评价81分。

1）质量检验。①生产许可证工作。国家矿山机械质量监督检验中心是全国工业产品生产许可证办公室授权的全国调度绞车生产许可证、斗轮堆取料机和斗式提升机生产许可证的检验机构，同时也是港口装卸机械生产许可证审查部门之一。根据全国工业产品生产许可证办公室的部署，2009年负责完成了3个企业港口装卸机械产品——斗轮堆取料机生产许可证的现场实地核查和许可证产品抽样检验工作；根据全国工业产品生产许可证办公室机械产品审查部的计划安排，组织了已申证的调度绞车生产企业进行企业实地核查，并对实地核查合格企业的样机进行了抽样检验。共完成了7个企业9次(2个企业为不合格后第二次申请)实地核查，共检验7个企业样机14台产品。②在用提升设备安全检验。受部分煤矿、金属矿的委托，按照有关标准和检验规范，国家矿山机械质量监督检验中心在2009年继续对河南省部分煤矿及安徽庐江、甘肃金川、安徽铜陵、上海梅山等矿山在用提升设备、通风机设备进行了安全性能检验，共检验提升设备产品330多台，通风机70多台，让用户可以有针对性地对安全隐患及时进行纠正整改，大大提高了设备使用的安全性。③其他委托检验。受河南省多家煤矿的委托，国家矿山机械质量监督检验中心2009年完成了样煤自燃倾向性和煤尘爆炸性鉴定工作，出具报告100多份；同时完成多家煤矿200多根钢丝绳的检验。

2)质量监督检验手段建设。2009年，国家矿山机械质量监督检验中心进一步完善试验室建设，在上级主管部门大力支持下，投入资金100多万元更新仪器设备及试验室环境建设，共购置、更新仪器设备10余台(套)，增添了大力值慢速绞车试验台、摩擦火花试验台、耐压测试仪、全数字超声探伤仪、超声流量计、活塞式压力计等检测仪器设备、检测用越野汽车，使检测手段不断完善、更新和提高。

(3)安全标志的评审与检验。

1)安全标志现场评审。2009年，国家安全生产洛阳矿山机械检测检验中心共参加各类矿用绞车、装载机械、刮板输送机等产品安全标志现场评审工作50次，其中初次评审企业14个，监督评审24个，验证评审12个；现场评审企业数为50个，产品23种。累计派出评审员50人次，均按计划进行；其中担任评审组长单位17次，共评审16个企业11类产品，合格企业16个，评审报告均按规定时间提交安全标志办公室。

2)技术审查。2009年，国家安全生产洛阳矿山机械检测检验中心共收到安全标志办公室技术审查委托书15份，共计15个生产企业，11种类型的产品，按时完成了各企业技术审查；在接到所有企业申办资料的10个工作日内提出了完整的整改意见，并在每月安全标志中心规定的时间内以电子邮件方式向安全标志办公室汇总审查进度情况。

3)产品检验。2009年，国家安全生产洛阳矿山机械检测检验中心共收到安全标志办公室委托检验任务14项，完成10项[10个企业共24台(套)样机]，其余任务因企业样机安装或调试等原因暂未进行。检验的产品分别为单绳缠绕式矿井提升机、多绳摩擦式提升机、调度绞车、回柱绞车、JTK/JTP型提升绞车、慢速绞车、地下铲运机和地下装载机等，全部检验工作均按期完成。

〔撰稿人：洛阳矿山机械工程设计研究院有限责任公司张荣宽　审稿人：洛阳矿山机械工程设计研究院有限责任公司邹声勇〕

破碎粉磨设备

生产发展情况　由美国次贷危机引发的全球金融危机继续扩散和蔓延，2009年宏观形势不断趋紧，经济环境不确定因素逐步增加。行业企业经营面临严峻的困难和挑战，突出表现是国内市场降温，订单减少；海外市场需求不足严重影响出口；国内外用户取消合同或推迟合同的现象屡见不鲜，部分企业一季度订货几乎为"零"。如何尽快扭转被动局面，摆脱困难，已成为破碎粉磨设备全行业共同面对的问题。

(1)四川矿山机器(集团)有限责任公司(以下简称四川矿机)。经受2008年"5·12"地震的严重影响，延缓和停止订货额达1.25亿元，生产出现巨大困难，造成产品积压，货款无法回笼，损失无法估量。在此重大压力下，四川矿机认真分析形势，不盲目悲观，从调整生产、销售结构入手，紧紧抓住灾后重建和国家4万亿元投资这两大机遇，抢占水泥建材、砂石生产线市场，以品牌和诚信得到用户肯定，及时扭转了被动局面。2009年产值达4.8亿元，比2008年增长167%，比2007年增长11.2%。

(2)上海建设路桥机械设备有限公司(以下简称上海建设路桥)。提出"一抓三保"措施：抓销售抢订单，保增长、保现金流、保稳定，推进了生产经营各项工作的开展。公司努力转变产品结构，抢占建材设备市场，使水泥建材设备销售额同比增长100%。

(3)北方重工集团矿山冶金设备分公司(以下简称北方重工矿冶)。面对国际金融危机和市场变化，抓好重点大项目，重视用新技术、新工艺和新材料提升传统产品水平和质量，树立"全员营销"理念，抓好用户服务，建立区域性营销网络，加大国际市场投入力度，开发了大型磨机市场，生产经营稳定发展。先后承接河北司家营ϕ5.5m和ϕ5m球磨机、北衙ϕ5m自磨机和ϕ4.3m球磨机、昆钢大红山ϕ5.5m球磨机、桐临ϕ5.5m球磨机以及印度8085球磨机等产品。

(4)山东山矿机械有限公司(以下简称山东山矿)。面对国际金融危机的影响，加大对市场形势研究，坚持"优、新、快、信"经营理念，以"求创新抓节约降成本、抓产品质量提档升级"等工作为主抓手，进一步增强了企业适应市场变化的能力。2009年产值7.01亿元，同比增长15%，利润总额1 341万元。

(5)溧阳中材重型机器有限公司(以下简称溧阳重型)抓住国家4万亿元投资推动内需及汶川灾后重建的发展契机，争先抢位自我加压，水泥建材设备市场投放量稳步增长，2009年实现产值5.40亿元，同比增长60%，利润总额4 515万元，是破碎粉磨设备行业产值增幅最大的企业。

(6)河南焦矿机器有限公司(以下简称河南焦矿)。受大环境影响,2009年产值同比下滑38.83%。为解决生产经营出现的问题,公司一方面巩固现有市场,另一方面抓住水泥建材项目投标,并继续保持与日本三菱公司长期的紧密合作关系,同时在石油焦选矿、化工领域市场有所突破,全年实现产值3.68亿元,利润504万元。

(7)南宁广发重工集团有限公司(以下简称南宁广发重工)。为满足大规格产品生产发展需要,2009年投资1.66亿元改善重型装备核心加工能力,实施了厂房扩建,购置大型数控设备,提高了设备生产能力,较好地解决了日产1 000~10 000t水泥成套装备和大型磨机的生产制造瓶颈问题。其中技改项目有:20m×50m数控龙门镗铣床、ϕ160mm数控落地镗铣床、ϕ260mm数控落地镗铣床等设备,增强了企业生产后劲,大型设备承制能力有了可靠保证。2009年实现产值4.02亿元。

(8)常熟仕名重型机械有限公司(以下简称常熟仕名)。注重抓品牌不放松,及时抓住每个市场机遇,坚持用专业化、高端化产品占领市场。2009年保证了订单的持续增长,全年产值达2.6亿元,同比增长30%;净利润1 890.26万元。

为尽快适应高产能产品市场的需求,2009年破碎粉磨设备行业各企业加大了投资力度,增加大型、高精度设备的购置,以提高生产能力。四川矿机抓住震后重建的机遇,组建了破碎机生产车间,提升了专业化生产能力,正在筹建产值达60亿元的重型装备基地,三年内将投资6 000多万元。一期建设已全面展开,重装基地建设后,将成为磨机类产品产能全国最大的企业。常熟仕名在科研开发上投入857万元,申报苏州市破碎工程技术中心,重建实验室,引进科技人才,完成了LPC20022双转子锤式破碎机、可搬式破碎系统和辊压机等产品开发制造,生产形势稳中有升。南昌矿山机械有限公司(以下简称南昌矿机)2009年产值首次突1亿元大关,作为小型矿机生产企业,连续两年共投入1 200万元用于企业内部改造,新建7 000多平方米的现代化生产车间,新增数控火焰切割机、ϕ1 000mm的数控卧式车床及起重机等设备,老设备数控化改造步伐加快,良好的生产形势,提升了企业效益,2009年产值达1.18亿元,成功地应对了国际金融风暴的冲击。

2009年,破碎粉磨设备全行业仍处于平稳发展状态,90%以上企业保持了2008年的水平。全行业大型产品、大产能产品的产值产量占比逐步扩大,新产品产值增速加快。2009年参加统计的主机生产企业合计产值达53.35亿元,其中民营企业完成总产值18.02亿元,产值超亿元的企业共有14家。2009年破碎粉磨设备行业主机产品生产企业按经济成分分类主要经济指标完成情况见表1。2009年破碎粉磨设备行业配套产品生产企业按经济成分分类主要经济指标完成情况见表2。2009年破碎粉磨设备行业部分企业主要经济指标完成情况见表3。2009年破碎粉磨设备行业工业总产值超亿元企业主要经济指标完成情况见表4。

表1 2009年破碎粉磨设备行业主机产品生产企业按经济成分分类主要经济指标完成情况 (单位:万元)

指标名称	股份制企业	私营企业	国外合资企业	国有控股企业
工业总产值(当年价)	53 960	180 217	135 384	163 986
工业增加值	5 936	36 075	12 563	28 981
产品销售收入	46 120	175 226	132 710	152 164
产品销售税金及附加	107	2 185	30	631
利润总额	4 515	5 420	333	7 371
年末固定资产原价	6 363	56 172	31 857	51 804
年末固定资产净值	5 981	31 240	25 436	23 034
流动资产合计	23 165	120 022	81 571	206 584
流动资产平均余额	20 275	101 668	83 942	196 562
流动负债合计	32 545	107 392	90 199	226 574
流动负债平均余额	25 105	99 924	96 573	214 704
所有者权益	9 445	41 721	16 492	36 556

表2 2009年破碎粉磨设备行业配套产品生产企业按经济成分分类主要经济指标完成情况

指标名称	单位	股份制企业	私营企业
工业总产值(当年价)	万元	1 653	218 663
工业增加值	万元	330	32 592
产品销售收入	万元	1 580	205 023
产品销售税金及附加	万元	12	656
利润总额	万元	-42	7 432
年末固定资产原价	万元	3 557	47 496
年末固定资产净值	万元	3 310	27 566

（续）

指标名称	单　位	股份制企业	私营企业
流动资产合计	万元	2 838	62 229
流动资产平均余额	万元	2 672	66 378
流动负债合计	万元	194	64 743
流动负债平均余额	万元	155	47 082
所有者权益	万元	3 497	47 500
全员生产劳动率	元/人	580 000	1 506 324

表3　2009年破碎粉磨设备行业部分企业主要经济指标完成情况

企业名称	工业总产值 当年价（万元）	工业总产值 比上年增长（%）	工业增加值（万元）	产品销售收入（万元）	产品销售税金及附加（万元）	年末固定资产 原价（万元）	年末固定资产 净值（万元）
山东华力电机集团股份有限公司	172 958	0	28 119	173 048	551	38 570	20 175
上海建设路桥机械设备有限公司	135 384	-7	12 563	132 710	30	31 857	25 436
北方重工集团有限公司矿山冶金设备分公司	72 225	137	5 934	64 382	104	5 683	3 840
山东山矿机械有限公司	70 123	15	16 650	70 109	243	8 965	5 438
溧阳中材重型机器有限公司	53 960	60	5 936	46 120	107	6 363	5 981
四川矿山机器(集团)有限责任公司	47 955	167	14 407	55 278	438	20 922	8 887
南宁广发重工集团有限公司	40 175	-21	9 407	28 513	65	22 816	9 491
河南焦矿机器有限公司	36 849	18	11 054	37 363	125	14 796	5 943
常熟仕名重型机械有限公司	26 006	30	7 751	24 595	102	5 775	4 513
启东市南方润滑液压设备有限公司	12 900	4	3 630	12 019	49	1 936	1 584
上海嘉庆轴承制造有限公司	12 000	-20	-3 000	5 890	7	865	771
南昌矿山机械有限公司	11 800	-6		9 100	507	1 414	1 372
河南省群英机械制造有限责任公司	11 791	-48		9 238	24	7 229	4 565
浙江省镇南精工机械有限公司	11 060	18	2 433	10 054	37	3 355	2 807
上海龙阳机械厂	9 109	15	350	8 984	11	1 475	1 233
邯郸市邯山冶金机械备件厂	8 245	-11	960	8 245	7	1 539	1 295
湖北枝江峡江矿山机械有限责任公司	8 000	25	3 000	11 000	300	9 000	6 500
浙江矿山机械有限公司	7 958	0	1 538	7 770	88	2 073	537
河北金马矿山机械集团公司	7 000	1	1 200	6 410	17	4 856	2 334
江苏鹏胜重工有限公司	6 178	14	540	5 280	473	1 387	968
淄博大通矿山机械制造有限公司	5 692	14	797	5 460	243	910	723
北京锋必达矿山机械有限公司	4 288	-28	848	3 434	155	2 743	1 279
广西桂林矿山机械厂	3 631	-18	-767	3 991	24	2 383	816
哈尔滨国海星轮传动有限公司	1 653	-76	330	1 580	12	3 557	3 310
章丘市东风水泥机械配件厂	1 500	13	450	1 068	5	1 231	934
海门市重型矿山机械厂	1 430	8	98	1 078		1 324	349

企业名称	流动资产 合计（万元）	流动资产 平均余额（万元）	流动负债 合计（万元）	流动负债 平均余额（万元）	利润总额（万元）	所有者权益（万元）	全员劳动生产率（元/人）
山东华力电机集团股份有限公司	40 532	43 196	43 911	28 518	5 234	36 207	136 424
上海建设路桥机械设备有限公司	81 571	83 942	90 199	96 573	333	16 492	127 411
北方重工集团有限公司矿山冶金设备分公司	80 450	73 076	86 594	78 317	1 104	832	111 962
山东山矿机械有限公司	49 296	49 050	46 639	46 500	1 341	9 045	12 153
溧阳中材重型机器有限公司	23 165	20 275	32 545	25 105	4 515	9 445	791 467
四川矿山机器(集团)有限责任公司	48 293	45 511	52 168	48 850	6 319	22 914	31 606

（续）

企业名称	流动资产		流动负债		利润总额（万元）	所有者权益（万元）	全员劳动生产率（元/人）
	合计（万元）	平均余额（万元）	合计（万元）	平均余额（万元）			
南宁广发重工集团有限公司	74 677	74 957	84 790	84 012	205	13 055	42 204
河南焦矿机器有限公司	23 647	21 186	37 227	34 347	504	2 440	111 534
常熟仕名重型机械有限公司	19 009	16 571	19 523	16 735	1 890	4 383	350 000
启东市南方润滑液压设备有限公司	9 945	9 017	8 196	7 324	540	3 411	15 125
上海嘉庆轴承制造有限公司	442	4 611	4 080	4 138	181	1 060	80 000
南昌矿山机械有限公司	6 500		1 200		1 000	1 250	450 000
河南省群英机械制造有限责任公司	12 176	12 251			-377	5 705	178 381
浙江省镇南精工机械有限公司	6 274	5 412	3 777	3 234	1 307	5 304	690 000
上海龙阳机械厂	863	859	1 524	1 475	147	796	700 653
邯郸市邯山冶金机械备件厂	4 641	3 767	4 448	3 561	127	1 768	528 525
湖北枝江峡江矿山机械有限责任公司	3 000	2 500	600	600	800	12 000	250 000
浙江矿山机械有限公司	649	738	207	213	506	979	27 900
河北金马矿山机械集团公司	6 589	6 300	8 026	8 570	150	1 500	20 000
江苏鹏胜重工有限公司	8 092		3 543		897	5 594	40 000
淄博大通矿山机械制造有限公司	2 152	1 980	1 190	1 150	398	962	53 000
北京锋必达矿山机械有限公司	6 017	5 820	6 164	6 031	9	1 132	223 341
广西桂林矿山机械厂	3 164	3 018	3 022	3 525	-257	-245	109 100
哈尔滨国海星轮传动有限公司	2 838	2 672	194	155	-42	3 497	580 000
章丘市东风水泥机械配件厂	395	375	331	307	143	809	56 250
海门市重型矿山机械厂	1 040	984	1 072	1 038	45	318	125 000

表4　2009年破碎粉磨设备行业工业总产值超亿元企业主要经济指标完成情况　（单位：万元）

企业名称	工业总产值（当年价）	产品销售收入	资产总计	利润总额
山东华力电机集团股份有限公司	172 958	173 048	38 570	5 234
上海建设路桥机械设备有限公司	135 384	132 710	31 857	333
北方重工集团有限公司矿山冶金设备分公司	72 225	64 383	5 683	1 104
山东山矿机械有限公司	70 123	70 109	8 965	1 341
溧阳中材重型机器有限公司	53 960	46 120	6 363	4 515
四川矿山机器（集团）有限责任公司	47 955	55 278	20 922	6 319
南宁广发重工集团有限公司	40 175	28 513	22 816	205
河南焦矿机器有限公司	36 849	37 363	14 796	504
常熟仕名重型机械有限公司	26 006	24 595	5 775	1 890
启东市南方润滑液压设备有限公司	12 900	12 019	1 936	540
上海嘉庆轴承制造有限公司	12 000	589	865	81
南昌矿山机械有限公司	11 800	9 100	1 414	1 000
河南省群英机械制造有限责任公司	11 791	9 238	7 229	-377
浙江省镇南精工机械有限公司	11 060	10 054	3 355	1 307

市场及销售　破碎粉磨产品是各种矿产开发过程中的主要装备。2009年，我国钢产量达5.7亿t，世界排名第一，按每吨矿石2:1的粗铁粉比例计算，每年就需要150万~200万台各类破碎机运行。多年来，我国拥有的破碎粉磨设备能满足5亿t钢产量的要求，产品在寿命期内可保持正常运行，在2~3个大修期后主要零部件需要更换，5~8年内报废。按年0.5%~1%更换比例测算，每年破碎机市场投放量中有近万台用于更换报废设备，市场需求仍有增长的空间。金属矿业在稀有金属开采、冶炼方面提升速度加大，特别是在替代进口、加速国内自给方面得到加强；高产能大型化高科技含量矿用磨机市场潜在需求很大，国内生产企业的开发力度远远跟不上国内外市场的需求。当前国内破碎粉磨设备市场除拓展高速公路、高速铁路、震后重建等拉动内需项目外，其服务领域仍在不断扩大。同时低附加值、低

技术含量的破碎粉磨产品国际市场需求每年以5%速度增加，市场年总需求量超过40亿元。2009年破碎粉磨专委会参与统计的企业，其破碎粉磨设备出口交货值仅16 152.4万元，仅相当于国际市场份额的4%。综上所述，破碎粉磨设备行业仍属“朝阳产业”。就我国破碎粉磨产品的技术开发速度和高端产品生产制造水平，包括半移动式和移动式联合机组的开发，现阶段尚难满足市场发展要求。

为提高主机产品质量，保证产品的可靠性，近十年来破碎粉磨设备行业主机企业先后选定了多家配套企业，其中包括轴承、减速机、电动机、联轴器、铸铜和铸钢件、锻件等生产企业。这些配套企业针对主机质量特性，按照ISO 9000质量认证标准，为破碎粉磨设备主机企业提供配套产品，为主机企业产品开发创新提供了重要技术支撑。2009年破碎粉磨设备行业主要企业分类产品销售收入见表5。2009年破碎粉磨设备行业主要生产企业分类产品产值见表6。2009年破碎粉磨设备行业主要生产企业产品出口情况见表7。2009年破碎粉磨行业主要生产企业分国家（地区）出口情况见表8。2009年新产品新技术开发项目见表9。2009年破碎粉磨设备行业配套企业见表10。

表5　2009年破碎粉磨设备行业主要企业分类产品销售收入　　（单位：万元）

企业名称	国内销售收入	破碎机类销售收入	粉磨机类销售收入
上海建设路桥机械设备有限公司	113 147	128 049	989
北方重工集团有限公司矿山冶金设备分公司	64 383	11 619	46 016
四川矿山机器（集团）有限责任公司	55 278	2 780	34 613
山东山矿机械有限公司	52 325	2 993	5 680
溧阳中材重型机器有限公司	46 120	29 641	16 479
河南焦矿机器有限公司	32 800	1 172	31 628
南宁广发重工集团有限公司	22 611	2 276	6 600
常熟仕名重型机械有限公司	22 410	22 410	
浙江镇南精工机械有限公司	11 060	3 000	1 300
南昌矿山机械有限公司	10 696	10 696	
河南省群英机械制造有限责任公司	9 238	2 413	2 566
湖北枝江峡江矿山机械有限责任公司	9 000	9 000	
邯郸市邯山冶金机械备件厂	8 245		4 826
浙江矿山机械有限公司	6 465	6 465	
河北金马矿山机械集团公司	6 410	2 400	3 100
上海龙阳机械厂	6 289	8 984	
淄博大通矿山机械制造有限公司	5 426	5 426	
江苏鹏胜重工有限公司	4 771	4 771	
广西桂林矿山机械有限公司	3 967	693	3 274
北京锋必达矿山机械有限公司	3 434	1 262	
海门市重型矿山机械厂	1 378	1 078	
章丘市东风水泥机械配件厂	1 068		1 068

表6　2009年破碎粉磨设备行业主要生产企业分类产品产值

序号	企业及产品名称	产值（万元）	序号	企业及产品名称	产值（万元）
1	上海建设路桥机械设备有限公司			板喂、给料、输送、筛子、备件（合计）	41 575
	破碎机类	101 860		粉磨机类	845
	颚式破碎机	21 733		摆式磨粉机	845
	圆锥破碎机	503	2	北方重工集团矿山冶金设备分公司	
	反击破碎机	8 206		破碎机类	14 869
	锤式破碎机	19 492		颚式破碎机	814
	高能圆锥破碎机	5 465		圆锥破碎机	877
	辊式破碎机	120		锤式破碎机	490
	齿辊式破碎机	41		齿辊式破碎机	390
	移动式破碎机	4 725		旋回破碎机	12 297

（续）

序号	企业及产品名称	产值（万元）	序号	企业及产品名称	产值（万元）
	粉磨机类	140 055		回转窑	321
	立式磨机	3 514	7	河南焦矿机器有限公司	
	球磨机	124 530		破碎机类	3 306
	回转窑	12 012		颚式破碎机	800
3	山东山矿机械有限公司			圆锥破碎机	163
	破碎机类	5 080		反击破碎机	34
	颚式破碎机	672		锤式破碎机	4
	反击破碎机	253		高能圆锥破碎机	54
	锤式破碎机	1 611		辊式破碎机	117
	辊式破碎机	1 227		板喂、给料、输送、筛子、备件（合计）	2 134
	板喂、给料、输送、筛子、备件（合计）	1 317		粉磨机类	33 543
	粉磨机类	5 150		立式磨机	1 532
	球磨机	5 150		球磨机	711
4	溧阳中材重型机器有限公司			摆式磨粉机	1 177
	破碎机类	29 641		水泥窑	25 578
	颚式破碎机	2 977		回转窑	4 545
	反击破碎机	164	8	常熟仕名重型机械有限公司	
	锤式破碎机	13 376		破碎机类	26 006
	齿辊式破碎机	2 162		颚式破碎机	196
	板喂、给料、输送、筛子、备件（合计）	10 962		反击破碎机	620
	粉磨机类	16 479		锤式破碎机	16 838
	立式磨机	2 938		辊式破碎机	640
	辊压机	1 200		齿辊式破碎机	325
	燃烧机	471		移动式破碎机	1 181
	风机	732		板喂、给料、输送、筛子、备件（合计）	6 206
	预热器	11 138	9	南昌矿山机械有限公司	
5	四川矿山机器集团有限公司			破碎机类	10 892
	破碎机类	3 034		颚式破碎机	820
	颚式破碎机	2 743		圆锥破碎机	210
	反击破碎机	291		反击破碎机	1 050
	粉磨机类	34 612		锤式破碎机	590
	球磨机	17 070		高能圆锥破碎机	350
	回转窑	17 155		移动式破碎机	450
	冷却机	275		板喂、给料、输送、筛子、备件（合计）	7 422
	烘干机	112		粉磨机类	908
6	南宁广发重工集团有限公司			球磨机	908
	破碎机类	1 938	10	河南省群英机械制造有限责任公司	
	颚式破碎机	750		破碎机类	2 430
	圆锥破碎机	225		颚式破碎机	1 567
	反击破碎机	248		圆锥破碎机	338
	锤式破碎机	17		反击破碎机	229
	板喂、给料、输送、筛子、备件（合计）	698		锤式破碎机	19
	粉磨机类	2 399		辊式破碎机	48
	立式磨机	375		齿辊式破碎机	6
	球磨机	1 703		板喂、给料、输送、筛子、备件（合计）	223

（续）

序号	企业及产品名称	产值（万元）	序号	企业及产品名称	产值（万元）
	粉磨机类	4 654		破碎机类	2 200
	立式磨机	91		颚式破碎机	2 200
	球磨机	3 328		粉磨机类	4 200
	回转窑	1 235		球磨机	3 100
11	浙江省镇南精工机械有限公司			回转窑	1 100
	破碎机类	2 500	17	江苏鹏胜重工有限公司	
	高能圆锥破碎机	2 500		破碎机类	6 744
	粉磨机类	1 300		颚式破碎机	3 398
	水泥窑	800		反击破碎机	2 780
	回转窑	500		板喂、给料、输送、筛子、备件(合计)	566
12	上海龙阳机械厂		18	淄博大通矿山机械制造有限公司	
	破碎机类	8 984		破碎机类	5 692
	颚式破碎机	1 797		颚式破碎机	3 100
	圆锥破碎机	988		反击破碎机	380
	反击破碎机	3 054		锤式破碎机	1 560
	移动式破碎机	898		辊式破碎机	140
	板喂、给料、输送、筛子、备件(合计)	2 246		板喂、给料、输送、筛子、备件(合计)	512
13	邯郸市邯山冶金机械备件厂		19	北京锋必达矿山机械有限公司	
	粉磨机类	4 826		破碎机类	4 288
	球磨机	846		颚式破碎机	1 171
	水泥窑	2 930		圆锥破碎机	687
	回转窑	1 050		低矮破碎机	361
14	湖北枝江峡江矿山机械有限责任公司			移动式破碎机	238
	破碎机类	9 000		板喂、给料、输送、筛子、备件(合计)	1 831
	颚式破碎机	3 000	20	广西桂林矿山机械厂	
	圆锥破碎机	300		破碎机类	156
	反击破碎机	2 000		颚式破碎机	156
	锤式破碎机	2 000		粉磨机类	206
	辊式破碎机	500		摆式磨粉机	206
	齿辊式破碎机	200	21	章丘市东风水泥机械配件厂	
	板喂、给料、输送、筛子、备件(合计)	1 000		粉磨机类	1 500
15	浙江矿山机械有限公司			立式磨机	400
	破碎机类	7 958		球磨机	300
	颚式破碎机	5 398		水泥窑	500
	圆锥破碎机	471		回转窑	300
	反击破碎机	850	22	海门市重型矿山机械厂	
	锤式破碎机	352		破碎机类	1 078
	高能圆锥破碎机	63		颚式破碎机	327
	辊式破碎机	101		反击破碎机	124
	板喂、给料、输送、筛子、备件(合计)	723		辊式破碎机	406
16	河北金马矿山机械集团公司			齿辊式破碎机	221

表7　2009年破碎粉磨设备行业企业产品出口量及出口额

序号	企业名称	出口额（美元）	序号	企业名称	出口额（美元）
1	上海建设路桥机械设备有限公司	28 948 569	8	上海龙阳机械厂	1 593 882
2	北方重工集团有限公司	3 454 412	9	江苏鹏胜重工有限公司	1 450 140
3	常熟仕名重型机械有限公司	3 084 238	10	山东山矿机械有限公司	1 100 000
4	湖北枝江峡江矿山机械有限责任公司	2 941 176	11	北京锋必达矿山机械有限公司	265 100
5	浙江省镇南精工机械有限公司	2 050 000	12	南宁广发重工集团有限公司	145 000
6	南昌矿山机械有限公司	1 623 000	13	广西桂林矿山机械厂	3 676
7	浙江矿山机械有限公司	1 620 000			

表8　2009年破碎粉磨设备主要生产企业分国家（地区）出口情况

序号	企业名称及出口目的地	出口量（台）	出口额（万美元）	序号	企业名称及出口目的地	出口量（台）	出口额（万美元）
1	上海建设路桥机械设备有限公司			7	江苏鹏胜重工有限公司		
	亚洲		1 413.56		利比亚		92.36
	美洲		184.58		俄罗斯		52.65
	非洲		1 252.23	8	浙江镇南精工机械有限公司		
	欧洲		44.49		英国		90.00
2	北方重工集团有限公司				奥地利		55.00
	菲律宾		72.06		新加坡		60.00
	朝鲜		273.38	9	山东山矿机械有限公司		
3	浙江矿山机械有限公司					25	110.00
	印度尼西亚		30.00	10	常熟仕名重型机械有限公司		
	柬埔寨		40.00		阿曼	1	100.26
	安哥拉		62.00		中国台湾	2	173.31
	尼日利亚		30.00		越南	1	34.85
4	南宁广发重工集团有限公司			11	湖北枝江峡江矿山机械有限责任公司		
	印度尼西亚		10.90		利比亚		294.12
	南非		2.10	12	上海龙阳机械厂		
	越南		1.50		意大利	8	24.95
5	南昌矿山机械有限公司				安哥拉	9	28.68
	南美	8	76.80		埃塞俄比亚	5	29.53
	东南亚	22	48.90		斯里兰卡	6	20.92
	非洲	14	36.60		尼日尔	7	32.00
6	北京锋必达矿山机械有限公司				蒙古国	6	13.36
	危地马拉		3.98		菲律宾	2	1.32
	卢旺达		18.55		新加坡	4	8.64
	巴布亚新几内亚		3.45	13	广西桂林矿山机械厂		
	利比里亚		0.53		马来西亚		0.37

表9　2009年新产品新技术开发项目

项目名称	主要技术性能	获奖项目及等级	专利情况
上海建设路桥机械设备有限公司			
PCG4225烘干锤式破碎机	是一种对高湿水分、轻质工业废渣物料进行再利用处理的高效率、稳定可靠的破碎设备，重点解决了化工、生物、电力、环保等行业排放的工业废渣、粉煤灰、河道淤泥等物料难以运输、难以处理等问题。由于烘干破碎机边烘干、边破碎，在破碎过程中不断改变物体表面积，因此设备的热交换效率相当高，物料的出料水分低于1%，粒度小于1mm。 转子直径：4 200mm，转子长度：2 500mm，锤头线速度：42m/s，进料粒度：≤1 100mm，电动机功率：1 010kW，处理能力：130～160t/h	国际先进	中华人民共和国国家知识产权局专利号 ZL200620049499.6 ZL200620049043.X ZL200620049046.3 ZL200620040945.9 ZL200620049044.4

（续）

项目名称	主要技术性能	获奖项目及等级	专利情况
2PGS850 筛分式双辊破碎机	适用于石灰石、花岗岩、铁矿石、煤炭等各种物料的粗破和二破，低矮式面对机架和紧凑简单的结构，使产品整机重量比同产量破碎机轻 $^1/_2$ ~ $^1/_3$，产品具有低能耗、低噪声特点，属环保节能型产品，是移动、半移动式筛分破碎机的首选产品。 进料粒度：≤800mm，出料粒度：≤250mm，主轴转速：49r/min，轴距：850mm，电动机功率：400kW，处理能力：2 200t/h	国际先进	中华人民共和国国家知识产权局专利号 ZL200520046788.6 ZL200520045714.0 ZL200520046854.X
PYG1433 多缸液压圆锥破碎机	是一种先进的全液压破碎机，适用于破碎抗压强度300MPa的各种矿石和岩石，具有优异的破碎功能，与传统的弹簧圆锥破碎机相比其处理能力提高50%。产品优点是具有较佳的破碎频率和偏心距，使破碎产品中细粒级含量更高，小于闭口边排料口粒级的含量可达80%；采用层压破碎原理，破碎后物料呈立方体结构的百分比含量极高。 最大给料尺寸：≤280mm，排料口调整范围：26 ~ 50mm，处理能力：300 ~ 620t/h，电动机功率：315kW	国际先进，2009年10月获得建材行业科技进步奖三等奖	中华人民共和国国家知识产权局专利号 ZL200620046802.7 ZL200620046801.2 ZL200620048470.6 ZL200620047995.8 ZL200620046800.8
PGC 单辊破碎机	用于钢铁厂烧结矿的破碎，它安装在烧结机尾部，用于破碎从烧结台车上卸下来的大块烧结矿。该破碎机由传动装置、辊轴装置、箅板台车及卷扬装置、齿辊给水装置、辊轴起吊装置、密封罩等组成。装有箅板的移动台车水平放在齿辊下面，当烧结矿从烧结机尾卸到箅板上时，由于齿辊旋转借助破碎齿的剪切和挤压作用，将热烧结矿破碎，破碎后块度小于150mm。 进料粒度：≤700mm × 4 500mm × 4 500mm，出料粒度：≤150mm，处理能力：850t/h，电机功率：200kW	国际先进	
北京锋必达矿山机械有限公司			
实用新型颚式破碎机	提高破碎效率，降低运行成本		中华人民共和国国家知识产权局专利号 ZL200820109519.3
哈尔滨国海星轮传动有限公司			
轧钢机换辊车星轮减速器	该产品克服了现有技术的不足，与功能相同的同类产品相比，体积和重量减少40%	2008年中国齿轮行业科学技术进步成果奖一等奖	实用新型专利
扩大串联级星轮传动装置	该产品利用最小的体积承载更大的输出转矩，输出转矩可提高60% ~70%		实用新型专利
常熟仕名重型机械有限公司			
LPC20D22 锤式破碎机	1 200t/h	江苏省重点新产品	发明专利1项
河南焦矿机器有限公司			
高能圆锥破碎机	φ1 100mm 180 ~ 340t/h	河南省级科技鉴定、焦作市科技进步奖二等奖	
溢流型矿磨机	φ3.2m × 6.4m		
烘干原料磨机	φ3.8m × (8 + 1.5)m		
钛白粉回转窑	φ3.6m × 58m		
南宁广发重工集团有限公司			
反击式破碎机	国内先进水平		
海门市重型矿山机械厂			
PE—400 加强型颚式破碎机	破铬铁		

（续）

项目名称	主要技术性能	获奖项目及等级	专利情况
山东山矿机械有限公司			
MLT200—320 × 400—725 系列中心传动湿式脱硫球磨机	筒体直径 2.0～3.2m，筒体长度 4～7.25m，转速 19.3～23.4r/min，入料≤20mm，出料 325 目，筛余 8%～10%，传动方式：中心传动	国内领先水平	实用新型专利
PYG200 高能圆锥破碎机	矿口尺寸：204mm；最大给料粒度：173mm；排料口调整范围：19～38mm；偏心套转速：418r/min；生产能力：200～250t/h；配套电动机：Y355M－4 220kW；主机外形尺寸（长×宽×高）：2 400mm×2 000mm×2 070mm	国内领先水平	实用新型专利
超长距离大运量带式输送机	长度：≥3 000m，带速：≥3.5m/s，采用 PLC 几种控制，配备完善的综合保护、安全监测和报警装置	国际先进水平	实用新型专利
SKGD 管状带式输送机	管径：100～850mm，输送量 17～7 000t/h	国内领先水平	实用新型专利

表 10　2009 年破碎粉磨设备行业配套企业

企业名称	配套专业产品
上海嘉庆轴承制造有限公司	轴承（国产）
北京斯诺堡轴承有限公司	轴承（国外 FAG）
山东华力电机集团股份有限公司	电动机（高压、低压，防爆）
邯郸四达电机股份有限公司	中、小型电动机
哈尔滨国海星轮传动有限公司	减速机（星轮式）
湖北省荆州市巨鲸传动机械有限公司	减速机（软齿面、硬齿面）
洛阳豫跃矿冶设备有限公司	大型锻件、齿轮
定襄县佳敏机械锻造有限公司	锻件
河北省邯郸市邯山冶金机械备件厂	铸钢件、机加工
启东市南方润滑液压设备有限公司	液压件
浙江镇南精工机械有限公司	铜件
章丘市东风水泥机械配件厂	齿轮
浙江鑫隆机械制造有限公司	联轴器
朝阳华亿重工机械配件厂	铸钢件
宁波市实力矿山机械制造有限公司	联轴器、轴承座
山东华特磁电科技股份有限公司	磁铁、除铁器
淄博黑山铸钢有限公司	铸钢件
上海山姆卡特机械工业有限公司	数控切割机

科技成果及新产品　破碎粉磨设备在矿山机械产品中，属于应用范围广、需求量大的设备品种，国内市场销量也以超过 10% 的速度递增。破碎粉磨设备中部分产品与国际先进水平相比还有很大差距，国内目前处于先进水平产品的技术，大都来源于 20 世纪 80 年代中期从国外引进的。高端技术的破碎粉磨产品还是由国外企业如山特维克、美卓等公司控制，进口产品大多为大、精、尖和成套性很强的产品，如液压破碎设备、大型矿磨设备和移动、半移动破碎机组等。破碎粉磨设备行业随着企业科研开发能力的增强，自主研发的高性能产品近年来有较大的进展，最突出反映在液压圆锥破碎机的设计开发上。

（1）南昌矿山机械有限公司（以下简称南昌矿机）。过去只能生产小型球磨机、破碎机，主打产品是振动筛，2009 年开发了移动破碎站、液压圆锥破碎机和主轴式冲击破碎机，实现了制砂设备主机产品“零”的突破。

（2）上海建设路桥。2009 年完成 19 项新产品开发项目，如 PYG1413 多缸液压圆锥破碎机、2PGL950×1200 轮齿式破碎机、PFY1620V 硬岩反击式破碎机、SCBF700 冲击式制砂机、PECY600×900 肘辊液压颚式破碎机、PCG4225 烘干式破碎机等产品。为提升开发能力，公司研发了 5 项基础技术支持项目：颚式破碎机强度分析及优化设计、筛分式双辊破碎机齿冠强度分析、制砂机仿真模型、移动给料机三维仿真模型和单段锤式破碎机三维仿真模型，为产品设计开发、验证提供了保证。企业加强和完善了技术中心各项管理工作，2009 年国家“企业技术中心”通过复审。

（3）四川矿机。2009 年申报并已全部受理的国家专利 10 项，其中发明专利 1 项，外观设计专利 1 项，实用新型专利 8 项。新产品和大型产品开发进程加快，全年完成了日产 5 000t ϕ5.2m×74m 水泥设备和 ϕ4.8m×72m 新型干法回转窑，ϕ3m×32m 自返碱蒸汽煅烧炉、ϕ3.8m×13m 混料机等设备的研发。全年共开发 30 多种新产品，完善了产品标准化、模块化设计和通用部件模块化设计。

（4）北方重工矿冶。重视用新技术、新工艺和新材料提升传统产品水平。对 20 世纪 80 年代引进的一批当时国际先进水平的破碎机、磨煤机、立式水泥磨机等，在关键件、液压控制系统和高产能大型化方面，进行了有针对性的技术改进、开发，如旋回破碎机传动系统，大、小齿轮国产化，立式水泥磨机日产 5 000～10 000t 大型化开发等，保证了产品的性能指标达到了当代技术水平。2009 年完成新产品开发设计 10 项，如 MQY4370 溢流球磨机、MQY6095 溢流球磨机、MZS5566 半自磨机、MZS5025 湿式半自磨机、MZS8848 半自磨机等产品。2009 年申报并批复专利 2 项，即磨机进料循环组合密封研究、大型薄壁件特殊包装设计，申报了“MQY5585 溢流型球磨机”科技成果 1 项，同时还申报球磨机、烧结机名牌产品 2 项。

（5）常熟仕名。2009 年投入 857 万元的科研开发资金，承接了 SPYG 辊式破碎机和 KP9001 垃圾破碎机科研项目。

在2008年辊压机试制成功后，2009年实现了小批量生产，完成9台产品生产任务，铺平了中小型企业迈向大规格新产品的道路。企业申报了“苏州市破碎工程技术中心”，重新建造了实验室。

(6)山东山矿。2009年完成了15项新产品开发，完成了首台PYG200高能圆锥破碎机试制任务，开发设计了PYD900、PYB1200等6种规格的圆锥破碎机，MLT280×575脱硫磨机，移动式筛分机组，双向输送管状带式输送机。“山矿”商标2009年被评为山东省著名商标。

(7)河南焦矿。2009年重点抓了矿用磨机产品的开发，拓宽了磨机规格和应用领域，先后完成了ϕ3.2m×6.4m溢流型球磨机、ϕ3.6m×6m格子型球磨机和ϕ3.95m×(7.5+3)m大型风扫磨机、ϕ3.8m×(8+1.5)m烘干原料磨机的开发与生产制造，新技术支持了市场开发。企业开展小革新、小发明和小创造合理化建议活动，全年收集并应用742项，创造价值89万元。2009年“凯山”牌回转窑荣获“河南省优质产品”奖。

(8)哈尔滨国海星轮传动有限公司。星轮减速机是近10年来具有自主知识产权并获得国内、国外发明专利的产品，其特点是大转矩、大速比、体积小、重量轻、设备机型可塑性强，根据配套需要可以是卧式结构，也可以是立式结构。产品已推广为轮斗式挖掘机、堆取料机、钢厂热连轧机和悬挂式结构产品配套，已为中信重工机械股份有限公司、北方重工集团有限公司、中国第一重型机械集团公司、上海建设路桥、常熟仕名等企业产品配套。该企业的轧钢机换辊车星轮减速器和扩大串联星级传动装置项目，分别获得国家实用新型专利，并荣获中国齿轮行业科技进步成果奖一等奖。

(9)北京锋必达矿山机械有限公司。2009年加大了产品开发力度，开发了PE900×1200、PE500×1000颚式破碎机及硬岩反击破碎机，并开始研发圆锥破碎机。产品从小型向中、大型发展，品种从单一向多品种发展。

(10)江苏鹏盛重工有限公司。2009年研发生产了首台PYB1750弹簧圆锥破碎机，填补了多年以来的企业空白，并在此基础上，着手开发单缸液压圆锥破碎机。公司根据破碎设备市场需求，瞄准国内外技术发展动向，积极引进先进技术，完善产品规格型号，解决了2460、2470重型振动筛，PSZG2020大型强力反击式破碎机，PCF1615单段锤式破碎机和PCL900主轴冲击破碎机生产制造问题，破碎机品种得到了补充。公司还针对用户需求，对反击式破碎机腔型、振动筛联轴器的传动安装方式及板式喂料机安装方法进行了改进。

(11)南宁广发重工。2009年完成27项新产品开发计划，其中完成生产制造安装的6项，完成图样设计的4项；产品优化项目完成9项。水泥成套装备已能涵盖1 000~10 000t/d新型干法水泥生产线，回转窑在采用国内外最先进技术的基础上进行了创新，实现了自动化和信息化，设备运行率得到提高。ϕ4.2m×13m高细高产水泥磨机、双滚动轴承支承结构的ϕ4.2m×14m水泥磨机、MPS4531立式辊磨机产品开始生产，为水泥设备市场开发打开了新路。公司1300×1200单推力杆复摆颚式破碎机产品已开始样机研制。

(12)溧阳重型。2009年首次开发制造了堆取料机。PCF2025单段锤式破碎机、ϕ80m圆堆取料机、辊压机和立式水泥磨机。这些产品的开发成功，已成为公司新的经济增长点。

(13)山东华力电机集团公司(以下简称山东华力)。拥有华力荣成工业区、华力苏州工业区和华力荣成工业新区3个生产基地，是破碎粉磨设备行业专有电机的供货商。2009年根据国内、外市场变化，及时调整经营策略，不断加大技术创新和技术改造力度，推动电机产品向环保节能和更新换代方向发展，同时还在风力发电、冷冻机专用电动机，地铁专用电动机，电动机车专用电动机及大型高压防爆电动机等高端领域加大了投资、研发和生产制造力度。

产品质量情况 受国际金融危机的影响，破碎粉磨设备行业企业面对营销工作受到的巨大冲击，充分认识到质量工作的重要性。把质量目标与企业生存联系在一起，通过培训，提高了员工质量意识。

(1)上海建设路桥。2009年积极参与制定国家、行业标准共7项，即《颚式破碎机 颚板磨耗》、《复摆颚式破碎机 金属单耗》、《复摆颚式破碎机 能耗指标》、《建设用砂》和《水泥工业管磨装备》5项国家标准，《矿山机械 产品型号编制方法》、《矿山机械 安全技术条件》2项行业标准；备案4项企业标准，即《复摆式破碎机》、《硬岩反击式破碎机》、《弹簧圆锥破碎机》和《圆筒混合机》。为加强基础管理工作，企业通过以信息化建设为载体，加快信息化建设步伐，成功开发了产品数据库、工票管理系统、领料单管理系统、目标成本管理系统和仓储管理系统等。通过强化比价采购，全面控制了进货物资的质量，配套产品和零部件进厂质量有了显著提高。公司生产的大型产品、出口产品和重点主导产品，实行了监理公司验收制度，确保了产品的出厂质量。

(2)南宁广发重工。严格按ISO 9001：2000质量管理体系运行，加强对产品终端检验把关，总检、部检集中管理，统一核发公司产品出厂合格证。特别是对出口产品严把质量关，对出现的质量问题，及时分析找出原因落实质量责任；对外委托协作的任务，对质量与计划进度同步考核。

(3)南昌矿机。自2003年通过ISO 9001：2000质量管理体系认证以来，重视质量管理工作和产品质量标准的执行，振动筛产品获得“江西省名牌产品”称号。2009年修订和起草的行业标准有：《YKR型圆振动筛》、《螺旋洗砂机》、《棒条振动给料筛》、《ZKR直线振动筛》、《大型强迫同步圆振动筛》等。为提高产品质量，公司采取了一系列质量管理措施，为扩大企业知名度、打开市场奠定了基础。

(4)河南焦矿。2009年通过了ISO9000第三周期的审核换证，“凯山”牌回转窑荣获“河南省优质产品”奖。在科技队伍建设中，加强了对一线生产工人的培训和选拔，推广“科技带头人”和“首席员工”评选活动。企业质量意识深入人心，产品质量得到了全员重视。

(5)山东山矿。以质量体系的有效运行为主线，加强质量管理和质量控制。企业内部制定了《产品的外观通用技术标准》、《提高皮带机产品外观质量基本要求》等企业管理标准，经贯彻实施，产品外观质量有了明显提高。

(6)常熟仕名。2009年以产品外观质量管理为切入点，全面提升质量管理水平。针对生产、管理各个环节，开展监督和自检相结合的质量控制活动，并下发了《关于外观质量标准》、《产品质量事故处罚条例》和《产品质量事故应急预案》3个文件，使公司全员的质量意识、管理意识和管理能力有了很大的提高，出口产品整体质量得到用户好评。

(7)北方重工矿冶。2009年通过制定《公司各级人员职责和权限》管理标准，以《质量考核规定》为主线，加强了外购毛坯件质量控制，严控中间过程和进货验收程序，使产品质量进一步提高。为提高产品检验硬件水平，2009年购置了高精度检验器具，如测温仪、测厚仪、硬度计，增补了检查人员，充实了检验力量。在加强自身监督检验工作的同时，公司还对出口产品、国内重点产品和超亿元大型(成套)成品，通过招标方式聘请省、市监理公司实行监造，使产品管理有序、控制有法、质量上水平。

(8)湖北枝江峡江矿山机械有限责任公司。严格执行ISO 9001：2008国际质量管理体系认证标准，以实施名牌产品战略为目标，把质量管理活动作为公司管理工作的重中之重，生产车间实现规模化、系统化、标准化，确保产品质量合格率达到98%以上。为提高产品制造精度，公司2009年购进了CQ5280数控双立柱立式车床、T6920C/5数显落地镗铣床、3m×9m龙门刨床和CNC—5000数控切割机等设备，有效保证了产品加工精度。

(9)淄博大通矿山机械制造有限公司。始终坚持“以实力铸造品牌，以质量培育市场，以诚信发展客户”的经营管理理念。在抓产品质量和市场建设的同时，加大内部管理软环境建设，引进和借鉴先进的科学管理方法，使企业发展更具活力。公司已顺利通过ISO 9001：2000国际质量管理体系认证，产品荣获“山东省优质产品”称号。

(10)上海嘉庆轴承制造有限公司。为满足破碎粉磨设备行业对轴承配套产品的质量要求，对原来CA系列产品进行了更新，对轴承内部结构技术参数进行了优化设计，调整了生产制造工艺，在设计上吸收SKF、FAG、NSK国外轴承公司调心滚子轴承的优点，融入到CAE产品中。轴承可靠性指标大幅度提升，满足了破碎粉磨设备对配套产品的质量要求，CAE轴承投放市场，得到用户企业的欢迎。

(11)溧阳重型。2009年为满足市场所需产品的质量要求，认真贯彻《质量管理实施细则》，注意解决铆焊件手工切割质量低、机械加工件有飞边毛刺和外观锈蚀等问题。对质量控制文件进行了充实和更新，结合制造工艺编制检验控制程序文件，做到了对内质量管理的实用性和可操作性，产品质量有了明显提高。

2009年破碎粉磨设备行业，产品整体质量有了较大的改观，改变了过去矿山机械产品的傻、大、黑、粗等形态，国内产品市场质量评价越来越好，国外市场索赔退货现象很少出现，国外备品备件订货量不断加大。

基本建设和技术改造 随着市场需求的不断变化，产品结构调整步伐的加快，破碎粉磨设备行业企业在提高生产制造能力和提升质量水平方面，高度重视技改工作，加大了企业基本建设和技术改造力度。这在转制后的中、小民营企业中反映尤其突出，“小企业生产大产品”、“小企业生产高端产品”已是行业发展的总趋势。

(1)河南焦矿。2009年技术改造项目投资1 000余万元，除增加部分大型设备(10m立式车床、T613镗铣床)外，热锻厂增加了热处理正火炉、大齿轮淬火机床；金属结构厂新增了卷板机、龙门起重机、滚轮架；铸钢厂增添了环保除尘设备。

(2)南昌矿机。新建了7 000m^{2}现代化生产车间；购进了3.5m立式车床并进行了数控化改造，并将原有龙门刨床改造成龙门铣床；增添了火焰切割机、ϕ1 000mm数控卧式车床，埋弧焊机及起重机等设备。

(3)南宁广发重工。实施3个技术改造项目，其中提高重型装备核心加工能力的技术改造项目，Ⅰ期总投资1.66亿元，已完成基本建设，新增扩建了大型生产厂房，增加多台大型、关键数控加工设备。如购置20m×5m数控龙门铣镗床、3 200mm×120mm卷板机、160mm数控落地镗床、30t、50t起重机和部分检测设备；自制的160t起重机、260mm数控落地镗铣床已制造完成。该公司计划在2010~2011年进行整体搬迁项目建设，预计总投资约30亿元。

(4)邯郸市邯山冶金机械备件厂。为尽快提升生产能力和制造水平，2009年购进6.3m立式车床、5m铣齿机和5m立式车床等设备，同时还扩建了厂房，使建筑面积达到20万m^2；40MN水压机制造项目已累计完成2 000万元投资。该项目完成后，将可满足破碎粉磨设备行业大型锻件协作需求。

(5)湖北枝江峡江矿山机械有限责任公司。2009年进行了三期扩建，其中建成年产3 000台(套)人工制砂、破碎制粉等选矿设备，年产2 000台(套)起重设备和年产10万t水电辅助设备的生产车间和总占地面积1.3万m^{2}的钢结构厂房，建成一幢1 500m^{2}科研开发、销售中心。

(6)上海龙阳机械。2009年固定资产投资约800万元，整改扩建了冷作车间厂房，购置了数控切割机，并对各生产车间进行了翻修，增加了立式车床、卧式车床和大型钻床，生产环境有较大的改观和设备能力有较大的提高。

〔撰稿人：中国重型机械工业协会破碎粉磨设备专业委员会杨发孝　审稿人：中国重型机械工业协会破碎粉磨设备专业委员会程幸之〕

洗选设备

生产发展情况 2009年是我国矿山机械行业的大发展时期，虽然受到了国际经济危机的影响，但行业工业总产值仍迅速增长，经济效益也在不断改善。矿山机械行业企业固定资产投资力度增大，2009年达到782亿元，比2008年增长了75.49%，为洗选设备制造业带来了快速发展的机遇。

2009年，洗选设备制造行业主要企业工业总产值都有较大的增长。如北方重工集团有限公司工业总产值130.15亿元，其中矿山机械工业总产值达46.7亿元；中信重工机械股份有限公司工业总产值105.33亿元，其中矿山机械工业总产值达19.42亿元；上海建设路桥机械设备有限公司工业总产值13.54亿元，其中矿山机械工业总产值达10.19亿元，都发展较快。洗选设备行业21家企业完成工业总产值达181.645亿元。2009年洗选设备行业主要企业经济指标完成情况见表1。2009年洗选设备行业主要企业产品产量、产值及其增长情况见表2。

表1 2009年洗选设备行业主要企业经济指标完成情况

序号	企业名称	所有制	工业总产值		工业增加值（万元）	产品销售收入（万元）	产品销售税金及附加（万元）	年末固定资产	
			当年价（万元）	比上年增长（%）				原价（万元）	净值（万元）
1	北方重工集团有限公司	国有	1 301 516	5.2	252 628	1 199 402	3 383	175 017	119 146
2	河南太行振动机械股份有限公司	股份制	120 850	27.0	26 050	115 000	2 280	22 560	20 182
3	中信重工机械有限责任公司洛阳矿山机械厂	国有	72 687	239.0	13 476	71 877	480	12 505	3 628
4	抚顺隆基电磁科技有限公司	合资	61 445	36.4	19 285	40 549	2 020	26 177	29 350
5	山东华特磁电科技股份有限公司	股份制	54 616	33.8	11 250	39 375	1 705	21 167	26 250
6	河南威猛振动设备有限公司	股份制	48 850	12.0	9 800	48 547	112	16 500	12 600
7	江苏科行环境工程技术有限公司	股份制	38 513	7.2	5 466	36 216	128	16 197	14 446
8	海安县万力振动机械有限公司	股份制	15 100	15.0	8 830	14 861	105	5 433	143
9	鞍山重型矿山机器股份有限公司	股份制	14 872	12.7	3 476	14 872	106	5 518	4 098
10	淮北矿山机器制造有限公司	股份制	12 470	26.0	4 800	9 507	76	2 056	1 260
11	河南群英机械制造有限责任公司	股份制	11 791	-48.3	0	9 238	24	7 229	4 565
12	浙江镇南精工机械有限公司	民营	10 275	25.0	2 018	10 054	37	3 355	2 807
13	镇江电磁设备厂有限责任公司	股份制	9 800	0.0	1 750	9 500	74	1 700	600
14	新乡市瑞丰机械设备有限公司	民营	8 337	8.5	1 038	8 337	4	618	548
15	唐山陆凯科技有限公司	民营	6 862	-5.8	1 756	5 652	48	3 387	2 668
16	柳州市远健磁力设备制造有限责任公司	民营	6 200	10.2	1 586	6 068	82	1 255	1 076
17	南昌矿山机械有限公司	民营	6 046	-24.0	0	4 952	23	2 098	1 365
18	柳州中特高压电器有限公司	股份制	5 600	20.0	900	5 200			
19	淮北市协力重型机器有限责任公司	民营	4 600	25.0	1 150	4 200	12	980	778
20	上海盾牌筛网滤器合作公司	股份制	3 450	15.0	1 210	3 570	420	896	582
21	唐山汇力科技有限公司	民营	2 570	32.0	2 191	2 075	7	261	62

序号	企业名称	所有制	流动资产		流动负债		利润总额（万元）	所有者权益（万元）	全员劳动生产率（万元/人）
			合计（万元）	平均余额（万元）	合计（万元）	平均余额（万元）			
1	北方重工集团有限公司	国有	1 209 390	1 190 265	1 144 763	1 098 074	6 578	265 041	133
2	河南太行振动机械股份有限公司	股份制	38 750	33 701	22 318	21 860	11 500	32 657	67
3	中信重工机械有限责任公司洛阳矿山机械厂	国有	27 300	31 500	27 314	28 852	3 175	3 614	111
4	抚顺隆基电磁科技有限公司	合资	28 657	27 512	28 220	20 110	7 746	26 815	82
5	山东华特磁电科技股份有限公司	股份制	25 267	23 188	26 151	17 442	6 067	22 488	81
6	河南威猛振动设备有限公司	股份制	11 600	11 350	4 920	4900	4 850	21 236	73
7	江苏科行环境工程技术有限公司	股份制	14 399	11 913	9 948	9298	2 373	19 799	76

（续）

序号	企业名称	所有制	流动资产		流动负债		利润总额（万元）	所有者权益（万元）	全员劳动生产率（万元/人）
			合计（万元）	平均余额（万元）	合计（万元）	平均余额（万元）			
8	海安县万力振动机械有限公司	股份制	3 990	3 832	3 017	2 890	800	1 059	57
9	鞍山重型矿山机器股份有限公司	股份制	12 670	10 241	12 754	11 733	2 447	7 728	57
10	淮北矿山机器制造有限公司	股份制	2 531	2 410	1 652	1 720	1 132	2 145	47
11	河南群英机械制造有限责任公司	股份制	12 176	12 251			-377	5 705	18
12	浙江镇南精工机械有限公司	民营	6 274	5 412	3 778	3 234	1 307	5 304	67
13	镇江电磁设备厂有限责任公司	股份制	3 950	3 860	2 940	2 820	238	3 200	65
14	新乡市瑞丰机械设备有限公司	民营	4 212	4 212	1 724	1 724	5 044	3 484	4
15	唐山陆凯科技有限公司	民营	5 136	5 102	7 590	7 623	416	3 281	9
16	柳州市远健磁力设备制造有限责任公司	民营	1 057	1 247	1 330	1 201	405	953	17
17	南昌矿山机械有限公司	民营	4 379	4 378			54	1 600	34
18	柳州中特高压电器有限公司	股份制							
19	淮北市协力重型机器有限责任公司	民营	2 128		1 796		412	1 618	
20	上海盾牌筛网滤器合作公司	股份制	1 733	1 710	705	731	810	1 628	10
21	唐山汇力科技有限公司	民营	3 456	2 627	2 401	2 049	57	1 055	27

表 2　2009 年洗选设备行业主要企业产品产量、产值及其增长情况

序号	企业及产品名称	产　量（台）	产　值（万元）	产值比上年增长（%）
1	北方重工集团有限公司			
	分级机械	152	4 430	
	重选机械	36	576	
	浮选机械	285	5 927	
	磁选机械	310	5 674	
	浓缩机械	84	4 016	
	过滤机械	196	7 256	
	筛分机械	17	536	
	其他	196	29 639	
2	抚顺隆基电磁科技有限公司			
	磁选机械	2 345	28 956	87.9
	除铁器	2 758	22 395	29.6
	起重电磁永磁铁	702	4 682	11.6
	其他	986	5 412	12.5
3	江苏科行环境工程技术有限公司			
	分级机械	213	28 000	8.0
4	淮北矿山机器制造有限公司			
	浮选机械	30	2 000	22.0
	浓缩机械	195	10 170	35.0
	筛分机械	11	300	2.0
5	新乡市瑞丰机械设备有限公司			
	筛分机械	490	8 337	8.5
6	南昌矿山机械有限公司			
	分级机械	189	283	302.0
	筛分机械	3 204	4 806	-14.0
	其他	760	1 140	-22.0

（续）

序号	企业及产品名称	产　量（台）	产　值（万元）	产值比上年增长（%）
7	上海盾牌筛网滤器合作公司			
	筛分机械	18	55	1.4
	其他		3 262	2.0
8	河南太行振动机械股份有限公司			
	筛分机械	7 120	12 085	30.0
9	山东华特磁电科技股份有限公司			
	分级机械	156	3 020	16.4
	重选机械	43	510	7.5
	浮选机械	20	416	25.0
	磁选机械	2 231	13 146	7.8
	浓缩机械	12	350	20.0
	过滤机械	25	161	25.0
	电磁除铁器	3 721	32 550	24.8
	起重电磁永磁铁	41	305	17.1
	筛分机械	80	317	11.5
	其他	760	3 841	35.7
10	海安县万力振动机械有限公司			
	磁选机械	4 100	2 145	11.0
	筛分机械	280	4 000	11.0
	其他	5 500	8 955	16.0
11	河南群英机械制造有限责任公司			
	分级机械	2	141	-85.2
	浓缩机械	5	32	-63.2
	筛分机械	11	72	-3.8
	其他	20	23	-88.7
12	唐山陆凯科技有限公司			
	筛分机械	333	6 862	-28.1
13	柳州中特高压电器有限公司			
	磁选机械	30	500	30.0
	电磁除铁器	550	2 000	20.0
	其他	1 500	3 100	20.0
14	唐山汇力科技有限公司			
	浮选机械	2	70	
	筛分机械	90	1 750	
15	中信重工机械有限责任公司洛阳矿山机械厂			
	过滤机械	51	8 246	-6.6
16	河南威猛振动设备有限公司			
	筛分机械	2 850	48 850	12.0
17	鞍山重型矿山机器股份有限公司			
	筛分机械	639	14 872	12.7
18	镇江电磁设备厂有限责任公司			
	磁选机械	1 800	9 800	0.0
19	柳州市远健磁力设备制造有限责任公司			
	磁选机械	354	6 200	10.0
20	淮北市协力重型机器有限责任公司			

（续）

序号	企业及产品名称	产量（台）	产值（万元）	产值比上年增长（%）
	浓缩机械	54	3 220	25.0
	筛分机械	46	690	20.0
21	北京矿冶研究总院机械研究所			
	重选机械	180	414	-30.0
	浮选机械	1 235	21 466	11.0
	磁选机械	582	5 650	3.3

出口情况 2009年洗选设备行业部分企业产品出口情况见表3。

表3 2009年洗选设备行业部分企业产品出口情况

序号	企业及产品名称	出口量（台）	出口额（万元）	序号	企业及产品名称	出口量（台）	出口额（万元）
1	北方重工集团有限公司				除铁器	3	1 219
	分级机	3	35	7	海安县万力振动机械有限公司		
	磁选机	1	11		螺旋输送机	745	830
	电磁除铁器	5	123		振动筛	20	1 400
2	河南太行振动机械股份有限公司				给料机	30	140
	振动筛	226	5 297	8	淮北矿山机器制造有限公司		
3	抚顺隆基电磁科技有限公司				浓缩机	4	280
	磁选机	644	1 274	9	镇江电磁设备厂有限责任公司		
	起重电磁铁	136	360		除铁器	165	800
	除铁器	547	720	10	新乡市瑞丰机械设备有限公司		
4	山东华特磁电科技股份有限公司				振动筛	1	15
	除铁器	164	612		电机振动给料机	2	4
	搅拌器	16	346	11	柳州中特高压电器有限公司		
5	河南威猛振动设备有限公司				除铁器	4	80
	振动筛	172	3 170	12	上海盾牌筛网滤器合作公司		
6	江苏科行环境工程技术有限公司				筛网(t)	110	38

科技成果及新产品 随着我国矿山选矿项目向大型化发展，为满足建设节能环保型矿山的需求，2009年，洗选设备行业会员单位研制开发了一大批大型的技术先进的高效节能洗选装备。如北京矿冶研究总院研制开发的KYF—200m^{3}大规格浮选机和国际上最大型的KYF—320m^{3}浮选机，使我国大型浮选机的关键制造技术和设计能力达到国际先进水平，在提高我国选矿装备水平和提高选矿厂综合经济效益方面将发挥重大作用，极大地提高了我国矿产资源利用率。KYF—320m^{3}超大型浮选机已经出口到秘鲁Toromocho铜钼矿，进入了国际市场。

北京矿冶研究总院还研制开发了1245大型永磁筒式磁选机，2009年获得中国机械工业科学技术奖一等奖；北方重工集团有限公司研制开发了GHC1545、2GHC1540特大型双筒高效永磁磁选机，XGP—200新型金属矿用盘式过滤机，NG—100大型浓缩机；抚顺隆基电磁科技有限公司研制了节能型湿式立环磁选机；山东华特磁电科技股份有限公司研制开发了低温超导电磁除铁器、淮北矿山机器制造有限公司研制了大型中心传动自动提耙浓缩机等大型设备。这些大型、高效节能型装备的研制开发，为我国洗选装备向国际先进水平迈进奠定了坚实的基础。2009年洗选设备新产品新技术开发项目见表4。

表4 2009年洗选设备新产品新技术开发项目

序号	项目名称	主要技术性能	奖项名称	完成单位
1	GYW—18筒型真空外滤式永磁过滤机	独创的双端吸气、高场强磁系、磁场和橡胶双重密封，优化设计的上置给料装置、新型过滤介质等创新技术，是世界上规格最大、结构最先进的筒式永磁过滤机。过滤面积：18m^2，生产能力：50～90t/h，滤饼水分：8%～10.6%	中国机械工业科学技术奖二等奖	北方重工集团有限公司

（续）

序号	项目名称	主要技术性能	奖项名称	完成单位
2	PG—200 大型真空盘式过滤机	设备生产能力大，效率高，振动器采用偏心块形式，维护量小，且激振力易调整，同步器不参与振动，提高双轴圆振动筛双轴同步运动的可靠性与稳定性。首次采用双轴驱动、强迫同步、圆运动、双层筛面，可使筛机处理能力加大，筛分效率提高，振动筛的智能化及监控、故障诊断装置，筛机的密封除尘系统，合理的矩形双层板梁框架结构筛框，刚性、强度好，寿命长。过滤面积：$200m^2$、滤盘直径：4 100mm，生产能力：50～80t/h，滤饼水分：18%～23%	中国机械工业科学技术奖二等奖	北方重工集团有限公司
3	炼钢余热利用振动输送机	国际先进	河南省科学技术进步奖二等奖	河南太行振动机械股份有限公司
4	立式转环感应式湿法强磁选机	强磁选机，可分选难选矿的物料	国家科技进步奖	抚顺隆基电磁科技有限公司
5	超强永磁旋流搅拌器	国际先进	中国专利奖优秀发明奖	山东华特磁电科技股份有限公司
6	循环式永磁搅拌器	国际先进	山东省科学技术发明奖二等奖	山东华特磁电科技股份有限公司
7	永磁旋转磁场干式预选机	国际先进	山东省级鉴定	山东华特磁电科技股份有限公司
8	中场强脉动卸矿回收机	国际先进	山东省级鉴定	山东华特磁电科技股份有限公司
9	砂土类移动式干选机	国内领先	山东省级鉴定	山东华特磁电科技股份有限公司
10	永磁湿式预选机	国内领先	山东省级鉴定	山东华特磁电科技股份有限公司
11	智能移动筛分机	国内领先	河南省级新产品	河南威猛振动设备有限公司
12	NXZ—53 浓缩机	国内先进	安徽省级新产品	淮北矿山机器制造有限公司
13	防爆型永磁除铁器	国内先进	江苏省级新产品	镇江电磁设备厂有限责任公司
14	固定筛		新乡市科技进步奖一等奖	新乡市瑞丰机械设备有限公司
15	杂物振动分离筛		实用新型专利证书	新乡市瑞丰机械设备有限公司
16	水冷式振动器		实用新型专利证书	新乡市瑞丰机械设备有限公司
17	自清理筛面		实用新型专利证书	新乡市瑞丰机械设备有限公司
18	电磁振动高频筛		唐山市科技进步奖二等奖	唐山陆凯科技有限公司

研发手段及投资情况 近几年，在洗选装备行业，实验室建设被广大会员企业提到一个前所未有的高度。各企业通过对高校、科研院所的参观考察，对国家产业政策的深入学习，对行业发展动态的深入分析，对各自企业发展定位的深思，纷纷制定了建设实验室、增大科研投入、实施人才强企等企业战略决策。行业研发手段和研发能力得到了快速提升。2009 年，洗选设备行业企业建成的初具规模的实验室有北方重工矿物加工工程实验室、北京矿冶研究总院矿物加工国家重点实验室、抚顺隆基辽宁省磁电技术中心、山东华特与中科院电工所合作的超导实验室等。一大批专业化、规模化、现代化实验室的诞生将为我国洗选装备产业的技术进步带来卓著成效。2009 年洗选设备行业 18 家企业固定资产投资额见表 5。

表5 2009年洗选设备行业18家企业固定资产投资额 （单位:万元）

序号	企业名称	固定资产投资总计	其中:基本建设投资	其中:技术更新改造投资
1	北方重工集团有限公司	58 226	56 246	1 980
2	河南太行振动机械股份有限公司	2 500	2 500	
3	中信重工机械有限责任公司洛阳矿山机械厂	3 527		3 527
4	抚顺隆基电磁科技有限公司	5 805	4 050	1 755
5	山东华特磁电科技股份有限公司	1 586	995	591
6	河南威猛振动设备有限公司	1 850	970	880
7	江苏科行环境工程技术有限公司	10 338	6 020	4 318
8	海安县万力振动机械有限公司	24	24	
9	淮北矿山机器制造有限公司	750	450	300
10	河南群英机械制造有限责任公司	1 168	1 168	
11	镇江电磁设备厂有限责任公司	1 200	900	300
12	唐山陆凯科技有限公司	667	320	347
13	柳州市远健磁力设备制造有限责任公司	550	370	180
14	南昌矿山机械有限公司	773	728	45
15	柳州中特高压电器有限公司	70	20	50
16	淮北市协力重型机器有限责任公司	8 000	4 000	4 000
17	上海盾牌筛网滤器合作公司	265	115	150
18	浙江镇南精工机械有限公司	1 800	800	1 000

标准工作 2009年，洗选设备专业委员会加强了行业标准的制修订工作，北方重工集团有限公司和会员单位共同修订了JB/T 9040—1999带式压滤机、JB/T 1653—1991筒型内滤真空过滤机、JB/T 3276—1999折带过滤机、JB/T 9039—1999电磁双辊强磁选机和JB/T 5502—1991浅槽型机械搅拌浮选机5项行业标准。上述标准已经完成修订任务，正在上报待批。洗选设备专业委员会还对行业产品标准进行了有效协调，如北方重工集团有限公司与抚顺隆基电磁科技有限公司合作修订的磁选机、球磨机磁性衬板、磁性材料等产品行业标准达6项；北方重工集团有限公司与淮北矿山机器制造有限公司联合对浓缩机标准进行了全面修订，并联合起草了中心传动浓缩机标准。大大提升了行业的共性技术水平，使得标准覆盖面更广，适用性更强，为行业发展作出了贡献。

存在的问题 国民经济的快速发展，对洗选设备的要求越来越高。当前我国矿山洗选设备制造企业综合实力不强，尽管一些企业加快了实验室建设步伐，加大了人才培养力度，但很多企业在科研、新产品开发和技术改造及企业管理等方面的精力和资金投入都严重不足，存在的问题也比较严重。主要表现在产品质量不稳定，全员劳动生产率低，利润低等。分析其原因，主要是国产洗选设备技术含量不高，行业技术共性基础薄弱，工艺水平落后，整体技术进步缓慢，企业管理水平差等所致。与国际先进水平相比，我国洗选设备行业的整体创新能力不强，突出表现在研发经费投入不足，缺乏优良的研发人才梯队，当前，我国大多数洗选设备企业的科研开发费用占销售额的比重仅为1%～2%，而发达国家大都在5%～8%。再加上我国生产能力供大于求，虽然目前经济发展很快，但低水平仿制，恶性竞争严重，我国洗选装备制造行业的任务任重道远。

〔撰稿人:中国重型机械工业协会洗选设备专业委员会冯朝阳 审稿人:中国重型机械工业协会洗选设备专业委员会倪日亮〕

大型铸锻件

行业发展情况 “十一五”期间，在《国务院关于加快振兴装备制造业的若干意见》、《国家重大装备自主化实施方案》、《装备制造业产业调整和振兴规划》、《装备制造业技术进步和技术改造投资方向》等一系列政策措施的指导下，作为我国重型机械和重大装备发展瓶颈和短板的大型铸锻件行业保持了快速发展。

“十一五”期间，我国重型机械大型铸锻件企业经历了深化改革、艰难转型，在激烈的市场竞争中不断发展壮大。大型铸锻件企业在推进产业结构调整、优胜劣汰、扶优扶强、转变产业增长方式方面做了大量的工作。大中型企业结合区域经济，构建具有专、精、尖特色的大型铸锻件生产厂点；特大型骨干企业联合重组，资本运作上市，瞄准国际先进企业，打造能够完成工程总承包、系统集成并且具有国际竞争力的国家队。

“十一五”期间，我国大型铸锻件行业实现了突破性的转变和史无前例的发展。经济运行方式从粗放型向效益型转变，技术进步由简单的仿制型向自主创新型转变，行业经济运行呈现又快又好的态势，带动了行业的全面发展，使我国大型铸锻件生产企业进入了良性循环的发展局面。

“十一五”期间，为了适应发展的需要和参与国际市场的竞争，我国大型铸锻件行业进行了改制和现代企业制度建设，通过重组、收购、兼并、整合优良资产等方式重新进行整合，形成了具有国际竞争力的大型铸锻件企业集团，完成了我国大型铸锻件行业的结构调整和重新布局。首先，我国两个特大型大型铸锻件生产企业中国第一重型机械集团公司和中国第二重型机械集团公司均完成了优良资源整合和资本运作，一重股份和二重股份均成功上市。上海电气重工集团公司成立，重新构建了原有的上海重型机器厂有限公司并且新成立了曲轴有限公司、核电设备有限公司，有效发挥了优良资产的作用。大连重工·起重集团有限公司依据产品设立了华锐铸钢公司、华锐风电公司、华锐曲轴公司，其中华锐铸钢公司成功上市并且运转良好。太原重型机械集团有限公司整体兼并太原矿山机器集团有限公司和榆次液压元件厂，扩大了产能，实现了优良资产的重组。沈阳重型机械集团有限责任公司和沈阳矿山机械（集团）有限公司联合组建了北方重工集团有限公司并成功收购德国维尔特控股/法国 NFM 公司，实现了世界领先的隧道掘进设备设计制造技术和国内制造能力的结合。同时，北方重工沈阳重型机械集团有限责任公司中的热加工分离组建了北方重工沈阳铸锻工业有限公司。中钢集团收购邢台机械轧辊厂重组为中钢集团邢台机械轧辊有限公司，实现了专业化的强强联合。鞍钢集团机械厂改制为鞍钢重型机械有限责任公司，下设铸钢厂和锻造厂，都取得了很好的发展。中冶京诚工程技术有限公司在营口基地设立了专门生产大型铸锻件的中冶京诚（营口）装备技术有限公司，大型铸锻件制造能力飞速提升。原天津重型机械厂被注入新的资产，重组成天重江天重工集团有限公司，盘活了资产，实现了产品和企业的良好发展。

整个行业通过技术改造、技术引进、技术创新以及合作制造等多种形式，吸收了国外大量的先进技术，并结合我国的特点开发了许多新的产品，使我国关键大型铸锻件产品从完全依赖进口到实现绝大部分国产化，并逐步形成了较为完善的大型铸锻件制造体系和生产规模，为我国的钢铁冶金、能源交通、石油化工、航空航天等多个领域的迅速发展提供了大量的产品和服务，基本满足了国民经济建设和国防建设的需要，为我国现代化建设作出了重要的贡献。

“十一五”末期的2009年，全球性的金融危机给我国重型机械大型铸锻件行业也带来了较大影响，而且这种影响还会滞后并持续一段时间。主要表现在冶金设备、造船等行业的成套产品与配套件市场严重萎缩，大型铸锻件市场需求有所放缓，造成部分大型铸锻件企业生产增速减缓。但是即便如此，整个行业仍然保持了较高的增长势头。2010年，我国的经济运行已经出现企稳回升趋势，大型铸锻件行业依赖于清洁能源设备的需求，仍然保持了良好的发展态势。

行业生产情况 “十一五”期间，我国大型铸锻件行业迎来了历史上最好的发展时期，主要大型铸锻件制造企业生产经营呈现连年不断增长的局面，仅用两年时间就完成了重型机械行业“十一五”规划的经济目标。

“十一五”期间，我国铸锻件产量以前所未有的速度增长。2006年铸钢件产量171.75万t、锻钢件产量80.28万t；2007年铸钢件产量276.74万t、锻钢件产量148.56万t；2008年铸钢件、锻钢件产量分别为445.08万t和398.95万t，同比分别增长60.83%和168.54%；到2009年，铸钢件产量已达到569.46万t，锻钢件产量达523.10万t，同比分别增长27.95%和31.12%，分别是2006年的3.3倍和6.5倍。

“十一五”期间，我国主要大型铸锻件生产企业的产值和产品产量连年不断攀升。2009年工业总产值超百亿元的生产企业有：中国第一重型机械集团公司、中国第二重型机械集团公司、中信重工机械股份有限公司、太原重型机械集团有限公司、大连重工·起重集团有限公司和北方重工集团有限公司。其他如上海电气集团上海重型机器厂有限公司、内蒙古北方重工集团、鞍钢重型机械有限责任公司和中钢集团邢台机械轧辊有限公司等生产企业的工业总产值也有相当幅度的增长。

行业装备能力和生产能力情况 “十一五”期间，我国大型铸锻件行业的装备水平和生产能力有了非常明显的提高。行业主要骨干企业都进行了大规模的技术改造和生产能力提升，以满足我国国民经济建设和国防建设的急需。先后相继建成了60t、80t、100t等高功率和超高功率电炉，100t、150t钢包精炼炉（中国第一重型机械集团公司、中国第二重型机械集团公司、中信重工机械股份有限公司）以及400吨级的电渣重熔炉（上海重型机器厂有限公司）等大型冶炼设备；建成了150MN自由锻水压机（中国第一重型机械集团公司）、160MN自由锻水压机（中国第二重型机械集团公司）、165MN自由锻油压机（上海重型机器厂有限公司），在建180MN自由锻油压机（中信重工机械股份有限公司）等大型自由锻设备。在国家大飞机建设项目的带动下，经国家批准正在建造800MN模锻液压机（中国第二重型机械集团公司），设备预计 2011 年投产。以上设备均是当前世界上最大的大型铸锻件生产设备，代表了世界上大型铸锻件的生产能力。这些设备的建设和投产，大大提升了我国大型铸锻件的生产能力和生产水平，可望彻底改变我国大型、超大型铸锻件依赖进口的局面。

“十一五”期间，我国大型铸锻件制造能力得到了大大的提升。最大的优质合金钢钢锭从“十五”末期的 260t 提升到 580t（中国第一重型机械集团公司、中国第二重型机械集团公司），仅次于日本的 600t，达到了世界顶级水平；最大的空心钢锭从“十五”末期的 68t 提升到 170t（中国第一重型机械集团公司），仅次于日本和法国的 210t，同时质量也有大幅度的提高；最大的电渣重熔钢锭从“十五”末期的 240t 提升到 400t（上海重型机器厂有限公司）；最大的不锈钢真空钢锭从“十五”末期的 58t 提升到 146t（中国第二重型机械集团公司）；优质合金钢成品锻件从“十五”末期的 150t 提升到 310t（中国第二重型机械集团公司核电半速发电机转子，中国第一重型机械集团公司核电 LP 整锻转子）；最大的铸钢件从“十五”末期的 400t 提升到 500t（中国第二重型机械集团公司 5 500mm 轧机机架；中信重工机械股份有限公司 185MN 油压机上横梁）；最大的不锈钢铸件从“十五”末期的 58t 提升到 194.5t（中国第二重型机械集团公司三峡地下厂房 700MW 机组上冠）。

通过“十一五”的技术改造，我国大型铸锻件行业具备的最大能力为：一次性生产提供 900 吨级钢液，一次性浇注单重 500 吨级及以上铸件、600 吨级优质钢锭、400 吨级及以上优质铸钢件，以及锻制 300 吨级及以上优质锻件。

行业重点生产企业的发展和技改情况 “十一五”期间，大型铸锻件行业企业都进行了持续不断的大规模技术改造，提高了自主创新能力，扩大了生产规模和生产能力，提高了生产效率，降低了生产成本，经济效益显著提高。

（1）中国第一重型机械集团公司（以下简称中国一重）。“十一五”期间，中国一重确立了“成长持续化、管理集团化、市场国际化、技术产业化”的发展战略目标，明确了企业未来发展的地域性战略布局。针对这一战略方针，中国一重提出了“7654”的具体建设目标：即到“十一五”末期，通过技术改造使中国一重成为一次可提供最大钢液量 700t，最大钢锭 600t，最大铸件 500t，最大锻件 400t 的特大型铸锻件生产企业；到 2010 年，达到年产钢液 50 万 t，年产锻件 24 万～25 万 t，年产铸钢件 6 万～7 万 t 的生产能力和生产规模。围绕地域性战略布局，在富拉尔基建成世界一流的铸锻钢基地，在大连棉花岛建成世界一流的核电、石化容器制造基地，在天津建成世界一流的成套设备研发基地。到“十一五”末期，在重大技术装备新领域的技术攻关取得重大突破，实现大型成套设备的系统集成和技术总成，并具备工程总承包的能力，以满足我国重大技术装备对大型铸锻件的需求。项目进展情况如下：

1）富拉尔基大型铸锻钢生产基地。热加工厂房和主体工艺设备已经建成并投入生产运行。按照规划设计，基地已经全面进入投产阶段，到 2010 年底完成辅助设施建设。

炼钢方面，新建的炼钢厂房和备料厂房及内部设施已经全部完工投入使用。新增 100t 电炉和 160t 精炼炉及 350t（6 台）真空铸锭室已经投入使用。

铸造方面，新增的树脂砂工艺设备正在调试。投产后中国一重的所有铸件将全部使用树脂砂造型。新建的铸钢清理厂房和 13 台热处理炉已经全部投入使用。

锻造方面，新增的主体厂房已经完工。150MN 自由锻水压机正常运行，水压机配备的 630t·m 锻造操作机完成安装调试。新增的筒节轧机已制造完成，进入安装调试阶段。新增了两台加热炉和大面积切割的除尘装置。120MN 水压机正在进行大修，新配备的 400t·m 锻造操作机正在制造之中。

热处理和机械加工方面，新建的重型热处理加工厂房和设备已投入运行，新增的大型立式侧开合炉、立式喷淬转子、大型井式炉及台车式炉均已投入使用。新增的两台承重 400t 和两台 300t 重型卧式车床已各有 1 台投入使用，新增的 24 台承重 200t 以下的卧式车床大部分投入使用，新增的镗床和龙门铣床已投入使用。新建的核电设备机械加工厂房已经建成投用，专用的 8 台立式车床和 6 台镗床已投入使用。

2）大连棉花岛新能源装备制造基地。“十一五”期间，中国一重在大连基地实施了“大型石化容器及百万千瓦级核电一回路主设备制造项目”的技术改造。该项目是中国一重“十一五”规划的一个重要投资改造项目，预计总投资 14.3 亿元，将新增销售收入 29 亿元，利润 3.6 亿元，税金 1.5 亿元。项目建设完成后，中国一重将具备年产 7 200t 为大型炼油、乙烯、PTA 等设备配套的石化容器的能力，以及 4～5 套百万千瓦级核电铸锻件的供货能力。项目计划于 2010 年投产，对加快国家大型石化装置和核电站的国产化进程将起到重要的推动作用。当前，该技改项目的关键环节——加工生产厂房已经全面进入安装阶段，新建了厂房和公用动能辅助设施，新增了大型立式车床、铣床、龙门铣床及焊接设备；核电堆内构件专用加工机床正在制造中；新增的理化检测中心已完成施工图设计和设备参数论证，计划到 2010 年底完成关键工艺设备的安装调试，到 2011 年达到设计产能。

3）天津滨海重型成套装备生产基地。中国一重“十一五”规划中一个重要项目是投资 30 亿元在天津滨海建设重型成套装备研发基地。一重天津滨海制造基地位于东丽区滨海重机工业园内，由中国一重和天津市机电工业控股公司及东丽区政府共同建设，总投入资金达到 35 亿元，占地面积 53 万 m^2（800 亩）。整体施工分三期进行，由 4 个联合厂房、厂办公大楼、综合楼和其他辅助动力设施组成，目标是主要生产重型锻压装备、重型冶金装备、重型工程矿山装备和重型环保装备。第一联合厂房（连铸辊自动化生产线），第二联合厂房（结构件下料组焊），第三联合厂房（机加和装配），第四联合车间（矿用电铲）都正在施工建设，码头和露天场地正在计划之中。到2010年底形成大型成套装备结构件的下料、组焊、机加、装配和水路运输能力。投产初期,预计年产值15亿~20亿元,年税收达到1亿元。到2012年整体工程将全部完工,预计年产值可达到100亿元,年税收达到8亿元。

(2)中国第二重型机械集团公司(以下简称中国二重)。"十一五"期间,中国二重着力推进"一个中心(成都工程研发中心)、两个基地(德阳制造基地和镇江出海口基地)"建设,大大提升了中国二重的技术能力和装备能力。

1)成都工程研发中心。成都工程研发中心的主要建设内容包含两个国家级研发平台——二重重装国家级企业技术中心和大型铸锻件数值模拟国家工程实验室。项目于2008年12月动工兴建,2010年底竣工投入使用。国家工程数值模拟实验室引入了德国阿亨大学先进的锻造模拟技术和模拟装置,已经完成安装正在调试中。中心的基础建设也已进入关键阶段,主楼结构施工已经完成,配套工程建设同步跟进。研发中心规划项目已纳入《国家汶川地震灾后工业恢复重建规划》,已批准3个项目,获中央预算内资金3.3亿元。

2)德阳制造基地。"十一五"期间,中国二重德阳制造基地进行了持续不断的大规模技术改造。围绕"第三代核电锻件国产化技术改造项目"、"大型水电铸锻件生产线建设工程"、"轴类件生产线建设工程"、"水压机改扩建工程"、"齿轮分厂扩建工程"、"重容扩建工程"以及"金结分厂扩建工程"等重大技改工程项目,完成了德阳基地建设用地征用储备,完成固定资产投资额约7亿元,完成单项工程190多项,新建并投用了以60t高功率电炉、150t钢包精炼炉、150MN自由锻水压机、17m热处理炉、中国最大的碱性酚醛树脂砂造型系统、ϕ260mm数控落地镗床以及ϕ3.2m和ϕ3m数控磨齿机等为代表的大批关键设备。"十一五"期间共新增重点设备181台,改造设备11台,施工建筑面积70 824m^2,竣工建筑面积26 925m^2,确保了铸锻联合厂房、重机分厂新装配跨、万力公司一期工程等重点项目的建设进度。经过"十一五"期间的技改,中国二重大大提升了生产能力和技术水平,已经具备可一次性冶炼800吨级优质钢液,一次性浇注单重500吨级铸件和600吨级钢锭以及锻制300吨级锻件的能力。

"十一五"期间,中国二重根据国家国防建设和国民经济建设的急需,在国家的大力支持下实施了大型模锻压机项目。项目的主要建设内容是投建世界最大的800MN模锻压机以及200MN模锻压机生产线,新增配套辅助设备和检测设备,新建大型模锻车间及清理车间和公辅设施,新增工厂面积14 850m^2,项目总投资151 700万元。项目建成后,中国二重将新增航空、电力、石化等设备大型模锻件15 000件(约13 783t)的能力,满足以大飞机为代表的国家重大项目对大型模锻件产品的需求。该项目正在紧张的建设之中。

3)江苏镇江出海口基地。2008年8月,中国二重与江苏省镇江市人民政府签订了重大技术装备制造基地投资合作协议。该项目分为三期,计划总投资80亿~85亿元,其中首期投资31亿元。"十一五"期间完成首期建设目标,将在53万m^2(800亩)土地,800m海岸线上,建设1 700吨级的重型厂房,新增大批重型机械加工设备等,新建1万t、2万t、4万t的重件码头泊位,成为长江上吊装能力最大的物流吊装码头。首期工程的建设规模为:年产重型成套产品3万t,其中核电产品1 000t,石油、化工装备2万t,加氢容器锻件产品5 000t,大型海洋设备、海水净化设备、船机、风力发电设备1 000t。核电重容厂房等各项建设工作正有序推进。

(3)上海电气重工集团(以下简称上重)。"十一五"期间,在大型铸锻件生产方面,上重完成了闵行基地热加工技术改造和大型铸锻件生产能力提升项目以及大型船用曲轴技改项目。

1)闵行基地热加工改造项目。闵行基地热加工技术改造和大型铸锻件能力提升项目是在原有80t钢包精炼炉,200t电渣重熔炉(最大电渣重熔钢锭205t)的基础上,新增100t电炉、120t钢包精炼炉、450t电渣重熔炉、500t真空室、165MN自由锻油压机(配630t·m锻造操作机)、锻造加热炉5台、锻后热处理炉10台、台车式/井式/坑式性能热处理炉13台等设备。新增工艺装备共计128台(套),冶炼、铸造、锻造、热处理及检测设备98台(套),制造能力与技术水平得到较大提升。项目总投资达13.3亿元。经过技术改造,上重实现了年产3套100万千瓦级核岛主设备的目标,达到了压力容器、蒸发器、稳压器、堆内构件、主管道等核电主锻件年产5 000t的能力。上重已经具备年产钢锭25万t,年产大型铸钢件2万t,年产大型锻钢件用钢锭18万t,年产大型锻钢件12万t,最大一次性钢液量720t,单件铸钢件最重达450t,双真空钢锭最重达600t,单件锻钢件最重350t的生产能力。

上重三项重大技术装备全面投入运行。2009年,上海重型机器厂有限公司通过4年多的艰苦努力建成的165MN自由锻造油压机、250t/630t·m锻造操作机和450t三相三摇臂双极串联电渣重熔炉全面投运。其中450t电渣炉技术改造项目,定位目标为承担由核电站等所需的百万千瓦级汽轮机低压转子锻件用电渣钢锭,以及其他大型锻件所需的电渣钢锭的生产任务。建成后,预计将新增百万千瓦级汽轮机低压转子锻件用电渣钢锭,以及其他大型锻件所需的150~450t电渣钢锭40支,总吨位达1.2万t。这三项重大技改项目的建设目标是生产第三代及二代加先进的1 000兆瓦级核电机组用大型铸锻件以及其他大型锻件,使上重生产能力和生产规模跃居国内大型铸锻件生产前列。

2)大型船用半组合曲轴国产化技改项目。"十一五"期间,上海电气船用曲轴公司完成了临港重装基地的第二期曲轴项目建设。项目总投资5.92亿元,新建厂房约24 000m^2,新增曲轴车床、曲拐立式车床等专用设备32台,新增年产200根曲轴的生产能力。

3)临港重装基地的大型核电设备建设项目。上重临港重装基地项目主要是围绕打造大型核电核岛设备制造进行规划和实施的。项目从2005年7月开始建设,到2010年结束。第一期工程总投资32.66亿元,建设项目包括5个子项目,与核电设备大型铸锻件有关的有以下两个子项目。

核岛和常规岛主设备生产能力提升项目:投资32.66亿元,2007年完工。形成承制年产两套100万千瓦级压水堆的核岛主设备(压力容器、蒸发器、稳压器等)、100万kW第三代压水堆常规岛半速机组和195MW高温气冷堆压力壳、蒸发器等关键设备的能力。

百万千瓦级核电堆内构件和控制棒驱动机构项目:投资3.65亿元,建设工期至2008年完工,形成年产4.5套堆内构件和控制棒驱动机构的能力。

(4)中信重工机械股份有限公司(以下简称中信重工)。"十一五"期间,中信重工以技术领先、大型化、重型化、数控化、节能减排为投资重点,陆续完成了"平改电"工程、重型装备制造基地建设、技术中心建设、自动化液压生产基地建设、大型铸锻件生产基地扩能建设、中小数控基地建设、重型装备铸锻件冶铸基地建设等多项重点技改项目,2006~2009年,公司累计完成投资30.4亿元。

新重机工程。中信重工"十一五"期间实施的新重机工程技术改造项目,包括重型冶铸工部、重型锻造工部、重型铸铁工部、重型加工和重型热处理工部四大工部的建设。

重型装备铸锻件冶铸工部建设项目总投资3.5亿元,2008年3月竣工投产。主要新增设备有80t电弧炉、150t钢包精炼炉(VD)炉、150t钢包精炼炉(VOD)炉等。冶炼钢液能力、大型铸件和钢锭生产能力全面提升。

重型装备铸锻件锻造工部建设项目总投资6.4亿元。新上了185MN油压机和750t·m锻造操作机、250t·m锻造操作机等主要设备。厂房建设和185MN油压机基础完工,十大铸钢件全部浇注完成,已经进入总装阶段。

重型装备铸铁工部建设项目,一期木模车间和综合办公楼已投入使用,铸铁车间厂房钢结构提前竣工,有色金属车间完成厂房基础施工。

重型加工和重型热处理工部也已经初步建成,新增大型加热炉6台,锻后热处理炉9台,双屏双工位齿轮淬火机床、ϕ2m×5m井式渗碳氮化炉等大型热处理设备以及ϕ320mm落地镗床、30m深孔钻床、重型数控龙门铣床、数控落地镗铣床、数控加工中心、数控立式车床等大型机械加工设备。大部分热处理炉和加热炉以及一批大型机加设备已投入生产。

新重机工程项目于2010年底建成投产,项目建成后中信重工将具备一次实现精炼钢液800t,最大钢锭600t,最大铸钢件500t,最大锻件400t,最大铸铁件200t的生产能力。整个项目竣工后的生产能力目标为:每年可新增大型锻件产量5万t,全部年产能达到10万t;每年新增铸件产量5 000t,全部年产能超过8万t;大型铸锻件年新增产值30亿元。

(5)大连重工·起重集团有限公司(以下简称大重)。"十一五"期间,大重完成了大型铸锻件能力建设项目、风电设备项目、曲轴项目等重大项目的技术改造。投入大量资金,完成了锻造一期、风电球铁一期、风电齿轮箱二期扩能、风电热处理车间等项目的建设和技改。新增737台先进设备,建成12万m^2厂房及6万m^2露天装备场地。

1)大连华锐铸钢公司的大型铸锻件技改项目。完成了50MN油压机的建设和安装投产,新增了一批热处理车间和设备,大大提高了锻件生产能力和热处理生产能力,到2010年底,形成年产2.5万t锻件的生产能力。

2)大连华锐曲轴公司的船用曲轴技改项目。曲轴项目技改总投资8.5亿元,由大重、中船重工等4家单位共同投资。厂区选在大重泉水制造基地西侧,占地面积6.1万m^2,建设期4年,分两期进行。产品目标定位为研制ϕ700mm以上的大缸径大型船用柴油机曲轴(大功率低速柴油机大型半组合曲轴),并达到批量生产。第一期曲轴建设项目已经完成,投资46 693万元,已经形成年产75支曲轴的生成能力。90型曲轴也已投入生产,到2010年底第一支90型曲轴即可下线。下一步目标是生产96型及更大型号的曲轴。正在进行曲轴二期工程建设,投资4亿元,计划再新增75支大型船用曲轴生产能力,2011年形成150支曲轴生产能力,型号覆盖98型和108型。这是大重的又一个增长点。

3)大连华锐风电公司的风电技改项目。风电技改项目投资8亿元,计划主要围绕增速机、偏航系统、塔架、轮毂、主框架5大产品的批量化生产进行。一期建设完成投资25 418万元,新增增速机、轮毂、主机架、控制系统和总装五条专业化生产线,形成了年产800套1.5MW风电机组的生产能力,当前已经达到了年产1 000套的生产能力。在此基础上,公司再投产8亿元实施风电二期扩能改造项目,经过改造已经达到2 000套的年生产能力。当前正在根据国家的要求,对风电设备制造进行全面规划,分三步投资百亿元建设风力发电设备齿轮箱制造基地,到2010年底实现年产风电齿轮箱2 000套,2013年年产齿轮箱3 500套,2015年年产齿轮箱5 000套的生产能力。

(6)太原重型机械集团有限公司(以下简称太重)。"十一五"期间,太重投资8亿元完成了全面的热加工能力技改工程。新增厂房面积15.55万m^2,新增关键设备260余台(套)。其中,涉及热加工的齿轮传动分公司和热处理联合厂房投入使用,增速器厂房主体竣工;特种铸造分公司搬迁改造完成,高品质特种铸件基地初具规模;40t精炼炉项目、热处理项目、锻压分公司的技改项目等已经陆续完成,大大缓解了瓶颈环节的制约,提升了制造能力。

2009年,太重与天津滨海工业园区签订了投资开发合同。太重计划总投资35亿元在天津滨海建设太重临港基地,当前项目已经进入实施阶段。

(7)北方重工沈阳重型机械集团有限责任公司(以下简称北方重工沈重)。"十一五"期间,北方重工沈重的热加工技改工程分两期完成,总投资16.98亿元。

一期工程的建设内容为:冶炼能力钢液量从年产7万t提升到12万t,最大钢锭50t,最大精炼钢液量达到170t。完善锻造厂的工艺布局和配套设施,提升锻造能力。铸件的年产量达到2.5万t,最大铸钢件达到120t,最大铸铁件达到60t。提升热处理的配套能力,热处理能力提升到年产2万t,重点提高渗碳热处理和表面热处理等高附加值产品的产能和质量。

二期技改工程建设内容为:一次性提供最大钢液量从150t提高到400t;最大铸件从90t提高到250t;最大锻件100t。二期技改产品主要瞄准精密高档航空锻件和30万kW以上发电机护环,计划实现替代进口,因此在二期的技改中新增350MN模锻压机和100MN护环压机。100MN护环压机本体采用钢丝缠绕预应力结构,大大低于传统结构的重量。框架承载载荷为100MN,主工作缸压力为250MPa,可满足护环胀形工艺要求,并且胀形过程可以实现CAM控制。护环压机投产后可实现年产护环100只,产值5 000万元,实现年创利润1 000万元。二期项目达产后计划实现炼钢能力达到年产15万t,铸件年产量达到6万t,锻件年产量由1.5万t提高到4万t。

(8)内蒙古北方重工业集团有限公司特钢厂(以下简称内蒙古北方重工特钢厂)。内蒙古北方重工特钢厂在“十一五”期间投资近4 000万元针对热加工系统实施了五大技改项目。五大技改项目为:特钢厂垂直挤压大口径厚壁无缝钢管项目以及热加工生产线扩能项目、铸钢公司2万t铸钢生产线补充项目、新增3 000支钻铤生产线改造项目、专用汽车生产线改造项目和工程机械公司煤机生产线项目。

内蒙古北方重工特钢厂垂直挤压大口径厚壁无缝钢管项目总投资8亿元,分两期建成。一期自主研发了1台360MN黑色金属垂直挤压机和1台150MN穿孔制坯挤压机。360MN黑色金属垂直挤压机是迄今世界上最大的黑色金属垂直挤压机,标志着我国大口径厚壁无缝钢管制造技术已打破国外垄断并达到世界先进水平。新增工艺设备50台(套),生产能力达到年产无缝钢管5万t。二期工程补充了部分加热和热处理及精整设备,达到年产各种无缝钢管12.5万t。

内蒙古北方重工特钢厂热加工生产线扩能改造项目新建150t高功率电炉、50t钢包精炼炉、VOD炉以及铸锭生产线,大大提升了特钢厂的产能,达到年产钢液量20万t,钢锭10万t,锻件15万t的生产能力。

内蒙古北方重工特钢厂风机主轴扩能项目在当前具备400支风机主轴生产能力的基础上,进一步扩大大型风机主轴的生产能力。整个项目建成后可以形成年产1 000支风机主轴的能力,年销售收入可以突破亿元。项目一期投资8 417万元,整个项目于2010年全面建成。

(9)中钢集团邢台冶金机械轧辊有限公司(以下简称中钢邢机)。“十一五”以来,中钢邢机投入23亿元,围绕国家级技术中心建设、热轧板带轧辊生产线扩展、冷带锻钢轧辊生产线扩展进行大规模技术改造。通过技术改造,实现了关键技术装备和工艺过程的自动化控制;围绕提升大型轧辊、大型高速钢轧辊、高合金复合铸铁轧辊和高铬轧辊产能和质量进行了大规模的技术改造,完成了大型优质轧辊生产线的建设,形成了铸钢轧辊、锻钢轧辊和离心轧辊生产线,年产量分别达到35 000t、80 000t和35 000t。新建了以30t电炉、45t钢包精炼炉(LF+VD)、90t真空室、10~20t电炉多台等为代表的大批热加工设备。特大型卧式离心机、80MN油压快锻机等120多台(套)机加、冶炼、热处理、锻造等大型现代化装备相继建成投产,已经基本完成了大型板带优质轧辊生产线的技改建设,并投产运行。其中80MN油压机建设项目是中钢邢机三大技改工程中锻造冷轧辊生产线扩建项目的重点工程,配置了世界上最先进的机电液控制系统、移动工作台、快速换砧装置和砧库,油液压直接传动,与大型全液压轨道式锻造操作机联机自动化控制,是实现自由锻生产精密化和快速化的压力加工设备。该套设备由80MN油压机体、40t/80t·m全液压轨道操作机组成,具有一次锻压最大镦粗钢锭90t、年产7万t的生产能力。

(10)鞍钢重型机械集团公司(以下简称鞍钢重机)。鞍钢重机在“十一五”期间对铸钢厂和锻造厂进行了技术改造。

铸钢厂投资6亿元完成了搬迁重建工程,新建7万m^2厂房,新增75t电炉1台、120t LF炉和VOD炉各1台、300t真空浇铸室1座、弧形连铸生产线1条,新建加热及热处理炉9座,新增及搬迁起重及其他设备共70多台(套)。各种设备已经完成了搬迁和安装,并已经投入生产。

锻造厂“十一五”期间增加了80MN自由锻水压机及配套的操作机,同时还增加了相应的加热及锻后热处理设备,大大提升了鞍钢重机的锻件生产能力。

行业新产品开发和技术进步情况 “十一五”末期,我国主要大型铸锻件生产企业的新产品开发投入均已经超过总产值的5%,保证了新产品开发和技术创新工作的开展。我国大型铸锻件行业在技术创新、新产品自主研发、产品升级换代、产品结构调整和工程成套承包等方面又取得了突破性进展,增强了国际竞争力。

当前,国内已能够成熟生产600MW亚临界机组成套大型铸锻件,正在研制和生产1 000兆瓦级火电机组大型铸锻件(中国一重、中国二重),已经能够生产600~1 000MW超临界及超超临界机组铸锻件,以超超临界高中压转子、超纯净低压转子、超临界汽缸等为代表的火电铸锻件已完成首件试制,部分产品已实现批量化制造(中国一重、中国二重);已经能够成套生产700MW水轮机组大型铸件(中国二重、大连华锐铸钢、鞍钢重机),2 000吨级加氢反应器(中国一重),5% Cr的大型轧辊(中国一重、中国二重),大型船用曲轴(上重、大重)等。

“十一五”通过技术改造和技术创新,我国大型铸锻件制造企业大大提高了创新能力,在以下重大装备方面取得了很大成绩。

在核电设备制造技术方面,中国一重、中国二重和上重已经具备了“二代加”核电设备大型铸锻件的制造能力，针对第三代核电技术要求，正在开发和研制 AP1000“第三代”核电设备大型铸锻件，现已取得突破性进展。以 CPR1000 为代表的二代加反应堆压力容器和蒸汽发生器整套锻件已经实现首台（套）制造，个别企业实现批量制造；实现了核电常规岛发电机半速转子 300 吨级锻件（净重 226.4t、锻件重量 320t、使用钢锭 560t）的首件制造等。中国一重、中国二重已经通过美国 ASME N NPT 认证和法国 RCCM 认证。

在火电设备制造技术方面，中国一重、中国二重已经具备成熟生产成套 300～600MW 亚临界火电机组大型铸锻件的能力和业绩；已经完成以超超临界高中压转子、超纯净低压转子、超临界汽缸等为代表的大型超超临界机组火电铸锻件的首件试制，部分产品已实现批量化制造（中国一重、中国二重）；已能够生产 300MW、600MW 1Mn18Cr18N 材质的护环，正在研制百万千瓦级的 1Mn18Cr18N 护环（北方重工沈重）；已经完成了大型蒸汽—燃气联合循环发电机高低压复合转子的研制，正在研制大型燃气轮机轮盘。

在水电设备制造技术方面，我国已经具备生产 70 万 kW 及以上大型水电机组成套铸锻件的制造技术和生产能力，并已成套生产了三峡大型水电机组用关键铸锻件，如水电设备大轴、上冠、下环、叶片等。

在风电设备制造技术方面，“十一五”期间，我国在技术引进的基础上通过自主创新，已经形成极大的生产能力并开发出具有自主知识产权的风电新产品。中国二重已经形成年产 1 000 套 1.5MW 以上风电增速机的生产能力；大重华锐风电已经具备年产 2 000 套 1.5MW 以上风电设备的制造能力，并已经自主开发出 3MW 海上风电设备，正在进行 5MW 海上风电设备的研究；太重制造的风电机组正在考核运行之中。

在石油化工设备方面，国内已经掌握锻焊结构的热壁加氢反应器等重型石化容器的制造技术，并具有自主研发和技术提升能力，部分关键技术已经达到国际先进水平，研制出 2.25CrlMo 加钒钢加氢反应器材料并制造了加钒钢加氢反应器成品（中国一重、中国二重）。中国一重制造的 2 040t煤制加氢反应器是目前国际上最大的加氢反应器。

在冶金设备制造技术方面，我国已经成熟生产出 Cr3、Cr4、Cr5 系列大型高铬轧辊（中国一重、中国二重、中钢邢机），并已经实现大型高铬支承辊的成熟批量化生产和工艺优化，正在研制更高铬含量的轧辊；研制了半高速钢、高速钢轧辊（中钢邢机）以及大型铸铁轧辊，生产了用于5 000mm 厚板轧机机架的 480 吨级特大型铸件（中国一重、中国二重）。以前国内不能生产的 5 000mm 轧机用特大型支承辊在“十一五”期间也取得了突破，中国一重、中国二重已经成功生产出 5 000mm 轧机用特大型支承辊，标志着我国大型铸锻件制造企业（中国一重、中国二重）已经能够独立承接和完成特大型宽厚板轧机的制造，打破了国外特大型支承辊制造的垄断局面。

在船用设备方面，经过“十一五”的技术改造和技术提升，我国已经实现大型组合式船用曲轴生产零的突破。上海电气船用曲轴有限公司和大连重工华锐曲轴公司已经生产出覆盖 50 型～90 型的大型船用曲轴，并实现了批量化生产，正在研制 96 型及更大型号的船用曲轴。

在基础技术和共性技术研究方面，我国大型铸锻件行业在“十一五”期间也取得了可喜的成果。

大型优质钢锭的研制。完成了大型优质合金钢锭重量等级的飞跃，从“十五”末期的 260t 提高到 580t。优质合金钢特大型真空钢锭用于生产 5 000mm 厚板轧机支承辊和核电一回路大型转子等世界上最大的锻件，是我国重大装备的瓶颈产品。当前在国外只有日本制钢所室兰工厂能够生产 600 吨级的特大型优质合金钢真空锭。为了解决这一关键技术，中国一重、中国二重率先进行了研究。在对冶炼工艺，钢锭锭型设计与优化，多炉钢液合浇的钢液成分、温度、浇注速度控制，特大型钢锭凝固模拟及偏析控制，耐火材料试验及优化试验，夹杂物及杂质元素控制等多项工艺研究的基础上，基本掌握了特大型钢锭的制造技术。中国二重率先研制出用于锻制 5 000mm 轧机支承辊的 450t 钢锭，以及用于锻制我国第一支 EPR1000 的百万千瓦级核电半速转子用 560t 钢锭；中国一重也研制成功用于锻制韩国现代公司 5 000mm 轧机支承辊的 459t 钢锭和用于锻制核电常规岛低压转子的 580t 钢锭。特大型钢锭的研制成功，突破了制约我国重大装备基础产品发展的瓶颈，极大地提高了我国大型铸锻件行业的生产能力和技术水平，使中国一重、中国二重成为世界上为数不多的能够生产特大钢锭和锻件的厂家。

电渣重熔钢锭从“十五”末期的 220t 提升到 400t。拥有世界上最大电渣重熔炉的上重在 220t 电渣炉的基础上研发成功 400t 电渣重熔炉，研发了与此相关的多项具有自主知识产权的技术，并成功试生产出 400t 电渣重熔钢锭，可满足核电等大型高端锻件产品的需求。

攻克百吨级空心钢锭。中国一重已经研发出 170t 空心钢锭，这对于大型筒节锻件的生产具有关键的作用。中国二重和沈阳材料科学国家（联合）实验室共同研发的 100 吨级空心钢锭制造成功，钢锭成形良好。这是国内首次采用混合气体大温差冷却技术浇铸的空心钢锭。制造时采用了计算机模拟技术，有效地减轻了宏观偏析，并在实际生产中得到了验证。

大型铸锻件的模拟技术在“十一五”期间也得到飞速发展，冶炼铸锭、锻造、铸造工艺过程的计算机模拟技术和解析技术已经得到大量的应用，大大提高了我国大型铸锻件的产品质量和产品收得率。基于大型铸锻件的模拟技术和工艺手段的提高，一些大型铸锻件产品的工艺过程和检测过程得到简化，缩短了生产周期，降低了生产成本。当前，相关国家级的大锻件模拟试验室也正在建设之中。

大型铸锻件的热处理技术针对节能减排，提高产品质量进行研究。根据产品情况采用分区加热工艺，各区的温度可单独调整以实现均匀加热，控制燃烧，缩短加热时间，节约能源。开发低氧化气氛的热处理炉,以减少产品氧化和材料损失。根据国外的经验,当前我国大型铸锻件行业也在逐步采用新型的水性淬火介质,以提高产品质量、降低能耗和减少环境污染。

大型铸锻件在线测量技术的研究,在锻造过程用于监测锻件加工过程的激光测量装置、光学传感测量装置、红外测量装置等都在研究和研制之中。

大型锻件的自动化检测系统也在研发和应用之中。针对高应力和危险产品尤其是对电站产品采用自动超声波探伤,包括机械化探头和计算机数据存储分析报告系统等技术都在进行研究中。

(1)中国一重。“十一五”期间承担了“国家高档数控机床与基础重大装备专项”中的“大型铸锻件制造工艺——大型高质量铸件的材料冶炼与成形控制技术”、“大型铸锻件制造工艺——大型铸锻焊件的加工工艺和质量控制技术”、“大型铸锻件超声波自动检测技术”三项课题,并作为合作单位参与了其他的七项课题。

“十一五”期间,中国一重大型核电机组铸锻件制造技术研究成果显著,二代加核电锻件已实现批量生产,第三代AP1000核电锻件研制取得了突破性进展,已形成稳定的生产线,具备年产5套核电压力容器的批量生产能力;常规岛低压转子研制工作正在进行中;大型先进压水堆重大专项完成了阶段性任务;完成了堆内构件制造技术试验室的研究,并开展了工业性试验;研制成功AP1000核电蒸汽发生器锥形筒体锻件。

大型火电机组铸锻件制造技术研究,具备了年产300MW以上转子240支的产能和技术,超超临界机组超纯低压转子和12% Cr转子研制成功。掌握了水电大型机组铸锻件制造技术,具备了年产5套700MW以上机组成套铸锻件的产能和技术,大型上冠、下环可批量生产。

大型轧辊、石化容器、曲轴曲拐等已可稳定批量生产。5 000mm轧机支承辊研制工作正在进行中;国内最大的管壳式大型换热容器研制成功;90型曲轴完成试制认证。中国一重研制的大型加氢反应器已经走出国门,为伊朗国家石油公司承制的加氢反应器标志着我国的大型石化容器已经走向国际化。

“十一五”期间,中国一重在天津研发中心成立了“重型技术装备国家工程研究中心实验室基地”。

在“十一五”期间,中国一重自主研制的“鞍钢1 780mm大型宽带钢冷连轧机生产线”项目和“150MN自由锻水压机”项目分别获国家科技进步奖一等奖。

(2)中国二重。“十一五”期间,中国二重的“大型铸锻件数值模拟国家工程实验室”获得国家发改委授牌,工程实验室主体之一的大型锻件模拟中心引进了德国亚琛大学大型锻件模拟软件和设备,设备已经安装完成,正在调试之中。整个工程中心的建设按计划顺利推进。

大型核电铸锻件制造技术:“十一五”期间,中国二重集中公司的核心技术力量,把核电铸锻件作为技术开发和创新的重点,进行了大量的研发工作,在核电铸锻件研制上取得了决定性的突破。围绕二代加和第三代核电铸锻件的国产化,在冶炼、锻造成形、热处理、机械加工、焊接、无损检测等方面,开展了大量试验研究工作,取得了一大批突破性的攻关成果,拥有了一批具有中国二重知识产权和诀窍的专有技术,已经可以批量制造二代加反应堆压力容器和蒸汽发生器整套锻件;已经交付和正在生产的核电设备材料涵盖CPR1000所有锻件以及研制成功的1 000MW和1 750MW核电汽缸体铸件。2010年5月,成功锻造出我国第一支EPR1000百万千瓦级核电发电机半速转子,实现了中国百万千瓦级核电转子自主化、国产化零的突破。中国二重生产的核电管板等关键零部件的质量合格率在行业内处于领先地位;2009年底率先在世界上成功完成了AP1000主管道整锻制造并通过了鉴定。产品完全符合美国西屋公司的设计技术标准,标志着我国基本掌握了第三代核电AP1000整体锻造主管道制造关键技术。中国二重正在制造我国AP1000自主化依托项目的主管道产品。“十一五”期间,中国二重自主研制的核电大锻件被国家科技部认定为“首批国家自主创新产品”(科技部《关于发布国家自主创新产品试点结果的通知》)。

大型火电机组关键铸锻件制造技术:“十一五”期间,中国二重承担了国家“十一五”科技支撑计划中的“大型火电机组关键铸锻件制造技术研究”项目等研究工作,针对超超临界火电机组对大型铸锻件国产化的迫切需求,开展了关键制造技术的研究,攻克了多项技术难关,超超临界机组用10% Cr型高中压转子、3.5% NiCrMoV超纯净低压转子、9% ~12% Cr型汽缸体及燃气—蒸汽联合循环机组用高低压复合转子、600MW以上超超临界机组用12% Cr型汽缸体和阀体铸件等产品均已成功生产并已形成批量生产能力。

700MW大型水电机组大型铸锻件研制:“十一五”期间,中国二重完成了“三峡700MW机组大型铸锻件研制”项目。通过自主研究,掌握了大型水电机组不锈钢铸件的关键技术,如大型铸件凝固过程数值模拟技术,大吨位超低碳不锈钢精炼和成分精确控制技术,大型水电铸件的内部质量和缺陷控制技术,热处理组织和高力学性能保证技术,大型叶片的形线检测技术等。完成了三峡700MW机组上冠、下环的研制,连同已经形成的水轮机叶片和电渣熔铸活动导叶的批量生产能力,完全具备了700MW及以上大型水电机组关键铸件的成套制造能力。

大型风电设备的研制:“十一五”期间,中国二重研发的1.5MW风电增速机已经形成批量生产,2.5MW风电增速机研发已经完成测试和生产。同时还研制了当前国内测试功率最大、测试效率最高的3MW风电齿轮箱实验台。

大型模锻件:“十一五”期间,中国二重在大型航空模锻件和其他大型模锻件的生产方面一直走在国内的前列。成功研发的钛合金框大型模锻件,是当前国内最大投影面积的钛合金锻件,属于典型的高筋薄腹板、截面变化巨大的模锻件,研制技术难度大。该锻件的试制成功可以提升我国航空钛合金大型框构件的生产技术水平，并为未来新型飞机的设计制造提供技术储备，对我国航空工业的发展具有重大意义。

大型冶金设备铸锻件："十一五"期间，中国二重通过技术研发，已经实现 Cr5 支承辊的成熟批量化生产和工艺优化；成功研制了用于 5 000mm 厚板轧机的支承辊，所用钢锭等级和技术均突破了当时的国内之最，结束了我国特大型支承辊全靠进口的历史。中国二重研制的 5 000mm 轧机粗轧机机架，也是当前国内最大的铸钢件，所用钢液量 773t（国内一次最大钢液量），毛重 492t，净重 410t（15.9m × 4.73m）。机架采用树脂砂造型工艺和五包合浇工艺，大大减少了钢液量，同时大大提高了铸件质量，缩短了制造周期。

大型石化容器："十一五"期间，中国二重加大了对石化容器制造能力的技改和提升，研发容器新材料，成为我国第二个能够生产新材料千吨级大型石化容器的企业。

大型铸锻件基础技术研究："十一五"期间，中国二重结合产品开发的大型钢锭模拟凝固软件、核电站压力容器封头焊接坡口的数控加工软件已经得到很好的应用。在生产压力容器封头的过程中，研发出多项具有自主知识产权的技术专利和技术诀窍。

（3）上海电气上海重型机器厂有限公司。"十一五"期间重点研究内容包括核电核岛大型铸锻件（主要为二代加、高温堆、AP1000 示范工程）、大型半组合船用曲轴锻件、大型火电及核电常规岛大型铸锻件和冶金轧钢设备大型铸锻件等四类大型铸锻件关键技术的自主研发与产品试制。重点组织开展了低压转子、大型船用曲轴、核电、大型支承辊等新产品的研制和生产。

目前上海电气上海重型机器厂有限公司已经初步掌握了二代加核电容器大锻件的制造工艺技术，并在生产中不断改进完善；三代 AP1000 大锻件正按攻关目标有计划推进。完成了 300MW、600MW 低压转子制造工艺技术的研究；完成了 25t 曲轴锻件下注钢锭的工艺技术开发；完成了 4 300mm宽厚板轧机 2.5% Cr 支承辊用 300t 电渣重熔钢锭和 350t 双真空钢锭的冶炼与浇注；5% Cr 带钢支承辊已进入批量制造。核电大钢锭等级从 200 吨级提升到 500 吨级。公司从 2008 上半年开始申报并同步实施了国家大型先进压水堆核电站重大专项两项主课题："AP1000 堆内构件制造技术"、"AP1000 控制棒驱动机构制造技术"，旨在与第二代改进型核电堆内构件和控制棒驱动机构作比较，对产品结构和技术指标的差异部分进行科技攻关，目标是第三代核电 AP1000 堆内构件和控制棒驱动机构实现制造国产化。目前两项项目均已进入原材料、技术文件准备和工装的设计制造阶段。

（4）大重。"十一五"期间主要围绕大型铸锻件、大型风电和大型船用曲轴三个方面进行了技术研发和新产品研发。

华锐铸钢公司作为我国大型高端铸件产品生产基地之一，"十一五"期间研制了三峡水电机组用铸件（上冠、下环、叶片等），研制了火电汽轮机和燃气轮机用铸件（汽轮机高中压外缸、内缸、各种缸体、阀体），风电产品（兆瓦级风电轮毂、底座等）以及船用产品（挂舵臂、舵杆承座、舵销承座、尾柱、尾销等）。新开发了大型船用螺旋桨等新产品，当前正在研发核电站主泵泵壳。

华锐曲轴公司在"十一五"期间致力于大型船用曲轴的研究和开发，研制出 50 型 ~ 90 型系列的大型船用曲轴，突破了五大技术难题，解决了变形和弹性变形等加工瓶颈，实现了材料、加工、技术的全部国产化，打破了国外的封锁，实现了我国大型船用曲轴生产零的突破。曲轴的生产工艺已经日臻成熟，正在加紧研制 108 型曲轴。预计到 2011 年将形成年产 150 支大型曲轴的能力，实现 50 型 ~ 108 型曲轴生产全覆盖，将华锐曲轴公司打造成世界一流大型船用曲轴研制基地。

华锐风电公司在"十一五"期间致力于风电设备的开发，取得了极好的成效。产品涉及风电增速机、电控装置、轮毂、主机架、整机总装。近五年来，为做大做强风电产业，华锐风电不断引进风电关键技术，投资十几亿元进行技术改造和技术创新。在设备、厂房、技术、人员等各生产要素上加大投入，建成了风电增速机、电控装置、轮毂、主机架、整机总装五大专业生产线及相应的配套实验检验设施，具备了电控装备、风电主机各 2 000 套的生产能力。继先后研制出 1.5MW、2.5MW 陆上风电设备以后，在 2009 年又研制出国内第一台 3MW 海上风电机组并在当年实现批量生产。华锐风电研制的 3MW 风机整机国产化率已经达到 85.2%，涉及知识产权和专利多项，标志着具有我国自主知识产权的风力发电设备已经进入世界风机生产的先进行列。

（5）中信重工。"十一五"期间，中信重工围绕重点产品，完善创新体制机制、加强创新基础和能力建设，加大研发投入力度，实施了首席设计师制、重大科研项目招标制、科研津贴制和奖励办法等激励性的技术研发体制；建立了国家级技术中心和实验室等科研开发平台；初步形成了从技术研发到新产品开发，从工艺开发到工程开发的比较完整的技术创新体系，科技创新取得了全面进步。

在热加工产品和技术研发方面，特大型铸件的研制取得了很大的进展，研制和生产了国内的最大铸件，如国内最大、直径达 12m 的大型球磨机大齿圈，4 300mm 宽厚板轧机用特大牌坊，采用 10 炉冶炼 6 包合浇的 185MN 油压机上横梁。上横梁长 11.95m，宽 3.8m，高 4.59m，毛坯总重达 520t，需要浇铸钢液 829.5t，是一次组织钢液最多、浇铸吨位最重的特大型铸钢件，也是国内最大的铸钢件。

在大型锻件的研制方面，"十一五"期间主要研发和生产了大型水轮机用特大型轮带、托轮、托轮轴等产品以及电站转子锻件、破碎机主轴等大型轴类锻件。

（6）太重。"十一五"期间，太重提出了做强做大主导产品，加快进入四个领域：新能源领域、煤化工领域、高速铁路领域、环保产业领域的技术发展路线。

围绕这四个领域，太重在“十一五”期间完成了出口日本的系列破碎机的开发与研究，150MN、360MN 钢挤压机铸件的开发研究，2～3MW 风电主轴产品的开发研究，60CrMnMo 型钢轧辊的产品开发，2Cr3Mo1V 辊套的技术攻关，高压合金管及三通的产品开发，港口提升设备轮组的产品开发，锻焊结构齿轮的渗碳工艺及板材选用，万吨压机前梁和后梁等大型铸钢件的开发生产，大型采煤机摇臂壳体铸钢件的研究与开发，含 Cr、Ni、Mo 贝氏体钢锭锻造开裂成因的研究，电站高压锅炉管板锻件工艺的研究及改进，3MN 快速锻造液压机铸钢件的开发等课题，以及相关产品的技术攻关；还进行了三峡升船机螺母柱铸件的产品开发以及 ZG40CrNiMo 齿条铸件的铸造、热处理工艺研究；开展了 1.5MW 风电增速机的研制，并已基本形成年产 500 台以上的制造能力。

经过“十一五”的技术研发和技术改造，太重已经基本形成以研制和生产高品质特种铸件为特点的特种铸件生产基地和生产以风电增速箱为代表的风电设备生产基地。

(7)北方重工沈重。“十一五”期间，北方重工沈重主要完成了 1Mn18Cr18N 护环锻件、超临界和超超临界机组用 1Cr9Mo1VNbN 钢锻件等新产品的研发。

“十一五”期间，一直致力于护环的研制，建成并不断完善护环产品生产线，打破了国外对大型 18—18—N 护环的垄断局面。先后研制了 60 万 kW 1Mn18Cr18N 护环，在护环热锻、固溶处理、冷变形强化等方面均取得了很好的效果。接着又自主研发出 100MN 护环压机。该护环压机本体采用钢丝缠绕预应力结构，大大低于传统结构的重量；框架承载载荷为 100MN，主工作缸压力为 250MPa，可满足护环胀形工艺要求，并且胀形过程可以实现 CAM 控制。当前，北方重工沈重已能够成熟生产 300MW、600MW 1Mn18Cr18N 材质的护环，最大尺寸达 ϕ1 233mm × ϕ1 013mm × 875mm，正在研制百万千瓦级的 1Mn18Cr18N 护环。

盾构机也是北方重工沈重的特点产品，“十一五”期间，北方重工沈重先后和德国威尔特、日本石川岛公司等进行技术合作，研发和生产了各类大型盾构机，包括 TBM 及泥水平衡、土压平衡等模式的盾构机，产品覆盖大型铁路和地铁领域，成为国内唯一一个能够生产三种盾构机的企业。

(8)中钢邢机。中钢邢机在“十一五”期间通过校企合作方式开发研究了大量的项目。先后研发了 50 多项可替代进口的产品，培育了 100 多项具有自主知识产权的专有技术。完成了锻钢轧辊、铸钢轧辊、铸铁轧辊等材料的多项研究；进行了 5 000mm 以上宽厚板轧机轧辊，Cr3、Cr5 复合铸钢支承辊的制造研究，完成了高速钢轧辊制造技术研究，成功研制了大型离心复合高速钢轧辊，在国内率先拥有生产热轧宽带钢轧机用高速钢轧辊的专有技术，以其优异的性能和综合使用效果填补了该产品国内制造领域空白，并实现了批量化生产。“大型离心复合高速钢轧辊”荣获“国家重点新产品”称号。

中钢邢机还依赖“十一五”期间新研制的 80MN 快锻压机涉足其他领域锻件的研制，能够生产大型冶金机械轧辊锻坯、直型和台阶型锻钢辊轴及转轴类锻件、环型件外套、大型管件等多种产品，进一步扩大了产品范围。

(9)内蒙古北方重工特钢厂。“十一五”期间重点开发了厚壁无缝管，2MW 风机主轴，MC3、MC5 冷轧辊等产品。

厚壁无缝管主要用于大型发电设备和石化设备，内蒙古北方重工特钢厂采用产学研的方式和清华大学联合研制出 360MN 黑色金属垂直挤压机，用于生产大型电站、石油化工行业急需的大口径厚壁无缝钢管。如超临界及超超临界高压锅炉的集箱用管、汽轮机主汽管及电站建设用四大管道等，最大外径达到 ϕ610mm，长度 4～12m，其所用材料主要有 12Cr1MoVG、12Cr2MoG、SA—106C、P12、P22、P91、P92 等。采用挤压工艺替代当前的锻造镗孔工艺，实现了厚壁钢管制造工艺的跨越发展和黑色金属挤压技术的重大突破，打破了我国大口径厚壁无缝钢管依赖进口的局面。经过开发研制，内蒙古北方重工特钢厂形成了具有自主知识产权的大口径厚壁无缝钢管系列化产品，使用专有技术生产出数十种规格的厚壁无缝钢管，并已形成产业化，已经批量投产了 P91 等 6 种材质无缝钢管。当前，内蒙古北方重工特钢厂正在加快新产品的研发步伐，形成覆盖锅炉、电站需求的所有可替代进口的钢管品种。

风电产品是内蒙古北方重工特钢厂“十一五”期间开发的又一主导产品。内蒙古北方重工业集团有限公司与德国 Repower 公司和英国宏腾公司共同投资组建了瑞能北方风电设备有限公司，生产 2MW 风力发电机组，年产量已经超过 400 台。在此基础上，内蒙古北方重工业集团有限公司自主开发了风机主轴，并具备年产 400 支 1.5MW 风机主轴和 2MW 风机主轴的生产能力。风机主轴生产扩能项目对内蒙古北方重工业集团有限公司优化产业结构，增强高附加值产品的市场竞争力和提高企业发展能力具有极为重要的作用。

(10)中原特钢股份有限公司。“十一五”期间，中原特钢股份有限公司在技术发展上瞄准三个拓展：产品领域由以低中合金钢坯件、半成品为主向以中高合金钢坯件、制成品为主拓展；市场领域由国内市场向国际市场拓展；行业领域由材料供应商向装备机械制造商、模具制造商拓展。进行了 ϕ300mm 大口径限动芯棒、石油钻具、铸管模等主要产品的深度开发并取得了较大成效；进行了 P91、P92 材质高压锅炉管的研制开发和试制；进行了风电主轴的开发和试制。

行业技术质量及标准化工作

(1)技术质量。经过“十一五”的发展，我国大型铸锻件生产企业都建有比较健全的质量管理和质量保证体系，坚持 ISO 9000 质量管理体系认证和审查。中国一重、中国二重等企业还完成了 ISO 14001 环境管理体系认证和英国皇家 UKAS 认证。通过环境管理体系认证使我国大型铸锻件生产企业在节能减排、清洁生产和实现可持续发展方面前进了一大步。

从事核电设备等专有产品制造的大型铸锻件企业还取得了ASME非核质量保证体系认证(U1、U2)、ASME核质量保证体系认证(N、NPT)、民用核承压设备认证等。

涉及航空航天设备制造的大型铸锻件企业分别取得或正在取得AS9100美国航空质量体系、NADCAP认证等专业认证。

涉及军工设备制造的大型铸锻件企业取得了"中国军工产品生产许可"和军工制造质量体系认证。

从事船舶设备制造的大型铸锻件企业各自取得了世界公认的船级社认证:中国(CCS)、英国(LR)、德国(GL)、意大利(RINA)、美国(ABS、)、挪威(DNV)、法国(BV)、日本(NK)等的认证。

涉及民用承压设备生产的大型铸锻件企业取得了我国相关生产制造许可认证。

(2)技术标准。我国已经基本形成自己的大型铸锻件技术标准体系。机械工业大型铸锻件标准化技术委员会(CMIF/TC6)已经获得国家标准化管理委员会的批准,即将成立全国大型铸锻件标准化技术委员会(SAC/TC506)。

截至"十一五"末期,我国大型铸锻件行业共制定行业标准79项,正在制定的新标准5项,主要是铸锻件的材料标准、产品标准以及检验方法标准。这些标准都由国家发展和改革委员会及国家工业和信息化部发布,标准内容涵盖我国能源(火电、水电、核电、风电)、冶金、石化、船舶、矿山、航空航天等设备领域的主要大型铸锻件产品,其中一些产品标准都是我国"十一五"规划中重点发展的新产品。

在我国大型铸锻件行业标准中,大部分标准适应于我国大型铸锻件行业的技术水平,约30%的标准相当于国外先进的行业标准水平。特别是电站标准,已经基本采用与国外同等的技术条件和验收条件,达到了国外先进国家的行业标准和企业标准水平。当前,所有的大型铸锻件行业标准均为推荐性标准。

由于大型铸锻件产品的重要性和特殊性,我国大型铸锻件行业内的大型铸锻件产品已没有无标生产情况。"十一五"期间,大型铸锻件标准化技术委员会按照国家制定、修订标准的原则,以及采用国际标准和国外先进标准的方针,负责组织开展了行业标准的制修订和宣贯工作,和美国的ASTM标准协会、标准化技术协会、中国质量技术监督检验检疫总局标准化单位以及大量用户单位建立了长期的联系,将收集到的一些国外先进标准及时介绍给各相关企业。还组织翻译和介绍了大量国外先进的大型铸锻件标准,出版了《常用铸锻件标准汇编》、《国外铸锻件标准汇编》等标准文集,满足了我国大型铸锻件生产和新产品开发对国外新标准的需求。完成了"国外新材料标准"的课题研究,当前正在进行国家标准化管理委员会下达的"我国大型铸锻件标准体系建设"课题研究。

〔撰稿人:中国重型机械工业协会大型铸锻件分会王孜　审稿人:中国重型机械工业协会大型铸锻件分会蒋新亮、刘文〕

基　础　件

减　速　器

行业概况　减速器行业涉及的产品包括各类齿轮减速器、行星齿轮减速器、蜗轮蜗杆减速器及摆线针轮减速器,也包括各种专用传动装置,如增减速装置、调速或变速装置,以及包括柔性传动装置在内的各类复合传动装置等。每一种类型的减速器依据其结构特征或加工工艺的不同,又可分为许多类别。如齿轮减速器可分为圆柱齿轮减速器、圆锥齿轮减速器及圆锥—圆柱齿轮减速器等。蜗轮蜗杆减速器主要依据蜗杆副的类别进行分类,当前我国生产的主要有锥面包络圆柱蜗杆减速器、圆弧圆柱蜗杆减速器及平面二次包络环面蜗杆减速器。行星齿轮减速器依其结构特征可分为ZK—H型行星齿轮减速器、混合少齿差行星齿轮减速器、一般少齿差行星齿轮减速器及封闭式差动行星齿轮减速器等。减速器产品服务领域涉及冶金、有色、煤炭、建材、船舶、水利、电力、工程机械及石化等行业。减速器行业的生产厂家也以多种形式并存,如外资企业、中外合资企业、国有企业、股份制企业和私营企业等,规模由大到小不等。具有良好生产条件、产品质量控制体系健全的企业有100余家。国内主要减速器生产企业见表1。

在各类减速器中,生产厂家最多、市场份额最大的当属各类圆柱齿轮减速器,年销售规模约占总市场份额的50%;行星齿轮减速器次之,约占市场份额的40%。蜗轮蜗杆减速器及摆线针轮减速器生产数量相对较少,且摆线针轮减速器市场近几年有逐渐萎缩之势。行星齿轮减速器销售规模近几年增长较多,这主要是因为风电机组及工程机械行业的需求拉动所致。

表1 国内主要减速器生产企业

产品名称	主要生产企业
圆柱齿轮减速器、圆锥—圆柱齿轮减速器、专用及非标减速器	重庆齿轮箱有限责任公司、南京高精齿轮集团有限公司、杭州前进齿轮箱集团有限公司、江苏泰隆机械集团公司、中信重工机械股份有限公司、北方重工集团有限公司、江阴齿轮箱制造有限公司、杰牌控股集团有限公司、宁波东力传动设备股份有限公司、江苏金象减速机有限公司、泰星减速机股份有限公司、浙江通力减速机有限公司、常州减速机总厂有限公司和苏州冶金机械厂
行星齿轮减速器、专用及非标减速器	中信重工机械股份有限公司、太原重型机械集团有限公司、内蒙古兴华机械制造厂、中国第二重型机械集团公司、大连重工·起重集团有限公司、荆州市巨鲸传动机械有限公司、中国重型机械研究院有限公司、重庆齿轮箱有限责任公司、南京高精齿轮集团有限公司和石家庄科一重工有限公司
蜗轮蜗杆减速器	江苏金象减速机有限公司、恒星科技控股集团有限公司、北京首钢机电有限公司机械厂、杰牌控股集团有限公司、江苏泰隆机械集团公司和天津万新减速机有限公司
摆线针轮减速器	天津减速机股份有限公司、浙江三联集团有限公司、泰星减速机股份有限公司和江苏国茂国泰减速机集团有限公司

行业发展情况 近几年，随着国内经济的快速发展，减速器行业作为一个重要的基础行业，日益引起各方面关注和重视，行业发展异常迅速，产销规模迅速扩大。行业发展的突出特点是：

（1）大型机械制造企业卷土重来，且生产规模普遍较大。过去，许多大型机械制造企业逐步弱化了其齿轮产品的制造能力，有的一度还将过去存在的分厂撤销。近年来，随着各企业生产规模的迅速扩大和新产品的开发生产，许多机械制造企业又加大投资，扩大了各自齿轮箱的生产能力。这其中有因为生产风电齿轮箱而大规模介入的企业，如大连重工·起重集团有限公司、太原重型机械集团有限公司、中国第二重型机械集团公司、秦川发展机械有限公司、内蒙古第一机械集团公司和三一集团等。此外北方重工集团公司、中钢集团西安重机有限公司、苏州冶金机械厂、北京轨道交通有限公司和重庆望江工业有限公司等也都加大了各自齿轮箱的生产能力。其中大连重工·起重集团有限公司尤为突出，几年时间，其齿轮箱的年生产能力已突破30亿元，展示了极其强劲的发展势头和潜力。

（2）新近加入减速器行业者也日渐增多。近几年，许多其他行业的厂家在寻求扩大生产规模和新的产业方向时，也把目光投向减速器行业，并迅速投资建厂。这其中有生产钢铁的建龙集团已在天津开始建厂，上海振华重工（集团）有限公司在江苏南通兴建的齿轮箱生产基地也已投入生产；此外许继集团、沈鼓集团、山东华成泵业集团、江苏上齿集团的齿轮箱分厂也都在紧锣密鼓建设之中。

（3）外资介入减速器行业也呈加速之势。除SEW、Flender公司继续扩大规模外，住友在唐山、Hansen与Winergy在天津、GE在沈阳、邦飞利在徐州、布雷维尼在盐城、Rexroth在北京等建立或扩建的齿轮箱生产基地也都先后投入生产及运营。

（4）民营资本投资减速器行业的热情依然不减。除已有规模的企业继续加大投资规模、扩大产能外，一批新兴企业也崭露头角，他们已具有一定规模及技术实力并在快速成长中。这其中尤以江苏的南京、常州，浙江的杭州、宁波等地发展最为迅速。

除上述几方面，传统的减速器专业制造企业在经过数年的技术改造和扩张后，产业规模也得到极大提升，行业技术水平快速提高。截至2009年底，年销售额在20亿元以上的企业有南京高精齿轮集团有限公司、大连重工·起重集团有限公司、重庆齿轮箱有限责任公司和杭州前进齿轮箱有限公司。年销售额在5亿～20亿元的企业有宁波东力传动设备股份有限公司、中国第二重型机械集团公司、北方重工集团有限公司、江苏泰星减速机股份有限公司、江苏泰隆机械集团公司、中信重工机械股份有限公司和太原重型机械集团有限公司等。销售额超过亿元的企业数目更是众多，行业企业规模出现了令人可喜的巨大跨越，行业企业数量出现较快增长，整体实力进一步壮大。

市场及销售 2009年，行业市场变化情况呈前紧后松的状况，上半年由于受到全球金融危机的影响，市场一度十分萧条，尤其是出口市场所受影响更大，各企业订单下滑幅度较大。下半年，随着国内各行业振兴规划的推出和实施，以及信贷投放力度的加大，市场情况迅速改观，这其中以煤炭、水泥、玻璃、起重运输、风电、核电、工程机械及矿山等行业表现尤为明显，其需求数量猛增，企业订单快速增加。相反冶金行业则表现一般，仅在和房地产关联度较大的长材类产品的相关设备中有一定需求。但综观全年，多数企业仍保持了30%以上的增长速度，达到了各自发展史上的最好水平，行业整体销售规模也超过了600亿元。

行业热点及技术进步 2009年，行业中最吸引眼球的仍属风电增速箱的开发生产及应用。承袭前几年的高速发展惯性，风电行业全年仍保持了快速发展态势，因此对风电增速箱的需求也呈增长之势。在大批量生产1.5MW风电增速箱的同时，2MW风电增速箱最大至3MW的风电齿轮箱也开始生产，并装机应用。有关5MW风电齿轮箱的开发设计工作也已启动，很快将投放市场。2009年，大连重工·起重集团有限公司、南京高精齿轮集团有限公司生产风电齿轮箱台数已超过2 000台。此外重庆齿轮箱有限责任公司、第二重型机械集团公司也都具有了较大的生产规模和能力。

在风电齿轮箱生产规模高速增长的同时，对产品的质量及运行可靠性的关注也在与日俱增。无论是国内还是国外的风电齿轮箱,在实际运行中均暴露出不少质量问题,有些已严重影响到风电场的运行,给相关制造企业带来一定损失。因此加强对与产品质量及运行可靠性相关因素的研究,积极探求合理的解决方法,无论是对保证风电机组的正常运行,还是对促进国内风电齿轮箱设计制造技术的进步,乃至对行业发展均具有决定性意义。

经过行业众多企业及相关人员的努力,有关风电齿轮箱的设计制造技术也取得积极进展。我国已基本掌握了高端风电传动的设计、制造技术,具备了产品开发能力。2009年,由重庆齿轮箱有限责任公司开发的"2MW 风力发电增速齿轮箱关键技术研究及产业化"获得中国机械工业科学技术奖三等奖。国内相关机构还分别于 2009 年 10 月在天津,11 月在包头举办了有关风电传动技术学术会议,进一步促进了行业间的技术交流和技术水平提升。

2009 年,煤炭、水泥、新型墙材、核电等行业的传动齿轮箱也继续发展,各类新产品不断得到开发和应用。如中国重型机械研究院有限公司开发的大型掘进设备配套齿轮箱,中信重工机械股份有限公司开发的双排行星立磨齿轮箱均成功得以应用。

存在问题 综观国内减速器行业现状,在充分肯定行业发展、进步的同时,更应看到存在的问题,并积极研究对策,采取措施,力争在较短时间内加以改善。

与先进工业国家相比,国内传动基础件行业在多个方面仍存在一定的差距。这些差距,不仅影响着产品的竞争力,而且也不利于行业持续稳定发展。从行业发展战略的角度,必须对此有清醒的认识,并采取积极的应对措施,才能不错失调整发展的时机,并尽快走上健康发展道路。

概括起来,减速器行业发展面临的比较突出的问题有以下几个方面:

(1)企业生产规模偏小,开发能力薄弱。我国减速器行业的特点是中小企业多,生产规模总体偏小,年产值超过 10 亿元的企业偏少,而且还是近几年才开始出现。而国外同类企业,规模在百亿元以上的已经很多,其营销网络遍及全球。与此对应,国外传动件巨头在研发上的投入也远非国内企业能比,其新产品开发及技术进步很快,产品更新周期短,而国内多数企业技术开发能力尚十分薄弱。种种原因,国内产品更新的速度十分缓慢,尤其是通用减速器产品更新太慢,已严重影响了产品的市场竞争力和企业的进一步发展。

(2)产品制造质量参差不齐,整体可靠性有待提高。由于行业生产企业技术水平、设备条件及管理水平存在较大差异,导致行业产品制造质量参差不齐,产品可靠性总体也不能令人满意。这也常导致许多用户对国内传动件产品质量的抱怨和不满,并因此失去了部分市场。

(3)缺乏知品名牌,影响产品市场拓展。我国尚缺乏在国际上有影响力的传动基础件产品知名品牌,这也限制了产品在国内外市场上的拓展及推广。

(4)企业管理方式粗放,管理水平亟待提升。企业管理水平的高低,综合反映在产品技术水平、产品质量、员工精神状态、企业经济效益乃至企业发展战略制定及执行等各个方面。企业规模的发展和水平的提升有赖于管理水平的提升和支撑。

(5)共性基础技术研究不足,制约行业技术水平提升。国内传动基础件行业高速发展中出现了高端传动产品设计分析技术研究在系统性和应用性方面无法满足国内产品研发的迫切需要;一些基础机理性研究,如齿面微点蚀损伤研究、高端齿轮材料及热处理技术开发、传动系统动力学研究与应用等与国外差距较大的问题,一定程度上已影响了行业的正常健康发展。

针对减速器行业存在的上述问题,行业各企业应对此有清醒的认识,并应在国内经济结构的调整变革中,积极利用各种有利的外部条件,通过行业企业间的并购、整合及各种战略合作,努力扩大企业优势、竞争力和规模,夯实基础,练好内功,以适应愈来愈激烈的国内外市场竞争,进而促进国内减速器行业的健康正常发展。对影响行业发展的关键共性技术问题,在制定国家科技发展规划及基础技术研究项目时,应立项进行专题攻关,并有效整合国内相关科研资源,建立行之有效、切实可行的技术创新战略联盟,尽快开发出具有自主知识产权的系统化、高水平传动产品设计分析技术和商业化软件,为行业发展提供技术支撑,以满足诸如风电齿轮增速箱、大型舰船传动及航空传动产品等开发设计的需要。

〔撰稿人:中国重机协会重型基础件分会赵玉良　审稿人:中国重型机械工业协会傅树利〕

制　动　器

中国重型机械行业中的制动器分行业主要是为起重运输机械、冶金矿山机械、风力发电机械和港口机械等提供配套制动器产品的专业行业。2009 年,在我国重型机械行业持续发展的形势下,国家对钢铁冶金行业进行产能调整,使钢铁行业以及起重机行业发展受到极大影响。为其配套的传统工业制动器行业也受到了比较大的影响。

生产发展情况 2009 年,我国制动器行业共有生产企业 170 余个,和上年基本持平。2009 年制动器行业主要经济指标完成情况见表 1。

表 1　2009 年制动器行业主要经济指标完成情况

指标名称	单位	实际完成
企业数	个	170
工业总产值(当年价)	万元	100 350

（续）

指标名称	单位	实际完成
工业增加值	万元	27 841
主营业务收入	万元	95 306
产品销售税金及附加	万元	5 597
利润总额	万元	12 054
年末固定资产原价	万元	51 427
流动资产	万元	74 212

2009 年，制动器行业工业总产值同比下降 27.72%，主营业务收入同比下降 17.53%；行业利润同比上升幅度较大。年末固定资产原值同比增长 6.52%，流动资产同比增长 11.97%。利润大幅增长的原因主要有两点：一是个别企业上年巨额亏损，2009 年扭亏为盈，带动了利润增幅；二是部分行业领先企业在冶金和起重机行业市场萎缩的情况下，大力开拓风电和港口、路桥市场，当年利润有较大幅度提升。2009 年制动器行业企业主要经济指标完成情况见表 2。

表 2　2009 年制动器行业企业主要经济指标完成情况

（单位：万元）

企业名称	主营业务收入	利润
江西华伍制动器股份有限公司	33 189	5 612
焦作制动器股份有限公司	17 653	2 672
焦作市长江制动器有限公司	8 700	1 100
甘肃天水长城控制电器有限责任公司	7 288	206
上海伯瑞制动器有限公司	5 378	308
焦作市制动器开发有限公司	3 200	800
焦作市制动器有限公司	3 140	215
河南省电力液压制动器有限公司	2 700	170
沈阳市起重电器厂	2 400	320
焦作市虹桥制动器有限公司	1 995	140

2009 年，制动器行业生产发展的主要特点：

（1）企业数量趋于饱和，市场格局逐渐稳定。前几年，由于工业制动器行业进入门槛比较低，生产需求增大，行业新进入者急剧增加，生产企业数量最多时达到 180 多家，加剧了制动器市场竞争的激烈程度。牺牲质量、粗制滥造、低价竞争，既损害了用户利益，又影响了行业的健康发展。近几年，经过市场竞争和优胜劣汰，生产企业数量稳定在 170 家左右，企业之间的差距越来越大，行业集中度提高，逐步形成了三个梯队的态势。第一梯队包括江西华伍制动器有限公司、焦作制动器股份有限公司等，年销售规模约 1 亿～3 亿元。这些企业主要是上规模、上水平，开发高、精、新产品，部分产品达到国际先进水平，挤占国外产品在国内市场的份额。第二梯队是年销售规模在 1 000 万～1 亿元的企业，目前有焦作市长江制动器有限公司、天水长城控制电器有限公司、上海伯瑞制动器有限公司、焦作市制动器开发有限公司、焦作市制动器有限公司、焦作市虹桥制动器有限公司、河南省电力液压制动器有限公司和沈阳起重电器厂等 10 家企业。这些企业能够根据自己的技术优势和市场优势，实施差异化策略，开发特色产品，或集中力量，开拓新市场，实现了较快发展。第三梯队是年销售收入在 1 000 万元以下的企业，有近 150 家。这些企业多数生产规模小，开发能力差，产品品种少，抗御市场风险能力低。产品多为中小规格的制动器产品，结构简单、功能少、价格低，效益差。

（2）注重调整产品结构，开发新产品。在严酷的市场竞争中，不少企业避开竞争激烈的冶金和起重运输机械行业，努力涉足新兴的行业，如风电行业、路桥行业、核电行业、海上重工、船舶行业等，取得了不俗的业绩。风力发电行业是国家重点支持的新能源行业之一，而制动器是风力发电机的关键零部件。随着我国风电行业的迅猛发展，不少企业纷纷开发风电制动器，进军风电市场。2009 年 7 月，焦作制动器股份有限公司的“年产 36 000 台（套）兆瓦级风电偏航制动系统项目”被列入《国家发展改革委、工业和信息化部重点产业振兴和技术改造（第一批）2009 年第二批新增中央预算内投资计划》，2009 年实现风电制动器销售 5 000 万元。焦作市制动器开发有限公司积极发展风电产品，开发了湘电风能等用户。江西华伍制动器股份有限公司等不少企业也在积极开发相关产品。

开发形式趋于多样化，产学研结合渐成气候。不少企业主动与大学和科研院所联系，建设企业技术中心，共同开发市场需要的高、精、新产品，加快了开发速度，提高了产品档次，在竞争中争取了时间，赢得了先机。

（3）知识产权意识增强。过去，除了江西华伍制动器股份有限公司和焦作制动器股份有限公司外，其他企业很少申报专利。现在，许多中小制动器生产企业的知识产权意识逐渐增强，对开发的新产品、新技术，能够主动申报专利，予以保护。据不完全统计，2009 年，焦作制动器股份有限公司（含子公司）申报专利 6 项，当年授权的有 2 项，有 8 项新产品通过河南省科技成果鉴定；焦作市制动器开发有限公司申报专利 7 项；焦作市虹发制动器有限公司申报专利 1 项。

产量及产品结构　2009 年，全行业制动器总产量 265 352台（不含推动器），比上年的 261 436 台增长 1.5%；推动器（单独销售）产量 128 944 台，比上年的 155 445 台下降了 17%。从产品结构上看，电力液压块式制动器仍是主导产品，产量比上年增长 20.87%，占制动器整机产量（不含推动器）的比重由 2008 年的 70.3% 上升到 83.7%；各种盘式制动器的产量占制动器整机产量（不含推动器）的比重大幅下降。

2008～2009 年制动器行业分类产品产量见表 3。2009 年制动器行业主要企业产品产量见表 4。

表 3　2008～2009 年制动器行业分类产品产量

（单位：台）

产品名称	2009 年	2008 年
电力液压块式制动器	222 186	183 816
电力液压盘式制动器	13 598	33 278

（续）

产 品 名 称	2009 年	2008 年
直流电磁铁块式制动器	5 488	6 335
交流电磁铁块式制动器	8 809	16 362
钳盘制动器	15 271	21 645
双推杆推动器	63 247	86 841
单推杆推动器	65 697	68 604

表 4　2009 年制动器行业主要企业产品产量

企 业 名 称	产量（台）
焦作制动器股份有限公司	56 889
江西华伍制动器股份有限公司	52 568
焦作市长江制动器有限公司	47 335
河南省电力液压制动器有限公司	40 000
焦作市制动器开发有限公司	23 070
沈阳市起重电器厂	20 000
焦作市制动器有限公司	17 700
焦作市虹桥制动器有限公司	12 000
上海伯瑞制动器有限公司	9 848
甘肃天水长城控制电器有限责任公司	5 200

〔撰稿人：中国重型机械工业协会传动部件专业委员会郭希文　审稿人：中国重型机械工业协会傅树利〕

油膜轴承

生产发展情况　轧机油膜轴承的生产主要是满足配套投产主机及维持已建轧机正常运转的备件需求。2009 年，国内冶金行业进入产业调整升级阶段，新上轧机项目大幅减少，部分项目缓建或停建，配套主机的油膜轴承相应减少。

油膜轴承作为轧机的关键部件，其运转的可靠性、精度直接影响轧钢生产线的稳定运行，影响板厚精度。油膜轴承运行质量，不仅与轴承本身的结构和制造质量有关，还与轴承的使用维护、润滑系统、润滑油、轧制工况、轧机相关机构等有关，所以油膜轴承制造企业已逐渐向具有研究设计、设备制造、运行指导、咨询培训、故障诊断等能力的研制服务型企业转变。

油膜轴承具有承载能力大、速度范围宽、结构尺寸紧凑、使用寿命长等特点，在中厚板轧机和热轧宽板带轧机上得到广泛应用。一些原使用滚动轴承的冷轧机和热轧中宽板带轧机的钢铁企业，为提高轧制力、提高轧机运转的可靠性、减小轴承消耗等，已开始将原滚动轴承结构升级改造为油膜轴承结构。太原重型机械集团有限公司已成功为中冶恒通冷连轧机组、无锡兆顺 2400 中板轧机、济钢中板轧机、鞍钢中板轧机等实现了油膜轴承改造，改造后轧机运转良好。

世界上在轧机油膜轴承方面具有研发、设计、制造能力的企业主要有中国太原重型机械集团有限公司、美国摩根建设公司、俄罗斯 EZTM 三家。太原重型机械集团有限公司研制轧机油膜轴承已有 50 年的历史，已形成了自主系列和品牌，占有国内 80% 的市场，产品同时远销亚洲、欧洲、非洲、美洲约 10 个国家的钢铁企业。

2009 年油膜轴承主要生产企业主要经济技术指标完成情况（仅收录太原重型机械集团有限公司资料）见表 1。

表 1　2009 年油膜轴承主要生产企业主要经济技术指标完成情况（仅收录太原重型机械集团有限公司资料）

指 标 名 称	单　位	实 际 完 成
工业总产值（当年价）	万元	1 142 252
工业总产值比上年增长	%	14.72
工业增加值	万元	270 185
产品销售收入	万元	1 090 890
产品销售税金及附加	万元	4 340
利润总额	万元	59 412
年末固定资产原价	万元	414 173
年末固定资产净值	万元	253 882
流动资产合计	万元	1 252 271
流动资产平均余额	万元	378 008
流动负债合计	万元	1 031 042
流动负债平均余额	万元	953 206
所有者权益	万元	519 305
全员劳动生产率	元/人	189 950

产品分类及产销情况　板带轧机油膜轴承按润滑原理可分为动压油膜轴承和静—动压油膜轴承。

动压油膜轴承工作原理是流体动力润滑理论。当轴在轴瓦中旋转时，供入轴承的油被卷吸到收敛的楔形间隙，产生动压力，平衡外载荷，使轴与轴瓦脱离直接接触，形成液体摩擦。油膜轴承的承载能力由轴承几何尺寸、轴的转速、润滑油的粘度、轴承制造精度及材质等因素决定。动压油膜轴承广泛应用于各类大中小型轧机上。

静—动压油膜轴承是动压油膜轴承与静压油膜轴承的有机结合。轧机在起动、制动或低速运行过程中，油膜难以形成，油膜厚度较薄，易形成半液体摩擦或混合摩擦状态，对油膜轴承寿命有一定的影响；静—动压油膜轴承改善了油膜轴承低速运行下的性能，但投资较大、使用维护费用较高。静—动压油膜轴承主要应用于板带冷轧机、中厚板轧机和短流程轧机上。

2009 年国内有 18 条轧机线投产，主要有京唐 1580、迁钢 1580、涟钢 2250、沙钢 1450、西南不锈钢 1580、鞍钢 5000、营口 5000、沙钢 5000、兴澄 3500、重钢 4100 等，共计 50 个机架油膜轴承投入运行。截至 2009 年底，全国已建使用油膜轴承的轧机机架数达到563个，其中热轧宽带轧机机架数388个，中宽厚板轧机机架数108个，冷轧带钢轧机机架数67个。2009年油膜轴承行业主要产品产量和出口额（仅收录太原重型机械集团有限公司资料）见表2。

表2　2009年油膜轴承行业主要产品产量和出口额

（仅收录太原重型机械集团有限公司资料）

指标名称	单　位	实际完成	比上年增长(%)
产量	t	5 727.77	-20.6
出口额	万美元	177.14	-41.8

科技成果及新产品　2009年油膜轴承行业新产品新技术开发项目（仅收录太原重型机械集团有限公司资料）见表3。

质量及标准　2008年，太原重型机械集团有限公司完成了油膜轴承新厂房、办公楼建设和设备整体搬迁，完成了钢液精炼设备、锻压设备、热处理设备的升级改造，完善了计量设备和检测设备，使油膜轴承整个生产流程（从材料的热加工、冷加工到检测）得到优化，产品质量得到进一步提高。太原重型机械集团有限公司加强对JB/T 9049—2007《轧辊油膜轴承》标准的推广，并着手完善原油膜轴承企业内控标准，使之能满足国内外各种规格轧机油膜轴承的要求。

表3　2009年油膜轴承行业新产品新技术开发项目

（仅收录太原重型机械集团有限公司资料）

项目名称	主要技术性能
3500宽厚板轧机油膜轴承研制	油膜轴承直径：1 450mm，轧机轧制压力：8 000kN
4300宽厚板轧机油膜轴承研制	油膜轴承直径：1 560mm，轧机轧制压力：10 000kN
5000宽厚板轧机油膜轴承研制	油膜轴承直径：1 515mm，轧机轧制压力：10 000kN
2050热连轧机油膜轴承研制	油膜轴承直径：955mm、1 170mm、1 115mm，轧机轧制压力分别为：38 000kN、55 000kN、50 000kN

轧机油膜轴承工作性质特殊，不仅承受重载、冲击、连续负荷，而且处于高温、高污染（氧化铁皮、高压水等）的工作环境。这对润滑油和润滑维护提出了极高的要求。据对各大钢厂轧机油膜轴承可靠性的初步调查，75%以上的事故与润滑有关。制定轧机油膜轴承润滑油标准，建立具有前瞻性的轧机油膜轴承润滑油维护体系，已是各大钢厂的共同诉求和共识。

为更好地规范国内轧机油膜轴承润滑油市场，提高轧机油膜轴承润滑油的管理水平，使用户能科学地选好、管理好、使用维护好轧机油膜轴承润滑油品，提高轧机油膜轴承的可靠性、有效降低轧机的维护成本，中国重型机械工业协会油膜轴承分会组织编写了《轧机油膜轴承润滑油标准及规程》。这是继《轧机油膜轴承通用规程》编写后的又一行业应用规范标准。

该规程分三部分：第一部分是轧机油膜轴承润滑油的标准，包括轧机油膜轴承润滑油的要求、试验方法、检验规则等；第二部分是轧机油膜轴承润滑油的管理与维护使用，该部分内容综合了国内典型钢铁企业的实践和应用经验，并参照国际同类企业的情况加以规范和量化，提供国内企业可实践、可操作的维护规范；第三部分是轧机油膜轴承润滑油的监测控制与在线处理，该部分内容瞄准当代前沿设备管理理念和技术，体现21世纪对轧机油膜轴承润滑油管理与维护的方向。

该规程主要为钢铁企业和有色金属轧制行业使用轧机油膜轴承润滑油的管理人员、工程技术人员及现场工作人员编写；可作为油膜轴承润滑油供应商制定相应的操作规程或使用手册的基准，也可作为润滑油管理使用和保养人员的通用守则，可推广到各类大型、重型机械的润滑油管理和使用领域。

《轧机油膜轴承润滑油标准及规程》在2009年12月油膜轴承分会理事会议上经与会专家讨论通过，2010年1月开始在全国各大钢厂试行。

基本建设及技术改造　2009年，太原重型机械集团有限公司从意大利新购的1600数控磨削中心经过安装调试，已投入运行；自制1台离心浇注机，已投入运行。

2009年油膜轴承行业固定资产投资额（仅收录太原重型机械集团有限公司资料）见表4。

表4　2009年油膜轴承行业固定资产投资额

（仅收录太原重型机械集团有限公司资料）

指标名称	实际完成(万元)
固定资产投资	1 241
其中：基本建设投资	21
技术更新改造投资	1 220

〔撰稿人：中国重型机械工业协会油膜轴承分会杨汇荣、丁光正　审稿人：中国重型机械工业协会傅树利〕

润滑液压设备

生产发展情况　2009年，润滑液压设备生产企业同全国机械制造企业一样，在国家加大内需的政策调控下，主动迎接市场的挑战，加大新产品的开发力度，加快产品结构调整，扩大产品的应用领域。润滑液压产品，作为机械产品特别是大型、成套机械产品不可缺少的主要配套产品，其应用领域和需求量不断增长。2009年，润滑液压设备行业实现工业总产值19.54亿元，同比增长13.1%，受国际金融危机的影响，随主机配套出口产品总量呈现负增长率。2009年润滑液压设备行业(27个主要生产企业)主要经济指标完成情况见表1。

表1 2009年润滑液压设备行业(27个主要生产企业)主要经济指标完成情况

指标名称	单位	实际完成
企业数	个	26
工业总产值(当年价)	万元	195 365
工业总产值比上年增长	%	13.1
工业增加值	万元	39 581
产品销售收入	万元	168 800
产品销售税金及附加	万元	3 951
利润总额	万元	16 071
年末固定资产原价	万元	61 665
年末固定资产净值	万元	42 457
流动资产合计	万元	147 673
流动资产平均余额	万元	120 624
流动负债合计	万元	89 286
流动负债平均余额	万元	81 020
所有者权益	万元	117 820
从业人员平均数	人	3 727
全员劳动生产率	元/人	106 200

润滑液压设备行业主要生产企业有:太原矿山机器润滑液压设备有限公司、四川川润股份有限公司、常州市华立液压润滑设备有限公司、启东润滑设备有限公司、上海澳瑞特润滑设备有限公司、南通市南方润滑液压设备有限公司、启东市南方润滑液压设备有限公司、上海润滑设备厂有限公司、四平维克斯换热设备有限公司、启东中冶润滑设备有限公司、启东安升润滑设备有限公司、启东丰汇润滑设备有限公司、温州市三丰润滑设备制造有限公司、江苏澳瑞思液压润滑设备有限公司、沈阳市北方润华冷却设备有限公司、温州市龙湾润滑液压设备厂、北京中冶华润科技发展有限公司、大连华锐股份有限公司液压装备厂、沈阳市北方润滑设备制造有限公司、博山润滑设备厂、温州市润滑设备厂、沈阳市大金润滑设备厂、苏州宝宇液压设备制造有限公司、四平市隆百洲机电科技有限公司、沈阳三丰液压润滑设备有限公司、启东恒泰自动化润滑设备有限公司和秦皇岛隆达润滑技术研发有限公司。

产品分类产量 按照使用领域的不同,润滑液压设备分为润滑产品和液压产品两大类。润滑产品又根据使用介质的不同和润滑部位的不同分为稀油润滑、干油润滑、油气润滑、工艺润滑和喷射润滑五大部分。液压产品主要有斜轴式轴向柱塞泵、径向柱塞马达、乳化液泵装置、冶金设备液压系统、综合采煤机液压元件和系统以及液压油缸等。各主要生产企业在面对市场的同时,按销定产,主导产品产量较2008年有一定幅度的减产,但在其他润滑液压产品上有大幅度的增加,稳定了行业的生产经营发展。2009年润滑液压设备行业主要产品产量见表2。

表2 2009年润滑液压设备行业主要产品产量

产品名称	单位	产量	比上年增长(%)
稀油站(系统)	台、套	8 263	3.3
干油站(系统)	台、套	13 373	-43.9
冷却器	台	5 780	-18.4
干油分配器	块	122 261	-10.3
油气润滑系统	台、套	323	-11.7
工艺润滑站(系统)	台、套	73	-37.6
液压站(系统)	台、套	726	-53.8
液压柱塞泵	台	170	45.3
其他润滑液压产品	台、套	4 431	199.6

市场及销售 2009年,在国家拉动内需的前提下,伴随着重型机械行业的市场需求加大,润滑液压产品尤其是分配器产品销量也有所增加,除液压柱塞泵和其他润滑液压产品外,其余产品均有一定幅度的减少。液压柱塞泵和其他润滑液压产品的大幅增长,基本保证了润滑液压设备行业的健康发展。2009年润滑液压设备行业主要产品销售情况见表3。

表3 2009年润滑液压设备行业主要产品销售情况

产品名称	单位	销量	比上年增长(%)
稀油站(系统)	台、套	7 731	0.5
干油站(系统)	台、套	11 943	-39.6
冷却器	台	5 370	-22.5
干油分配器	块	163 228	20.1
油气润滑系统	台、套	337	-5.3
工艺润滑站(系统)	台、套	70	-38.6
液压站(系统)	台、套	684	-68.0
液压柱塞泵	台	165	203.7
其他润滑液压产品	台、套	5 597	310.8

2009年,润滑液压设备进出口贸易呈逆差,产品随主机配套的出口量较2008年减少了60%。可喜的是,启东市南方润滑液压设备有限公司1套工艺润滑系统出口额200万美元,为行业内最大的出口订单。2009年润滑液压产品出口情况见表4。2009年润滑液压产品进口情况见表5。

表4 2009年润滑液压产品出口情况

产品名称	出口量单位	出口量	出口额(万美元)
稀油站	台、套	314	386.6
液压站	台、套	28	57.8
干油润滑系统	台、套	17	20.8
干油润滑泵	台、套	10	2.1
干油分配器	块	2 645	15.6
柱塞泵	台、套		
冷轧工艺润滑系统		1	200.0
模块装置		4	207.2
合计		3 019	890.1

表 5 2009 年润滑液压产品进口情况

产 品 名 称	进口量单位	进口量	进口额(万美元)
各种润滑泵	台、套	1 822	820.5
电动机	台、套	8	0.9
各种控制阀	台、套	3 737	165.7
过滤器、蓄能器	台、套	531	64.3
各种仪器仪表	块	8 116	292.6
柱塞泵	台、套	10	13.3
合计		14 224	1 357.3

新产品开发和新技术的应用 润滑液压产品已成为机械产品,特别是大型机械产品不可缺少的主要配套产品。主机对润滑效果和润滑液压功能的要求不断提高,促进了各主要生产企业的技术发展。各企业补充了必要的精密加工设备、检测设备、试验设备和辅助设备,润滑液压产品正在向智能控制、数字控制、专业化生产方向发展。太原矿山机器润滑液压设备有限公司开发的国内最高压力和最大流量的 BRW439/37.5 乳化液泵,样机在北京国际煤矿设备展览会上受到好评,电液控制阀组在用户单位完成了工业性试验。四川川润股份有限公司的日产 1 000 ~5 000t 水泥生产线用高低压稀油润滑集成系列产品、冶金高炉余热发电机组润滑系统的研制和投入使用,在阀孔加工、毛刺去除、清洗退磁等工艺方面进行了技术改进。四平维克斯换热设备有限公司的换热器 VB140、V65 板型技术的开发和 V 系列板式换热器、高温固化、整体熔化等新技术的应用,为企业发展增加了后劲。

基本建设和技术改造 2009 年,各润滑设备生产企业依据企业自身发展、产品发展和行业发展的情况,加大基本建设和技术改造投入。太原矿山机器润滑液压设备有限公司总投资 6 300 万元的煤机基础液压件项目,四川川润股份有限公司 6 521 万元、四平维克斯换热设备有限公司 6 000 万元和启东中冶润滑设备有限公司 5 000 万元的技术改造项目相继开工。项目预计两年后投产,润滑液压设备行业的整体技术水平、装备水平将有明显的提高。2009 年润滑液压设备行业固定资产投资情况见表 6。

表 6 2009 年润滑液压设备行业固定资产投资情况 (单位:万元)

单 位 名 称	总 计	基本建设投资	技术更新改造投资
启东中冶润滑设备有限公司	5 000	3 800	1 200
启东市南方润滑液压设备有限公司	430	180	250
启东丰汇润滑设备有限公司	81	17	64
温州市三丰润滑设备制造有限公司	23	9	14
江苏澳瑞思液压润滑设备有限公司	100	80	20
四川川润股份有限公司	6 521	6 474	47
四平维克斯换热设备有限公司	6 000	2 000	4 000
沈阳市北方润华冷却设备有限公司	10		
启东润滑设备有限公司	860	220	640
上海澳瑞特润滑设备有限公司	45		45
温州市龙湾润滑液压设备厂	8		8
太原矿山机器润滑液压设备有限公司	6 300	3 400	2 900

〔撰稿人:中国重型机械工业协会润滑液压设备分会王清 审稿人:中国重型机械工业协会润滑液压设备分会郝尚清〕

市场篇

分析矿山机械、物料搬运机械、大型铸锻件行业国内、国外市场情况

It analyzes international and domestic market situations concerning mining machinery, material hoisting and handling machinery, larger casting & forgings

市场篇

矿山机械国内市场及进出口情况

一、概述

矿山机械行业是为固体原料、材料和燃料的开采和加工提供装备的重要机械制造行业，其装备直接服务于钢铁、有色金属、煤炭、建材、化工、核能等重要基础工业，其产品在交通、铁道、建筑、水利、电力、国防等基本建设中也有大量应用。矿山机械行业在GB/T 4754—2002《国民经济行业分类》标准和国家统计局统计分类中，属专用设备制造业的采矿、采石设备制造小类，代码为3611。按国家矿山机械标准化技术委员会(SAC/TC88)现行标准规定，矿山机械行业包括：建井设备、采掘设备、提升运输设备、破碎粉磨设备、矿用筛分设备、洗选设备及焙烧设备七大类。其中提升运输设备中含井下窄轨运输车辆，目前在GB/T 4754中属交通运输设备制造业的3 712小类。

经济的快速发展，我国进入工业化后期进程的加快，使得矿山机械服务领域内的基础工业和基本建设部门对固体矿物资源的需求急剧增加，因此进入21世纪以来，矿山机械市场需求旺盛。另一方面全球经济的发展和我国矿山机械技术的进步，使得矿山机械的出口也稳步增长。从工业总产值和销售额上看，10年来矿山机械的年增长速度稳定在35%左右。2009年，各项指标再创历史新高，按中国重型机械工业协会统计简报(总第74期)提供的数据，2009年矿山机械行业有1 574个企业(不包括按SAC/TC88规定的属矿山机械工矿窄轨车辆行业的31个企业，下同)。工业总产值达1 645.25亿元，同比增长23.66%；新产品产值276.41亿元，同比增长18.96%；工业销售产值1 602.81亿元，同比增长23.99%；出口交货值68.90亿元，同比增长21.05%，连续第二年实现进出口顺差。据对全国399家主要矿山机械生产企业的统计，完成产量339.14万t；对66家主要水泥设备生产企业的统计，完成产量76.45万t。

市场需求在推动矿山机械制造业经济增长的同时，更促进了整个行业的技术进步，涌现了一批具有自主知识产权的大型先进产品，缩小了与先进国家的差距；经济的增长，效益的提高，使得更多的矿山机械制造企业有能力对自身装备和工艺进行现代化改造。

二、国内市场概况

1. 国内市场容量变化情况

2009年，矿山机械产品的国内市场容量达到近年来的最高点1 541.12亿元(按1美元=6.83元计和按中国重型机械工业协会《冶金矿山机械进出口年报(2009)》提供的进出口额计，下同)，是2000年的14.80倍，是2008年的1.24倍。从市场容量构成看，国产产品供应量达1 492.87亿元，国产设备的国内市场占有率达96.88%。2000～2009年矿山机械国内市场容量变化情况见表1。

表1　2000～2009年矿山机械国内市场容量变化情况

年份	国内市场容量(亿元)	比上年增长(%)	国产产品供应量(亿元)	比上年增长(%)	国产设备国内市场占有率(%)
2000	104.18		89.1	-0.8	85.05
2001	117.12	12.42	86.89	-2.50	74.20
2002	155.05	33.15	116.53	34.10	74.70
2003	236.49	51.64	151.57	30.10	64.10
2004	321.39	35.90	277.37	83.00	86.30
2005	426.36	32.66	388.56	40.09	91.10
2006	583.82	36.93	536.60	38.10	91.91
2007	885.54	51.68	832.22	55.09	93.98
2008	1 242.70	40.33	1 200.41	42.2	96.60
2009	1 541.12	24.01	1 492.87	24.36	96.88

注：数据来源于中国重型机械工业年鉴2008、中国重型机械工业协会统计简报(总第74期)。

由表1可见，国产设备的国内市场占有率逐年提高，反映了国内用户对国产设备的信任，国内市场对国产设备依存度的提高，也体现了国产设备的技术进步，但同时也反映出我国矿山机械行业对国内市场过分依赖的单一结构。2009年国内市场容量较上年增加约300亿元，但2009年国内市场容量年增长率是2003年以来最低的一年。显然这与钢铁、有色金属等行业受国际金融危机和国家对有色金属矿产的出口政策等有关。

2. 国内市场容量分析

国内市场容量系指国内矿山机械市场中国产矿山机械销售额和矿山机械进口额之和。2001～2009年国内矿山机械市场容量、国产矿山机械销售额及矿山机械进口额走势见图1。图1展现了2001年以来，国内矿山机械市场、国内外产品供应额的发展态势。2000～2009年国内市场容量走势见图2。据此模型可对此后几年国内矿山机械市场容量进行外推预测。

3. 国内市场对设备的技术需求分析

随着全球经济的一体化，国内矿山机械用户，特别是大型矿山机械用户，在矿山开发工艺和设备的采购方面已经与国际接轨，国产设备在国内市场的价格优势已不能起太大作用。从图1可见，2004～2009年的6年间，矿山机械的年进口额稳定在38亿～53亿元之间，平均约45亿元。为了支持和鼓励国产设备的发展，国家在WTO框架内出台了一些有关政策和措施，但38亿～53亿元设备的进口，恰恰反映出一些相关品种和规格的国产矿山设备，国内或尚不能制造，或在技术上尚不能满足国内用户的需求。总体上讲，国内市场对矿山机械“质”的需求，表现在下列几方面：

(1)国内矿山开发规模的扩大，要求设备的规格也要大型化；

(2)技术性能(包括可靠性、设备可利用率、安全和环保等)一般不低于发达国家同类产品水平；

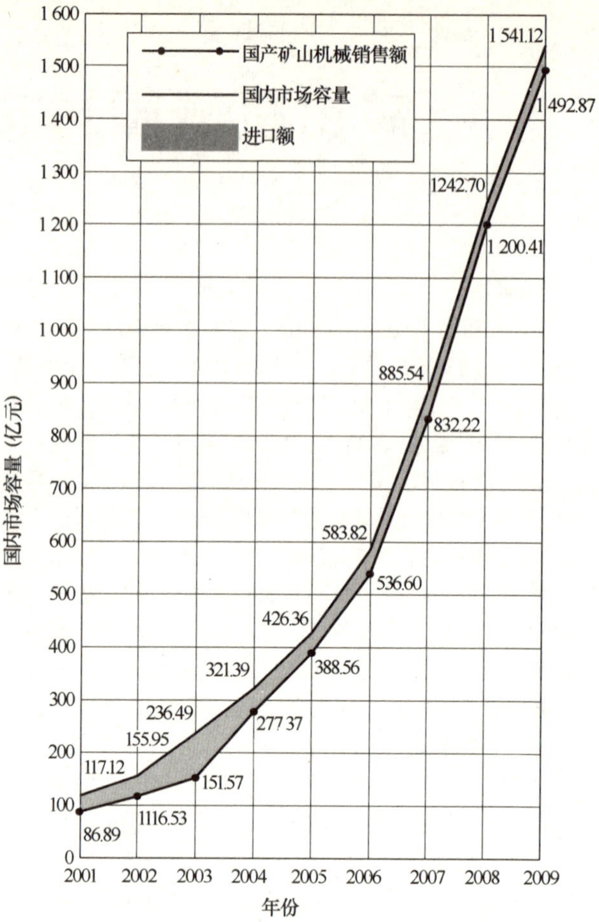

图1　2001～2009年国内矿山机械市场容量、国产矿山机械销售额及矿山机械进口额走势

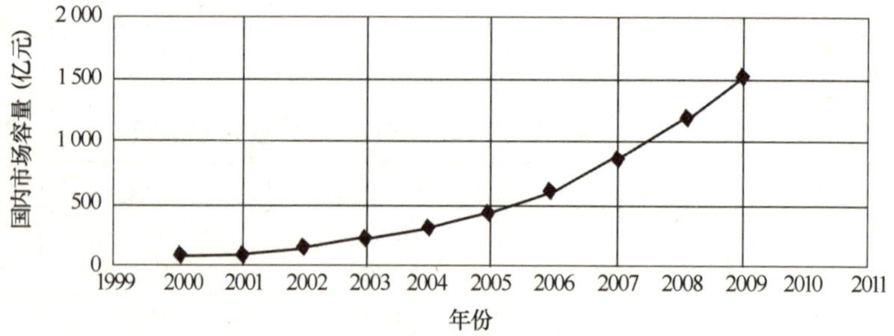

图2　2000～2009年国内市场容量走向

(3)由于我国矿物资源将渐渐转向对“贫”、“深”和共生矿综合利用的开发，对设备的个性化要求将突显。因此，“为用户提供个性化的最综解决方案”将是用户的所需。

4. 进口设备的技术因素分析

在经济全球化的今天，各国相互间进出口矿用设备是正常的，但我国矿山设备的进口，更关注于技术因素。2009年，我国矿山机械的进口额为70 800万美元，比上年增加9 779万美元，占国内市场容量的3.14%，是历年来最少的，可见我国矿山机械市场对进口设备的依赖性越来越小，但国产设备与进口设备的技术差距却又迫使我国对进口设备仍存一定的依赖性。但数量有限的进口设备大多为我国尚不能生产或尚不能满足国内需求的高端矿山设备，体现了我国矿山机械与国外产品技术上尚有很大的差距，表现在：①一些大型设备尽管国内能够提供，并在价格上具有优势，但技术性能不如进口产品，用户经常不愿采用(如井下综采机组、大型圆锥破碎机的产能和可靠性)；②一些大型工艺性较强的产品，国内尚不能提供，只能进口(如大型自移式破碎站)；③20世纪80年代以后引进设备(如大型挖掘机、大型矿用自卸车和井下综采机组等)的备品备件，我国当前还不能提供质量相当的产品(特别是液压和电气控制元器件)；④国内新研制的高端产品的国外进口件(如控制元件、关键传动件、大型专用轴承、部分传感元件等)。以上进口产品的共同特点是性能和质量高，但价格昂贵。

三、设备进出口情况

1. 主要产品进出口情况

2001年以来，矿山机械出口额一直呈增长趋势，进口额2008年前也呈增长走势，2008年同比下降，2009年小幅回升，进出口差额多年为逆差，2009年继2008年之后再次实现进出口顺差（19 500万美元）。2001～2009年矿山机械进出口情况见表2。2009年矿山机械主要产品进出口情况见表3。

2. 出口设备分析

2001年以来，矿山机械设备出口额稳定增长，出口产品的技术含量不断提高。近年来，我国一些主要矿山机械产品具有了与国外相当或接近的自主知识产权技术（如挖掘机、炮孔钻机、大型矿井提升机、大型磨机等），大多数企业进行了有成效的技术改造，提高了产品的制造质量，这是促进出口额增长的重要因素。但国产设备与国外产品在性能方面的差距，仍然制约设备的出口，我国矿山机械产品外销率很低，这并非单纯缘于国内市场容量大，国产矿山机械的技术性能仍落后于国际市场的要求，是其主要原因。2009年受国际金融危机的影响，出口额的增速低于上年。

表2 2001～2009年矿山机械进出口情况

年份	国内市场容量（亿元）	进口额（万美元）	出口额（万美元）	进出口总额（万美元）	进出口顺差（万美元）	产品外销率（%）
2001	117.12	16 576	5 553	22 192	－11 023	4.29
2002	155.95	29 179	7 131	36 310	－22 048	4.32
2003	236.49	60 320	7 619	67 939	－52 701	3.30
2004	321.39	59 970	11 411	71 381	－48 559	3.38
2005	426.36	45 412	20 266	65 678	－25 146	4.16
2006	583.82	60 543	29 407	89 950	－31 135	4.10
2007	885.54	76 170	46 285	122 454	－29 885	3.75
2008	1 242.70	61 021	82 539	143 560	21 518	3.36
2009	1 541.12	70 800	90 300	161 100	19 500	3.85

注：数据来源于中国重型机械工业协会统计简报（总第74期）。

表3 2009年矿山机械主要产品进出口情况 （单位：万美元）

产品名称	进口额	出口额	进出口总额	进出口差额
1. 采掘设备小计	22 163	11 752	33 915	－10 411
其中：自推进截煤机、凿岩机	13 803	4 953	18 756	－8 850
非推进截煤机、凿岩机	4 196	2 409	6 606	－1 787
矿用电铲	1 774	620	2 394	－1 154
牙轮直径382mm以上的采矿钻机	52	35	87	－17
其他采矿钻机	1 995	542	2 537	－1 453
钻筒直径3m以上非自推进工程钻机	137	130	266	－7
其他非自推进工程钻机	205	3 063	3 269	2 858
2. 筛分、洗选或洗涤设备	14 102	17 960	32 062	3 858
3. 破碎粉磨设备小计	32 115	57 562	89 677	25 447
其中：齿辊式破碎和粉磨设备	8 943	8 079	17 022	－864
球磨式破碎和粉磨设备	754	17 092	17 846	16 337
其他破碎和粉磨设备	22 418	32 391	54 808	9 973
4. 矿井提升设备	137	500	636	363
其中：电动矿井卷扬装置	60	365	426	305
非电动矿井卷扬装置	70	134	210	58
5. 矿山机械零件小计	2 261	2 547	4 807	286
其中：矿用电铲用零件	2 261	2 547	4 807	286
合计	70 777	90 320	161 097	19 543

注：数据来源于中国重型机械工业协会统计简报（总第74期）。

〔撰稿人：洛阳矿山机械工程设计研究院有限责任公司张荣宽　审稿人：洛阳矿山机械工程设计研究院有限责任公司邹声勇〕

2009 年我国物料搬运机械进出口市场分析

物料搬运机械包括起重机械、输送机械、装卸机械、工业车辆、仓储机械、架空索道等几大类产品。根据《中华人民共和国海关统计商品目录》的分类统计，物料搬运机械涉及的商品共有4类，用4位数字来表示的商品代码分别为8425、8426、8427、8428。其中，8425为滑车及起重葫芦、卷扬机及绞盘、千斤顶等；8426为起重机、移动式吊运架、跨运车等；8427为工业车辆，包括内燃叉车、电动叉车、集装箱叉车等；8428为其他升降、搬运、装卸机械，包括各种输送机、电梯、自动扶梯、架空索道等，以及列于8705中的部分流动式起重机，8709中的电动牵引车、短距离运货机动车辆等。本文中提及的物料搬运机械商品还包括上述4类商品的相关零部件，这部分列在商品代码8431中。

一、进出口市场概述

2009年，与我国发生物料搬运机械进出口贸易的国家(地区)共有203个，进出口总额达118.9亿美元。其中进口额32.9亿美元，进口国家71个；出口额86亿美元，出口国家(地区)201个；进出口顺差53.1美元。

受国际金融危机的严重影响，2009年我国物料搬运设备进出口额出现多年来未见的全面下降。与2008年相比，进出口总额下降20.79%，其中进口额下降11.8%，出口额下降23.76%，进出口顺差下降29.67%。

进出口总额超过1亿美元的国家(地区)共36个，超过2亿美元的国家(地区)共16个，超过3亿美元的国家(地区)共7个，进出口总额位居前3位的国家分别是德国12.5亿美元，韩国9.2亿美元，日本9.0亿美元。2009年进出口总额超过2亿美元的国家(地区)见图1。

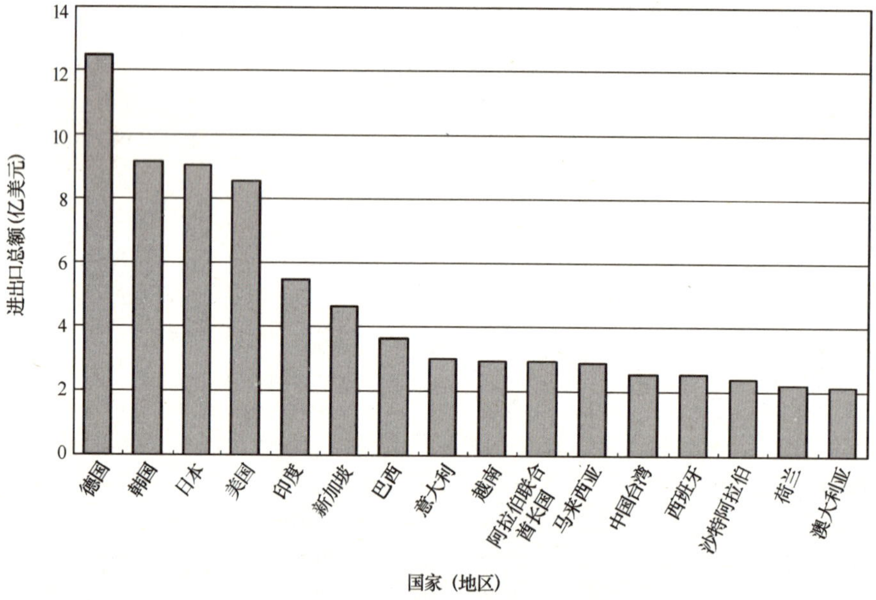

图1 2009年进出口总额超过2亿美元的国家(地区)

2009年我国内地31个省、自治区、直辖市经营物料搬运机械进出口贸易业务，前10位省市的进出口总额合计106.5亿美元，占全国进出口总额的90%。前10位省市中，除北京、湖南外，其他省市都处于沿海地区。2009年进出口总额前10位省市见图2。

二、进口市场概述

2009年，我国从71个国家(地区)进口物料搬运机械，进口总额32.9亿美元，其中从德国和日本进口分别为9.93亿美元和5.76亿美元，分别占进口总额的30.2%和17.5%，远远超过排位其后的美国、意大利、韩国等国。由于受国际金融危机的影响，2009年我国进口贸易总体上出现下降，但从德国进口的物料搬运设备总额同比增长11.1%，显示出德国物料搬运设备在中国市场上具有很强的竞争力。2009年进口额前10位国家(地区)见图3。

2009年，我国物料搬运机械进口额按地区统计，前10位省市以沿海地区为主，进口额合计28.25亿美元，占全国进口总额的85.9%。其中，进口额最大的是上海市，5.25亿美元，占全国进口总额的16%；上海、北京、江苏和广东4个省市的进口额合计18.24亿美元，占全国进口总额的55.4%。2009年进口额前10位省市见图4。

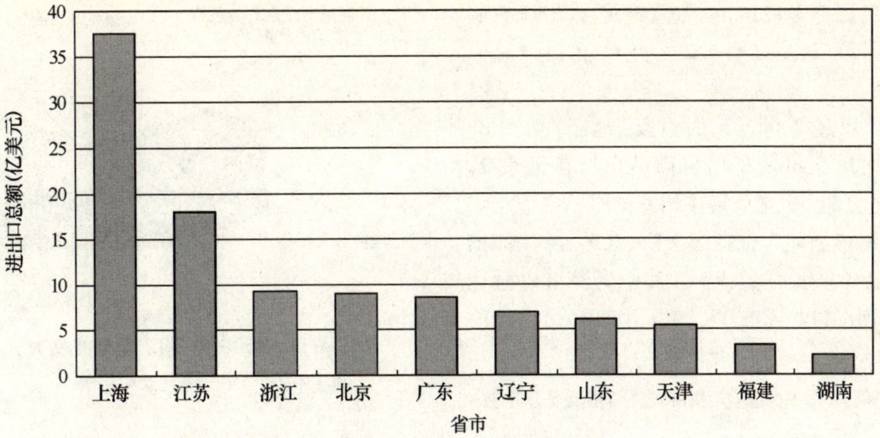

图2　2009 年进出口总额前 10 位省市

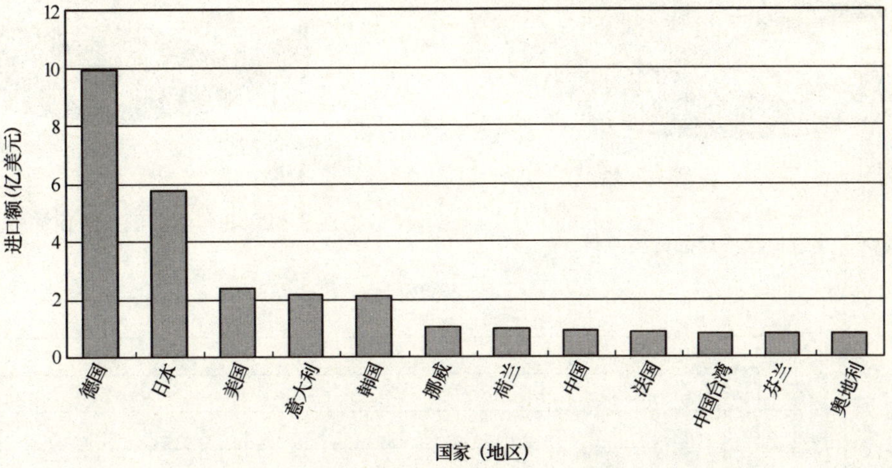

注:图中有关中国的数字表示从我国各地保税区进口的贸易额。

图3　2009 年进口总额前 10 位国家(地区)

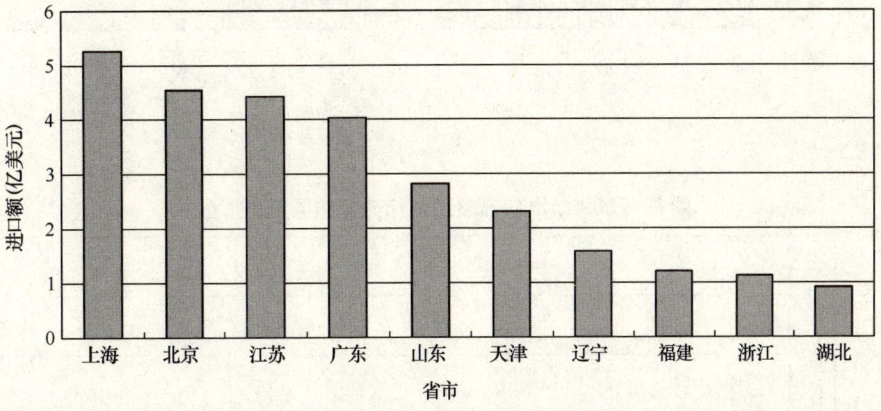

图4　2009 年进口额前 10 位省市

2009 年,进口额按产品分类统计,连续搬运设备的占比最大,进口额达到 13.68 亿美元,占进口总额的 36.2%。2009 年进口额按产品分类统计见图 5。

2009 年,一般贸易进口额占全部进口额的半数以上,是我国物料搬运机械进口贸易的主体。2009 年进口额按贸易方式分类统计见图 6。

2009 年,国有企业、外商独资企业和合资企业是进口贸易的 3 大板块,其中国有企业占比最大,为 33.2%,但私人企业占比则从 2003 年的 4% 增至 2009 年的 13.4%。从长远发展来看,私人企业对物料搬运机械的进口需求还将继续增加,将成为进口市场的重要组成部分。2009 年进口额按企业性质分类统计见图 7。

三、出口贸易概况

2009 年,我国物料搬运机械出口到 201 个国家(地区),出口总额 86 亿美元。其中出口额超过 1 亿美元的国家(地区)共 27 个,出口额超过 2 亿美元的国家(地区)共 12 个。

其中,出口额最大的国家是韩国,达7亿美元,占出口总额的8.2%;美国位居第二,出口额6.2亿美元,占出口总额的7.2%。

2009年出口额超过2亿美元的国家(地区)见图8。2009年我国物料搬运机械主要出口商品出口额见表1。2009年出口额超过1亿美元的发展中国家见图9。

2009年,我国出口额前3位省市上海、江苏、浙江的出口额合计占全国出口总额的62.9%。其中上海出口额达32.4亿美元,占全国出口总额的37.4%。2009年出口额前10位省市见图10。

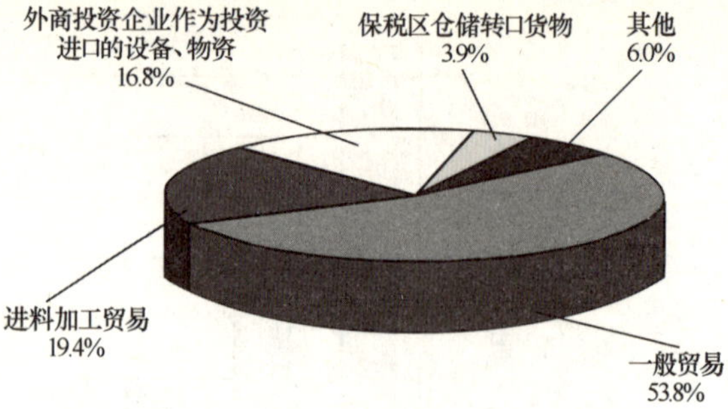

图6　2009年进口额按贸易方式分类统计

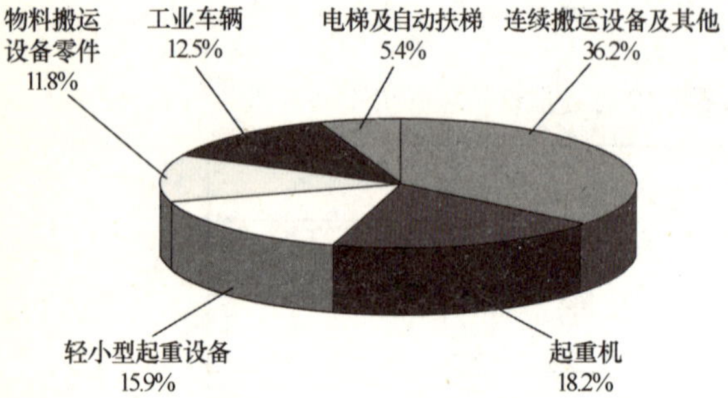

图5　2009年进口额按产品分类统计

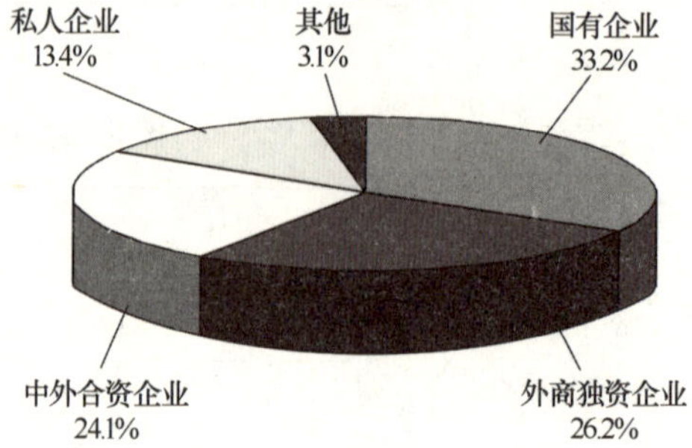

图7　2009年进口额按企业性质分类统计

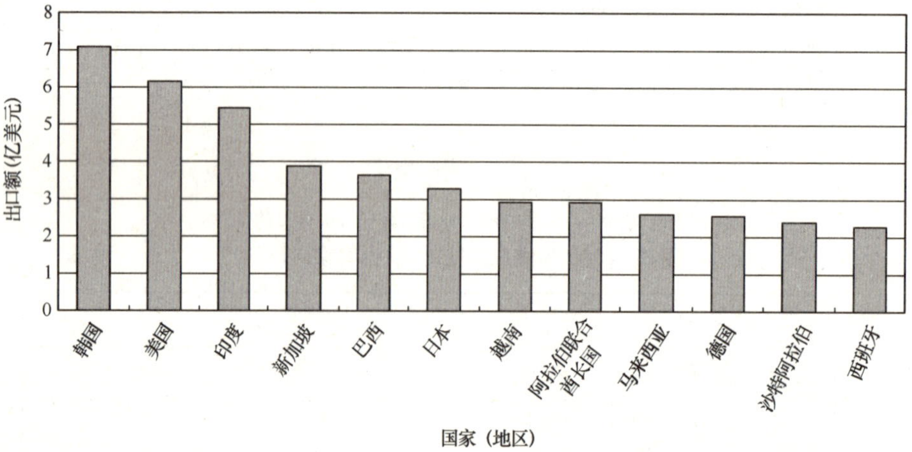

图8　2009年出口额超过2亿美元的国家(地区)

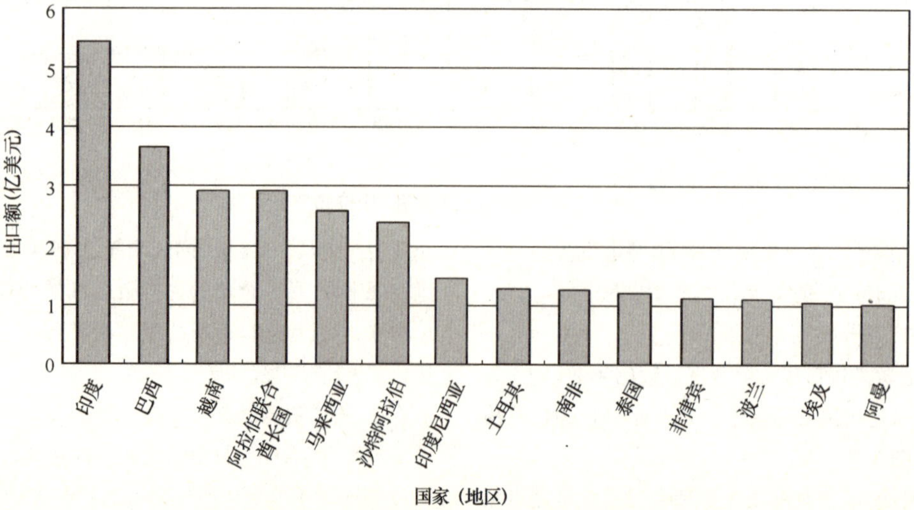

图9　2009年出口额超过1亿美元的发展中国家

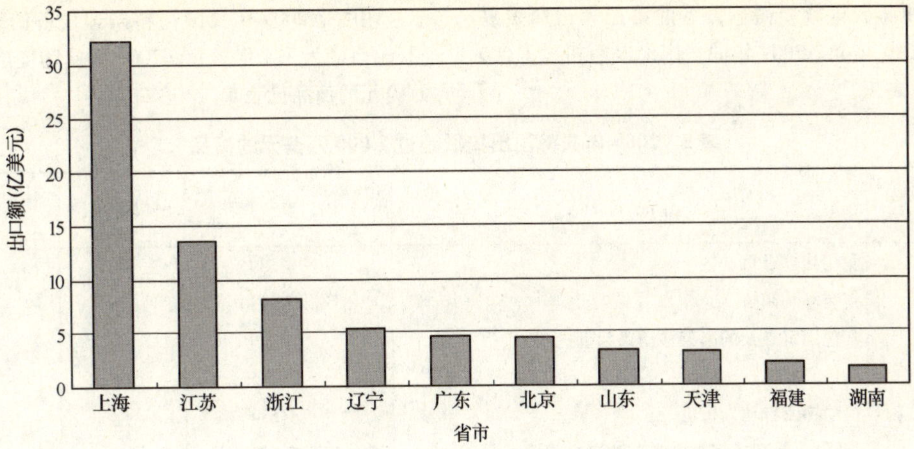

图10　2009 年出口额前 10 位省市

表 1　2009 年我国物料搬运机械主要出口商品出口额

出口商品名称	出口额（百万美元）
集装箱装卸桥	1 510.27
龙门式起重机	689.07
载客电梯	534.22
自动梯及自动人行道	487.09
叉车	446.46
千斤顶	355.30
带式连续运送货物的升降机及输送机	264.92
门座式起重机及座式旋臂起重机	246.29
塔式起重机	189.28
履带式起重机	188.14
通用桥式起重机	184.60
斗式连续运送货物的升降机及输送机	89.74
胶轮移动式吊运架及跨运车	86.53
手动葫芦	72.50
抓斗式卸船机	69.53
电动葫芦	68.55
链式连续运送货物或材料的升降机及输送机	67.66
装船机	60.58
辊式连续运送货物或材料的升降机及输送机	56.40
带胶轮的其他自推进起重机械	52.97
气压升降机及输送机	31.54
门式装卸桥	30.65
集装箱叉车	14.80

2009 年，出口贸易按产品分类统计，起重机出口额最大，达 35.5 亿美元，占出口总额的 41.3%。2009 年出口额按产品分类统计见图 11。

2009 年，我国出口贸易主要为一般贸易和进料加工贸易。2009 年出口额按贸易方式分类统计见图 12。

2009 年，物料搬运机械出口额按企业性质分类统计与 2008 年相比，中外合资企业出口额占比提高 6 个百分点，私人企业出口额占比下降 5.3 个百分点。2009 年出口额按企业性质分类统计见图 13。

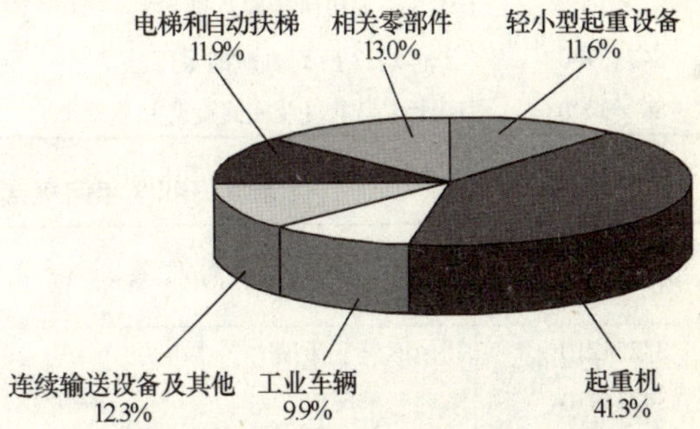

图 11　2009 年出口额按产品分类统计

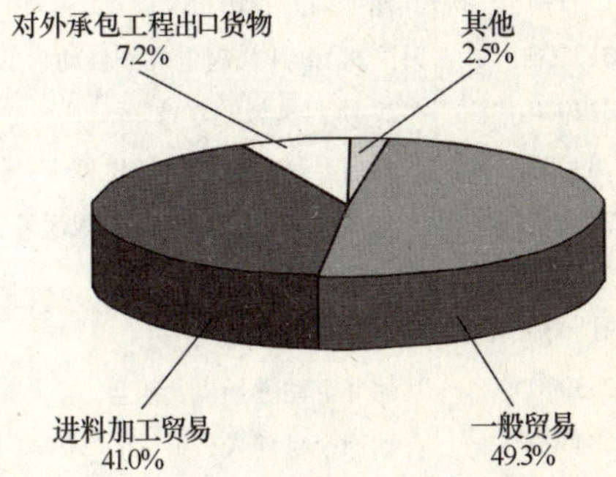

图 12　2009 年出口额按贸易方式分类统计

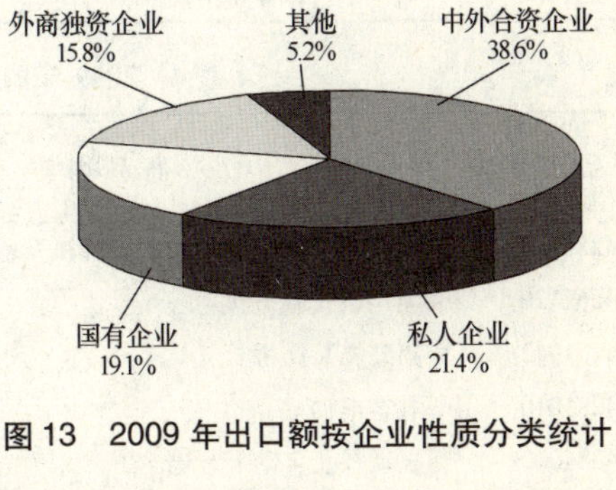

图 13　2009 年出口额按企业性质分类统计

2009 年，韩国是我国物料搬运设备最大的出口贸易国，出口额为 7.08 亿美元。2009 年向韩国出口额超过 1 000 万美元的商品见表 2。

美国是2009年我国物料搬运设备的第二大出口贸易国，出口额为6.2亿美元。2009年向美国出口额超过1 000万美元的商品见表3。

印度是2009年我国物料搬运设备的第三大出口贸易国，出口额为5.4亿美元。2009年向印度出口额超过1 000万美元的商品见表4。

表2　2009年向韩国出口额超过1 000万美元的商品

商品代码	商品名称	出口量	出口量单位	出口额（百万美元）
84261930	龙门式起重机	89	台	162.39
84261942	集装箱装卸桥	23	台	157.41
84261190	其他固定支架的高架移动式起重机	99	台	54.42
84261929	其他卸船机	5	台	49.80
84284000	自动梯及自动人行道	1 534	台	47.07
84313100	升降机、倒卸式起重机或自动梯的零件	47 948 618	kg	46.67
84253190	其他电动的卷扬机及绞盘	9 892	台	34.77
84311000	8425所列机械的零件	14 399 986	kg	28.45
84312000	8427所列机械的零件	21 586 606	kg	21.66
84313900	其他8428所列机械的零件	9 690 778	kg	14.46
84263000	门座式起重机及座式旋臂起重机	88	台	12.59

表3　2009年向美国出口额超过1 000万美元的商品

商品代码	商品名称	出口量	出口量单位	出口金额（百万美元）
84254210	其他液压千斤顶	4 708 388	台	109.09
84254910	未列名千斤顶	3 968 250	台	55.83
84254290	液压提升机	95 550	台	54.71
84313900	其他8428所列机械的零件	20 020 722	kg	54.29
84253190	其他电动的卷扬机及绞盘	579 364	台	44.67
84313100	升降机、倒卸式起重机或自动梯的零件	12 652 652	kg	35.71
84312000	8427所列机械的零件	26 078 684	kg	32.54
84289090	未列名升降、搬运、装卸机械	341 942	台	31.34
84279000	未列名叉车等装有升降或搬运装置的工作车	213 426		30.83
84261941	门式装卸桥	3	台	27.09
84311000	8425所列机械的零件	12 898 900	kg	25.98
84253990	其他非电动卷扬机及绞盘	287 0323	台	16.80
84284000	自动梯及自动人行道	306	台	16.15
84251900	非电动的滑车及提升机	338 898	台	13.61
84254990	未列名提升机	528 556	台	12.06
84251100	电动的滑车及提升机	81 812	台	11.63

表4　2009年向印度出口额超过1 000万美元的商品

商品代码	商品名称	出口量	出口量单位	出口金额（百万美元）
84283990	未列名连续运送货物的升降机及输送机	786	台	72.79
84261120	通用桥式起重机	206	台	45.13
84261942	集装箱装卸桥	6	台	43.61
84281010	载客电梯	1 148	台	39.95
84284000	自动梯及自动人行道	905	台	34.08
84261190	其他固定支架的高架移动式起重机	99	台	33.23

（续）

商品代码	商品名称	出口量	出口量单位	出口金额（百万美元）
84283300	带式连续运送货物的升降机及输送机	513	台	28.50
84261921	抓斗式卸船机	3	台	24.69
84289090	未列名升降、搬运、装卸机械	3 570	台	24.22
84264910	履带式起重机	47	台	22.68
84261930	龙门式起重机	35	台	19.04
84313100	升降机、倒卸式起重机或自动梯的零件	9 595 029	kg	18.47
84262000	塔式起重机	111	台	18.32
84283200	斗式连续运送货物的升降机及输送机	117	台	16.11
84261929	其他卸船机	4	台	15.31
84269900	未列名起重机	163	台	10.87

〔撰稿人：中国重型机械工业协会肖立群　审稿人：中国重型机械工业协会徐善继〕

大型铸锻件市场

“十一五”期间，我国大型铸锻件市场需求旺盛，产量大幅增长，大型铸锻件产品供不应求，拥有大型铸锻件制造能力的企业成为全球争夺的制造资源。特别在国家大力发展低碳经济及新能源的背景下，核电、大型水电、高效火电、风电、大型石化、煤化工等清洁能源装备需求增长强劲，为大型铸锻件行业的发展注入了新的动力，给我国大型铸锻件行业的飞速发展提供了良好的外部条件。

“十二五”期间乃至今后很长的一段时期内，我国要走新型的工业化道路，将用高新技术和先进适用技术改造传统产业，提倡节能环保，可再生能源回收再利用等绿色经济。2010年4月6日国务院正式发布了关于进一步加强淘汰落后产能工作的通知，明确由工信部牵头，18个部委联合严厉淘汰电力、煤炭、钢铁、水泥、有色金属、焦炭、造纸、制革、印染等9个行业的落后产能。因此，今后一段时期，我国对节能减排先进装备将有巨大的市场需求。这些先进装备对于大型铸锻件产品又有着巨大的市场需求。节能减排、绿色环保将成为大型铸锻件行业促进产品结构调整和高新技术开发的市场切入点。

铸锻件是重型机械的重要组成部分，尤其是冶金设备、发电设备、矿山设备、水泥设备、锻压设备、船舶及军工设备等，铸锻件一般要占设备总重量的30%以上；在轧钢机、水轮发电机和汽轮机等电站设备中，铸锻件的重量更要超过设备总重量的50%。因此，不论是国内还是国外，上述设备对大型铸锻件都有一个长期持续的市场需求。

“十二五”期间，以下几个领域对大型铸锻件的市场需求情况预测如下。

（1）发电设备用大型铸锻件。近年来，我国是世界上电力装机容量发展最快的国家。2009年，全国投产装机容量达到了8 970万kW，总装机容量突破了8亿kW。我国年均投产装机容量连续七年都超过了7 000万kW，增速居世界首位，总装机容量达到了世界第二位。但是，人均装机容量却远远未达到国际先进国家水平，局部缺电和限电的情况还是比较严重。今后我国将加快能源结构的调整，更加注重新能源的发展，增加清洁能源和新能源的比重。

1）火电设备用大型铸锻件。“十二五”期间，国家将进一步执行上大压小的政策，以8 000万kW/a的速度逐步关停12.5万kW和20万kW小火电机组，同时不再新上30万kW以下火电机组，火电发电总量占比从当前的76%，到2020年将下降到70%。我国火电发展将以60万kW超临界、60万～100万kW超超临界机组为主，并积极发展大型蒸汽—燃气轮机联合循环发电机组。预计每年百万千瓦超超临界火电机组需求10台以上。按每台大型燃煤机组平均需要大型锻件250t、大型铸件150t计算，预计火电锻件年均需求量约2.5万t、铸件约1.5万t。

2）水电设备用大型铸锻件。水电是清洁的可再生能源。我国水力资源丰富，内陆水力资源蕴藏量居世界首位，积极发展水电将是我国在较长的时间内坚持的政策。但我国可开发水能资源技术的利用率偏低，仅为26%，而美国为67.4%，法国为96.9%，加拿大为38.6%，日本为66.6%，我国的水能利用程度远低于世界工业化国家。2009年，我国水电总装机容量已达到1.92亿kW。根据国家发改委《可再生能源中长期发展规划》，预计到2020年将新增水电装机容量1.5亿kW，总量达到3.5亿kW。国内未来10年内将新增单机容量70万kW及以上大型水电机组近100台（根据建设总量计算），每年平均新装机10台70万kW及以上大型水电机组。按每台大型水电机组需要大型铸锻件约810t计算，每年大型水电铸锻件市场需求约为8 100t。

3）核电设备用大型铸锻件。当前，世界上33个国家和地区共有436台核电机组在役运行，全世界核电装机总量已达到3.6亿kW，占总发电量的17%。全球有16个国家和地区的核电发电量占总发电量的比重超过25%，其中法国高达77%、比利时达50%、欧盟为35%、日本为34%、美国为20%、俄罗斯为15%，我国还不足2%。

我国当前只有11个核电机组在役运行，占全国电力装机容量的比重不到2%。美国在20世纪六七十年代核电建设高峰期，同时在建项目达到61个，法国最高峰同时在建项目达40个，我国当前在建规模才21个。近年来，我国新开工建设核电站8个，核准规模3 140万kW，在建核电规模2 067万kW，占世界在建核电机组的比例超过30%，成为世界在建核电规模最大的国家。

根据《新能源产业振兴规划》，我国将对核电中长期发展规划做进一步调整。即在原规划到2020年达到4 000万kW装机容量的基础上扩容4 000万kW，达到8 000万kW，在建2 800万kW，力争2020年核电装机容量占电力总装机的比例超过5%。因此，“十二五”期间我国将进一步加大核电投资规模。“十二五”期末核电装机容量将达3 600万kW，占总装机容量的4%，年均投资额350亿元。

据此预测，我国在2010～2015年核电建设高峰期将年均建设8～10个机组；相应的我国装备行业也应该具备年产10～12套百万千瓦核电装备的能力。一套百万千瓦压水堆核电机组核岛部分的压力容器、蒸汽发生器和稳压器及管板、主管道锻件约3 000～3 500t，平均每年需要3万t，这还未包括常规岛大型半速转子锻件和缸体铸件等。基于环境保护的压力和核电技术的进步，全世界已经兴起又一轮核电建设热潮，加上到期的核电设备更换，我国核电大锻件必将有很好的出口前景。加上世界市场预计每年的需求为7.5万t。

4）风电设备用大型铸锻件。风电是世界上正在快速发展的又一可再生能源。我国是风力资源大国，“十一五”期间，我国风力发电装机容量年年翻番，从2005年的装机容量100万kW，发展到2009年全国累计装机容量近2 600万kW。当前国内每年新增装机容量近10 000MW，风电装机总容量连续五年以翻番速度增长。根据国家调整的风力发电发展规划，预计到2020年，我国风力发电的总装机容量要突破1.5亿kW。有关专家估计，中国有能力在2050年前后风电装机容量可以达到甚至超过4亿kW，风电将成为我国第二大主力发电电源。

风电设备所需大型铸锻件为风机主轴，风塔法兰、轮毂、环锻件等，一套风机锻件按15t、铸件按10t计算，也是一个不可忽视的市场。

（2）冶金矿山设备用大型铸锻件。我国的钢铁工业在“十一五”期间得到了快速的发展。2009年全年产钢5.678 4亿t，比上年增长13.5%。在全球钢产量减产21.5%的大背景下，国内消费需求仍然强劲，粗钢表观消费达到5.650 4亿t，比上年增长24.8%，创历史新高。我国已成为最大的钢铁生产和钢材消费国。

但是，长期粗放发展的积累造成了我国钢铁产业矛盾日益突出。一是盲目投资严重，产能总量过剩。因此，国家相继出台了一系列政策，并在2009年《钢铁产业调整和振兴规划》中明确要求钢铁行业加快产业结构调整，提高产业集中度，淘汰落后钢铁产能。因此，“十二五”期间，钢铁行业的重点是加快调整钢铁产业布局，限制产能，淘汰落后，调整结构，建设资源节约型、环境友好型钢厂，对冶金设备要求主要是环保节能、实现连续化、大型化和自动化生产的先进装备。

但是，我国的人均钢材产量和消耗量在国际上仍然处于较低水平，人均耗钢量仍然远远低于发达国家。因此，我国对钢材的需求必将是长时期和逐步增加的趋势。

按每年冷热连轧机新建和配件所需锻钢支承辊约700支，毛坯锻件约5万t（每支毛坯锻件重70t）；每年中厚板轧机锻钢支承辊新建和备件约150支（每支毛坯锻件重100t），毛坯锻件约1.5万t；热轧工作辊每年需要毛坯锻件约3万t。合计起来，每年需在万吨级水压机上生产的大型轧辊毛坯锻件接近10万t。这其中不包括与国外厂家合作制造项目配套的轧辊以及国内企业参与国际市场的冶金设备用轧辊。

因此，预计我国冶金设备、矿山设备及备件用大型锻件每年的需求量在50万t以上。

（3）石化设备用大型锻件。我国是石化产品生产和消费大国。化肥、农药、成品油、乙烯、合成树脂等产品产量位居世界前列。根据《石化产业调整和振兴规划》，中国原油加工能力2010年达到4亿t，2020年达5亿t左右，将新建和改造20多个千万吨级大型炼油厂。“十二五”期间，我国新增炼油能力将达1.35亿t，新建炼油厂规模基本达到1 000万t，新建乙烯项目则达到100万t。预计2020年前将新建和改造30余套百万吨级乙烯装置，当前国内已核准的百万吨级装置超过5套。

在炼油设备中，容器、塔器、热交换器的投资约占70%。预计每年需锻焊结构的厚壁重型容器约30台，其中千吨级以上加氢反应器占1/3。每个1 000万吨级炼油厂投资约200亿元，设备投资占50%约为100亿元。因此预计，“十二五”期间炼油设备的投资约1 350亿元。

煤化工装备方面，随着我国第一座年产油品500万t的神华集团煤液化工程建设，其他地区煤制油基地建设也将启动。预计锻焊结构重型容器市场将有每年40台的需求，化工工业所需的各种热壁加氢反应器化工高压容器锻件，年需求量在2万t以上。

（4）造船工业用大型铸锻件。经过多年的发展，我国船船工业已经形成了原材料配套强、劳动力素质高、制造业体系完备等综合竞争优势，世界造船业正逐步向我国转移。虽然金融危机对船舶工业的影响十分明显，当前船舶工业结构性能力过剩矛盾逐渐显现。但长期来看，我国总体技术水平和产品档次不高，高技术、高附加值船舶占世界市场份额不足10%。海洋工程装备设计、总包技术以及核心配套设备仍主要依靠国外，因此，我国船舶工业发展前景依然十分广阔。

根据《船舶工业中长期发展规划》，今后几年船舶工业将保持平稳较快增长。在“十二五”末期，我国要形成开发、建造高技术、高附加值船舶的能力，年造船能力达到2 800万载重吨，年产量2 200万载重吨，年销售收入1 800亿元（其中出口1 500万载重吨，出口值160亿美元），使我国成为世界造船强国。同时对配套能力提出了要求，即船用低速柴油机、中速柴油机、甲板机械等配套设备的国内市场满足率要达到80%以上，船用低速、中速柴油机年生产能力分别达到1 200台、600万kW，本土生产的船用设备的平均装船率（按价值计算）达到80%以上。因此，预计“十二五”期间船用大锻件的年需求量约10万t。当前国内企业制造能力仍然不足，国外也有较大需求。

在海洋工程方面，国家支持有条件的企业研究开发新型自升式钻井平台、深水半潜式钻井平台和生产平台、浮式生产储卸装置、海洋工程作业船及大型模块、综合性一体化组块等海洋工程装备以及海水淡化等海洋工程关键系统和配套设备。这一领域将是重型机械大型铸锻件行业不断开发拓宽服务领域的新市场。

（5）航空、航天、军工设备用大型模锻件。大型模锻件市场是以航空工业为主，军工部门及其他民用工业部门也有一定需求。

大飞机技术是衡量一个国家科技水平、工业水平和综合国力的重要标志。大型飞机作为重大专项列入《国家中长期科学和技术发展规划纲要（2006—2020年）》和“十一五”规划，于2007年正式立项。当前，美国能够锻造波音飞机的大型航空模锻件，法国能够锻造空客飞机的大型航空模锻件，俄罗斯能够锻造图154以上飞机的大型航空模锻件，我国还不能够锻制任何一款大飞机的大型航空模锻件。我国大飞机航空模锻件必须走国产化道路。因此，航空模锻件是我国“十二五”期间必须攻克的产品。我国独立研制大飞机大型航空模锻件的举措不仅意义深远，而且市场前景广阔。

“十二五”期间，随着全球经济的复苏，我国重型机械大型铸锻件市场的需求总体向好。未来几年内，我国电力、石化、冶金、航空航天、船舶等行业的发展仍将对大型铸锻件产业发展有巨大拉动作用。

〔撰稿人：中国重型机械工业协会大型铸锻件分会王孜 审稿人：中国重型机械工业协会大型铸锻件分会蒋新亮、刘文〕

企业篇

2009年重型机械行业主要企业运行情况，重点企业经营理念，文化建设及发展规划

Mainly enterprises' operating situations, business concepts, cultural development and development programs in the heavy machinery industry in 2009

企业介绍

人物访谈

创新、调整、转变

与世界同行

——访太原重型机械集团有限公司董事长岳普煜

岳普煜 Yue Puyu

工学博士，教授级高工；历任太原重型机械集团有限公司设计院院长、太原重型机械集团公司副董事长、总经理，现任太原重型机械集团有限公司董事长；2010年荣获“全国优秀企业家”光荣称号。

太原重型机械集团有限公司（以下简称太重）始建于1950年，是新中国自行设计、建造的第一座重型机器厂。建厂伊始，太重先后研制了我国第一台50t桥式起重机、我国第一台4m^{3}挖掘机、我国第一台350t门式起重机等一大批国家急需的重型机器产品。20世纪80年代，太重开启了我国重矿行业对外合作的先河，以宝钢140连轧管机组为标志，大胆引进技术、合作制造，在与世界先进企业的巨大差距中重新定位，确立了“引进—消化—吸收—再创新”的思路，太重起重机、挖掘机、油膜轴承等主导产品开展了广泛的对外合作，太重开始逐步融入世界。进入21世纪，凭着50多年的深厚积淀和加快改革开放所迸发出的巨大活力，太重进入了历史上最快的发展时期，三峡1 200t桥式起重机、480t铸造起重机、20～55m^{3}挖掘机、ϕ340mm无缝管轧机、10 000t铝合金挤压机、1 800kW电牵引采煤机，以及航天发射塔架、残奥会“白玉盘”舞台、国家大剧院舞台等一大批标志性产品彰显了太重制造的实力。2006年，太重集团荣获“全国五一劳动奖状”，2008年胜利跨入了百亿企业的行列，提前两年实现了“打造百亿太重”的“十一五”规划目标。

自建厂至今的60年间，太重人一直秉承“自立图强、求实创新、团结奉献”的企业精神，不畏艰险，百折不挠，为国家基础工业和重点工程建设、重点技术改造项目提供了1 000多种、20 000多台（套）装备，创造了360多个国内外第一，成为了国内最大的大型起重设备生产基地、最大的矿用挖掘机生产基地、最大的管轧机生产基地、最大的矫正机生产基地，品种最全的锻压设备生产基地，覆盖领域最宽的轮、轴产品生产基地，世界最大的轧机油膜轴承生产基地。

经历了六十年风雨的太重，在新形势下将如何继承传统、实现转型发展？如何开拓创新，实现跨越发展？本刊记者采访了太重集团董事长岳普煜。

一、全面创新促发展

纵观太原重型机械集团有限公司（以下简称太重集团）的发展史，就是一部企业的创新史，太重集团的发展也充分印证了创新对于企业的重要性。然而，创新必须以战略为引导，必须对企业的成长空间、竞争地位等有一个清醒的认识，并在此基础上，制定一个清晰的战略路线图，围绕战略目标大力推进制度、观念、管理、技术等全

方面的创新，以战略引导创新，以创新推动战略。在支持企业战略上，太重集团一方面继续加大技术创新力度，不断开拓新领域、开发新产品，以形成多元化产业格局，促进中国制造向中国创造的转变；另一方面，太重集团加大了观念及管理上的创新，从只出售产品向既出售产品又提供设备成套服务和工程总包服务的模式转变。在“创建世界太重”战略目标的引领下，太重集团将继续大力推动制度创新，不断完善现代企业制度，着力构建充满活力、富有效率、更加开放、有利于科学发展的体制机制；大力弘扬“赢在细节，精益求精”的卓越理念，以国际一流企业为标杆，全面强化细化管理，全力塑造国际化企业新形象；在主要产品领域做大做强，使太重品牌成为集团公司所涉及业务领域最具影响力的品牌。

二、提升能力促转变

国际金融危机使太重集团下游行业尤其是冶金行业出现低迷，导致公司各类产品的订货信息都有不同程度的减少，订货难度增加，货款回收难度加大，用户信用风险增加。面对市场的变化，太重集团迅速采取了一系列应对措施：一方面加强经销组织和用户走访，抓紧落实项目；另一方面加大信息跟踪力度，全力以赴抓好订货，同时严格控制非生产型开支，最终保持了主营业务收入的持续增长。

金融危机也为企业发展带来了新的机遇。欧美经济不景气，国内经济的周期性调整，是企业加快承接国际先进制造业转移、推进国际化战略的良好机遇，也是积极进行战略性调整、布局下一轮跨越式发展的有利时机。

太重集团适时提出了“提高四种能力，实现四个转变”的发展举措（着力提高自主创新能力、精细化管理能力、风险控制能力、和谐建设能力；实现以传统领域为主向产品多元化转变，实现国内市场为主向国际国内市场并重转变，实现由传统的生产型制造商向新型服务型制造商转变，实现由要素依赖型、规模拉动型向质量效益型、创新驱动型增长转变）。在此理念指引下，太重集团将继续加大产业布局调整，做好天津临港重装研制、出口基地建设，做好重大技术装备大型铸锻件国产化研制项目、高速列车车轮等关键零部件研制项目、高端液压园区项目等一系列集团公司重大项目；尽快建立完善全球营销网络和服务体系，在重型机械、矿山采掘、轨道交通、新能源和海工设备等领域做大做强一批新产品，促进太重集团产品多元化格局的形成，在国际产业中赢得更多的话语权和控制权；继续加大技术创新力度，促进中国制造向中国创造转变。努力将太重集团建设成国际一流的现代化重型装备制造企业集团。

三、多元化发展应万变

多元化发展是太重集团的发展路径，也是太重集团应对市场变化，提高风险抵御能力的方法之一。根据经济环境以及市场环境的变化，太重集团近期介入了一些新的领域，并开发出了相应的产品。如在风电领域，继成功开发出1.5MW风机之后，又研制成功了2MW风机；在工程机械领域，成功开发了500t全路面起重机以及660t履带起重机，主要应用于核电、风电、石化、钢铁、桥梁、港口等各种重大项目工程建设。在这些新产品的基础上，太重集团将进一步扩充产品线，形成系列化产品。未来太重集团将进入海洋工程装备领域，形成传统产品与新产品齐头并进的多元化产品格局。

四、国际化之路开新篇

当前太重集团的国际化道路主要以产品出口为导向，主导产品（包括起重设备、挖掘设备、轮轴产品等）均已实现出口，出口目的地主要集中在东南亚和南美洲，主要国家和地区包括印度、俄罗斯、韩国、沙特阿拉伯、美国、秘鲁等二十多个国家和地区。

太重集团将继续实施改革创新，加快结构调整，整合优势资源，全面培育集团公司的国际化经营能力，将“太重”打造成国际知名品牌，到“十二五”末期，海外业务收入将占到集团公司主营业务收入的30%以上。太重集团将从五个方面促进国际化进程：①营销网络方面，在印度、南美、巴西、澳大利亚设立分公司或办事处，紧跟国内大企业“走出去”战略进行布点，积极发展战略合作关系的代理伙伴，建立健全全球营销网络；②产品服务方面，在澳大利亚、秘鲁、印度等主要市场设立服务中心，实施维修、服务本土化，实施备品备件供应、项目跟踪交流；③研发体系方面，加大引进外国专家的力度，积极谋划兼并国外设计机构；④人力资源方面，招聘当地的营销和维修人员，组建海外队伍；⑤管理水平方面，逐步导入六西格玛管理，加快企业信息化建设，大力推进精益制造，促进管理理念、管理标准和管理水平全方位与国际接轨。

未来太重集团将继续以发展中国装备制造业为己任，继续发扬“唯我先锋”的太重精神，以天津滨海重型装备研制与出口基地、重大技术装备大型铸锻件国产化研制基地、高速列车轮对组成关键件生产基地、煤机成套装备生产基地以及高端液压元器件及系统生产基地五大基地为依托，继续走产品多元化的发展途径；在“十二五”期间，形成煤炭与矿山机械、发电与新能源设备、工程机械与液压产品、轨道交通设备、冶金机械、港口机械与海洋工程装备并举发展的多元化产品格局，并着力打造十个50亿元规模的分公司、子公司，实现营业收入500亿元以上，以更加开阔的思路，以只争朝夕、时不我待的干劲，谋求大发展，实现新跨越，把太重集团建设成为世界一流的大型重型装备制造企业集团。

〔本刊责任编辑：袁士华　特约编辑：高培成〕

“二次创业”求转变

——访上海振华重工（集团）股份有限公司总裁康学增

康学增 Kang Xuezeng

高级经济师、高级工程师，历任中交第一航务工程局有限公司一公司总经理，中交第一航务工程局有限公司总经理、董事、党委副书记，现任上海振华重工（集团）股份有限公司总裁。曾获“交通部第一航务工程局新长征突击手”、“全国交通系统劳动模范”、“天津市优秀企业家”等荣誉称号。

上海振华重工（集团）股份有限公司（以下简称上海振华重工）成立于1992年，为国有控股A、B股上市公司，控股方为世界500强之一的中国交通建设公司。上海振华重工是全国乃至世界最大的重型装备制造企业。

上海振华重工主要产品为港口机械、海上重型装备以及大型钢构钢梁等。公司已生产岸桥近1 600台、场桥近3 000台，产品遍布世界76个国家和地区，占据世界市场78%以上的份额。近年来，公司向开采海上油气田的海上重型装备制造领域进军，已成功研制各种海上工程船，如起重船、浅水和深水铺管船等。海上重型装备市场已成为公司新的经济增长点。

上海振华重工在上海、南通、江阴等地设有8个生产基地，占地总面积约833万m^2（1万亩），总岸线10km，特别是长江口的长兴基地有深水岸线5km，承重码头3.7km，是全国也是世界上最大的重型装备制造企业。公司有7 500名焊工，每年10万t钢结构的制造实力，能够生产制作单件重达2 000t或更大的重型钢构钢梁。公司拥有世界首屈一指的23艘6万～10万吨级整机运输船队，可将大型产品跨海越洋运往全世界。另外，公司还拥有全国最大的8艘浮式起重船，起重量最大达4 000t，吊高110m。

在国际金融危机的影响下，消费低迷与市场萎缩致使航运业萎靡不振，上海振华重工以集装箱起重机为主业的港口机械市场订单明显减少。后危机时代，上海振华重工采取何种措施战胜困难，实现更好的发展？带着问题，本刊记者采访了上海振华重工总裁康学增。

一、调整结构，拓展市场

上任之初，康学增确定了“大的发展战略基本不变，通过调整结构谋求效益”的工作思路。他认为，港口机械是上海振华重工的品牌产品，仍需继续做好并确保应有的市场份额，而大型钢结构、巨型浮吊和铺管船等重型装备作为公司新的业务增长点的格局不变；在港口机械产品国外订单下滑的不利情况下，将积极启动国内港机市场加以弥补，并在海工设备、大型钢结构等产

业方面，培育优秀人才队伍，突破发展瓶颈。

面对困难，上海振华重工加快了在海上重工、大型钢结构等领域市场开拓的步伐，做出了有益尝试，并取得了一系列成果。

在港机市场方面，振华重工坚持国内、国外两轮驱动开拓市场。在国外市场注重发挥公司“ZPMC”世界名牌的影响力，确保公司港口机械产品处于全球市场占有率的领先地位，并努力开拓新的国家和地区市场；同时，加强国内市场的发展，2010年上海振华重工港机产品占国内市场的份额同比提高20%。

在散货机械市场，振华重工作为国内领军企业，一方面继续保持国内市场份额的稳中有升，另一方面充分利用集装箱起重机海外市场运作的成熟经验，在国际市场力推散货机械产品。

上海振华重工积极调整产品结构，重点培育以海洋工程、大型钢结构工程为主的全新市场。公司具备切入高端产品市场的明显优势，在海工市场，已成功建造了多台具有世界影响力的起重船，同时加快了自主创新和引进创新的步伐，加强在全球海工市场的影响力。在钢结构市场方面，公司持有世界权威的美国钢结构协会桥梁和建筑钢结构企业生产资质、德国钢结构生产企业资质、加拿大焊接局钢焊接企业资质，已完成了世界最大的英国风力发电项目全部钢结构制造，承接了太中银铁路无站台柱雨棚制造项目。

2011年，上海振华重工将进一步加大海工产品和大型钢结构等新产品的市场拓展力度，在保持起重船和铺管船建造优势的同时，开建300英尺（91.44m）自升式海洋钻井平台，为全球海工市场的全面复苏提前铺底。

在环保低碳新能源市场方面，上海振华重工利用人才、技术、设备等软硬件方面的优势，前瞻性地介入了低碳环保新能源领域。江苏龙源振华海洋工程有限公司的成立，标志着公司开始进军海上风电市场，并在新能源装备的发展中取得主动权。公司自主研发的环保高效的全自动化码头已和唐山市曹妃甸工业管委会签订框架协议。它所带来的示范效应，必将引领当今集装箱码头新一轮建设的发展趋势。

在配套件和售后服务市场方面，上海振华重工加大对公司特有且领先的吊具、重型齿轮、电控系统等产品的宣传力度，举行配套件推介会，进一步提高产品影响力。售后服务是经营的保障。公司不断完善售后服务网络，完善全球性网络；采取信息化手段做好对备件库的管理，提高反应速度，为营造市场创造条件；做好产品售后服务管理，提高客户对“ZPMC”品牌的忠诚度和满意度。

二、技术创新，提供保障

上海振华重工的成功离不开技术创新。在激烈的市场竞争中，技术创新是上海振华重工敢于与强争锋的最大支撑。公司保证每年投入总产值的2%用于科技创新研发领域。在近几年的科研创新颁奖大会上，每项大奖都给予100万元的奖励。公司还重视科学实验，要求各机电配套件生产厂家必须设实验台，并不断改进产品质量，提高技术含量。未经实验证明其成功的机电配套件，决不贸然用于主产品配套。新技术、新材料、新工艺得以迅速转化为生产力。

公司联合全国和上海市强大的科研力量，实现产学研共同战斗。与上海交通大学、海事大学、同济大学等签定了合作协议，共同攻克科技难关，并取得多项成果，如利用超级电容作成的环保场桥，用GPS（全球卫星定位系统）和差分装置作成的场桥可以实现高精度直线行走和箱位管理。另与10多家科研院所保持密切合作关系。

面对新的形势，上海振华重工将进行以“抓市场、调结构、夯基础、上水平”为核心的“二次创业”：将抢抓市场、调整经营结构作为头等大事来抓，树立起全员经营的思路；解放思想，力争从生产型企业向经营型企业转变，从追求规模发展向坚持效益优先转变，从粗放式发展向内涵式发展转变。

十九年的发展铸就了上海振华重工世界知名的“ZPMC”品牌，取得了举世瞩目的发展成果。上海振华重工的“二次创业”将着力在经营、管理、企业文化、管控体制等方面寻求新的突破与转型，并迈向新的发展高度，打造基业长青。

〔本刊责任编辑：袁士华〕

豪情满怀　永争第一

——访上海电气重工集团总裁吕亚臣

吕亚臣　Lü Yachen

上海电气（集团）总公司副总裁、上海电气重工集团总裁，上海重型机器厂有限公司董事长、上海船用曲轴有限公司董事长。曾荣获“中国机械行业青年科技专家”，“机械工业部、中国机械冶金工会先进工作者”，“上海市先进制造业领军人物”，“全国重型机械行业优秀企业家”和“国家科技进步奖一等奖”等荣誉。

上海电气重工集团成立于2007年1月4日，是上海电气集团股份有限公司下属关键产业集团；由上海重型机器厂有限公司、上海电气核电设备有限公司、上海第一机床厂有限公司、上海电气凯士比核电泵阀有限公司、上海核电技术装备有限公司和上海船用曲轴有限公司组成；是“国内领先、具有国际竞争力”的重工业务板块。上海电气重工集团以闵行和临港两大制造基地为支撑，具有强大的热加工生产和世界级极端加工制造能力。上海电气重工集团的产品以一流的大型铸锻件技术为支撑，以核电核岛主设备的集成制造为发展重点，以大型船用半组合曲轴和船用机电配套产品为经济增长点，以大型冷、热连轧机等冶金设备为技术水平标志，以具有自主知识产权的碾磨制粉设备等 “中国名牌”产品为市场形象，以大型机械压力机等“世界第一”的重工产品为特色，竭诚为全球的装备制造业和电站（核电）、冶金、船舶、矿山、石化、交通等行业提供大型成套设备以及特需的“最终产品”和“中间产品”。

作为企业带头人，吕亚臣是如何带领上海电气重工人践行万吨精神，自主创新，打造世界第一的？带着这些问题，本刊记者采访了吕亚臣。

一、难忘的历程

1962年春天，历经四年，我国自行设计的万吨水压机在上海重型机器厂制造成功。研制过程中，上海重型机器厂职工励精图治，克服了环境艰苦、条件有限等困难，攻克了重重难关，保证了万吨水压机的顺利完成，挺起了中国人的脊梁。“万吨精神”自此诞生，并激励着上海重型机器厂一代代传人。

2001年，吕亚臣出任上海重型机器厂厂长。

面对连续10年亏损、濒临破产解体，亏欠外债几亿元、职工月平均工资只有600元的企业，吕亚臣以埋头苦干“勤”为首的工作作风，率领上海重型机器厂干部职工踏上了一条奋起拼搏、脱贫解困的创业路。一年后，2002年底，工厂合同按时履约率从年初的15%提高到83%，人均劳动生产率从过去的7万～8万元提高到30万元，职工收入从此超过了上海市职工年平均收入；2003年，上海重型机器厂人均商品产值和人均订货量均高居全国重型机械行业榜首，人均销售收入位居全国同行业亚军，人均指标综合考评居全国同行业首列；2005年，上海重型机器厂的商品产值是2000年的13.8倍，职工人均收入是2000年的3.7倍。

2007年，上海电气集团集中优质资源组建重工集团，集中力量实现核电核岛主设备、大型铸锻件和大型船用曲轴三大战略发展目标，这是国家的重托，也是历史的重任。在高新技术产业化发展的关键时期，这个艰巨的任务再次落在吕亚臣的肩上。

二、自主创新，永争第一

因为国内没有制造船用大型低速半组合柴油机曲轴——万吨船舶“心脏”的能力，只能全部依赖进口，所以中国造船产业的发展长期受制于一些发达国家。1978～1997年，中国在进口曲轴上的花费高达9 000多万美元。吕亚臣立志自主研发属于中国人自己的曲轴。2005年1月31日，中国第一根船用大型低速半组合柴油机曲轴在上海重型机器厂有限公司和上海船用曲轴有限公司下线，实现了船用曲轴国产化零的突破。如今，上海船用曲轴有限公司已经实现批量化生产，具有年产200根以上大型曲轴的生产能力。产品规格覆盖了世界两大著名品牌柴油机公司设计的全部柴油机曲轴，并实现了批量出口。

2007年，刚刚成立的上海电气重工集团，一切都是创造，一切都是创新。闯过逆境之后的吕亚臣更加坚毅、执着，他豪情满怀地说，"重工集团要做，就做世界第一！"

2008年，上海重型机器厂有限公司热加工技术改造项目大获全胜，一举实现了当时热加工装备的三个"世界第一"：世界上最大的1.65万t（165MN）自由锻造油压机，与之配套的世界最大的250t/630t •m操作机以及世界最大的450t电渣重溶炉。

1.65万t（165MN）自由锻造油压机由中国重型机械研究院和上海重型机器厂有限公司联合设计，上海重型机器厂有限公司制造，是当前世界上跨距最大的自由锻造油压机，能满足国际上最新技术的百万级核电及其他筒体类产品的锻造需要，突破了大型铸锻件的技术瓶颈，对我国核电、火电、水电、大型船舶、大型石化、冶金装备、航空航天、国防军工等战略性产业的发展具有重要的意义。

250t/630t•m锻造操作机是具有当今国际先进水平的大型锻造操作机，由德国SMS-MEER（西马克梅尔）公司和上海重型机器厂有限公司合作制造，是为165MN自由锻造油压机配套的设备。该锻造操作机与1.65万t (165MN)油压机配套，实现压机与操作机联动，完成锻造工序，大大提高了锻造生产效率、锻件精度和质量；同时，由于减少了锻件加热次数，降低了能源消耗，实现了节能减排。它的制造成功，极大地提升了上海电气重工集团热加工锻造能力，为其在国际国内装备制造业的科技创新、产品升级奠定了领军地位。

450t电渣重熔炉是当前世界上最大的电渣炉，是上海重型机器厂有限公司自主设计、自行制造，拥有完全自主知识产权的设备，可生产主要用于第二代、第三代百万千瓦核电机组的汽轮机低压转子、发电机转子、蒸发器管板等核电大锻件以及大型支承辊等用电渣钢锭。它的制造成功，将大大提升上海电气重工集团大型锻件的制造能力。

2009年，上海电气重工集团初步完成了战略转型，成为上海电气集团聚焦国家战略、发展核电产业的关键产业集团。

三、聚焦国家战略，重点发展高端装备制造业

上海电气重工集团聚焦国家战略，以高新技术的研发为主攻方向，以填补国内外装备制造空白为自己的历史责任，以高新技术产品的产业化为经济发展主要方式，主要从事核电核岛主设备的集成制造，大型铸锻件和大型船用曲轴的研发制造，以及生产制造冶金轧制设备、电站碾磨设备、矿山水泥设备、大型锻压设备等重型机械产品。

上海电气重工集团拥有闵行和临港两大制造基地，具有世界级的热加工生产能力和极端加工制造能力。通过2005年以来的扩能技术改造，重工集团在闵行和临港建设了现代化的制造基地，形成了世界一流的核岛集成制造能力、热加工生产能力和极端加工能力。其中，临港重装备基地占地面积约73.5万m^2，建筑面积约22万m^2，最大起吊能力达1 400t，主要承担核电核岛主设备、大型船用曲轴的制造，配备了当今世界先进的精密检测仪器、精密焊接设备和具有极端制造能力的加工装备。1 000兆瓦级核电压力容器、蒸发器、稳压器年产当量达到2.5套（2012年可达到4～6套），堆内构件和控制棒驱动机构年产当量达到4.5套（2012年可达到8～10套）；大型铸锻件生产规模可达到年产25万t钢液、大型锻钢件12万t、大型铸钢件产量4万t，生产能级达到一次钢液量720t、单件铸钢件最重520t、双真空钢锭最重600t、单件锻钢件最重350t；大型船用半组合式曲轴达到年产200根的生产规模，资质和能力覆盖MAN B&W 和W•NSD两大柴油机专利公司设计的全部规格船用曲轴。

"如何不断加强科研创新，提升重工集团的软实力，打造重工集团的核心竞争能力"，这是吕亚臣脑海里一直在思考的问题。

上海电气重工集团成立以来，累计投入的科研经费超过17亿元，进行的攻关项目超过170项，申报专利100多项，获得国家级科研奖项11项、上海市级科研奖项13项，连续三年在中国国际工业博览会上获得金奖。

当今世界，新能源技术炙手可热，重大装备市场方兴未艾。上海电气重工集团要努力服务国家战略，振兴中国高端装备制造业，将以科学发展观为统领，坚持"绿色制造"、制造"绿色能源"，继续践行万吨精神，认真扎实地推进"再次创业"和"建设世界级工厂"活动，坚持不断创新，为提升国力而增强自己的能力。

吕亚臣提出，上海电气重工集团在"十二五"期间要再铸辉煌：百万千瓦级核电核岛主设备集成制造能力位列全球前列，大型铸锻件科研水平和制造能力达到世界一流，船用曲轴年生产能力进入世界前三；形成3～5个国内第一和1～3个世界顶级的具有自主知识产权的工艺制造技术；销售收入超过百亿元，净利润超过十亿元，实现把上海电气重工集团建设成国际化产业集团的目标，为发展中国高端装备制造产业和核电事业作出更大的贡献。

〔本刊责任编辑：袁士华〕

诚信是基石

——访卫华集团有限公司董事长、总裁韩宪保

韩宪保 Han Xianbao

中国重型机械工业协会常务理事、桥式起重机专业委员会和物料搬运机械工业协会副理事长，曾荣获“中国优秀民营企业家”、“2009年度中国最佳诚信企业家”、“首届（2010）河南经济年度人物”等荣誉称号，现任卫华集团有限公司董事长、总裁。

卫华集团有限公司（以下简称卫华集团）始建于1988年6月，是一家以研发、生产起重机械、港口机械、建筑塔机、减速机等产品为主的大型企业集团。经过20多年的奋勇拼搏，现已发展成为我国起重机械行业产销量大、品牌影响力强的企业集团之一，主导产品产销量全国第一。现拥有15家控股子公司，员工5 000余人，其中大专以上学历人员1 100余人。注册资金1.66亿元，总资产29亿元，占地面积110万m^2。企业产品源源不断进入机械制造、钢铁冶金、核能工业、矿山采掘、水利水电、公路铁路、电力能源、汽车制造、石油化工、港口物流、船舶制造等领域。产品畅销全国各地，并远销英国、俄罗斯、土耳其、巴西、越南、泰国、印度、伊朗、巴基斯坦、阿曼等二十多个国家。2010年销售收入36.2亿元，创历史同期最高水平。

自2001年以来，卫华集团产值、销售收入、利税等主要经济指标以年均60%的速度增长，实现了跨越式发展，受到各级政府、社会各界及同行业和客户的认可与好评。企业先后获得“中国机械500强”、“中国民营企业500强”、“中国装备制造业100强”、“中国诚信典型示范企业”、“全国守合同重信用企业”等300多项殊荣。“卫华”牌桥式、门式起重机获得“中国名牌产品”称号，“卫华”商标被评为中国驰名商标。卫华集团是中国重型机械工业协会副理事长单位，桥式起重机分会副理事长单位和中国物料搬运机械工业协会副理事长单位。

卫华集团拥有河南省唯一一家起重机械装备工程技术研究中心，国家授权专利76项。2007年，“卫华集团技术检验测试中心”获得中国合格评定国家认可委员会实验室认可；2008年，卫华集团被评为“河南省创新型试点企业”和“河南省知识产权优势企业”；2009年，卫华集团被评为“国家高新技术企业”、“全国知识产权试点单位”，研发创新能力不断提升。

卫华集团是怎样快速发展，并取得一系列辉煌成就的？让我们听一听韩宪保董事长怎么说。

一、发展历程

从1988年建厂到1995年，卫华集团完成了由简单维修和零部件加工向电动葫芦研制和批量生产销售转变的过程，形成基本的骨干团队。

1995年前后，在长垣地区其他企业还在忙于简单维修和零部件加工时，卫华集团毅然拿出全部积蓄，购买机器设备开始了起重机整机生产，产品由单一生产电动葫芦转为同时生产单梁、双梁起重机。2000年销售额达到4 700万元。这一阶段，卫华集团打破了家庭小作坊式的管理模式，开始步入规范化的管理轨道，以诚信经营

和优良的服务赢得社会各界的广泛赞誉，以严格的质量管理和稳定的产品质量，赢得了客户的认可，并被评为“河南省质量管理先进单位”，奠定了卫华集团在国内起重机行业的基础地位。

2001～2005年的五年中，公司实现了高速发展，年均增速在80%以上，并于2004年成立了卫华集团，完成了由公司化管理向集团化管理的转变。卫华集团的生产规模和经济效益都实现了重大突破，起重机的研制生产从50t发展到400t，公司产值、销售收入、利润等主要经济指标以年均80%以上的速度递增，2005年实现销售收入7.3亿元。

2006年以来，卫华集团坚持实行现代企业制度，不断增强企业实力，努力实现由大向强的转变，由量到质的提升。这一阶段，企业坚持深化管理，总结“十五”期间的成功与不足，在做强、做精、做实上下功夫，努力实现管理创新；继续保持稳健增长，同时努力寻求新的经济增长点；积极探索国际化市场，从资本运作、国际合作等方面，开拓新的领域；深入总结长期发展的成功经验和多年来积累的宝贵精神财富，提炼并初步形成了有卫华特色的企业文化、企业形象和广泛的品牌影响力。

二、诚信经营

诚信是卫华品牌的内核，也是卫华企业文化的“魂”。诚信经营是卫华集团发展壮大的思想基础。韩宪保董事长曾说过，说到就一定要做到，做的要比说的好，没有说到但该做的，也要做到。卫华人讲诚信不单是对客户讲诚信，对供应商和合作伙伴、对政府、社会、银行都以诚相待，从来不为自己的利益伤害对方的利益。卫华的成长与成功源自于诚信，诚信是卫华集团成长与成功的基石。创业之初就开始坚持的诚信经营，为卫华集团寻找并建立长期友好合作伙伴奠定了基础。

正是秉承着“诚信”这一核心思想，卫华集团赢得了社会各界的广泛赞誉，并先后荣获了“全国重质量守信用企业”、“中国诚信典型示范企业”等称号。国际上一些知名的起重机生产企业，如日本三菱电机公司、住友重工公司，德国德马格公司，芬兰科尼公司等同行业巨头，对卫华集团实地考察后颇为赞赏，并表达了合作意向。

三、以人为本

卫华集团坚持以人为本的管理理念，把人才当作企业的重要资源，以待遇留人、环境留人、感情留人、事业留人。近年来，卫华集团在长垣地区率先为员工缴纳“四险一金”，并从2007年开始，先后与郑州大学、河南大学、武汉理工大学等高校联合开设管理类、机电类的专科、本科、研究生班，为公司员工提高素质和工作能力搭建平台。2008年推出的汽车福利待遇，已有67人享受，并且2011年享受汽车福利的范围进一步放宽，将惠及更多的员工。2009年，开通集团至郑州、洛阳、开封、新乡等地的免费班车，推出免费就餐福利，并且从2011年1月份起，提高就餐标准，保证员工的就餐质量和生活水平不断提高。2010年，讨论通过了卫华集团股权激励办法，与绩效工资、专项奖、安全奖等形成了一体化的员工激励体系。2011年，成功开发建设“卫华世纪城”和“兴盛社区”福利房，帮助员工解决住房之忧等。完善的各项员工福利政策，形成了集团以人为本的长效激励机制。

当前，卫华集团90%的中高级管理人才和专业技术人员来自全国各地，四年来平均每年引进150名大学毕业生，为企业引入新的思维方式，带来新的管理理念，大大增强了卫华集团的核心竞争力。一大批掌握国内起重机设计制造技术的优秀技术、管理人才凝聚在卫华集团的旗帜下，为卫华集团的建设和发展发挥着重要作用。

四、未来发展方向

2010年下半年，卫华集团重新修订了五年发展战略，以转变发展方式，调整产业结构为核心思想，确定了“一业为主，多业并存”的发展思路：以国家“十二五”发展为契机，以打造百亿卫华为目标，在全国乃至全球配置资源，实现企业发展方式的转变；围绕起重机主业，依托起重机产业集群，通过产业整合和产品升级，追求外延扩张与内涵增长的平衡发展，成为中国起重机行业领袖型企业；同时，持续调整和优化产业结构，通过走资本运营和适度的多元化道路，实现产业之间的互补和协同效应，打造新的增长引擎，逐步发展成为多产业的企业集团。

卫华集团总体发展战略重新明确了未来五年的总体发展目标，即到2015年，卫华集团的营业收入突破135亿元，其中起重机主业要实现100亿元，占总目标的近75%；新兴产业要实现35亿元，占总目标的近25%。卫华集团将在全国布局新的制造基地，进行产业链的延伸和产业整合，不断丰富产品品种，完善产品结构，进入建筑机械、工程机械、核电领域，通过技术创新和管理创新，提高产品技术含量和质量水平，实现产业和产品升级，不断扩大市场覆盖率和占有率。

〔本刊责任编辑：袁士华　特约编辑：王忠侠〕

变革 创新 突破

——访抚顺隆基电磁科技有限公司总经理张承臣

张承臣 Zhang Chengchen

抚顺隆基电磁科技有限公司创始人之一，曾获“抚顺市优秀中国特色社会主义事业建设者”荣誉称号，现任抚顺隆基电磁科技有限公司总经理。

抚顺隆基电磁科技有限公司（以下简称抚顺隆基）创建于1993年，是国家级高新技术企业，行业标准起草单位，中国重型机械工业协会理事单位，中国重型机械工业协会洗选设备专业委员会副理事长单位。厂区占地面积14万m^2，建筑面积9万m^2，员工1 000余人，其中60%拥有专科以上学历。公司拥有中国机械工业联合会指定的行业唯一的磁选工程技术研究中心、辽宁省工程技术研究中心和1个与中科院电工所合作的联合实验室。连续9年销售额居同行业首位，是磁选机、除铁器、起重电磁铁、有色金属分选机、永磁起重器等工业磁力应用产品的专业供应商，拥有40多项国家专利和多项创造性技术成果。产品出口世界30多个国家。“隆基” 作为中国驰名商标产品，已为国内外4 000多家客户提供了可靠、增值、便利的专业设备和方案。

一、充满变革的发展之路

1993～1999年，自行研制了稀土永磁除铁器，并通过了煤炭部新技术成果鉴定；以向印度尼西亚出口3 台除铁器为开端，先后将产品推广到欧美、东南亚等地区，确定了“全球最具竞争力的磁性工业品供应商”的企业目标；取得自营进出口权。

2000～2005年，开发出大型超强磁电磁除铁器，打破了中国超大型高性能除铁器长期依赖进口的局面；通过ISO9001质量体系认证，产品设计、生

产与销售严格执行ISO9001：2000标准，并由“中国检验认证集团质量认证有限公司”监督，具备先进的检测设备和方法，专业的质检和售后服务团队, 售后服务得到用户的极高评价与肯定；通过CE认证，取得欧盟自由出口权；“隆基”产品获得国际权威机构认可，全球著名工业磁应用企业与抚顺隆基商谈合作。

2006～今，成立（合资）抚顺隆基电磁科技有限公司；研发生产国内首台“超导电磁除铁器”，与中科院签署超导项目长期合作协议；新扩建厂房6万m^2，作为省级研究中心和中科院联合实验室。

抚顺隆基从2001年取得全国同行业销售额第一的业绩，并一直保持下去。

二、科技创新结硕果

抚顺隆基专业技术团队235人，坚持自主研发，取得40余项国家专利和多项创造性技术成果。2010年立式感应湿式强磁选机获得国家火炬计划立项。

新产品高梯度磁过滤器在磁场强度、磁系冷却、滤芯布置和冲洗方式上具备集成创新特点。与原有设备相比，独特的磁系设计并配以高聚磁专用不锈钢基体滤芯，能满足180℃高温水的除铁要求，出水铁含量低于15μg/L，其节水节能的特点更加符合国家能源环保战略，产品的各项指标均达到国际先进水平，荣获“中国国际专利技术与产品交易会金奖”。

高强磁煤用重介质磁选机荣获国家发明专利，采用先进的磁路设计和磁性材料的最新科研成果，确保50年内磁力降低不超过1%。按照抚顺隆基公司推荐的工艺要求，经众多用户实际应用，该产品能够保证重介质回收率达99.9%，为磁选效果提供了有力保证。

磁性物料除铁器获得国家专利证书。该产品采用独特的磁场排布技术，可以从磁性物料中有效、不间断地分拣杂铁，从而保护输送设备，提高工作效率，具有良好的经济效益和社会效益，达到国际先进水平，主要应用于选矿、冶金行业。

上吸式废钢及冶金渣磁选机选出率高，吸力强劲，运行可靠。钢渣专用带磁机运行平稳，分选效果显著，适用于各种工况下的钢渣生产线，有效解决当前钢渣线存在的问题。

三、信息化建设促进管理创新

张承臣认为，行业中有些企业对信息系统应用成功率不高，就抱有怀疑态度，其实不是信息系统有问题，而是企业自身的需求不明确，信息化成功的关键是有适合企业自身特点的信息化流程。抚顺隆基从2006年起就开始了信息化建设。公司从设计源头抓起，根据企业自身特点设计了信息化流程，从产品设计、技术管理到生产管理，再到业务管理、财务管理、人力资源管理等，在3年时间内全部实现了信息化，优化了企业管理模式。公司重点产品在客户端的使用状况与公司进行协同。客户端遇到故障时，信息能够得到即时的反馈，完善了公司服务过程，推进了企业的健康发展。PDM项目的运行与实施，带动了企业管理模式的创新、产品设计工业的创新，为企业发展提供了可靠的信息化支持。

2010年，公司加强对外合作与交流，保持与各行业协会的紧密联系，同时与行业内知名企业开展合作。当前，公司已与太钢不锈钢股份有限公司建立了战略合作伙伴关系，公司产品立式感应湿式强磁选机在袁家村项目招标中战胜众多竞争对手，成功中标，签订合同金额5 400万元，提供设备100套。隆基产品以其优越的品质，一流的服务赢得用户的认可，“隆基”商标被认定为中国驰名商标，成为行业内的一面旗帜。

未来抚顺隆基将更加坚定变革创新的信念，保持创新的动力和正确的思路，并将取得更多突破性的成果。抚顺隆基前进的步伐会更加稳健有力。

〔本刊责任编辑：袁士华〕

创新是行业和企业发展的动力源。没有创新，就没有生命力。

“十一五”期间，重型机械行业以重大装备国产化为己任，加大新产品研发和传统产业升级换代力度，完成了一批国家重大装备课题，走上了创新发展的全新道路。在创新过程中，涌现出一批为行业发展作出突出贡献的带头人。

中国重型机械行业的发展史，也是一部行业优秀企业家的成长史。《中国重型机械工业年鉴》作为行业历史的“鉴”证者，以“人物访谈”栏目客观、真实地记录了重型机械行业优秀企业家的创新经营理念、调整结构的成功经验。让我们继续关注中国重型机械行业、企业的发展，使“人物访谈”栏目展现更多优秀企业家的风采！

企业介绍

中国第一重型机械集团有限公司

2009年，中国第一重型机械集团公司（以下简称一重）经受住了国际金融危机的重大考验，全年实现商品产值120亿元，成功实现整体上市，首次公开发行A股股票。全年获国家和省市科学技术进步奖8项，申请并获得国家知识产权局受理专利98项，其中发明专利28项，制定国家和行业标准20项。

一、生产发展情况

2009年，一重实现商品产值120亿元，商品产量20.2266万t，销售收入92.7277亿元，利润13.3亿元，工业增加值31.2688亿元，国有资产保值增值率为110%。2009年主要产品产量见表1。

表1 2009年主要产品产量

产品名称	产量(t)
冶金设备	111 394
锻压设备	2 524
石化容器	21 859
矿山设备	2 443
大型铸锻件	16 736
重型机械配件	23 100
其他	24 210
合计	202 266

二、市场经营及销售

2009年主要产品销售收入见表2。

表2 2009年主要产品销售收入

产品名称	销售收入(万元)
冶金设备	311 089
锻压设备	5 319
石化容器	118 155
大型铸锻件	122 682
重型机械配件	90 317
出口产品	220 361
其他	59 354
合计	927 277

2009年，一重大力开拓国内外市场，实施市场多元化战略；加大对重点用户、潜在用户的走访力度，了解用户需求，开展有针对性的营销工作。这些措施已取得初步成效，如与30多家新用户建立了合作关系，产品覆盖轧制、锻压、石化、海洋工程等多个设备领域。在代理销售方面，通过与韩国、印度、中国香港及国内代理公司合作，同时，继续保持与西门子奥钢联、西马克等国际知名企业的良好合作关系，拓展国际市场空间，成功将一重的加氢反应器、轧制设备、工矿备件等销往多个国家和地区，主要出口国包括韩国、伊朗、印度、德国等国家。

三、科技成果及新产品

（1）核电设备。一重针对"二代加"CPR1000，"第三代"AP1000核电所需大型铸锻件开展科技攻关，已完全掌握"二代加"CPR1000大型核电铸锻件制造技术；打破了国外对"第三代"AP1000核电大型铸锻件的技术垄断，突破了"第三代"AP1000核电大型铸锻件制造技术瓶颈，已完全掌握"第三代"AP1000核电大型铸锻件的制造技术，并获得RCCM及国内有关部门的认证。

（2）石化容器。提供镇海的国内最大管壳式大型换热容器研制成功并交付用户，蒸发器、堆内构件的制造工艺、取证、工艺实验等工作有条不紊地展开。

（3）大型铸锻件。冶炼、浇注、锻造600吨级钢锭3支（EPR接管段、AP1000常规岛低压转子、CPR1000常规岛电机转子）。

新产品开发方面，卧式辊磨机研发与市场推进取得重大突破，成功签订首台供货合同。

2009年，一重获得国家、省、市科技进步奖及列入国家计划的重大科研项目：

（1）吴生富董事长获得"何梁何利"科学基金科学技术与创新奖。

（2）"2 150mm宽带钢热连轧机组装备关键技术自主创新及工程应用"获国家科技进步奖二等奖。

（3）"21/4Cr—1Mo—1/4V材料开发及加氢反应器研制"获机械工业科学技术奖一等奖。

（4）"大型船用曲轴锻件研制"获省科技进步奖二等奖。

（5）"1 580mm热连轧机组"获省优秀新产品奖一等奖。

（6）"1 450mm冷连轧机组"获齐齐哈尔市科技进步奖二等奖。

（7）第三代AP1000重大专项，大型铸锻件和核压力容器研制 2 项课题获国家增资。

(8)快堆容器研制列入科技部国际合作项目计划。

(9)牵头国家科技重大专项“高档数控机床与基础制造装备”六项,参与七项。

(10)大型锻造操作机列入国家“863”计划。

四、产品质量及标准工作

一重建立了科学的质量保证体系并拥有先进的产品质量检测手段,先后取得了 ASME U U2、ASME N NPT、压力容器、民用核承压设备、70 型船用曲轴锻件及英国 LR、美国 ABS、挪威 DNV、中国 CCS 船级社等多项制造资质证书;通过了 GB/T 19001—2000 及 GJB 9001A—2001 质量体系认证,产品质量始终保持国内领先水平,部分产品达到国际同类产品质量水平。2009 年共完成 168 个程序文件的换版修订工作,开展了核电产品不锈钢铸造泵壳、重型支承、堆内构件、蒸发器及 98 级曲轴的取证工作,通过了 ASME U、U2 换证审核。

五、基本建设及技术改造

2009 年,一重固定资产投资签订合同额111 390万元,实际支付144 171万元。一重的固定资产投资均围绕主业进行,投资项目主要用于生产国家急需的高端产品,如核电、水电等装备的大型铸锻件,加氢容器、PTA 反应器等石油化工装备,以及研发中心、检测中心的建设。项目建成后将提高一重主导产品的生产能力、技术水平和生产规模,能够满足国家对重型装备及大型铸锻件国产化的需求。

2009 年,一重技术改造项目的效果分别体现在以下方面:一是大型铸锻钢基地技术改造项目接近尾声,使一重的铸锻件产出能力翻了一番,钢液年产量由 25 万 t 增加到 50 万 t,锻件年产量由 12 万 t 增加到 24 万 t,铸钢件年产量由 3 万 t 增加到 6 万 t。生产制造能力大幅提升,可年产百万千瓦级核压力容器、蒸发器、稳压器和主泵泵壳等铸锻件 10 套;年产百万千瓦级常规岛低压转子、电机转子、高压转子和高压内缸体等铸锻件 10 套;年产整锻结构主管道 5 套。二是核电大型锻件国产化技术改造项目基本完成,使一重在百万千瓦级核电大型铸锻件国产化方面获得重大突破,全面掌握了大型核电锻件制造技术,二代加核电锻件已具备全套生产能力并实现了批量生产,三代 AP1000 核岛锻件取得突破性进展,核电大型锻件率先通过了国内第三方评定认证。三是大型水电铸锻件技术改造项目基本完成,大大提高了不锈钢铸件的质量和档次,尤其使一重已具备生产原来不能生产的水电设备上冠、下环的能力,并具备了年产 3 套 700MW 水电机组铸锻件的能力。四是大型半组合式船用曲轴锻件国产化技术改造项目已基本完成,使一重掌握了曲拐锻件的特种锻造工艺,具备年产 75 根大型船用曲轴的生产能力。五是大型石化容器及百万千瓦级核电一回路主设备制造项目,项目达产后将使一重大连棉花岛基地成为国际一流、国内最大的大型石化装备、核岛主设备制造基地,有助于推进国家大型石化装置、核电设备国产化进程,对国家石化、核电重点建设工程保质、按期投产将起到极大促进作用。

六、对外合作

2009 年,围绕“高档数控机床与基础制造装备”和“大型先进压水堆核电站”国家科技重大专项等课题一重与高校和研究院所进行了广泛合作,充分利用他们的科技人才、科研装备与科技成果,联合研发成效显著。主要成果有技术创新体系规划与建设、大型铸锻钢基地规划与实施、CPR1000 核电大型锻件研制及评定、AP1000 管板研制、蒸发器和内构件工艺方案制定、卧式辊磨机开发、筒节轧机研制、化工容器研制、铸铁工作辊产业化、热冷轧制工艺开发、大型开合式热处理炉及立式喷雾淬火装置开发及应用、机床集中排屑系统开发与应用、能源监控中心规划与实施等。通过产学研联合形成自主知识产权,从而推动行业的科技进步。当前,第三代 AP1000 核电锻件难点均已攻克,所承担的大型先进压水堆重大专项课题研制任务可提前完成,个别锻件工艺水平达到世界领先,率先获得国家核压力容器制造许可证,成为第三代先进型压水堆核电站锻件的唯一供应商。

七、改革与机构调整

一重以经营性资产和持有的控股子公司股权出资353 800万元注入中国第一重型机械股份公司,完成了二次注资工作,并于 2010 年初成功实现了整体上市,首次公开发行 A 股股票。完成了大连设计研究院改制、中实酒店改制和学校、医院房产向地方政府移交工作。内部机构调整成立了信息技术部、核电加工分厂、炼钢分厂、铸钢分厂和动能分厂,撤销了冶金分公司、热力分厂和电气分厂。

八、企业发展的主要或突出的问题

(1)宏观经济形势不确定性带来的挑战。经济发展仍然面临不少困难和问题,国内经济回升的基础还不稳定;全球经济复苏将是一个缓慢、曲折和复杂的过程,外需萎缩的局面及影响还在持续。宏观经济形势的变化仍会给行业发展带来不确定性,从而对一重短期发展产生影响,公司所面临的市场形势仍然不能过于乐观,国内竞争将会更加激烈。

(2)新产品开发及技术创新面临的挑战。近年来,一重一直致力于调整产品结构,加大新产品开发力度,但自主创新特别是原始创新能力有待进一步增强,科研开发投入还需进一步加大,努力提升传统产业的技术水平,积极构建以企业为主体,产学研用联合的完善的技术创新体系,大力开发具有自主知识产权的高端重型机械成套设备,以满足高端产品的市场需求。

〔撰稿人:中国第一重型机械集团公司杨先仙　审稿人:中国第一重型机械集团公司张红光〕

中国第二重型机械集团有限公司

中国第二重型机械集团公司(以下简称中国二重)是为国民经济和国防建设提供重大技术装备的国有重点企业,1993年被国务院列为全国120家试点企业集团,1995年被国务院列为全国57家计划单列企业集团,1999年被中央列为53家关系国家安全和国民经济命脉的重点骨干企业。截至2009年末,职工人数12 910人,总资产186亿元。

中国二重长期服务于国民经济的基础产业,为国家冶金、能源、石油化工、交通运输、航空航天、水泥建材、水利、军工等行业提供重大技术装备和大型铸锻件产品。具有较高的产品开发、设计和制造水平,具有一次冶炼700吨级钢液、浇铸400吨级钢锭、锻制300吨级锻件的成套能力,总体技术水平和制造规模在国内同行业中处于领先地位;所设计制造的产品创造了若干项中国第一,填补了国内空白,替代了进口;先后为国民经济建设提供了上百台(套)机械设备及上百万吨机器产品,为中国的民用工业和国防建设做出了重要贡献。

通过多年的技术引进、技术改造和自主创新,重点产品的国产化程度达到90%以上,主导产品的技术水平达到国际20世纪90年代中期世界先进水平,部分产品已经达到当今世界先进水平。

一、生产发展情况

2009年实现工业总产值935 124万元,同比下降13.4%;实现商品产值950 679万元,同比上升5.57%;实现营业收入808 017万元,同比增加7 276万元,增幅0.91%;实现利润总额43 044万元,同比减少6 738万元,降幅为13.54%。2009年主要财务指标完成情况见表1。

表1　2009年主要财务指标完成情况

指标名称	单位	2009年	2008年	同比增加	增幅(%)
资产总额	万元	1 887 852	1 598 507	289 345	18.10
负债总额	万元	1 551 576	1 322 913	228 663	17.28
所有者权益	万元	336 276	275 594	60 682	22.02
营业收入	万元	808 017	800 741	7 276	0.91
利润总额	万元	43 044	49 782	-6 738	-13.54
净利润	万元	45 577	48 894	-3 317	-6.78
资产负债率	%	82.19	82.76	-0.57	
成本费用总额占营业收入的比率	%	95.67	94.65	1.02	
净资产收益率(不含少数股东权益)	%	15.38	22.55	-7.17	
流动资产周转率	次	0.67	0.84	-0.17	
应收账款周转率	次	2.89	4.87	-1.98	
存货周转率	次	1.49	1.64	-0.15	

从表1中可以看出,中国二重近两年资产规模上升较快,但由于国有资本注入不足,资产规模上升的同时也带来了负债规模的大幅上升,使公司的资产负债率一直居高不下。2009年受国际金融危机以及产品结构调整的影响,营业收入基本与上年同期持平,但由于货款回收困难,使带息负债和资产减值损失计提相应增加,致使利润总额有所下降,使资产质量指标有所下滑。

2008~2009年主要产品产销情况见表2。

表2　2008~2009年主要产品产销情况

产品	2009年(t)		2008年(t)		同比增长(%)	
	产量	销量	产量	销量	产量	销量
冶金成套设备及备件	83 650	82 688	108 966	110 712	-23.23	-25.31
清洁能源发电设备	42 039	37 391	33 908	34 082	23.98	9.71
重型石化容器	2 751	2 208	9 749	10 206	-71.78	-78.37
锻压件及其他	30 026	29 609	28 379	25 973	5.80	14.00
合计	158 466	151 896	181 002	180 973	-12.45	-16.07

(1)尽管中国二重在冶金设备的技术、工艺、生产组织和质量控制等方面实力雄厚,优势明显,但受国际金融危机以及国内钢铁行业产能过剩的影响,冶金设备市场需求急剧减少,致使2009年中国二重冶金设备及备件的产量和销量比2008年分别下降23.23%和25.31%。

(2)重型石化容器产品生产周期较长,2009年交货的合同相对较少，产量和销量比 2008 年分别下降 71.78% 和 78.37%。

(3) 清洁能源发电设备产量和销量同比分别增长 23.98% 和 9.71%，主要是公司紧紧抓住国家大力发展清洁能源、高效节能设备等低碳经济的机遇，积极调整产品结构，加大了核电、风电、水电等清洁能源发电设备产品的开发和市场的开拓力度，有效组织生产，实现了清洁能源发电设备销售收入的快速增长。

二、经营环境变化对企业生产销售的影响

2009 年国际金融危机对中国二重经营环境造成较大的冲击。负面影响主要表现：一是冶金产品市场需求及价格回落，导致公司冶金设备订单量大幅减少，产能过剩；二是正在执行的合同购货单位提出暂缓执行或延期交货；三是对产出的部分产品合同用户迟迟不验收提货。上述原因致使公司 2009 年生产经营未能达到预期目标，但同时也给企业发展带来机遇，促使公司为适应产品市场变化，加大产品结构调整力度。表现在：一是公司紧紧抓住国家大力发展清洁能源和低碳经济的有利时机，积极开展新材料研制和技术开发工作，先后开发生产了核电、风电、水电、超临界、超超临界火电设备的大型铸锻件、半速转子等技术含量高、附加值高的产品；二是结合国家《振兴装备制造业规划》，发挥公司铸锻技术优势，生产大型铸锻件产品，代表产品有 5 000mm轧辊、三峡水轮机不锈钢叶片、上冠下环等；三是狠抓冶金设备备件订单；四是不断提高石油石化产品生产制造能力。通过上述措施，2009 年度中国二重有效应对了传统产品市场回落的影响，优化了产品结构，提升了制造技术水平和生产能力，有效提高了公司抗经营风险的能力。

三、投资与技术进步

2009 年，中国二重紧紧围绕“一个中心，两个基地”建设，合理配置人、财、物资源，保证了做强做大的硬件需要。全年累计完成固定资产投资额约 24.9 亿元，完工单项工程 160 余项，新增重点设备 117 台，改造设备 32 台，施工建筑面积215 538m^2，竣工建筑面积41 424m^2。成都工程研究中心大楼主体结构施工已完成，大型铸锻件数值模拟国家重点工程实验室及辅助配套工程建设稳步推进；“大水电”、“三代核电”、“疏通高端瓶颈”、“大型模锻压机”、“灾后重建”等重点技改项目顺利实现阶段建设目标。“大型铸锻件产品节能环保生产技术改造项目”获批为国家新增中央预算内投资项目；镇江基地一期工程有序快速推进，二期工程顺利启动，实现了边建设、边试生产的目标。

中国二重以解决国家“有和没有”为己任，勤于攻关，勇于创新，2009 年核电、风电、水电、火电、重型容器、新型立磨、大型模锻压机等产品技术开发有了新的进展，产品技术水平明显提升。在世界上率先攻克了核电主管道研制关键工序，解决了管板、过渡段等核级关键锻件制造难题，成为三代核电示范工程主要锻件主供应商之一；获得 AP1000 三代核电反应堆压力容器、蒸发器成套设计制造许可资质，核电大锻件 CPR1000 产品被认定为“首批国家自主创新产品”；成套研制的三峡水电机组上冠、下环、电渣熔铸导叶、主轴、镜板等关键铸锻件通过了国家级评审，成为目前国内唯一可全套提供“三峡级”大型水电机组铸锻件的企业；成功研制了百万千瓦级核电半速发电机转子、超超临界火电发电机转子、5m 轧机特大型支承辊等高端锻件；在实现 1.5MW 风电增速机批量生产的基础上，成功开发了 1MW、1.65MW、2.5MW 风电增速机和 1.5MW 偏航及变桨减速机，实现了品种多元化、批量化、规模化；拥有自主知识产权的新型立磨逐步被市场认可。以国家产业政策为指导，以市场需求为导向，积极开展海洋工程、石化换热器、高铁传动件等潜在新产品市场的调研，进行了相关技术储备。大型铸锻件标准化技术委员会成功实现从行业层面向国家层面的升级。同时，中国二重全年获省、市科技进步奖 4 项，获得专利授权 32 项，被确定为首批“全国企事业知识产权示范单位”。各技术院所圆满完成了各项科研开发、技术准备、技术服务等工作。

四、新产品、新技术、新工艺开发及投入

2009 年，中国二重全年科技投入42 620万元，新产品开发、新技术开发、新工艺开发等科技创新工作取得了令人瞩目的成绩，圆满完成了国家、地方立项的各项研发工作。核电材料及工艺研究、大型轴类件数值模拟研究、加氢容器材料国产化研究等科研项目顺利推进。新产品研发取得了巨大突破，新产品订货额和订货比例均创历史新高。核电、重型压力容器、风电等新产品产出对中国二重全年的产出起到了有力的支撑作用。

1. 新产品开发

(1) 核电、重型压力容器产品。中国二重核电和重型容器生产技术水平有了很大提高。核电大锻件 CPR1000 产品被认定为“首批国家自主创新产品”；核电管板实现了批量供货，成为全球管板制造成品率最高的制造企业，也是国内唯一交付用户使用的企业；在世界上率先完成了 AP1000 主管道热段弯管试制，并获得了浙江三门、山东海阳 AP1000 主管道制造合同；成功研制了国内首件1 100MW 核电半速发电机转子，使中国二重成为全球第二家可制造该产品的企业；成功完成了二代加核电锻件的研制，多数锻件已实现批量供货，部分关键锻件已进入制造收尾阶段，预计 2010 年上半年可实现二代加全套锻件批量供货；解决了管板、过渡段等核级关键锻件的制造难题，成为三代核电示范工程主要锻件主供应商之一；获得三代核电 AP1000 反应堆压力容器、蒸发器成套设计制造许可资质。

重型压力容器产品方面，完成了压力容器接管段及整体顶盖、蒸发器锥形筒体及上下封头等核心锻件的研制工作；重型压力容器分析设计项目按期完成，为中国二重取得压力容器分析设计资格创造了条件，为重型压力容器产品的发展打开了空间。

(2) 风电产品。在实现 1.5MW 风电增速机大批量生产的基础上，成功研制了 2.5MW 风电增速机样机；1.0MW 风电增速机样机成功试车，已经开始批量生产；1.65MW 风电增速机研制完成;2.0MW 风电增速机正在设计中,风电增速机产品基本实现了系列化、批量化生产,1.5MW 偏航和变桨减速机也已研制成功。

(3)大型铸锻件产品。以三峡 700MW 水电工程为依托,成套研制的三峡水电机组不锈钢叶片、上冠、下环、电渣熔铸导叶、主轴、镜板等关键铸锻件通过了国家级评审,成为当前国内唯一可全套提供"三峡级"大型水电机组铸锻件的企业;5m 轧机特大型支承辊研制成功,轧辊制造工艺技术日益成熟,已经具备批量化生产条件,并向国外冶金企业供货。

(4)大型立磨成套产品。立磨产品研制技术日趋成熟,拥有自主知识产权的新型立磨逐步被市场认可。继2009 年初取得了北川四星公司日产2 500t立磨项目的总包合同后,下半年又取得了东方新希望公司日产4 800t立磨项目设计制造合同,公司新型立磨专利技术得到了应用。

(5)大型铸锻件数值模拟国家工程实验室建设。完成了1#、2#实验室建设和试验机等设备的预验收及安装等准备工作以及模拟软件试应用;完成了冶金与铸造、热处理与焊接实验室方案设计等工作。

2. 新技术、新工艺

(1)围绕成台(套)产品、核电重型压力容器产品、传动产品、大型铸锻产品、模锻产品的新技术、新工艺开展了研发工作,组织下达了"2009 年度股份公司技术开发项目、科研课题计划"和"800MN 模锻压机研制产品专项科研计划";开展了项目(课题)计划管理工作,其中技术开发项目 40 项,完成 25 项;科研项目 76 项,完成 32 项。

(2)承担国家科技部"十一五"国家科技支撑计划重点项目"大型水电机组关键铸锻件制造技术研究"等 3 个课题和参加"百万千瓦级核电设备大型铸锻件关键制造技术研究"等 5 个课题。开展项目计划管理工作,组织上报 8 个项目的 2008 年结算报告,完成了 2009 年中期工作总结等阶段考评工作。

(3)完成了"高档数控机床与基础制造装备"国家科技重大专项项目申报工作。承担的"800MN 大型模锻压机设计制造及应用关键技术研究与开发"、"大型锻件制造工艺与组织性能控制技术"、"大型高温锻件热态在位检测技术"和"大型关键件模锻工艺技术"等研制项目已经获得国家批准,共计获得国家研发资金补助13 873.56万元。参与"大型厚壁焊接件焊接工艺与质量控制技术"、"大型铸锻焊接件高效率清洁热处理工艺与节能减排技术"两项目的研制。

(4)完成了四川省经济委员会的重大技术创新项目申报,"采用 800MN 模锻压机开展大型汽缸盖及连杆模锻成型技术"、"1.5MW 以上大型风电变速箱研制"两项目获得 200 万元的政府资金补助。

(5)组织完成了四川省科技厅科技项目申报工作,申报的项目有"第三代核电关键大型锻件研制"和"特大型轧机在线精密测量技术研究"。

(6)组织完成了江苏省镇江市等地方政府组织的项目申报,"第三代核电压力容器关键产品的研制开发和产业化"项目获得 250 万元的政府资金补助。

(7)完成了"核电大锻件 CPR1000"申报国家自主创新产品(试点)工作。2009 年 9 月中国二重"核电大锻件 CPR1000 产品"被国家认定为国家自主创新产品。

(8)群众性技术创新活动。组织开展了 2009 年度"专项技术攻关"活动,"425t+425t/10t—34mA5 级吊钩桥式起重机"等 20 个专项攻关项目分别与有关单位签订了协议书。完成技术改进、技术攻关项目 109 项,其中"XK2414 数控龙门铣床变挡系统改进"等技术改进 75 项,"125MN 热模锻切边机盖板拆装"等技术攻关 34 项。组织开展了"青年五小"活动(小发明、小革新、小改造、小设计、小建议),共完成"特大型支承辊两端绳槽加工方法"等青年"五小"项目 58 项。

五、节能减排与安全生产

1. 节能减排指标全面完成

2009 年,中国二重全面完成了第二任期节能减排目标,万元工业产值综合能耗目标值比 2005 年下降 16%,实际下降 58.11%;SO_2 排放量目标值比 2005 年下降 8%,实际下降 27.42%;COD 排放量目标值比 2005 年目标值下降 8%,实际下降 58.75%,均全面超额完成。提前完成了地方政府下达的"十一五"节能责任目标。

2. 依靠技术进步,推动节能降耗工作

2009 年,中国二重重点推进投资 1.5 亿元的节能减排技术改造项目,依靠科学技术圆满完成了燃气工业炉节约天然气的改造,蒸汽锅炉节煤、节水改造,以及冶炼节电改造等项目,实现节能减排目标。当前已竣工节能降耗改造设备投入使用 23 台,完成项目投资7 075.36万元,已启动实施项目 16 台,共 39 台,占总计划项目的 51.32%。在节约水资源方面,对重点耗水环节进行控制,在 2005 年已建有 5 套水循环设施的基础上加快技改投入,到 2009 年末已有水循环设施 12 套,取用新水总量从 2005 年的 750 万 t 下降至 2009 年的 330 万 t,同比下降达 56%。

3. 淘汰落后耗能、设备和产品情况

中国二重坚持科学发展观,抓住国家振兴装备制造业的契机,大力推进技术改造,提高工艺水平、加快产品和产业结构调整;强力推进重大技术装备国产化基地建设,坚持走自主创新、集成创新、引进技术和移植创新的道路,突破技术瓶颈;优化工艺流程,淘汰落后工艺、设备,建立装备结构大型化、资源利用高效化、物料消耗减量化的高效生产体系。冶炼废渣、铸造废砂以及锅炉煤渣全部实现综合利用。合理重复利用水资源,不断降低水消耗,优化工艺技术方案,合理利用回收低效率部位的热能。

4. 安全生产情况

2009 年,中国二重工伤事故频率始终处于控制指标,没有发生重大工伤事故。

组织开展了机械制造安全质量标准化一级企业创建活动。为确保创建活动的顺利实施,集团公司严格按照整体工作要求，按照计划安排，先后完成了职能分配、清理统计各类设备设施的数量、分布情况等工作。

组织开展了安全宣传教育工作，提高了职工的安全意识。上半年针对清理打磨事故发生频率较高的情况，重点组织开展了清理打磨操作人员安全技能培训，有效提高了打磨作业人员的安全操作技能。全年组织开展新人厂安全教育2 342人，培训特种作业人员2 338人，中干安全教育 400人，安全教育培训计划完成率 100%。

加强了生产作业现场安全管理工作。上半年中国二重相继开展了“排查隐患、反对违章”的安全生产专项整治活动、“百日”安全生产活动等，及时制止现场违章作业。下半年集团公司经常性组织安全专项检查，对检查情况及时通报并下达隐患整改通知书，限期整改，加强了对隐患排查治理和专项整治工作的管理，把隐患治理工作作为预防事故的治本措施，切实消除安全隐患。前三季度共查出各类隐患 560 项，整改隐患 547 项，整改率 97.68%；对未整改的隐患全部落实了整改措施，限期整改。日常考核及其他考核指标均在控制范围内。

结合全国安全生产月活动，营造安全生产氛围。安全月期间为全厂起重作业人员发放了《起重作业安全操作手册》，组织开展集团公司事故案例展出。积极开展技改基建“三同时”工作。完成了“8180”技改项目安全专项竣工验收工作、“镇江基地”和“疏通发展高端瓶颈，提升等级，打造重装国产化基地”项目安全评审工作和“第三代核电锻件自主化、批量化生产配套技术改造项目”三同时申报工作。

制定完善了《中国第二重型机械集团公司外部监制、审核验收现场安全管理规范（试行）》和《中国第二重型机械集团公司外来人员进入生产作业现场安全管理制度》，对生产现场的各类外检人员安全管理工作进行规范。

六、企业管理

实施精细化管理，发展后劲持续增强。各管理部室注重自身素质的提高，注重办事效率的提升，着力在管理思想创新、管理组织创新、管理方法创新上下工夫，优质高效地为生产一线和基层服好务，体现了应有的管理价值。尤其是注重中间环节的增值，努力提高经济运行质量，平稳度过了产品结构转型初期。股份公司上市工作经过两年多的不懈努力，年内顺利通过了证监会的核准，为上市发行创造了条件；进一步完善了公司治理结构，加快构建符合上市公司规范运作要求的内部管理体系。新万信公司运行良好；实业开发总公司进入歇业清理阶段；各子公司竞相苦练内功，在激烈的市场竞争中展示了自己的智慧、意志和才华。建立完善了人才队伍建设管理体系，首席技术专家、首席技能大师、高级管理专业师评聘工作全面推进；职工培训成效显著，职工队伍素质进一步提高，在国家级、省级职业技能大赛中载誉而归。各项分配制度发挥了较好的激励和引导作用。班组建设在创新中进一步加强，班组长胜任能力在培训中进一步提高。以强化财务风险管控为重点，严控投资方向，清理和压缩了投资项目；加强了账款催收，从严从紧控制支出；合理筹划资金结构，降低融资成本，用足用好相关扶持政策；不断完善成本核算体系，全方位推进降本增效工作，取得了较好的成效；注重发挥审计监督、效能监察、法律审核的作用。以“产品上档次，质量上水平”为主题，深入开展了产品表观质量综合整治活动，实现了“年内根本改观”的阶段工作目标；核文化建设扎实推进，产品质量稳中有升，正式启动了航空航天质量管理体系认证。“十一五”信息化建设核心业务架构已基本完成，业务管理系统、制造执行系统、企业信息化门户实现了集成，系统功能在应用中不断完善，效果初步得到显现。

七、社会责任与品牌建设

紧密联系企业实际，扎实开展深入学习实践科学发展观活动，突出了实践特色，切实做到了“两不误、两促进”，有力助推了集团公司科学发展上水平。针对特殊的发展环境和经济形势，多层面、广渠道、经常性开展形势任务教育，多管齐下“保人气”，千方百计保证职工总体收入水平不降低；制定实施《职工大病医疗救助实施方案》和《企业年金管理实施办法》，切实维护了职工利益；年内接收 360 余名高校毕业生就业，接收安置45 名退役军人。广泛开展劳动立功竞赛活动；公司女工委被评为“全国三八红旗集体”；群众性文体活动蓬勃开展，组团参加四川省第一届全民健身运动会并取得佳绩，隆重举办大型红歌赛等庆祝新中国成立 60 周年系列活动，极大地激发了全体职工的爱国爱企热情。生活区灾后重建工作稳妥推进，真心实意帮助受灾群众解决实际困难。坚持群防群控，有效化解了各种不稳定因素，集团公司荣获“中央企业信访工作先进集体”和“中央企业维护稳定工作先进集体”称号。制定了《集团公司创建全国文明单位三年工作规划》，全面启动了创建全国文明单位工作。加大了“五五”普法工作力度。切实履行社会责任，大力推进节能减排和环境保护工作；积极有效地防控了甲型H1N1 流感；继完成对中江县新农村建设的三年帮扶后，又启动了对罗江县新农村建设的帮扶工作，集团公司荣获德阳市结对帮扶工作先进单位。

〔撰稿人：中国第二重型机械集团有限公司严详文　审稿人：中国第二重型机械集团有限公司李国庆〕

太原重型机械集团有限公司

太原重型机械集团有限公司（以下简称太重集团）始建于 1950 年，是新中国自行设计、建造的第一家重型机器厂，属于国家特大型骨干企业。2005 年进入中国制造业 500 强，2006 年荣获“全国五一劳动奖状”，2008 年胜利跨入百亿企业的行列。太重集团主要成员单位有太原重工股份有限公司、太重集团煤机有限公司、榆次液压集团有限公司等。总资产178亿元,净资产50亿元;占地面积509万m^2;在岗职工14 078人。

太重集团服务领域广,产品门类多,主要有:

(1)具有竞争优势的冶金设备类产品。大型冶金起重机、轧钢设备、板带精整设备、大型轧机油膜轴承、转炉倾动装置等。太重牌起重机、油膜轴承、减速机相继荣获"中国名牌"产品称号。

(2)较为完整的煤炭机械类产品。国内唯一涵盖井下、露天煤矿采、运、选为一体的成套装备供应商,产品还延伸至煤炭深加工及煤化工成套设备领域。

(3)较强影响力的液压类产品。"榆液"牌液压元件和液压系统在用户行业具有广泛的认可度。

太重集团还是国内唯一的火车轮对生产基地,品种最全的锻压设备生产基地,实力较强的风电、核电设备供应商,大型及特种铸锻件生产基地。三峡1 200t桥式起重机、480t冶金铸造起重机、20~55m^3矿用挖掘机、1.5MW风力发电机、ϕ340mm无缝管轧机、西气东输螺旋焊管机组、10 000t铝合金挤压机、1 800kW电牵引采煤机、神舟七号发射塔架等设备为太重集团的标志性产品。

太重集团技术实力雄厚,拥有重大技术装备自主研发和工程总承包能力;建有国家级技术中心和博士后工作站。太重集团技术中心在2009年国家认定企业技术中心中排名第13名,荣获发改委、科技部等五部委颁发的"国家认定企业技术中心成就奖"。拥有国家级发明奖3项,国家级成果奖17项,国家科技进步奖11项,创造了340多个国内外第一,累计为国家重点建设项目提供了1 000余种,两万多台(套)装备,被誉为"国民经济的开路先锋"。

近年来,太重集团在科学发展观的指导下,大力推进体制创新、管理创新、技术创新和观念创新,走上了良性循环的快速发展轨道,保持了销售收入年均增长30%以上、职工收入年均增长20%以上的良好态势。主导产品全部实现了出口,远销到世界20多个国家和地区。2009年实现主营业务收入109亿元。

一、生产发展情况

2009年,太重集团各单位克服了任务不均衡、新产品多、制造难度大等困难,产出规模继续保持较高增长。太原重工的生产组织更加顺畅,迈上了单月产值8亿元的新台阶。轧锻和挖焦设备各超产3亿元,为集团公司保增长做出了突出贡献。顺利出产了墨龙ϕ180mm连轧管机、青海国鑫100MN挤压机、韩国现代和浦项62台起重机、21台20m^3以上大型挖掘机等一批重点产品,成功浇注了单件最重的187t前梁和特大船用铸件,锻炼了队伍,提升了制造能力。在技术中心、齿轮传动、物资、储运、电气、动能供应等单位的精心组织、密切配合下,产品收尾工作取得良好效果,保证了合同履约率,赢得了用户好评。太矿集团推行"准时化投入、精细化管理"的生产模式,开展"百日百台"劳动竞赛活动,生产效率全面提高,全年出产采掘设备172台。山西煤机扩大对外专业化协作,充分利用ERP系统智能排产,克服了产能瓶颈,实现了较快增长。2009年主要经济指标完成情况见表1。

表1 2009年主要经济指标完成情况

指标名称	2009年完成(万元)	同比增长(%)
工业总产值	1 142 252	14.72
工业增加值	270 185	16.49
主营业务收入	1 085 519	13.16
利润总额	59 411	17.06

二、市场经营及销售

在国际市场需求下降、国内市场竞争加剧的严峻形势下,太重集团上下高度重视,积极应对各级主要领导带头深入市场一线,积极应对市场变化,新增订货虽然略有下降,订货结构却明显优化,显示出较强的市场竞争能力。太原重工露天矿用挖掘机实现订货22亿元,同比增长110%;有色金属挤压设备实现订货11.17亿元,同比增长260%;风电、核电、水电等设备实现订货12.7亿,同比增长164%,矿山、新能源、有色金属等设备成为支撑规模增长的主要力量。成功签订了黑龙江建龙轧管机组、云南文山铝业煤化工总包等重大成套项目,签订了三峡升船机螺母柱、造船门吊及金属镁挤压机等新领域项目,有力地促进了公司的产品结构调整。太重煤机采掘设备连续两个月订货突破亿元,获得了唐山春兴特钢高速线材轧机项目、朔州西易煤机项目等成套订货,煤炭输送设备进入陕西、内蒙古、云南等省外市场,井工矿煤机订货同比增长43%。榆液集团第四次独揽三峡开发总公司的液压启闭系统。

三、科技成果及新产品

1. 创新体系得到加强

太重集团技术中心在575家国家认定企业技术中心中脱颖而出,排名提升到第13位,太重集团荣获了国家发改委、科技部等五部委颁发的"国家认定企业技术中心成就奖"。太重集团成立了技术创新部,加大创新奖励力度,科技立项总数、奖励额度为历年之最。外聘国内外专家16名,2名博士后入站工作,与4位海外人才签订了合作意向,增强了技术创新和产品开发实力。知识产权管理不断加强,全年申请专利88项(其中发明专利46项),授权专利28项,均为上年度的两倍多。修订15项国家标准、9项行业标准。"国家国际合作基地"、"院士专家工作站"、"矿山重型装备山西省重点实验室"、"山西省海外高层次人才创新创业基地"等陆续挂牌,技术创新平台实力进一步增强。

2. 产品开发又有新成果

太重集团上下高度重视,精心组织实施,自主研发设计的1.5MW风电整机实现了当年开发当年出产,比原计划提前1个月并网发电,为新产品开发树立成功的典型。具有自主知识产权的首套千万吨级矿井综采成套设备成功下线,标志着我国煤机制造进入了一个新阶段。其中,太矿集团和山西煤机制造了我国装机功率最大、结构设计先进、智能化程度较高的2 500kW采煤机和国内井下内槽最宽的刮板运输机。1.5MW风电增速齿轮箱获得了中国船级社颁发的“设计评估”和“型式试验”认证证书，突破了批量生产瓶颈，顺利出产80台。掌握了二代加、欧洲三代核环吊技术，取得订货10台(套)。WK—55挖掘机经过完善改进，全面达产达效，受到市场的肯定，又签订了神华集团两台WK—55挖掘机制造合同。研制成功了出口欧洲的轮对。太矿集团试制成功了动筛排矸机、直线香蕉筛、EBZ200掘进机、侧卸装岩机、凿岩台车等新产品。榆液集团新产品开发13项，其中长液公司4项新产品全部实现销售，占其销售收入的30%。

四、运行质量、安全环保及标准工作

1. 更加注重发挥大集团优势

建立集团公司经济运行会制度，启用视频会议系统，扩大了内部交流。提出“遵从市场规则，内部制造优先”的原则，加强内部专业化定点协作，提高了内部资源利用率。充分发挥集团公司的社会影响力，加强争取政策工作，三代核电站项目争取到国家补助资金3 000万元，煤机成套项目争取到3 100万元，累计争取国家、省市政策资金过亿元，创历年之最。

2. 企业形象明显提升

扎实推进6s管理活动，现场管理水平有了较大提高，铸造、锻压现场改进尤为明显。加强厂区规划治理，加大绿化维护整修力度，实施管网入地工程，形成了三纵五横的贯通交通格局，厂区环境和交通条件有了明显改观。完成了前进路美化改造工程，统一了集团本部工作服。

3. 降本增效，质量改进取得新成效

全员全过程的成本管理得到加强，挖焦设备、轮轴、山西煤机等单位完成利润比较突出。太原重工财务电算化系统开始上线运行，实现了银企联网，提高了付款效率；实施了重点产品、出口产品质量跟踪制度，质量改进受到用户肯定。太矿集团加强质量控制和监督，焊接件和整机质量有了明显提高。

4. 安全环保工作稳步推进

加强安全技能培训和隐患排查整治力度，特种作业人员持证上岗率达到100%，隐患整改率达到了98%，安全形势总体平稳。完成了起重机后处理喷砂作业环境治理改造，有效降低了污染物排放量；基本完成了炉窑改造工程，获得省市节能减排奖励资金，连续两年荣获“山西省节能先进单位”称号。

五、基本建设及技术改造

2009年是太重集团基建和技改工程项目多，工作任务重，成效比较突出的一年。

1. 双基地建设迈出重要步伐

太重滨海公司完成了厂房设计、围海造地等前期准备工作，于2009年11月15日隆重举行了奠基仪式，正式投入建设。万吨压机通过环评审批，完成了初步设计，涉及各单位的搬迁改造工作基本完成，具备了开工条件。

2. 成长型产品获得蓬勃发展

煤机工业园全面达产达效，办公楼投入使用，核心制造能力和企业环境达到国内一流水平。风电增速器厂房投入运行，形成了年产500台的能力。建成了8 500m^2的挖掘机新总装厂房，新增天桥铣床等关键设备，形成每月出产3台大型挖掘机的能力。改建6 300m^2的轮对厂房，形成年产10 000副轮对的压装能力。改建6 912m^2的大型压机装配生产线，缓解了大型压机装配面积不足的压力。改建5 000m^2的电控新厂房，为做大做强电气产品奠定了基础。山西煤机投资2 000万元新增设备，缓解了瓶颈环节的制约。

3. 基础设施建设得到加强，厂区布局更加优化，为今后发展奠定了良好的基础

兴业公司投资3 500万元完成了热力公司二期2台40t/h循环流化床锅炉的技术改造任务，与太重集团联合完成了主电缆的改造工程，确保了生产生活需要。煤气站、储运、起重机二厂、减速机二厂等单位从改革发展大局出发，顺利完成搬迁工作，为太重集团结构调整作出了贡献。

〔撰稿人：太原重型机械集团有限公司叶兵　审稿人：太原重型机械集团有限公司高培成〕

大连重工·起重集团有限公司

2009年，大连重工·起重集团有限公司(以下简称集团公司)在创新和调整“双轮”驱动下，一举突破商品产值200亿元大关，在国内重机行业中的地位得到进一步巩固，被国家确定为新能源装备行业重点骨干企业，并率先跻身世界机械500强，为“保增长、保民生、保稳定”做出了应有贡献，得到国家和省、市及社会各界的充分肯定和高度赞扬。

一、生产发展情况

2009年，集团公司主要经济指标创历史最高水平。销售收入1 852 935万元，工业增加值385 703万元，工业总产值1 813 285万元，机器产品产量569 422t。2009年企业经济发展的主要特点：一是主要经济指标再创历史新高；二是技术创新能力稳步提升；三是产品结构进一步优化；四是经营风险防范机制增强；五是产品质量管理持续改进；六是管理创新与体制改革取得新成效。2009年生产完成情况见表1。

表1　2009年生产完成情况表

指标项目	单位	实际完成
工业总产值(当年价)	万元	1 813 285
其中：新产品产值	万元	1 261 178

（续）

指标项目	单位	实际完成
出口交货值	万元	155 659
商品产值（当年价）	万元	2 120 262
工业增加值	万元	385 703
销售收入	万元	1 852 935
利税总额	万元	201 175
其中：利润	万元	176 386
机器产品产量	t	569 422
机械产品产量	t	393 326
矿山设备	t	2 073
起重机械	台/t	47 640
冶炼设备	t	93 459
装卸机械	t	47 656
轧制设备	t	12 460
工矿配件	t	14 387
能源设备（包括风电、核电等电站设备）	t	155 201
其他机械设备	t	20 450
毛坯产量	t	78 795
铸钢件产量	t	78 795
铸钢件钢液（不含铁液）	t	97 301

二、市场经营及销售

1. 国内外市场拓展收效明显

2009年，面对危机，营销、国贸、成套"三驾马车"并驾齐驱，攻坚克难，全力以赴拓展国内外市场，收效明显。一是在冶金设备市场需求萎缩的情况下，及时拓展矿热炉、焦炉、核电设备等市场热点，尤其是5.5m捣固焦炉机械订货取得批量成果；二是风电设备核心零部件市场拓展取得突破；三是成套总包市场拓展取得突破，承签了亿利40万t/a电石炉项目和新疆天业12×40.5MV·A电石炉工程总包项目合同，进一步巩固了西部地区电石炉设计制造及总承包领域市场地位；四是采取灵活多样的国际化经营策略，继续巩固海外市场，为出口持续发展奠定了基础。2009年主要销售收入见表2。

表2　2009年主要产品销售收入

产品名称	销售收入（万元）
总计	1 852 935
矿山设备	9 870
起重机械	132 507
冶金设备	249 924
炼焦设备	87 627
轧钢设备	22 526
冶金车辆	25 185
连铸设备	34 656
其他冶炼设备	79 930
装卸运输设备	133 706
堆取料机	19 920
翻车机系统	36 440
港口机械	77 345
其中：装卸船机	38 425
门座起重机	10 710
集装箱起重机	11 267
其他港口设备	16 945
能源设备（包括风电、核电等电站设备）	1 192 078
其他机械产品	3 683
工矿配件	75 015
铸钢件	54 961
工业性作业	1 192

2. 产品出口情况

结合国际市场需求形势变化，变"整机出口为主"为"核心零部件出口与整机出口并举"的营销策略，电炉部件、高端铸锻件和船用曲轴等批量型、效益型核心零部件出口明显增长；实现了卸船机、脱磷转炉、钢铁水车、焦炉设备和打印式数控切割机等集团公司自主品牌整机产品出口。2009年出口创汇22 171万美元。

3. 产销及国内外市场分析

当前，外部经济环境存在诸多不确定因素。全球经济复苏缓慢而曲折，我国经济虽总体企稳向好，但回升基础不牢固，结构性矛盾仍然突出。外部需求不稳、内力增长不足、行业产能过剩、通胀预期加大等一系列问题势必给各行各业发展带来不少困难和风险。

与此同时也有一些有利条件。当前低碳和绿色经济已成为引领各国经济进一步复苏的新增长点，全球产业和资本将会加速向发展中国家转移，党中央将继续保持宏观政策的连续性和稳定性。这些都为企业加大技术创新和结构调整力度，扩大出口创造了难得机遇。特别是《辽宁沿海经济带发展规划》明确了大连的核心和龙头地位，重点发展新能源装备、先进装备制造等新兴产业，大力支持企业自主创新和优化调整，为集团公司二次发展创业提供了广阔空间，注入了强大动力。

三、科技成果及新产品

1. 技术创新结出新硕果

集团公司技术创新速度加快，完成新产品开发28项，并成功开发了圆形料场堆取料机、复合式盾构机等一批新拓展产品；取得科研成果64项，设计"三化"30项，申报83项专利（2项国际专利），新获国际专利授权1项。集团公司创新能力获得认可，荣获"国家创新型企业"、"大连市自主创新企业"称号，华锐股份、华锐铸钢和数控公司被认定为高新技术企业，集团公司的国家认定企业技术中心再次荣获国家认定企业技术中心成就奖。集团公司2项产品荣获市级以上科技奖项；3项产品被认定为第十四批中国企业新纪录；3项产品通过了新产品投产和科技成果技术鉴定。

2. 重大装备产品实现新突破

国内最大的90型曲轴等核心部件成功下线；研制出风电双馈变频器、箱式变压器、液压制动器和润滑系统等一批风电核心零部件；研制成功了拥有自主知识产权、填补国内空白的3MW海陆两用风电增速机，破解了又一重大装备国产化难题；研制出潮间带风电履带运输车和填补国内空白的打印式数控切割机；总包天津地铁盾构机等重大装备产品的研制或运行成功，标志着集团公司重大装备自主研发和总承包能力再上新台阶；研制的盾构机系列刀具的性能达到国际同类产品水平。

四、产品质量及标准

1. 产品质量

2009年，集团公司在质量体系建设、班组质量达标、出口产品质量风险防范、焊缝免打磨、计量理化技术支撑、品牌创建和创新管理方法等方面取得了明显实效。产品质量管理得以持续改进，质量管理体系顺利通过了辽宁省省长质量奖评审和华信"三合一"体系审核，并荣膺大连市质量振兴特别贡献奖。集团公司被众多客户誉为优秀供应商。全年重大质量事故为零，产品出厂检验合格率100%，在国家有关质量监督部门的各项产品质量抽查中无不合格产品。

2. 标准工作

2009年围绕集团公司加快产业结构调整，提升企业运行质量，转变企业发展模式和方式的总体要求，开展企业标准化工作。全年完成制定、修订企业技术标准34项，截至2009年底有效企业技术标准共计491项。完成了JB/T 3260—1999《LTG系列铁水罐　型式与基本参数》等两项行业标准修订工作；集团公司负责制定、修订的8项国家标准获批发布，是集团公司成立以来制定、修订国家标准发布数量最多的一次，展示了公司的技术实力，对规范我国起重机械设计制造，提升我国起重机械技术水平具有重要作用。

五、基本建设及技术改造

2009年，企业加强了基本建设及技术改造的组织力度，按计划、高质量完成了风电增速机二期扩能、三期扩能，热处理渗碳二期扩能、三期扩能，中革66kVA变电所扩容和中革液压气站改造6大技改工程，确保了集团公司风电齿轮箱产业规划目标的实现。齿轮箱第二期扩能改造得到了国家布点支持，将建成年产能3 500套的齿轮箱制造基地。

六、对外合作

企业坚持国际化经营战略，与世界知名企业建立合作关系，进一步提升了企业产品的设计制造能力，开发了新的产品领域，开拓了国内外市场。继与日本新日铁工程株式会社、德国西马克公司等国际知名集团建立战略合作关系后，2009年又与英国汉德森签署战略协议，与法国阿尔斯通、德国福伊特等建立合作关系，将在焦炉、发电等设备领域进行广泛合作。

七、改革与调整

管理创新与体制改革取得新成效。创新工作流程，建立督导督察工作体系，加强职能履行过程管控，推动了重点工作的有效落实。企业整体股改工作迈出坚实一步，方案得到市政府正式批复，华锋投资公司注册成立，约束激励机制得到完善。此外，依托自主研发的双馈变频器自有技术实施资本运营，合资成立的大连国通电气有限公司，将成为集团公司一个新的经济增长点。

八、主要问题

一是服务市场的理念和组织体系不完善，给提高经济运行质量和效益，带来了很大压力；二是持续发展动力不足，自主创新能力亟待提高；三是缺少符合国际产业发展新方向的经济增长点，结构调整和发展方式转变任务艰巨；四是企业加大了核心技术研发、购买、合资合作以及技术改造、新增固定资产等投资力度，造成资产负债率过高，重大装备的研发和产业化运作等都需要大量资金支持，致使企业可持续发展资金不足。

〔撰稿人：大连重工·起重集团有限公司邵龙成、姜明东　审稿人：大连重工·起重集团有限公司邹胜〕

中信重工机械股份有限公司

2009年，面对百年一遇的全球经济危机，以及国内外市场和发展环境变化的严峻挑战，中信重工机械股份有限公司(以下简称中信重工)深入落实科学发展观，坚定不移地走高端发展之路、国际化之路、技术创新之路、工艺效率革命之路，依靠全体员工，上下一心，积极应对，准确判断，正确决策，锐意创新，加快转型，实现了科学、和谐、快速、持续发展，各项工作再上新台阶，开创了中信重工发展的新局面，为"十二五"发展奠定了坚实基础。

2009年，公司生产经营呈现如下亮点：

①以技术创新引领市场，形成了新的需求增长点。②以加快国际化进程拓展内外市场，形成新的市场领域。③以"四高战略"为导向，培植若干新的经济增长点。④以工艺效率革命为突破口，破解生产瓶颈，充分发挥产能。⑤以加大技改投入打造行业领先优势，工艺装备水平明显提升。⑥以稳健的经营策略构筑风险管控"防火墙"。⑦以加强和改进党建工作为公司科学发展提保障。⑧以诚信文化凝聚团队合力。

2009年，中信重工工业总产值突破100亿元，累计实现1 053 252万元，完成年计划的131.66%，同比增长31.11%；机器产品产量跃上20万t平台，完成200 007t，完成年计划的125.00%，同比增长24.91%；实现营业收入1 053 829万元，完成年计划率的131.73%，同比增长30.64%；实现利润总额50 956万元，完成年计划的145.59%，同比增长30.75%；完成新增订货额1 104 255万元，完成年计划的138.03%，与上年基本持平，累计已有订货达2 170 853万元。

一、技术创新

公司坚持技术先导战略，构建“3241”创新体系，以技术创新引领市场，成效显著。

创新手段建设方面。公司技术中心在国家认定企业技术中心中排名第40位，总排名在河南省位居第一，获国家技术中心成就奖；“矿山重型装备”实验室获评企业国家重点实验室；工艺试验基地大楼也已于2009年9月底正式封顶，2010年可投入使用；CAE应用研究所开始全面发挥作用；ERP一期建设项目通过了验收，开始进入正式实施阶段。

创新团队建设方面。公司不断完善人才引进和培养机制，并通过提供良好的工作和生活环境，留住人才，用好人才。2009年，公司共引进、招聘3名博士、50多名硕士和140多名本科生。企业博士后科研工作站已引进1名博士，首个科研课题已开始研究，另有1名博士正在办理进站手续。与太原科技大学、华中科技大学联办的在职研究生班继续为科研人员提供学习深造的机会。

2009年，公司不断提高对“市场需求”和“国家产业政策导向”的敏感度，加大节能高效新产品的市场开拓力度，使技术研发由适应市场逐步向引导市场转变，年初确定的31项重大研发专项优良率达到84.08%，全年新产品产值率始终保持在70%以上。“纯低温余热双压利用成套工艺技术与装备”研发项目获中国机械工业科学技术奖特等奖，“复杂地层特大型竖井钻机及成井工艺关键技术”研发项目获2009年度国家科技进步奖二等奖。公司承担的“十一五”国家科技支撑计划重点课题——“低能耗、智能化、高活性大型石灰成套关键技术及设备研究”项目顺利通过验收。为澳大利亚SINO铁矿项目成功研制的完全拥有自主知识产权的世界最大、最先进的球磨机、自磨机，标志着公司大型磨机研发达到世界先进水平。核电设备认证通过专家评审，核电试验件、模拟件在炼钢、铸锭、锻造、热处理等关键环节实现一次性突破。节能型锻件产业化基地建设和褐煤提质技术研究等项目，被列入国家和省市重大专项并获得政策支持。全年公司共新获授权专利36项，其中发明专利12项，实用新型专利18项，外观设计专利1项。

二、市场营销

2009年，公司坚持国际化经营战略，“大营销、大客户、大服务、国际化”的战略理念得到进一步深化，并基本构建起“大客户服务中心”、“用户服务中心”、“备件服务中心”三位一体的新型客户服务体系构架。

在国际市场拓展方面，面对复杂多变的外部环境和激烈的市场竞争，公司以国际化战略为导向，充分发挥中信重工澳大利亚公司这一国际营销平台的作用，加强对全球市场的辐射和渗透，全年完成自营出口成交额13 817.7万美元，同比增长2.90%。公司一次签订巴西淡水河谷30台大型磨机订单，实现批量向国际高端客户直接销售自主知识产权重大主机的突破。公司已成为世界最大的矿业和水泥装备服务商和供应商之一。

在行业市场开拓方面，发现用户潜在需求，细分挖掘机市场空间，保持了煤炭、冶金、建材、有色化工四大主要行业领域订货的主导地位。全年，四大领域新增订货额超过103亿元，占订货总额的93.97%，同比增长2.64%。

在新产品市场的进入方面，以大型原料立磨、大型矿渣立磨、大型辊压机、新型闸控系统等为代表的新产品订货额稳步提升。

在重点客户的开发与维系方面，截至2009年底，公司已与56家国内外重点领域的重大客户建立了战略合作伙伴关系，为保持长期稳定的经营业绩提供了有力的支撑。

三、生产制造

公司坚持名牌战略，不断改善生产管理和质量管理，提升了中信重工的品牌形象，为市场开拓提供了有力支撑。

公司科学配置现有人力和设备资源，充分利用技改成效和外协力量，提高生产能力。加强产销衔接，确保重点客户交货期。批量化、专业化、精细化的管理理念和方法在生产管理上得到推广，取得成效。2009年，公司共出产机器产品200 007t，同比增长25.25%，月均产量超过16 000t；锻钢件、铸钢件月产量分别超过4 000t和10 000t。

针对工艺落后、效率低下这一制约发展的突出问题，公司全面启动工艺效率革命。各单位一把手推动，上下联动，定点、定项、定时推进，成效凸显，有效缓解了公司部分关键生产环节的瓶颈问题，为实现全年20万t产量目标提供了有力支撑。

四、技术改造

为打造具有行业领先优势的高端重型装备制造体系，公司继续全力实施以“新重机工程”为核心的系列技改项目。2009年，累计完成技改投资110 327万元，实际支付技改资金107 517万元，公司重型化特征日益明显，工艺装备优势更加突出。

重型锻造工部：厂房已完工，部分设备交付使用。两大关键设备中18 500t油压机进入最后安装阶段，750t·m锻造操作机正在加紧制造安装。

热处理工部：厂房安装工作正在收尾，西一跨内井式炉钢梁完成安装，钢板铺设完成90%以上，正在进行隔音板安装。1号淬火槽基础开挖。配套循环水油系统水池开始进行防水试验，油池设备正在安装。

机加工工部：厂房全部完工，320mm双立柱落地镗铣床第1台正在调试中，26m×70m地梁装配平台完成安装，其他重点设备正在安装。

重型磨机加工工部：厂房及ϕ16m端面铣床、ϕ250mm加长落地镗铣床、ϕ8m单柱摇臂钻铣床已投入使用，其他专用设备的安装调试工作正在进行中。

五、内部管理

1. 财务管理

至2009年末,公司资产总额达126.97亿元,净资产21.3亿元。年末净资产增长率27.08%,公司盈利能力进一步增强。全年累计实现经营性及融资性货币收入87.7亿元,货币收入大于货币支出,公司总体财务状况稳定,资金状况良好。

2010年,在国际金融危机影响尚未完全消除的情况下,公司一方面紧盯重点客户、重点项目,保持订单总量的稳步增长,另一方面,促使新签合同尽快生效,同时加大收款力度,从而保证了经营性货币收入的稳定。在此基础上,公司还大力开拓新的融资渠道,各金融机构核准综合授信达到103.6亿元,从而在保证资金需求的同时,也增加了资金储备,增强了抵御市场风险的能力。

2. 风险管控

自2008年完成股份制改造后,公司建立和完善了法人治理架构,组建了股东大会、董事会、监事会,制定了内部控制制度及14个配套制度,明确规定了各部门在风险管理和内控管理方面的职责划分与工作衔接;通过分工合作、相互牵制、周密论证、上报审批等控制环节的合理设置,对于重大事项做到有效控制,防范和化解了可能出现的重大风险。现有的以经营计划管理为主的管理模式也保证了公司经营发展既符合行业自身情况,又与集团公司总体部署和发展规划步调一致,有效防范了重大风险。

2009年,经济危机给公司带来的风险不断增多,风险管控成为公司管理工作的重中之重。为进一步提高风险管控水平,健全风险管控机构,公司成立了风险管控委员会;对风险事项进行了全面梳理,完善了内部控制制度,并使之成为企业的执行标准;制定并实施了重大风险应急预案。全年公司未发生因重大风险事项造成的实际损失,各项风险均控制在可承受的范围之内。

3. 人力资源管理

公司在严格控制员工总量的前提下,优化人力资源结构。全年在册人数8 563人。

2009年,公司除继续积极引进高层次人才和高技能工人外,还加强了内部人员培训,分步完成了对中层干部的集中封闭式培训,提升了干部素质。与太原科技大学联办的在职研究生班完成了所有课程教学,6人通过了毕业答辩,取得硕士学位证书。后备干部的培训完成了英语和商务谈判课程。全年共举办各类培训班140个,培训达8 850人次。

在控制员工总量的前提下,为满足公司发展的用工需求,同时合理降低用工成本,公司尝试对非主业用工实行社会化管理模式。针对保卫部门卫警力不足问题,通过社会化招标方式,与高新开发区保安服务公司签订了保安服务合同,聘用该公司10名保安人员加入公司门卫队伍。

4. 质量管理

为适应公司快速发展对质量管理方面提出的更高要求,进一步加强产品质量控制力度,公司将各直属厂的质检管理权集中收归质量保证部,实行归口管理,并通过开展质量月活动,推行质量看板管理,完善质量控制体系和质量检测手段,强化对外协供应商的质量控制等措施,使产品的内在和外观质量都有了明显提升。

〔撰稿人:中信重工机械股份有限公司冯刚　审稿人:中信重工机械股份有限公司梁慧〕

上海重型机器厂有限公司

2009年,历史罕见的国际金融危机来势汹汹,对实体经济的影响愈演愈烈。面对严峻的经济形势和由此带来的各种困难,上海重型机器厂有限公司在科学发展观的指导下,在电气集团的领导下,干部职工共同努力,共克时艰,企业保持了平稳发展态势。2009年,完成销售收入386 642万元,比2008年增长3.1%;实现工业总产值544 702.8万元,比2008年增长5.1%。随着热加工技术改造的完成及大型铸锻件科研攻关的推进,企业自主创新能力得到进一步提升。在积极推进世界级工厂建设中,公司以质量管理为核心,重点扎实推进基础管理,全面提升管理水平,增强企业发展的软实力。

一、市场开拓有新亮点,制造能级继续攀升

受国际金融危机影响,2009年的市场形势更趋严峻,竞争更趋激烈,公司管理层组织各部门积极应对,加大产品结构调整力度,加强对市场业务的开拓,全年共承接合同79亿元,完成全年指标的113%。尤其是在压机、水泥设备、磨煤机国际市场取得了较大突破,为企业实现保增长目标提供了有力支撑。

2009年,面对任务重、新产品多、产品制造难度大以及老万吨水压机大修、新万吨水压机和操作机正在调试不能正常运行和受国际金融危机引发的合同变化等诸多困难,公司生产系统紧紧围绕"加快产出、实现完整销售"的目标,一方面加强内部计划的执行,最大限度发挥内部制造能力,另一方面强化外部资源的利用、管控。全年公司生产制造保持"高位"运行,制造能级继续攀升,共完成商品产值63.5亿元,同比增长5.2%。

二、自主创新能力进一步提升,热加工科技攻关任重道远

在广大科技人员的努力下,企业自主创新能力有了较大幅度的提升。以热加工工艺和材料开发为重点的112项科技创新、新产品开发项目,均按照阶段性目标向前推进;由公司自主设计、自行制造,拥有完全自主知识产权的450t电渣重熔炉获2009中国国际工业博览会金奖;165MN自由锻造油压机获得中国机械工业科学技术奖特等奖、上海市科技进步奖一等奖；申请专利受理28项，获得专利授权13项；继国家级技术中心通过评审后，公司又进入国家第三批创新型试点企业行列。

以形成国际一流大型铸锻件自主制造能力为目标的热加工扩能技术改造，历经四年多的艰苦努力、自主创新，实现了预期目标，创造了三个"全球第一"——165MN自由锻造油压机、630t·m操作机、450t电渣重熔炉。2009年8月15日，中共中央政治局委员、市委书记俞正声出席了165MN自由锻造油压机开锤仪式并宣布开锤。三个"世界之最"使企业大型铸锻件的生产装备能力进一步提升，为大型铸锻件攻关提供了硬件支撑。

在硬件建设的同时，公司进一步加大以核电铸锻件、大型转子、船用曲轴等项目为主的热加工科研攻关力度。在充分调动、发挥内部攻关力量的同时，公司还加强了产学研合作，与上海交通大学强强联合，通过成立"大型铸锻件工程技术中心"和"院士工作站"等方式，进行联合攻关，力争早日实现突破。核电锻件的攻关以满足上海电气重工集团核岛主设备所需的锻件配套为目标，堆内构件的锻件已形成批量出产的能力，二代加、三代核电锻件已大部分投产；在特大钢锭生产能力方面取得关键性的突破，成功浇注重量达460t的核电用特大钢锭。在电站转子的攻关中，已实现30万、60万kW大型低压转子批量交货，100万kW低压转子技术攻关已突破。曲轴锻件的攻关工作，从满足批量和降本的要求出发，自行开发的25t下注钢锭工艺技术已适用于曲轴锻件的批量生产，正在进行辅助材料的工艺试验，以进一步提高成品率，达到国际先进水平。

三、全员动员解决管理短腿，推进世界级工厂建设

作为上海电气创建"8+1"世界级工厂的一员，公司按照集团提出的建设"世界级工厂"要围绕"依靠技术进步、依靠管理创新，实现科学发展"的思路要求，瞄准大型铸锻件制造水平位居世界第一的日本制钢所室兰工厂(JSW)找差距，制定目标和实施方案，积极推进。在抓紧突破大型铸锻件制造瓶颈的同时，公司以质量管理为核心，重点扎实推进基础管理，全面提升管理水平，增强企业发展的软实力。2009年，公司成功取得"核电ASME资质证书"，组织开展"质量百日行动计划"、"千人质量培训计划"，提升了全员质量意识和管理水平。公司按照建设世界级工厂的要求，花大力气推进5S管理，成效明显，现场面貌和管理得到明显改善。进一步加强人力资源工作，从提升干部管理能力、提高员工技能水平和加快自主培养青年人才工作着手，举办了两期中层干部和青年后备干部培训班，全面启动和实施"1+3+5"青年大学生人才和"八个一批"高级技术工人培养工作，为企业健康可持续发展打下基础。

纵观2009年，上海重型机器厂有限公司取得了一定的成绩。但应清醒地认识到公司正面临前所未有的挑战和压力：金融危机对重型机械行业影响的滞后效应将会越来越明显，企业的经济运行将面临更大的挑战和威胁；大型铸锻件制造瓶颈的突破，还远远跟不上发展形势的需要，尤其是要适应国家战略的急切需求和上海市率先突破的要求，攻关的路程还相当艰难，面临的压力将越来越大；公司的管理现状不适应公司发展形势的状况已越来越突出，离"世界级工厂"管理水平还有很大差距。因此，上重人要变压力为动力，化挑战为机遇，为企业建设世界级工厂，不断爬坡攀登而努力！

〔供稿单位：上海重型机器厂有限公司〕

卫华集团有限公司

2009年，卫华集团有限公司(以下简称卫华集团)对外开拓市场，对内挖掘潜力，对上用好政策，对下加强管理。通过结构调整、产品升级、提高质量、挖掘潜力，并一如既往地坚持科技创新，在全球金融危机蔓延成经济危机，国内市场受到很大冲击的严峻形势下，逆势而上取得了骄人成绩。

一、调整营销思路，实现企业生产经营新突破

针对2009年的市场环境，卫华集团积极调整营销思路。在继续抓好钢铁、化工、造船等传统设备市场的同时，积极开发路桥、水工机械、岸边集装箱设备市场，以及不断开拓国际贸易业务，生产经营取得重大进展。公司先后与中铁十七局签订900t移梁机、与中铁二十二局签订450t提梁机、与广西梧州九源电力签订23台启闭机，同时在岸边集装箱项目方面取得了零的突破，与福建罗源湾鲁能海港、湖北宜昌港等签订了多台集装箱门机项目。

2009年，卫华集团实现工业总产值31.82亿元，同比增长28%；工业销售产值31.2亿元，同比增长28%；利税2.41亿元，同比增长20%。

2009年主要产品产量和销售收入见表1。

表1　2009年主要产品产量和销售收入

产品种类	产量(台)	同比增长(%)	销售收入(亿元)	同比增长(%)
桥式、门式起重机	13 561	30	26.84	23
电动葫芦	17 562	5.5	3.43	67

二、坚持科技创新，加大技术改造力度，促进产品更新换代

卫华集团始终坚持以"科技为本，创新为魂"，以及"科技创新与产品升级相结合"为宗旨，充分发挥河南省起重机械装备工程技术研究中心、国家级实验室等机构的作用，通过自主创新与引进先进技术消化吸收并举，优化方案设计，改进工艺，壮大科研队伍，加大科研投入，提高科技创新能力。

2009 年，卫华集团申报专利 29 项，其中发明专利 5 项；累计申报专利 103 项，其中发明专利 21 项，实用新型专利 77 项；已获国家专利 76 项。同时还建立了国内第一个起重机专利数据库（含4 356个起重机专利）和第一个国外起重机专利数据库（含9 630个起重机专利）。卫华集团继 2008 年被评为“河南省创新型试点企业”和“河南省知识产权优势企业”后，2009 年又被列为“国家企事业知识产权试点单位”和“国家高新技术企业”。

2009 年，卫华集团设立科技项目 85 项，主要类型为新产品、新工艺、工艺技术改造等，在架桥机、港口机械、欧式电动葫芦等产品上实现了重大突破。

1）自主研发的“BB8T（BX8T）、BB12T（BX12T）壁行式悬臂起重机”是目前我国起重量最大、悬臂最长的壁行式悬臂起重机。通过采用具有自主知识产权的“壁行式悬臂起重机上的起升机构”和“可调式平衡臂防卡轨装置”等专利技术，成功地解决了大吨位长悬臂带来的起重机水平轮压增大以及厂房建筑成本较大等问题，达到了国际先进水平。

2）自主研发的“旋转电磁自翻转 C 形钩组合吊具”融合了电磁吊具和 C 型机械吊具的优点。其核心技术申报了 2 项发明专利和 2 项实用新型专利。该产品的研发成功，解决了组合吊具在使用过程中吊钩不能自行翻转的技术难题。

3）自主研发的“900t 移梁机”产品是公司首台移梁机产品，开创了公司设计、生产此类型产品的先河，积累了经验，为进军该领域市场奠定了基础。

4）在河南省率先研发成功投产的“NH 型 3.2 ~ 50t 电动葫芦”，填补了河南省规模化生产世界水准电动葫芦的空白，加快了公司在起重机行业的技术升级，促进了行业技术进步及结构调整。

5）自主开发的“起重机主梁及焊接卷筒 CAD 辅助设计程序”，提高了设计效率，保证了设计质量。

除上述产品以外，还研发了低净空轻量化系列起重机、500t 门式起重机、QY32/5t多功能绝缘桥式起重机、1 250t/h 抓斗卸船机、5 000t/h移动式装船机等。完成了桥架整体加工、400mm 端梁互换、热处理参数优化等 18 项工艺改进项目以及多项产品的标准化、系列化，加快了产品设计和生产准备过程。

卫华集团坚持科技创新，促进产品更新换代，取得了显著的成绩。2009 年，卫华集团共有 7 个科研和新产品开发项目获国家、部和省市级奖或列入省市科研计划，其中国家部级项目 2 项，省级项目 2 项，市级项目 3 项：“水利工程用起升高度 400m 的40/5t门式起重机”列入中国企业新纪录，被认定为“门式起重机起升高度最大世界纪录”；“GLQ40 双驱动交流变频港口轮胎起重机”获中国机械工业科学技术奖三等奖；“GLQ 系列双驱动交流变频港口轮胎起重机”列入河南省科技成果转化项目；“BXBT（BB8）、BX12T（BB12）壁行式悬臂起重机”列为河南省院企合作项目；“桥式起重机辅助设计系统研究”和“400t 低净空起重机小车”列入新乡市科技发展计划项目；“年产 200 台双驱动交流变频港口轮胎起重机”列入新乡市科技重大项目，获政府资金 100 万元。

三、注重产品质量，打造卫华精品

卫华集团按照“关注客户，持续改进，过程控制，制造精品”的质量方针，完善质量控制机构，健全质量管理制度，运用质量管理方法，促进质量改进。

2009 年为公司起重产品“质量年”，实施从“制造产品”到“制造精品”的跃进。

一是引进了卓越绩效管理模式，使公司的质量管理由检验的二级管理提升到预防的三级管理，质量管理工作由被动的“救火”步入主动的预防，质量管理从简单的产品制造质量，延伸到整个企业的经营质量和全体员工的素质方面，使企业的质量管理提升到一个新的高度。

二是集团成立制造管理中心，分设质量控制管理部、工艺改进管理部和重点产品管理部。制定有关质量的管理制度 6 项，每月编制《集团质量情况报告》和《质量简报》，通过到各子公司进行现场质量督察，发现问题，提出改进建议，监督整改。

三是调动各种技术力量，组织技术和质量攻关。针对重大项目的重大质量难题和集团生产中长期存在的质量问题，组织相关人员攻关，取得良好效果。

四是实施并认真贯彻执行《产品质量奖惩制度》、《产品制造质量考核办法》、《产品质量保证金实施办法》等系列质量管理标准，落实质量责任，奖罚并举，有效地激励员工提高工作质量意识，减少工作失误和产品质量事故，降低了产品质量损失，同时加强外协、外购件的质量管理，跟踪配套件的质量改进。9 月份还组织开展“质量月”活动，宣传质量管理先进人物，弘扬“一次工作做好”的零缺陷理念，经常开展“质量合理化”建议等一系列全员参与的质量活动。2009 年售后服务费用同比下降近 30%。

五是公司的国家级技术检验测试中心在 2009 年新增部分重要设备，完善了检测手段，提高了检测能力。同时产品在公司内部执行“三检制”，出厂前全部要经过国家起重运输机械质量监督检验中心的检查，通过层层把关，确保了产品质量可靠。

2009 年卫华集团通过了三体系监督审核。

四、对内加强基本建设，对外加深合作交流

2009 年，卫华集团投入两千余万元新建电气车间、附属结构车间、吊钩车间等生产车间 1.3 万 m^2，添置了立式车床、插齿机、滚齿机等设备，进一步提高了企业的技术装备水平，提高了生产能力，为企业自主研发提供了一流的硬件基础。

通过了中国合格评定国家认可委员会认可的“卫华集团有限公司技术检验测试中心”在原有金相分析室、力学分析室等涵盖力学、长度、无损、化学、电学的计量和检测机构基础上，开始筹建电器实验室，目前已投入资金 300 余万元，预计于 2010 年 6 月份完成。

卫华集团与华中科技大学机械科学与工程学院、郑州大学机械工程学院、武汉理工大学、西班牙GH公司等院校、科研院所、起重机械企业及相关研究机构合作，建立了科研生产联合体，先后开发出GLQ40t双驱动交流变频港口轮胎起重机、BXBT(BB8)、BX12T(BB12)壁行式悬臂起重机等产品。2009年还聘请杨叔子院士为集团高级顾问，带动集团科技创新研发能力的不断提高，推动集团加快科技人才的培养和全员素质的提升。

2009年10月，公司承办了“中国机械工程学会物流工程分会结构专业委员会2009学术年会”，参会的各位专家对卫华集团给予了很高的评价。

五、强化管理，打造一流企业

2009年卫华集团全面开展了企业标准化工作，制定了技术标准、管理标准、工作标准230余个，并且建立了标准电子数据库，对标准的收发、使用实现信息化管理。12月份卫华集团顺利通过了“标准化良好行为3A级企业”复评工作。

卫华集团目标责任考核制度逐渐完善，日趋成熟。目标责任书制度的制定和执行较以前明显改进：紧密围绕集团经营计划确定各中心、各子公司的考核指标，确保集团总体目标的实现；相关指标能够有效涵盖职能部门的主要工作内容和目标，起到了积极的导向作用，使各单位的年度目标更加明确，工作质量不断改进；考核指标的权重分配更加合理，较好地突出了重点考核指标；目标值的确定具有一定的难度，同时目标值尽可能量化，有效地兼顾了操作性与挑战性；对应的考核单位界定更加合理，便于对考核数据进行审核把关。同时还推行季度、月度绩效考核，提高了员工工作责任心和积极性，也强化了各单位对部门人员的监督与管理力度。

2009年另一项重要工作是对企业整体性、长期性发展进行谋划，完成了2010～2015年战略的制定，形成了集团总体战略、职能战略及子公司战略等战略系列成果28项，明确提出了今后六年集团的发展方向和发展目标。战略制定对集团未来发展具有重大意义，标志着集团在新的发展战略指引下进入新的发展阶段。

六、企业发展的主要问题

一是人才问题。人才问题是关系企业长期稳定发展的重大战略问题，是制约企业发展的瓶颈之一。企业高级专业技术人才不能满足企业快速发展的需要，顶级的设计人员紧缺。

二是市场需求信息获取方面。起重运输(物料搬运)机械的市场前景好，随着国际市场对物料搬运设备的总体需求不断增长，我国企业在国际市场上的竞争能力也不断增强，但企业获取国际市场需求信息的途径欠缺，难以及时获得准确需求信息。

〔撰稿人：卫华集团有限公司王伟　审稿人：卫华集团有限公司孙明尧〕

中国重型机械总公司

2009年，是新世纪以来中国重型机械总公司(以下简称中国重机)面临发展环境最为严峻的一年。面对历史罕见的国际金融危机的冲击和挑战，中国重机坚持以科学发展观统领全局，团结带领全体员工，砥砺奋进，共克时艰，坚持“以内贸求生存，以外贸求发展，以服务求信誉，以管理求效益”的经营指导思想，坚持“区域滚动”的市场开发战略，强化经营，深化管理，推动业务转型，加强风险防范，实现了各项工作目标，全面完成了国机集团下达的各项主要经营考核指标。

一、积极应对，经营工作平稳发展

面对国际金融危机的严峻挑战，中国重机审时度势，积极应对，化压力为动力，化危机为机遇，把保持经济平稳较快发展作为经营工作的首要任务。

1. 适应外部变化，积极调整经营策略

中国重机积极贯彻落实“适时调整经营策略，突出以效益为中心；加强项目的执行管理，向管理要效益；多渠道开拓国际市场，积极推进国际市场多元化”的应对形势变化等措施。在经营工作中，不单方面追求规模和成交指标，以项目利润为前提，对市场进行理性分析，对项目有效取舍，有所为，有所不为。积极推进业务领域多元化、业务类型多样化、市场区域分散化，巩固原有国外市场，积极开拓国外新兴市场，努力化解中国重机国际市场过于集中某几个国家而引发的地区风险。积极研究市场环境变化的有利因素，努力抓住新的发展机遇。

2. 努力拓展国际市场，积极承揽国内业务

充分利用国家实施的对外经贸合作战略和资金支持政策，跟踪项目，有目的地培育市场，积极开拓东盟地区的柬埔寨、马来西亚，南亚地区的巴基斯坦、孟加拉等国以及非洲市场。

柬埔寨金边环网输变电工程EPC项目成功签约。经过近两年的可行性研究和两个多月的商务谈判，2009年9月3日，中国重机与柬埔寨国家电力公司签订了利用中国政府优惠买方信贷建设的柬埔寨金边环网输变电工程EPC项目合同，总金额7 988万美元。同时，积极推进利用中国政府优惠买方信贷建设的柬埔寨农村电网改造项目，积极推进柬埔寨—西哈努克港输变电BOT项目，为中国重机在柬埔寨市场进一步深度开发，实现滚动发展奠定了坚实的基础。

积极拓展非洲市场。非洲市场具有广阔的发展前景，中国重机充分利用国家实施非洲经贸合作战略的有利时机，从2009年6月份开始，把非洲市场作为开发的重点，已向东部非洲的埃塞俄比亚、肯尼亚和乌干达等国派出人员进行考察，了解市场，寻找商机，跟踪项目，努力调整中国重

机国际市场布局，培育新的经营增长点。

努力保持外贸出口稳定。受全球金融危机的影响，铸件产品出口额曾一度下滑。项目组加强管理，提高产品质量，保证供货时间，最终赢得了用户，增加了高附加值产品出口，同时，还成功开发了新的市场和客户。

积极承揽国内业务。把握国家实施加大投资，拉动内需，刺激经济增长的政策机遇，积极承揽国内传统优势业务。北部湾港岸边集装箱装卸桥项目，当年实现签约1.44亿元。车斗项目取得新突破，首次进入金属矿山领域，当年签约57台，合同成交额1.13亿元。积极参加利用国际金融组织贷款、国债等项目的设备采购投标工作。在郑西和太中两个铁路项目设备采购国际招标中，中标金额1.19亿元。2009年，国内业务合同成交金额3.76亿元，占当年总成交额的26.4%。积极为建材、航天一院等多个项目开展设备招标代理工作，全年累计代理招标金额达4.07亿元。

3. 强化重点项目实施，推动重点工作落实

2009年，积极推动中国重机第一个BOT项目的实施，加大在手项目的执行力度，强化重点项目管理，特别是EPC项目的执行管理，积极催收应收货款，取得了明显成效。

大力推动BOT项目实施。投资柬埔寨达岱水电BOT项目进展顺利。由中国重机、中国水电工程顾问集团西北勘测设计研究院和正泰集团股份有限公司三家作为发起人，共同设立的"北京三联国际投资有限公司"于5月8日注册成立，全资向在柬埔寨成立的项目公司——柬埔寨达岱水电有限公司注资，由项目公司负责完成项目建设和运营，并取得项目的所有权和管理权。2009年5月21日在北京举行了BOT项目开工典礼，9月完成了项目在国内所有的核准报批工作，完成了项目的保险、融资和施工招标工作，全面进入施工阶段。BOT项目的实施，标志着中国重机在创新业务模式、扩大市场竞争优势、促进业务转型，实现由单纯的承包商向工程承包商加投资开发商角色转变方面迈出了第一步。BOT项目的实施得到了国机集团的高度重视、充分肯定和大力支持。

加强EPC项目的执行管理。越南新光日产2 500t水泥厂EPC项目，自2009年5月10日开工以来，项目组全体成员齐心协力，提前谋划，周密部署，科学管理。在项目执行过程中，狠抓成本控制、进度控制、质量控制，强化现场安全管理，扎实做好组织协调工作，保证了项目的有序执行。越南达门水电站项目，进展顺利，两台机组的转子一次吊装成功，一次试验成功。

土耳其新蒸汽锅炉EPC项目，克服种种困难，扭转了前期工作进展不顺的被动局面，不仅抢回了由于业主改变锅炉蒸汽量导致的4个月的工期延误，而且预计比合同计划进度还要提前3个月完工。

苏丹粮库EPC项目顺利完成，2009年11月4日，业主签发了PAC证书。

积极催收应收账款。为防范资金风险，有效巩固资金链，中国重机加大催收应收账款的力度，千方百计回收货款。2009年，经过多方努力，收回缅甸糖厂项目273万美元，至此，缅甸糖厂项目的货款已全部收回。收回缅甸TIGYIT火电项目672万美元。越南宣光水泥项目自2009年12月验收后，通过努力工作，已全部收回货款。卖方信贷项目越南安平水泥厂的第一笔还款也已顺利收回。经过艰苦的努力，中国重机为斯里兰卡公路项目开具的履约保函得到全额释放。

努力降本增效。在经营增长不稳固、市场不确定性因素较多的情况下，通过推行全面预算管理，对中国重机财务状况、经营成果、现金流量执行差异进行定期分析，出具季度财务分析报告，有效控制各项费用支出。通过提高资金使用效率，加强资金的合理使用，节约资金成本，有效降低财务费用。中国重机全年管理费用比上年减少698万元，同比下降9.7%。

4. 全面完成国机集团各项主要经营考核指标

主营业务收入实现11.5亿元，完成国机集团计划11.33亿元的101.50%，同比增长10.73%。

利润总额实现3 964万元，完成国机集团计划3 900万元的101.64%，同比增长2.38%。

进出口总额实现13 107万美元，完成国机集团计划13 000万美元的100.82%，同比增长7%。其中，出口实现9 558万美元，同比下降5.16%；进口实现3 549万美元，同比增长63.57%。

净资产收益率实现14.78%，完成国机集团计划11.11%的133.05%，同比下降12.44%。

成本费用占主营业务收入的比重97.41%，为国机集团计划98.34%的99.05%，控制在指标范围之内。

流动资金周转率0.78次，比国机集团计划0.84次，减少0.06次。

技术投入比率为1.48%，完成国机集团计划1.47%的100.68%，同比下降7.20%。

已获利息倍数为5.71，完成国机集团计划5.17的110.44%。

通过以上指标看出，在国际金融严重动荡，国内外形势复杂严峻的情况下，中国重机依然全面完成了国机集团的主要考核指标，避免了大的起落。

二、狠抓落实，管理工作不断加强

一年来，通过深化各项管理工作，为实现经营平稳发展提供了有力保证。

1. 战略管理进一步深化

在2008年开展战略评估的基础上，2009年全面修订完善了中国重机《2009～2011年总体战略》、各专业部门经营战略和3个职能战略。这次战略修订工作集中了大家的智慧，进一步理清了中国重机发展思路，对坚定信心、有效应对当前的严峻形势，引领中国重机平稳较快发展起到积极的促进作用。此次战略修订工作的完成，使中国重机的战略管理工作形成了从战略分析、战略制定、战略实施、战略评估到战略修订的完整的战略管理闭环系统。

2. 财务管理进一步增强

一是加强财务预算管理。全面认真制定中国重机年度财务预算，控制、调整、分析预算执行情况，采取有效措施，全面完成财务预算。二是加强资金管理，通过多种方式，拓展融资渠道及融资规模。2009 年，共取得授信额度 21.72 亿元，比年初增加47 000万元。利用国家对出口项目的贴息政策，取得 2007 ~ 2008 年度财政贴息款 197 万元。三是加强中国重机投资管理。2009 年完成对柬埔寨达岱水电站 BOT 项目投资2 550万元，并积极做好融资的各项工作。收到中国远洋战略投资收益500 万元。加强外汇管理，提供保值增值服务。四是加强对项目的财务管理。建立了项目现场财务管理及会计核算等管理办法，并尝试财务人员派驻国外项目现场。五是加强财务信息化建设。中国重机财务信息系统已正式纳入国机集团公司 NC 系统，并经考核获得国机集团财务信息化管理二等奖。六是加强税务管理，保证出口退税及时到位。2009 年共收回退税款9 300万元，有力地支持了中国重机的资金周转。中国重机继续获得北京市纳税 A 级企业资格。

3. 人力资源管理不断完善

完成了中国重机《2009 ~ 2011 年人才工作规划》的修订工作。加强中层管理人员的考核任用，落实人才招聘和培训工作，促进人才队伍建设。加大人才招聘工作的力度，全年接收应届毕业生和招聘新员工共 14 名。加大培训工作力度，按照培训工作规划，制定年度职工培训计划，重点开展了项目管理、设备监理、施工安全等多层次、多方面的培训工作，提高了员工队伍整体素质和业务技能。完善规章制度，加强劳动合同管理。进一步深化和改进绩效考核工作，不断完善绩效管理体系，进一步明确和细化专业部门正职的绩效考核指标，加强对职能部门员工的过程考核管理。

4. 技术质量管理不断深入

持之以恒抓好 ISO 9000 质量管理体系的实施、保持和改进。通过质量管理体系运行的监督检查，体系文件的更新，促进质量管理工作的规范化和项目管理水平的不断提高。通过“质量管理月报”平台，促进项目管理信息的交流。开展编制《工程项目管理手册》的筹划准备工作。对 7 个重点项目开展设备监制工作，保证了关键设备的产品质量，促进了中国重机项目管理中制造质量管理的规范化。

加强专家库的管理，积极扩展专家渠道，在项目的开发、设计、制造、施工阶段提供技术咨询和项目管理咨询服务方面，专家库发挥了较好的作用。

5. 安全生产管理不断强化

强化和健全安全生产考核，将安全生产责任纳入部门考核指标中。积极推进职业健康安全管理体系建设，职业健康安全管理体系文件《管理手册》和《程序文件》已经颁布运行。大力开展“安全生产月”系列活动，加强应急管理，更新了《中国重机综合应急预案》，制定了《海外办事处生产安全事故专项应急预案》。各 EPC 项目组根据中国重机的要求对项目现场处置预案进行了梳理、完善和评审。日常工作中深入现场，狠抓落实，全员安全生产意识得到加强，项目安全管理规范性逐步得到提高，在国机集团安全生产年度考核中获得 A 级。

6. 审计、监察和法律保障进一步加强

(1)深化审计工作内容。2009 年，审计工作的重点是不断扩展审计领域，在开展财务收支审计的基础上，加大审计力度，积极开展项目审计和部门经济责任审计。通过开展这些审计，为中国重机提供审计数据，对审计项目提出审计意见以及审计整改措施，充分发挥了内审工作的监督作用，为中国重机经营提供有效服务。

(2)扎实开展效能监察工作。对越南达门水电项目和土耳其新蒸汽锅炉项目继续开展效能监察工作。对中国重机大宗物品采购情况进行了跟踪检查，对招标项目进行了开标公证。

(3)围绕中国重机的经营管理，做好法律服务工作。加强对重要合同、重大投资项目的法律审核，加大对合同签订、变更、履约保函、产品质量、货物保险、付款、退款等一系列问题的法律咨询，保障了中国重机的合法权益。

7. 行政管理工作不断细化

加强办公大楼安全管理。强化消防设施、消防器材的管理，对办公大楼所有设备、设施进行定期维修、检修，确保正常运转。修订了消防专项应急预案，加强值班管理，确保国庆 60 周年庆典和重大节日期间的安全保卫工作。加强职工宿舍管理。利用中国重机古城宿舍的现有资源，解决新接收大学生和调入人员及专家的住宿问题。加强中国重机产权房的管理和维护，改善职工居住环境。

8. 加强风险管理

加强全面风险管理知识的学习和研究，组织参加国机集团全面风险管理相关知识的培训，对建立全面风险管理体系进行了探讨。

9. 强化基础制度建设

2009 年，结合年度落实规章制度执行情况检查工作，查找制度缺失，不断完善规章制度，从制度层面完善体制机制，为推动中国重机科学发展提供制度保障。

10. 加强储运管理

顺利完成了海关、商检等政府监管机构的年度例行审查。在具体项目执行方面，很好地完成了塔吉克铝厂冰晶石、越南梅山水泥厂、新光水泥厂、土耳其新蒸汽锅炉等一批中国重机重点项目的接发货工作，全年接发货约 1.78 万件、6.5 万运 t，价值近 1 亿美元。

一年来，继续扎实推进企业文化建设，把思想和行动统一规范到中国重机企业文化的要求上来。稳步推进信息化建设，加强硬件设备调配、软件维护和网络管理，确保 OA 流程顺利通畅。加强经营统计分析，深入做好合同动态管理。外事管理工作不断深化。展宣工作不断加强和水平不断提高，各种展示中国重机形象和业绩的宣传制品不断推出。

〔撰稿人：中国重型机械总公司刘东明　审稿人：中国重型机械总公司李军〕

中国重型机械研究院有限公司

2009年,中国重型机械研究院有限公司(以下简称中国重型院)上下沉着应对国际金融危机的冲击,在签订经营合同额、完成科研创新成果和各项任务指标等方面,均取得新的进展。

一、生产发展情况

面对2009年的国际经济危机,中国重型院积极转变经营方式,努力稳定和拓展国内国际市场,各项经济指标又创佳绩。

2009年全院签订合同总额261 610.30万元,是2008年的101.11%,主营业务收入159 679万元,净资产收益率为12.99%。

二、市场经营

1. 各专业市场业绩

2009年,全院经营体系快速应变,高效运转,取得了较好的市场业绩。共有10台18流连铸机投产,创历史纪录,并中标世界最大断面400mm×2 700mm特厚板坯连铸机设计项目;巩固了高端市场,签订的180万t冷轧汽车钢板精整项目,是国内首套用于汽车钢板的重卷机组和重卷包装机组;签订3台125MN、4台90MN铝挤压机和1台40MN双动卧式锆挤压机(是我国首台大型锆管挤压机);开发的ϕ325mm排管锯、LG280长行程环孔型冷轧管机,均为国内首台;研发的用于军工产品某试验装置的行星齿轮箱,标志着重载行星传动产品研发又向前迈出一步;研究开发的将转炉煤气干法回收系统应用于其他行业的项目,已在矿热电炉上取得进展;完成的RH总包等项目相继投产;签订的1 450mm五机架冷轧成套供货项目,实现了该领域零的突破,所有这些业绩都提高了中国重型院在国内冶金设备市场的影响力。

2. 产品生产情况

中国重型院产品生产重组整合了三个工厂(机械、真空、轧管)资源,完成了5t取料操作机、6MN鳄式液压剪、油田双井抽油机等自主开发研制项目。在电控装备产品研发、生产方面,继续推广应用真空精炼工艺控制模型辨识、专用计算机网络控制系统等成果。除此之外,还进军水利、石油、军工等行业,取得初步成效。

三、科技成果

2009年全院共有17项科技成果分获国家和省部科学技术奖,完成8项鉴定和验收项目。申请专利97项,其中发明专利28项,实用新型专利69项;授权专利78项,其中发明专利16项,实用新型专利62项。

7项重大装备被中国机械工业联合会和中国企业家协会评为中国企业新纪录:准备/重卷机组,CMYQ—450型(16t)全液压电液锤,油页岩试验项目,大H型钢压力矫直机,高精度高导铜及铜合金带粗中轧机组和精轧机组,LG—15—GHLL型两辊高速环孔型冷轧管机。

6项重大装备项目列入陕西省机械工业新产品试制计划:JFE宽带钢切边剖分重卷机组、8 000t自由锻造液压机、GHLL高速冷轧管机、5m航空轮胎加载试验台、ϕ180mm/ϕ550mm×600mm四辊可逆铍铜轧机、烧结过程废气脱硫处理系统。

两项陕西省重大科技项目:“工业窑炉烟气脱硫、除尘、脱硝综合治理系统产业化”项目,被列为陕西省2009年“13115”科技创新工程重大科技产业化项目;“ϕ7 000mm数控径轴向轧环机”被列为2009年陕西省重大科技创新专项。

“转炉煤气干法净化回收系统”顺利通过了国家科学技术部根据国务院关于制定《国家中长期科学和技术发展规划纲要(2006—2020)》的认证,获得首批国家自主创新产品证书。

四、产品质量和标准化工作

中国重型院“三合一”管理体系于2009年4月22日通过了中国质量中心审核,确认已建立的质量管理体系符合标准GB/T 19001—2000(ISO 9001:2000)、环境管理体系符合标准GB/T 24001—2004(ISO 14001:2004)、职业健康安全管理体系符合标准GB/T 28001—2001,为更好地提升全院工作质量、强化科技创新、市场开发及内部管理打下了坚实的基础,保证了各项工作的顺利完成。2009年9月,通过了中国产品质量信用AAA等级认证。

五、创新平台建设

中国重型院加快国家重点实验室、工程技术中心和产业化基地建设。完成了现代连续铸钢技术装备国家工程实验室、机械工业自动化工程技术研究中心、工信部倍增计划高效连续铸钢自动化控制技术研发平台、国家发改委清洁生产技术CMYQ—325型全液压电液锤以及“十二五”机械工业重大关键技术等5个项目的申报工作。

六、对外合作与技术交流

中国重型院与多所高校开展产学研交流与合作。加强科研基础研究储备,针对市场未来需求,进行了多项专题研究,例如将“新型结晶器振动液压缸研制”和“连铸机结晶器漏钢预报技术”等关键技术和前瞻性课题列入院管研究开发课题。与中国建材国际工程有限公司签订战略合作协议书,标志着中国重型院拓宽了与上游产业的合作。

七、改制情况

召开中国重型院创立大会。召开第一次股东会,批准公司改制报告和公司章程,选举首届董事会、监事会成员;召开一届董事会第一次会议,选举董事长,决定法人代表,聘任总经理、副总经理、财务总监、董事会秘书,通过公司董事会工作制度、总经理工作制度、董事会秘书工作制度;召开一届监事会第一次会议，选举监事会主席，通过监事会工作制度。召开第二次股东会和一届二次董事会，审议通过了年度工作总结和计划、财务预决算和利润分配方案等重大事项。中国重型院步入公司制运行轨道。

〔撰稿人：中国重型机械研究院有限公司宋晔　审稿人：中国重型机械研究院有限公司孟令忠〕

北京起重运输机械设计研究院

北京起重运输机械设计研究院（原北京起重运输机械研究所，以下简称北京起重院）创建于1958年，1999年转制为现代化的科技型企业，加入中国机械工业集团有限公司。主要从事物流仓储系统、客运索道、起重机械、物料输送设备等系统的总体规划、机电设计及工程总承包。经国家有关部门批准成立的国家起重运输机械质量监督检验中心、国家客运架空索道安全监督检验中心和国家安全生产北京矿用起重运输机械检验检测中心设在该院；中国机械工程学会物流工程分会、全国起重机械标准化技术委员会、全国连续搬运机械标准化技术委员会、全国工业车辆机械标准化技术委员会、全国物流仓储机械标准化技术委员会挂靠在该院；是中国重型机械工业协会副理事长单位。

一、生产经营情况

2009年，受国际金融危机的影响，北京起重院的主要市场受到较大冲击，业务发展遇到较大困难。面对复杂严峻的经营形势，全院上下齐心协力，积极采取应对措施，全面完成了生产经营目标，各项主要经济指标均创历史新高。

2009年，签订合同总额超过4亿元，同比增长14%；主营业务收入近3亿元，同比增长11%。其中索道工程、物流仓储工程、起重机械工程新签合同额均超过1亿元；索道工程市场占有率超过50%，生物质发电起重机市场占有率接近80%，自动化物流仓储系统市场占有率维持在30%左右。

2009年北京起重院共完成工程项目49项。物流仓储工程主要完成的项目有：国药广州物流中心、孚日立体库、青岛华仁药业立体库等项目；索道工程主要完成的项目有：河南重渡沟、蒙古乌兰巴托索道等项目；物料输送系统工程主要完成的项目有：华能伊敏破碎站电控系统、首钢滚筒取料机等项目；起重机械工程主要完成的项目有：新加坡垃圾搬运起重机、大同垃圾搬运起重机等项目；子公司中起物料搬运工程有限公司承担的马来西亚热物料输送系统、物料搬运系统项目也完成验收，交付用户。在近两年完成的项目中，经院优秀工程奖评审组评审，共评出2009年度优秀工程奖8项。

二、科技成果及新产品

2009年，"雅戈尔物流配送中心自动化物流系统"项目获中国机械工业科学技术奖二等奖；"北京香山公园客运索道更新改造工程"项目获中国机械工业科学技术奖三等奖；"解放军某装备部队自动化物流系统"项目获中国机械工业集团科学技术奖三等奖。

2009年，北京起重院被认定为"国家级高新技术企业"、"北京市科技研究开发机构"、"中关村国家自主创新示范区高新技术企业"、"中关村国家高技术产业标准化试点企业"、"机械工业物料搬运工程技术研究中心。"

2009年北京起重院共有研科技开发项目10项，其中：科技部科研院所技术开发专项资金项目3项，国机集团科技基金项目4项，科技部国家科技基础条件平台项目1项，北京市科技项目2项。

"高速脱挂抱索器客运索道技术工程应用研究"项目取得实质性成果，其依托工程溪口索道完成安装调试工作，通过了国家客运架空索道安全监督检验中心的型式试验，基本具备了验收交付条件。该项目得到了国机集团科技发展基金、科技部科研院所技术开发专项资金的立项支持。项目针对一系列核心技术进行了充分试验研究；开发了脱挂索道工程化技术，取得了"脱挂索道加减速装置"的专利权；开发了脱挂抱索器生产线，制定了脱挂索道设备制造标准，为产业化奠定了技术基础。

"节能型桥式起重机系列研究设计"项目，针对葫芦双梁起重机的紧凑型葫芦起升小车、轻巧型大车、小车运行机构、轻型端梁连接形式、轻型主梁结构形式等主要部件进行研究，确定了系列型谱和技术方案。此外，结合国家节能减排和绿色设计相关指南，在该项目基础上，开展了轻量化起重机关键技术的可行性研究，完成了项目建议书和可行性研究报告。该项目已列入机械工业"十二五"科技发展重点任务。

2009年，北京起重院加强知识产权工作，引导科技人员积极创造和挖掘自主知识产权，共申报实用新型专利9项，已获专利授权4项，申报并取得软件著作权9项。

三、质量管理和标准工作

2009年，按照2008版ISO 9001质量标准要求，认真开展质量管理体系换版工作，并以此为契机，加深了对质量标准的认识与理解，提高了质量管理体系运行的有效性。新版质量体系文件于2009年7月1日发布实施，在过程方法的实施、外包过程的控制、顾客满意度测量评价等方面进行了改进，进一步加强了质量管理，提高了产品质量，满足了客户要求。2009年9月通过了ISO 9001:2008质量管理体系第三周期再认证审核，取得了质量管理体系认证证书。标准工作方面，完成国家标准49项，行业标准8项，参加了ISO/TC96起重机技术委员会2009年系列会议。

四、信息化建设

2009年是北京起重院信息化工作全面开展实施的一年。根据信息化规划方案，为了搭建一个高效的信息化工作平台，从自动化办公系统入手展开信息化系统的建设工作。正在实施的OA系统具有一定的兼容性和拓展性，能够适应院不断发展的要求，最终实现并建立包括项目管理、市场营销、客户信息、财务管理、设备管理、库存管理、供应商管理等企业信息的一体化经营管控平台。在实施自动化办公系统的同时，对财务管理系统、人力资源管理系统等各信息系统也进行了整体规划。此外还对企业邮箱、门户网站、PDM 系统、文件加密等进行了相关规划并逐步开展实施。

五、行业技术服务

2009 年，国家起重运输机械质量监督检验中心共完成 2 847台产品的检验和试验，545 家企业的审查和评审，337 家企业制造、安装、改造、维修条件的鉴定评审工作；完成了 1 741台产品的型式试验工作和生产许可证产品检验 475 台，审查企业 208 家；完成了出口许可证产品检验 95 台。

2009 年，国家客运架空索道安全监督检验中心完成了 222 条客运索道的定期检验和 31 条新建索道的验收检验。受理了 75 条（其中包括拖牵索道 29 条）客运索道的总体设计审查。对 95 个索道公司的 99 条钢丝绳、65 个公司的 3 398套固定抱索器、9 个公司的 177 套脱挂抱索器进行了无损探伤检测，并及时出具检验报告。完成了部件设计文件鉴定 18 件次，并完成现场型式试验 12 件次。对 17 家制造、安装企业进行了条件评审。

2009 年 8 月新成立了专门从事矿用起重运输设备检测检验的国家安全生产北京矿用起重运输机械检验检测中心，已完成质量手册、程序文件、各类管理文件及各类准则的编写工作及外部文件的收集工作。进行了实验室清理及装修，部分试验台架已经就位，对相关人员进行了培训，已开展带式输送机托辊的煤安认证检测检验业务。

〔撰稿人：北京起重运输机械设计研究院解小燕　审稿人：北京起重运输机械设计研究院张喜军〕

洛阳矿山机械工程设计研究院有限责任公司

一、科研生产经营

2009 年洛阳矿山机械工程设计研究院有限责任公司（以下简称洛矿院）全面完成了年度考核指标和工作目标，2009 年考核指标完成情况见表 1。

表 1　2009 年考核指标完成情况

项目	2008 年完成（万元）	2009 年计划（万元）	2009 年实际完成（万元）	完成率（%）	同比增长（%）
新增订货	89 478	200 000	200 323	100.2	123.9
新增生效合同	89 478	170 000	186 433	109.7	108.4
销售收入	102 852	100 000	101 329	101.3	-1.5
货币收入	70 999	60 000	70 291	117.2	-1.0
利润	10 900	12 000	13 989	116.6	28.3

2009 年，洛矿院实施技术先导战略，加大了产品技术研发力度，在全国企业技术中心综合评定中列第 40 名，位居河南省第一名，彰显了洛矿院自主创新的实力与活力。其中：

完全具有自主知识产权的，目前世界最大最先进的澳大利亚 SINO 铁矿项目核心装备—6 组 12 台磨机，首台 ϕ7.93m×13.6m 溢流型球磨机 7 月试车成功并交付工厂；首台ϕ12.2m×11m 自磨机已发运，标志着大型磨矿设备的开发设计达到了世界先进水平。

成功研发了国内首台高效液压旋回破碎机，实现了破碎机核心技术的重大突破。

自主研发了 LGM 5024 原料立磨，在吉林亚泰成功达标达产。世界最大的 LGMS 5725 大型矿渣立磨从水泥行业拓展到钢铁行业。

自主研发的褐煤提质技术，已在神华集团初步试压成功，将在我国能源建设中发挥重要作用。

“十一五”国家科技支撑计划重点课题“低能耗、智能化、高活性大型石灰成套关键技术及设备研究”顺利通过验收，目前已研发完成 1 500t/d 活性石灰主机和电石石灰生产线关键设备，具备订货条件。

国家“863”计划先进能源领域余热发电专题项目通过了国家科技部组织的中期检查；“大型干法水泥生产线纯低温余热发电技术产业化”项目通过了国家发改委组织的竣工验收。

洛矿院在大型装备制造工艺研究方面取得了显著成效，重点围绕工艺技术、工艺方法和提高大型关键机床效率开展工作。其中包括：磨机筒体钢板平面钻孔工艺研究，大型关键件制造过程中起吊、翻转、吊运方法研究，大型磨机分体端盖、分体筒体工艺优化，大型装备装配工艺优化。通过以上的工艺研究和实践，制定了相应的工艺规范和工艺方法，保证了大型装备的制造质量。

二、科技成果及新产品

2009 年洛矿院新产品、新技术鉴定项目共 4 项：JGL920 十辊矫直机、高压辊磨机工艺技术与设备研究、特大型（8 000t/d）新型干法水泥回转窑、散装物料装卸设备钢结构安全现状综合评估与趋向性分析。

获得的科技成果包括：“复杂地层特大型竖井钻机及成井工艺关键技术”获国家科技进步奖二等奖，“纯低温余热双压利用成套工艺技术与装备”获中国机械工业科学技术奖特等奖，“LGMS 4624 矿渣力磨”、“大型动力头竖井钻机”、“提升机盘型制动器在线监控系统”、“ϕ8.0m×2.8m 湿式自磨机”和“矿用绞车试验台系统改造升级”分获洛阳市科技进步奖一等奖。

2009 年洛矿院共申报专利 25 项，其中发明专利 5 项；当年获批专利 15 项，其中发明专利 3 项。截至 2009 年底，洛矿院拥有有效专利 122 项，其中发明专利 8 项。

三、质量、标准与信息工作

2009年洛矿院完善细化了质量工作考核办法，积极推进"零缺陷管理"和质量看板管理，强化了员工的质量意识，并顺利通过了中联认证中心的认证考核。

在矿山机械行业标准管理方面，组织完成了全国矿山机械标准化技术委员会的换届工作，组成了第四届矿机标委会；组织完成了34项标准的审查、上报工作（其中国家标准16项，行业标准18项）；完成了国家标准体系建设工程中矿山机械行业部分的编制；全年编辑、出版《矿山机械标准化》刊物4期。

在矿山机械行业质量监督检验方面，严格按国家质检总局要求开展各项工作，内审及管理评审结果均符合GB/T 15481（检测和效准实验室的通用），4月份顺利通过了实验室国家认可委员会的实验室监督评审；11月份通过了国家认证认可监督委员会组织的飞行检查；完成了调度绞车生产许可证检验和矿用产品安全标志检验等60余家；完成了在用提升系统安全检验240台（套）。

信息工作方面，2009年是洛矿院负责编辑、出版的《矿山机械》由月刊改为半月刊的第三个年头，全年共完成24期。《矿山机械》2月份被河南省新闻出版局认定为一级学术期刊，6月份连续第四次被核定为中文核心期刊。除此之外，洛矿院还编辑《国外矿山机械》4期、《重机信息》12期、《矿山机械通讯》4期，总字数约450余万字。

四、基本建设及技术改造

2009年，洛矿院共投资500余万元，用于完善试验室设施、设计手段和信息化系统。

在完善试验室设施方面，进一步完善了矿山重型装备实验室、自磨和半自磨选型试验技术、立磨试验台系统的设计等。该实验室已通过国家重点企业实验室的答辩、复评。在设计手段方面，购置了流体设计软件、颗粒计算软件、破碎磨矿选型软件和自动化设计软件。在信息化系统方面，2009年，洛矿院为实现全中信重机范围内的ERP项目，升级并完善了PDM系统和CAPP系统，打通了CAD/PDM/CAPP/ERP数据集成通道。按照ERP项目的总体规划，完成了第一阶段产品明细等10系统模块的方案评审、系统安装调试、软件测试、系统试运行、分层次人员培训、基础数据采集等工作。除此之外，洛矿院订购的《数字化期刊》经安装验收，已正常运行；《数字化期刊》全部涵盖了过去征订的135种国内期刊，并且扩充了一定数量规模的相关内容的刊物，模块共含103个类别的6 370种期刊，总册数为45.2万册。

五、企业发展的主要或突出问题

随着洛矿院的发展，专业技术人才，尤其是领军人才短缺仍是制约技术创新和持续发展的重要因素。应着力推进人才队伍建设，进一步强化人才引进、培养和激励机制，结合产品研发引进掌握前沿技术的专家型人才；分层次地引进重点高校的硕士生、本科生，建立合理的人才结构；面向社会招聘高水平、高层次的专业技术人员，充实水泥设备制造工艺、轧钢设备制造工艺和工程成套项目管理的技术队伍；加强与有关设计院、高校的技术业务合作，培养锻炼技术人才；加强员工技术、业务培训，提高员工的整体素质。只有人才队伍充实、结构合理，才能保证洛矿院走上持续快速发展道路。

〔撰稿人：洛阳矿山机械工程设计研究院有限责任公司张荣宽　审稿人：洛阳矿山机械工程设计研究院有限责任公司邹声勇、刘正魁〕

上海建设路桥机械设备有限公司

2009年，随着宏观形势的不断趋紧，经济环境不确定因素的逐步增加，稳健的财政政策和从紧的货币政策对公司经营的影响逐渐显现。面对严峻形势，公司积极应对，视困难为机遇，继续在"追求卓越绩效，加强全面预算，完善效能监察"三件大事的总框架下，以"调整、创新、管理"六个字为工作重点，有序、稳步地开展各项工作。

一、生产发展情况

2009年主要经营指标完成情况见表1。2009年主要产品产量见表2。

表1　2009年主要经营指标完成情况

指　标	单位	完成
工业总产值	亿元	13.54
销售收入	亿元	13.27
出口交货值	万美元	2 895
其中：自营出口	万美元	775

表2　2009年主要产品产量

产品名称	产量（台）
颚式破碎机	1 665
单段锤式破碎机	160
反击式破碎机	261
弹簧圆锥破碎机	86
复合型和单缸、多缸液压圆锥破碎机	89

二、市场经营及销售

2009年，公司产品销售有以下特点：

1. 在保持常规产品平稳销售的同时，水泥建材设备的销售大幅度增长

2009年公司破碎粉磨设备整体销售实现8.6亿元，其中水泥建材设备实现销售3.6亿元，同比增长100%，达到历史最高水平；堆取料机、大型单段锤式破碎机销量有大幅度增长，其中仅53套堆取料机订单金额就达到近亿元。

这是公司在加大对全国各地特别是云南、贵州、四川建材设备市场的开发力度后，抢占堆取料机、单段锤式破碎机、板喂机等建材设备市场的优异表现。

2. 积极巩固和开拓外贸市场

面对全球外贸出口大幅下滑的大环境，公司2009年实现外贸销售2 895万美元，继续巩固了印度尼西亚、斯里兰卡、智利等需求活跃市场，同时大力开拓中东阿拉伯联合酋长国、南美巴西和非洲阿尔及利亚等市场，并实现了一定的销售额，成为公司向世界各地更大规模延展的目标市场。

3. 保持和拓展冶金设备市场

2009年，冶金设备市场的形势仍不乐观，尤其是下半年，国家又作出了控制冶金行业投资及钢产量限减的决定，使各钢厂的新增项目数量锐减，对公司承接项目造成了极大的困难。由于多年来连续与各大钢厂、设计院合作及对外国技术（奥钢联）的不断熟悉与掌握，公司在连铸及冷轧设备退火机组等项目的成套制作方面积累了经验，在冶金企业的知名度和认知度不断提升。在得到老用户肯定的同时，公司不断开发新客户，新客户数量不断增加，如武钢鄂钢、马钢设计院、上海北发、阳春钢厂等。

与此同时，公司还大力开拓备件市场。在国际金融危机影响下，国内钢厂改造项目大量减少，这是客观现实，但开拓备件市场是一个新的方向。公司积极服务到国内客户的一线部门，让他们进一步了解公司产品，有效地促进了备件销售。承接鄂钢连铸设备2 000万元的备件供货合同就充分说明了这一点。

2009年冶金机械项目销售实现2.84亿元，圆满完成了销售任务。

三、科技成果及新产品

公司坚持“以市场为导向、以企业为主体、产学研用相结合”的技术创新原则，采取“引进、消化、吸收、改型、提高、形成自主知识产权”的技术路线，推进科技创新。

2009年完成了19项新产品开发项目：①2PGL—950×1200轮齿式破碎机；②PFY—1620V硬岩反击式破碎机；③SCBF—700冲击式制砂机；④PYF2100复合型圆锥破碎机；⑤武汉三冷轧工程酸洗机组；⑥武钢集团鄂城钢厂板坯连铸机；⑦ϕ3 800mm×14 000mm圆筒混合机；⑧PYG1433多缸液压圆锥破碎机；⑨PEGY600×900肘辊液压颚式破碎机；⑩3YK—2460带防尘罩筛分机组；⑪2PGS850筛分式双辊破碎机；⑫2PGS1150筛分式双辊破碎机（齿冠型）；⑬ϕ90mm/1 800mm/600mm堆取料机；⑭PEV750×1060新型颚式破碎机；⑮PCH—1616环锤式破碎机；⑯PCD2428反击锤式破碎机；⑰2PCF1820单段锤式破碎机；⑱PCG4225烘干锤式破碎机；⑲PGC2300×4800单辊破碎机。

产品优化及改进是提高已有产品水平的重要手段，2009年已完成产品优化项目7项：①PYF、PYG圆锥破碎机系列图样完整及优化设计；②PGC2200×4008单辊破碎机产品优化设计；③PCH1016环锤式破碎机优化设计；④150t/h移动式粗破机组优化设计；⑤PE1200颚式破碎机优化改进；⑥ZSW600×180振动喂料机改进设计；⑦3YK1545振动筛结构优化。

进一步创新设计手段，提升开发能力，完成了5项基础技术支持项目：①PEV750×1060新型颚式破碎机强度分析及优化设计；②2PGS850筛分式双辊破碎机齿冠强度分析；③SCBF1000制砂机三维仿真模型；④ZSW600×130振动给料机三维仿真模型；⑤2PCF2430单段锤式破碎机三维仿真模型。

做好国家级技术中心建设和复审工作。2009年是公司技术中心正式获批国家认定企业技术中心的第一年，通过关注细节，技术中心各项管理工作得到进一步完善和加强，同时，顺利通过了2009年度的国家认定企业技术中心的复审。

四、知识产权

1. 发挥示范企业的作用

2009年3月27日，国家知识产权局、上海市知识产权局对公司“全国第三批知识产权试点单位”进行了验收。验收组对公司一把手对知识产权工作的重视，尤其是对知识产权工作的意识、观点以及工作方法给予了较高评价，并指出了今后的努力方向。

2. 专利工作

（1）专利检索。2009年共计对13个项目进行检索，共计检索相关专利519条。一是根据技术人员的要求，对他们提出的产品及其技术进行检索。二是根据项目的进展情况，对重点产品及技术进行跟踪，了解专利现状及相关技术的发展趋势，为该项目作支撑。

（2）申请与授权。2009年共申请专利17项，授权专利26项。截至12月底，公司累计申请专利201件，授权专利130件。

3. 国家标准和行业标准制定修订工作

2009年公司参与制定修订国家、行业标准共7项，其中《复摆颚式破碎机　颚板磨耗》、《复摆颚式破碎机　金属单耗》、《复摆颚式破碎机　能耗指标》、《建设用砂》、《水泥工业管磨装备》等国家标准5项，《矿山机械　产品型号编制方法》、《矿山机械　安全技术条件》等行业标准2项，全部按计划进行。

4. 商标工作

2009年公司通过马德里国际商标注册体系，向美国、俄罗斯、乌克兰、爱尔兰、意大利、越南、哈萨克斯坦、利比里亚、乌兹别克斯坦和赞比亚10个国家申请注册“山宝”商标。该注册已经获得国际知识产权组织的认可，并进入具体国家的实审阶段。

5. 打假维权

2009年公司共处理各类知识产权侵权案件8件，涉及地区包括上海、江苏、福建、湖北、河南5个省和直辖市。这些案件的线索获得途径主要是工作人员的检索、销售业务员的提供和经销点的举报。

五、基础管理工作

1. 以信息化建设为载体，提升企业基础管理水平

2009年是公司信息化建设步伐最快、成果最多的一年。

与上海理工大学合作成功开发了产品数据库(BOM)、工票管理系统、领料单管理系统、目标成本管理系统、仓库管理系统等软件系统,并陆续上网运行,取得阶段性成果。这批新项目在如此短的时间内实施、运行,在公司史上是前所未有的。随着新项目的实施,公司基本形成了以产品数据库为基础、市场为导向、财务结算为中心的信息管理系统,在加强企业管理、整改管理中的薄弱环节,提高管理水平中发挥了积极的作用。

2. 强化比价采购,全力控制进货成本

公司建立了含有近2万条价格信息的采购价格数据库,通过动态跟踪、适时调整,对100%采购物资的价格进行对比、评审,自上而下地下达采购指导价格。

公司还积极推进电气商和网上的集中采购,通过比价采购降低采购价格。另外,通过参与电站集团钢材大采购,努力打造战略采购供应链,协同效应明显。

公司与特定供方就某类原材料进行3个月内的价格锁定,以适当的现金支出换取价格空间,使原材料价格在一定程度上得到控制。

3. 严控费用支出,开源节流双向并举

公司因世博搬迁,各类新增设备、厂房的折旧、员工工资的增加等因素使企业运行成本不断上升,预算成本上升的刚性化趋势日益明显。通过全面的费用预算管理体系,公司不仅有效控制了各项费用的支出,还通过该系统构建了经济运行的预警机制。财务部门定期对各部门、分厂的支出进行归类、汇总、分析,从而提出预警,控制偏离度。

公司根据年初提出的用足用好政策,为企业创造更多价值的要求,编制了"预算外收入的预算",在各部门的通力协作下,先后立项17项,涉及税收优惠、新产品开发、产学研项目、标准化工作等方面,经审定共计取得政策支持905.78万元。

4. 深化改革调整

2009年,公司从三个方面加大了改革调整力度:

(1)进一步深化产品结构调整。通过转变生产方式,将低端产品有计划、有节奏地向成本低洼地转移,全年贴牌生产小规格破碎机3 000万元以上,毛利率达到24.04%。

(2)加快人员结构调整,优化人力资源配置,控制从业人员总量。2009年底人员总量1 687人,比2008年末的2 035人净减348人,减少17%。

(3)加快产能结构调整。整合航头建定分厂与浦江生产基地的结构件产能,对结构件生产实行集中管理。

5. 抓好员工培训和队伍建设

2009年,全年共培训员工1 358人次,自行及委托办班25个;有21人获得高级工、技师高技能人才资格证书;高技能人才比例达到18.2%;组织技能素质、技能等级及技能大赛183人次,大力提升了员工的岗位适应能力。

〔撰稿人:上海建设路桥机械设备有限公司赵利尔　审稿人:上海建设路桥机械设备有限公司张伟民〕

北方重工集团有限公司输送设备分公司

北方重工集团有限公司(以下简称北方重工集团)是由原沈阳重型机械集团有限责任公司和原沈阳矿山机械集团有限责任公司在重组基础上组建的国有独资企业。资产总额达127亿元,现有员工10 800人,下属49个直属机构,下设中国沈阳、法国里昂、德国3个开发中心,公司拥有2个国家级企业技术中心,专业工程技术人员1 572人。主要产品有隧道工程装备、电力装备、建材装备、冶金装备、矿山装备、煤炭装备、港口装备、环保装备以及工程机械、传动机械和汽车电器等。2009年工业总产值130亿元,出口创汇1.7亿美元。

北方重工集团内部组织架构以事业部结构为主,主体公司按产品分工划分为专业化发展公司。输送设备分公司是北方重工集团公司下属的主要分公司之一,从事散料设备为主导产品的全部经营业务,承担着北方重工集团带式输送机产品经营与发展的重任。输送设备分公司现有员工650人,其中专业技术人员110人,占员工总数的17%,教授级高工10人,中级以上技术职称79人。雄厚的技术队伍为分公司的发展提供了有力的保证。按照北方重工集团建设世界级装备制造企业发展目标的要求,输送设备分公司着力提升企业核心竞争力,加速产品结构、市场结构、组织流程结构和人力资源结构调整,实现了快速发展。一直作为北方重工集团支柱产品之一的带式输送机,也实现了超常发展,无论是技改投入,还是技术研发,无论是产能规模,还是市场发展,特别是在带式输送机大型化、成套化、系统化以及市场国际化等方面,都率先在行业内实现了新的突破。

2009年输送设备分公司完成工业总产值13.04亿元,销售收入11.96亿元,利润5 100万元,税金6 030万元,工业增加值2.4亿元。

一、市场与营销

输送设备分公司的主导产品带式输送机广泛应用于冶金、矿山、煤炭、交通、能源、建材等国家基础产业。这些产业的发展和结构调整及节能减排政策的落实,促进了带式输送机行业的发展和技术进步,并为带式输送机提供了稳定的市场环境。从国外市场来看,发展中国家也正处于发展本国基础工业阶段,这些国家和地区,如巴西、印度、东南亚、中亚、拉美等对带式输送机的需求逐渐增多。我国带式输送机的制造能力和价格优势有很强的竞争力。

另一方面,带式输送机行业市场竞争激烈,造成价格偏低,利润接近零点,不利于带式输送机产品质量的提高。

基于对带式输送机市场的清醒认识,输送设备分公司认真学习国家政策方针，把握国家宏观调控措施，及时调整营销策略，及时完成两个转变：即调整单兵作战的营销方法为区域联合营销方式，国内单机订货向国际化和成套化的转变。

联合营销方式是依靠北方重工集团直属的北方重工集团销售分公司、成套销售分公司和海外销售分公司的强力支持，按集团销售分公司的布局，按区域划分为六个订货部，以及信息、售后服务、货款及市场战略部，形成矩阵式销售网络结构的联合营销体系。从2008年开始，依靠公司三大销售分公司的强力支持，带式输送机国外市场比重逐年快速增长，2009年国外市场份额已占50%以上。2009年下半年签订的澳大利亚西奥项目合同额达5.4亿元。

二、企业管理

市场竞争使带式输送机项目中标价格偏低，而工程项目对带式输送机产品质量的要求却很高，特别是国外项目要求更高，这就迫使输送设备分公司在管理方面苦练内功，向管理要效益。在确保订货合同保质保量按期交货的前提下，管理工作的重点放在如何提高经济运行质量和提高经济效益上。在加强管理方面，输送设备分公司提出了“五个加强”的管理模式：

首先是加强项目管理。在集团公司领导下，与集团各相关技术、质保等部门以及集团直属销售三大分公司加强协作配合，落实责任分工，明确进度要求，解决好生产制造过程中的各种问题。对外加强做好与用户技术、质量监制及合同执行等环节的衔接工作，使每个项目中的技术方案确定、工艺质量要求等问题都能及时准确传达和解决，保证合同项目有序推进。

其次是加强生产管理，加强设备维护和备件供应，保证设备完好率。加强生产作业计划的落实，按交货期排出周、日进度计划，严格考核落实。加强对生产、技术、采购及外协等生产各环节计划执行的监督考核，计划落实到部门，责任落实到个人。强化生产制造过程中的质量控制，加强现场管理。

第三是加强成本控制，从订货、生产制造到售后服务的全过程成本核算，完善成本控制体系。从技术准备开始按合同价格进行成本费用计算、合同投产前盈亏平衡分析预算。

第四是加强业绩考核，提高干部的执行力。开展全员绩效考核活动，将现场管理生产进度、质量安全纳入考核。

第五是加强员工队伍建设。完善人力资源合理配置，对现有人力资源结构进行有效调整。对员工进行素质、业务技能、服务和文化礼仪等方面教育，使员工接受国际化企业管理思想，提高整体素质和能力，并将高水平的专业人才充实到技术、营销等重要岗位。

三、科技与创新

输送设备分公司的前身是沈阳矿山机械集团有限责任公司山普分公司。于20世纪80年代中期引进德国等工业发达国家专有技术和托辊、滚筒、硬齿面减速机加工生产线和关键设备，通过消化吸收和再创新，企业自主创新能力、产品研发能力和产品的核心竞争力不断增强，先后为宝钢建设工程等数十个国家重点工程装备了大量的带式输送机，为我国散料输送行业的发展作出了应有的贡献。

近年来，北方重工集团依靠带式输送机和堆取料机产品在散料输送中的主机设备优势，在工程承包方面实现了历史性跨越，承担了马来西亚金师钢厂原料场输送系统、澳大利亚西奥铁矿、印度唯丹塔铝矿、哈萨克斯坦露天矿等工程总承包项目，为实现单机设备向工程总承包积累了业绩。

2009年北方重工集团输送设备分公司研制的HLXGS101长距离胶带输送机获中国机械工业科技进步奖二等奖；30万吨级矿石专用码头带式输送机获沈阳市科技进步奖一等奖和机械工业科技进步奖二等奖。

科技与创新是企业不断发展的强大动力，提升企业创新能力是公司的一贯追求。当前输送设备分公司正在实施三个建设工程：

一是数字化研发设计平台建设。引入和开发动态仿真、动态分析、钢结构分析计算等先进设计软件，为产品的快速开发、优化设计、自主创新提供现代化的设计思想和设计手段，从而缩短研制周期，提高设计质量，降低开发成本，增强核心竞争力。

二是带式输送机工程试验建设。将建设带式输送机模块化多功能试验台，输送带性能参数试验台、滚筒组性能综合试验台、托辊旋转阻力试验台等试验设施，加强基础理论研究工作和试验验证工作，打破制约产品研制的技术瓶颈，从源头上解决自主创新能力，对公司乃至行业发展起到积极的推动作用。

三是人才队伍建设。实施人才强企战略，培养、造就一支具有自主创新能力的技术研发团队，培养掌握现代设计方法，熟悉国际标准、外语工具的复合型技术人才，为企业产品发展和技术创新提供人才和智力保证。

〔供稿单位：北方重工集团有限公司输送设备分公司〕

中国建材装备有限公司

中国建材装备有限公司（SINOMA E&E）是知名的建材专业设备集成服务和工程总承包单位。公司注册地点在北京市海淀区，是北京市科学技术委员会认定的高新技术企业，国家建材机械标准化技术委员会主任单位、中国建材机械工业协会会长单位、中国重型机械工业协会副理事长单位。

一、现有资质及认证

公司具有北京市商务委员会批准的对外承包工程经营

资格、北京市商务委员会批准的对外贸易经营者资质、国家住房和城乡建设部颁发的建材行业(水泥工程、玻璃、陶瓷、耐火材料工程)专业甲级设计资质、国家发改委颁发的中央投资项目招标代理资质、北京市住房和城乡建设委员会颁发的工程招标代理资质,是北京市科学技术委员会认定的高新技术企业、中国机电进出口商会认定的首批"AAA"级信用企业、北京市国家税务局认定的纳税信用A级企业,已通过 ISO9001:2000、ISO14001:2004、OHSAS18001:1999 认证,是美国"Johnson(强生)"玻璃膜中国总代理。

二、主要业务及业绩

公司以建材装备和工程集成、国际知名品牌产品总经销和国内外工程及机电设备招标代理服务为三大主业,以技术为龙头,以管理为核心,以优秀人才队伍建设为保障,面向国际国内两个市场,全力培育和打造建材装备集成服务国际一流企业。

公司成功承接了国内外90余条水泥生产线和40余条玻璃生产线的成套设备供应、工程总承包和机电设备招标代理工作,是国内富有建材工程项目建设经验和技术实力的专业公司之一。

1. 水泥工程

公司多年来不断壮大装备集成出口业务,出口成套设备的工程项目规模从日产400t水泥生产线发展到日产10 000t水泥生产线。先后向马来西亚、巴基斯坦、孟加拉、缅甸、越南、泰国、阿拉伯联合酋长国、阿曼等国出口和承建了多条建材生产线,具有丰富的从事国际工程承包和建材成套设备出口的能力和经验,在国际建材工程市场上有较大影响力。

近年来,凭借雄厚的实力和完善的服务,公司在国际水泥市场树立了良好的品牌形象,赢得了很好的口碑。在中东市场,2005年经过与来自欧美、日本及印度等国的世界著名厂商的激烈角逐,在阿拉伯联合酋长国成功承建了中国出口的首条10 000TPD水泥熟料生产线(UCC项目)。该项目的成功使公司成为世界上第三家有能力并成功建成万吨熟料生产线的总承包商,标志着由中国、德国、丹麦三个国家的高水平企业逐鹿世界高端水泥工程项目建设市场的时代正式来临。该项目荣获了我国"建材行业优秀工程项目管理和优秀工程总承包奖"一等奖。在此基础上,公司相继与全球第三大水泥生产商CEMEX公司签订了年产130万t水泥粉磨站建设合同,这也是CEMEX公司在总包工程项目领域首次与中国承包商合作;公司还在阿拉伯联合酋长国承建了第二条万吨线——阿尔坎建材公司(ARKAN)日产万吨水泥生产线项目;在阿曼承建了阿曼水泥公司4 000TPD水泥熟料生产线项目,该项目是当前中国企业在阿曼承揽的合同金额最大的单个承包工程项目,对中阿两国经贸关系的进一步发展产生了十分重要的影响。这些经典工程项目,巩固了中国建材装备有限公司(SINOMA E&E)在国际工程承包市场的领先地位,也标志着公司的良好品牌已经越来越多地被国际建材工程市场上的广大客户所认同。

2. 玻璃工程

公司下设玻璃工业研究设计院(原北京国宇建材工程有限责任公司),主要从事各类玻璃生产线的工程设计、咨询、监理、生产培训、包投产、项目管理及工程总承包等业务。

公司在玻璃工程业务方面坚持走高端技术路线,拥有先进的全氧燃烧技术及浮法玻璃(超白浮法玻璃)、压延玻璃(超白压延玻璃)、太阳能电池玻璃、加工玻璃等各类平板玻璃工厂的工程设计及生产技术,填补了国内空白,改变了我国在此领域长期依赖进口的状况。

公司近年来在国内完成的项目均接近或达到国际先进水平,代表项目有:青岛金晶股份有限公司500t/d高档压延玻璃生产线——为当前世界最大、水平最高的压延玻璃生产线;秦皇岛奥格集团700t/d特种玻璃生产线——为我国北方最大、节能效果最好、玻璃质量达到国际先进水平的浮法玻璃生产线;廊坊金彪玻璃有限公司600t/d浮法玻璃生产线——是国内首家采用国际先进的新型天然气玻璃熔窑技术的项目,其能耗和玻璃质量达到国际先进水平;江苏太仓中玻皮尔金顿特种玻璃有限公司350t/d超白压延玻璃生产线(采用英国皮尔金顿技术)——是当前国际最先进的太阳能电池玻璃生产线;咸阳彩虹集团250t/d超白压延太阳能电池玻璃生产线——为我国西北首条太阳能电池玻璃生产线,首次将国际上先进的电子玻璃熔窑技术与先进的平板玻璃技术相融合;2010年承接的青岛金晶股份有限公司500t/d超白压延太阳能电池玻璃生产线——是当前国际唯一且最大的一窑两线生产线;河南国控电子有限公司600t/d光伏TCO/LOW-E节能玻璃生产线——是当前国内首条采用全氧燃烧技术的高档浮法玻璃、超白浮法玻璃及薄膜太阳能电池导电玻璃生产线。

当前,公司开拓创新、励精图治,以"创造价值、回报社会"为企业宗旨;以"创新、奉献、追求卓越"为企业价值观;以"以人为本、诚信经营、求实奋进"为企业精神;以"企业持续创新、产品精益求精、服务优质高效、顾客满意放心"为企业质量方针;以"中国建材装备走向国际市场,中国建材装备有限公司跻身世界先进企业行列"为企业口号;以"善待客户、善待合作伙伴、善待同事"为合作、协作原则,正朝着建材装备行业国际知名企业的道路不断前行!

〔供稿单位:中国建材装备有限公司〕

发展壮大中的华电重工装备有限公司

华电重工装备有限公司(以下简称华电重工)是中国华电工程(集团)有限公司的全资子公司,注册资本1.5亿元,现有员工1 200多人,其中研发和设计人员200多人。

华电重工作为华电工程的重工装备业务板块,是中国华电集团公司工程技术板块的主要组成部分,主要从事散装物料输送系统、电站高温高压管道系统、火电厂空冷岛系统等系统工程的设计和工程总承包,以及散装物料大型装卸及输送设备,重型、轻型钢结构,风电塔架,绿色采矿设备,海洋重工等专业和产品的研发、设计、制造、安装、调试及技术服务等业务。业务范围涉及电力、冶金、化工、建材、粮食、煤炭和港口等领域,其中,散装物料输送、管道工程、钢结构等业务位居国内行业领先地位。

华电重工下设研发及设计中心、物料输送事业部、管道及空冷事业部、华电重工机械有限公司及华电曹妃甸重工装备有限公司等五个业务单位,总经理工作部、工程管理部、计划发展部等六个职能管理部门。

华电重工以物料输送、压力管道、空冷岛等系统规划、创新、设计和系统技术研发为龙头,以系统所需工艺装备及产品的研发、设计、制造、安装、调试和技术服务为支撑,以严格项目执行、向客户交付满意工程项目为宗旨,以技术引领市场、为客户提供一揽子系统解决方案为核心竞争力。

华电重工拥有一支以系统和产品高端研发、精细设计、专业监理为核心的技术研发和设计的专业技术队伍,涵盖建筑、结构、暖通、电气、消防、除尘、热能动力、输送工艺、散料机械、水工机械、起重机械、工程管理和设备监理等。

华电重工主要技术、产品和服务包括:压力管道工厂化设计技术及管道系统产品,火力发电厂空冷岛系统设计、管束制造及系统总承包,大型钢结构系统建模、设计及计算技术,散装物料输送系统规划方案、系统设计及总承包,大型管状带式输送机系统设计技术,大型曲线带式输送机系统设计技术,大型圆形料场系统设计技术,圆形料场堆取料机技术,大型卸船机技术,大型斗轮堆取料机技术,大型装船机技术,排土机及转载系统设计技术。

华电重工具有电力工程、起重设备、压力容器、特种设备等方面的设计、制造资质,配备先进的设计软件,结合一流的工程管理队伍,完成了多项在业界具有影响力的工程项目。

华电重工在技术、产品或工程项目方面已获得国家、省部、行业三等奖及以上的科学技术进步奖等奖项24项,其中一等奖7项,国家工程建设质量奖1项。截至2010年8月已取得专利技术52项,其中发明专利7项。

华电重工拥有天津、武汉、郑州、蓬莱、曹妃甸等五个装备和产品制造基地,具有物料输送系统大型装卸设备、高温高压四大管道、空冷管束、风电塔架和各类钢结构产品的制造和加工能力,是公司新产品和新技术转化的平台,营销和市场发展的支撑、产品质量和规模效益的有力保证。

华电重工以高端研发,精细设计为引导,广泛开展与国内外著名公司合作,不断提升核心竞争力,努力实现公司发展战略。正在开展研究的新产品、新技术主要集中在管道与空冷技术、大型钢结构技术、大型散料输送系统技术和大型散料设备4个技术方向上,其中管道与空冷技术主要市场是电力行业,未来市场开拓的方向是化工及钢铁建材(余热发电)等行业,技术上将在提高电站直接空冷系统经济性研究、直接空冷系统国产化技术研究及应用、空冷换热器基管及管束产品开发及研制等方面开展工作;大型钢结构技术市场主要在大型工业厂房及风电领域,未来市场开拓的方向将是大型民用建筑以及各种以大型钢结构作为支撑的新兴领域,如海洋平台等,在环保型大直径圆形料场的结构性能研究与设计,电厂超临界机组空冷岛支撑系统的分析与优化设计,斜拉、悬索结构在大跨度上的研究与应用等技术领域进行开发工作;大型散料输送技术、大型散料设备市场主要在国内,未来的市场开拓方向将面向海外,向海外提供全套的产品和服务,技术上将开展超大运量大倾角带式输送机系统研究、圆形料场安全技术规范研究、下运带式输送机控制系统研究、长距离带式输送机试验平台驱动和控制实验室建设、物料动态模拟分析和新型转换节点技术研究、移置式胶带机系统开发研究、特种物料储存装车系统开发研究,设备研制方面将开展万吨级大型斗轮堆取料机研制、排土机及转载机产品研制、环保型链斗连续卸船机研制等项目。

〔供稿单位:华电重工装备有限公司〕

云南冶金力神重工有限公司

一、生产发展情况

2009年,云南冶金力神重工有限公司主营业务稳健发展,财务状况良好,全年完成工业总产值2.53亿元,销售收入3.44亿元,工业增加值7 110.3万元,上缴税收2 007.48万元,实现企业利润总额873.58万元。2009年主要产品产量见表1。

表1　2009年主要产品产量

产品种类	数量(台)	重量(t)
矿山设备	168	3 689.8
金属轧制设备	33	3 044.3
起重设备	151	3 313.0
冶炼设备	5	250.0
启闭设备	9	400.8
橡胶加工设备	62	311.0

由于长期缺乏投入、设备陈旧老化、产能受限、产品种类多而杂且自主创新能力不足、生产组织结构不完善等问题制约了企业的发展,经济总量年均增长约10%,销售收入、产值、产能、标志性加工设备参数等指标与国内同行业先进企业之间的差距在进一步扩大。

二、市场经营及销售情况

2009年主要产品销售收入见表2。

表2　2009年主要产品销售收入

序号	产品种类	销售收入(万元)
1	矿山设备	4 179.52
2	金属轧制设备	7 492.32
3	起重设备	4 402.06
4	冶炼设备	513.63
5	启闭设备	438.03
6	橡胶加工设备	391.32

2009年11月,与越南越清钢铁责任有限公司签订1450六辊轧机及平整机合同一项,合同总价600余万美元。

公司的冶金压延设备具备一定的研发能力,但受生产规模等因素限制,目前仅占国内5%左右的市场份额。随着高精度中宽板带及有色金属板带材市场需求的逐渐增加,此类型轧机的开发将是公司今后的重点。另外,随着国家4万亿元投资的逐步到位,将拉动基础设施建设进入新的高峰,同时,随着东盟国际大通道的建设和云南省交通、矿山、化工、能源建设步伐的加快,公司的起重运输设备、矿山、化工设备及商品铸锻件都将拥有广阔的市场空间。

三、科技成果及新产品

1. 新产品鉴定

2009年12月11日,公司自主研发的"ϕ160mm/ϕ550mm×600mm四辊可逆液压AGC精轧机"项目通过了由云南省工业与信息化委员会组织的省级新产品鉴定。专家评审认为,该产品整体技术处于国内领先水平。

2. 产品获奖情况

ϕ110mm/ϕ160mm/ϕ450mm×450mm六辊HC液压可逆精轧机组获2009年度昆明市科学技术进步奖三等奖、云南省科技进步奖三等奖、中国机械工业科学技术奖三等奖;C5613塔式起重机获2009年度云南省科技进步奖三等奖;"伺服控制提高铝锭铸造机组的效率与精度"项目获2009年度昆明市"十佳先进技术操作法"荣誉称号。

3. 名牌产品获评情况

2009年,公司自行设计生产的"KH"牌精密轧机、回转圆筒设备、商品锻件、商品铸钢件、商品铸铁件、破碎机等六项产品获评"昆明市名牌产品",其中"KH"牌精密轧机及塔式、桥式起重机近年来屡获"云南省名牌产品"荣誉称号。

4. 专利申报及授权情况

知识经济时代,知识产权作为一个企业乃至国家提高核心竞争力的战略资源,凸显前所未有的重要地位。在知识产权的涵盖范围中,专利权是最重要的一种知识产权。2009年公司申报专利情况见表3。

表3　2009年公司申报专利情况

项目名称	专利类别	授权状况
转臂式堆码设备	发明	已受理
一种铸锭翻转及转运装置	实用新型	已授权
转臂式堆码装置	实用新型	已受权
一种铸锭连续翻转及转运装置	实用新型	已授权

四、产品质量及标准工作

1. 质量工作

各主导产品质量整体有所提高,没有出现较大质量问题。公司成台产品装配项目合格率100%,关键项目合格率100%,主件主要项目合格率98.35%;产品质量等级品率65.32%,比上年提高2.24个百分点;质量损失率全年指标为0.9%,实际为0.6%。

公司生产的特种设备(通用桥式起重机、塔式起重机)均通过了云南省特种设备安全检测研究院的制造监督检验和安全检测。QD125t桥式起重机、MA32t门式起重机、LH20t电动葫芦起重机通过了国家起重运输机械质量监督检验中心的特种设备型式试验。公司取得了QDY50t可吊运融熔金属桥式起重机制造许可证。

2. 标准化工作

产品的设计生产制造主要执行《重型机械标准》及桥式、门式、塔式起重机等特种设备的国家标准,无采用国际标准及转化情况。

五、对外合作

随着科技进步和社会的发展,企业与高校、科研院所合作已经成为一种必然的发展趋势,双方通力合作有利于促进企业技术进步和提高产品竞争力,有利于加快高校、科研院所先进技术成果向现实生产力的转化,符合双方的共同利益和长远发展需要。2009年,公司与昆明理工大学机电学院初步达成合作意向,希望通过双方的共同努力,解决长期困扰企业技术进步的难点和瓶颈问题。

六、改革与结构调整

2009年6月,云南冶金集团对原昆明力神重工有限公司进行增资重组,组建了云南冶金力神重工有限公司,并根据集团公司"十二五"发展规划纲要精神,围绕集团公司建设五大板块、构建六大保障支撑体系、打造千亿企业集团的总体目标,制定了公司"十二五"发展规划,明确了未来3~5

年的发展方向、发展目标、发展任务及发展方式。

七、企业发展的主要突出问题

当前,公司发展的主要突出问题是长期缺乏投入,生产设备陈旧老化。此外,小而全的生产模式、产品同质化严重及高技术、高附加值的产品较少,以及自主创新能力不足等问题仍然制约着公司的进一步发展。

〔撰稿人:云南冶金力神重工有限公司王燕　审稿人:云南冶金力神重工有限公司赵勇〕

鞍钢重型机械有限责任公司

2009年,鞍钢重型机械有限责任公司(以下简称鞍钢重机)认真学习贯彻党的十七大和十七届三中、四中全会精神,深入学习实践科学发展观,积极推进"四个转变",生产经营等各项工作实现了稳定发展。

一、各项经济指标完成情况

完成利润5 031万元,比计划多完成31万元;完成销售收入201 968万元,比计划多完成1 968万元;完成产值200 817万元,比计划多完成817万元。

二、生产经营平稳运行

经营系统坚持以市场为导向,适时调整营销策略,拓展专项产品和成套设备产品市场,大力巩固电力设备市场。在巩固和保持鞍钢原有市场的同时,与鞍钢股份公司签订了备件定向包保战略框架协议,与矿业公司签订了关键备件定向供货合作协议。承揽了鞍钢西区3#连铸项目中连铸在线主机设备及相应更换件合同,并成功锁定了1780热轧机组的备件国产化份额。借助鞍钢相关单位使用后,对产品性能、质量等因素的积极评价,公司轧钢机工作辊和支承辊产品成功打入国内多家钢铁企业。

公司机关与基层单位紧密配合,努力拓宽经营渠道,加大信息收集和共享力度,确保了在专项产品和成套设备产品市场上有所突破;加大了高炉冷却壁、高炉热风炉篦等专项产品的经营力度,巩固了公司优势产品的市场占有率,并扩大了冷却壁和热风炉篦的出口份额。承接了山东寿光巨能特钢烧结机和混铁炉等多项集设计、制造、安装一条龙工程的成套产品项目。承制的扬州诚德920挤压机,是当前世界上最大的钢管精整机;承制的吉林昊宇8 000t快锻机主体设备项目,标志着公司大型铸件制造技术的新突破。经过与国内生产厂家激烈竞争,成功同西门子公司签订了水电轴等水电设备项目,这是近期国内最大的水电设备锻件招标项目之一。

公司制造系统继续推行项目经理负责制,以坚持动态的计划管理为原则,以强化生产准备和组织为基础,以科学安排生产工艺为手段,实现了目标产值计划。先后完成了河南凤宝烧结机、燕钢转炉、浙江龙盛快锻机和扬州轧机等大型项目。大型水电产品已进入稳定生产阶段,与哈电机、东方电机、天津阿尔斯通、上海西门子等多家公司继续保持良好的生产合作关系。

三、新产品开发取得新成果

公司始终坚持以技术创新为先导,以新产品开发为重点,相继在大型锻造支承辊、船用曲轴锻件、抗撕裂钢板、核电主管道锻造和弯制等项目上取得新突破和新进展。

2009年,公司确定科研攻关和新产品开发项目36项,已完成抗撕裂钢板和酯硬化水玻璃砂工艺性能以及钻卡头专用无偏析混合铁粉等30个研究项目,其余项目正在进行中。

高技术含量、高附加值产品——大型支承辊的开发获得成功。公司充分利用现代化的技术开发手段,发挥计算机模拟技术优势,严格控制生产工艺,提高了锻件内部质量。

形成了大型水轮机三大铸件——上冠、下环、叶片的规模生产能力,公司成为国家重点水电产品生产制造基地。2009年5月22日,公司荣获三峡三期工程重大设备国产化立功竞赛7个先进集体和6个先进个人荣誉称号。

160mm、270mm抗层状撕裂厚钢板研制成功。公司在国内率先采用高纯净钢液浇注钢锭—锻造—轧制相结合的制造工艺,解决了抗层状撕裂特厚钢板生产的关键技术。2009年4月4日,该产品通过了国务院三峡工程建设委员会三期工程重大设备制造检查组组织的评审。专家认为该产品的质量达到了同类进口产品的先进水平。

第三代核电AP1000主管道锻造和弯制成功,填补了国内空白,为公司进入核电制造领域奠定了良好基础。

通过与达涅利公司开展技术合作,高炉冷却壁的开发取得了可喜成果。为西门子奥钢联制造的1 000t冷却壁已达到欧洲制造水平并得到用户认可。

2009年,公司申报专利37项,已取得授权18项,实现了历史最好成绩。"抗层状撕裂钢板"、"90级曲拐毛坯锻制"两个项目被列为《中国企业新纪录(第十四批)》。在2009年4月召开的鞍钢科技大会上,"大型装备及重要部件制造技术及产业化"项目荣获一等奖。

四、新铸钢搬迁工程正式投产

按照集团公司"规划[2006]文字80号"放行计划,铸钢厂于2007年9月开始实施搬迁改造,新建7万m^2厂房,新上75t Consteel电炉1座、120t LF及VOD炉各1座、300t真空浇铸设备1套、弧形连铸生产线1条,新建及搬迁煤气炉窑9座,新上及搬迁起重设备及其他设备70多台(套)。新铸钢工程已经正式投产,年产钢液量45万t,生产钢锭、铸钢件、铸坯约40万t,车间最大起重能力300t,可浇铸最大真空钢锭300t,最大铸钢件净重300t,最大同时浇铸钢液量550t。

五、质量管理工作进一步加强

强化对大型铸锻件的质量控制。一是重点抓过程监督,设立中间检查组,监督检查生产过程的规范操作及工艺执行,提升铸锻件内在质量;二是通过细化工艺,严格把关,按工艺余量标准进行缴库,铸锻件的加工余量得到有效控制。

狠抓产品“一品一票”制度落实,下发了系列管理规定,对质量记录不全、不规范不予检查,不予缴库,确保产品质量记录全面、完整,保证了生产顺畅。

强化了售后服务工作。2009 年,为 16 项大型成套设备工程项目进行现场安装调试服务,派驻服务人员 300 余人次。公司为东方特钢制造的炉卷轧机整条生产线和为天铁自主设计的轧机矫直机两大项目工程,初步尝试了服务过程由设计、制造、技术人员及技术工人全程跟踪的服务模式,取得较好效果,实现了现场试车一次成功。

加大了质量体系审核力度。内审由每年一次增加到每季度一次;针对水电产品质量管理问题,邀请了北京华信技术检验有限公司、哈尔滨电机厂、上海福伊特公司、法国天津阿尔斯通公司等对水电产品制造过程进行体系审核,提高了水电产品制作质量。聘请北京华信技术检验有限公司专家为公司各级领导、质量体系内审员及相关管理人员进行质量体系管理知识培训,参加培训人数达 190 余人次。

全面开展质量管理小组活动,在推进公司技术创新和提质降耗方面取得新成果,全年创效 417 万元。荣获“冶金行业优秀质量管理小组”1 个、“辽宁省优秀质量管理小组”3 个;5 个质量管理小组分获鞍钢优秀质量管理小组一等奖、二等奖;冶炼设备制造厂铸造车间铸铁制型二班被评为“辽宁省质量信得过班组”。

六、基础管理工作扎实推进

设备系统继续推行和完善区域承包、分片负责的定点检修制度,进一步强化月定修计划的制订与执行,确保了关键设备和 A 类设备的稳定运行。进一步做好设备的强制保养工作,全面实行新的强制保养制度。做好《设备使用维护检修规程》的编修工作,已经完成 88 个《规程》的编写工作。

完善了财务监管机制,规范了公司内部应收账款记账方法,修订了公司内部承兑汇票收付利息办法,下达了资金管控文件,完善了时序结算管理办法。严格执行资金审批制度,压缩各项费用开支,大力降低产品成本。强化资金定额管理和考核力度,在资金紧张的情况下,积极筹措资金,保证公司生产采购需要。

加强人员总量控制,优化人员结构,以技改项目为重点,合理配置急缺岗位人员。加大员工培训力度,积极组织各单位选派人员参加各类培训。全年举办技师培训班 5 个,开展技术专家讲座 30 期;各基层单位举办各类培训班 168 个,培训员工6 698人次,有 20 人晋升为技师,12 人通过了大连理工大学机械工程硕士毕业答辩。

〔撰稿人:鞍钢重型机械有限责任公司阮征　审稿人:鞍钢重型机械有限责任公司扎世利〕

中钢集团衡阳重机有限公司

一、基本情况

中钢集团衡阳重机有限公司(以下简称中钢衡重)是中国中钢集团公司的全资子公司,主要从事矿山、冶金重型机械装备的研发、设计、制造、安装和服务,具有年产异型铸锻件35 000t(铸钢件最大单重 100t)、钢结构件10 000t、机加工及装配30 000t的综合机械制造和配套能力,主要为千万吨及以上级露天矿山和400 万 t 以下井下矿山的开采和选矿、钢铁及有色和建材等行业提供关键工艺装备,如牙轮钻机、电动挖掘机、井下铲运机、破碎机、球磨机、烧结机、冶金炉、连铸机、轧机、卷取机及大型耐热耐酸铸件等。

公司已通过 GB/T 19001—2000 质量管理体系和 GB/T 24001—2004、GB/T 28001—2001 环境和职业健康安全管理体系认证,拥有省级企业技术中心,具有国家授予的企业自营进出口经营权、矿用产品生产许可、冶金机电设备安装工程一级等多项资质。近年来,中钢衡重通过强化技术创新、优化流程和加大技术改造投入等措施,保持了持续较快发展。2009 年,公司相继获得“全国五一劳动奖状”以及“湖南省推进新型工业化先进单位”、“湖南省百强企业”、“衡阳市优秀企业”等荣誉称号。

二、生产经营

2009 年,全球金融危机对装备制造业的滞后影响进一步凸显和加深,中钢衡重面对宏观经济形势更趋复杂、市场持续低迷、同行业竞争日趋激烈的不利形势,积极应对挑战,变压力为动力,化“危”为机,确定了“保增长、促发展”的目标,着力推进专业化生产经营,着力提高技术创新能力,着力对标挖潜、降本增效,加快转变企业发展方式,努力把全球金融危机对企业经济运行的不利影响降到最低限度,促进了企业可持续健康发展。2009 年,中钢衡重完成工业总产值 12. 2 亿元,完成销售产值 10. 06 亿元,实现利税过亿元,继续保持了平稳的经济增长态势,取得了较好的经济效益和社会效益。

三、技术创新

2009 年,中钢衡重在进一步完善创新体系、增强创新能力、加快新产品开发和新技术应用、推动全员创新活动等方面做了大量的工作,企业的可持续发展能力进一步增强。公司下属中钢衡重设备公司、中钢衡重铸锻公司两家子公司已初步通过高新技术企业评审,YZ35D 型全自动牙轮钻机被评为衡阳市“十佳自主创新产品”,公司有 12 项专利申请已被受理,其中已获批 9 项。2009 年,公司启动技术创新项目 18 项,完成了 YZ 系列牙轮钻机结构优化设计、195B1 电铲交流变频技术设计、低矮型铲运机及 CY 系列铲运机工作机构优化设计、ϕ6.5m模块化重型数控落地车铣床设计、ϕ8.5m大型多功能立式车床设计等技术创新项目；与国内高等院校合作开发的60t铰接式汽车、ϕ2m旋挖式钻机等新产品研发项目已完成方案设计和大部分详细设计工作；新型钢基复合耐磨板在热轧卷取机卷筒的推广应用、高硬度新型刀具推广、大型铸件铁模挂砂工艺优化等一批“三新”推广应用项目也基本完成。

四、基本建设和技术改造

在中钢集团和地方各级政府的支持下，中钢衡重立足长远发展，在衡阳市白沙洲工业园区实施新建重型矿冶装备制造基地项目，进一步提升公司为矿山、冶金行业提供先进工艺装备和服务的能力和水平，促进企业向现代服务型制造企业转型。2009年，公司结合国家提出的《装备制造业调整和振兴规划》，从实际出发，按照“最急需、投资少、见效快、收益高”的原则，对园区项目实施分期滚动建设，于6月份启动了基地铸造项目的建设。截至2009年底，铸造项目主体厂房建设已基本完成，电弧炉、精炼炉等冶炼设备，砂处理设备，起重设备，110kV输变电设备及其他能源介质输送管道等已陆续进入安装阶段，预计于2010年下半年建成投入试生产。

中钢衡重在加快重点项目建设的同时，还重点围绕安全环保及节能减排以及推进信息化建设等方面，实施技术改造。初步统计，老生产区全年共完成技术改造投资近5 000万元，以燃油热处理炉替代燃煤热处理炉改造、以中频感应电炉替代冲天炉改造、机床原有电气系统改造，以及公司OA系统升级等多项技术改造项目已基本完成，部分项目已开始发挥作用。公司ERP项目建设在中钢集团的统一部署安排下，得到稳步推进。

五、质量、安全环保管理及标准化工作

1. 质量管理工作

公司以宣贯2008版GB/T 19001新标准为契机，进一步强化质量管理，确保了质量管理体系的有效运行，为持续改进产品质量打下了良好基础。同时，通过“质量承诺”、QC小组等活动，进一步提高了全体员工重视产品质量的自觉性和参与质量改进的积极性；通过加强对产品质量形成全过程的有效控制，进一步切实落实质量责任，确保公司产品质量稳步提高。公司大型水泥回转窑轮带，继系列井下铲运机和卷取机卷筒之后又被评为“湖南省名牌产品”。

2. 安全和环保管理工作

中钢衡重始终将安全生产放在各项工作的首位，通过各种有效方式不断提高全员的安全生产意识和安全技能；进一步完善各项管理制度，严格落实安全生产责任制，加大现场巡查、隐患排查和反“三违”力度。与此同时，公司非常注重环境保护和节能减排工作，一是加强设备的维护、保养，重点对跑、冒、滴、漏现象进行整改，确保设备完好。二是积极开展节能降耗、综合利用、挖潜增效工作，抓好电炉节电、供水管网堵漏、新建喷丸除尘设施、更新改造原有的制气设备等固定资产技术改造工作，减少“废水、废气、废渣以及噪声”的排放，使节能减排工作落到实处，较好地履行了企业的社会责任。

3. 标准工作

2009年，中钢衡重积极组织技术力量，结合企业生产组织流程特点，重点对新产品研发流程、CAD制图环境、零部件特性、图样文件格式、设计开发文件模板、文档分类及管理、各种工具软件集成、系统操作等标准化工作方面，做了大量工作，为企业推进实施PDM提供了有力支持。同时还积极配合国家有关部门，参与了多项国家标准的起草编制和修订工作。

〔撰稿人：中钢集团衡阳重机有限公司游朝阳、唐瑞、欧佳　审稿人：中钢集团衡阳重机有限公司段文智〕

创新引领物流革命

——无锡华东重型机械股份有限公司

集装箱装卸运输是交通运输方式的重大变革，在这场变革中，集装箱装卸机械的技术革新、推广和应用显示出无穷的生命力。

无锡华东重型机械股份有限公司——一个从零起步扎扎实实打拼的企业，1989年研制开发了国内第一台内河港口多用途轨道式集装箱门式起重机；1998年开发成功国内最大跨度（达60m）的轨道式集装箱门式起重机，填补了国内空白。

公司制造的集装箱门式起重机，因技术设计先进、结构合理、可靠性高、使用维护成本低等优点，先后被评为1996年度“国家级新产品”，1997年江苏省“科学技术进步奖”，1998年江苏省优秀新产品“金牛奖”，此外还获得国家3项新型实用专利。无锡华东重型机械股份有限公司已成为国内唯一以生产轨道式集装箱门式起重机为主的专业公司。公司产品国内市场占有率达超过80%。

一、抓机遇，随着时代节拍创新

近年来，全国集装箱年吞吐量逐年呈台阶式跨越，2005年达到7500万TEU，比上年增长23%，稳居世界第一，比居第二位的美国高出1/3。各沿海和内河港口为了适应不断增长的集装箱吞吐、运输、堆存数量，正不断改扩建和筹建新的码头、货场。选择合适的装卸、运输工艺和设备已成为我国交通行业重点研究的课题。

我国集装箱运输业起步较欧美国家晚20年，1975～1985年间，我国集装箱设备主要采用通用式起重机及国家花费外汇购进部分跨运车和轮胎式起重机；至20世纪80年代中期，上海港机厂与交通部水运科研所联合研制了第一台LMJ—40型轮胎式起重机，安装在天津港使用，主要技术参数相当于国外20世纪70年代水平，主要机械配件依靠进口。近年来，国内轮胎起重机的制造在不断发展，技术性能和机械配件的国产化率也在提高。但是，该机型动力能源依靠柴油发动机燃油消耗的特征以及大量液压件、发动机、发电机配件依靠进口的事实，促使设备的配置费用和消耗费用均处于高位。

20世纪90年代，无锡华东重型机械股份有限公司研发的轨道式集装箱门式起重机在码头堆场应用以来，受到专家的重视和推广。适宜货场作业的轨道式集装箱门式起重机，以其性能优越、生产效率高、堆存空间大、装卸成本低、无污染、低能耗、采用高新技术空间大等特点，越来越显示出其优越性和生命力，正在替代RTG（轮胎式起重机），成为沿海及内河港口的首选装卸设备，并得到广泛的应用。

20年来，无锡华东重型机械股份有限公司与上海交通大学、交通部、武汉港机所等共同为轨道式集装箱门式起重机研制、推广和应用发挥着重要作用。1989年，作为国家"七五"攻关项目的配套，由无锡华东重型机械厂（无锡华东重型机械股份有限公司的前身）研制出了国内第一台型号MJ30.5t/30m内河装卸用轨道式集装箱门式起重机。之后，又先后为浙江、上海、海南、福建、广东以及黄埔、深圳、武汉、重庆、长沙、南京、芜湖等国内众多港口制造了一系列集装箱门式起重机。十几年过去了，公司制造的第一台起重机现在还用得非常好。

二、抓研发，让工艺彰显生命力

"选项—立项—调研—设计—研制—型式试验—专业测试—使用—改造—工厂化生产是无锡华东重型机械股份有限公司产品开发的主要技术路线。从20世纪90年代开始，公司一直在产品研发上下工夫，在工艺上向适合中国国情上下工夫。

集装箱装卸运输是交通运输方式的重大变革，在这场变革中，集装箱装卸机械的技术革新、推广和应用更显示出无穷的生命力。2003年，我国集装箱年吞吐量不足5 000万TEU，2010年将达到1亿TEU，2020年将达到2亿TEU。可以肯定，新一轮港口集装箱码头的建设热潮将是空前的。以每年递增900万TEU计算，其中1/3（随着时间的推移此比例还将增加）为轨道式集装箱门式起重机完成堆场工作，按每台机年装卸效率为5万TEU、平均码头的二次运转及设备的利用等因素考虑，每年需轨道式集装箱门式起重机200台（套）以上（产值约12亿元）。

无锡华东重型机械股份有限公司以长江三角洲、珠江三角洲、沿海各港口为依托，利用各港口在设备更新阶段对轨道式龙门起重机的要求，在总结前几年已制造多种跨距起重机的基础上，不断进行系列及结构完善、性能优化工作。在结构件设计上采用世界先进的A. SYS有限元计算软件，从动载特性上对钢结构的疲劳性、稳定性和受载能力进行计算，使材料分布更合理、有效，为提高设备的各项参数打下基础。与此同时，公司还推行产品系列化工作，包括建立起重机跨距（及有效外伸距）的系列化，以适应不同堆场、面积的要求，建立起重机的系列化（50t/30m，50t/40m，50t/45m，50t/50m，50t/60m）以适应国际标准箱和不断发展的超重箱的要求，满足客户不同的性能要求。

无锡华东重型机械股份有限公司还在扩大跨距上下工夫。因为大跨距起重机能使堆场得到充分利用，当前国际上最大轨道式集装箱门式起重机跨距是52m，而公司生产的产品实现了国内最大跨距60m。

在应用新技术方面，为给机械设备控制的自动化打基础，无锡华东重型机械股份有限公司先从单机自动化开始，逐步实现联网信息自动化；在轨道龙门起重机上采用全变频调速技术、PLC自动故障诊断技术、CMS自动管理系统、电脑无线联网技术、大小车运行自动定位技术以及配置吊具旋转、防摇大车行动自动纠偏等装置，使各项性能指标均达到国际、国内起重机制造的先进水平。

三、抓质量，让品牌成为产品之神

质量是产品的生命，也是企业的生存之本。无锡华东重型机械股份有限公司早已把质量工作列入重要议事日程。经过不懈努力，公司取得了ISO9001：2000质量体系认证证书，产品也取得采用国际标准产品的标志证书。按照GBT/T19001—2000质量管理体系要求，公司建立了质量管理体系，制订了质量方针和目标，组织职工培训，明确质量方针、目标及本岗位工作的质量标准，提高"质量第一"的思想认识，确保了质量管理体系的正常有效运行。对产品生产过程中的质量进行全方位、全面、全过程的监控检测，自觉接受、配合当地国家质量技术监督局，对出厂产品的监检和安装完工后对产品安装的整机检测检验。自质监部门对公司实施产品监检以来，产品合格率达100%。安装整机后的检测检验一次合格率达100%，取得了省质量技术监督局颁发的"江苏省质量信用产品证书"。

无锡华东重型机械股份有限公司还狠抓产品的售后服务，设立了南方、北方、西部等办事处；建立用户档案，制定用户服务跟踪计划，并列入员工个人分配经济考核指标中。

公司领导每年都与用户进行沟通，听取用户意见，有时还将用户请到公司来征求意见，为优化产品技术性能奠定基础。翁耀根董事长曾表示："用户最有发言权，现场业主的意见是产品改进的最大动力和源泉，这是企业自己的工作，我们必须做好。"

公司产品远销辽宁、河北、山东、江苏、浙江、福建、广东、海南、云南、湖南、江西、安徽、湖北及四川等省。公司采取了划片、按区域建立用户服务组的形式为用户服务，产品售后服务赢得用户一致好评。

四、抓人才，让创新可持续发展

人才与品牌是无锡华东重型机械股份有限公司的两大工作着力点。自第一台轨道式集装箱门式起重机试制成功以来，公司员工一直努力为"创名牌"而努力工作着，他们认为"品牌"是产品之神，也是产品之"魂"。

诚信，包含着品质、信誉。"以质取信、以诚致远"是公司发展的宗旨,创品牌、树名牌是企业追求的目标。名牌产品既能鼓励制造商的质量责任,又能赢得用户的诚信。十多年来,公司以质量为基点,以群众为基础,团结一致,不断创新,以“人无我有、人有我优”的理念发展企业,精益求精铸品牌。要“创新、创一流”,人才是关键,高科技是依托。在“创新、创一流”的同时,公司与多家科研单位和大专院校合作,培养、锻炼了一批优秀工程技术人员。

通过协作、引进技术人才等方式,公司形成了一支轨道式集装箱门式起重机科研、设计和市场开发的人才队伍。多年来制造和安装的实践,进一步完善了加工制造、安装工艺和产品检验的规范,也造就培养了一支技术精湛、作风过硬的优秀职工队伍。

对集装箱物流装卸机械而言,无锡华东重型机械股份有限公司走的是从无到有的道路。要改变或增加一种工艺,要经过几代人的努力。翁耀根董事长带领的这支队伍遇上了发展的年代。他们认为时代赋予自己这个机会,自己有责任完成历史交给的重任。

随着国内集装箱物流新工艺 RMG 越来越多的应用,华东重型机械股份有限公司将不负重望,为我国集装箱物流装卸机械继续发展创新而作出新贡献。

〔供稿单位:无锡华东重型机械股份有限公司〕

中原圣起有限公司

中原圣起有限公司是中国重型机械工业协会理事单位,是以生产“圣起”牌双梁起重机,门式起重机,单梁起重机,电动葫芦,造船门机,架桥机,装卸桥,过轨机,抓斗及防爆、绝缘、电磁、变频、冶金铸造起重机等各系列多品种物流设备为主导,集设计、开发、制造、安装及维修为一体的高科技股份制企业。公司拥有自主知识产权和工业产权,较早通过了 ISO9001 质量管理体系、24001 管理环境体系、28001 职业健康安全管理体系及国际联盟认证,建立了完善的质保体系及 TQC 全面质量管理体制。公司具有自主进出口经营权,并致力于开拓国际市场,打造世界品牌。

公司现有员工 2 100 多人,其中中高级工程技术人员 460 人;总占地面积 51 万 m^2,资产 6.4 亿元,银行信用 AAA 级,负债率 29.3%,各种生产及检测设备 580 多台(套)。拥有抛丸预处理线、自动焊接线、自动切割线、数控机床、焊接平台等装备先进的生产线及理化测试中心、无损探伤室、计量检测室、整机型式试验台等技术可靠的检验手段,能够完成年 500t 以下的各类双梁、龙门、抓斗起重机 4 000 多台、单梁起重机 15 000 多台、电动葫芦 18 000 多台的生产能力。2010 销售收入超过 16 亿元,实现利税 16 000 多万元。主导产品产量在全国同行业中列第四位,市场占有率达到 18.3%。公司发展速度、人均产值等各项经济指标居同行业领先地位,快速提升了公司产品向冶金、电力、国防、路桥、高铁等行业专用、大吨位、重量级高端起重机制造方向发展的速度。

公司由自主设计制造的 MU 型 300t - 112m - 63m 船坞龙门起重机、QQ75 ~ 125t 电站专用轻型变频起重机等 4 项高新技术产品填补了河南省同行业空白。公司与世界起重行业第一品牌的著名厂家——芬兰科尼公司进行技术、市场等领域的多元合作,并成功为沈阳机床集团有限公司设计制造了具备世界先进水平的低净空新型起重机。出口刚果布英布鲁水电枢纽工程的 250t,越南钢厂的 360t,韩国小星的 200 ~ 250t 等大型双梁起重机,是行业内出口项目最大的起重设备。

公司重视人才的引进与培养,注重内部管理,强化质量意识,在借鉴、学习国内外先进管理方法、经营理念的基础上,建立了“以人为本”的现代化科学规范的管理机制。公司设立了辐射全国的近百家销售网点,能够提供快捷、优质的售前、售中、售后服务与配件储备供应。公司产品畅销国内三十多个省、自治区、直辖市,并出口到欧盟、美国、加拿大、俄罗斯、日本、韩国、菲律宾、新加坡、丹麦、苏丹、巴基斯坦、伊拉克、法国、越南、泰国、南非、埃及等 68 个国家和地区。公司资本运营良好,规模发展快速,连年被评为“重合同守信用企业”、“资信 AAA 级企业”、“先进民营企业”、“质量效益型企业”、“质量管理先进单位”、“消费者信得过单位”、“科技工作先进单位”等称号。

公司重视技术创新,逐步提升产品的科技含量,产品设计开发采用 CAD、CAPP 辅助设计,公司先后与北京起重运输机械设计研究院、武汉科技大学等科研院所建立了长期合作关系,同时密切关注国内外起重产品的尖端技术及发展方向,不断更新设计理念与产品结构,逐步将先进的数字化技术引用到产品制造中。变频调速技术、PLC 控制技术、远程操作技术、自动化信息控制技术等的广泛应用,大大拓宽了产品的使用范围。公司还积累了低净空起重机、多功能起重机及各类非标产品的成功制造经验,能满足各领域的不同使用要求。

公司产品设计标准、制造工艺、检测程序严格执行国家及行业的最新标准,计量检测已通过上级计量部门验收达标工作;从原材料、各工序到整机出售均有严格的质量控制程序,对质量责任进行追溯制管理。公司产品多次经国家起重运输机械质量监督检测中心抽查,均达到优等品。“圣起”牌系列产品曾获“河南省名牌产品”、“河南省优质产品”、“河南省科技成果二等奖”、“国家原产地保护产品”;公司荣获“河南省科技企业”、“2009 年河南省高成长民营企业”、“中国质量诚信企业”等称号。

公司产品广泛用于航天、水利、冶金、核工业、化工、电力及钢铁等行业,深受用户好评。公司已与三一重工股份有限公司、中联重工科技发展股份有限公司、湖南长丰汽车制造有限公司、中国石油化工集团公司、中国有色金属工业第六冶金建设公司、中铁十九局集团有限公司、武汉钢铁研究院、中国航天科工集团三院、鞍山钢铁集团公司、宝钢集团公司、广州丰田汽车有限公司、中国第一汽车集团公司、中国建筑第五工程局有限公司、湖南省路桥公司、海尔集团等建立了良好的合作关系。

公司将充分利用资本、技术、人才优势，不断提高企业技术创新能力及核心竞争力，促进国际化经营水平，努力开拓市场空间，尽快把公司建设成为以起重物流设备制造为主导，集产、学、研为一体的现代化大型企业集团。

一切从用户的利益出发，为用户创造价值是公司可持续发展的根本动力，“圣起”产品优越的性能、合理的价格、完善的服务、环保节能的设计理念，必然会为您带来可靠的后勤保障和辉煌的经济效益。一直以技术全面、反应迅速、工作高效见长的售后服务队伍，可为您提供全方位的优质服务，确保您所选择的“圣起”产品时刻处于良好的运行状态。

〔供稿单位：中原圣起有限公司〕

中钢集团西安重机有限公司

中钢集团西安重机有限公司（以下简称中钢西重）始建于1958年，2005年加入中钢集团。中钢西重属国家大型一类企业，主要从事冶金设备、矿山机械及其他大型机械设备的设计和制造。公司注册资金7.15亿元，注册地在西安经济技术开发区泾渭工业园，拥有城区和泾渭两个生产基地。城区基地位于西安市莲湖区汉城北路，泾渭基地位于西安经济技术开发区泾渭工业园中钢大道。中钢西重具有年产机械加工件4.5万t、铸锻件5万t、结构件3万t的综合生产能力，具备D1、D2类压力容器设计资格和BR1级压力容器制造资格，通过了GB/T 19001—2000质量管理体系认证。公司主导产品包括：高炉无料钟炉顶、液压泥炮、开铁口机等炼铁设备，RH、LF、VOD精炼、板坯连铸等炼钢设备，棒线材轧机、大口径焊管轧机等轧制设备以及轧材深加工设备、废钢处理设备，风力发电设备、石油机械成套设备和大中型铸锻件毛坯等。

一、生产发展情况

2009年，中钢西重采取各种有效措施，积极应对国际金融危机对企业的不利影响，继续强化全面预算管理，针对市场形势及时调整生产策略，通过合理安排、科学组织，全年实现工业总产值9.53亿元，实现销售收入8.01亿元，同比分别下降17.81%和16.99%，全年未发生重大生产、人身及设备事故。

2009年主要产品产量见表1。

表1 2009年主要产品产量

产品分类	产量(t)
总计	20 092
成套设备	16 570
炼铁设备	6 296
炉顶设备	2 721
炉前设备	3 575
炼钢设备	7 620
连铸设备	5 757
精炼设备	1 654
其他设备	209
轧钢设备	2 654
棒线材轧机	2 177
镀锌、酸洗生产线	28
其他设备	449
备件	3 522
炉前设备备件	1 216
炉顶设备备件	1 194
炼钢设备备件	424
轧钢设备备件	87
出口备件	393
其他设备备件	208

2009年，按照中钢集团的要求，中钢西重生产运行和经营管理保持了三个基本稳定，即：资金安全基本稳定、经营业务基本稳定、员工队伍基本稳定。

二、市场经营及销售

2009年，中钢西重积极调整和更新营销理念，及时将工作重点调整到大营销体系上，扩大备件及修复产品承接量，同时大力加强营销队伍建设，充分利用遍布全国的营销网络，建立健全良好的市场反应机制。2009年克服国际金融危机的不利影响，经营业绩同口径基本保持了2008年水平。2009年主要产品销售收入见表2。

表2 2009年主要产品销售收入

主要产品分类	销售收入(万元)
总计	80 119
成套设备	55 923
炼铁设备	25 795
炉顶设备	16 483
炉前设备	9 312
炼钢设备	23 142
轧钢设备	6 986

（续）

主要产品分类	销售收入（万元）
备件	17 804
炉前设备备件	5 396
炉顶设备备件	7 235
炼钢设备备件	1 716
轧钢设备备件	351
出口备件	845
其他设备备件	2 261
其他产品	6 392

在外贸业务上，中钢西重具备自营外贸进出口资格，先后与达涅利、奥钢联、西马克、新日铁等国外公司建立了供需关系，向美国、巴西、日本、卢森堡、土耳其、马来西亚、菲律宾、印度、越南、等国家和地区出口近万吨成套冶金设备及备品备件。2009 年产品出口继续保持良好势头，实现出口交货值 845 万元。

中钢西重各项主导产品均保持相当市场份额，炼铁设备占有市场绝对优势，1 250m^3 以上炉顶装料设备市场占有率 90% 以上，1 250m^3 以下炉顶装料设备市场占有率 50% 以上，炉前设备市场占有率 80% 以上；在炼钢、连铸设备方面，钢液精炼及铁液预处理设备市场占有率 40% 以上，连铸设备市场占有率 35% 以上；轧钢方面小型棒线材轧机设备技术领先，市场占有率 15% 以上，板带热轧、冷轧及板带后处理设备已具备制造能力。

三、科技成果及新产品研发

科技研发上，中钢西重拥有的技术研发机构——西安冶金设备研究所和中钢集团西安重机有限公司技术中心（省级），具有多年研究、设计各种冶金、矿山设备和其他大型成套设备的经验，特别是在制造工艺方面积累了丰富的经验。近年来，自主开发方面取得了大量的成果，主要有：自主研发了高炉无钟炉顶水冷传动齿轮箱设计、制造技术；高炉炉前泥炮、开铁口机及液电成套总成技术；水平连铸机及其方形、圆形结晶器设计、制造技术；平面二次包络环面蜗杆传动装置设计、制造技术；大型液压缸缸筒内表面镀硬铬及精加工技术；大型优质铸铜件及耐热钢铸造技术等。截至 2009 年，中钢西重共取得科技成果 132 项，其中获国家科技成果奖 10 项，部省级科技奖 26 项；7 种产品分别获国家、省部级优质产品称号，32 种产品获国家银质奖，11 项产品获实用新型专利。

2009 年，中钢西重在科技创新方面围绕钢铁企业主要工艺流程，创新模式由单一的引进技术向引进技术和自主开发相结合转变，多项科技成果当年得到应用。自主开发新产品 11 项，其中新并罐炉顶料流调节阀和电动摆动溜嘴的开发填补了企业炼铁设备部件空白；高炉炉前设备液压、电控系统开发使企业优势产品向成套、精品和高附加值方向迈进了一步；新型开铁口机液压振打装置消化移植了国外先进技术，第一台样品已制造完成；120 万 t 全连续式短应力高刚度棒材生产线已交付使用。

同时，中钢西重不断完善自身优势产品，定型产品逐步实现标准化、系列化。2009 年对 DN1150 上密封阀、DN1000 上料闸、DN500 均排压阀、水冷齿轮箱、KD100 液压泥炮、DDS 液压泥炮、KD160 液压泥炮等产品进行了标准化设计及改进。

中钢西重立足冶金设备市场，并不断向非冶金市场领域延伸，在风力发电设备开发方面，1.5MW 直驱风力发电机组样机顺利并网发电，实现了国内兆瓦级直驱风力发电机组技术的重大突破。

四、产品质量及标准工作

中钢西重 1998 年通过了 ISO 9001 质量管理体系认证并有效运行至今。在质量管理上始终坚持“关注顾客、科学管理、持续改进、追求卓越”的质量方针，按照预防为主与检验实验把关相结合的原则，对产品的开发和设计、原材料和配套件采购、外委外协件、生产工序、售后服务等实行全过程的质量控制。产品生产执行国家、行业有关标准及德国西马克 SN200 技术标准，根据用户要求实行以销定产。截至 2009 年底，共获得各种质量奖励近百项次，曾获原冶金部质量管理奖。

2009 年，中钢西重在全员范围内开展了“精品工程”活动，员工质量意识明显提高，质量行为更加规范，对推动工作质量和产品实物质量上台阶起到了积极的促进作用。机加工序一次交检合格率、顾客抱怨、内部返工返修率、责任废品率等质量指标有所好转，产品实物质量稳中有升。

五、基本建设及技术改造

为顺应我国新型工业化、钢铁工业和装备制造业发展大趋势，以及整合企业现有资源，全面实现技术装备升级，加快培育冶金装备研发能力，跨越式提升以精密加工和核心技术集成为主导的设备制造能力，中钢西重投资近 25 亿元在西安经济技术开发区泾渭工业园实施易地搬迁改造项目。项目占地面积644 918m^2，新建建筑面积331 331m^2。通过易地搬迁改造，中钢西重的冶金设备产品将基本覆盖整个钢铁工艺流程，并延伸到重机制造业的其他领域，使主导产品的市场占有率得到进一步巩固，并着力将中钢西重打造成一个基础设施先进、产品结构合理、增长方式科学、技术领先、设备一流、运行高效的国内冶金重机行业的核心设备研发、制造和总成配套一体化的装备制造企业。

中钢西重易地搬迁改造项目一期工程建设项目已投入生产，新增主要工艺设备近 400 台（套），其中各类机床 130 多台（数控机床 60 多台），起重运输设备 70 多台。主要机床设备包括 5.5m × 18m 数控龙门移动式镗铣床（德国进口），ϕ1m、ϕ2m 数控磨齿机（德国进口），ϕ10m 数控立式车床，ϕ2.5m 数控卧式车床，ϕ2m 数控外圆磨床等。热加工工程建设已基本完成，主要设备 15t、40t 电弧炉、50t LF 炉、40t VD 炉及1 250t油压机已完成联动热试并投入生产。

当前中钢西重具有最大起重能力 260t，可生产最大铸件 100t，最大锻件 30t；具有冶炼、铸造、锻造、铆焊、电镀、热处理、机加工、成套设备组装的完整工序能力。

六、对外合作

中钢西重在对外合作技术方面，与北京科技大学等单位联合开发的液压泥炮设计和制造专利技术；引进西门子奥钢联的炉前泥炮、开铁口机制造专利技术；在炉顶设备的开发和改进方面，加强与国内外相关企业和科研机构的交流与合作，开发了专有的炉顶设计技术；消化吸收达涅利、奥钢联先进技术，与设计院合作开发了大型板坯连铸机设计制造技术；与沈阳工业大学合作联合开发制造的具有自主知识产权的1.5MW直驱永磁风力发电机组已成功并网发电；非冶金市场领域的探索与拓展方面，与西安建筑科技大学粉体研究所开展实质性合作。

〔撰稿人：中钢集团西安重机有限公司刘海峰　审稿人：中钢集团西安重机有限公司庄涛〕

中冶陕压重工设备有限公司

中冶陕压重工设备有限公司是由中国冶金科工集团和陕西压延设备厂于2006年4月10日共同出资组建的。公司承接了陕西压延设备厂的全部主营业务和相关资源，在西安高新区新型工业园区设立了总部和设计、销售、研发中心等机构；在陕西省富平县庄里镇建有生产基地，占地面积26万m^2。

公司在册职工2 600人左右，其中工程技术人员600余名（教授级高工8名，高级工程师86名）。公司具有独立的新产品开发设计能力和拥有铸造、锻造、焊接、热处理、机械加工等全套先进制造工艺技术，生产装备精良；现有工艺制造设备、计量检测设备2 000余台（套），其中“精大稀”设备200多台，数控设备70多台。公司有严格的质量管理体系，通过了最新版ISO 9001、ISO 14001、OHSAS 18001质量、环境职业健康、安全三标管理体系认证，同时取得国家安全质量标准化一级企业称号，可以按国家标准、国际标准、欧洲标准和日本标准制造设备产品。公司具有国家批准的进出口贸易经营权。

一、生产经营情况

2009年主要生产经营指标完成情况见表1。

表1　2009年主要生产经营指标完成情况

指标名称	单位	2008年	2009年	同比增长（%）
工业总产值（不含税）	万元	104 290.74	86 321.87	-17.23
新产品产值（不含税）	万元	6 684.98	6 200.84	-7.24
产品销售收入（不含税）	万元	100 421.82	91 946.26	-8.44
利润总额	万元	6 571.20	5 830.36	11.27
利税总额	万元	12 180.08	9 894.22	-18.77
出口创汇	万美元	1 535	1 005	-34.53
工业企业经济效益综合指数	%	142.35	128.46	-13.89个百分点
新签合同量	万元	131 383.00	114 288.00	-13.01
机器产品产量	t	32 801.71	28 707.77	-12.48
机加工工时	h	1 846 991	1 795 204	-2.80
钢产量	t	31 613.95	24 788.28	-21.59
铸钢件	t	8 599.98	8 735.51	1.58
锻钢件	t	11 108.22	7 509.40	-32.40

从表1可以看出，2009年产值、产量、销售收入、利润总额、利税总额、出口创汇等指标比上年均有不同程度的下降，工业企业经济效益综合指数比上年下降13.89个百分点。主要原因是全球金融危机的影响以及产品价格下降、原材料价格不稳定等因素所致。

受国际金融危机的影响，企业承揽任务情况、生产完成情况、经营情况、财务状况等，与上年相比，也有不同程度的恶化。生产系统受用户项目不急于投产的制约，有序的生产组织状态被破坏，加之管理上出现的问题，公司生产经营状态不佳。

二、产品发展状况

企业经过多年发展，特别是近几年加大改革力度、加快创新步伐，已经形成年产机器设备35 000t的生产能力。产品不仅畅销国内市场，广泛用于黑色和有色冶金设备、化工设备、轻工机械、汽车等制造行业，而且大量出口国际市场。

公司拥有15个系列近200个品种规格的产品。主导产品有：各种黑色及有色金属板带轧机、冷热板带平整机组、板带镀锌机组、板带酸洗机组、连续退火机组、棒材（型材）连续轧制成套设备、高速线材轧制成套设备、方坯及板坯连铸设备、各种飞剪及液压剪、各种硬齿面传动箱、汽车模具研配压机、铜铝型材挤压机、各种液压和机械压力机等。近年来，开发具有知识产权的产品有各种规格的冷热轧机、卷取机、矫直机以及铝、钨、钼、铅、铜等有色金属轧制设备，品种达24类。产品国内主要用户有宝钢、鞍钢、武钢、首钢、唐钢、攀钢、马钢、本钢、太钢、酒钢、涟钢、包钢、柳钢等大型钢铁企业;公司与世界8个国家的18家国际著名公司合作制造的产品,出口德国、日本、韩国、美国、印度、俄罗斯、马来西亚、越南等国家。

三、公司发展

通过对未来国内外经济发展趋势和公司内部环境的分析,企业将充分依托中冶集团在技术、市场、文化、资金等方面的优势以及凭借中冶陕压在开发设计、制造工艺、产品质量、设备成套以及在国内外两个市场的业绩及成熟的用户群优势,按照集团"创新提升、做强做大、持续发展、长富久安"的总战略,着力转变经济增长方式,增强自主创新能力,提升公司素质和可持续发展能力,以经济效益为中心,以强化核心竞争力为突破口,实现公司快速、健康、和谐发展。

〔撰稿人:中冶陕压重工设备有限公司李萍　审稿人:中冶陕压重工设备有限公司宁珠海〕

山东山矿机械有限公司

2009年是新世纪以来我国经济发展最为困难的一年,也是公司应对挑战、经受考验、攻坚克难的一年。2009年以来,全球金融危机对我国实体经济的影响不断加大,企业所处的外部环境复杂多变,企业运行遇到了较大压力和挑战。面对国际金融危机的冲击和复杂的经济形势,公司加大了对形势的研究力度,统一了思想认识,坚定了战胜困难的信心,提前着手,积极准备,努力应对经济危机。

一年来,公司秉承"优、新、快、信"的经营理念,以"求创新,抓节约降成本,抓产品质量提档升级"等工作为主抓手,严细工作,开展多次管理整顿活动,强化了内部各项管理,进一步增强了企业适应市场变化的能力。2009年各项主要经济指标除订货外均已完成年度计划,全年完成产值7.01亿元,较上年增长15%;产品销售收入7.19亿元,同比增长5.57%;实现利税3 666万元,同比增长24.17%;实现利润1 341万元,同比增长64.68%。但受国际经济危机的影响,市场开拓不太理想,订货仅完成5.5亿元,与年度提出的目标存在一定的差距,且低于上年同期水平。2009年"山矿"商标被评为省著名商标,"山矿"品牌的影响力得到进一步提升。带式输送机通过了山东名牌产品复审,技工学校被省劳动和社会保障厅批准设立山东山矿职业培训学院,被省安全生产监督管理局批准成立特种作业人员培训中心等。

一年来,公司主要抓了以下几项工作,积极应对经济危机。

一、积极开展技术创新,为企业发展提供技术支持

结合行业发展趋势和用户需要,按公司确立的创新计划,2009年开发设计了PYD900、PYB1200等6种圆锥破碎机、PF1210Ⅲ反击式破碎机、露天煤矿带式输送机、MLT280×575脱硫磨机、移动式破碎筛分机组、双向输送管状带式输送机和BL1000—3M板式给料机等15项新产品,其中承担山东省技术创新计划项目5项。公司开发设计的首台PYG200高效圆锥破碎机,通过了省级新产品鉴定。

在老产品优化方面,对带式输送机项目中的非标准钢结构件、PCFK16系列破碎机及HCSC系列重型环锤减振平台等产品进行了优化设计。还对聚氨酯刀片结构皮带机清扫器进行了标准化和系列化,制作了标准型橡胶与聚氨酯复合材料缓冲床和皮带机喷淋及洒水装置样机。

与此同时,各车间、部门也积极立足实际,在小改小革、设备及工装模具改造等方面积极创新:设计、制作了滚筒装配工段所需工装、工具及小型区位吊具。对C630卧式车床、2.5m立式车床及落地镗铣床等关键加工设备进行了数控化、电气控制的改造。装配车间制作了攻螺纹用小型台钻,对手持电动、气动扳手及其配套附件进行了改造与配置。铸造车间完成了树脂混砂机的制作,机二车间自行制作了专用刀杆加工中型破碎机机壳的凸台等。这些小改小革项目都不大,但有效解决了生产中的问题,提高了生产效率,保证了产品质量,同时也降低了劳动强度。

二、开展一系列节约活动,开源节流,挖潜增效

为有效应对市场变化,公司开展了"节约降耗、开源节流"等一系列节约挖潜活动。各单位从细节上着手,认真落实各项节约措施。财务方面积极运筹资金,统筹安排各项支出,降低了各项财务费用。供应部门结合材料行情的变化,适时组织机电配套等物资比价招标,大大降低了采购成本。尤其在2009年材料价格波动较大的情况下,公司认真研究分析材料价格走势,在材料价格相对较低时期多批次采购材料进行储存,取得了较好效果。各车间也从各方面贯彻公司的节约精神,充分利用边角余料,提高材料利用率;减少焊条、焊丝、刀头、钻头等工具辅料消耗,大到材料节约,小到教育职工做到人走灯灭,全方位抓节约,处处都有亮点,取得了一定成果。

通过采取以上措施,挖掘了潜力,降低了生产成本,在形势严峻、市场竞争激烈的情况下,企业效益较上年仍有较大提高,为减少国际金融危机的冲击和确保公司全年效益指标的完成,做出了积极的贡献。

三、加强质量管理和控制,产品提档升级

在复杂的市场形势和竞争激烈的情况下,公司充分认识到要取得市场竞争的胜利就必须要有高质量的产品和优良的服务,必须提升产品档次。公司以质量体系的有效运行为主线,加强了质量管理和控制,开展了质量整顿和质量月活动。

在质量部内部成立了质量巡查小组,不仅监督各工序检查员的工作状况,而且对关键工序、关键工件及时进行质量跟踪和控制,有效避免了重大质量问题的发生。就如何提高产品的外观质量,公司制定了《产品的外观通用技术标准》、《提高皮带机产品外观质量基本要求》等文件,并认真执行。尤其在下半年,在单台单机产品和破碎机方面,出口印度的管带机和提供宝钢的皮带机等重点项目产品的外观质量都有了明显的提高,并得到了用户的认可。对于出现的质量问题,及时分析原因,采取纠正和预防措施,避免问题的再次发生。如对滚筒胀套装配、破碎机机体加工工艺等环节质量问题的处理就取得较好效果。

车间各级干部都提高了对质量的重视程度,结合各自实际开展了一系列质量提升活动。装配、油漆等车间邀请公司质量部有关人员进行质量知识培训,提醒大家关注车间存在的质量问题和关注点。

通过多次组织质量体系内部检查审核和开展质量管理整顿活动,提高了职工质量意识,产品质量有了一定改善,收到了积极的效果,但还未达到公司提出的产品提档升级要求,与行业内同类产品还存在一些差距。

四、以用户要求为工作指令,生产系统快速反应,做到快产快出

受国际经济危机的影响,市场变数很大,项目交货期不确定性增加,时缓时紧,用户要求也越来越严格。一、四季度公司生产任务相对较少,部分车间、工序任务不满,出现了任务不均衡的现象,给企业组织生产造成较大的困难,但通过努力,生产经营仍取得较好效果,基本保证了用户需求。

生产部继续坚持“月计划、周安排、日调度”制度,每周召开生产调度会。对于已确定具体交货期的项目,各生产单元、技术、供应、发运等部门按公司统一部署集中攻关,集中打歼灭战,做到快产快出。生产部门领导和车间主任联合组成重点产品生产专业组,重点解决重难点部件和卡壳的生产难题。在编制管带机生产工艺,组织滚筒专业化生产和新产品圆锥破碎机试制等一系列规范化运作方面取得了较好效果。

对车间实施了新的定量计件结算方式,形成了有效的激励机制,提高了生产效率和职工积极性。各车间根据实际情况,内部开展了一系列行之有效的活动,保证了各项任务的实施进度。机二车间开展了“四项管理竞赛活动”;装配车间对产品工作坚持“日事日毕的原则”;铆焊车间充分发挥班组长的带头作用,动员班组力量的小团队带动大团队的管理办法等都起到了提升员工士气的作用。一系列措施保证了车间各项任务的完成,促进了公司整体任务的完成。

2009 年形势复杂多变,挑战空前严峻,困难超乎寻常,公司取得的成绩极为不易,这是公司上下迎难而上、拼搏实干的结果。在应对危机中,公司经受了重大考验,积累了宝贵经验,但也存在一些差距和不足:在市场开拓方面虽然做了较大努力,但市场开拓的成效不够理想,与年初提出的目标存在较大差距,尤其是破碎机系列产品销售下降较大;部分职工对当前严峻形势认识不到位,危机意识不强,工作积极主动性不够;各环节的协调性欠缺,对市场的变化还不能完全适应,反应较慢;公司产品质量不够稳定,返工返修现象较多,内外反馈和质量损失依然较大;一些浪费现象仍然突出,企业盈利水平不是太高。这些问题与不足,需要在今后的工作中加以解决。

〔撰稿人:山东山矿机械有限公司吴传芹〕

中联重科物料输送设备有限公司

一、发展概况

中联重科物料输送设备有限公司(原华泰重工制造有限公司)是由长沙中联重工科技发展股份有限公司控股的现代化企业。公司主要致力于散状物料输送设备、港口自动化设备、起重机械设备及散状物料输送系统工程的研发、设计、制造、销售及总承包。

公司制造基地位于中国湖南省长沙市国家高新技术产业开发区麓谷工业园,总投资 3.5 亿元。厂房面积达 20 万 m^2,由德国技术专家全程指导建成,完全达到德国公司的生产标准和要求,设计年生产散料输送设备 4 万 t。2007 年生产散料输送设备 28 台(套),计 1.12 万 t。2008 年生产斗轮堆取料机 45 台(套),计 1.8 万 t。2009 年生产散料输送设备 62 台(套),共计 3.2 万 t,产量比上年增长 77% 以上,年产值达 12 亿元。

公司拥有本部技术研发中心和北方技术研发中心两大专业机构,是国内实力较强的散状物料输送系统设备及各种非标准化装备研发、设计的专业研究院所之一,汇聚了包括斗轮堆取料机国家级专家孙润华先生(享受国务院特殊津贴)在内的一大批实践经验丰富、理论造诣精深的著名专家学者,以及具有博士、硕士学位的高级工程师、工程师等优秀人才。引进国际先进技术标准,采用三维设计绘图软件、有限元计算分析软件作为计算机辅助优化设计的平台,运用计算机“虚拟试验仿真”技术实现了“整体可视化”设计分析,保证了产品设计达到世界先进水平。多年与世界知名同行企业的成功合作,让公司与世界顶尖技术保持同步发展。

2009 年,公司在巩固及发展国内市场的基础上,实现了韩国、印度、土耳其等海外市场的产品出口,并正在进入澳大利亚、巴西及欧美市场。在产品结构有序调整,流程再造持续深化,人才结构不断优化,经营销售持续向好的状态下,公司基本实现了年初提出的技术创新、体制创新、人才创新三大转变,员工精神面貌朝气蓬勃,厂容厂貌焕然一新,中联企业文化建设逐入人心。

秉承“思想构筑未来”的核心理念,依托母公司中联重科强大的技术、管理和资金支持，未来五年，公司将继续优化散料单机产品结构，持续扩大散料系统销售，稳步提高产品质量，持续优化以高新技术为核心竞争力的运营模式。同时，通过国际合作，全面实现技术、市场、资本的国际化接轨，朝着具有国际竞争力的散状物料设备与系统制造商及总承包商的宏伟目标稳步迈进。

二、市场经营及销售

2009 年是公司实现跨越发展的一年。按照詹纯新董事长在 2009 年度经营工作会议上提出的工作思路，秉承"开放思变，激流奋进"的工作理念，迎难而上、奋起直追，通过公司全体员工的共同努力，在没有增加资产投入，没有增加生产场地，人员有限增加的情况下，销售收入首次突破 10 亿元大关，同比增长了 162.2%，比成立以来历年销售收入总和净增长 81.63%。全年新签订销售合同 34 亿元，供货范围涵括堆取料机、带式输送机、系统总包项目、风机外揽加工及配件，并在圆形料场产品上有了新的突破。

为确保年度目标的顺利完成，公司对营销政策和管理制度进行了调整和完善。在系统市场方面加大了营销力度，合理调配技术支持力量，建立系统的技术数据库，进行大客户经理培训，并充分利用总部的融资租赁平台，通过与中联重科融资租赁有限公司的合作，分别与 4 家水泥公司签订了系统总承包合同。为了在堆取料机之外的其他产品（包括圆形料场产品、港口机械设备等产品）上有所突破，公司一方面通过做系统总包项目来涵盖单机产品，另一方面通过国外技术合作模式，寻找技术和产品业绩合作伙伴，制定详细的市场计划，打进相关产品市场，积累业绩。

为配合公司整体形象发展，公司根据实际需求对宣传画册进行了改版，增加了当前重点发展的系统开发和融资租赁相关部分内容。同时，结合中联企业文化和公司自身特点，拍摄了名为《器重天下》的宣传片，更直观地展示了公司的优势和特点。这些宣传手段有利于客户全面而系统地了解公司情况。

三、国际市场开拓

2009 年公司的发展重点是拓展海外市场。多次调研之后，公司把主要目标锁定在巴西、澳大利亚和印度，一方面通过国际业务人员直接与海外客户联系沟通，另一方面寻找合适的海外合作伙伴，形成战略合作关系。为了配合海外市场工作的顺利展开，从技术部门抽调技术和组织能力较强的人员，充实到国际业务部作技术支持。11 月初，公司顺利通过了巴西淡水河谷的资格、能力考察，为进入南美市场打下了良好基础。2009 年，公司实现了对韩国、印度、土耳其等国家的产品出口，国际市场开拓呈现新局面。

四、企业发展的主要或突出问题

(1)主导产品品种单一，缺乏多学科集成创新人才，产品技术超前研发能力不足。公司主导产品仍停留在堆取料机和管式皮带机这两大产品上，其他产品的研发人员数量、水平与公司的发展不相适应。在推动技术进步、完善产品结构及开发市场需求的新产品方面还需做大量的工作。

(2)技术型销售人才缺乏。市场对销售人员在专业技术方面的要求越来越高，销售队伍的专业技术水平有待提高，需要提高对市场的整体把握能力和敏锐的观察能力。

(3)市场信息工作亟待加强。信息知晓滞后，市场信息缺少提前量，使后续营销工作处于被动，而且信息集中在少数几个传统行业，其他相关行业的信息收集相对较少，信息量涵盖面不全。公司亟待建立完善的市场信息管理系统，配备专业的市场调研人员。

(4)盈利水平有待提高。受国际金融危机影响，原材料价格上涨，人工成本增加导致企业制造成本居高不下，降低了企业盈利水平。如何提高企业的盈利水平，这将是未来公司发展中亟待解决的根本问题。

〔撰稿人：中联重科物料输送设备有限公司章浩〕

抚顺隆基电磁科技有限公司

一、企业发展概况

抚顺隆基电磁科技有限公司是国家级高新技术企业，行业标准起草单位，中国重型机械工业协会理事单位，中国重型机械工业协会洗选分会副理事长单位。厂区占地面积 14 万 m^2，建筑面积 9 万 m^2，员工 1 000 余人，其中 60% 拥有专科以上学历。公司拥有中国机械工业联合会指定的行业唯一的磁选工程技术研究中心、辽宁省工程技术研究中心和 1 个与中科院电工所合作的联合实验室。连续 9 年销售额居同行业首位，是磁选机、除铁器、起重电磁铁、有色金属分选机、永磁起重器等工业磁力应用产品的专业供应商，拥有 40 多项国家专利和多项创造性技术成果。产品出口世界 30 多个国家。"隆基"作为中国驰名商标产品，已为国内外 4 000 多家客户提供了可靠、增值、便利的专业设备和方案。

二、市场经营及销售

公司是以磁性装备制造为主体的工业企业，重点发展磁选及重选设备产品。磁选方面包括立式感应湿式强磁选机、矿用磁选机、干选机、除铁器、起重电磁铁、有色金属分选机、高梯度磁过滤器等。重选方面包括 HMDS 强磁高效磁选机、煤用磁选机等。2009 年，公司实现工业总产值为 52 314 万元；洗选设备销售总额 45 043 万元，年增长率 18.9%，同行业设备销售占市场份额的 38.6%；出口额达 15 000 万元。

三、科技成果及新产品

公司专业技术团队 235 人，坚持自主研发，拥有 40 余项国家专利和多项创造性技术成果。2010 年立式感应湿式强磁选机获得国家火炬计划立项。

新产品高梯度磁过滤器在磁场强度、磁系冷却、滤芯布置和冲洗方式上具备集成创新特点。与原有设备相比，独特的磁系设计并配以高聚磁专用不锈钢基体滤芯，能满足180℃高温水的除铁要求，出水铁含量低于15μg/L，其节水节能的特点更加符合国家能源环保战略，产品的各项指标均达到国际先进水平，荣获中国国际专利技术与产品交易会金奖。

高强磁煤用重介质磁选机荣获国家发明专利，采用先进的磁路设计和磁性材料的最新科研成果，确保50年内磁力降低不超过1%。按照隆基公司推荐的工艺要求，经众多用户实际应用，该产品能够保证重介质回收率达99.9%，为磁选效果提供了有力保证。

磁性物料除铁器获得国家专利证书。该产品采用独特的磁场排布技术，可以从磁性物料中有效、不间断地分拣杂铁，从而保护输送设备，提高工作效率，具有良好的经济效益和社会效益，达到国际先进水平，主要应用于选矿、冶金行业。

上吸式废钢及冶金渣磁选机选出率高，吸力强劲，运行可靠。钢渣专用带磁机运行平稳，分选效果显著，适用于各种工况下的钢渣生产线，有效解决目前的钢渣线存在的问题。

四、产品质量及标准工作

公司是同行业首家通过ISO9001质量体系认证的单位，严格按照ISO9001质量体系组织设计、生产、销售及管理。2005年通过CE认证，取得欧盟自由出口权。公司整体通过了质量、环境、职业安全健康管理体系认证，拥有先进的检测设备和方法，有专业的质检和售后服务团队，有关产品质量投诉，保证在48h之内派出最佳人员赴现场（国内），服务结果请顾客签字确认，并形成服务档案。产品的设计、生产与销售将不折不扣地执行ISO9001：2000标准，并由“中国检验认证集团质量认证有限公司”监督。公司售后服务得到了用户的极高评价与肯定。

五、基本建设及技术改造

公司于2008年新扩建厂区20 000m^2，成为中国机械工业联合会指定的行业唯一的磁选工程技术研究中心、国家级高新技术企业。2009年在抚顺经济开发区大南新区新建厂区60 000m^2，作为辽宁省工程技术研究中心和中科院联合实验室，已投入使用。近三年来，公司在新产品研发方面投入1 400多万元，购入先进的检验分析设备，可模拟实际现场进行分析实验，根据实验结果为用户量身设计产品及方案，满足用户的实际需要。在技术改造方面，公司在行业内率先普及运用了三维CAD设计系统，2009年实现PDM系统全面上线并稳定运行，当前正在进行企业ERP系统建设。

六、管理创新

公司从2006年起就开始了信息化建设。从设计源头抓起，根据企业自身的特点设计适合的信息化流程，不断优化企业管理模式。从产品设计、技术管理到生产管理，再到业务管理、财务管理、人力资源管理等，在3年时间内全部实现信息化。公司重点产品在客户端的使用状况与公司进行协同，使得客户端在遇到故障时能够得到即时的反馈，完善了公司服务，推进了企业的健康发展。

七、对外合作

2010年，公司加强对外合作与交流，保持与各行业协会的紧密联系，同时与行业内知名企业开展合作。当前，公司已与太钢不锈钢股份有限公司建立了战略合作伙伴关系，公司产品立式感应湿式强磁选机在袁家村项目招标中战胜众多竞争对手，成功中标，签订合同金额5 400万元，提供设备100套。隆基产品以其优越的品质，一流的服务赢得用户的认可，“隆基”更被中国工商总局认定为中国驰名商标，成为行业内的一面旗帜。

〔撰稿人：抚顺隆基电磁科技有限公司李增勇〕

山东华特磁电科技股份有限公司

山东华特磁电科技股份有限公司位于山东省潍坊市，有着发展节能环保磁电新兴产业的政策优势和区位优势。公司是由潍坊华特磁电设备有限公司和潍坊华特粉体设备有限公司作为主发起人，联合国内其他投资者共同设立的现代化企业，在全部16位股东中，法人股东8位，专家股东8位。2009年成立的安徽雷克环保科技有限公司、潍坊新力超导磁电科技有限公司分别是其参股公司和全资子公司。其中前者专门从事湖泊蓝藻磁聚移出技术研发与生产，后者专门从事低温超导磁体研发与生产，用于超导除铁器、超导磁选机、超导污水处理系统、超导核磁共振成像设备等超导磁体应用装备的配套生产。随后成立的中科院高能物理研究所超导磁体工程中心，是依托潍坊新力超导磁电科技有限公司建立的研发机构。

公司是国家生产磁力、粉体等设备的重点骨干企业，全国矿山机械标准化技术委员会（SAC/TC88）及第一届电气设备分技术委员会（SAC/TC88/SC1）委员单位和国家行业标准起草单位，中国重型机械工业协会理事单位及洗选设备专业委员会副理事长单位，国家重点高新技术企业，中科院高能物理所、电工所、合肥物质科学研究院技术合作企业，国家火炬计划、国家重点新产品计划、国家星火计划、科技型中小企业技术创新项目实施企业。公司建有省级技术中心，设有院士工作站、博士后科研工作站、山东华特磁力分选技术研究所和山东省华特粉体设备工程技术研究所及鸢都学者岗位，是集科研开发、工程设计、生产安装、调试服务于一体的国内重要的磁力设备研发与制造基地。公司占地面积7万m^2,员工600余人,其中专业技术人员176人,拥有资产1.5亿元,年产值超过5亿元。

公司主要生产电磁及永磁金属探测及选除设备、磁选设备、冶金搅拌设备和有色金属分选设备、粉体设备等5大类80多个系列700多种规格型号的产品,年生产能力超过1万台(套)。其中金属探测及选除设备、CFLJ型磁分离机、RCDZ型蒸发冷却电磁除铁器、节能环保底置式永磁搅拌器、节能环保新型电池材料生产设备、节能环保高场强筒辊式永磁磁选机、特强型磁电除铁器和CTGY型永磁旋转磁场干式预选机等国家重点新产品8项;金属探测及选除设备、CFLJ型磁分离机、RCDZ蒸发冷却电磁除铁器、节能环保底置式永磁搅拌器和超强电磁除铁器等国家级火炬计划项目和国家级火炬计划重点项目7项;节能环保侧置式永磁搅拌器和低温超导除铁器为国家级星火计划项目;超强永磁旋流搅拌器、节能环保永磁搅拌器为国家科技型中小企业技术创新基金项目;有19个项目通过省部级鉴定和验收。申请或被授权国家专利80件,其中发明专利9件,并有3件专利在国外7个国家和地区注册国际专利。RCDZ型蒸发冷却电磁除铁器等7项产品获得省部级科学技术奖,超强永磁旋流搅拌器获第十一届“中国专利奖优秀奖”。产品技术性能达到国内领先及以上水平。“华特”牌金属探测及选除设备和节能环保永磁搅拌器两个产品被认定为“山东名牌”产品;“华特”商标被认定为“山东省著名商标”。产品服务范围涉及电力、化工、煤炭、建材、冶金、港口、矿山、有色金属熔炼、粉体及环保等10多个领域,畅销全国30个省(市)、自治区,并远销美国、意大利、挪威、日本、印度、孟加拉及巴基斯坦等十几个国家和地区,仅国内客户已超过1.5万家。企业主要经济技术指标在全国同行业名列前茅。2009年度被山东省政府评为“先进民营企业”。

为深入贯彻落实科学发展观和党中央、国务院关于“增强自主创新能力,建设创新型国家”的重大战略决策,进一步强化企业在技术创新中的主体地位,不断推进企业技术创新体系建设,大力提升行业自主创新能力,2010年6月26~28日,公司同中科院高能物理研究所超导磁体工程中心、潍坊新力超导磁电科技有限公司和安徽雷克环保科技有限公司一起,在山东省日照市承办了由中国重型机械工业协会主办的“中国磁电设备技术发展论坛暨中国超导磁体技术应用发展论坛”。论坛以“创新掌控未来”为主题。来自国家有关部门及地方政府的领导,国内外著名院士、专家学者,全国重大港口、拟在建港口,大型煤炭集团、大型火力发电厂,矿山、煤炭、电力、港口等主要设计院,大型矿山,大型非金属矿和超导磁选厂,环保领域客户,核磁共振成像超导磁体主要客户,有关媒体,以及其他相关单位代表共256人参加了论坛。与会者现场观摩了山东华特磁电科技股份有限公司在日照港安装投用的400mT(4 000Gs)低温超导除铁器和180mT(1 800Gs)强迫油循环电磁除铁器运行情况,听取了中科院武汉分院叶朝辉院士、日本东京都立大学渡边恒雄教授、中国科学院高能物理所朱自安研究员、神华集团生产装备部处长张文辉博士等10位专家学者的学术报告和经验交流。中国机械工业联合会、山东省科技厅、山东省经信委三部门共同就山东华特磁电科技股份有限公司、中国科学院高能物理研究所和潍坊新力超导磁电科技有限公司联合研制开发的“低温超导除铁器”组织召开了现场产品鉴定会。鉴定委员会由中科院理化技术所周远院士和中科院武汉分院叶朝辉院士等11位专家组成。鉴定结论为:“该产品属国内首创,整机技术性能达到国际先进水平,其中磁场强度达到国际领先水平。”论坛同期召开了“磁电与低温超导磁体应用产业技术创新战略联盟”成立大会。该联盟由中科院高能物理所、山东大学、武汉理工大学、中国地质科学院郑州矿产资源节约与综合利用研究所、苏州中材非金属矿工业设计研究院、西部超导材料科技有限公司、苏州工业园区朗润科技有限公司、中煤秦皇岛分公司、山东华联矿业股份有限公司等10多家单位组成,山东华特磁电科技股份有限公司作为倡议发起单位,被选举为联盟理事会理事长单位。

山东华特磁电科技股份有限公司始终奉行“合作创新,追求卓越”的企业精神和“创新永无止境”的创业理念。随着2007年改制工作的完成,企业通过采用国际先进的法人治理结构和管理模式,使华特公司的管理完全与国际接轨。未来5年,公司将继续与中科院等大专院校科研单位紧密技术合作,充分发挥“磁电与低温超导磁体应用产业技术创新战略联盟”的技术创新联盟优势,投资5.2亿元,建成占地26万m^2华特工业园,以实施山东省政府扩大内需急需建设项目“年产100台节能环保超导除铁器生产线”为开端,致力于研发生产全球领先的超导除铁器、超导磁选机以及其他节能环保型高科技磁电产品和粉体设备,向破碎、分级、磨矿、分选、浓缩、脱水等成套洗选设备,磁力选除设备,粉体设备以及成套选矿设备4个国际领先的设备供应服务商企业愿景迈进,为我国资源节约型、环境友好型社会建设提供技术支撑。

〔撰稿人:山东华特磁电科技股份有限公司傅佩超〕

北京约基同力机械制造有限公司

北京约基同力机械制造有限公司(以下简称约基)是一家专门从事带式输送机开发、研究、设计、制造的民营企业,是中国重型机械工业协会理事单位,带式输送机分会的副理事长单位。约基总部位于北京市通州区中关村科技园区光机电一体化产业基地,生产基地在河北省大厂回族自治县潮白工业园,占地面积20万m^2,建筑面积8万m^2。企业员工近450人,科技研发中心有技术人员38人。公司2009年总产值为2.07亿元,2010年总产值可望达到3.5亿元。约基产品已销往法国、俄罗斯、日本、巴西、南非、沙特阿拉伯等34个国家。近5年来,每年出口产品产值均超过总产值的75%。公司带式输送机产品的最大带宽2 200mm,最大输送能力5 000t/h,最大驱动单元功率1 000kW,最长输送线12km。

约基先后在2005年和2009年获得国家颁发的生产许可证;2005年和2010年获得欧盟CE认证,取得了产品进入欧盟市场的入门证;2007年加入联合国"环球契约组织",承诺接受在人权、劳工、环保、反腐等4方面的10条规定;2009年获得国家"高新技术企业"证书;2010年有18种井下带式输送机产品及8种托辊获得"矿用产品安全标志证书";2010年从美国OVERLAND公司引进了大型带式输送机起、制动时的动态分析软件;2005年引入了CAXA图文档管理系统,2009年开始使用ERP管理系统,使管理更加现代化、精细化。截至2010年底,约基共取得发明专利1项,实用新型专利17项。

约基开发的U型带式输送机与普通槽型带式输送机相比,具有输送能力大(15%~23%),输送倾角大(8°~12°),可实现小半径水平拐弯,不易跑偏撒料,抗侧风能力强、有利环保,结构简单、便于维修等优点。2010年,约基建造了世界上首个循环运料的U型机试验台,并在其上进行了模拟摩擦系数测定和抗侧风能力测定,取得了良好结果。2010年,约基承接并完成了内蒙古蒙西物流集团公司在乌海市兴建的一条12km带式输送机线的设计、制造、安装、调试总承包合同。该线每小时输送1 500t石灰石,由长度分别为7 284m、1 271m、3 534m的3台带宽1 200mm、带速4.0m/s的输送机组成。输送线路要下降近400m,除去若干个凸弧及凹弧段外,还有半径分别为1 500m、2 000m、和700m的水平拐弯段9个,要跨越铁路1处、公路12处,穿过高压线9处、天然气管道1处,线路非常复杂。其中3 534m长的1台输送机,为少占良田而要拐半径为700m的急弯,这是用普通槽型带式输送机无法完成的,故采用了U型机。2010年,约基还生产了1台机长830m、带宽1 000mm、带速3.15m/s、输送能力1 000t/h、水平拐弯半径200m的U型机。这两台设备创造了U型机在单机长度、带速、驱动功率、拐弯半径等方面的多项世界第一。

约基公司秉承"细节决定成败"、"图难于易,为大於细"的理念,决心打造带式输送机高端产品,在将中国由带式输送机大国转变为强国的伟大进程中,作出积极的贡献。

〔供稿单位:北京约基同力机械制造有限公司〕

统计资料

客观反映2009年重型机械行业主要经济指标及产品进出口情况

It objectively reflects the main economic indicators and product import & export of the heavy machinery industry in 2009

统计资料

2009 年重型机械行业主要经济指标

行业及企业分类	企业数（个）	工业总产值（当年价）（亿元）	其中:新产品产值（亿元）	工业销售产值(当年价)（亿元）	其中:出口交货值（亿元）	全部从业人员年均人数（人）	流动资产合计（亿元）	应收账款（亿元）
重型机械行业合计	4 388	5 787.89	1 374.04	5 633.41	584.43	837 536	3 642.78	986.32
一、冶金矿山机械行业	2 238	2 579.80	539.51	2 496.05	106.98	431 744	1 854.65	518.56
占重型机械行业比重(%)	51.00	44.57	39.26	44.31	18.30	51.55	50.91	52.58
1. 按企业规模分								
大型企业	27	1 003.58	425.53	968.69	62.08	137 707	1 052.99	259.48
占行业比重(%)	1.21	38.90	78.87	38.81	58.03	31.90	56.78	50.04
中型企业	152	547.25	76.07	521.65	22.91	116 982	437.55	143.15
占行业比重(%)	6.79	21.21	14.10	20.90	21.42	27.10	23.59	27.61
小型企业	2 059	1 028.97	37.91	1 005.71	21.98	177 055	364.11	115.93
占行业比重(%)	92.00	39.89	7.03	40.29	20.55	41.01	19.63	22.36
2. 按注册类型分								
国有企业	96	740.25	303.02	710.69	38.61	93 282	804.09	235.67
占行业比重(%)	4.29	28.69	56.16	28.47	36.09	21.61	43.36	45.45
私营企业	1 373	731.16	25.16	712.30	4.48	121 691	208.53	66.90
占行业比重(%)	61.35	28.34	4.66	28.54	4.19	28.19	11.24	12.90
其他内资企业	629	878.65	170.51	844.38	31.97	186 527	663.53	160.98
占行业比重(%)	28.11	34.06	31.60	33.83	29.89	43.20	35.78	31.04
三资企业	140	229.74	40.83	228.68	31.92	30 244	178.50	55.03
占行业比重(%)	6.26	8.91	7.57	9.16	29.84	7.01	9.62	10.61
3. 按控股类型分								
国有控股	183	1 259.04	460.88	1 207.68	67.99	171 078	1 319.53	348.69
占行业比重(%)	8.18	48.80	85.42	48.38	63.56	39.62	71.15	67.24
集体控股	131	92.58	2.62	90.02	0.88	54 550	54.69	17.90
占行业比重(%)	5.85	3.59	0.49	3.61	0.83	12.63	2.95	3.45
私人控股	1 718	972.62	38.73	945.43	8.77	167 107	298.51	95.49
占行业比重(%)	76.76	37.70	7.18	37.88	8.20	38.71	16.10	18.41
三资控股	106	169.45	32.93	169.94	25.37	23 997	153.33	46.62
占行业比重(%)	4.74	6.57	6.10	6.81	23.71	5.56	8.27	8.99
其他控股	100	86.11	4.35	82.98	3.96	15 012	28.59	9.86
占行业比重(%)	4.47	3.34	0.81	3.32	3.70	3.48	1.54	1.90
二、物料搬运(起重运输)机械行业	2 150	3 208.08	834.53	3 137.36	477.45	405 792	1 788.13	467.75
占重型机械行业比重(%)	49.00	55.43	60.74	55.69	81.70	48.45	49.09	47.42
1. 按企业规模分								
大型企业	22	1 243.81	670.22	1 224.72	325.98	90 592	803.86	165.49
占行业比重(%)	1.02	38.77	80.31	39.04	68.27	22.32	44.96	35.38
中型企业	213	955.73	118.54	936.31	101.58	143 513	527.03	166.51
占行业比重(%)	9.91	29.79	14.20	29.84	21.28	35.37	29.47	35.60
小型企业	1 915	1 008.55	45.77	976.33	49.89	171 687	457.23	135.76
占行业比重(%)	89.07	31.44	5.48	31.12	10.45	42.31	25.57	29.02
2. 按注册类型分								
国有企业	56	426.87	156.90	429.06	24.44	45 218	222.02	44.75
占行业比重(%)	2.60	13.31	18.80	13.68	5.12	11.14	12.42	9.57
私营企业	1 240	851.98	43.19	826.57	34.53	136 764	327.08	101.31
占行业比重(%)	57.67	26.56	5.18	26.35	7.23	33.70	18.29	21.66
其他内资企业	536	972.28	361.40	947.92	276.38	138 176	631.34	162.13
占行业比重(%)	24.93	30.31	43.31	30.21	57.89	34.05	35.31	34.66
三资企业	318	956.94	273.04	933.80	142.10	85 634	607.69	159.57
占行业比重(%)	14.79	29.83	32.72	29.76	29.76	21.10	33.98	34.11
3. 按控股类型分								
国有控股	96	945.17	537.59	944.48	270.21	68 757	669.33	138.22
占行业比重(%)	4.47	29.46	64.42	30.10	56.59	16.94	37.43	29.55
集体控股	87	106.45	6.38	104.41	9.22	36 258	48.02	14.00
占行业比重(%)	4.05	3.32	0.76	3.33	1.93	8.94	2.69	2.99
私人控股	1 560	1 250.71	85.71	1 201.19	78.64	210 140	551.32	167.42
占行业比重(%)	72.56	38.99	10.27	38.29	16.47	51.79	30.83	35.79
三资控股	255	773.79	197.41	757.65	118.57	69 057	470.12	135.78
占行业比重(%)	11.86	24.12	23.66	24.15	24.83	17.02	26.29	29.03
其他控股	152	131.96	7.43	129.62	0.82	21 580	49.34	12.33
占行业比重(%)	7.07	4.11	0.89	4.13	0.17	5.32	2.76	2.64

（续）

行业及企业分类	存货（亿元）	其中：产成品（亿元）	固定资产合计（亿元）	固定资产原价（亿元）	累计折旧（亿元）	固定资产净值年平均余额（亿元）	资产总计（亿元）	流动负债合计（亿元）
重型机械行业合计	1 203.96	341.03	1 425.83	1 690.24	506.63	1 183.99	5 578.13	3 172.35
一、冶金矿山机械行业	607.33	156.33	703.87	832.16	256.53	575.83	2 755.84	1 689.06
占重型机械行业比重(%)	50.44	45.84	49.37	49.23	50.64	48.64	49.40	53.24
1. 按企业规模分								
大型企业	363.68	75.76	327.98	376.00	120.92	255.08	1452.52	985.32
占行业比重(%)	59.88	48.46	46.60	45.18	47.14	44.30	52.71	58.34
中型企业	144.21	40.41	157.53	183.21	59.12	124.09	666.52	391.14
占行业比重(%)	23.74	25.85	22.38	22.02	23.05	21.55	24.19	23.16
小型企业	99.44	40.16	218.36	272.95	76.49	196.67	636.80	312.60
占行业比重(%)	16.37	25.69	31.02	32.80	29.82	34.15	23.11	18.51
2. 按注册类型分								
国有企业	277.76	55.12	224.03	260.20	83.08	177.12	1 108.50	728.55
占行业比重(%)	45.74	35.26	31.83	31.27	32.39	30.76	40.22	43.13
私营企业	55.51	23.62	153.74	178.44	44.89	133.75	399.37	186.78
占行业比重(%)	9.14	15.11	21.84	21.44	17.50	23.23	14.49	11.06
其他内资企业	223.38	64.21	270.41	327.43	108.56	218.87	1 003.11	647.54
占行业比重(%)	36.78	41.08	38.42	39.35	42.32	38.01	36.40	38.34
三资企业	50.68	13.37	55.69	66.09	20.00	46.09	244.86	126.18
占行业比重(%)	8.34	8.55	7.91	7.94	7.80	8.00	8.89	7.47
3. 按控股类型分								
国有控股	461.25	98.81	423.83	489.12	158.11	331.01	1 871.49	1 231.22
占行业比重(%)	75.95	63.21	60.21	58.78	61.63	57.48	67.91	72.89
集体控股	14.51	6.89	16.42	28.89	14.22	14.67	77.52	57.26
占行业比重(%)	2.39	4.41	2.33	3.47	5.55	2.55	2.81	3.39
私人控股	80.62	35.89	201.73	240.95	62.55	178.60	548.25	273.38
占行业比重(%)	13.27	22.96	28.66	28.95	24.38	31.02	19.89	16.19
三资控股	42.52	10.92	45.60	51.94	14.75	37.19	208.08	100.55
占行业比重(%)	7.00	6.99	6.48	6.24	5.75	6.46	7.55	5.95
其他控股	8.43	3.82	16.29	21.27	6.90	14.37	50.50	26.64
占行业比重(%)	1.39	2.44	2.31	2.56	2.69	2.50	1.83	1.58
二、物料搬运(起重运输)机械行业	596.63	184.70	721.96	858.07	250.10	608.15	2 822.29	1 483.29
占重型机械行业比重(%)	49.56	54.16	50.63	50.77	49.36	51.36	50.60	46.76
1. 按企业规模分								
大型企业	307.51	98.08	286.87	332.57	89.55	243.18	1 206.65	652.98
占行业比重(%)	51.54	53.10	39.73	38.76	35.81	39.99	42.75	44.02
中型企业	165.82	40.56	189.66	252.23	86.03	166.20	815.98	475.64
占行业比重(%)	27.79	21.96	26.27	29.39	34.40	27.33	28.91	32.07
小型企业	123.29	46.06	245.44	273.27	74.52	198.77	799.66	354.67
占行业比重(%)	20.66	24.94	34.00	31.85	29.79	32.68	28.33	23.91
2. 按注册类型分								
国有企业	77.89	34.99	117.60	85.26	26.93	58.33	347.03	187.06
占行业比重(%)	13.06	18.95	16.29	9.94	10.77	9.59	12.30	12.61
私营企业	84.78	33.02	172.76	216.98	58.71	158.28	555.63	267.29
占行业比重(%)	14.21	17.88	23.93	25.29	23.47	26.03	19.69	18.02
其他内资企业	289.47	77.66	300.55	371.57	96.52	275.04	1 118.61	570.92
占行业比重(%)	48.52	42.04	41.63	43.30	38.59	45.23	39.63	38.49
三资企业	144.48	39.03	131.05	184.27	67.94	116.50	801.02	458.02
占行业比重(%)	24.22	21.13	18.15	21.47	27.16	19.16	28.38	30.88
3. 按控股类型分								
国有控股	308.23	98.41	317.08	348.54	99.98	248.56	1 115.98	607.05
占行业比重(%)	51.66	53.28	43.92	40.62	39.98	40.87	39.54	40.93
集体控股	20.07	2.67	15.01	17.45	4.56	12.89	70.16	39.50
占行业比重(%)	3.36	1.45	2.08	2.03	1.82	2.12	2.49	2.66
私人控股	143.31	51.99	254.99	311.76	86.05	225.72	921.93	437.63
占行业比重(%)	24.02	28.15	35.32	36.33	34.41	37.12	32.67	29.50
三资控股	111.24	24.84	109.72	152.03	54.49	97.70	624.36	366.49
占行业比重(%)	18.64	13.45	15.20	17.72	21.79	16.07	22.12	24.71
其他控股	13.78	6.80	25.16	28.30	5.03	23.28	89.87	32.62
占行业比重(%)	2.31	3.68	3.49	3.30	2.01	3.83	3.18	2.20

（续）

行业及企业分类	其中:应付账款（亿元）	长期负债合计（亿元）	负债合计（亿元）	所有者权益合计（亿元）	其中:实收资本（亿元）	1. 国家资本（亿元）	2. 集体资本（亿元）	3. 法人资本（亿元）
重型机械行业合计	940.88	339.89	3 607.97	1 959.62	992.99	161.20	11.49	338.67
一、冶金矿山机械行业	545.21	194.76	1 916.27	836.66	458.73	105.22	6.86	187.36
占重型机械行业比重(%)	57.95	57.30	53.11	42.70	46.20	65.28	59.70	55.32
1. 按企业规模分								
大型企业	311.01	126.69	1 116.18	335.42	145.24	50.89	1.81	72.46
占行业比重(%)	57.04	65.05	58.25	40.09	31.66	48.36	26.43	38.67
中型企业	126.97	45.91	445.28	221.23	144.53	47.49	1.78	66.75
占行业比重(%)	23.29	23.57	23.24	26.44	31.51	45.13	25.92	35.63
小型企业	107.24	22.16	354.81	280.01	168.95	6.85	3.27	48.16
占行业比重(%)	19.67	11.38	18.52	33.47	36.83	6.51	47.65	25.70
2. 按注册类型分								
国有企业	249.18	110.92	850.96	256.61	109.17	74.32	0.15	33.75
占行业比重(%)	45.70	56.95	44.41	30.67	23.80	70.63	2.18	18.01
私营企业	53.68	15.77	213.74	184.30	103.52	0.03	0.50	32.38
占行业比重(%)	9.85	8.10	11.15	22.03	22.57	0.02	7.26	17.28
其他内资企业	192.89	58.84	712.62	289.86	178.31	30.85	5.88	113.21
占行业比重(%)	35.38	30.21	37.19	34.64	38.87	29.31	85.79	60.42
三资企业	49.47	9.22	138.95	105.89	67.73	0.04	0.33	8.02
占行业比重(%)	9.07	4.74	7.25	12.66	14.76	0.03	4.77	4.28
3. 按控股类型分								
国有控股	391.42	158.84	1 404.32	466.16	241.17	104.96	0.22	130.57
占行业比重(%)	71.79	81.56	73.28	55.72	52.57	99.75	3.27	69.69
集体控股	17.61	5.02	62.83	14.68	11.22	0.10	5.54	3.01
占行业比重(%)	3.23	2.58	3.28	1.75	2.44	0.10	80.74	1.61
私人控股	87.15	20.84	308.17	238.26	130.21	0.15	0.71	40.03
占行业比重(%)	15.98	10.70	16.08	28.48	28.39	0.14	10.33	21.36
三资控股	39.74	8.40	112.51	95.55	63.05		0.23	5.88
占行业比重(%)	7.29	4.31	5.87	11.42	13.74		3.33	3.14
其他控股	9.29	1.65	28.44	22.01	13.07	0.01	0.16	7.88
占行业比重(%)	1.70	0.85	1.48	2.63	2.85	0.01	2.33	4.21
二、物料搬运(起重运输)机械行业	395.67	145.14	1 691.71	1 122.96	534.27	55.97	4.63	151.31
占重型机械行业比重(%)	42.05	42.70	46.89	57.30	53.80	34.72	40.30	44.68
1. 按企业规模分								
大型企业	138.18	82.84	763.49	437.80	104.04	25.93		34.84
占行业比重(%)	34.92	57.08	45.13	38.99	19.47	46.33		23.03
中型企业	150.69	36.79	519.26	296.04	177.71	26.30	1.43	50.99
占行业比重(%)	38.09	25.35	30.69	26.36	33.26	46.99	30.92	33.70
小型企业	106.80	25.50	408.96	389.11	252.52	3.74	3.20	65.47
占行业比重(%)	26.99	17.57	24.17	34.65	47.26	6.68	69.08	43.27
2. 按注册类型分								
国有企业	49.66	38.79	236.11	110.92	28.48	14.91		12.92
占行业比重(%)	12.55	26.73	13.96	9.88	5.33	26.64		8.54
私营企业	73.89	16.70	293.67	260.78	157.90	0.08	0.29	39.29
占行业比重(%)	18.68	11.51	17.36	23.22	29.55	0.15	6.34	25.96
其他内资企业	115.43	72.88	681.41	430.83	163.27	40.15	3.30	60.95
占行业比重(%)	29.17	50.21	40.28	38.37	30.56	71.73	71.33	40.28
三资企业	156.69	16.77	480.52	320.43	184.62	0.83	1.03	38.15
占行业比重(%)	39.60	11.55	28.40	28.53	34.56	1.49	22.33	25.21
3. 按控股类型分								
国有控股	115.18	85.92	728.25	387.71	125.58	54.22	0.03	53.63
占行业比重(%)	29.11	59.20	43.05	34.53	23.50	96.87	0.67	35.44
集体控股	13.73	7.46	47.67	22.19	10.14	0.23	2.61	5.17
占行业比重(%)	3.47	5.14	2.82	1.98	1.90	0.40	56.45	3.41
私人控股	125.29	36.66	492.53	422.35	227.59	0.74	1.62	65.67
占行业比重(%)	31.66	25.26	29.11	37.61	42.60	1.33	34.95	43.40
三资控股	135.18	13.09	384.79	239.49	147.40	0.59	0.03	15.91
占行业比重(%)	34.16	9.02	22.75	21.33	27.59	1.05	0.74	10.52
其他控股	6.29	2.01	38.47	51.22	23.55	0.19	0.33	10.92
占行业比重(%)	1.59	1.39	2.27	4.56	4.41	0.34	7.19	7.22

（续）

行业及企业分类	4. 个人资本（亿元）	5. 中国港澳台资本（亿元）	6. 外商资本（亿元）	主营业务收入（亿元）	主营业务成本（亿元）	主营业务税金及附加（亿元）	主营业务利润（亿元）	其他业务收入（亿元）
重型机械行业合计	276.60	50.08	154.95	5 649.58	4 744.77	35.23	869.59	282.17
一、冶金矿山机械行业	101.43	5.16	52.70	2 505.33	2 107.34	14.93	383.06	57.33
占重型机械行业比重（%）	36.67	10.30	34.01	44.35	44.41	42.37	44.05	20.32
1. 按企业规模分								
大型企业	3.81		16.28	988.47	834.84	4.23	149.41	28.96
占行业比重（%）	3.76		30.89	39.45	39.62	28.34	39.00	50.51
中型企业	14.15	2.54	11.83	524.20	436.85	2.89	84.45	20.41
占行业比重（%）	13.95	49.27	22.44	20.92	20.73	19.38	22.05	35.60
小型企业	83.47	2.62	24.60	992.66	835.65	7.80	149.20	7.96
占行业比重（%）	82.30	50.73	46.67	39.62	39.65	52.28	38.95	13.89
2. 按注册类型分								
国有企业	0.91		0.05	710.78	596.01	3.63	111.14	16.66
占行业比重（%）	0.90		0.09	28.37	28.28	24.29	29.01	29.05
私营企业	70.30	0.23	0.08	703.13	591.69	6.18	105.26	8.14
占行业比重（%）	69.31	4.38	0.16	28.07	28.08	41.40	27.48	14.19
其他内资企业	28.23	0.14		868.16	742.80	4.49	120.87	27.11
占行业比重（%）	27.83	2.65		34.65	35.25	30.10	31.55	47.29
三资企业	1.98	4.79	52.57	223.25	176.83	0.63	45.78	5.42
占行业比重（%）	1.95	92.97	99.75	8.91	8.39	4.21	11.95	9.46
3. 按控股类型分								
国有控股	5.12	0.18	0.12	1 236.57	1 043.33	5.71	187.54	36.71
占行业比重（%）	5.05	3.48	0.22	49.36	49.51	38.26	48.96	64.03
集体控股	2.55	0.02		92.84	82.52	0.62	9.70	3.31
占行业比重（%）	2.52	0.32		3.71	3.92	4.16	2.53	5.77
私人控股	88.61	0.46	0.26	928.74	785.76	7.64	135.34	11.39
占行业比重（%）	87.37	8.83	0.50	37.07	37.29	51.22	35.33	19.87
三资控股	1.24	4.37	51.34	166.76	129.17	0.48	37.11	5.08
占行业比重（%）	1.22	84.84	97.41	6.66	6.13	3.21	9.69	8.86
其他控股	3.90	0.13	0.98	80.41	66.56	0.47	13.38	0.85
占行业比重（%）	3.85	2.52	1.87	3.21	3.16	3.15	3.49	1.47
二、物料搬运（起重运输）机械行业	175.18	44.92	102.25	3 144.26	2 637.43	20.30	486.53	224.84
占重型机械行业比重（%）	63.33	89.70	65.99	55.65	55.59	57.63	55.95	79.68
1. 按企业规模分								
大型企业	12.24	17.20	13.83	1 265.26	1 063.96	10.58	190.71	191.26
占行业比重（%）	6.98	38.29	13.52	40.24	40.34	52.12	39.20	85.06
中型企业	34.86	11.52	52.59	925.43	764.76	3.77	156.90	18.47
占行业比重（%）	19.90	25.65	51.43	29.43	29.00	18.56	32.25	8.21
小型企业	128.08	16.20	35.83	953.57	808.70	5.95	138.91	15.11
占行业比重（%）	73.11	36.06	35.05	30.33	30.66	29.32	28.55	6.72
2. 按注册类型分								
国有企业	0.24		0.41	434.23	370.02	4.02	60.19	186.40
占行业比重（%）	0.13		0.40	13.81	14.03	19.81	12.37	82.90
私营企业	117.51	0.38	0.35	813.84	692.31	5.34	116.19	7.38
占行业比重（%）	67.08	0.85	0.34	25.88	26.25	26.29	23.88	3.28
其他内资企业	51.98	6.36	0.53	921.22	798.70	4.09	118.42	10.56
占行业比重（%）	29.67	14.16	0.52	29.30	30.28	20.17	24.34	4.70
三资企业	5.46	38.18	100.97	974.97	776.40	6.85	191.73	20.50
占行业比重（%）	3.12	84.99	98.74	31.01	29.44	33.73	39.41	9.12
3. 按控股类型分								
国有控股	5.75	6.26	5.68	932.59	811.61	5.23	115.76	189.25
占行业比重（%）	3.28	13.94	5.56	29.66	30.77	25.75	23.79	84.17
集体控股	1.31	0.09	0.74	104.67	90.52	0.84	13.31	5.21
占行业比重（%）	0.75	0.19	0.72	3.33	3.43	4.12	2.74	2.32
私人控股	154.04	3.26	2.25	1 186.05	995.59	6.90	183.56	12.58
占行业比重（%）	87.93	7.26	2.20	37.72	37.75	34.01	37.73	5.60
三资控股	2.82	34.57	93.48	794.70	632.55	6.48	155.67	17.28
占行业比重（%）	1.61	76.95	91.42	25.27	23.98	31.93	32.00	7.68
其他控股	11.26	0.74	0.10	126.25	107.17	0.85	18.23	0.53
占行业比重（%）	6.43	1.66	0.10	4.02	4.06	4.19	3.75	0.24

（续）

行业及企业分类	其他业务利润（亿元）	营业费用（亿元）	管理费用（亿元）	其中：税金（亿元）	财务费用（亿元）	其中：利息支出（亿元）	营业利润（亿元）	投资收益（亿元）	补贴收入（亿元）
重型机械行业合计	13.84	159.87	303.35	12.28	43.33	36.51	423.32	6.88	6.57
一、冶金矿山机械行业	6.85	65.81	145.74	7.05	23.89	22.01	164.65	3.88	4.34
占重型机械行业比重(%)	49.48	41.17	48.04	57.40	55.14	60.27	38.89	56.38	66.05
1. 按企业规模分									
大型企业	3.42	22.45	62.19	2.45	11.85	11.76	62.29	2.56	1.08
占行业比重(%)	49.88	34.11	42.67	34.73	49.60	53.42	37.83	65.89	24.90
中型企业	0.78	17.30	39.78	2.39	4.57	4.48	33.54	3.38	2.66
占行业比重(%)	11.40	26.29	27.30	33.96	19.11	20.35	20.37	87.03	61.36
小型企业	2.65	26.06	43.77	2.21	7.48	5.77	68.82	-2.05	0.60
占行业比重(%)	38.72	39.60	30.03	31.31	31.29	26.23	41.80	-52.92	13.74
2. 按注册类型分									
国有企业	0.57	16.67	50.54	2.22	9.81	9.91	41.87	1.70	2.42
占行业比重(%)	8.35	25.33	34.68	31.53	41.08	45.04	25.43	43.73	55.72
私营企业	1.18	18.17	25.41	1.81	6.20	5.06	51.75	0.21	0.35
占行业比重(%)	17.29	27.60	17.44	25.69	25.94	22.98	31.43	5.42	8.02
其他内资企业	3.82	20.77	55.77	2.66	6.32	5.94	49.26	1.67	1.31
占行业比重(%)	55.82	31.55	38.27	37.78	26.46	27.00	29.92	43.03	30.22
三资企业	1.27	10.21	14.02	0.35	1.56	1.10	21.76	0.30	0.26
占行业比重(%)	18.53	15.51	9.62	5.00	6.53	4.98	13.22	7.82	6.04
3. 按控股类型分									
国有控股	3.55	27.81	87.29	3.72	14.05	14.35	72.81	3.90	3.38
占行业比重(%)	51.91	42.26	59.89	52.74	58.79	65.21	44.22	100.52	77.94
集体控股	0.20	2.29	7.82	0.41	0.68	0.58	2.50	-0.14	0.13
占行业比重(%)	2.91	3.48	5.37	5.76	2.84	2.64	1.52	-3.57	3.06
私人控股	1.61	24.94	35.55	2.09	7.40	5.91	65.05	-0.02	0.56
占行业比重(%)	23.45	37.90	24.39	29.68	30.98	26.85	39.51	-0.47	12.84
三资控股	1.28	8.73	11.48	0.25	1.33	0.83	17.37	0.14	0.25
占行业比重(%)	18.64	13.26	7.87	3.54	5.58	3.78	10.55	3.51	5.74
其他控股	0.21	2.04	3.61	0.58	0.43	0.34	6.91	0.00	0.02
占行业比重(%)	3.09	3.10	2.48	8.28	1.81	1.52	4.20	0.01	0.42
二、物料搬运(起重运输)机械行业	6.99	94.05	157.61	5.23	19.44	14.51	258.68	3.00	2.23
占重型机械行业比重(%)	50.52	58.83	51.96	42.60	44.86	39.73	61.11	43.62	33.95
1. 按企业规模分									
大型企业	-0.23	33.70	56.53	1.52	4.72	2.82	130.51	1.13	0.98
占行业比重(%)	-3.30	35.84	35.87	29.06	24.27	19.44	50.45	37.63	43.79
中型企业	3.57	32.58	52.31	1.69	6.87	5.32	75.10	1.24	0.77
占行业比重(%)	51.02	34.64	33.19	32.25	35.36	36.69	29.03	41.37	34.51
小型企业	3.66	27.77	48.77	2.02	7.85	6.36	53.06	0.63	0.48
占行业比重(%)	52.29	29.52	30.94	38.69	40.38	43.88	20.51	21.01	21.70
2. 按注册类型分									
国有企业	1.07	11.02	26.00	0.56	1.34	1.32	29.08	0.25	0.06
占行业比重(%)	15.37	11.72	16.49	10.66	6.90	9.10	11.24	8.23	2.66
私营企业	1.69	23.09	33.23	1.26	7.17	6.17	56.36	0.43	0.35
占行业比重(%)	24.10	24.55	21.08	24.05	36.90	42.56	21.79	14.26	15.83
其他内资企业	2.12	18.45	37.86	1.41	8.78	6.23	73.05	1.13	1.46
占行业比重(%)	30.27	19.62	24.02	26.95	45.14	42.93	28.24	37.70	65.52
三资企业	2.12	41.49	60.52	2.01	2.15	0.79	100.18	1.19	0.36
占行业比重(%)	30.26	44.12	38.40	38.34	11.06	5.42	38.73	39.81	16.00
3. 按控股类型分									
国有控股	1.54	17.43	45.47	1.36	5.53	3.74	73.29	1.24	1.01
占行业比重(%)	21.96	18.54	28.85	26.10	28.42	25.79	28.33	41.46	45.35
集体控股	0.26	1.99	5.87	0.22	0.50	0.31	4.92	-0.01	0.04
占行业比重(%)	3.66	2.11	3.72	4.13	2.58	2.11	1.90	-0.23	1.87
私人控股	3.50	38.11	52.23	1.99	10.14	8.50	87.57	0.45	0.91
占行业比重(%)	50.12	40.52	33.14	37.97	52.15	58.60	33.85	14.89	40.60
三资控股	1.54	33.79	49.11	1.57	2.47	1.21	83.03	1.17	0.24
占行业比重(%)	22.06	35.92	31.16	30.04	12.73	8.34	32.10	38.83	10.76
其他控股	0.15	2.73	4.94	0.09	0.80	0.75	9.86	0.15	0.03
占行业比重(%)	2.20	2.91	3.13	1.77	4.12	5.16	3.81	5.05	1.42

（续）

行业及企业分类	营业外收入（亿元）	营业外支出（亿元）	利润总额（亿元）	亏损总额（亿元）	利税总额（亿元）	应交所得税（亿元）	本年应付工资总额（亿元）	本年应付福利费总额（亿元）	本年应交增值税（亿元）
重型机械行业合计	24.92	44.62	407.92	15.48	609.09	55.80	330.85	21.83	165.95
一、冶金矿山机械行业	14.16	12.40	167.87	8.54	259.85	23.91	154.62	9.87	77.05
占重型机械行业比重（%）	56.83	27.79	41.15	55.16	42.66	42.84	46.73	45.23	46.43
1. 按企业规模分									
大型企业	9.19	4.25	67.77	1.98	99.28	9.75	59.89	4.06	27.28
占行业比重（%）	64.92	34.30	40.37	23.20	38.21	40.79	38.73	41.08	35.41
中型企业	3.04	3.70	35.37	2.74	56.40	5.42	43.85	1.76	18.14
占行业比重（%）	21.46	29.82	21.07	32.07	21.71	22.68	28.36	17.87	23.54
小型企业	1.93	4.45	64.73	3.82	104.17	8.73	50.89	4.05	31.63
占行业比重（%）	13.62	35.88	38.56	44.73	40.09	36.53	32.91	41.05	41.05
2. 按注册类型分									
国有企业	5.39	3.99	42.94	1.39	65.99	6.08	41.98	2.29	19.43
占行业比重（%）	38.04	32.16	25.58	16.27	25.40	25.44	27.15	23.18	25.22
私营企业	1.10	3.25	50.06	0.90	79.76	6.98	32.52	2.59	23.52
占行业比重（%）	7.79	26.22	29.82	10.53	30.69	29.18	21.03	26.28	30.53
其他内资企业	6.81	4.56	52.43	4.46	81.99	8.05	64.03	3.89	25.07
占行业比重（%）	48.11	36.75	31.23	52.20	31.55	33.66	41.41	39.37	32.54
三资企业	0.86	0.60	22.45	1.79	32.11	2.80	16.09	1.10	9.03
占行业比重（%）	6.07	4.87	13.37	21.00	12.36	11.72	10.41	11.17	11.72
3. 按控股类型分									
国有控股	11.31	7.23	77.61	3.14	117.16	11.58	80.48	4.01	33.84
占行业比重（%）	79.83	58.35	46.23	36.72	45.09	48.43	52.05	40.58	43.92
集体控股	0.41	0.37	2.64	2.07	6.10	0.56	9.60	1.29	2.84
占行业比重（%）	2.86	2.98	1.57	24.28	2.35	2.34	6.21	13.08	3.68
私人控股	1.46	4.15	62.69	1.61	100.36	8.77	46.84	3.28	30.03
占行业比重（%）	10.30	33.48	37.34	18.89	38.62	36.68	30.30	33.20	38.97
三资控股	0.82	0.47	18.01	1.68	26.25	2.52	14.10	1.01	7.75
占行业比重（%）	5.80	3.77	10.73	19.66	10.10	10.52	9.12	10.26	10.06
其他控股	0.17	0.18	6.92	0.04	9.98	0.48	3.59	0.28	2.59
占行业比重（%）	1.21	1.42	4.12	0.44	3.84	2.02	2.32	2.87	3.36
二、物料搬运（起重运输）机械行业	10.76	32.22	240.04	6.94	349.24	31.89	176.23	11.96	88.90
占重型机械行业比重（%）	43.17	72.21	58.85	44.84	57.34	57.16	53.27	54.77	53.57
1. 按企业规模分									
大型企业	5.70	15.02	122.35		168.70	18.06	56.78	5.35	35.77
占行业比重（%）	52.94	46.62	50.97		48.30	56.64	32.22	44.72	40.24
中型企业	3.01	12.31	66.56	2.58	96.15	7.49	69.05	3.44	25.82
占行业比重（%）	27.97	38.21	27.73	37.24	27.53	23.48	39.18	28.79	29.04
小型企业	2.05	4.89	51.13	4.36	84.39	6.34	50.40	3.17	27.31
占行业比重（%）	19.09	15.17	21.30	62.76	24.17	19.88	28.60	26.49	30.72
2. 按注册类型分									
国有企业	1.36	3.62	27.12	0.97	43.03	7.05	23.95	0.58	11.89
占行业比重（%）	12.67	11.25	11.30	14.02	12.32	22.09	13.59	4.89	13.37
私营企业	1.63	9.23	49.35	1.51	77.41	6.36	45.72	2.51	22.73
占行业比重（%）	15.16	28.64	20.56	21.73	22.17	19.93	25.94	21.03	25.56
其他内资企业	5.75	3.56	75.78	1.38	101.89	7.31	52.62	4.29	22.02
占行业比重（%）	53.49	11.06	31.57	19.82	29.18	22.91	29.86	35.84	24.76
三资企业	2.01	15.80	87.79	3.08	126.91	11.19	53.94	4.57	32.27
占行业比重（%）	18.68	49.05	36.57	44.43	36.34	35.07	30.61	38.24	36.30
3. 按控股类型分									
国有控股	5.45	4.16	74.92	1.50	100.07	11.37	36.93	4.36	19.92
占行业比重（%）	50.62	12.90	31.21	21.62	28.65	35.64	20.96	36.48	22.40
集体控股	0.64	0.77	4.80	0.06	9.90	0.75	10.90	0.40	4.26
占行业比重（%）	5.95	2.40	2.00	0.82	2.83	2.34	6.18	3.32	4.79
私人控股	2.81	12.12	79.24	2.10	120.31	10.20	74.80	3.91	34.17
占行业比重（%）	26.14	37.61	33.01	30.23	34.45	31.98	42.44	32.69	38.44
三资控股	1.43	14.67	71.11	2.82	103.25	8.57	45.28	3.07	25.65
占行业比重（%）	13.29	45.52	29.63	40.68	29.56	26.86	25.69	25.67	28.86
其他控股	0.43	0.51	9.96	0.46	15.71	1.02	8.33	0.22	4.90
占行业比重（%）	4.00	1.57	4.15	6.66	4.50	3.18	4.73	1.84	5.51

（续）

行业及企业分类	本年进项税额（亿元）	本年销项税额（亿元）	亏损企业亏损面（%）	总资产贡献率（%）	资本保值增值率（%）	流动资产周转率（次）	成本费用利润率（%）	工业产品销售率（%）	资产负债率（%）
重型机械行业合计	615.42	720.96	11.67	11.57	122.38	1.55	7.77	97.33	64.68
一、冶金矿山机械行业	286.97	350.58	10.05	10.23	115.02	1.35	7.17	96.75	69.53
占重型机械行业比重(%)	46.63	48.63							
1. 按企业规模分									
大型企业	138.94	163.54	7.41	7.64	125.55	0.94	7.28	96.52	76.84
占行业比重(%)	48.42	46.65							
中型企业	56.29	71.44	14.47	9.13	107.33	1.20	7.10	95.32	66.81
占行业比重(%)	19.61	20.38							
小型企业	91.74	115.60	9.76	17.26	110.18	2.73	7.09	97.74	55.72
占行业比重(%)	31.97	32.97							
2. 按注册类型分									
国有企业	89.38	108.30	26.04	6.85	96.91	0.88	6.38	96.01	76.77
占行业比重(%)	31.15	30.89							
私营企业	63.70	83.70	7.79	21.24	127.66	3.37	7.80	97.42	53.52
占行业比重(%)	22.20	23.87							
其他内资企业	112.18	131.15	10.02	8.77	131.27	1.31	6.35	96.10	71.04
占行业比重(%)	39.09	37.41							
三资企业	21.71	27.44	21.43	13.56	108.67	1.25	11.08	99.54	56.75
占行业比重(%)	7.56	7.83							
3. 按控股类型分									
国有控股	167.25	197.95	18.58	7.03	117.19	0.94	6.62	95.92	75.04
占行业比重(%)	58.28	56.46							
集体控股	7.45	9.58	19.85	8.62		1.70	2.83	97.23	81.04
占行业比重(%)	2.59	2.73							
私人控股	88.94	113.28	7.68	19.38	121.39	3.11	7.34	97.20	56.21
占行业比重(%)	30.99	32.31							
三资控股	16.24	21.11	23.58	13.01	119.35	1.09	11.95	100.29	54.07
占行业比重(%)	5.66	6.02							
其他控股	7.10	8.66	8.00	20.42		2.81	9.52	96.37	56.32
占行业比重(%)	2.47	2.47							
二、物料搬运(起重运输)机械行业	328.45	370.38	13.35	12.89	128.51	1.76	8.25	97.80	59.94
占重型机械行业比重(%)	53.37	51.37							
1. 按企业规模分									
大型企业	129.76	138.37		14.21	125.46	1.57	10.56	98.46	63.27
占行业比重(%)	39.51	37.36							
中型企业	101.04	115.17	6.10	12.44	124.05	1.76	7.77	97.97	63.64
占行业比重(%)	30.76	31.09							
小型企业	97.66	116.84	14.31	11.35	135.93	2.09	5.73	96.81	51.14
占行业比重(%)	29.73	31.55							
2. 按注册类型分									
国有企业	59.53	67.58	14.29	12.78	122.90	1.96	6.64	100.51	68.04
占行业比重(%)	18.12	18.25							
私营企业	82.18	92.65	9.92	15.04	147.28	2.49	6.53	97.02	52.85
占行业比重(%)	25.02	25.02							
其他内资企业	97.10	97.52	13.43	9.67	126.93	1.46	8.77	97.49	60.92
占行业比重(%)	29.56	26.33							
三资企业	89.64	112.62	26.42	15.94	119.96	1.60	9.97	97.58	59.99
占行业比重(%)	27.29	30.41							
3. 按控股类型分									
国有控股	114.65	111.4	20.83	9.30	119.05	1.39	8.51	99.93	65.26
占行业比重(%)	34.91	30.08							
集体控股	10.86	14.71	10.34	14.55		2.18	4.86	98.08	67.95
占行业比重(%)	3.31	3.97							
私人控股	123.36	143.55	10.83	13.97	145.86	2.15	7.23	96.04	53.42
占行业比重(%)	37.56	38.76							
三资控股	69.49	87.60	28.24	16.73	127.37	1.69	9.91	97.91	61.63
占行业比重(%)	21.16	23.65							
其他控股	10.09	13.12	11.18	18.32		2.56	8.62	98.23	42.80
占行业比重(%)	3.07	3.54							

（续）

行业及企业分类	工业总产值全员劳动生产率（万元/人）	主营业务收入利润率（%）	主营业务收入利润总额率（%）	工业资金利润率（%）	工业资金利税率（%）	每百元固定资产创利润（元）	每百元固定资产创利税（元）	每百元流动资产创利润（元）	每百元流动资产创利税（元）	流动比率	速动比率
重型机械行业合计	69.11	15.39	7.22	8.45	12.62	34.45	51.44	11.2	16.72	1.15	0.77
一、冶金矿山机械行业	59.75	15.29	6.70	6.91	10.69	29.15	45.13	9.05	14.01	1.10	0.74
占重型机械行业比重（%）											
1. 按企业规模分											
大型企业	72.88	15.12	6.86	5.18	7.59	26.57	38.92	6.44	9.43	1.07	0.70
占行业比重（%）											
中型企业	46.78	16.11	6.75	6.30	10.04	28.51	45.45	8.08	12.89	1.12	0.75
占行业比重（%）											
小型企业	58.12	15.03	6.52	11.54	18.58	32.92	52.97	17.78	28.61	1.16	0.85
占行业比重（%）											
2. 按注册类型分											
国有企业	79.36	15.64	6.04	4.38	6.73	24.24	37.26	5.34	8.21	1.10	0.72
占行业比重（%）											
私营企业	60.08	14.97	7.12	14.63	23.30	37.43	59.63	24.01	38.25	1.12	0.82
占行业比重（%）											
其他内资企业	47.11	13.92	6.04	5.94	9.29	23.95	37.46	7.90	12.36	1.02	0.68
占行业比重（%）											
三资企业	75.96	20.51	10.06	10.00	14.30	48.71	69.67	12.58	17.99	1.41	1.01
占行业比重（%）											
3. 按控股类型分											
国有控股	73.59	15.17	6.28	4.70	7.10	23.45	35.40	5.88	8.88	1.07	0.70
占行业比重（%）											
集体控股	16.97	10.45	2.85	3.81	8.80	18.03	41.60	4.83	11.15	0.96	0.70
占行业比重（%）											
私人控股	58.20	14.57	6.75	13.14	21.03	35.10	56.19	21.00	33.62	1.09	0.80
占行业比重（%）											
三资控股	70.61	22.25	10.80	9.45	13.78	48.43	70.57	11.75	17.12	1.52	1.10
占行业比重（%）											
其他控股	57.36	16.64	8.60	16.10	23.23	48.14	69.45	24.20	34.91	1.07	0.76
占行业比重（%）											
二、物料搬运（起重运输）机械行业	79.06	15.47	7.63	10.02	14.57	39.47	57.43	13.42	19.53	1.21	0.80
占重型机械行业比重（%）											
1. 按企业规模分											
大型企业	137.30	15.07	9.67	11.68	16.11	50.31	69.37	15.22	20.99	1.23	0.76
占行业比重（%）											
中型企业	66.60	16.95	7.19	9.60	13.87	40.05	57.85	12.63	18.24	1.11	0.76
占行业比重（%）											
小型企业	58.74	14.57	5.36	7.79	12.86	25.72	42.46	11.18	18.46	1.29	0.94
占行业比重（%）											
2. 按注册类型分											
国有企业	94.40	13.86	6.25	9.67	15.35	46.50	73.77	12.21	19.38	1.19	0.77
占行业比重（%）											
私营企业	62.30	14.28	6.06	10.17	15.95	31.18	48.91	15.09	23.67	1.22	0.91
占行业比重（%）											
其他内资企业	70.37	12.85	8.23	8.36	11.24	27.55	37.05	12.00	16.14	1.11	0.60
占行业比重（%）											
三资企业	111.75	19.67	9.00	12.12	17.52	75.36	108.94	14.45	20.88	1.33	1.01
占行业比重（%）											
3. 按控股类型分											
国有控股	137.47	12.41	8.03	8.16	10.90	30.14	40.26	11.19	14.95	1.10	0.59
占行业比重（%）											
集体控股	29.36	12.72	4.59	7.89	16.25	37.26	76.78	10.00	20.62	1.22	0.71
占行业比重（%）											
私人控股	59.52	15.48	6.68	10.20	15.48	35.10	53.30	14.37	21.82	1.26	0.93
占行业比重（%）											
三资控股	112.05	19.59	8.95	12.52	18.18	72.79	105.68	15.13	21.96	1.28	0.98
占行业比重（%）											
其他控股	61.15	14.44	7.89	13.72	21.64	42.81	67.50	20.19	31.85	1.51	1.09
占行业比重（%）											

注：1. 表中原始数据来源于国家统计局年报资料，由编者整理。

2. 因缺流动资产平均余额数据，故表中流动资产周转率、工业资金利润率、工业资金利税率、每百元流动资产创利润和每百元流动资产创利税是采用流动资产合计来计算的。

〔供稿人：中国重型机械工业协会臧义成、李革　审稿人：中国重型机械工业协会徐善继〕

2009年冶金矿山机械产品产量及按省、自治区、直辖市分布情况

序号	产品及地区名称	产品代码	企业数（个）	2009年（t）	占总计比重（%）	2008年（t）	同比增长（%）
一	金属冶炼设备总计	3615020	81	617 732	100.00	687 575	-10.16
1	辽宁省		16	208 455	33.75	199 579	4.45
2	河北省		9	114 595	18.55	159 793	-28.29
3	江苏省		9	87 494	14.16	118 652	-26.26
4	河南省		10	30 899	5.00	39 067	-20.91
5	山东省		2	28 637	4.64	23 125	23.84
6	上海市		5	28 508	4.61	41 002	-30.47
7	内蒙古自治区		3	26 226	4.25	16 260	61.29
8	陕西省		4	24 139	3.91	20 339	18.68
9	浙江省		3	18 247	2.95	17 527	4.11
10	吉林省		1	11 787	1.91	6 946	69.69
11	云南省		2	10 679	1.73	7 976	33.89
12	湖北省		2	7 295	1.18	10 508	-30.58
13	湖南省		1	5 231	0.85	8 283	-36.85
14	贵州省		1	5 107	0.83	0	
15	北京市		4	3 727	0.60	4 031	-7.54
16	广西壮族自治区		3	2 818	0.46	4 332	-34.94
17	山西省		1	2 003	0.32	2 969	-32.55
18	黑龙江省		1	1 072	0.17	6 357	-83.14
19	福建省		1	439	0.07	436	0.69
20	安徽省		1	301	0.05	383	-21.41
21	四川省		1	63	0.01	0	
22	天津市		1	11	0.00	11	0.00
二	金属轧制设备总计	3615110	72	675 067	100.00	768 829	-12.20
1	江苏省		8	154 153	22.84	134 898	14.27
2	四川省		3	104 222	15.44	134 957	-22.77
3	黑龙江省		3	98 924	14.65	132 880	-25.55
4	山西省		1	67 450	9.99	66 962	0.73
5	辽宁省		10	50 411	7.47	97 598	-48.35
6	湖南省		5	48 558	7.19	44 993	7.92
7	上海市		7	48 168	7.14	44 311	8.71
8	陕西省		4	26 682	3.95	41 078	-35.05
9	河北省		5	22 980	3.40	27 684	-16.99
10	浙江省		8	20 841	3.09	18 316	13.79
11	河南省		4	19 760	2.93	10 777	83.36
12	山东省		3	4 203	0.62	2 373	77.12
13	云南省		2	3 281	0.49	3 500	-6.26
14	湖北省		1	1 841	0.27	1 315	40.00
15	广东省		3	1 421	0.21	3 910	-63.66

（续）

序号	产品及地区名称	产品代码	企业数（个）	2009 年（t）	占总计比重（%）	2008 年（t）	同比增长（%）
16	内蒙古自治区		1	1 114	0.17	646	72.49
17	天津市		2	1 000	0.15	2 218	-54.91
18	北京市		2	58	0.01	414	-85.94
三	采矿专用设备总计	3611020	399	3 391 413	100.00	3 245 374	4.50
1	河南省		40	793 477	23.40	1 041 131	-23.79
2	山东省		49	385 015	11.35	153 222	151.28
3	河北省		37	303 286	8.94	230 666	31.48
4	辽宁省		66	293 406	8.65	294 627	-0.41
5	山西省		13	251 547	7.42	192 175	30.89
6	陕西省		10	182 196	5.37	212 191	-14.14
7	江苏省		15	148 993	4.39	157 027	-5.12
8	湖南省		28	132 209	3.90	126 475	4.53
9	上海市		12	129 352	3.81	162 760	-20.53
10	北京市		9	112 636	3.32	107 991	4.30
11	宁夏回族自治区		5	83 367	2.46	80 298	3.82
12	重庆市		6	81 968	2.42	72 801	12.59
13	江西省		9	77 844	2.30	49 171	58.31
14	吉林省		13	74 572	2.20	68 361	9.09
15	四川省		13	65 928	1.94	49 071	34.35
16	浙江省		12	62 073	1.83	60 036	3.39
17	安徽省		10	51 956	1.53	44 509	16.73
18	黑龙江省		6	32 454	0.96	27 044	20.00
19	天津市		2	22 776	0.67	2 990	661.74
20	湖北省		10	22 121	0.65	23 403	-5.48
21	云南省		8	20 195	0.60	26 263	-23.10
22	广东省		5	18 695	0.55	16 425	13.82
23	内蒙古自治区		3	17 655	0.52	19 705	-10.40
24	新疆维吾尔自治区		4	12 608	0.37	5 679	122.01
25	广西壮族自治区		6	8 330	0.25	10 739	-22.43
26	福建省		2	3 262	0.10	3 177	2.69
27	贵州省		4	2 447	0.07	6 201	-60.54
28	甘肃省		1	1 047	0.03	1 207	-13.25
29	青海省		1	0	0.00	30	
四	水泥专用设备总计	3614010	66	764 458	100.00	614 145	24.48
1	辽宁省		15	182 251	23.84	153 533	18.70
2	江苏省		12	170 171	22.26	137 050	24.17
3	河南省		9	157 245	20.57	111 822	40.62
4	四川省		6	68 877	9.01	36 996	86.18
5	河北省		3	68 805	9.00	77 488	-11.21
6	山东省		6	55 491	7.26	46 183	20.15
7	浙江省		4	19 942	2.61	11 848	68.32
8	上海市		3	19 026	2.49	15 727	20.98
9	江西省		1	10 124	1.32	9 874	2.53
10	北京市		1	5 887	0.77	4 775	23.29
11	广西壮族自治区		2	3 540	0.46	4 438	-20.23

（续）

序号	产品及地区名称	产品代码	企业数（个）	2009 年（t）	占总计比重（%）	2008 年（t）	同比增长（%）
12	天津市		2	1 698	0.22	1 416	19.92
13	广东省		2	1 400	0.18	2 994	-53.24
五	铸钢件总计	3591020	1 127	5 694 625	100.00	4 460 834	27.66
1	江苏省		230	844 094	14.82	771 076	9.47
2	河南省		78	739 454	12.99	623 603	18.58
3	辽宁省		121	567 833	9.97	393 473	44.31
4	浙江省		178	475 976	8.36	512 208	-7.07
5	河北省		53	459 240	8.06	197 244	132.83
6	安徽省		77	443 078	7.78	304 397	45.56
7	山东省		70	436 747	7.67	313 731	39.21
8	四川省		49	254 495	4.47	204 718	24.31
9	广东省		20	230 510	4.05	193 074	19.39
10	广西壮族自治区		10	225 577	3.96	70 887	218.22
11	湖南省		27	168 142	2.95	119 924	40.21
12	福建省		24	147 362	2.59	78 217	88.40
13	湖北省		38	146 392	2.57	107 968	35.59
14	吉林省		16	137 342	2.41	160 607	-14.49
15	重庆市		21	89 077	1.56	64 421	38.27
16	天津市		23	41 820	0.73	37 944	10.21
17	上海市		5	39 811	0.70	60 306	-33.99
18	云南省		9	36 754	0.65	18 220	101.72
19	山西省		5	36 456	0.64	44 576	-18.22
20	江西省		10	32 705	0.57	34 304	-4.66
21	黑龙江省		11	29 041	0.51	35 951	-19.22
22	甘肃省		7	23 388	0.41	11 833	97.65
23	北京市		16	22 623	0.40	22 405	0.97
24	陕西省		7	20 622	0.36	14 294	44.27
25	宁夏回族自治区		5	17 780	0.31	17 716	0.36
26	内蒙古自治区		6	14 334	0.25	28 566	-49.82
27	新疆维吾尔自治区		3	6 016	0.11	6 237	-3.54
28	贵州省		7	5 777	0.10	8 454	-31.67
29	青海省		1	2 181	0.04	4 480	-51.32
六	锻件总计	3592010	569	5 231 042	100.00	3 989 499	31.12
1	山东省		156	2 518 489	48.15	1 693 433	48.72
2	河南省		37	573 622	10.97	563 029	1.88
3	江苏省		77	400 759	7.66	411 047	-2.50
4	浙江省		66	315 388	6.03	273 161	15.46
5	辽宁省		70	293 926	5.62	175 934	67.07
6	湖南省		6	211 815	4.05	23 699	793.77
7	上海市		13	148 458	2.84	122 838	20.86
8	重庆市		11	103 163	1.97	81 988	25.83
9	山西省		11	94 625	1.81	112 931	-16.21
10	湖北省		9	70 429	1.35	44 008	60.04
11	福建省		7	66 368	1.27	53 566	23.90
12	江西省		3	59 630	1.14	27 341	118.10

（续）

序号	产品及地区名称	产品代码	企业数（个）	2009年（t）	占总计比重（%）	2008年（t）	同比增长（%）
13	四川省		15	58 860	1.13	35 174	67.34
14	安徽省		9	55 489	1.06	54 582	1.66
15	陕西省		8	52 787	1.01	50 332	4.88
16	天津市		9	37 333	0.71	48 403	-22.87
17	河北省		9	32 981	0.63	25 066	31.58
18	北京市		20	31 218	0.60	32 638	-4.35
19	广东省		12	28 173	0.54	41 602	-32.28
20	吉林省		5	27 006	0.52	76 101	-64.51
21	贵州省		1	15 587	0.30	12 863	21.18
22	云南省		6	13 604	0.26	12 246	11.09
23	广西壮族自治区		2	8 482	0.16	6 848	23.86
24	甘肃省		3	8 425	0.16	10 232	-17.66
25	黑龙江省		3	4 392	0.08	400	998.00
26	内蒙古自治区		1	34	0.00	38	-10.53

注:1. 表中原始数据来源于国家统计局2009年12月月报资料,由编者整理。

2. 部分数据因四舍五入的原因,分项之和与总项略有出入。

〔供稿人:中国重型机械工业协会臧义成、李革　审稿人:中国重型机械工业协会徐善继〕

2009年冶金矿山机械进出口按产品分类量值及比重

税　号	货品名称	数量单位	出口量	出口额（万美元）	进口量	进口额（万美元）	进出口总额（万美元）	进出口顺差（万美元）
	冶金矿山机械			278 908		228 274	507 182	50 633
	（一）冶金设备			188 588		157 498	346 085	31 090
	占冶金矿山机械比重（%）			67.62		68.99	68.24	61.40
	1. 金属冶炼设备		1 670	12 142	49	6 644	18 786	5 497
	占冶金设备比重（%）			6.44		4.22	5.43	17.68
84178010	炼焦炉	台	9	46	4	2 488	2 533	-2 442
84541000	转炉	台	379	2 795	14	477	3 272	2 318
84542010	炉外精炼设备	台	1 282	9 301	31	3 680	12 981	5 621
	2. 连铸设备	台	513	4 710	11	4 785	9 495	-75
	占冶金设备合计比重（%）			2.50		3.04	2.74	-0.24
84543021	方坯连铸机	台	330	2 894			2 894	2 894
84543022	板坯连铸机	台	9	1 015	7	4 046	5 061	-3 030
84543029	其他钢坯连铸机	台	174	801	4	740	1 541	62
	3. 金属轧制设备	台	7 277	39 213	4 430	37 666	76 879	1 547
	占冶金设备合计比重（%）			20.79		23.92	22.21	4.98
	（1）板材轧机	台	1 395	18 820	33	14 008	32 828	4 812
84552110	板材热轧机	台	67	13 654	3	2 327	15 981	11 328

（续）

税　　号	货品名称	数量单位	出口量	出口额（万美元）	进口量	进口额（万美元）	进出口总额（万美元）	进出口顺差（万美元）
84552210	板材冷轧机	台	1 328	5 166	30	11 682	16 847	-6 516
	(2)管轧机	台	867	7 729	45	7 117	14 846	612
84551010	热轧管机	台	149	4 550	10	3 420	7 970	1 131
84551020	冷轧管机	台	548	2 120	17	1 891	4 012	229
84551030	定、减径轧管机	台	42	431	3	136	567	295
84551090	其他金属管轧机	台	128	627	15	1 670	2 297	-1 043
84552120	(3)型材轧机	台	175	1 753	2	28	1 780	1 725
84552130	(4)线材轧机	台	872	2 063	45	4 967	7 031	-2 904
	(5)其他金属轧机	台	2 771	6 116	71	4 976	11 092	1 140
84552190	其他金属热轧机或冷热联轧机	台	344	1 635	23	3 054	4 688	-1 419
84552290	其他金属冷轧机	台	2 427	4 481	48	1 922	6 403	2 559
	(6)拉拔机	台	1 197	2 732	4 234	6 570	9 301	-3 838
84631011	300t及以下的冷拔管机	台	129	883	11	154	1 036	729
84631019	其他冷拔管机	台	5	34	2	4	38	30
84631020	拔丝机	台	745	1 244	298	4 741	5 985	-3 496
84631090	其他金属杆、管、型材、异型材等的拉拔机	台	318	571	3 923	1 671	2 242	-1 101
	4. 冶金设备零件			132 523		108 402	240 925	24 121
	占冶金设备合计比重(%)			70.27		68.83	69.61	77.58
	(1)金属冶炼设备零件			55 840		4 801	60 641	51 040
84179010	海绵铁回转窑的零件	kg	1 267 062	498	400	5	503	493
84179020	焦炉零件	kg	19 378 160	6 669	1 209	10	6 679	6 659
84542090	其他锭模及浇包	台	10 381	7 773	102	1 077	8 851	6 696
84549010	炉外精炼设备的零件	kg	8 000 195	3 228	88 407	696	3 924	2 533
84549090	其他金属冶炼设备及铸造机的零件	kg	104 832 970	37 671	1 621 568	3 013	40 684	34 658
	(2)连铸机零件	kg	13 530 810	7 532	3 135 317	11 025	18 557	-3 493
84549021	钢坯连铸机用结晶器	kg	1 171 771	1 581	834 773	3 334	4 915	-1 753
84549022	钢坯连铸机用振动装置	kg	251 013	242	181 028	611	853	-368
84549029	其他钢坯连铸机用零件	kg	12 108 026	5 708	2 119 516	7 081	12 789	-1 372
	(3)金属轧制设备零件			69 151		92 576	161 727	-23 425
84553000	金属轧机用轧辊	个	96 152	17 989	13 672	44 360	62 350	-26 371
84559000	其他金属轧机零件	kg	120 606 536	51 162	17 352 333	48 216	99 377	2 946
	(二)矿山机械			90 320		70 777	161 097	19 543
	占冶金矿山机械总计比重(%)			32.38		31.01	31.76	38.60
	1. 采掘、凿岩设备、钻机	台	44 878	11 752	353	22 163	33 915	-10 411
	占矿山机械合计比重(%)			13.01		31.31	21.05	-53.27
	(1)截煤机,凿岩机及隧道掘进机	台	29 302	7 362	174	17 999	25 362	-10 637
84303100	自推进的截煤机、凿岩机及隧道掘进机	台	1 608	4 953	129	13 803	18 756	-8 850
84303900	非自推进的截煤机、凿岩机及隧道掘进机	台	27 694	2 409	45	4 196	6 606	-1 787
84305020	(2)矿用电铲	台	2	620	6	1 774	2 394	-1 154
	(3)采矿钻机	台	335	577	130	2 047	2 624	-1 471
84305031	牙轮直径在382mm及以上的采矿钻机	台	17	35	1	52	87	-17.45
84305039	其他采矿钻机	台	318	542	129	1 995	2 537	-1 453
	(4)工程钻机	台	15 239	3 193	43	342	3 535	2 851
84306911	钻筒直径在3m以上的非自推进工程钻机	台	57	130	6	137	266	-6.83
84306919	其他非自推进工程钻机	台	15 182	3 063	37	205	3 269	2 858

（续）

税　　号	货品名称	数量单位	出口量	出口额（万美元）	进口量	进口额（万美元）	进出口总额（万美元）	进出口顺差（万美元）
	2. 破碎粉磨设备	台	16 517	57 562	1 249	32 115	89 677	25 447
	占矿山机械合计比重(%)			63.73		45.37	55.67	130.21
84742010	齿辊式固体矿物破碎或粉磨设备	台	2 251	8 079	139	8 943	17 022	-864
84742020	球磨式固体矿物破碎或粉磨设备	台	1 196	17 092	184	754	17 846	16 337
84742090	其他固体矿物破碎或粉磨设备	台	13 070	32 391	926	22 418	54 808	9 973
	3. 筛分、洗选设备	台	12 629	17 960	1 715	14 102	32 062	3 858
	占矿山机械合计比重(%)			19.88		19.92	19.90	19.74
84741000	筛分、洗选设备	台	12 629	17 960	1 715	14 102	32 062	3 858
	4. 矿山提升(卷扬)设备	台	3 769	500	23	137	636	363
	占矿山机械合计比重(%)			0.55		0.19	0.39	1.86
84253110	电动矿山提升(卷扬)设备	台	940	365	10	60	426	305
84253910	非电动的矿山提升(卷扬)设备	台	2 829	134	13	76	210	58
	5. 矿山机械零件	kg	7 274 399	2 547	956 079	2 261	4 807	286
	占矿山机械合计比重(%)			2.82		3.19	2.98	1.46
84314910	矿用电铲用零件	kg	7 274 399	2 547	956 079	2 261	4 807	286

注:1. 表中原始数据来源海关总署2009年12月统计资料,编者按照2008年国家统计局《统计用产品分类目录》对产品名称及分类作了适当调整。

2. 冶金矿山机械进出口主要包括44个税号,其中冶金设备有30个,矿山机械有14个。

3. 因矿山机械零件进出口多混在税号84314000和84749000中无法区分,本表仅列了税号84314910矿用电铲零件。

4. 表中部分数据因四舍五入的原因,分项之和与总项略有出入。

〔供稿人:中国重型机械工业协会臧义成、李革　审稿人:中国重型机械工业协会徐善继〕

2009年物料搬运(起重运输)机械产品产量及按省、自治区、直辖市分布情况

序号	产品及地区名称	产品代码	数量单位	企业数（个）	2009年	占总计比重（%）	2008年	同比增长（%）
一	起重机总计	3530100	t	392	5 345 532	100.00	4 772 937	12.00
1	上海市		t	13	1 328 934	24.86	1 335 223	-0.47
2	山东省		t	66	926 353	17.33	536 847	72.55
3	河南省		t	91	750 232	14.03	633 361	18.45
4	江苏省		t	29	601 654	11.26	501 755	19.91
5	湖南省		t	11	420 332	7.86	316 664	32.74
6	浙江省		t	32	411 813	7.70	568 653	-27.58
7	辽宁省		t	17	167 745	3.14	231 633	-27.58
8	安徽省		t	9	163 400	3.06	81 559	100.35
9	广西壮族自治区		t	3	85 455	1.60	53 313	60.29
10	山西省		t	4	76 624	1.43	83 699	-8.45
11	四川省		t	8	75 316	1.41	77 969	-3.40
12	广东省		t	21	57 372	1.07	67 716	-15.28

（续）

序号	产品及地区名称	产品代码	数量单位	企业数（个）	2009年	占总计比重（%）	2008年	同比增长（%）
13	重庆市		t	15	47 535	0.89	41 992	13.20
14	天津市		t	7	42 623	0.80	41 654	2.33
15	吉林省		t	10	38 347	0.72	31 622	21.27
16	湖北省		t	7	33 713	0.63	29 857	12.92
17	北京市		t	12	29 931	0.56	41 318	-27.56
18	河北省		t	6	20 925	0.39	7 979	162.25
19	江西省		t	3	19 610	0.37	38 438	-48.98
20	宁夏回族自治区		t	4	14 700	0.27	17 077	-13.92
21	新疆维吾尔自治区		t	4	8 558	0.16	8 710	-1.75
22	黑龙江省		t	5	8 273	0.15	7 214	14.67
23	甘肃省		t	4	7 260	0.14	7 681	-5.48
24	云南省		t	4	4 428	0.08	3 837	15.40
25	福建省		t	6	3 478	0.07	6 548	-46.88
26	陕西省		t	1	922	0.02	617	49.43
二	电动车辆(电动叉车)总计	3530280	台	34	116 761	100.00	111 129	5.07
1	浙江省		台	11	45 318	38.81	46 193	-1.89
2	湖北省		台	2	28 231	24.18	35 862	-21.28
3	安徽省		台	5	18 145	15.54	12 218	48.51
4	广东省		台	3	9 947	8.52	398	2 399.25
5	江苏省		台	2	5 658	4.85	6 332	-10.64
6	福建省		台	1	4 969	4.26	5 892	-15.67
7	山东省		台	1	2 102	1.80	1 970	6.70
8	上海市		台	2	1 809	1.55	1 484	21.90
9	陕西省		台	2	163	0.14	145	12.41
10	河南省		台	2	150	0.13	20	650.00
11	北京市		台	1	148	0.13	330	-55.15
12	辽宁省		台	2	121	0.10	285	-57.54
三	内燃叉车总计	3530290	台	38	87 605	100.00	98 451	-11.02
1	浙江省		台	7	35 458	40.47	34 859	1.72
2	安徽省		台	7	24 359	27.81	27 996	-12.99
3	陕西省		台	2	7 576	8.65	6 312	20.03
4	江苏省		台	4	5 467	6.24	7 080	-22.78
5	福建省		台	3	3 298	3.76	5 451	-39.50
6	辽宁省		台	2	3 191	3.64	5 551	-42.51
7	北京市		台	2	2 096	2.39	4 665	-55.07
8	上海市		台	1	1 868	2.13	2 036	-8.25
9	广西壮族自治区		台	2	1 484	1.69	1 038	42.97
10	河南省		台	3	1 238	1.41	2 030	-39.01
11	山东省		台	2	1 038	1.18	991	4.74
12	湖北省		台	1	345	0.39	308	12.01
13	天津市		台	1	187	0.21	134	39.55
14	广东省		台	1	0	0.00	0	
四	输送机械(输送机和提升机)总计	3530311	t	116	967 331	100.00	970 923	-0.37
1	辽宁省		t	6	175 381	18.13	119 353	46.94
2	安徽省		t	11	173 429	17.93	157 396	10.19

（续）

序号	产品及地区名称	产品代码	数量单位	企业数（个）	2009年	占总计比重（%）	2008年	同比增长（%）
3	山西省		t	3	152 762	15.79	145 421	5.05
4	江苏省		t	8	61 566	6.36	107 743	-42.86
5	内蒙古自治区		t	1	61 300	6.34	72 632	-15.60
6	山东省		t	2	58 890	6.09	114 439	-48.54
7	浙江省		t	19	58 153	6.01	88 155	-34.03
8	湖北省		t	20	53 734	5.55	40 006	34.31
9	黑龙江省		t	2	37 567	3.88	31 394	19.66
10	河北省		t	6	31 217	3.23	25 518	22.33
11	宁夏回族自治区		t	1	31 116	3.22	17 878	74.05
12	陕西省		t	2	20 701	2.14	8 734	137.02
13	北京市		t	7	14 122	1.46	12 726	10.97
14	吉林省		t	3	11 853	1.23	9 918	19.52
15	河南省		t	6	6 266	0.65	4 120	52.08
16	福建省		t	2	4 830	0.50	2 140	125.70
17	广西壮族自治区		t	2	4 782	0.49	4 936	-3.12
18	新疆维吾尔自治区		t	1	2 251	0.23	1 650	36.42
19	重庆市		t	1	1 905	0.20	1 195	59.41
20	广东省		t	5	1 263	0.13	1 470	-14.08
21	贵州省		t	2	1 200	0.12	699	71.60
22	四川省		t	1	1 152	0.12	0	
23	天津市		t	1	732	0.08	2 397	-69.49
24	云南省		t	3	609	0.06	805	-24.35
25	湖南省		t	1	549	0.06	198	177.27
五	减速机总计	3579020	台	235	3 702 967	100.00	3 720 821	-0.48
1	浙江省		台	64	1 838 191	49.64	1 711 295	7.42
2	江苏省		台	26	691 619	18.68	720 672	-4.03
3	湖北省		台	9	210 546	5.69	147 816	42.44
4	天津市		台	8	195 306	5.27	397 095	-50.82
5	山东省		台	28	141 111	3.81	78 465	79.84
6	广东省		台	7	134 812	3.64	174 717	-22.84
7	湖南省		台	8	111 987	3.02	93 216	20.14
8	北京市		台	9	96 534	2.61	130 468	-26.01
9	河南省		台	12	72 790	1.97	54 162	34.39
10	上海市		台	4	68 133	1.84	61 397	10.97
11	辽宁省		台	25	64 799	1.75	83 924	-22.79
12	重庆市		台	7	30 794	0.83	21 429	43.70
13	河北省		台	6	17 511	0.47	15 824	10.66
14	山西省		台	4	10 408	0.28	12 249	-15.03
15	四川省		台	3	6 558	0.18	6 165	6.37
16	内蒙古自治区		台	2	5 825	0.16	5 548	4.99
17	陕西省		台	2	2 255	0.06	2 381	-5.29
18	安徽省		台	4	1 316	0.04	1 260	4.44
19	广西壮族自治区		台	1	1 215	0.03	1 416	-14.19
20	宁夏回族自治区		台	3	791	0.02	880	-10.11
21	吉林省		台	1	293	0.01	181	61.88

（续）

序号	产品及地区名称	产品代码	数量单位	企业数（个）	2009 年	占总计比重（%）	2008 年	同比增长（%）
22	黑龙江省		台	1	159	0.00	235	-32.34
23	云南省		台	1	14	0.00	26	-46.15

注:1. 表中原始数据来源于国家统计局2009 年12 月月报资料,由编者整理。

2. 表中部分数据因四舍五入的原因,分项之和与总项略有出入。

〔供稿人:中国重型机械工业协会臧义成、李革　审稿人:中国重型机械工业协会徐善继〕

2009 年物料搬运(起重运输)机械进出口按产品分类量值及比重

税　号	货品名称	数量单位	出口量	出口额（万美元）	进口量	进口额（万美元）	进出口总额（万美元）	进出口顺差（万美元）
	物料搬运(起重运输)机械			859 945		328 994	1 188 939	530 950
	1. 轻小型起重设备	台	33 551 641	100 177	1 019 612	52 281	152 457	47 896
	占物料搬运(起重运输)机械总计比重(%)			11.65		15.89	12.82	9.02
84251100	(1)电动葫芦等	台	548 929	6 855	10 510	3 918	10 773	2 938
84251900	(2)滑车及手动葫芦等	台	1 897 688	7 250	19 600	1 683	8 933	5 566
	(3)卷扬机及绞盘	台	6 025 415	33 235	24 208	40 611	73 846	-7 376
84253190	电动的卷扬机及绞盘	台	1 118 725	22 745	14 279	28 797	51 542	-6 052
84253990	其他非电动卷扬机及绞盘	台	4 906 690	10 490	9 929	11 814	22 303	-1 324
	(4)千斤顶	台	23 206 782	35 534	962 326	4 397	39 931	31 137
84254100	车库中使用的固定千斤顶系统	台	4 376	5	25	11	16	-7
84254210	其他液压千斤顶	台	15 030 891	25 998	51 361	2 861	28 859	23 137
84254910	未列名千斤顶	台	8 171 515	9 531	910 940	1 525	11 056	8 007
	(5)汽车举升机	台	1 872 827	17 302	2 968	1 672	18 974	15 631
84254290	液压提升机	台	321 695	13 449	2 234	926	14 375	12 523
84254990	未列名提升机	台	1 551 132	3 854	734	746	4 599	3 108
	2. 起重机	台	13 520	377 742	2 206	67 744	445 486	309 998
	占物料搬运(起重运输)机械总计比重(%)			43.93		20.59	37.47	58.39
	(1)桥式起重机	台	2 734	29 262	582	4 729	33 991	24 533
84261120	通用桥式起重机	台	1 943	18 460	413	2 054	20 513	16 406
84261190	其他桥式起重机	台	791	10 802	169	2 675	13 477	8 127
84261930	(2)龙门式起重机	台	700	68 907	49	3 827	72 734	65 079
	(3)装卸桥	台	319	161 540	31	2 739	164 280	158 801
84261921	抓斗式卸船机	台	38	6 953	9	91	7 044	6 862
84261941	门式装卸桥	台	10	3 065			3 065	3 065
84261942	集装箱装卸桥	台	204	151 027	5	2 564	153 591	148 463
84261943	其他动臂式装卸桥	台	14	9	5	71	81	-62
84261949	未列名装卸桥	台	53	486	12	12	499	474
84262000	(4)塔式起重机	台	1 586	18 928	31	3 019	21 947	15 910
84263000	(5)门座起重机	台	834	24 629	542	17 737	42 366	6 892

（续）

税　　号	货品名称	数量单位	出口量	出口额（万美元）	进口量	进口额（万美元）	进出口总额（万美元）	进出口顺差（万美元）
	(6)流动式起重机	台	3 336	61 094	525	30 115	91 208	30 979
	轮式起重机	台	2 678	41 833	103	10 808	52 641	31 025
	①汽车起重机	台	1 898	28 181	9	534	28 714	27 647
87051091	最大起重量≤50t 汽车起重机	辆	1 502	16 820	2	60	16 881	16 760
87051092	50t＜起重量≤100t 汽车起重机	辆	364	9 924	5	191	10 115	9 733
87051093	最大起重量＞100t 汽车起重机	辆	32	1 436	2	283	1 719	1 153
	②全路面起重机	辆	614	7 993	32	7 500	15 494	493
87051021	最大起重量≤50t 全路面起重机	辆	525	5 224	1	39	5 263	5 185
87051022	50t＜起重量≤100t 全路面起重机	辆	71	1 179	2	170	1 348	1 009
87051023	起重量＞100t 全路面起重机	辆	18	1 591	29	7 292	8 882	-5 701
	③轮胎式起重机	台	166	5 659	62	2 774	8 433	2 886
84264110	轮胎式自推进起重机	台	28	362	48	2 219	2 582	-1 857
84264190	带胶轮的其他自推进起重机械	台	138	5 297	14	554	5 851	4 743
84264910	履带式起重机	台	541	18 814	57	18 796	37 609	18
	其他流动式起重机	台	117	447	365	511	958	-64
84264990	①不带胶轮的其他自推进起重机械	台	31	197	3	92	289	105
84269100	②供装于公路车辆的其他起重机	台	86	250	362	419	669	-169
	(7)其他起重机	台	4 011	13 381	446	5 579	18 960	7 802
84261200	胶轮移动式吊运架及跨运车	台	262	8 653	24	35	8 689	8 618
84261990	未列名桥架类起重机和移动式吊运架及跨运车	台	323	854	65	477	1 330	377
84269900	未列名起重机	台	3 426	3 875	357	5 067	8 941	-1 192
	3. 工业车辆	台	957 814	47 989	10 878	28 314	76 304	19 675
	占物料搬运(起重运输)机械总计比重(%)			5. 58		8. 61	6. 42	3. 71
	(1)电动叉车	台	12 687	6 555	4 096	7 396	13 951	-841
84271020	电动机推进的无轨巷道堆跺机	台	153	76	20	261	337	-185
84271090	其他电动叉车	台	12 534	6 479	4 076	7 135	13 614	-657
	(2)内燃叉车	台	14 863	23 957	1 525	14 592	38 549	9 366
84272010	集装箱叉车	台	82	1 480	18	374	1 854	1 106
84272090	其他内燃叉车	台	14 781	22 477	1 507	14 218	36 695	8 259
	(3)短距离牵引车	辆	841	498	833	1 371	1 869	-873
87091110	电动牵引车	辆	685	95	615	619	714	-525
87091910	其他机动牵引车	辆	156	403	218	752	1 155	-349
	(4)短距固定平台搬运车	辆	14 739	1 289	607	1 666	2 956	-377
87091190	短距离电动固定平台搬运车	辆	11 899	897	288	768	1 665	129
87091990	其他短距离固定平台搬运车	辆	2 840	393	319	898	1 291	-506
84279000	(5)其他工业车辆	台	914 684	15 690	3 817	3 290	18 979	12 400
	4. 电梯、自动梯及升降机	台	34 425	104 173	4 266	19 583	123 756	84 590
	占物料搬运(起重运输)机械总计比重(%)			12. 11		5. 95	10. 41	15. 93
84281010	载客电梯	台	19 352	53 422	2 001	17 727	71 149	35 694
84281090	其他升降机及倒卸式起重机	台	1 484	2 042	2 253	1 728	3 770	314
84284000	自动梯及自动人行道	台	13 589	48 709	12	128	48 837	48 581
	5. 连续搬运设备及其他	台	1 300 467	117 177	65 278	121 506	238 683	-4 329
	占物料搬运(起重运输)机械总计比重(%)			13. 63		36. 93	20. 08	-0. 82
	(1)输送机械(输送机及提升机)	台	73 065	75 086	34 359	71 472	146 558	3 614
84283200	斗式提升降及输送机	台	3 284	8 974	446	2 429	11 402	6 545

（续）

税　　号	货品名称	数量单位	出口量	出口额（万美元）	进口量	进口额（万美元）	进出口总额（万美元）	进出口顺差（万美元）
84283300	带式输送机	台	11 566	26 492	6 146	11 098	37 590	15 394
84283910	链式输送机	台	3 192	6 766	15 546	11 696	18 462	-4 930
84283920	辊式输送机	台	4 246	5 640	1 559	9 746	15 386	-4 106
84282000	气力输送机	台	6 997	3 154	1 250	5 367	8 521	-2 213
84283100	地下专用的输送机	台	52	336	30	2 060	2 396	-1 725
84283990	未列名输送机及提升机	台	42 502	23 318	8 375	24 000	47 317	-682
	架空索道	台	1 226	407	1 007	5 076	5 483	-4 669
84286010	货运架空索道	台	14	7	36	209	216	-202
84286021	单线循环式客运架空索道	台	10	215	5	1 828	2 043	-1 613
84286029	其他客运架空索道	台	20	3	2	2	5	0
84286090	其他缆车、架空索道	台	1 182	182	964	3 037	3 218	-2 855
	(2)装卸船机	台	389	13 185	14	195	13 381	12 990
84261910	装船机	台	372	6 058	10	158	6 217	5 900
84261929	其他卸船机	台	17	7 127	4	37	7 164	7 090
	(3)其他连续搬运设备及其他设备	台	1 227 013	28 905	30 905	49 839	78 744	-20 933
84289010	矿车推动机货车倾卸机及类似设备	台	34	161	13	700	861	-539
84271010	有轨巷道堆垛机	台	8	431	214	4 086	4 517	-3 655
84289020	机械停车设备	台	1 537	441	24	345	786	96
84289090	未列名搬运、装卸机械	台	1 225 434	27 873	30 654	44 708	72 581	-16 835
	6. 物料搬运设备零件	kg	564 933 789	112 688	25 126 634	39 566	152 254	73 121
	占物料搬运(起重运输)机械总计比重(%)			13.10		12.03	12.81	13.77
84311000	(1)轻小型起重机设备零件	kg	56 098 078	12 662	3 092 072	8 945	21 607	3 716
	(2)工业车辆零件	kg	134 429 208	21 159	8 184 624	7 921	29 080	13 238
84312000	税号 8427 所列机械的零件	kg	133 258 546	20 330	7 798 979	7 123	27 453	13 207
87099000	短距离搬运车及站台牵引车零件	kg	1 170 662	829	385 645	798	1 627	31
84313100	(3)电梯、自动梯及升降机零件	kg	267 386 814	47 229	7 835 231	9 683	56 912	37 546
84313900	(4)连续搬运设备及其他零件	kg	106 904 381	28 875	5 995 140	10 220	39 095	18 655
84314100	(5)戽斗、铲斗、抓斗及夹斗	个/kg	115 308	2 763	19 567	2 797	5 560	-34

注:1. 表中原始数据来源于海关总署 2009 年 12 月统计资料,编者按照 2008 年国家统计局《统计用产品分类目录》对产品名称及分类作了适当调整。

2. 物料搬运(起重运输)机械进出口包括 68 个税号,其中轻小型起重设备类 9 个,起重机类 24 个,工业车辆类 9 个,电梯、自动梯及升降机类 3 个,连续搬运设备及其他 17 个,物料搬运设备零件类 6 个。

3. 表中部分数据因四舍五入的原因,分项之和与总项略有出入。

〔供稿人:中国重型机械工业协会臧义成、梁锐　审稿人:中国重型机械工业协会肖立群〕

标准与质量

重型机械行业标准化及质量工作情况

It publishes the progress made in standardization and quality inspection by the heavy machinery industry

标准与质量

我国冶金设备制造行业标准化工作情况

我国冶金设备制造行业的标准化体系，是建国初期以原苏联乌拉尔和新拉马托尔重型机械厂的企业标准为主，经过吸收、转化，初步建立的，在国家推行积极采用国际标准和国外先进标准政策的引导下，经过全行业标准化工作者多年的调研、试验和生产验证，通过技术引进、合作制造和消化、吸收国外先进标准等，冶金设备行业的标准化工作取得了长足的发展，冶金设备制造行业的标准体系更加完善，标准的技术水平上了一个新台阶，现已形成具有冶金设备制造行业特点，标准内容较为齐全、配套的完整标准体系。科学、健全的标准体系对规范生产、控制产品质量具有技术支撑和引导作用，对促进冶金机械制造行业的技术改造、企业升级和技术进步起到了重要的作用。

截至2009年10月，冶金设备制造行业的现行有效标准（不包括其他标委会归口的标准）数量为768项，包括国家标准16项、机械行业标准399项、联合企业标准353项。其中强制性标准2项，推荐性标准766项。按产品分类，包括通用基础标准89项，零部件345项，冶炼设备31项，连铸设备3项，轧制设备34项，大型挤压液压设备43项，冶金煤气化设备2项和冶金润滑液压设备172项。

冶金设备制造行业标准体系存在的问题：

（1）体系结构和布局基本完整，但仍需根据国家发展需要进行补充完善。为应对全球金融危机和国内经济增幅下滑的严峻形势，国家采取拉动内需、扩大消费的方针，制定十大投资措施，出台了十大重点产业调整和振兴规划，包括钢铁、石化、有色金属和装备制造等产业。标准化作为经济和社会发展的重要技术支撑和制度保障，对产业调整和振兴规划的顺利实施并取得实效起着重要作用。在现有体系中，还缺乏涉及关键设备、重点技术和能反映自主知识产权的装备制造技术标准。

（2）国家标准占比小，控制产品质量的产品标准数量较少。国家标准数量太少，仅有16项，占体系的2%，与冶金设备制造行业的生产广泛性需求严重不符，与其所覆盖的高关联度的产业需求不符。而行业标准中，机械行业标准282项，冶金行业标准110项，其中还有交叉重复现象，因此，整体标准数量不够，无法满足行业现代生产活动的需求，不符合行业的技术密集型特点。据统计，产品标准146项，约占18.5%，而各类冶金机械1 300多种，标准数量与产品品种很不协调。

（3）强制性标准缺失较多。强制性标准数量只有2项。冶金设备工况复杂，条件不等，当前体系中涉及产品及产品生产、储运和使用中的安全标准大量缺失，这类标准都应该属于强制性标准。一些重要的涉及技术衔接的通用技术术语也应该升级为强制性标准。

（4）体系中各类别标准发展不平衡。基础通用标准和方法标准少，管理标准缺少。而在占体系绝大多数的产品标准中，由于冶金设备制造行业的特殊性，整机设备多为单件生产，因此基础零部件标准多，整机设备标准少，而能够反映自主核心技术的产品标准更少。

（5）标龄老化比较严重。2006年以后的标准占不到20%，2000年以前的标准还有近40%。与当前冶金设备高速、高效、高自动化和低能耗的要求有较大偏差。

尽管现行的标准体系在冶金设备制造行业中发挥了重要作用，但面对我国经济、社会全面协调可持续发展的根本要求，行业应按照国家政策方针的指引，紧紧围绕走新型工业化道路的要求，结合装备制造业的产业调整和振兴规划，以及行业自身特点，按照此次体系建设工程实施的要求，针对发现的问题进行改进，做好以下几点工作：

（1）提高标准技术含量，完善标准体系。大型冶金设备已向高速、高精度、高自动化、高效、低能耗方向发展，针对十大重点产业调整和振兴规划，应加强关键技术专项标准的制定，尤其是强化机械设备安全、人身健康和环境保护以及绿色制造等领域的标准，补充完善标准体系。

（2）开展对冶金设备行业已有标准的清理工作，对已有标准进行分类、对比，解决好标准老化、滞后及重复交叉的问题。

（3）冶金设备在国际标准化技术委员会中设有对口的专业委员会（TC）或工作组（SC）。要提高冶金设备在国内外市场的竞争力，必须对国外先进企业标准进行分析、研究，转化为符合我国自身条件的冶金机械行业标准。近几年与国外交流较少，难以掌握国外新技术、新标准的动向，有待于进一步加强跟踪、研究。

（4）做好标准的复审、立项、制定、修订及宣贯工作。

〔撰稿人：中国重型机械研究院有限责任公司胡觉凡
审稿人：中国重型机械研究院有限责任公司王建国〕

矿山机械行业标准化近期发展综述

全国矿山机械标准化技术委员会(以下简称全国矿机标委会)是全国矿山机械标准化工作的技术工作组织,负责全国矿山机械行业标准化的技术归口,并与相应的国际标准化组织建立联系和开展交流活动。其功能是加强我国矿山机械行业标准化工作的宏观管理,充分发挥生产、科研、教学和使用等有关专家、学者、工程技术人员的作用,更好地贯彻标准化工作的方针政策,统一标准制、修订要求,促进矿山机械行业的技术进步。

1987 年经原国家标准局批准,成立第一届全国矿机标委会。全国矿机标委会受国家标准化管理委员会领导,由中国机械工业联合会具体组织和管理,标委会编号为 SAC/TC88,秘书处设在洛阳矿山机械工程设计研究院有限责任公司(原机械工业部洛阳矿山机械研究所)。

一、全国矿机标委会目前构成情况

第四届全国矿机标委会于 2009 年换届成立,由 57 名委员组成,设主任委员 1 名、副主任委员 3 名,主任委员由洛阳矿山机械工程设计研究院有限责任公司常务副院长兼总工程师邹声勇担任。

第四届全国矿机标委会下设经国家标准化管理委员会批准的电气设备(SAC/TC88/SC1)和液压传动与控制设备(SAC/TC88/SC2)两个分技术委员会,电气设备分委会由 23 名委员组成,液压传动与控制设备分委会由 19 名委员组成,两个分委会秘书处设在洛阳中重自动化工程有限责任公司;根据行业产品和技术发展需要,全国矿机标委会设立筒式磨机标准化工作组(SAC/TC88/SWG,秘书处单位是济南重工股份有限公司)和石材矿山开采机械标准化工作组(SAC/TC88/WG2,秘书处单位设在福建省莆田市华龙石材机械有限公司),分别有 5 名和 13 名行业技术专家参与相关活动。

二、全国矿机标委会归口管理范围与行业标准体系

1. SAC/TC88 归口管理范围

按照国家标准化管理部门批准的专业领域,全国矿机标委会归口管理的范围是固体矿物开采和选别加工处理设备。矿山机械行业在 GB/T 4754—2002《国民经济行业分类》中归属于采矿、采石设备制造小类,行业分类代码为 3611。矿山机械主要是指地下或露天,用于对金属、煤炭、石油、化工等各种矿石或建筑用石的开采设备制造,以及矿石筛选、分类、分离、洗选、轧碎或类似加工工艺使用的专用机械的制造,包括建井设备、采掘凿岩设备、矿山提升设备、矿物破碎机械、矿物粉磨机械、矿物筛选设备、矿山用牵引车及其矿车、采矿专用设备专用附(配)件及其他采矿专用设备;同时还包括 3530 起重运输设备制造中的地下专用的起重和吊运机械、输送设备,3612 石油钻采专用设备制造中的凿井机等矿山采掘设备,3614 建筑材料生产专用机械制造中的建筑用矿石粉碎、研磨、筛分设备,3621 炼油、化工生产专用设备制造中的碎磨机械,3692 地质勘察专用设备制造中的坑探设备中的通用挖掘设备等;不包括石油钻采设备和采矿用铲装机、推土机械。

在中国标准文献分类(CCS)中,矿山机械分类号为 D90 ~ D99,其中 D90 矿山机械设备综合,D91 建井设备,D92 采掘设备,D93 提升运输设备,D94 破碎粉磨设备(含焙烧设备),D95 矿用筛分设备,D96 洗选设备,D99 矿用其他设备。与之对应的国际标准分类(ICS)是 73. 100 采矿设备和 73. 120 矿产品加工设备。

2. 矿山机械行业标准体系

建国 60 多年来,国内与国外矿山机械技术的发展进步对矿山机械的标准化工作提出了更新和更高的要求,矿山机械行业原有的只以产品技术要求的标准格局已远远满足不了行业发展的需求。工业大发展对资源和环境的威胁,更为矿山机械标准化工作提出了新的课题。全国矿机标委会通过多年的技术积累,已经基本形成了比较完善适用的矿山机械行业标准体系,标准体系包括基础通用、方法、产品、管理、安全、卫生环保、资源节约和综合利用等方面,在新构建的矿山机械行业标准体系中,共规划出标准 350 项(其中国家标准 76 项,行业标准 274 项)。矿山机械行业标准体系结构框图见图 1。

三、矿山机械行业现行标准构成情况

1. 总体情况

2009 年底全国矿机标委会归口的各类标准情况见表 1。

2. 按专业分类标准的主要内容

(1)D90 矿山机械设备综合标准。主要包括矿山机械产品名词术语和产品型号编制方法。

(2)D91 建井设备标准。主要包括矿山矿井建设的地面井筒和盲井掘进设备,如钻井法井筒施工的竖井钻机、天井钻机;普通法井筒施工的凿井提升机和绞车、伞形钻架抓岩机、天井爬罐等。

(3)D92 采掘设备标准。主要包括露天单斗——汽车开采工艺的矿用挖掘机、矿用炮孔钻机、炮孔装药设备等;露天连续和半连续开采工艺的成套设备,如露天连续采矿机、破碎站等;露天石材开采设备,如圆盘锯石机等;井工开采设备主要包括井工巷道掘进设备、井工工作面的钻孔装药、回采设备(如地下铲运机)和井工支护设备等。

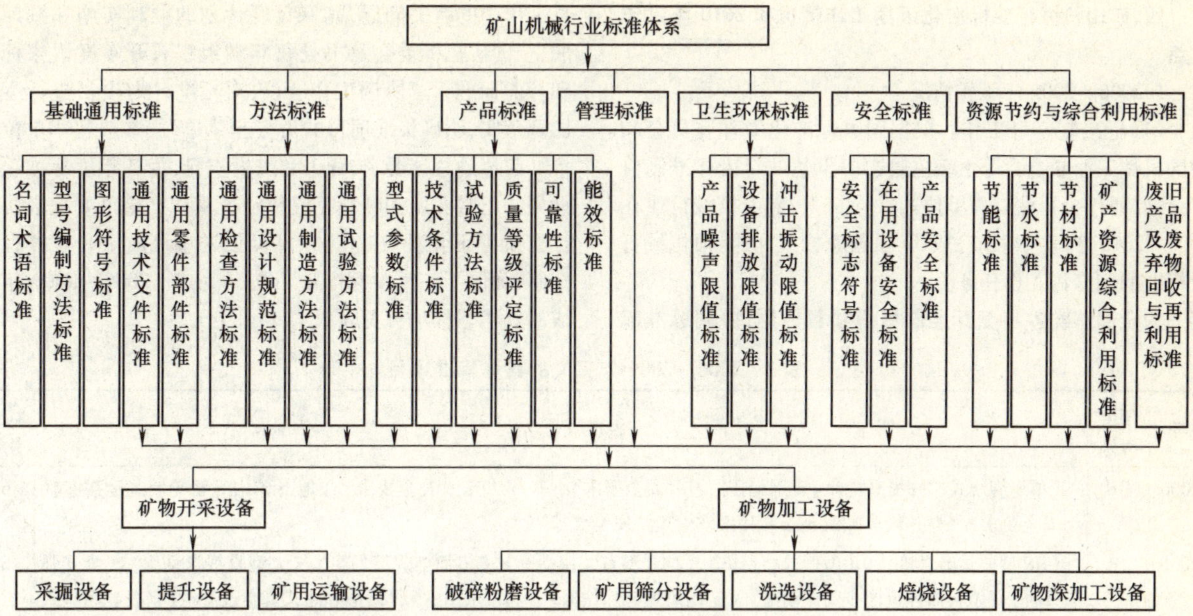

图1　SAC/TC88 矿山机械行业标准体系框图

表1　2009 年底全国矿机标委会归口的各类标准情况

标准分类	术语型号		产品		试验方法		安全		规程		合计
	GB	JB	GB	JB	GB	JB	GB	JB	GB	JB	
D90 综合	7	1									8
D91 建井			2	7							9
D92 采掘			4	16	2	1		2			25
D93 提升			9	32		2	2	5			50
D94 破磨				31		1	1				33
D95 筛分				27		1					28
D96 洗选			2	49		1				1	53
D99 其他				12							12
合计	7	1	17	174	2	6	3	7		1	218

(4)D93 提升运输设备标准。主要包括地面和盲井的立井和斜井提升机和提升绞车，如摩擦式和缠绕式矿井提升机和绞车、防爆提升机和提升绞车、各种辅助绞车及井下运输设备(如矿车与人车、矿用索道)等。

(5)D94 破碎粉磨设备(包含焙烧设备)标准。破碎设备标准主要包括各类矿用破碎机，主要有颚式、旋回式、圆锥式、辊式、冲击式、反击式、锤式等破碎机和辊压机；磨矿设备标准主要包括球磨机和棒磨机、自磨机和半自磨机、各类立式磨机、振动磨机和水泥磨机等；焙烧设备标准主要包括各类回转窑、分解炉和冷却机等。

(6)D95 矿用筛分设备标准。主要包括筛面不运动的固定筛、筛面由滚动轴体构成的辊轴筛；筛面做旋转运动的旋转筛；摇动筛；筛网具有抖动特性的弛张筛；振动筛，包括共振筛和惯性振动筛；

(7)D96 洗选设备标准。包括洗煤厂和选矿厂所应用的洗选设备，就其种类包括：直接用来选别加工的各类浮选机、跳汰机、磁选机、旋流器、重介质选矿机摇床等；矿物分级用分级机；脱水用的各类离心机、过滤机、浓缩机和干燥机；以及各类除铁器等。

(8)D99 矿用其他设备标准。主要包括各类矿用设备的专用减速器等。

3. 标准构成及标龄情况

至 2009 年底，矿山机械行业各类标准构成情况见图 2。矿山机械行业标准标龄情况见图 3。

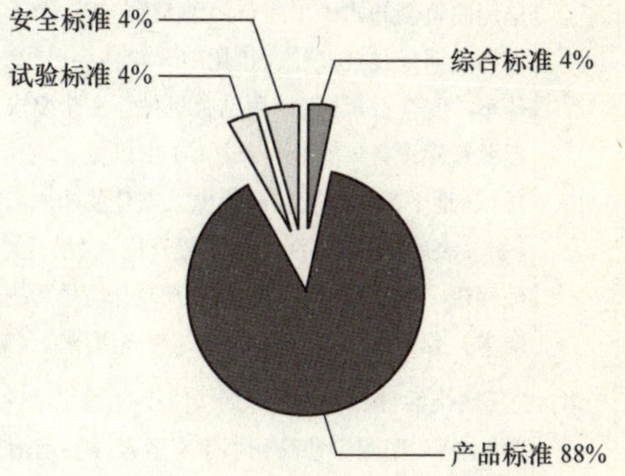

图2　矿山机械行业各类标准构成情况

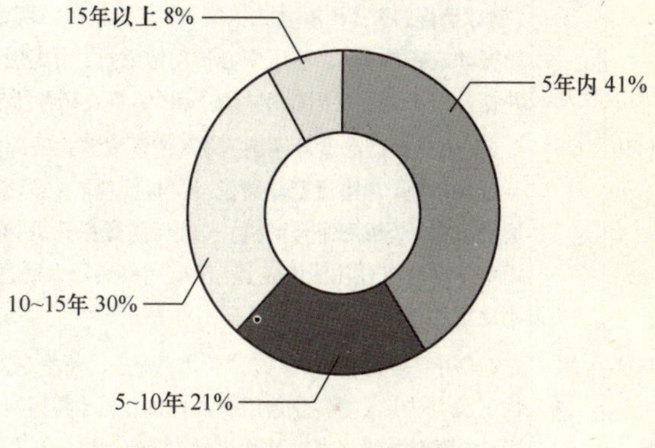

图3　矿山机械行业标准标龄情况

四、矿山机械行业标准化近期工作情况和2010年工作重点

1. 2006～2009年工作情况

(1)标准制修订工作。根据国家标准化管理委员会和中国机械工业联合会等上级主管部门下达的年度标准制修订计划,通过全行业有关单位的共同努力,矿山机械行业在2006～2009年间共组织完成55项国家标准和93项机械行业标准的制修订工作任务。

为全面落实各年度标准制修订项目计划,协调标准起草工作中的有关问题,确保年度计划的顺利实施和按期完成,全国矿机标委会秘书处每年初组织召开年度国家标准和行业标准起草协调工作会议,对标准计划项目进行逐项协调落实,明确标准项目的负责起草单位、参加起草单位及标准起草的总体要求、分工和进度安排,为各年度标准项目计划的正常实施和顺利完成奠定了基础。秘书处积极协调标准项目征求意见工作,重点保证送审稿质量和审查程序控制,确保了各年度标准项目按时完成。2006～2009年完成的具体标准项目见表2。

表2　2006～2009年完成的具体标准项目

年份	标准级别	标准项目名称	合计数量
2006	GB	《单绳缠绕式矿井提升机》、《矿用炮孔钻机　安全要求》、《矿用人车　安全要求》、《地下矿用无轨轮胎式运矿车辆　安全要求》、《凿井绞车》和《地下矿用架空索道　安全要求》	6
2006	JB	《HP型碗式磨煤机》、《R型摆式磨粉机》、《ZKR型直线振动筛》、《超细摆式磨粉机》、《大型直线振动筛》、《盘式强磁选机》、《宽筛面强迫同步圆振动筛》、《矿用隔爆型除铁器》、《起重永磁铁》、《筒形外滤式真空过滤机》、《脱硫用湿式石灰石球磨机》、《脱硫制粉用立式辊磨机》、《永磁辊式强磁选机》、《振幅递减圆振动筛》、《直流起重电磁铁》和《周边充气胶轮传动式浓缩机》	16
2007	GB	《矿用机械正铲式挖掘机》	1
2007	JB	《井下现场混装炸药车》、《三轴椭圆等厚振动筛》、《温热物料用圆振动筛》、《温热物料用直线振动筛》、《煤用座式双轴振动筛》、《振动筛　试验方法》、《隔爆型永磁除铁器》、《磁性矿除铁器》、《双轴链锤式破碎机》、《可逆反击锤式破碎机》、《多缸液压圆锥破碎机》、《液压式天井钻机》、《风扇磨煤机》、《单缸液压圆锥破碎机》、《煤用锤式破碎机》、《石灰石用锤式破碎机》、《环锤式破碎机》、《矿碎筛分设备用短式皮带机》、《周边传动自动分段提耙浓缩机》、《矿浆准备器》、《矿用叶轮式浮选机》、《永磁筒式磁选机》、《干式永磁筒式磁选机》、《选矿设备用永磁磁块》、《永磁磁力滚筒》和《吸附槽》	26
2008	GB	《矿用窄轨车辆　第1部分:固定车箱式矿车》、《矿用窄轨车辆　第2部分:翻斗式矿车》、《矿用窄轨车辆　第3部分:单侧曲轨侧卸式矿车》、《矿用窄轨车辆　第4部分:底卸式矿车》、《矿用窄轨车辆　第5部分:平板车》、《矿用窄轨车辆　第6部分:材料车》、《矿用三牙轮钻头》、《矿物选别给料设备　安全要求》、《矿物洗选设备　安全要求》、《矿用混装炸药车　安全要求》、《矿用钻井机械　安全要求》、《巷道掘进机　安全要求》、《地下矿用输送机　安全要求》、《矿物粉磨和超微粉碎设备　安全要求》、《矿山机械　安全标志　第1部分:通则》、《矿山机械　安全标志　第2部分:危险图示符号》、《地下矿用轨轮装载机械　安全要求》、《地下铲运机　安全要求》、《矿用筛分设备　安全要求》、《悬臂筛网振动筛》、《铲斗装岩机》、《多绳摩擦式提升机》、《潜孔冲击器和潜孔钻头》、《天井钻机》、《地下矿用架空索道　设计规范》、《锤式破碎机　锤头磨耗》、《竖井罐笼提升信号系统安全技术要求》、《罐笼安全技术要求》、《地下矿用履带式装载机械　安全要求》、《矿用单斗机械挖掘机　安全要求》、《辐射式水力旋流分级机组》和《旋流微泡浮选柱》	32
2008	JB	《煅烧活性石灰用竖式冷却器》、《煅烧活性石灰用竖式预热器》、《伞形钻架》、《矿用单轴振动筛》、《煤用单轴振动筛》、《YA型圆振动筛》、《ZKX型直线振动筛》、《悬挂式摇床》、《矿用圆盘真空过滤机》、《充气搅拌式浮选机》、《螺旋分级机》、《筒型外滤式真空永磁过滤机》、《永磁脱水槽》、《周边传动浓缩机》、《矿用耙斗》、《启闭风门绞车》、《JTK型矿用提升绞车》、《JTP型矿用提升绞车》、《现场混装炸药车移动式地面辅助设施》、《旋回破碎机》、《辊盘式磨煤机》、《钢球磨煤机》、《矿渣立式辊磨机》、《石材矿山圆盘式荒料锯切机》、《单出口碗式磨煤机》、《多级圆振动网振筛》、《干粉振动式磁选机》、《液压中心传动浓缩机》、《煤用永磁筒式磁选机》、《球磨机用磁性衬板》、《磨机用气动离合器》、《矿井提升机天轮和导向轮用衬块》和《缠绕式矿井提升设备用塑料衬板》	33
2009	GB	《矿山机械产品型号编制方法》、《复摆颚式破碎机　颚板磨耗》、《复摆颚式破碎机　能耗指标》、《复摆颚式破碎机　金属单耗》、《溢流型球磨机　衬板磨耗》、《溢流型球磨机　能耗指标》、《溢流型球磨机　金属单耗》、《球磨机和棒磨机》、《自磨机和半自磨机》、《液压防爆提升机和提升绞车》、《矿用手持式乳化液钻机》、《矿用初撑力注液装置》、《矿用单体液压支柱用注液装置》、《矿用斜巷行人助行装置》、《耙斗装岩机导向轮、尾轮和制动闸带　技术条件》和《矿用手动拔柱器》	16
2009	JB	《矿用双齿辊破碎机》、《四辊破碎机》、《超重型环锤式破碎机》、《立式原料/熟料辊磨机》、《立磨粉磨系统原料易磨性试验方法》、《物料分选用金属探测仪》、《高频网振筛》、《热矿振动筛》、《超导除铁器》、《立环式电磁感应湿式强磁选机》、《筒型内滤式真空过滤机》、《折带过滤机》、《带式压滤机》、《浅槽型机械搅拌式浮选机》、《电磁双辊强磁选机》、《圆盘真空过滤机用扇形滤板》、《石材矿山开采用金刚石串珠绳锯》和《石材矿山开采组合锯机》	18

(2)标准复审工作。为保证标准的先进性和适用性,按照国家标准管理委员会的要求,全国矿机标委会每年对归口范围内标龄在5年以上的国家标准进行定期复审,得出复审结论对外公布。2006年,对2000年以前(含2000年)批准发布的现行机械行业标准进行了复审,共有120项标准在复审范围内。秘书处在广泛征求标准原负责起草单位意见的基础上,结合国家标准化相关政策,对该120项标准的技术水平、使用情况及存在的问题进行了认真分析研究,逐项提出初审意见,并经全国矿机标委会年会审查,得出最终复审意见后上报中国机械工业联合会。2008年,完成2001~2003年间批复的18项行业标准的复审,2009年完成现行的11项国家标准和100项行业标准的复审清理工作。根据复审公告,全国矿机标委会将逐年安排组织修订完善。

(3)标准发展规划编制情况。2006年,全国矿机标委会牵头组织编制完成《"十一五"重型矿山机械行业标准化发展规划》。该规划立足于满足社会主义市场经济条件下经济建设和重型矿山机械行业发展对标准化工作的要求,就"十一五"期间行业标准化工作的指导思想、工作目标、重点任务、重点领域、重点技术及重点项目,主要措施和建议等进行了分析和叙述,确定了在"十一五"期间矿山机械设备领域标准化重点项目共73项(其中国家标准50项、行业标准23项)。同时,全国矿机标委会还完成了《2005~2007年资源节约与综合利用标准发展规划》(矿山机械行业部分)的编制工作。该规划紧紧围绕国家的宏观政策和国家"十一五"规划,结合行业工作实际,重点分析了矿山机械行业资源节约与综合利用标准化工作的成绩和问题、面临的机遇与挑战,构建了资源节约与综合利用标准体系总体框架,提出矿山机械行业资源节约与综合利用标准化工作的主要目标、范围、内容以及重点领域和重点标准制修订项目。矿山机械行业资源节约与综合利用标准化工作主要体现在产品的能耗指标标准、易磨损件的磨耗指标标准、节能性产品技术性能标准以及排放限值标准等方面。在由国家标准委等14个部门联合发布的《2005~2007年资源节约与综合利用标准发展规划》中,矿山机械行业共有8项标准(国家标准3项,行业标准5项)列入其中。2007年,根据国家标准委和中国机械工业联合会的要求,全国矿机标委会编制了《2008~2010年资源节约与综合利用标准发展规划》(矿山机械行业部分),提出了2008~2010年的重点领域和重点项目建议。这些规划的制定和实施,进一步完善了矿山机械行业标准化体系,提高了标准水平,促进了行业的技术进步。

(4)标准化科研工作。围绕确定的"十一五"期间矿山机械行业标准化工作任务,全国矿机标委会重点与国际同步发展组织制定了矿山机械产品安全要求标准,探索制定矿山机械行业资源节约与综合利用标准。同时进一步加大了标准化前期科研力度,在秘书处单位洛阳矿山机械工程设计研究院有限责任公司分年度组织开展了矿用破磨设备能耗标准、材料消耗(包括易损件)标准和矿用提升设备能耗标准研究课题,同时承担科技部科研院所社会公益研究项目《矿用设备安全标准研究》。这些科研项目的实施,促进了矿山机械行业标准化工作的进一步发展和提高。

(5)标准宣贯和行业技术服务。配合国家开展的煤矿用和矿用产品安全标志认证及产品许可证管理等工作,全国矿机标委会以组织召开研讨会议、编制宣贯材料等形式,组织了矿用提升设备安全标准和资源节约与综合利用等方面标准的宣贯活动,重点做好标准的解释和咨询服务工作,指导行业单位正确理解和使用标准。

利用信息技术实现标准化管理与服务网络化,实现资源共享,是提高标准化工作效率和透明度的有效途径,更是提高标准化服务水平的重要手段。为此,秘书处于2005年底开通了"全国矿山机械标准化技术委员会"门户网站(www.kbxh.org.cn)。网站设有标委会动态、标准制修订工作、标准发布、行业产品和科技动态、热点新闻、标准查询等20多个栏目,及时刊登标委会活动动态和标准化信息,提供网上标准查询服务等。该网站作为面向社会的专业性网站,有效构筑了标准化信息平台,提高了标委会的管理水平和工作效率。

2006年,国家标准委设立了中国标准创新贡献奖,以促进国民经济又好又快发展,全面提升我国标准化工作水平,充分发挥标准化工作在建设创新型国家中的技术支撑作用,引导和推动标准化领域的科技进步,调动标准化工作者的积极性和创造性。中国标准创新贡献奖是当前全国标准化领域的最高荣誉。由洛阳矿山机械工程设计研究院负责、众多行业单位参加起草的矿用提升设备产品安全标准(包括GB 20181—2006《矿井提升机和矿用提升绞车 安全要求》、GB 20180—2006《矿用辅助绞车 安全要求》和GB/T 20961—2007《单绳缠绕式矿井提升机》3项国家标准)被国家标准委评为2008年度中国标准创新贡献奖二等奖。

2. 2010年矿山机械行业标准化工作重点

矿山机械标准化工作的宗旨是:根据国家颁布的《国家中长期科学和技术发展规划纲要(2006~2020年)》和《标准化"十一五"发展规划》,结合矿山机械行业产品、技术发展的实际情况,积极贯彻采用国际标准和国外先进标准,以市场为导向,以企业为主体,以提高自主创新能力、推进行业产品结构调整为重点,加强与科研工作的紧密结合,促进标准制定与科研、产业化及技术更新同步。2010年矿山机械行业标准化工作的重点任务是:

(1)组织编制矿山机械行业"十二五"标准化发展规划。在充分研究国家相关产业政策的基础上,结合国家标准化体系建设工程,重点分析行业发展对标准化工作的需求,研究确定行业标准化发展的重点领域和标准制修订重点项目。

(2)适应行业发展需要和实现科研成果的同步转化,解决新型和大型化矿山机械装备标准的缺失问题,重点组织矿井提升设备能耗指标和检测方法国家标准及国内自主创新的地下无轨开采设备(主要是地下铲运机和运矿车)、高压辊磨机、强力圆锥破碎机、矿物气流磨等产品技术要求标准的研究制定。重视行业量大面广的产品和通用零部件基础标准，如振动器和新型闸控系统等，进一步提高行业标准水平。

(3)适时召开电气设备和液压传动与控制设备两个分技术委员会成立大会，研究确定近期工作重点任务，实现其有效运行。

(4)注重与国际标准接轨，创造条件积极探索参与国际标准制定，促进自主创新产品进入国际市场。

(5)加强重点标准的宣传贯彻，进一步做好行业技术服务工作。

(6)与行业产品技术发展同步，组织开展矿山机械产品可靠性标准的前期研究制定工作。

〔撰稿人：洛阳矿山机械工程设计研究院有限责任公司杨现利　审稿人：洛阳矿山机械工程设计研究院有限责任公司邹声勇〕

物料搬运(起重运输)机械行业标准化工作情况

物料搬运(起重运输)机械包括起重机械、连续搬运机械、工业车辆和物流仓储设备。截至2009年底，物料搬运(起重运输)机械行业已经制定标准370项，其中国家标准156项(包括强制性标准11项、推荐性标准145项)，行业标准214项。这些标准对于提高物料搬运机械产品质量、降低生产成本、规范市场秩序、保障健康和安全及促进贸易发挥了重要作用。

一、国内现行标准情况

1. 起重机械标准化工作情况

全国起重机械标准化技术委员会SAC/TC227(以下简称“起重机标委会”)成立于1997年，是在我国起重机械行业标准化工作按管辖产品分别由原机械部、交通部、建设部和铁道部等几个部门归口管理的情况下，成立的一个跨行业、跨部门的标准化技术委员会，标志着我国起重机械标准化工作进入一个新阶段。该技术委员会与国际标准化组织ISO/TC96(起重机技术委员会)和ISO/TC111(钢制圆环链、吊链、部件及附件技术委员会)是对口单位。

起重机标委会每五年换届一次，成立至今共经历了两次换届，第三届起重机标委会成立于2009年5月，共由46名委员组成，主任委员由北京起重运输机械设计研究院担任，副主任委员5名，由上海振华重工(集团)股份有限公司等起重机械行业的龙头企业担任；秘书长1名，秘书处设在北京起重运输机械设计研究院。换届后的标委会构成更加合理，覆盖的产品种类更加齐全，从而使标委会能更好地发挥作用。

为贯彻落实党和国家领导人对标准化工作的重要指示精神，充分发挥标准化工作在我国国民经济和社会发展中的技术支撑作用，实现标准化事业的跨越性发展，起重机械行业根据发展需求及与ISO/TC96接轨的需要，2008年和2009年，陆续成立了塔式起重机分技术委员会(SAC/TC227/SC1)、流动式起重机分技术委员会(SAC/TC227/SC2)、桥式和门式起重机分技术委员会(SAC/TC227/SC3)、臂架起重机分技术委员会(SAC/TC227/SC4)、停车设备工作组(SAC/TC227/WG1)和千斤顶工作组(SAC/TC227/WG2)，上述各分技术委员会和工作组共有委员、专家和顾问203人。

起重机标委会自1997年成立至今，已组织制定修订200多项起重机械国家标准和行业标准，包括修订GB/T 3811—1983《起重机设计规范》、GB 6067—1985《起重机械安全规程》及制定JB/T 10559—2006《起重机械无损检测　钢焊缝超声检测》等重要标准。作为ISO/TC96具有表决权的积极成员(P成员)国代表，先后7次组团参加国际标准化组织ISO/TC96国际会议。通过十几年的工作，起重机标委会为推动我国起重机械的技术进步、吸收国外先进技术发挥了重要作用。

截至2009年底，我国起重机械共有现行有效标准218项，其中国家标准113项(包括强制性标准8项和推荐性标准105项)，机械行业标准105项。

2009年，共完成44项国家标准和6项机械行业标准的制定修订工作，并完成了如下重要标准的制定、修订工作及其他工作。

(1)重点制定、修订的国家标准和行业标准。2009年重点完成了如下标准的制定、修订工作：①制定国家标准《集装箱正面吊运起重机　技术条件》；②制定强制性国家标准《架桥机安全规范》和国家标准《架桥机通用技术条件》；③制定国家标准《桥式抓斗卸船机》；④修订GB/T 14405—1993《通用桥式起重机》和GB/T 14406—1993《通用门式起重机》；⑤制定、修订《起重吊钩　第1部分：机械性能、起重量、应力及材料》等15项国家标准；⑥制定国家标准《机械式停车设备　术语》和《机械式停车设备　分类》；⑦修订JB/T 7688.14—1999《冶金起重机技术条件　板坯搬运起重机》和JB/T 7688.15—1999《冶金起重机技术条件　铸造起重机》。

(2)起重机械行业标准的复审。根据中国机械工业联合会秘书处〔2009〕22号文“关于开展2009年度机械行业标准复审工作的通知”的安排，起重机标委会组织完成了对51项起重机械行业标准的复审，其中14项限期有效，6项加快程序修订，27项修订，4项废止。

（3）起重机械国家标准体系建设。根据国家标准化管理委员会国标委综合〔2009〕40号“关于实施国家标准化体系建设工程的通知”的要求，完成了起重机械标准体系建设工作，包括编制3个表（体系框架表、标准体系表、全国专业标准化技术委员会体系表）及3个说明性材料（标准现状分析、重点领域和关键技术标准研制、标准化技术委员会优化）。

（4）工业标准体系现状分析。根据中国机械工业联合会机联秘标〔2009〕168号“关于开展编制《工业标准体系现状分析报告》（机械工业部分）的通知”的要求，在时间短、任务重的情况下，按时完成了《起重机械标准体系现状分析报告》。

（5）上报委员信息。根据国家标准化管理委员会标委综合函〔2009〕16号“关于报送全国专业标准化技术委员会委员信息的通知”的要求，完成了对全国起重机械标准化技术委员会及下属的3个分技术委员和2个工作组共计164名委员信息的统计上报工作。

（6）配合特种设备开展的工作。配合国家质量检验检疫总局解决特种设备型式试验中发现的问题，针对“如何确定双小车、三小车桥式起重机的额定起重量等问题”、“铝电解多功能起重机型号中额定起重量的表示”及“对防爆电动抓斗桥式起重机有关问题的问询”，组织对全国起重机械标准化技术委员会桥式和门式分技术委员会委员及起重机械行业的专家征求意见，并将汇总意见以分技术委员会公文的形式，上报国家质检总局特种设备安全监察局。

（7）开展重要标准的宣贯工作。为更好地贯彻实施GB/T 3811—2008《起重机设计规范》，2008年至2009年，先后在上海市、郑州市、大连市、无锡市、成都市和北京市分别举办了7期“国家标准GB/T 3811—2008《起重机设计规范》宣贯会”，受到了起重机械行业企业的欢迎和普遍认可。另外，为配合制动器的发证工作，更好地贯彻JB/T 6406—2006《电力液压鼓式制动器》等6项机械行业标准，在郑州市组织召开了“制动器制造许可条件研讨会和制动器标准宣贯会”，受到了制动器行业企业的好评。

2. 连续搬运机械标准化工作情况

2007年以前，连续搬运机械的标准化归口管理工作一直由北京起重运输机械设计研究院负责。根据国家标准化管理委员会国标委综合〔2008〕44号“关于成立全国连续搬运机械标准化技术委员会（SAC/TC331）的批复”的要求，2008年7月2日，全国连续搬运机械标准化技术委员会（以下简称“连续搬运机械标委会”）在北京正式成立。连续搬运机械标委会由国家标准化管理委员会领导，中国机械工业联合会负责指导和日常管理。该技术委员会是在连续搬运机械专业领域内从事全国标准化工作的技术工作组织，负责输送机械、给料机械、装卸机械及液力偶合器等液力传动机械领域的标准化工作。国内编号为SAC/TC331，与ISO/TC101（连续机械搬运设备技术委员会）对口。

第一届连续搬运机械标委会共由30名委员组成，主任委员由北京起重运输机械设计研究院担任，副主任委员2名，由龙头企业北方重工集团有限公司和大连重工·起重集团有限公司担任；秘书长1名，秘书处设在北京起重运输机械设计研究院。

截至2009年底，我国连续搬运机械行业共有现行有效标准101项，其中国家标准22项（包括强制性标准2项和推荐性标准20项），机械行业标准79项。

2009年，共完成国家标准《埋刮板输送机　型式与基本参数》、《埋刮板输送机　技术条件》、《埋刮板输送机　试验方法》的整合修订和JB/T 3927—1999《移动带式输送机》的修订工作，并完成了如下其他工作。

（1）连续搬运机械行业标准的复审。根据中国机械工业联合会秘书处〔2009〕22号文“关于开展2009年度机械行业标准复审工作的通知”的安排，连续搬运机械标委会组织对41项机械行业标准进行了复审，复审结果18项限期有效，3项加快程序修订，19项修订，1项废止。

（2）连续搬运机械国家标准体系建设。根据国家标准化管理委员会文件国标委综合〔2009〕40号“关于实施国家标准化体系建设工程的通知”的要求，完成了连续搬运机械标准体系建设工作，包括编制3个表（体系框架表、标准体系表、全国专业标准化技术委员会体系表）及3个说明性材料（标准现状分析、重点领域和关键技术标准研制、标准化技术委员会优化）。

（3）工业标准体系现状分析。根据中国机械工业联合会机联秘标〔2009〕168号“关于开展编制《工业标准体系现状分析报告》（机械工业部分）的通知”的要求，在时间短、任务重的情况下，按时完成了《连续搬运机械标准体系现状分析报告》。

（4）正在进行的标准制定修订项目。2009年，根据《2008年行业标准项目计划（机械工业部分）》、《2009年第一批工业行业标准制修订计划（机械工业部分）》和《2009年第二批工业行业标准制修订计划（机械工业部分）》的安排，正在制定机械行业标准《摩擦驱动输送机》、《刮板式堆取料机》和《桥式斗轮取料机》；正在修订《中型板式给料机》、《重型板式给料机》、《带式输送机用逆止器》、《圆管带式输送机》、《普通型、限矩型液力偶合器　铸造叶轮　技术条件》和《调速型液力偶合器　叶轮　技术条件》。

3. 工业车辆标准化工作情况

2007年以前，工业车辆的标准化归口管理工作一直由北京起重运输机械设计研究院负责。根据国家标准化管理委员会国标委综合〔2008〕41号“关于成立全国工业车辆标准化技术委员会（SAC/TC332）的批复”的要求，2008年6月29日，全国工业车辆标准化技术委员会（以下简称“工业车辆标委会”）在北京正式成立。工业车辆标委会由国家标准化管理委员会领导,中国机械工业联合会负责指导和日常管理。该技术委员会是在工业车辆专业领域内从事全国标准化工作的技术工作组织,负责机动工业车辆、非机动工业车辆、工业车辆用车轮和脚轮的标准化工作。工业车辆标委会国内编号为 SAC/TC332 与 ISO/TC110(工业车辆技术委员会)对口。

第一届工业车辆标委会共由 34 名委员组成,其中主任委员由北京起重运输机械设计研究院担任,副主任委员 7 人,由安徽合力股份有限公司、浙江杭叉工程机械股份有限公司等龙头企业担任;秘书长 1 名,秘书处设在北京起重运输机械设计研究院。

截至 2009 年底,我国工业车辆行业共有现行有效标准 37 项,其中国家标准 21 项(包括强制性标准 2 项和推荐性标准 20 项),机械行业标准 16 项。

2009 年,共完成《集装箱空箱堆高机》等 4 项国家标准和《侧面式叉车》1 项机械行业标准的制定、修订工作,重点完成了如下标准的制定、修订工作及其他工作。

(1)制定国家标准《集装箱空箱堆高机》。我国从 20 世纪 80 年代开始研制和生产集装箱空箱堆高机,但一直未制定相应的产品标准。随着科学技术的发展,集装箱空箱堆高机的需求量逐年递增,生产集装箱空箱堆高机的生产厂也在增加。为了规范市场,并为特种设备检验提供依据,制定《集装箱空箱堆高机》国家标准已迫在眉睫。该标准的制定将为我国集装箱空箱堆高机产品的技术进步提供科学依据。集装箱空箱堆高机标准的稳定性要求是参照有关国际标准,根据我国当前集装箱空箱堆高机的技术水平和国外集装箱空箱堆高机的发展趋势制定的。该标准技术要求比较先进,能够适应当前市场及今后技术发展的需求,达到了国内先进水平。

(2)工业车辆行业标准的复审。根据中国机械工业联合会秘书处〔2009〕22 号文“关于开展 2009 年度机械行业标准复审工作的通知”的安排,全国工业车辆标准化技术委员会秘书处组织对 4 项机械行业标准进行了复审,复审结果 4 项均为限期有效。

(3)工业车辆国家标准体系建设。根据国家标准化管理委员会国标委综合〔2009〕40 号“关于实施国家标准化体系建设工程的通知”的要求,完成了工业车辆标准体系建设工作,包括编制 3 个表(体系框架表、标准体系表、全国专业标准化技术委员会体系表)及 3 个说明性材料(标准现状分析、重点领域和关键技术标准研制、标准化技术委员会优化)。

(4)工业标准体系现状分析。根据中国机械工业联合会机联秘标〔2009〕168 号“关于开展编制《工业标准体系现状分析报告》(机械工业部分)的通知”的要求,在时间短、任务重的情况下,按时完成了《工业车辆标准体系现状分析报告》。

(5)正在进行的标准制定、修订项目。根据《2007 年第五批制修订国家标准计划》、《2009 年第二批国家标准制修订计划》的安排,正在制定国家标准《手推升降平台搬运车》、《工业车辆　电气要求》、《工业车辆安全　噪声辐射的测量方法》和《工业车辆安全　振动的测量方法》;正在修订 GB/T 18849—2002《机动工业车辆　制动器性能和零件强度》。

4. 物流仓储设备标准化工作情况

根据国家发展和改革委员会的批复,2006 年 9 月 17 日,机械工业物流仓储设备标准化技术委员会在北京正式成立,编号为 CMIF/TC10。机械工业物流仓储设备标准化技术委员会主要负责有轨巷道式堆垛机、无轨巷道堆垛机、桥式堆垛起重机、搬运车辆、出入库输送设备、剪叉式升降台、垂直提升机、自动导向车、货架、分拣设备、拆码垛机器人等国家及行业标准制定、修订工作。该技术委员会共由 26 名委员组成,设主任委员 1 人,由北京起重运输机械设计研究院担任,副主任委员 1 人,由云南昆船设计研究院担任;秘书长 1 人,秘书处设在北京起重运输机械设计研究院。

为解决行业条块分割的问题,使物流仓储设备的标准化工作能够有序开展;同时,为使物流仓储设备标准化工作能够适应飞速发展的物流仓储业和国际贸易的需要,加快物流仓储设备行业标准化工作与国际接轨,以及提高物流仓储设备的产品质量,2008 年 8 月 4 日,国家标准化管理委员会批准筹建“全国物流仓储设备标准化技术委员会”。该技术委员会负责制定、修订物流仓储设备领域国家标准,秘书处承担单位为北京起重运输机械设计研究院、南京市产品质量监督检验院、南京音飞货架制造有限公司和江苏六维物流设备实业有限公司。

截至 2009 年底,物流仓储设备行业共有现行有效标准 14 项,均为机械行业标准。

2009 年,物流仓储设备行业正在修订 JB/T 5319.2—1991《有轨巷道堆垛起重机　安全规范》和 JB/T 9018—1999《有轨巷道式高层货架仓库设计规范》,正在制定 1 项行业标准《立体仓库组合式钢结构货架技术条件》,并完成了如下工作:

(1)物流仓储设备机械行业标准的复审。根据中国机械工业联合会秘书处〔2009〕22 号文“关于开展 2009 年度机械行业标准复审工作的通知”的安排,机械工业物流仓储设备标准化技术委员会秘书处组织对 2 项标准进行了复审,复审结论 2 项均为废止。

(2)物流仓储设备国家标准体系建设。根据国家标准化管理委员会国标委综合〔2009〕40 号“关于实施国家标准化体系建设工程的通知”的要求,完成了物流仓储设备标准体系建设工作,包括编制 3 个表(体系框架表、标准体系表、全国专业标准化技术委员会体系表)及 3 个说明性材料(标准现状分析、重点领域和关键技术标准研制、标准化技术委员会优化)。

(3)工业标准体系现状分析。根据中国机械工业联合会机联秘标〔2009〕168 号“关于开展编制《工业标准体系现状分析报告》(机械工业部分)的通知"的要求,在时间短、任务重的情况下,按时完成了《物流仓储设备标准体系现状分析报告》。

二、国际标准化工作情况

实质性参与国际标准化组织活动,加速与国际标准接轨

(1)2009年国际标准文件管理及投票情况。日常负责国际标准化组织的4个技术委员会ISO/TC96(起重机技术委员会)、ISO/TC101(连续搬运机械技术委员会)、ISO/TC110(工业车辆技术委员会)和ISO/TC111(钢制圆环链、吊链、部件及附件技术委员会)国内对口的标准化技术业务工作,包括国际标准文件的登记、存档工作,并负责对国际标准文件的投票。2009年共收到ISO/TC96文件118个:其中投票文件18个(实际投票18个),正式国际标准5个,其他文件95个。收到ISO/TC110文件22个:其中投票文件11个(实际投票11个),正式国际标准3个,其他文件8个。收到ISO/TC111文件16个:其中投票文件9个(实际投票9个),正式国际标准1个,其他文件6个。

(2)2009年参加国际会议情况。北京起重运输机械设计研究院组成9人代表团于2009年5月10日至21日赴英国伦敦参加了ISO/TC96(起重机技术委员会)2009年系列会议。来自澳大利亚、中国、法国、德国、印度、日本、韩国、马来西亚、俄罗斯、南非、英国、美国、芬兰13个国家的代表出席了会议。此次系列会议包括各个分技术委员会SC2(术语分技术委员会)、SC3(钢丝绳的选择分技术委员会)、SC4(试验方法分技术委员会)、SC5(使用、操作和维护分技术委员会)、SC6(流动式起重机分技术委员会)、SC7(塔式起重机分技术委员会)、SC8(臂架起重机分技术委员会)、SC9(桥式和门式起重机分技术委员会)和SC10(设计原则和要求分技术委员会)的会议,以及ISO/TC96/SC10/WG1工作组会议和ISO/TC96大会。系列会议期间,每天一般有2个分技术委员会分别召开会议,讨论各自关心的议题。此次会议是中国继2003年5月份组团参加于南非德班召开的2003年ISO/TC96系列会议以来,第七次组团参加ISO/TC96的系列会议。此次会议,中国派专家参加了NWI 10245—2《起重机——限制器和指示器——第2部分:流动式起重机》和WD 12482—1《起重机——起重机设计寿命的监控——第1部分:总则》的标准制定工作组,这是一个非常大的进展。

三、2010年起重运输机械标准化工作的重点任务

2010年是"十一五"的最后一年,也是起重运输机械标准化工作较繁重的一年。2010年起重运输机械行业将完成共计21项国家标准和37项机械行业标准的制定、修订任务,以及编制物料搬运机械"十二五"标准化规划。根据上级主管部门的安排、市场和行业发展需要,围绕科技进步,进一步做好起重运输机械标准的复审工作,提高标准的时效性、协调性和先进性。同时继续开展"起重机械能耗测试方法标准研究";加大对重要标准的宣贯力度,组织做好对GB 6067.1《起重机械安全规程　第1部分:总则》、GB 12602—2009《起重机械超载保护装置》、GB/T 5972—2009《起重机　钢丝绳　保养、维护、安装、检验和报废》等标准的宣贯工作。积极参与国际标准化组织活动,加强国际交流与合作,组团参加于2010年3月17日至18日在法国巴黎召开的ISO/TC110工业车辆技术委员会系列会议和2010年5月30日至6月6日在法国巴黎召开的ISO/TC96系列会议。为充分发挥起重运输机械标准化工作在振兴装备制造业中的基础性作用,增强自主创新能力,提高我国起重运输机械产品的整体水平,扩大起重运输机械产品的出口,起重运输机械标准化工作2010年应更上一个台阶。

〔撰稿人:北京起重运输机械设计研究院赵春晖　审稿人:中国重型机械工业协会肖立群〕

2009年全国特种设备安全状况

一、特种设备的基本情况

1. 特种设备使用情况

2009年全国已办理使用登记的固定式特种设备数量为582.56万台,气瓶1.32亿只,压力管道66.02万km,比2008年增长11.8%。全国现有持证的特种设备作业人员520.02万人,其中2009年考核发证139.1万人,比2008年增长10%。

2009年各类特种设备数量分布及占比见图1。

2. 特种设备生产情况

我国现有特种设备生产(含设计、制造、安装、改造、维修、气瓶充装)单位47 565家,比2008年增长12%;持有特种设备许可证48 508张。

2009年特种设备生产单位数量分布及占比见图2。

3. 特种设备安全监察和检验检测情况

截至2009年底,全国质检系统共设置特种设备安全监察机构3 049个,其中国家级1个、省级32个、市级460个、县级2 556个。全国特种设备安全监察人员共9 624人。

全国现有特种设备综合性检验机构518个，其中质检部门所属检验机构329个，行业检验机构及企业自检机构189个。另外还有型式试验机构18个，无损检测机构221个，气瓶检验机构1 728个。检验机构人员共56 372人，其中质检部门所属检验机构23 478人。

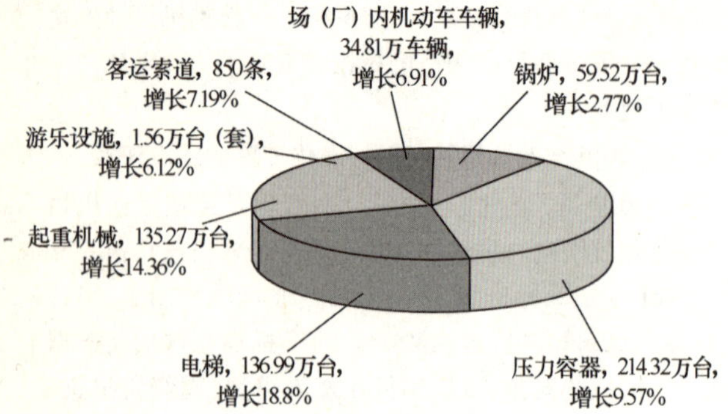

图1　2009年各类特种设备数量分布及占比

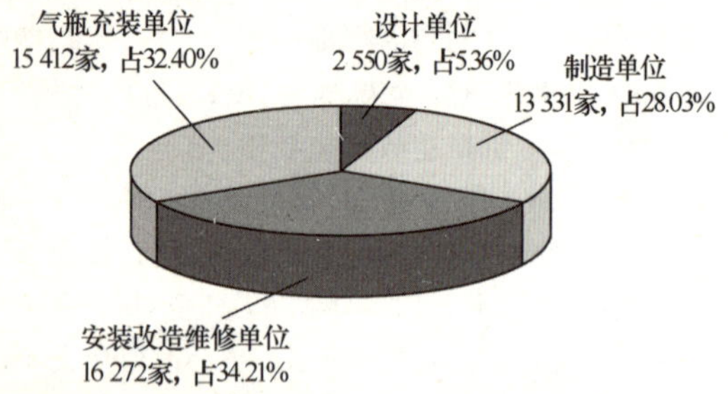

图2　2009年特种设备生产单位数量分布及占比

2009年全国各级质检部门开展特种设备执法监督检查77.6万次，责令整改各类问题23.7万个。特种设备检验机构对445.46万台特种设备及元部件的制造过程进行了监督检验，发现并督促企业处理质量安全问题3.74万个；对56.96万台特种设备安装、改造、维修过程进行了监督检验，发现并督促企业处理质量安全问题18.44万个；对269.64万台在用特种设备进行了定期检验，发现并督促企业处理质量安全问题116.76万个。

二、特种设备安全状况

1. 事故总体情况

2009年共发生特种设备事故380起，死亡315人，受伤402人，直接经济损失6 181万元。其中，较大事故101起，未发生重大事故和特别重大事故。与2008年相比，事故总起数增长24%，死亡人数减少1%，受伤人数减少13%，直接经济损失减少37%。

以实际在用特种设备数量计，2009年万台设备事故起数为0.92起，万台设备死亡人数为0.76人。与2008年相比，万台设备事故起数增长24.3%，万台设备死亡人数下降7.3%，死亡人数控制在国务院安全委员会下达的特种设备安全生产控制指标之内。

事故起数增加主要原因是新修改的《特种设备安全监察条例》将没有人员伤亡的锅炉、压力容器、压力管道爆炸，有毒介质泄露导致人员转移，客运索道、大型游乐设施高空滞留人员，电梯轿厢滞留人员和起重机械整体倾覆等情况定义为事故，另外将场（厂）内专用机动车辆纳入条例调整范围，扩大了事故范围和统计口径，导致事故起数呈现较大幅度上升。若以事故死亡人数这一相同口径比较，事故状况仍继续保持平稳态势。2001～2009年万台设备事故起数走势见图3。2004～2009年万台设备事故死亡人数走势见图4。

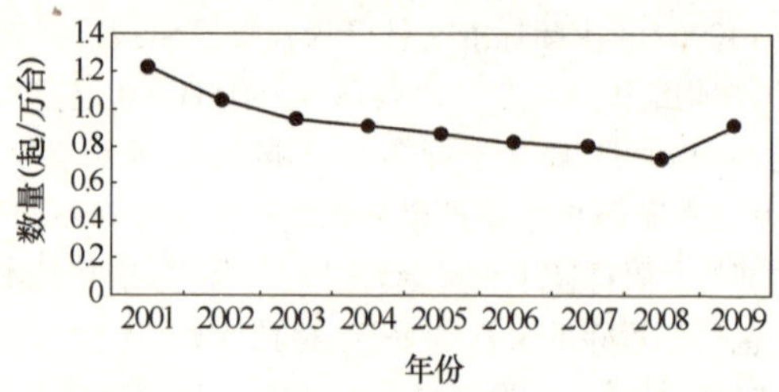

图3　2001～2009年万台设备事故起数走势

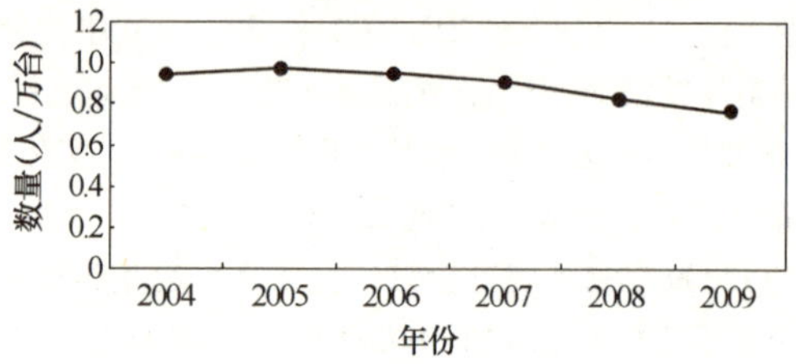

注：万台设备事故死亡人数从2004年开始统计。

图4　2004～2009年万台设备事故死亡人数走势

2. 事故特点

（1）起重机械、电梯、场（厂）内专用机动车辆事故呈高发态势。在380起事故中，起重机械事故69起，电梯事故45起，场（厂）内专用机动车辆事故42起，该三类设备事故数量占事故总数的41.1%。

2008～2009年各类特种设备事故起数见图5。

（2）场（厂）内专用机动车辆、大型游乐设施、压力管道、气瓶事故上升幅度较大。与2008年相比，场（厂）内专用机动车辆、大型游乐设施、压力管道、气瓶事故起数分别上升180%、133%、80%和73%，电梯、起重机械事故增长势头初步得到遏制；锅炉、压力容器事故保持平稳。

（3）事故主要发生在使用环节。发生在使用环节的事故有258起，占事故总数的67.9%。气瓶事故主要发生在充装运输存储、安装（拆卸）环节和维修改造环节。此外，特种设备其他相关事故也主要发生在使用环节。

（4）事故的行业分布状况。按照国家统计局行业分类标准，特种设备事故主要发生在制造业、建筑业和交通运输、仓储、邮政业。发生在上述三个行业的特种设备事故起数分别占事故总数的39%、18%和10%。从设备分类看，锅炉事故主要发生在食品、饲料、服装、建材等加工业以及宾馆、餐饮、洗浴等服务业，压力容器事故主要发生在燃气、化工、轻工业，压力管道事故主要发生在化工和食品加工业，电梯事故主要发生在商场、宾馆、医院、地铁等场所及居民住宅，起重机械事故主要发生在房屋建筑工地和冶金、机械、建材、造船等行业，场（厂）内专用机动车辆事故主要发生在矿山、建材、物流业，大型游乐设施事故主要发生在公园和景区。

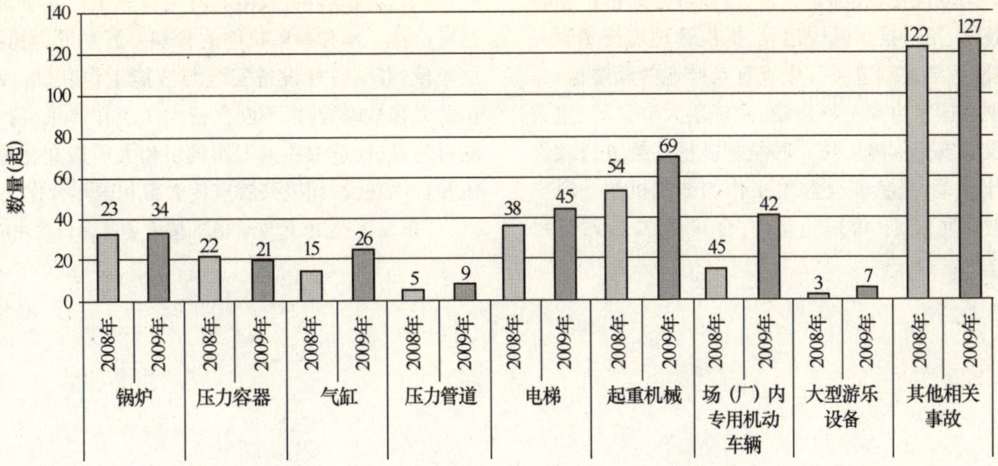

图5　2008～2009年各种特种设备事故起数

(5)事故的地区分布状况。发生在东、中、西部地区的特种设备事故分别占事故总数的53%、30%和17%，与特种设备数量的地区分布状况基本一致。

3. 事故原因

从监管环节上看，违规使用特别是违章作业仍是造成事故的主要原因，约占事故总数的66%。具体表现为作业人员操作不当、违章操作甚至无证作业、维护缺失、管理不善、使用不合格设备等。因设备制造、安装以及运行过程中产生的质量安全缺陷导致的事故约占事故总数的15%。

从设备种类上看，场(厂)内专用机动车辆、起重机械、电梯、气瓶等运动、移动设备事故易发多发。

从技术层面看，锅炉缺水、压力容器和压力管道中危险化学品介质泄漏、氧气瓶内混有油脂、电梯维保过程中人员安全防护措施不当、起重机械的机械隐患、场(厂)内专用机动车辆行驶中撞压等是造成事故的重要原因。

三、2009年特种设备安全监察工作实施情况

(1)扎实开展特种设备安全"三项行动"。按照国务院和质检总局关于"质量和安全年"、"安全生产年"的统一部署，开展特种设备安全执法、治理和宣传教育"三项行动"。

(2)圆满完成国庆60周年特种设备安保任务。总局配合相关部门做好国庆彩车安装、焰火燃放等使用的起重机械、国庆游行彩车、"飞猫"摄像系统、北京市国庆游园活动相关的682台(套)特种设备及氦气钢瓶的安全保障工作。同时组织全国其他地区质监部门集中开展特种设备隐患排查治理和监督检查工作，为国庆60周年创造良好氛围。

(3)积极服务经济平稳较快发展。积极推进高耗能特种设备节能降耗，全年推动实现节约标准煤1 271万t。服务装备制造业和石化产业调整振兴，推广应用新技术，降低设备制造特别是大型成套石化装置的安装、检修和运营成本；探索在工业园区建立公共检测技术服务平台，促进压力管道元件产业集群健康发展。服务重大工程和重大活动，组织做好西气东输二线、高速铁路公路、神华煤直接液化等重大项目和春节、"两会"、花博会、世博会、全运会、大冬会、亚运会、西博会、博鳌论坛等重大活动相关特种设备的安全保障工作。

(4)着力推进工作机制改革创新。在建立战略管理机制，研究制定《特种设备安全发展战略纲要》、法规标准体系战略、"十二五"特种设备安全科技规划等方面取得积极进展。深化行政许可改革，下放许可权限，合理调整压力管道元件制造许可条件，延长作业人员证书复审期限，建立全国特种设备公示查询网。探索检验工作改革，科学调整电梯监督检验与定期检验的方式和项目，建立科技投入和宣传教育保障机制。

(5)切实加强基础工作和自身建设。积极推进法规标准、动态监管、安全责任、风险管理、绩效评价和科技支撑6个工作体系建设。特种设备安全法立法工作取得积极进展，完成了条例修改，制定了2个规章，制修订了13个安全技术规范。积极探索落实地方政府责任、多部门联动和责任考评机制，以及企业安全管理标准化、安全责任保险等。积极推进基于风险的分类监管，建立事故调查处理及应急管理专门机构及队伍和多部门协调机制，不断完善事故数据库、预案库、专家库，组织开展大量应急演练，扩大安全监察机构绩效评价的试点应用范围。成立全国特种设备科技协作平台，组织"十一五"国家科技支撑计划项目"生命线工程安全保障关键技术与工程示范"验收。

四、2010年特种设备安全监察工作重点

按照国务院继续深入开展"安全生产年"活动和总局大力开展"质量提升"活动的部署，围绕安全生产工作"三个突出"、"三个加强"以及总局加快建立大质量工作机制、大质检文化建设的总体要求，重点抓好五大方面的工作：一是狠抓特种设备使用环节安全监管，严防重特大事故。完善使用环节安全监管规章规范，创新使用环节的安全监管机制，加强事故多发设备和薄弱环节的监管，加强对特种设备作业人员的监管。二是全面推进高耗能特种设备的节能工作，促进发展方式转变和经济结构调整。完善节能监管的工作格局、有效机制和方法措施，实施节能工程，扎实推进规范标准、技术能力、宣传教育等节能监管基础工作。三是创新服务经济平稳较快发展的有效措施，促进经济社会又好又快发展。采取优化规范标准、改进行政许可、推广新材料新工艺新技术、推进技术机构建设、提供管理和技术服务等措施,积极服务装备制造和石化等重点产业的调整振兴、区域经济发展和国家重点工程建设,做好重大节假日、重大活动的特种设备安全保障工作。四是积极稳妥推进行政许可和检验工作改革,完善安全监察工作的体制机制。科学合理调整行政许可类别、级别和条件,合并、减少行政许可项目,下放行政许可权限。研究检验工作改革试点方案,加强对检验工作和检验机构的管理。五是着力抓好基础和基层建设,夯实特种设备安全与节能工作基础。加强监管理论研究和战略管理,不断完善六个工作体系,着力加强基层能力建设,推进大质量工作机制和大质检文化建设,加强队伍和行风建设,积极开展宣传教育和国际合作交流。

〔撰稿人:国家起重运输机械质量监督检验中心王顺亭〕

中国重型机械工业年鉴2010

政策法规

与重型机械行业有关的政策法规

It carries the policies, laws and regulations related to the heavy machinery industry

政策法规

机械基础零部件产业振兴实施方案

（工业和信息化部2010年10月11日）

机械基础零部件(主要指:轴承、齿轮、模具、液压件、气动元件、密封件、紧固件等)是装备制造业不可或缺的重要组成部分,直接决定着重大装备和主机产品的性能、水平、质量和可靠性,是实现我国装备制造业由大到强转变的关键。为落实《装备制造业调整和振兴规划》,提升基础零部件发展水平,推动产业结构优化升级,特制定本方案。本方案实施期为2010~2012年。

一、现状与问题

(一)现状

机械基础零部件品种规格繁多,量大面广,为航空航天、兵器、机械制造、交通运输、建设工程、冶金矿山、石油化工、电力能源、电子通信、轻工纺织等装备提供配套,并广泛应用于社会生活的各个方面。经过多年发展,我国机械基础零部件制造业已经形成门类较齐全、规模较大、具有一定竞争力的产业体系。

目前,我国拥有机械基础零部件规模以上企业8 000多家。进入21世纪后,我国机械基础零部件制造业连续多年保持20%以上增速,国内市场占有率65%左右,重大装备配套水平显著提高,已成为机电产品出口大户,紧固件产量居世界第一位,液压元件、齿轮市场销售额居世界第二位,轴承和模具销售额居世界第三位。

(二)存在的问题

近年来我国装备制造业水平大幅提升,大型成套装备已能基本满足国民经济建设需要,然而基础零部件却无法满足主机配套要求,已成为制约我国重大装备发展的瓶颈。主要问题表现在:

一是科技创新能力薄弱。我国机械基础零部件制造业对材料、工艺缺乏系统研究与应用,基础共性技术研发和实验投入少且分散,技术基础薄弱,原创技术和专利产品少,导致产品早期故障率高、使用寿命短、可靠性差,与世界先进水平相比存在较大差距。

二是产业结构不合理。机械基础零部件产业市场进入门槛低,有效行业监管和企业自律缺失,具有国际竞争力的企业及知名品牌少。中低端基础零部件产品低价恶性竞争严重;高端基础零部件研发、制造能力严重不足。

三是工艺装备落后。我国机械基础零部件制造工艺及装备落后现象长期存在,工艺基础数据积累不足,过程控制能力和工艺保证能力不均衡,制造技术与检测手段落后,致使产品的一致性和稳定性不能满足主机配套需求,严重影响了产品制造水平的提升。

四是新产品进入市场难。检验认证体系不够完备,新产品缺乏实验验证和应用业绩,加上用户和主机企业因受责任风险等因素影响,对使用基础零部件新产品缺乏信心。同时部分用户对新产品质量差的惯性思维,增加了新产品进入市场的难度。

二、指导思想与基本原则

(一)指导思想

按照邓小平理论和“三个代表”重要思想,深入贯彻落实科学发展观,以调整产业结构和转变发展方式为主线,以重大装备需求为依托,以培育专业化企业为载体,着力加强政府引导,着力加强政策扶持,着力加大宣传力度,着力加大研发投入,逐步增强产业核心竞争力和市场占有率,为实现装备制造业由大变强奠定坚实基础。

(二)基本原则

1. 市场主导原则

围绕国家重点工程、重点领域和战略性新兴产业对重大装备的需求,积极发展关键基础零部件,提高市场配套能力。通过健全和完善标准体系,推进第三方产品检验认证制度,建立市场准入和退出机制,规范市场秩序。

2. 创新先导原则

加大研发投入力度,开展关键技术和共性技术研究及产品开发,加强行业公共研发和服务平台建设,培育科技创新领军人才,建立健全以企业为主体,产学研用相结合的技术创新体系,形成持续的创新能力。

3. 结构优化原则

鼓励企业通过兼并重组发展具有国际竞争力的大企业集团,积极引导中小企业向“专、精、特”方向发展,形成优势互补、协调发展的产业格局。

4. 重点突破原则

选择一批基础条件好、需求迫切、带动作用强的领域和产品,加大支持力度,突破发展瓶颈,打造一批具有国际先进水平的产品和知名品牌,带动产业的全面发展。

三、目标

通过3年努力,使我国机械基础零部件制造水平得到明显提高,自主创新能力实现较大提升,产业结构不合理的局面得到改善,逐步扭转基础零部件产业发展严重滞后的被动局面。

突破一批基础零部件制造关键技术,产品技术水平达到21世纪初国际先进水平;研发一批关键基础零部件,掌握一批拥有自主知识产权的核心技术,重大装备基础零部件配套能力提高到70%以上;调整产业和产品结构,发展一批高附加值产品,培育一批具有国际竞争力的专业化强的基础零部件企业及知名品牌；加大技术改造支持力度，着重加强工艺装备及检测能力建设，创建若干行业技术服务平台，完善技术创新体系，夯实技术创新基础。

四、重点任务

（一）围绕重点领域，突破一批关键零部件发展瓶颈

围绕能源开发、交通运输、新农村建设、新材料制备、节能环保与资源综合利用等领域建设所需装备，针对主机配套的轴承、液压件、密封件等关键基础零部件性能水平低、可靠性差等问题，加强基础工艺研究，改善生产条件，加快提升基础零部件质量水平，不断满足各领域装备及战略性新兴产业发展的需要。

1. 高效清洁发电设备配套领域

1.5MW以上风力发电机增速器轴承、发电机轴承和主轴轴承、齿轮传动装置，偏航变桨用液压伺服系统与密封系统，风电塔筒用大规格高强度紧固件，叶片成形模具和电机定子、转子零件大型精密冲压模具；大型水力发电机球阀、转轮叶片、接力器密封系统；核电站二级泵轴承、新型核电主泵三级密封装置、高可靠性核电专用紧固件。

2. 高档轿车及重载卡车配套领域

轿车三代轮毂和重载卡车二代轮毂轴承单元，汽车节能自动变速器及其关键零部件，汽车发动机正时链系统和变速箱齿形链系统，汽车发动机用高强度紧固件，高档轿车覆盖件模具及多工位高精度冲压模具，汽车超强钢板热压成形模具，汽车发动机进气歧管成形模具，汽车整车及零部件装配生产线用气动伺服阀、比例阀和阀岛、定位气缸；制动能量回收型汽车液压混合动力装置。

3. 轨道交通装备和船舶配套领域

时速300km及以上高速动车组、大功率交流传动电力/内燃机车、载重100t铁路重载货车和城市轨道交通车辆用轴承、齿轮传动装置、气动元件及系统；船用大功率高速齿轮传动装置、高转速大功率液力偶合器调速装置，海洋工程用超大模数齿轮齿条传动装置。

4. 工程机械和农业机械配套领域

工程机械用高压柱塞泵/马达、高压液压阀、液力变矩器、动力换挡变速箱、液压电子控制器，千吨级重型运输车齿轮传动装置，全断面掘进机主轴轴承、密封件，大型行走机械用液力变速器及驱动桥箱；半喂入水稻收割机静液压驱动装置（HST），大型拖拉机耕深液压控制系统。

5. 冶金矿山设备配套领域

大型薄板冷热连轧设备、高速线材轧机、森吉米尔轧机用轴承，大型轧机设备用伺服装置和系统；煤矿掘进机、采煤机配套用静液压驱动系统、高转速大功率液力偶合器调速装置，水泥立磨机轴承，液压支架配套的密封材料和密封系统。

6. 电子专用装备及新兴产业配套领域

大规模、超大规模集成电路用引线框架精密多工位级进冲模，集成电路精密封装模具，电子元器件和精密接插件用精密模具，超高速精密冲压模具；高分子复合材料成型设备、生物制药设备、医疗器械所需的精密、超精密模具，CT机轴承，新型化纤设备轴承、智能定位气动执行系统。

7. 高端装备制造业配套领域

高档数控机床用大型精密轴承、高刚度大功率电主轴轴承，基础制造装备用大型铝镁合金压铸模具，重大装备用高速高精传动装置、高精密液压件、密封件及系统；大型飞机配套的轴承、齿轮传动装置、高强度高韧性耐高温复合材料成形模具、液压控制系统，航空用钛合金/铝镁合金紧固件。

（二）加快产业及产品结构调整，增强企业竞争力

积极推动产业和产品结构调整，改变我国基础零部件行业目前存在的低水平制造能力过剩、高水平制造能力不足的局面，提升产业竞争力。

1. 积极培育一批“专、精、特”企业和知名品牌

研究完善相关配套政策，充分利用市场机制和宏观调控手段，鼓励基础零部件企业向专业化分工、细分市场、特色明显的方向发展。培育100家有较大规模、专业化水平高、特色鲜明、具有知名品牌产品的企业。加大知识产权保护，营造公平竞争的市场环境，吸引多种资本投向基础零部件行业，提高企业研发高性能产品的积极性。鼓励企业跨行业、跨所有制兼并重组，整合要素资源，提高集约化生产水平，努力形成若干具有国际竞争力、年销售额超过50亿元的企业集团。

2. 优化特色产业集聚区

依托现有资源，结合基础零部件企业的特点，加大对国内已有轴承、齿轮、液压件、密封件、紧固件等产业集聚区的支持和指导，引导企业向产业园区集聚，加强集聚区铸造、锻造、热处理的集中化生产，培育一批专业化分工、产业链协同、销售收入超100亿元的特色产业集聚区。支持省市建设省级基础零部件新型工业化示范基地，鼓励在具备条件的集聚区建设若干国家级基础零部件“新型工业化示范基地”。建立健全区域性现代制造服务业体系，提高区域配套服务能力，完善技术成果共享机制。鼓励机械基础零部件产业集聚区通过资源整合，在集聚区内形成公共技术研发中心、检测实验中心、培训中心等公共服务机构。

（三）加强基础能力建设，提高产品质量和档次

完善标准体系，加快基础零部件标准制定、修订和宣贯，促进产品质量达标。加大技术改造支持力度，加强基础技术应用研究和检测实验条件建设，搭建面向全行业服务的权威检测实验机构，促进产学研合作，扩大品种，提高质量，提升行业整体技术水平。

1. 完善标准体系，加快标准贯彻实施

结合产品的研究开发和试验验证，制定、修订一批国家标准和行业标准，鼓励企业参与国际标准制定、修订工作，用先进标准支撑行业发展。重点支持设计和制造技术、先进制造工艺及装备、节能减排技术标准的制定、修订，形成完善的标准体系。建立行业标准化工作和信息平台。发挥标准化手段对规范市场的基础性作用，加强标准宣传贯彻，

组织开展重点产品达标工作，推动企业严格执行强制性标准，引导企业积极采用推荐性标准。配合质量监督部门，做好机械基础零部件产品的质量监督管理工作，杜绝无标、违标、降标生产，提高产品质量。加大质量达标产品和企业的宣传力度，创立一批知名品牌。

2. 加大技术改造力度，提高企业工艺装备水平

重点支持关键基础零部件企业技术改造，加强基础研究和检测实验能力建设，提高工艺、技术和装备水平；支持企业进行节能降耗和资源综合利用改造，减少能源、材料消耗和污染物排放；支持利用信息技术和先进适用技术改造传统制造工艺和装备，淘汰“高污染、高消耗”等落后工艺和装备；鼓励将技术改造资金优先用于检测实验条件建设和企业技术中心建设。

3. 搭建公共服务平台，提升行业整体技术水平

依托科研院所、高等院校和检测机构等现有资源，形成一批行业检测实验平台，开展基础零部件强化实验、可靠性和寿命测试试验、产品质量检测检验、材料性能检验，为提高基础零部件质量提供先进的检测实验条件和权威的第三方检测。整合集聚优势资源，在中小企业集聚区形成公共服务平台，为中小企业技术创新提供支撑服务。鼓励有条件的大型企业将检测实验能力向社会开放。

五、保障措施

（一）提高认识，加强组织协调

通过多种形式宣传机械基础零部件在装备制造业发展中的重要地位，提高全社会对基础零部件重要性的认识。各级政府主管部门应根据实施方案确定的目标和任务，结合本地的特点和产业优势，研究制定有利于机械基础零部件产业发展的政策和措施。

（二）发挥政策引导作用，优化产业发展环境

完善标准体系，探索建立机械基础零部件产品认证认可制度，提高产品的质量稳定性。研究开展机械基础零部件“专、精、特”企业认定工作，制定高端机械基础零部件产品推广目录，结合现有产业政策以及研发创新奖励政策，着力营造有利于机械基础零部件产业健康发展的市场环境，引导制造企业开发高附加值产品，加快产品结构转型升级。

（三）加大技术进步投入，促进产业快速提升

加大重点产业振兴和技术改造专项对机械基础零部件产业自主创新和产业化建设项目的支持力度，对引进先进技术后开展消化吸收并产业化的建设项目，国家有关专项资金给予重点支持；加大对公共服务平台的支持力度，优先支持在产业集聚区建立公共（技术）服务平台；鼓励和引导民间资本、外资投向机械基础零部件产业研发领域，推动产业转型升级。

（四）加强基础科技开发，提高自主创新能力

针对机械基础零部件产业存在的突出问题，加强与国家科技支撑计划衔接，着重突破的重大关键技术瓶颈。结合“高档数控机床与基础制造装备”科技重大专项，研究开发高档数控机床与基础制造装备所需要的关键基础零部件，推动将关键零部件国产化水平作为专项主机装备的评价指标。

（五）充分发挥协会的作用，提升行业管理水平

充分发挥行业协会的桥梁和纽带作用，凝聚行业力量，反映行业诉求；加强行业基础数据的统计分析工作，建立行业信息定期发布制度和行业预警制度，引导行业健康快速发展；制定行业自律性行规、行约，逐步形成健康有序的机械基础零部件行业市场；开展“质量兴业”等促进行业质量进步的活动，为产业振兴奠定坚实的基础。

起重机械型式试验规程（试行）

（2003年9月18日发布）

第一条 为加强起重机械安全监察工作，规范起重机械型式试验，提高试验工作质量，根据《特种设备安全监察条例》（国务院令第373号）和《特种设备质量监督与安全监察规定》（原国家质量技术监督局令第13号），制定本规程。

第二条 本规程适用于《特种设备安全监察条例》调整范围内的起重机械及其安全保护装置的型式试验，具体见《起重机械型式试验目录》。

第三条 国家质量监督检验检疫总局（以下简称国家质检总局）负责组织起重机械型式试验工作；地方各级质量技术监督部门负责监督检查。

第四条 起重机械产品和安全保护装置凡属下列情况之一者，应进行型式试验：

（一）首台投入生产的；

（二）产品停产1年后重新投产或转厂生产的；

（三）主要结构、材料、关键工艺、重要机构、安全保护装置有较大改变，影响产品安全性能的；

（四）国家质检总局根据有关法律、法规和安全技术规范提出型式试验要求的。

第五条 型式试验以产品型号规格为基本单位进行，型式试验试验原则如下：

（一）不同型号的系列产品分别进行型式试验；

（二）同一型号的系列产品按照规格（主要参数系列值）从高向低覆盖；

（三）超大型起重机械（即额定起重量大于320t），逐台

进行型式试验。

第六条 型式试验程序如下：

（一）额定起重量小于320t（含320t）的起重机械，型式试验程序为：申请、受理、型式试验、审定特种设备制造许可明细表；

（二）额定起重量大于320t的起重机械和安全保护装置，型式试验程序为：申请、受理、型式试验、备案、公告。

第七条 制造起重机械和安全保护装置的单位，应向国家质检总局特种设备安全监察机构提出型式试验申请。申请时按如下两种情况进行：

（一）额定起重量小于320t（含320t）的起重机械，型式试验同制造许可一并申请，随同制造许可申请报相应许可受理机构；

（二）额定起重量大于320t的起重机械和安全保护装置，型式试验应单独提出申请，报国家质检总局特种设备安全监察机构。

申请时需提交如下材料：

1. 申请单位的法人营业执照的复印件；

2.《特种设备制造许可申请书》；

3. 申请单位的质量手册。

（三）企业集团所属制造单位应按照下列要求申请型式试验：

1. 对于能依法独立承担法律责任的集团公司的子公司或生产厂，应分别单独申请型式试验；

2. 对于不能依法独立承担法律责任的集团公司中的分公司或生产厂，应该由集团公司申请型式试验。

第八条 受理机构接到申请后，应在15个工作日内，分别按照以下规定予以处理：

（一）凡属下列情况之一的，作出不予受理申请的决定，并书面通知申请单位：

1. 申请材料不全的；

2. 申请材料不实的；

3. 申请单位与从事相关特种设备型式试验、监督检验、定期检验或鉴定评审工作机构有关的。

（二）凡不属于上述情况的，应及时作出受理申请的决定，在《申请书》上签署受理申请的意见，并通知申请单位。

第九条 制造单位提出的型式试验受理后，即可约请国家质检总局核准的型式试验机构进行型式试验，并与型式试验机构约定试验时间等事项，型式试验机构应按期完成试验工作。

第十条 承担起重机械型式试验的检验检测机构（以下称型式试验机构）应符合《特种设备检验检测机构管理规定》的要求，由国家质检总局核准，向社会公布后，方可从事起重机械型式试验工作。具体条件和要求按照《特种设备型式试验机构核准规则》等规定执行。

第十一条 型式试验机构应在法律法规规章、安全技术规范、专业等方面对试验人员进行培训和考核。签发报告人员必须按照《锅炉压力容器压力管道及特种设备检验人员资格考核规则》的要求进行培训考核，取得检验师以上资格。试验时，至少有1名具有检验师资格的试验人员参加。

第十二条 型式试验机构必须按照本规程规定和各类型起重机械型式试验细则规定的检验项目、内容、要求与方法进行试验。

各类型起重机械型式试验细则由核准的型式试验机构组织起草，报国家质检总局特种设备安全监察机构备案后实施。

第十三条 制造单位提供的型式试验样机，其主要受力结构件必须在本单位制造。制造单位必须声明拟制造的产品与型式试验样机一致。一旦发现不符合上述规定的，型式试验结果将作无效处理。

第十四条 对于在实验室内无法进行试验的大型起重机械的整机型式试验，申请单位应当提出书面申请，经型式试验机构确认，设备安装地的省局特种设备安全监察机构同意后，可以在使用单位现场进行试验，在使用单位现场进行型式试验时，试验现场应符合下列条件：

（一）试验现场的环境和场地条件应符合相关标准及产品使用说明书的要求；

（二）试验现场应具备必要的安全防护措施，不应有影响起重机试验的物品、设施；

（三）试验现场应设置进行试验的警示牌，禁止与试验无关的人员进入；

（四）试验人员和配合人员应当配备和穿戴试验作业必需的个体防护用品，并遵守安全作业规程。

第十五条 在使用单位现场进行型式试验的样机，试验后应及时更换易损件，经型式试验机构对相关项确认，并履行有关规定程序后方可投入使用。

第十六条 批量生产的设备和安全保护装置型式试验应符合下列要求：

（一）批量生产的轻小型起重设备的型式试验应在由国家质检总局核准的型式试验机构的实验室内进行；

（二）安全保护装置的型式试验应在型式试验样机组装前，由国家质检总局核准的型式试验机构的实验室内进行。整机型式试验时不再单独进行安全保护装置型式试验，安全保护装置的型式试验两年进行1次。

第十七条 型式试验的原始记录表格由检验检测机构根据试验细则的要求统一制定，在本单位正式发布使用。原始记录表中试验项目不得少于规定的试验内容，且应方便现场操作和记录填写。

第十八条 试验过程中，试验人员应当详细记录各个项目的检测情况及试验结果。原始记录填写时，有测试数据要求的项目应填写实测数据；无量值要求的定性项目应用文字表述试验状况和结果；需要另列表格或附图的，应附上表格或附图，保证原始记录的可追溯性。

原始记录必须由具有检验师资格的试验人员和审核人员审核签字，并注明日期。

第十九条 起重机械型式试验的判定规则为：试验细则规定的所有检验和试验项目单项全部合格，则综合判定为合格。试验细则规定的所有检验和试验项目单项出现不合格，则综合判定为不合格。对综合判定为不合格的制造单位，受检单位整改后，仍可以申请进行复检。

第二十条 完成试验工作后，型式试验机构必须在30个工作日内，根据原始记录中的数据和结果，向受检单位出具《型式试验报告》和《型式试验合格证》。

型式试验报告的结论页必须由检验、审核、批准人员签字，并加盖型式试验机构的检验专用章或公章。

《型式试验报告》和《型式试验合格证》一式2份，检验检测机构和申请单位各1份。

型式试验机构同时应将型式试验结果在每月的最后一周按《型式试验单位和产品情况汇总表》要求填好后，报国家质检总局特种设备安全监察机构，其中对于额定起重量大于320t的起重机械和安全保护装置的型式试验，国家质检总局审核确认后备案，并定期公布通过型式试验的单位和产品名单。

第二十一条 对于额定起重量小于320t（含320t）的起重机械，制造单位收到型式试验报告后，应及时上报受理制造许可申请的特种设备安全监察机构，在特种设备制造许可明细表中予以明示。

第二十二条 对于已经取得《特种设备制造许可证》，制造单位增加设备类型和型式，并在额定起重量小于320t（含320t）的起重机械范围内，其型式试验可直接约请型式试验机构进行型式试验，型式试验完成后，制造单位应及时上报相应受理机构更换特种设备制造许可明细表。

第二十三条 获得起重机械《型式试验合格证》的制造单位，必须在该产品铭牌、包装和合格证及说明书上标明《特种设备制造许可证》编号或相应设备型式试验的备案号。

第二十四条 制造单位更改名称时，应在更名后30天内将工商行政管理部门出具的更名证明、新的营业执照和旧的营业执照以及原《型式试验合格证》，报型式试验机构更换证书。同时按规定到相应受理机构更换《特种设备制造许可证》和制造许可明细表或更换型式试验备案表。

第二十五条 凡发现下列情况之一的，国家质检总局应责成制造单位向型式试验机构交回《型式试验合格证》，并向社会公告：

（一）将型式试验合格证书转让给其他制造单位使用的；

（二）私自涂改型式试验合格证书的；

（三）生产产品与型式试验样品不一致的；

（四）申请时弄虚作假的。

第二十六条 申请型式试验的单位对试验结果有异议时，应向型式试验机构提出复检要求；对复检仍有不同意见时，可向国家质检总局提出。国家质检总局将组织专家进行评议，评议的结果为最终结论。

第二十七条 型式试验机构必须对检验工作负责。因型式试验工作失误造成事故的，将按照《特种设备安全监察条例》等有关规定追究检验检测机构和当事人的责任。

国家质检总局定期组织对型式试验机构进行监督抽查。

第二十八条 各地质量技术监督部门在对制造单位进行现场监督时，以及检验机构在机电类特种设备安装监督检验时，应检查相应设备与型式试验结果的一致性。

第二十九条 申请单位应按国家有关规定向型式试验机构交纳试验费用。

第三十条 本规程由国家质检总局负责解释。

第三十一条 本规程自公布之日起实施。

大事记

记载2009年重型机械行业发生的重大事件

It records the important events happening to the heavy machinery industry in 2009

综述
行业篇
市场篇
企业篇
统计资料
标准与质量
政策法规
大事记
附录

大事记

2009年重型机械行业大事记

1月

9日 在国家科学技术进步奖励大会上，中国第一重型机械集团公司（以下简称中国一重）自主研制的世界最大、最先进的150MN（15 000t）水压机被授予“国家科学技术进步奖一等奖”。这是我国重型锻压设备获得的国家最高奖项，标志着我国重型锻压设备已跻身世界先进行列。该机拥有完全自主知识产权，首创了平接式预应力组合框架结构、方立柱16面可调间隙的平面导向结构、特大型整体箱形铸钢上横梁和活动横梁、大型水压机安全保护等13项专利技术；在锻造精度、主机结构、综合性能上都比国际上其他2台同吨位设备更先进，为中国一重赢得了与国际先进同行同台竞争的国际话语权。该机投产两年来已经累计生产13.5万t锻件，均为优级品。

20日 国家发展和改革委员会副主任张国宝致信大连重工·起重集团有限公司（以下简称大连重工），对该公司近年来的创新发展给予充分肯定，并寄予厚望。他说，大连重工这两年走过的振兴之路充分说明，企业只有不断创新才有生命力，才能在竞争中取胜。希望大连重工继续在新产品开发和市场营销上下工夫，把眼光放得更远些，把重大装备通过国内的工程承包和投资等渠道打到国际上去，学习华为公司敢于在国际上竞争和不断科技创新的企业精神，深化国企改革，激励全厂职工、工程技术人员、干部热爱企业，与企业同命运和开拓创新的精神。

月内 由中信重工机械股份有限公司（以下简称中信重工）研制的、具有自主知识产权的、国内首台MZL370大型立磨双行星减速器，经过机、电、液一体化试车获得成功。该产品的研制成功，打破了世界著名传动公司的垄断，为实现大型立磨减速器国产化奠定了良好基础。

2月

17日 上海振华港机（集团）股份有限公司与巴西淡水河谷公司（VALE）在上海签订了9台特大型散料装卸设备的供货合同，包括3台3 000t/h卸船机、2台5 000t/h斗轮取料机、1台10 000t/h斗轮取料机、1台1 500t/h堆料机、1台10 000t/h堆料机及1台10 000t/h装船机，合同总金额达8 000万美元。这是上海振华港机与世界最大的铁矿石巨头签订的境外最大散货设备供应合同，表明上海振华港机除集装箱机械外，在大型散货（矿石、煤炭）装卸设备方面也成为世界市场的知名企业和主力军。

19日 北方重工集团有限公司（以下简称北方重工）与巴西淡水河谷公司签署《阿曼球团成套项目暨合作备忘录》，北方重工获得了4 870万美元的订单，将向巴西淡水河谷的阿曼球团厂提供20条带式输送机和一套取制样系统，以及所有附件及辅助设备。这是北方重工继2008年获得淡水河谷的赛哈苏和莫桑比克项目之后签署的又一大项目。巴西淡水河谷公司是全球第二大矿业公司和全球第一大铁矿石和球团生产商，是举足轻重的国际矿业巨头。在短短不到半年时间，连续与巴西淡水河谷全方位、多领域合作，表明北方重工的国际市场竞争力进一步提高，国际化步伐进一步加快。

20日 太原重型机械集团有限公司（以下简称太重）与天津滨海新区临港产业区在天津举行了合作签约仪式，太重将在天津滨海新区投资建设临港重型装备制造基地项目。这是太重为加快实施国际化战略的重要举措。太重将建设一个占地面积100万m^2、岸线1km的重型装备研制、总装和出口基地，一期投资20亿元。临港重型装备基地将以超大型产品总装为主，主要零部件和加工配套件以太原生产基地供应和外购为主。同时将建设一所高水平的研发中心。项目预计到2012年初具规模，达产后预计年销售收入100亿元，利润总额8亿元，相当于再建一个太重。

28日 大连市政府与中国一重在大连举行了战略合作框架协议签署仪式。中广核集团与中国一重签署了核岛主设备制造合同，中国华电集团公司与华锐风电科技有限公司国家第五期风电特许权北清河300MW主设备合同的签约仪式也同时举行。根据协议，中国一重将在大连建设世界上最大、最具竞争力的大型石化容器和核电设备制造基地，中广核集团将协助和支持中国一重开发全新的产品，使之成为中广核战略上的紧密供货商。中国华电集团公司与华锐风电科技有限公司签约，研发生产300MW主设备合同，将为华锐风电提升实力提供有利契机。这些企业将共同推进核电、风电设备的国产化，为清洁能源的大规模发展做出新的贡献。

月内 当今世界上最大的100MN双动卧式短行程前上料铝挤压机在太重集团制造成功，该设备跻身世界先进水平。“短行程”双动铝挤压机是对传统挤压机的重大变革和创新。这台为青海国鑫铝合金管棒型材股份有限公司生产的产品，具备整机布局紧凑合理，造型新颖独特，装机水平较高，设备运行可靠、稳定，维修简单、方便，使用维护成本低等优点。

3月

2日 中信重工澳大利亚公司揭牌仪式在澳大利亚悉尼举行,中信集团副总经理兼中信重工董事长王炯,中信重工副董事长、总经理任沁新出席。中信重工澳大利亚公司的成立,不仅为中信重工在积极开拓国外市场、赢得市场竞争主动权、规避市场风险、提高国际竞争力等方面奠定了坚实的基础,同时也将为中澳经济实现共同繁荣打造更高更广阔的平台。

20日 国务院总理温家宝莅临北方重工调研。在盾构机总装车间,温总理听取了公司领导关于企业近年来的生产经营和2009年搬迁改造的重点工作情况。温总理指出,企业发展靠的是有创新精神的人才,技术和人才是企业的灵魂;你们的技术基础和基本素质都很强,相信你们一定能够凭借质量、技术和品牌赢得市场;在隧道工程机械领域竞争很激烈,要想获得市场就必须勇于拼搏;要发扬盾构机勇往直前、只进不退的精神,使企业成为重型装备制造领域具有核心竞争力的骨干企业。

21日 国务院总理温家宝在大连调研期间在棒槌岛召开部分企业座谈会。会上,大连重工宋甲晶总经理汇报了公司应对国内外严峻经济形势的举措,公司制造的当前国内最大的海陆两用3MW风电机组下线,首批几台已经运送到上海东海大桥。温总理代表国务院表示热烈祝贺。他强调,企业要从内部和外部两个方面解决面临的困难,变压力为动力,把力量用在结构调整、技术改造和提高企业竞争力上,用在提高产品质量和企业效益上,特别要加大自主创新力度,大力开发新产品。

24日 中国第二重型机械集团公司(以下简称中国二重)成功浇注出重560t的特大型钢锭,这支钢锭将用于锻制1 100MW核电半速转子。冶炼、浇注该"巨无霸"级的真空钢锭在国内尚属首次,当前世界范围只有日本能够生产这种超大型钢锭。为保证这支特大型真空钢锭冶炼、浇注成功,锻造厂举行了特大型真空钢锭生产工艺的评审,并对冶炼、浇注该钢锭的各种技术参数进行了论证。经过80t电炉、40t钢包精炼炉和150t钢包精炼炉20余小时的精心冶炼和浇注,终于一次取得成功。

31日 中共中央政治局常委、中央书记处书记、国家副主席习近平莅临中信重工,先后视察了公司技术中心、重装厂和"新重机"工程重型锻造工部及矿山厂装配现场,并同广大干部员工亲切交谈。习近平副主席说,来到以后感到很亲切、很振奋、很触动,这里代表了国家和世界先进制造业的水平。习近平副主席特别对公司走大型化、重型化、集成化、成套化发展之路,给予充分肯定,勉励企业继续努力。

4月

3日 中共中央政治局常委、中央政法委书记周永康到太重视察。集团公司董事长、党委书记岳普煜介绍了在金融危机形势下,企业生产管理和主导产品市场占有等情况。周永康一边察看,一边详细了解太重发展现状及如何实现转型发展等举措。他说,太重作为山西省发展装备制造业的龙头骨干企业,是国家工业的脊梁。当前,"危"与"机"是相互转化的,经济发展遇到困难,但市场形成的倒逼机制,给企业调整产业结构、转变发展方式增加了压力。企业要实现科学发展,必须在巩固提升传统产业的同时,大力发展新兴产业集群,在核电、水电、矿山等设备领域抓好新产品开发,提升市场竞争力,推动企业发展由资源依赖型向创新驱动型转变。周永康在轧锻设备分公司实地察看生产情况时,希望企业认真搞好深入学习实践科学发展观活动,推进自主创新,增强主导产品竞争力,深入扎实推进转型发展、安全发展、和谐发展,为国家建设提供装备支撑。

7日 中国一重锻造成功当前国内最大的轧机支撑辊,再次刷新国内同类产品的锻造纪录。该轧辊是5m轧机上的关键部件,无论是轧辊重量,还是外形尺寸,都对锻造设备和锻造技术提出了极高的要求。对此,中国一重高度重视,多次组织相关技术人员、操作人员召开论证会,对锻造过程中的技术参数、锻造设备的维护、工装附具的调配使用等进行反复论证,并制定了应急预案。同时,在锻造方法上大胆创新,保证了锻件的各部尺寸满足下序加工要求。5m轧机支撑辊的成功锻造表明中国一重超大型支撑辊的锻造技术日趋成熟,同时也为锻造同类大型锻件积累了宝贵的经验。

18~19日 中国重型机械工业协会五届二次会员代表会议暨理事会议在北京召开。吴生富理事长在讲话中强调协会的发展方向和目标是以始终坚持服务行业企业、服务政府为根本宗旨,通过服务获得自身应有的社会地位。徐善继常务副理事长作了《加快结构调整,增强自主创新能力,促进重型机械行业平稳发展》的工作报告,总结了过去一年协会所做的工作,部署了2009年的工作。大会通过了《中国重型机械工业协会五届二次会员代表大会工作报告》、《中国重型机械工业协会五届二次理事会财务报告》、《中国重型机械工业协会五届理事会人员调整变更名单》、《中国重型机械工业协会五届理事会理事增补名单》,举行了表彰仪式,授予山建国等33名同志为"全国重型机械行业科技创新优秀工作者"称号,授予于玺等25名同志为"全国重型机械行业高技能优秀工人"称号,授予王铁峰等100名同志为"中国重型机械工业协会先进工作者"称号,表彰了2007~2008年度行业工作和活动成绩突出的破碎粉磨专业委员会等6个分支机构为先进分支机构,矿山机械分会等10个分支机构为表扬分支机构。大会组织了专题报告会,并针对国际金融危机对我国重型机械行业的影响进行了交流发言。

19日 中国一重为韩国现代制铁公司制造的5m宽厚板轧机机架在大连港和尚岛码头成功装运。这是我国出口的第一套大型轧制设备。当前世界上只有我国能够生产整体机架的5m轧机。这套轧机共有2个机架,每个机架高

15.2m、宽4.67m,重412.28t。由于超宽、超重,运输过程环节多、难度大,在运输过程中也创造了多项国内第一,为特大型设备运输开创了新的篇章,成为全国运输史的首创。

月内 卫华集团有限公司生产的两台240t大型桥式起重机顺利出口英国,为河南省起重设备出口发达国家增添了亮点,也为河南省企业出口欧盟市场积累了经验。该产品质量精度高、标准要求严,企业严格生产流程和质量标准,河南出入境检验检疫局全程跟踪检验,按时按质完成了该项目出口。

★ 由太原矿山机器集团有限公司研制的"高压大排量斜轴式轴向柱塞泵"通过了国家知识产权局为期一年的审核公示,正式获得国家实用新型专利证书。该泵是世界上最大排量的斜轴式液压泵,最大排量高达1 000mL/r,额定压力达32MPa,广泛应用于煤矿、冶金、锻压、起重、运输等各类机械的液压系统中。产品不仅填补了我国特大排量液压泵领域的空白,同时达到世界先进水平,而售价只有进口设备的1/10,国内市场占有率高达95%以上。

★ 中信重工自主研发、自主设计的世界首台最大功率的PH1250型平行轴硬齿面减速器制造成功。该减速器是为澳大利亚年产1 200万t铁精矿厂项目制造的ϕ7.9m×13.6m溢流型球磨机配套的,最大输入转速750r/min,最大传递功率7 000~8 500kW,齿轮类型为渐开线圆柱双斜人字齿轮。

5月

10日 由大连重工自主研发设计的液压振动系统在燕山钢铁有限公司板坯连铸机总包工程中一次热试成功,突破了一直以来采用机械振动或引进国外技术的瓶颈。这不仅大大改善了板坯连铸机结晶器的振动波形,提升了铸坯表面质量,减小了漏钢事故率,而且降低了成本,极大地增强了市场竞争力,打破了国外公司对该技术的垄断,标志着大连重工在连铸技术上又上了一个新台阶。

18日 上海振华港口机械(集团)股份有限公司名称正式变更为"上海振华重工(集团)股份有限公司"(以下简称上海振华重工),"ZPMC"商标不变。近年来,公司经营范围不断扩展,海洋工程业务比重增大,成为公司新的利润增长点。公司2009年产值目标为350亿元,海工产品产值力争达到100亿元以上,占总产值的1/3,逐年再扩大到1/2。"港口机械"已不足以概括公司的主营业务,因此以"重工"替之。

21日 中国重型机械总公司成功开发并控股投资建设的柬埔寨达岱水电站BOT项目开工仪式暨北京三联国际投资有限责任公司、柬埔寨达岱水电有限公司成立大会在京举行。该项目是中国企业在柬埔寨投资额最大的项目,装机容量246MW,平均年发电量8.58亿kW·h,工程总投资概算为5.05亿美元,项目期限42年,其中工程建设期5年,项目运营期37年。2009年开工建设,2013年底发电,所发电力送入金边至马德望的230kV输变电线路。该项目的建设将促进柬埔寨国民经济的发展,造福柬埔寨人民的生活,并将对中柬两国政治、外交、经济、文化的发展起到积极的促进作用。按照BOT项目的特点,中国重型机械总公司、中国水电工程顾问集团西北勘测设计研究院、正泰集团股份有限公司共同发起设立了"北京三联国际投资有限责任公司",全资向在东道国成立的项目公司——柬埔寨达岱水电有限公司注资,负责完成项目建设,并取得项目的所有权和管理权。在项目建设中,合作三方将充分发挥融资及财务管理方面的优势,充分发挥在设备监造、设计和工程管理方面的优势,加强项目风险管理,打造精品工程,遵守国际通行规则,承担相应的社会责任,树立中国公司在海外市场的良好形象。

26日 中共中央政治局常委、中央书记处书记、国家副主席习近平到太重考察调研。习近平参观了太重展览馆,并深入挖掘焦化设备分公司、起重机分公司、油膜轴承分公司考察,对太重为我国经济社会发展做出的贡献给予高度评价,对公司应对国际金融危机、保持经济平稳较快发展取得的成绩给予充分肯定。并希望太重保持先进水平,继续推进自主创新,增强主导产品的竞争力,为国家建设提供装备支撑。习近平指出,企业是市场的主体,企业活则经济活,要把提高企业竞争力作为保增长的重要任务;继续通过促进产销衔接、减轻税费负担、推动银企合作、提供贷款贴息等措施,帮助企业解决各种实际问题,促使企业持续健康稳定发展;要结合结构调整和技术改造,在重点企业使用节能降耗、保护环境的新技术、新工艺、新设备,积极推行清洁生产,大力发展循环经济,全方位提高资源综合利用水平。他特别关注安全生产问题,强调人的生命是最宝贵的,以人为本首先要以人的生命为本,坚持科学发展首先要实现安全发展。

6月

2日 由中国一重承制的三门核电2#机组首台国产化AP1000反应堆压力容器浇注成功,标志着我国在实现核电技术装备自主化方面又向前迈进了一步。当前,世界各国对核能在能源发展的重要地位已经形成共识,核电发展关键在装备,是综合国力的体现。压力容器是核电设备的心脏,浇注工艺的关键是要求冶炼出超纯净的钢液。温家宝总理曾作出"一重锻造核岛,核岛锻造一重"的重要指示,要求一定要切实掌握核岛大型锻件的全套技术,保质保量地满足核电发展需要,同时核电产品也促使中国一重致力于开拓创新、做大做强。此次,中国一重承制的反应堆压力容器代表了当今世界核电装备制造的最高水平,在我国核电发展史上具有标志性和里程碑意义。

月内 中国二重为营口中厚板生产的5m轧机支承辊完成全部工序加工。该支承辊直径2 302mm、总长11 226mm、重达226.4t,是国内最大的支承辊。当前国内4.2m以上轧机所用支承辊主要依赖进口,资源十分紧缺。在160MN水压机投入试生产后,中国二重便加紧超大型支承辊的研发。经过周密的技术准备，2008 年 10 月 10 日，中国二重成功冶炼、浇注了用于锻制 5m 轧机支承辊的 450t 真空钢锭，11 月 1 日，锻制成功 5m 轧机支承辊锻件毛坯。2009 年 4 月，锻件毛坯开始进行机械加工，中国二重制定了严格的加工工艺和操作规程，充分利用机床的特性分解工序，提高生产效率，最终确保了 5m 轧机支承辊的制造成功。

7 月

1 日 中信重工举行自主设计制造、拥有自主知识产权的 ϕ7.93m × 13.6m 溢流型球磨机试车及工厂交付仪式。该机是当前全球在建的年产量最大的铁矿项目——澳大利亚 SINO 铁矿项目的核心装备。此项目磨机一共 6 组，与 ϕ7.93m × 13.6m 溢流型球磨机匹配的是 ϕ12.2m × 11m 自磨机。他们都是世界规格最大、技术最先进的磨机，传动功率分别为 15 600kW、28 000kW。该磨机的研制成功标志着我国企业完全有能力自行研发、设计、制造大型矿山核心装备，也使国内外知名矿业企业对中国制造有了更强的信心。

3～6 日 2009 年度中国重型机械科学技术奖评审会议在大连市召开。会议由中国重型机械工业协会主持，对申报的 60 个项目进行了评审，并经中国机械工业科学技术奖评审委员会审定，评选出 36 项优秀成果，其中特等奖 2 项，一等奖 3 项，二等奖 17 项，三等奖 14 项。获得特等奖的项目是：上海重型机器厂有限公司、中国重型机械研究院有限公司等单位联合完成的“165MN 自由锻造油压机研制”，中信重工、西安交通大学、洛阳矿山机械工程设计研究院有限责任公司联合完成的“纯低温余热双压利用成套工艺技术及装备”。获得一等奖的项目是：燕山大学完成的“带钢平整设备工艺及控制关键技术的研究与应用”，中国一重等单位联合完成的“21/4Cr-1Mo-1/4V 材料开发及加氢反应器研制”，北方重工沈阳重型机械集团有限责任公司完成的“QJRN-112 泥水平衡盾构机”。

4 日 中共中央政治局常委、国务院总理温家宝到太重视察。期间，在挖掘焦化设备分公司生产现场，两台出口秘鲁的 $10m^3$ 挖掘机正整装待发。温总理了解到挖掘机是太重自主创新的标志性产品，目前在市场热销时，露出了赞许的笑容。在起重机分公司车间，出口韩国的起重机正在有条不紊的生产中，现场整洁有序，职工忙而不乱。温家宝总理说：“挖掘机、起重机看似笨重，但大并不等于粗，一定要精益求精，生产出高端产品，就会永远立于不败之地。”在油膜轴承分公司，看着锃光发亮的油膜轴承成品，总理露出赞誉的目光。获悉在这次国际金融危机面前，太重仍能够保持一定的竞争力，产品继续有大量的订单，并在世界范围内都有新的开拓，总理欣喜地说：太重之所以化危为机，有所发展，关键是前些年技改搞得好。温总理说，装备制造业搞的不是一般的产品，这样的产品从哪儿来？要靠先进的管理理念，先进的科学技术，先进的市场营销；振兴装备制造业，关键是领导、是国家政策；现代化建设需要装备制造业，装备制造业大有希望，太重下一步的发展，还是要面向世界。他指出，应对金融危机，必须推进结构调整，只有经济增长了，结构调整才有动力和支撑；只有调整结构，经济才能稳定、健康和可持续发展；必须正确处理保增长与安全生产的关系，任何时候安全生产都是第一位的，在安全生产中实现经济平稳较快增长。

5 日 上海振华重工承建的我国首艘自主研制的1 200t 浅水铺管船——“海洋石油 202”正式交付中国海洋石油工程股份有限公司。该船的建造成功标志着我国的铺管作业船已从以使用进口二手船为主的时代，跨入自主创新的时代，开辟了我国铺管船建造和海洋铺管作业的新纪元。“海洋石油 202”总长 168m、型宽 46m、型深 13.5m、吃水 9m，采用 S-lay 铺管方式，作业管径 10～152mm，主吊机最大起重能力 1 200t，主要用于水深 300m 以内铺管作业和小型结构物吊装。该船的“处女作”计划将在渤南二期进行 10.2km 的海管铺设作业。

6 日 中共中央政治局常委、中央书记处书记、国家副主席习近平视察了大连重工泉水基地。大连重工董事长、总经理宋甲晶向习近平介绍了集团公司坚持结构调整、技术改造和科技创新情况，公司先后打造出一批制造基地，研制出 1.5MW 和 3MW 风电增速机、大型船用曲轴、核环吊、TBM/盾构机和大型高端铸件等 6 种新产品，支撑和推动了企业的持续快速健康发展，对此习近平表示赞许。工作场地上放着两个 20 多 t 重的不锈钢叶片，是用于三峡地下厂房 70 万 kW 发电机组的。习近平副主席了解到，集团公司生产的上冠、下环和叶片经过真空冶炼，质量非常好，通过了国家级的鉴定，大连重工成为国内唯一能够提供成套核心铸钢件的企业。大型高端铸钢件是大连重工引进消化吸收国外先进技术和自主创新的成果，而且已向法国、德国提供批量、成套的水电设备铸钢件。对此，习近平副主席连连称好。在三部的露天装备场地和码头上矗立的十几台高大产品和装备引起了习近平的关注。宋甲晶说，这是制造核环吊用的模拟试验台，现有在手核环吊合同 22 台，集团公司已经被国家发改委确定为第三代核环吊研制基地；东面码头矗立的绿色装备，是提供宝钢的 3 600t/h 连续卸船机，3 台蓝色的装备是出口印度的 2 500t/h 抓斗卸船机。习近平一边听，一边看，表示出极大的兴趣。他说，这次来，看到你们精神很振奋，有着崭新的风貌和气象，振兴东北老工业基地，就靠你们这样的大企业。

8 日 川润股份制造的国产化首套年产 45 万 t 合成氨/80 万 t 尿素装置换热器设备最后一台产品发往重庆。这是目前国产直径最大、换热面积最大、重量最重、制造最复杂的换热器设备。该系列换热器代表了我国换热器制造的最高水平，填补了国内此项领域的空白，标志着川润股份已掌握生产该类型换热器的先进核心技术，也为其走向大型、重型和超长型、复杂型容器市场奠定了基础。

13 日 我国自主研制的首台 3.6 万 t 垂直挤压机在内蒙古北方重工业集团有限公司（以下简称北重集团）成功挤出第一根合格的厚壁无缝钢管，标志着此项目全面热调试成功。万吨级重型装备是一个国家制造能力的标志，涉及设计、制造、运输、安装等诸多难题，属于“极端制造”领域。目前，世界上只有美国威曼・高登公司拥有3.15万t挤压机组，而且用了7年时间建成；加上德国曼内斯曼公司、日本住友公司等，几乎垄断了世界全部耐高温高压厚壁成型材料。为了打破国外对高端材料挤压技术的垄断，北重集团在充分调研论证的基础上，与清华大学合作，自主创新制造了3.6万t垂直挤压大口径厚壁无缝钢管生产线项目。这是中国兵器工业集团“十一五”期间实施的重大项目，也是国家十六大重大科技专项和十大基础制造装备项目之一。此项目投产后，不仅将为我国核电设备和60万kW以上火力发电设备提供优质的装备，从而打破长期依赖进口的局面，同时也为风电、石油、航空航天、军工等设备行业的自主发展提供了高端材料的支撑，对推动我国大口径厚壁特种钢管制造技术的跨越式发展具有重要的经济和社会意义。

20日 西班牙ADHK公司向上海振华重工采购22亿美元海工装备项目签约。项目包括提供10台海上自升式钻井平台、7台陆上钻机和2艘浮吊，这是我国装备制造业迄今为止最大的出口合同，标志着上海振华重工向世界海工市场（海上开采油气田的工程装备）进军迈开了第一步。海工市场是世界也是我国装备制造业关注的热点。

26～28日 中国重型机械工业协会在广西南宁召开统计工作领导小组会议和统计工作会议。协会秘书长肖立群作了《协会统计网成立一年来工作情况报告》。大会宣读了中国重型机械工业协会“关于表彰2009年度协会统计工作先进单位和个人的决定”，中国一重等39个单位被评为2009年度协会统计工作先进单位；唐山冶金矿山机械厂等21个单位被评为2009年度协会统计工作表扬单位；有关单位的39名统计工作人员被评为2009年度协会统计工作先进个人。会议对《中国重机协会统计工作实施细则》的修订内容作了介绍和说明，通报了国家统计局关于《国民经济行业分类》国家标准修订及《统计用产品分类目录（试用）》修订有关情况，并就协会统计报表“网上报送”使用操作要点和应注意的问题作了宣讲，还进行了企业统计工作的经验交流，进一步加强了协会统计工作。

30日 2009年《中国机械500强研究报告》暨《世界机械500强》发布会在北京人民大会堂隆重举行，重型机械行业有19家企业入选“中国机械500强”，他们是：大连重工・起重集团有限公司、北方重工集团有限公司、太原重型机械集团有限公司、中国第一重型机械集团公司、中信重工机械股份有限公司、中国第二重型机械集团公司、太原重工股份有限公司、上海重型机器厂有限公司、江苏通润机电集团有限公司、上海建设路桥机械设备有限公司、太原矿山机器集团有限公司、上海冶金矿山机械厂、四川矿山机器（集团）有限责任公司、昆明力神重工有限公司、新乡市起重设备厂有限责任公司、南京高精传动设备制造集团有限公司、重庆齿轮箱有限责任公司、泰星减速机股份有限公司和杭州东华链条集团有限公司。

其中，大连重工・起重集团有限公司还首次入选2009年《世界机械500强》，位列第495位，在中国机械500强中，位列第59位，比上年上升10位。该排名采用国际先进的CVA模型作为评价标准，结合中国机械工业产业特点、市场结构和企业特征，对资产总计、销售收入、利润总额、研发投入等11项重点经济指标进行综合评定，客观地反映了企业综合实力。

8月

7日 经过10年艰苦卓绝的努力，由中国原子能科学研究院和中国一重联合设计制造的、国际上公认的第四代核能系统——中国首台实验快堆主设备反应器堆容器及堆内构件、旋转屏蔽塞设备的全部制造任务圆满完成。它具有完全自主知识产权，各项技术指标不仅达到设计标准要求，而且达到了国际先进水平，标志着中国首座实验快堆核岛主设备全部实现国产化，展现了我国在复杂核设备领域的科技水平和制造实力。快堆设备验收总结大会在中国一重大连基地隆重举行。来自中国一重、中国原子能科学研究院及监制单位的专家分别就设计制造全过程做了详尽的总结报告。快堆工程是一项科技含量高、涉及专业多、设计制造难度大、建设周期长的宏伟工程，是国家“863”能源领域的一项重大科研项目。快堆工程的制造完工为中国一重在核领域中又树立了一个新的里程碑，为发展中国核电事业、快速推进商业堆的制造积累了宝贵经验。

★ 受国家发改委委托，河南省发改委组织专家对列入国家重大装备自主化专项的中信重工“大型干法水泥线纯低温余热发电技术产业化”项目进行了现场考察和资料审查，一致认为该项目完成了全部建设内容，工艺先进，设备配置合理，达到了设计要求；资金使用规范，实现了《项目资金申请报告》的标志性目标，同意通过整体竣工验收。该项目于2007年5月开工，2008年10月竣工，旨在促进该公司提高产品技术性能，形成年产20套成套装备的能力，推动国内余热发电技术的发展，提高水泥工业资源综合利用效率。

★ 大连重工与阿根廷特纳锐斯钢铁集团就其在美洲墨西哥建设的钢管厂项目，签订了11台起重机供货合同，合同额约400万美元。这是大连重工起重机产品首次进入美洲市场，也是企业2009年成功开发的又一海外新客户（墨西哥），标志着大连重工海外市场开拓取得了新的突破，具有十分重要的意义。大连重工产品已远销全球46个国家和地区。

12～14日 中国重型机械工业协会2009年分支机构秘书长工作会议在河北省承德市召开。会议议题是总结协会秘书处和各分支机构一年来的工作，布置落实2009年协会工作安排，讨论并完善《中国重型机械工业协会分支机构工作条例（范本）》（讨论稿）。肖立群秘书长主持会议并做了工作报告。常务副理事长徐善继在会上肯定了各分支机构在过去一年所做的工作和所取得的成绩，并重点通报了中国机械工业联合会正在组织推动的"中国机械工业优质品牌产品评选"工作。张维新副秘书长要求各分支机构秘书长重视掌握本专业的技术发展动向和经济运行情况，为行业"十二五"规划的制定做好准备工作。张艳君副秘书长通报了分支机构换届的有关情况，通报了民政部、国资委加强对所属国家级行业协会的年审工作，强调年审重点是检查各分支机构开展活动的情况。会议认真讨论了《中国重型机械工业协会分支机构工作条例（范本）》（讨论稿），并就如何发挥协会作用，开展协会工作进行了热烈讨论，提出了许多好的建议。会议希望各分支机构根据行业特点和会员需求，积极开展行业活动，进一步扩大协会的凝聚力、影响力和号召力，同时希望各分支机构加强会员发展工作，使行业协会能够在行业中真正具有代表性。

15 日　上海电气重工集团通过历时四年多的艰苦努力，热加工技术改造取得重大成果。当前世界上最大的165MN 自由锻造油压机、250t/630 t · m锻造操作机、450t 三相三摇臂双极串联电渣重熔炉三大装备，在上海重型机器厂有限公司全面投运，标志着我国大型铸锻件极端制造能力跻身世界一流水平。165MN 自由锻造油压机由中国重型机械研究院有限公司与上海重型机器厂有限公司联合设计，上海重型机器厂有限公司制造，主要用于锻造重大装备所需的大型锻件。它集聚了自主创新的先进技术，是当前世界上最大跨距的自由锻造油压机，可锻制国际上最新技术的百万千瓦级核电设备及其他筒体类产品的锻件。450t 电渣重熔炉是当前世界上最大的电渣炉，是上海重型机器厂有限公司自主设计、自行制造，拥有完全自主知识产权的设备。电渣重熔炉能生产当前世界上最大吨位的锻件用钢锭，将大大提升上海电气大型锻件的制造能力。250t/630t · m 锻造操作机与 165MN 油压机配套，实现了压机与操作机联动完成锻造工序，大大提高了锻造生产效率、锻件精度和质量。同时，由于减少了锻件加热次数，降低了能源消耗，实现了节能减排。三大装备制造成功，使上海电气的大锻件制造设备"配套成龙"，形成了完整的主业发展产业链，对我国核电、火电、水电、大型船舶、大型石化、冶金、航空航天、国防军工等战略性装备产业的发展，具有重要的战略意义。

17 日　中国一重采用 580t 钢锭，在 150MN 水压机上锻造成功当前国内最大、具有国际先进水平的核电常规岛低压转子。这是中国一重有史以来锻造的最大吨位钢锭，无论重量和尺寸，都创下了中国一重乃至国内锻造业之最。核电常规岛低压转子锻造的难度非常大，对锻造设备和锻造技术都有极高的要求。这证明中国一重拥有的雄厚锻造实力，对建设世界一流铸锻钢基地具有积极的推进作用。

月内　中国重型机械研究院有限公司和河南龙成集团汉冶特钢有限公司隆重举行联合研制世界最大断面 400mm × 2 700mm 直弧形特厚板坯连铸机合同签字仪式，标志着我国由连铸坯直接生产特厚轧制板的瓶颈已被打开，同时使我国连铸工艺装备水平迈上新台阶。该连铸机运用中国重型机械研究院有限公司自主知识产权的细辊密排、结晶器热调宽、液压振动、动态轻压下、动态二冷水、二冷段电磁搅拌、凝固末端电磁搅拌等十多项关键技术，对拓宽我国钢板品种规格，促进钢铁企业技术进步，增强综合国力有着重大意义。

9 月

10 日　中国一重承制并出口韩国浦项的 5. 5m 宽厚板轧机在大连湾和尚岛码头发运。该轧机是当前世界上宽度最大的厚板轧机，多项性能指标均代表了当今世界冶金轧制设备的最高水平，证明了中国一重在冶金轧制设备制造领域的雄厚技术实力，标志着中国一重在重大装备制造方面又迈上了一个新台阶。

10 ~ 12 日　大连重工董事长、总经理宋甲晶以成长型公司领袖的身份应邀参加在大连世博广场召开的以"重振增长"为主题的世界经济论坛——2009 年第三届新领军者年会"夏季达沃斯"，并有选择性地参加了以技术创新、管理创新、新市场和新能源为主题的多场会议，以会议引言人身份参与了主题为"绿色技术与商业模式"的互动式会议。宋甲晶与加拿大艾伯塔大学校长 Indira V. Samarasekera、西门子（中国）CEO Richard Hausmann、气候变化资本集团副总裁 James Cameron 和 J&J 集团执行主席 Jayendra Naidoo 等共同探讨了如何在危机过后发展以环保、低耗和改善生态为特点的绿色经济问题。

月内　由中科华核电技术研究院有限公司和上海起重运输机械厂有限公司联合研制的大型压水堆核电站核燃料装卸料机通过专家鉴定。该样机的研制成功标志着我国百万千瓦级压水堆核电站核燃料装卸料机自主设计能力的重大提升，打破了国外垄断，并且在设备性能更优的情况下，大大降低了供货价格。该设备由项目业主、设计单位和制造企业联合研制，中科华核电技术研究院承担设备的总体设计、部件设计和瞬态计算，上海起重运输机械厂有限公司负责设备的制造。这种合作模式目标明确，针对具体工程开展研发，产品可用于后续核电建设项目，是用户单位支持国产化的一种行之有效的路径。

★　国内首台自主设计制造的、换热面积最大的管壳式换热器——镇海循环气冷却器在中国一重大连制造基地研制成功，其多项技术填补了国内空白，打破了国外长期对大型换热器的垄断格局。镇海循环气冷却器是镇海 100 万 t/a 乙烯装置中的关键设备。该设备壳层长度 20m，壳层筒体内径 4m，管束 6 283 根，管束长度 20 003mm，设备总长度 43 725mm，换热面积 12 325m^2，设备重量 370t，是当前国内自主设计、制造的最大的固定管板式换热器。

★　中国二重自主设计研发的 2. 5MW 风电增速箱一次性试车成功。增速箱是风电中最关键的部件，研发难度大、使用要求高。国内大多数现有的大功率级风电增速箱都是靠进口或引进国外技术制造的。2. 5MW 风电增速箱的研制成功，是中国二重在产品结构多样化方面迈出的重大一步。

★ 大连重工盾构机的9种系列刀具研制成功。盾构机刀具是盾构机的核心部件,直接影响盾构机的使用寿命、切削效果、掘进速度和施工效率。以前该公司制造的盾构机均配置国外进口刀具,价格十分昂贵。

10月

12日 太重首台1.5MW风力发电机组成功发运,这是太重自主创新的又一重要成果,标志着太重风电机组取得重大突破。

15日 科技部发布国科发政〔2009〕403号《关于确定第三批创新型试点企业的通知》,公布了第二批111家创新型企业名单,其中包括中国第一重型机械集团公司、大连重工·起重集团有限公司。两家企业要按照党中央、国务院促进企业成为技术创新主体的战略要求,进一步增强创新动力和活力,深入推进创新型企业建设,积极承担重型机械行业的重大创新任务,主动发挥示范带动作用,支撑整个行业的经济发展。《通知》还发布了第三批182家创新型试点企业名单,其中包括上海重型机器厂有限公司、重庆齿轮箱有限公司。两家企业以此次被评为创新型试点企业为契机,要认真落实填报的《企业开展创新型企业试点工作申报书》中提出的试点方案,努力建设创新型企业,持续提高创新能力,加快产品和技术升级,增强市场竞争力;注意总结发展经验,主动发挥示范作用,带动行业内更多企业走创新型发展道路。

19日 中科院高能物理研究所在京召开北京正负电子对撞机重大改造工程参建单位总结庆功大会,62家单位受表彰,中信重工是14家“重大贡献参建单位”之一。中信重工制造安装的谱仪机械系统和量能器装置,制造精度高,性能稳定,达到了当今同类设备的世界先进水平。北京正负电子对撞机项目是经国务院批准的国家大科学工程中的重点项目,受到邓小平、江泽民、胡锦涛等党和国家领导人的高度关注,是国家在高科技领域里所占地位和水平的重要标志。

27~30日 第13届中国国际煤炭采矿技术交流及设备展览会在北京举行,太重煤机煤矿装备成套有限公司制造的世界最大的2 500kW电牵引采煤机震撼亮相,受到国内外业内人士及用户的广泛关注。国家“十一五”科技支撑项目“千万吨级综采成套设备”由2 500kW电牵引采煤机、6.4m液压支架、1.25m刮板运输机及转载机等组成。该套设备的研制成功结束了我国千万吨级综采成套设备长期依赖进口的历史。

28~30日 由中国科学技术协会、北京市公安交通管理局、中国重型机械工业协会主办,北京交通工程学会、中国科协新技术开发中心、中国重型机械工业协会停车设备工作委员会承办的“第十一届多国城市交通展览会暨国际停车设备展览会”在北京展览馆隆重举行。参加展会的机械式停车设备企业、相关网站和媒体共16家,展示了我国城市智能交通管理所拥有的各种先进技术设施、设备以及各种类型的机械式停车设备,全方位反映了我国城市当前在静动态交通管理技术手段方面已经处于一个较高的水平。展会期间还举办了“城市静态交通发展研讨会”,与会专家和企业代表就我国城市的停车现状及难点、解决城市停车问题的策略和手段以及如何发展我国的机械式停车设备等问题进行了发言,对停车场建设、停车产业的发展和如何改善城市静态交通管理提出了许多有益的意见和建议。日本IHI公司介绍了日本停车概况以及不同类型机械式停车设备的发展趋势。

月内 中国二重和上海电气电站设备有限公司在上海联合召开了1 000兆瓦级超超临界发电机转子锻件国产化鉴定会。鉴定意见认为:“由二重试制生产的1 000兆瓦级发电机转子锻件的各项性能满足了上海发电机厂的技术规范要求(等同于西门子公司技术规范要求),与国外先进同类产品的技术水平相当,可以替代进口锻件用于超超临界汽轮发电机中”。该锻件的制造成功,展现了中国二重制造1 000兆瓦级超超临界发电机转子锻件的业绩,开拓了大型发电机转子锻件的市场领域,为其生产1 000兆瓦级核电发电机半速转子锻件打下了坚实的技术基础。

★ 由中信重工提供核心装备的中国黄金集团乌努格吐山铜钼矿项目成功投产。在这个我国当前单系列处理能力最大的矿山项目上,中信重工完全按照欧美标准研制的具有自主知识产权的2台ϕ8.8m×4.8m半自磨机和2台ϕ6.2m×9.5m球磨机,有力推动了大型矿山设备国产化步伐,进一步提升了我国重型机械的制造水平。

11月

3日 我国首台完全国产化的CY—1.5A型柴油铲运机在中钢集团衡阳重机有限公司试车成功。铲运机是现代井下矿山无轨化采矿的重大装备。它可直接开进井下从事采运作业,淘汰了传统井下矿山在人工采掘后靠斗车沿铺设的钢轨拉出矿石的落后工艺。新型铲运机包括噪声、烟气排放等在内的各项性能指标均达到了设计要求,操作较原匹配进口部件的机型更为舒适。

7日 中国企业联合会、中国企业家协会发布第十四批中国企业新纪录。重型机械行业企业共有31个项目喜获殊荣。他们是:

(1)中国重型机械研究院有限公司研发,并于2008年9月16日在神木县大柳塔华盛机制兰炭厂投产的单座SH2007型内热式直立炭化炉,单座年产半焦10万t的生产能力,创国内单座内热式直立炭化炉半焦产量最高新纪录。

(2)中国重型机械研究院有限公司2008年3月研发的LG-15-GHLL型两辊高速环孔型冷轧管机,轧机采用曲轴—双偏心水平质量平衡系统,能够有效平衡轧机机架及连杆高速运动时产生的惯性力,实现了最高轧制速度为240次/min的高速轧制,实现了冷轧管机连续上料、连续送进、连续轧制的连续作业方式,大幅度提高了作业效率和产量,为国内首创。

(3)中国重型机械研究院有限公司,于2007年4月为河南龙泉实业集团有限公司精密铜板带分公司总成套的高精度高导铜及铜合金带粗中轧机组和精轧机组,在轧制工艺上,采用粗轧机大压下量压下,中间不退火,切边后直接由精轧机轧出成品的方法;应用AGC压下系统、大小卷筒设备、精轧机大小电机控制系统、油雾润滑、全油润滑系统等技术,保证了工艺及设备运行稳定、性能可靠,技术性能和各项指标为国内首创。

(4)中国重型机械研究院有限公司研制,并于2005年9月16日在莱芜钢铁有限公司投产的大H型钢压力矫直机,矫直力为10MN,所矫H型钢规格为400~1 000mm,创国内同类产品矫直力最大和矫直范围最大新纪录。

(5)中国重型机械研究院有限公司研发,并于2007年5月在抚顺矿业集团技术研究中心试车成功的油页岩试验项目,采用干馏气体冷却技术,耗水量由传统工艺的7t降至4t;采用静电除油技术,净化后煤气中的含油量由传统工艺的15kg/m^{3}降至20mg/m^3;采用机械化油水分离技术,对页岩油、氨水、油渣进行有效分离,油回收率由65%~70%提高到80%~85%,创国内同类实验项目耗水量最低、煤气中含油量最低、回油率最高新纪录。

(6)中国重型机械研究院有限公司为2009年4月在上海实达精密不锈钢有限公司投产的二十辊精密轧机入口和出口设计开发的准备/重卷机组,处理带材厚度范围为0.05~1.5mm,最薄和最厚差达到30倍,比一般精整机组处理10倍厚度差有很大提高。机组正常运行时带材张力范围为500~6 000kg,为一般重卷机组的2倍以上,同时把原来至少需要3个机组才能完成的工作量合理组合,有效缩短了生产工艺流程,节约了投资和人力等资源,为国内首创。

(7)中国重型机械研究院有限公司2008年10月为山西锻造厂研发的CMYQ—450型(16t)全液压电液锤,是将16t蒸汽锤改造为增大打击能量(打击能量为450kJ)的全液压电液锤,在生产任务不饱满的情况下,月产量平均在900t以上,利润100多万元,节能率80%以上,为国内首创。

(8)中国二重2007年10月热负荷试车成功并投产的160MN锻造水压机,采用了预应力结构机架,横梁、活动横梁采用整体结构,上砧快换及夹紧装置的旋转缸尾部连接部分采用万向节设计,下横梁主体采用两片组合结构;采用板条预紧结构预紧力非常大,板条对下横梁还具有加强作用;采用可调间隙的平面导向装置,导板和立柱间为面接触;采用移动缸与工作台的球铰接触及滚动支承以及以水压机比例伺服控制系统和可编程序控制系统为核心的新的水压机控制系统,可实现三主缸锻造的精确控制,且可对不同锻件实现不同的速度控制和精度控制,为国内首创。

(9)中国二重2003年3月研制的1 450mm钢卷无芯移送热卷箱,为国内首创。

(10)中国二重2008年10月研制的2.5MW风力发电增速机,所有齿轮均为斜齿渗碳淬火硬齿面,通过ROMAX的系统分析,齿面接触强度安全系数大于1.3,弯曲强度安全系数大于1.6,为国内首创。

(11)中信重工2008年5月采用10炉冶炼,一次集中829.5t精炼钢液,6包合浇浇铸的185MN自由锻造油压机上横梁,创一次浇铸铸钢件最重世界纪录。

(12)中信重工2009年3月研制的ZJKYB-3.5×1.7J液压防爆提升机,卷筒直径3.5m,宽1.7m,最大静张力150kN,最大静张差100kN,最大装机功率800kW,最大提升速度3.3m/s,最大提升高度1 650m,创国内井下防爆提升机提升高度最大新纪录。

(13)中信重工2008年7月28日研制的ϕ4.5m×8.4m洗矿机,技术性能达到欧美标准,产量2 421t/h,创同类设备规格最大、产率最高世界纪录。

(14)中信重工2009年5月研制的PH1250型平行轴硬齿面减速器,转速750r/min,最大传递功率为2 000~8 500kW,创平行轴硬齿面减速器功率最大世界纪录。

(15)中信重工2008年12月研制的MZL370立磨双行星减速器,持续功率为3 800~4 200kW,最大静载为8 500kN,最大动载为289 000kN,为国内首创。

(16)中信重工2008年9月研制的JGL-920大型管材十辊矫直机,设计产量50万t/a,可矫直外径为ϕ508~ϕ920(最大ϕ960)mm、壁厚为≤60mm、长度为6 000~14 000mm的普碳钢、合金钢等大型管材;矫直后弯曲度可达0.8mm/1 000mm,提高了钢管表面质量和圆度,创管材矫直机规格最大世界纪录。

(17)中信重工2008年12月研发生产的褐煤提质HPU140-100对辊成形机,生产能力达到15t/h,创生产能力最大世界纪录。

(18)中信重工机2008年10月研发的LGMS5725矿渣立磨,主辊、辅辊分别由原来的2个增加到3个,可配置于年产120万t矿渣粉磨线上,创国内立磨规格最大新纪录。

(19)中信重工2008年7月研制的半自磨机、溢流型球磨机,规格分别为ϕ8.8m×4.8m,ϕ6.2m×9.5m,创国内半自磨机、球磨机规格最大新纪录。

(20)大连重工2009年3月研制成功3MW海陆两用型风力发电机组用增速机,整台增速机采取单点悬挂形式安装,扭矩臂柔性支撑结构形式;在增速机中间机体上安装有扭力臂,通过关节轴承连接扭力杆装置,形成弹性支撑,缓冲增速机工作时的冲击及扭矩,减轻主机架的受载冲击;针对第一级行星架受冲击载荷特别大,采用5个行星轮的行星机构;为了降低重量,第二级行星架采用正三角形结构设计,使增速机整体安装结构紧凑、运载平稳、重量轻,同时具有高可靠性和高寿命周期;采用渗碳淬火热处理工艺,解决了大内齿圈强度不够问题,为国内首创。

(21)大连重工2008年5月研制的DBK 8000·45型矿石堆料机,设计堆料能力8 000t/h、平均堆料能力6 000t/h、回转半径45m、回转角度±110°、俯仰角度-15°~+12.5°、行走速度7～30m/min、轨距8m，创国内同类型号堆料机能力最大新纪录。

(22)大连重工2008年5月研制的QLK11000·50型斗轮取料机，设计取料能力11 000t/h、平均取料能力8 000t/h，回转半径50m、回转角度±175°、俯仰角度-14°～+13°、行走速度5～25m/min、轨距10m，创国内同类型号取料机能力最大新纪录。

(23)太原矿山机器集团有限公司2007年10月研制并试生产的MG750/1800-WD电牵引采煤机，整机结构采用多电机横向布置，机架为整体框架箱形铸焊结构，在采空侧敞开，中间按功能用钢板隔开四个腔室，高压箱控制箱、泵站及水阀、两个牵引传动箱，真正实现了抽屉式结构；部件之间没有动力传递，避免了螺栓联接易松动的缺点；摇臂连接形式用两个锥套和销轴将摇臂与采煤机机身联接起来，无回转轴承及齿轮啮合环节，无螺栓联接，结构简单可靠；采用变频调速销轨式无链牵引，为国内首创。

(24)太原矿山机器集团有限公司润滑液压设备有限公司2008年研制的ZBS-H915轴向柱塞泵，属无铰型斜轴式轴向柱塞泵，流量调节型式为手动随动调节的双向变量泵，最大排量915mL/r，额定压力32MPa、额定转速1 000r/min，为国内首创。

(25)上海建设路桥机械设备有限公司2007年8月研制的6MRX超细摆式磨粉机，采用大直径立式涡轮超细分级设计，加工细度可达1 250目(D97，10μm)，在同等细度下其产量比传统雷蒙磨增加50%～80%，能耗下降30%～35%，耐磨件寿命提高一倍。该设备具有分级精度高、产量大、高效节能的特点，为国内首创。

(26)武桥重工集团股份有限公司2009年研制的2×1 200t双臂架变幅起重机设计图纸成功通过了中国船级社审核。2×1 200t双臂架变幅起重机额定起重量为2 400t，主钩起升高度88m，副钩最大起升高度110m，吊臂长125m、宽19.5m、重720t，海上拖航能抵抗55m/s风速、6.5m波高及横倾9°，创国内起升高度最高的臂架式船用起重机设计新纪录。

(27)潍坊大洋自动泊车设备有限公司2009年5月研制的智能高速高层液压驱动升降横移类立体车库，其升降速度达到28m/s，使升降横移车库由5～8层，提高到15层，创国内升降横移类车库升降速度最快和层数最高新纪录。

(28)杭州西子石川岛停车设备有限公司2009年4月研发的PCS52-XI型超高速垂直升降类停车设备，升降高度达到52层104m，单库库容104辆汽车，创亚洲同类设备单库容车最多新纪录。

(29)上海建设路桥机械设备有限公司2007年研制的PE1500×1800大型液压颚式破碎机，生产能力达到450～1 000t/h，创国内颚式破碎机规格最大新纪录。

(30)太原通泽重工有限公司为无锡西姆莱斯石油专用管制造有限公司研制的ϕ250mm五机架限动芯棒连轧管生产线于2006年10月20日投产，能生产直径ϕ180～310mm，长度1 200～4 500mm，坯料根重625～2 400kg的管坯以及直径ϕ73～273mm，壁厚4.5～35mm，长度8.5～70m的成品管，设计产量30万t/a，为国内首创。

(31)卫华集团有限公司为中国水利水电第一工程局设计制造的门式起重机，于2005年5月投入运营，起升高度400m，创门式起重机起升高度最大世界纪录。

11日 四川省自贡运输机械有限公司自行设计制造的亚洲最长的管状带式输送机在陕西省安康市尧柏水泥有限公司一次性重载试车成功。该机全长7km，创目前管状带式输送机单机长度亚洲第一、世界第二。该机管径为350mm，带速3.15m/s，额定输送能力850t/h，最大输送能力1 000t/h，使用胶带带强ST2500，电机功率4×630kW。该机布置地形复杂，立面布置上有一个极为罕见的凹弧段，下运高度206m，下运倾角18°，上运高度116m，上运倾角20°，且和水平转弯重叠；水平转弯也极为复杂，其中一个“S”形水平转弯由一个61°和一个74°水平转弯组成，是钢绳芯胶带在世界上第一次实现如此复杂的水平布置。该机头尾高差下运高度达383m，其中总提升高度259m，总下运高度642m，整机布置难度为世界管状带式输送机第一。

12日 中共中央政治局常委李长春莅临中信重工视察。李长春先后深入公司技术中心、重装厂和“新重机”工程重型锻造工部实地感受中信重工的发展变化。任沁新总经理汇报了企业概况、发展历史和当前生产经营情况。中信重工实现了三个转变：一是由过去传统的工厂制转变为主业突出、主体精干的公司制，二是从生产型企业转变为研发型企业，三是由内向型企业转变为外向型企业。李长春高度评价中信重工的三条发展经验，勉励中信重工紧跟世界先进水平，抢占竞争制高点，打造国际一流企业。

16日 第十一届高交会开幕的当天，国家发展和改革委员会在会展中心隆重召开国家创新能力建设、国家信息化试点授牌表彰大会。获得“国家认定企业技术中心”的企业，其创新能力、创新业绩、竞争能力和示范作用等在全国同行业中都具有突出优势，是国家推动企业自主创新的重点扶持对象。在受表彰的名单中包括中国重型机械工业协会的会员单位中钢集团邢台机械轧辊有限公司的中钢集团邢台机械轧辊有限公司技术中心，巨力索具股份有限公司的巨力索具股份有限公司技术中心，同时还有行业内的郑州大方桥梁机械有限公司的郑州大方桥梁机械有限公司技术中心。

12月

7～9日 中国重型机械工业协会在广州市召开2009年度重型机械行业科技创新工作会议暨科研院所长、高校领导座谈会。会议主题是重型机械行业重点企业、科研院所及高校在国际金融危机后大背景下，如何加强科技创新能力建设，以科技创新成果应对金融危机。

中国重型机械工业协会汪建业名誉理事长做了《建设创新能力，应对金融危机》的主题报告。报告指出，过去几次经济危机，最终都是以技术进步，推动了经济危机之后的经济发展与繁荣。在建设创新能力，应对金融危机方面，提出了以先进技术改造传统产业，研制和开发具有市场潜力的产品，储备科技人才，增强创新能力，同时应摒弃盲目扩充产能的冲动。

工业与信息化部装备工业司张荣瀚副处长就装备工业司作为行业主管部门如何促进行业自主创新，做强做大装备制造业，营造良好的政策环境等方面开展的六项主要工作作了介绍。

中国机械工业联合会蔡惟慈副会长作了《当前机械工业经济运行态势》的专题报告，并对明年机械工业经济运行态势进行了客观分析与预测，对后经济危机的一些热点问题，发表了重要讲话。

中国重型机械工业协会徐善继常务副理事长作了《重型机械行业2009年经济运行状况及“十二五”发展思路、目标和重点发展领域》的专题报告，指出重型机械工业“十二五”的发展思路是，坚持走新兴工业化道路，以信息化促进工业化，加强产、学、研一体化的科技创新体系建设，提高科技创新能力，加快结构调整，提升产业升级，提高综合竞争能力，大力振兴和发展重型机械制造业，以满足国民经济发展和国防安全对重型机械装备的需求。报告中提出了在“十二五”期间重型机械行业应重点发展的14个领域的建议和6项需要国家支持的行业发展的政策措施建议。

张维新副秘书长向会议介绍了2006年至2009年重型机械行业在科技创新、新产品开发方面取得的显著成果和荣获国家科学技术进步奖励情况，作了《坚持科技进步，加强自主创新能力建设》的发言。根据中国机械工业联合会提出的机械工业“十二五”规划工作的总体安排，中国重型机械工业协会负责组织编制重机行业“十二五”发展规划，协会将尽快启动行业“十二五”规划编制工作。

中国钢铁工业协会迟京东副秘书长作了《加快钢铁产业升级，支撑装备制造业提升竞争力》的专题发言，从钢铁行业产业结构调整方向、发展模式，提出与装备制造业联手建立新型的战略合作关系，共同提高市场竞争力。

钟掘院士发言指出，未来的竞争，是人才的竞争。在金融危机时，我们更需要储备人才，开发先进技术。企业在科技创新能力建设中，特别要注重核心技术领军人物的培养。

参加会议的科研院、所，高等院校的领导和骨干企业代表分别介绍了各自单位今年经济运行情况和在应对金融危机中采取的行之有效的一些措施和做法；介绍了本单位近年来在科技创新能力建设方面所做的工作和取得的重大突破性进展；交流了在建设、完善技术创新体系，加强技术平台建设过程中，找准发展方向，瞄准关键技术，提高自主研发能力的做法和经验。会议提出了“十二五”期间技术创新与产品开发的初步计划，认为科技创新是企业和科研院所、高等院校发展的强劲动力，表示要不断建设和提升企业自主创新能力。

原机械工业部孙昌基副部长十分关注重型机械行业的创新能力建设情况，对企业和科研院所在科技创新方面的做法和成果，尤其是大型铸锻件制造企业在核电技术领域取得的进步和发展，感到十分振奋和欣慰。他希望重型机械行业企业要确实做到自主创新，要千方百计在科技创新上给予投入，使科技投入与产出达到一定比例，进入良性循环。他提醒大家，要重视产学研结合，要抓质量，要稳定性生产，要把“核文化”贯穿到重机行业民品中来，并对重机行业的发展前景充满希望。

21日 工信部发布了《机电产品再制造试点单位名单（第一批）》和《机电产品再制造试点工作要求》的通知，选择确定了包括中国第一重型机械集团公司、宁夏天地奔牛实业集团有限公司在内的35个企业和产业集聚区为第一批试点单位。再制造是指以机电产品（装备）等旧工业制成品为原料，运用高科技的清洗工艺、修复技术或利用新材料、新技术进行专业化、批量化修复或技术升级改造，使得再制造后产品（装备）在技术性能和安全质量等方面达到原同类新品的标准要求。再制造的重要特征是再制造产品的质量和性能不低于新品，但与新品相比，一般可节约成本50%，节能60%，节材70%。

23日 大连重工新产品研发项目——40t履带运输车在泉水基地空载试车成功。在近1km的行程中，运输车完成了启动、停车、转弯、爬坡等多项功能，运行稳定，性能完全达到设计要求。40t履带运输车自重80t，可运载重量40t，爬坡能力17°。

29日 上海振华重工建造的奥克兰新海湾大桥首批钢箱梁，从上海长兴岛随船起航，驶往美国加州海湾地区。新海湾大桥是世界第一大单塔自锚抗震悬索钢结构桥梁，大桥主航道桥跨径为565m，钢塔总高约160m，能确保每天30万辆汽车通过。上海振华重工承建的是新海湾大桥的钢桥、钢塔、浮吊等，总标的额为3亿美元，建造构件将分8次交付完毕。新海湾大桥项目为上海振华重工打开了进军世界钢桥市场的大门。

30日 国家发展和改革委员会副主任、国家能源局局长张国宝来到中国一重，主持召开了核电关键设备国产化座谈会，做了“努力实现核电锻件全面自主化”的讲话。他传达了国务院副总理李克强对“我国核电设备国产化取得重大进展”的重要批示，强调努力实现核电自主化的重要意义。在此之前，中国一重先后研制成功第三代核电AP1000核反应堆压力容器锻件、核岛蒸汽发生器管板锻件，攻克了长期制约我国核电锻件的重大技术难题，冶炼、锻造等工艺技术达到目前国内领先水平。他充分肯定了一重集团等核电设备制造企业，为推进核电关键设备自主化做出的重要贡献。他指出，一重集团的大规模技术改造是提升产品质量和技术水平的必要举措，希望一重集团继续积极实施产品结构调整，勇于开拓国际国内两个市场，克服国际金融危机带来的影响，勉励一重集团全体干部职工增强竞争意识和危机意识，立足于自主研发和技术创新，真正打造成令国人骄傲的“中国的一重”。会后，张国宝局长与黑龙江省长、中核集团、中广核集团、国家核电技术公司、一重集团领导和嘉宾等，共同出席了大型核电关键设备及材料签约仪式。一重集团与中广核集团、国家核电技术公司签署了核电反应堆压力容器设备供应合同，一重集团与中广核集团签署了核电站主设备国产化全面技术支持协议、核电主设备锻件联合开发及供应协议，一重集团与中核集团签署了福建福清核电厂反应堆压力容器供货合同，中广核集团、国家核电技术公司和哈电集团签署了核电蒸汽发生器设备采购合同，以及一重集团与西班牙恩萨（ENSA）公司签署了ABWR项目及其核Ⅰ级大型锻件供货意向协议等，签订协议及合同总额达到10.7亿元。

月内　中钢邢台机械轧辊有限公司为宝钢集团研制的总长5.87m、辊径0.22m的宽厚板冷矫直辊，经检测完全符合图纸要求。该轧辊产品的研制成功，不仅突破了企业同类产品生产纪录，填补了国家空白，同时满足了我国新型现代化轧机用辊需求。

★　大连重工自主研发的风电项目SCADA系统，顺利通过了技术鉴定，破解了国内长期以来不具备设计能力、一直依赖国外进口的瓶颈，标志着大连重工风电项目研发取得了又一重要进展。该系统技术难点之一是接口的通用性。大连重工开发出通用性强、实时性好、速度快的SCADA通信接口。另一技术难题是海量历史数据上传。通常一个风场组由33台风电机组组成，每台风电机组的历史数据变量达5万多条，上传时不仅要保证数据的完整性，通信速度还不能太慢，不能影响网络中实时数据的正常工作。大连重工采用特殊通信方式，编写了几万条脚本语言程序。经上传测试，各项指标均达到风电机组控制系统的技术要求，通信速度甚至超过了国外同类产品水平。

〔撰稿人：中国重型机械工业协会李广孝　审稿人：中国重型机械工业协会徐善继〕

中国重型机械工业协会组织机构、第五届理事会理事名单、分会会员名录

Provides the organization frame of CHMIA, name list of member of CHMIA 5th board of directors, directory of enterprises of CHMIA member

附录

中国重型机械工业协会组织机构

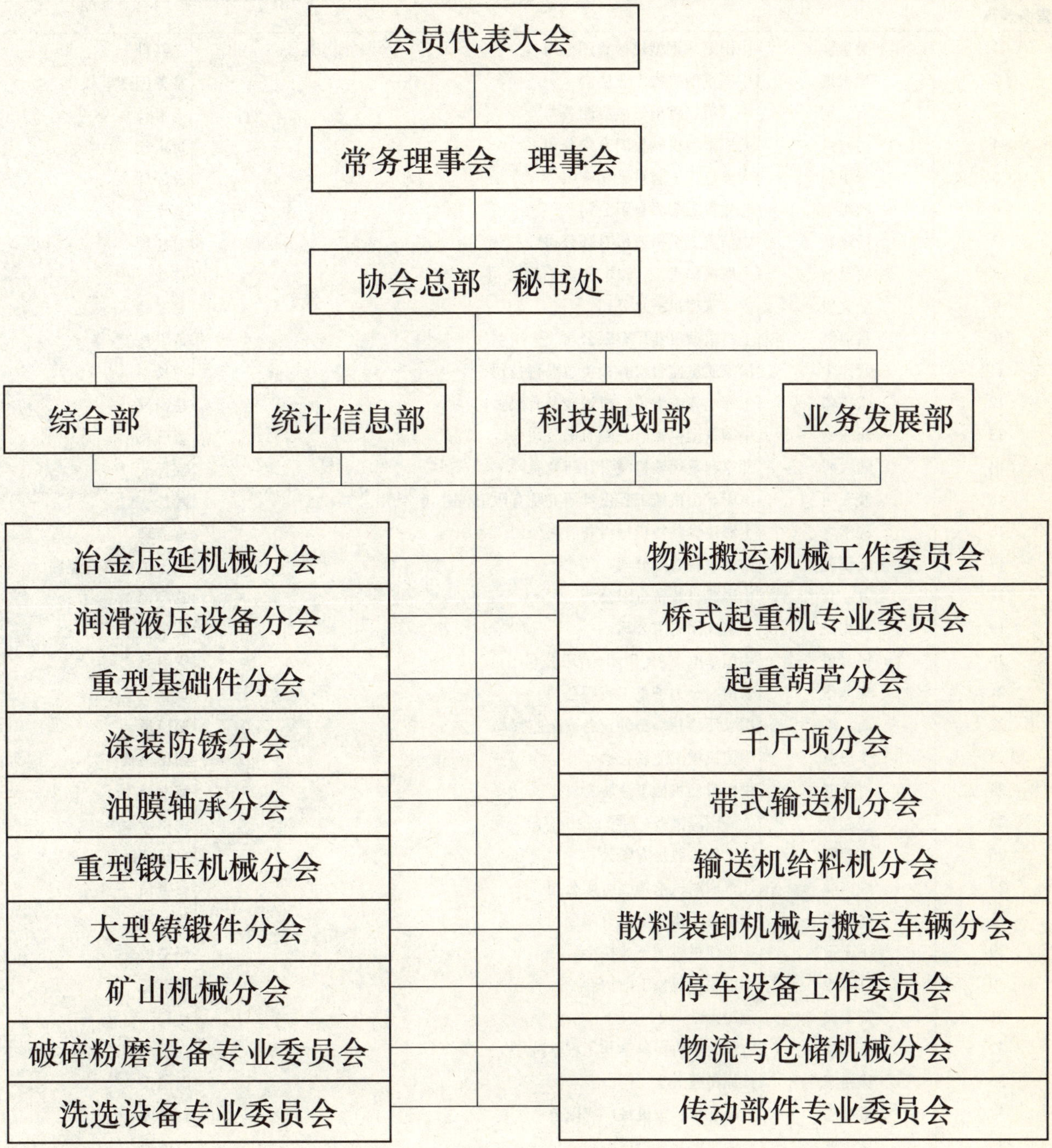

〔供稿人:中国重型机械工业协会张艳君〕

中国重型机械工业协会第五届理事会常务理事、理事

序　　号	姓　　名	单位名称	职　　务
常务理事			
1	吴生富	中国第一重型机械集团公司	总经理
2	徐善继	中国重型机械工业协会	常务副理事长
3	石　柯	中国第二重型机械集团公司	董事长
4	岳普煜	太原重型机械集团有限公司	董事长
5	宋甲晶	大连重工·起重集团有限公司	总经理
6	耿洪臣	北方重工集团有限公司	董事长
7	任沁新	中信重工机械股份有限公司	总经理
8	康学增	上海振华重工(集团)股份有限公司	总裁
9	陆文俊	中国重型机械总公司	总经理
10	吕亚臣	上海重型机器厂有限公司	董事长
11	武津生	国家质量监督检验检疫总局科技司	司长
12	张庆伟	上海电气临港重型机械装备有限公司	总经理
13	谢东钢	中国重型机械研究院有限公司	董事长
14	陆大明	北京起重运输机械设计研究院	院长
15	戚天明	洛阳矿山机械工程设计研究院有限责任公司	院长
16	程幸之	上海建设路桥机械设备有限公司	总经理
17	陆鹏程	中钢设备有限公司	执行董事兼总经理
18	方　芳	中国建材装备有限公司	总经理
19	韩宪保	卫华集团有限公司	董事长
20	杨　勇	中国华电工程(集团)有限公司	党组书记
21	焦苏华	云南冶金力神重工有限公司	董事长
22	尚　洪	国家质检总局特种设备安全监察局	调研员
23	李海燕	中国机械工业联合会	副秘书长
24	肖立群	中国重型机械工业协会	秘书长
25	包起帆	上海国际港务(集团)股份有限公司	副总裁
26	王建跃	宝山钢铁股份有限公司	总经理助理
27	顾雄斌	江苏通润机电集团有限公司	董事长
28	张耀明	中钢集团衡阳重机有限公司	总经理
29	王玉敏	中国建材机械工业协会	秘书长
30	许亚雄	中国煤炭机械工业协会	理事长
31	刘宏民	燕山大学	校长
32	王国强	吉林大学机械科学与工程学院	党委书记兼副院长
33	徐格宁	太原科技大学	副校长
34	梁敏志	上海起重运输机械厂有限公司	总经理
35	黄珑琳	江阴凯澄起重机械有限公司	总经理
36	杨建忠	巨力索具股份有限公司	董事长
37	鲍生旭	北京首钢机电有限公司	总经理
38	王顺亭	国家起重运输机械质量监督检验中心	常务副主任
39	张　策	中色科技股份有限公司	董事长

（续）

序　号	姓　名	单位名称	职　务
40	彭国成	三一集团港口机械有限公司	总经理
41	马昭喜	山东山矿机械有限公司	董事长兼总经理
42	廖纯德	衡阳运输机械有限公司	董事长
43	杨　军	四川矿山机器（集团）有限责任公司	董事长兼总经理
44	成固平	株洲天桥起重机股份有限公司	董事长
45	徐新民	山起重型机械股份公司	董事长
46	李　静	芜湖起重运输机器有限公司	总经理
47	黄庆学	山西省现代轧制工程技术研究中心	主任
48	王建国	唐山冶金矿山机械厂	厂长兼党委书记
49	张观华	张家港长力机械有限公司	董事长兼总经理
50	周水妹	杭州西子石川岛停车设备有限公司	总经理
51	荆汝大	河南长垣起重工业园区管理委员会	主任
52	张家驷	北京清源发机电设备工程监理有限公司	总经理
53	张国林	泰星减速机股份有限公司	董事长
54	殷永庆	江苏泰隆减速机股份有限公司	副总经理
55	宫　强	天津起重设备有限公司	总经理
56	黄海珊	广州起重机械有限公司	董事长兼总经理
57	孙松奇	北京中冶设备研究设计总院有限公司	院长
58	彭　兵	广州机械科学研究院	副院长
59	覃　勇	南宁广发重工集团有限公司	董事长
60	黄金荣	河南太行振动机械股份有限公司	董事长
61	郭章先	河南豫飞重工集团有限公司	董事长
62	段京丽	焦作制动器股份有限公司	董事长
63	辜宁生	江苏三马起重机械制造有限公司	董事长兼总经理
64	承洪宇	常州市华立液压润滑设备有限公司	董事长
65	罗永忠	四川川润股份有限公司	总经理
66	李福光	焦作市科瑞森机械制造有限公司	董事长
67	明艳华	中国重型机械工业协会停车设备工作委员会	理事长
理事			
68	李　镜	国家发展和改革委员会经济运行调节局应急处	调研员
69	马　克	中国第一重型机械集团公司	副总经理
70	曾祥东	中国第二重型机械集团公司	副总经理
71	张克斌	太原矿山机器集团有限公司	董事长
72	邹　胜	大连重工·起重集团有限公司	副总经理
73	王铁锋	北方重工集团有限公司	副董事长、党委书记
74	杨好志	北方重工沈矿（集团）有限责任公司	副总经理
75	王继生	中信重工机械股份有限公司	副总经理
76	王伯芝	济南重工股份有限公司	董事长
77	聂仲毅	中钢集团西安重机有限公司	总经理
78	程诗彬	湖北宜都机电工程股份有限公司	董事长
79	汤保昌	新乡市起重设备厂有限责任公司	总经理
80	赵国其	杭州武林机器有限公司	总经理
81	金国性	南昌凯马有限公司	总经理
82	郭守锦	山东莱钢泰达车库有限公司	董事长
83	龚欣荣	四川省自贡运输机械有限公司	副总经理
84	李　平	上海科大重工集团有限公司	董事长

（续）

序　　号	姓　　名	单位名称	职　　务
85	白荟民	北京起重工具厂	厂长
86	姚　宏	上海冶金矿山机械厂	副厂长
87	郑世静	天水长城控制电器有限责任公司	总经理
88	张鼎庆	长沙重型机器制造有限责任公司	总经理
89	陈海涛	南京起重机械总厂有限公司	董事长兼总经理
90	葛　明	江苏象王起重机有限公司	董事长
91	翁耀根	无锡华东重型机械有限公司	董事长
92	王金发	哈尔滨众鑫重型机器有限责任公司	总经理
93	段志禹	河北金马矿山机械集团公司	董事长
94	胡善宏	淮北矿山机器制造有限公司	董事长
95	喻连生	江西起重机械总厂	董事长
96	黄国富	广西百色矿山机械厂	厂长
97	马卫国	新疆通用机械有限公司	总经理
98	张志华	郑州新大方重工科技有限公司	董事长、总裁
99	张胜利	SEW-传动设备(天津)有限公司	董事、总经理
100	宋济隆	宁波东力传动设备股份有限公司	董事长
101	张文忠	浙江双鸟机械有限公司	董事长
102	周　斌	上海润滑设备厂有限公司	董事长
103	张先锋	北京锋必达矿山机械有限公司	董事长兼总经理
104	汪国春	铜陵天奇蓝天机械设备有限公司	总经理
105	杨万林	自贡九天水利机械有限公司	总经理
106	雷耀民	内蒙古北方重工业集团有限公司特殊钢厂	厂长
107	陈学清	重庆起重机厂有限责任公司	总经理
108	宋保魁	河南省郑起起重设备有限公司	董事长
109	蔡景新	河南省新乡市矿山起重机有限公司	董事长
110	胡国和	河南重工起重机集团有限公司	董事长兼总经理
111	郝兆庆	新乡市中原起重机械总厂有限公司	董事长兼总经理
112	齐景光	中原圣起有限公司	董事长
113	崔培军	河南省矿山起重机有限公司	董事长
114	韩永章	河南华东起重机集团有限公司	总裁
115	韩宜增	河南豫中起重集团有限公司	董事长
116	刘汉礼	本溪钢铁(集团)起重机制造有限公司	董事长兼总经理
117	李子木	宁夏天地奔牛银起设备有限公司	总经理
118	阮曙峰	浙江众擎起重机械制造有限公司	董事长
119	王孙同	浙江东海减速机有限公司	总经理
120	王兆连	山东华特磁电科技股份有限公司	总经理
121	钟宝申	抚顺隆基电磁科技有限公司	董事长
122	曹　磊	机科发展科技股份有限公司	事业部经理
123	杨杏茹	北京中重重机软件科技有限公司	总经理
124	张志玲	柳州起重机器有限公司	董事长
125	金宇顺	洛阳起重机厂	厂长
126	马立民	北京约基同力机械制造有限公司	董事长兼总经理
127	项建忠	浙江通力重型齿轮股份有限公司	总经理
128	冯国祯	江阴齿轮箱制造有限公司	董事长兼总经理
129	冯　勇	湖州双力自动化科技装备有限公司	总经理
130	龚友良	南昌矿山机械有限公司	总经理

（续）

序号	姓名	单位名称	职务
131	江　鹏	湖北鄂重重型机械有限公司	董事长
132	杨永柱	鞍山重型矿山机器股份有限公司	董事长兼总经理
133	孙文田	鞍钢重型机械有限责任公司	副总经理
134	徐　敏	无锡新大力电机有限公司	总经理
135	张彦五	上海嘉庆轴承制造有限公司	董事长
136	张春丽	河南省东风起重机械有限公司	总经理
137	何国胜	八达机电有限公司	董事长兼总经理
138	张瑞庆	无锡宏达重型锻压有限公司	董事长
139	操文章	安徽攀登重工股份有限公司	董事长兼总经理
140	王晓光	马钢股份公司重型机械设备制造公司	经理
141	纪　清	河北同力滑车有限公司	总经理
142	聂春喜	山西新富升机器制造有限公司	董事长
143	杜　勇	武汉电力设备厂	副厂长
144	赵清林	河南省长垣县起重行业协会	常务副会长
145	王建新	新乡市振动机械设备行业协会	理事长
146	李光玉	山东省新泰市羊流起重机械协会	秘书长
147	冀慎珠	山东青云起重机械有限公司	董事长
148	张清明	山东光明起重机械集团有限公司	董事长
149	刘鼎越	辽源重型实业集团有限公司	常务副总经理
150	王金祥	秦皇岛天业通联重工股份有限公司	总经理
151	侯向保	河南焦矿机器有限公司	董事长
152	吴建一	湖北银轮起重机械股份有限公司	总经理
153	吴　建	南通润邦重机有限公司	执行董事、总经理
154	李　坤	天津重钢机械装备股份有限公司	总经理
155	李祥启	潍坊大洋自动泊车设备有限公司	董事长
156	李荣华	通化市起重运输机械制造有限责任公司	董事长
157	陈　红	马鞍山钢铁股份有限公司第二机械设备制造公司	经理
158	谢徐洲	江西华伍制动器股份有限公司	总经理
159	韩红静	北京斯诺堡轴承有限公司	总经理
160	黄　曦	上海精星仓储设备工程有限公司	总经理
161	徐雪峰	上海奉城工业园区开发有限公司	总经理
特聘个人理事			
162	赵　兵	中国机械工业集团有限公司	总裁助理
163	须　雷	德马格起重机械(上海)有限公司	高级经理
164	周小平	中国第一重型机械集团公司	副总工程师
165	蒋新亮	中国第二重型机械集团公司	副总工程师
166	王　鹰	太原科技大学	教授
167	黄文林	北京约基同力机械制造有限公司	总工程师
168	徐京鸿	中钢设备有限公司	副总经济师
169	李国杰	三一集团港口机械有限公司研究院	副院长

〔供稿人:中国重型机械工业协会肖立群、张艳君〕

中国重型机械工业协会分会会员名录

矿山机械

企业名称:中信重工机械股份有限公司
地　　址:河南省洛阳市涧西区建设路206号
邮　　编:471039
电　　话:0379－64088001
传　　真:0379－64214680

企业名称:国家矿山重型装备重点实验室
地　　址:河南省洛阳市涧西区建设路206号
邮　　编:471039
电　　话:0379－64088003
传　　真:0379－64214680

企业名称:洛阳矿山机械工程设计研究院有限责任公司
地　　址:河南省洛阳市涧西区建设路206号
邮　　编:471039
电　　话:0379－64087722
传　　真:0379－64221800

企业名称:太原重型机械集团有限公司
地　　址:山西省太原市万柏林区玉河街53号
邮　　编:030024
电　　话:0351－6365768
传　　真:0351－6361133

企业名称:太原矿山机器集团有限公司
地　　址:山西省太原市经济技术开发区电子街25号
邮　　编:030009
电　　话:0351－3040108
传　　真:0351－3041942

企业名称:上海建设路桥机械设备有限公司
地　　址:上海市奉贤区金汇镇工业路188号
邮　　编:201404
电　　话:021－51393838
传　　真:021－51393800

企业名称:山东山矿机械有限公司
地　　址:山东省济宁市济安桥北路11号
邮　　编:272041
电　　话:0537－2226931
传　　真:0537－2228529

企业名称:上海冶金矿山机械厂
地　　址:上海市闸北区汶水路210号
邮　　编:200072
电　　话:021－56652175
传　　真:021－56639508

企业名称:南昌凯马有限公司
地　　址:江西省南昌市国家经济技术开发区丁香路凯马机电工业园
邮　　编:330101
电　　话:0791－3951398
传　　真:0791－3951350

企业名称:中国矿业大学机电工程学院
地　　址:江苏省徐州市三环南路
邮　　编:221116
电　　话:0516－83590758
传　　真:0516－83590289

企业名称:山西新富升机器制造有限公司
地　　址:山西省太原市小东门街新开南巷27号
邮　　编:030013
电　　话:0351－3075217
传　　真:0351－2664710

企业名称:济南重工股份有限公司
地　　址:山东省济南市东郊机场路
邮　　编:250109
电　　话:0531－86139298
传　　真:0531－88287286

企业名称:中钢集团衡阳重机有限公司
地　　址:湖南省衡阳市珠晖区东风路
邮　　编:421002
电　　话:0734－8352311
传　　真:0734－8332398

企业名称:淄博大力矿山机械有限公司
地　　址:山东省淄博市周村区东门路北首

邮　　编:255300
电　　话:0533－6181501
传　　真:0533－6181392

企业名称:浙江矿山机械有限公司
地　　址:浙江省义乌市义亭镇矿机一路96号
邮　　编:322005
电　　话:0579－85817891
传　　真:0579－85815387

企业名称:鞍山市重型矿山机器股份有限公司
地　　址:辽宁省鞍山市立山区胜利北路900号
邮　　编:114042
电　　话:0412－6215364
传　　真:0412－6216900

企业名称:山东省淄博生建机械厂
地　　址:山东省淄博市淄川区昆仑路1号
邮　　编:255129
电　　话:0533－5787201
传　　真:0533－5780070

企业名称:吉林大学机械科学与工程学院
地　　址:吉林省长春市人民大街5988号
邮　　编:130025
电　　话:0431－85094404
传　　真:0431－85095288

企业名称:太原科技大学材料学院
地　　址:山西省太原市万柏林区窊流路66号
邮　　编:030024
电　　话:0351－6998056
传　　真:0351－6863369

企业名称:山东泰山天盾矿山机械有限公司
地　　址:山东省新泰市开发区新兴路
邮　　编:271200
电　　话:0538－7069810－8603
传　　真:0538－7069332

企业名称:湘电重型装备股份有限公司
地　　址:湖南省湘潭市下摄司街302号
邮　　编:411101
电　　话:0731－58595267
传　　真:0731－58595267

企业名称:徐州矿山设备制造有限公司
地　　址:江苏省徐州市九里区时代大道南
邮　　编:221140
电　　话:0516－87836917－8088
传　　真:0516－87836922

企业名称:四川矿山机器(集团)有限责任公司
地　　址:四川省江油市建设北路888号
邮　　编:621701
电　　话:0816－3696888
传　　真:0816－3698888

企业名称:重庆泰丰矿山机器有限公司
地　　址:重庆市九龙坡区石坪桥横街66号
邮　　编:400051
电　　话:023－68822731
传　　真:023－68822731

企业名称:韶关市韶瑞重工有限公司
地　　址:广东省韶关市西郊武江科技工业园
邮　　编:512026
电　　话:0751－8136683
传　　真:0751－8136193

企业名称:安徽盛运机械股份有限公司
地　　址:安徽省桐城市同安路265号
邮　　编:231400
电　　话:0556－6213999
传　　真:0556－6205280

企业名称:郑州鸿源重型机械有限公司
地　　址:河南省郑州市郑上路石砦
邮　　编:450100
电　　话:0371－64629998
传　　真:0371－64602334

企业名称:如皋昌昇建工机械有限责任公司
地　　址:江苏省如皋市皋南光华工业园
邮　　编:226553
电　　话:0513－87283901
传　　真:0513－87283901

企业名称:洛阳百克特摩擦材料有限公司
地　　址:河南省洛阳市高新开发区孙辛辅路4号
邮　　编:471003
电　　话:0379－65112136
传　　真:0379－64183328

企业名称:无锡贝特尔机器制造有限公司
地　　址:江苏省无锡市蠡园开发区隐秀路B2楼
邮　　编:214072
电　　话:0510－85168022

传　　真:0510－85165400

企业名称:洛阳大华重型机械有限公司
地　　址:河南省洛阳市洛龙科技园关林大道西
邮　　编:471022
电　　话:0379－65520221
传　　真:0379－65511602

企业名称:河北金马矿山机械集团公司
地　　址:河北省遵化市东新庄镇
邮　　编:064209
电　　话:0315－6999117
传　　真:0315－6998918

企业名称:中信重型机械公司实业总公司工程塑料厂
地　　址:河南省洛阳市涧西区建设路206号
邮　　编:471039
电　　话:0379－64088063
传　　真:0379－64214823

企业名称:株洲力达液压机械有限责任公司
地　　址:湖南省株洲市新华东路115号
邮　　编:412000
电　　话:0731－22493253
传　　真:0731－28780421

企业名称:浙江武精机器制造有限公司
地　　址:浙江省金华市武义县城青年路106号
邮　　编:321200
电　　话:0579－7641326
传　　真:0579－7647558

企业名称:广东省韶铸集团有限公司
地　　址:广东省韶关市十里亭
邮　　编:512031
电　　话:0751－8832578
传　　真:0751－8853784

企业名称:平顶山煤矿机械有限责任公司
地　　址:河南省平顶山市湛河区南环路西段2号
邮　　编:467001
电　　话:0375－4978682
传　　真:0375－4943795

企业名称:湖州新天翔橡胶厂
地　　址:浙江省湖州市杨家埠镇九九桥北
邮　　编:313000
电　　话:0572－2361336
传　　真:0572－2361386

企业名称:湖州恒通机械设备有限公司
地　　址:浙江省湖州市滨河路288号爱都花园2号楼1单元15FA
邮　　编:313000
电　　话:0572－2367341、2367342
传　　真:0572－2367343

企业名称:安徽铜陵学院机械工程系
地　　址:安徽省铜陵市铜陵学院新区
邮　　编:244000
电　　话:0562－5881015
传　　真:0562－2837940

企业名称:浙江鑫隆机械制造有限公司
地　　址:浙江省瑞安市塘下镇海安城西南路92号
邮　　编:325205
电　　话:0577－65279838
传　　真:0577－65279868

企业名称:鹤壁市豫兴煤机有限公司
地　　址:河南省鹤壁市山城区豫兴工业园
邮　　编:458000
电　　话:0392－2560169
传　　真:0392－2566177

企业名称:鹤壁市万丰矿山机械制造有限公司
地　　址:河南省鹤壁市山城区石林乡东石林村
邮　　编:458000
电　　话:0392－2566777
传　　真:0392－2560777

企业名称:鹤壁市四达矿山设备有限公司
地　　址:河南省鹤壁市山城区汤鹤路中段
邮　　编:458000
电　　话:0392－2560391
传　　真:0392－2560800

企业名称:鹤壁市通达矿山设备有限公司
地　　址:河南省鹤壁市山城区汤鹤路中段山城工业区
邮　　编:458000
电　　话:0392－2560354
传　　真:0392－2568096

企业名称:鹤壁市星光矿山机械制造有限公司
地　　址:河南省鹤壁市山城区石林乡东石林村
邮　　编:458000
电　　话:0392－2563669
传　　真:0392－2566433

企业名称:鹤壁市双信矿山机械有限公司
地　　址:河南省鹤壁市山城区汤鹤路中段路北
邮　　编:458000
电　　话:0392－2560366
传　　真:0392－2568366

企业名称:重庆四丰矿山建筑机械有限公司
地　　址:重庆市大渡口区八桥镇互助工业园
邮　　编:400084
电　　话:023－68953208
传　　真:023－68953258

企业名称:广州富通光科技术有限公司
地　　址:广东省广州市科学城光谱中路广州科技创新基地E区203室
邮　　编:510663
电　　话:020－32290991
传　　真:020－32290977

企业名称:河南太行振动机械股份有限公司
地　　址:河南省新乡市经济开发区中央大道66号
邮　　编:453731
电　　话:0373－5590168
传　　真:0373－5586881

企业名称:郑州一帆机械设备有限公司
地　　址:北京市海淀区三里河路11号建材联合会南配楼422室(总部)
邮　　编:100831
电　　话:010－88383719
传　　真:010－88380880

企业名称:山东升金矿山机械有限公司
地　　址:山东省新泰市新安路53号
邮　　编:271200
电　　话:13805487285
传　　真:0538－2200111

企业名称:宁夏天地西北煤机有限公司
地　　址:宁夏石嘴山市大武口工业园区
邮　　编:753001
电　　话:0952－2175328
传　　真:0952－2175329

企业名称:上海驿德桥轴承有限公司
地　　址:上海市共和新路425号凯鹏国际大厦9层G座
邮　　编:200070
电　　话:021－61486717
传　　真:021－61486718

企业名称:山东东平开元机械制造有限公司
地　　址:山东省泰安市东平县工业园区
邮　　编:271500
电　　话:0538－2821052
传　　真:0538－6356808

企业名称:浙江镇南精工机械有限公司
地　　址:浙江省诸暨市店口镇解放路259号
邮　　编:311835
电　　话:0575－87655388
传　　真:0575－87655618

企业名称:南昌矿山机械研究所
地　　址:江西省南昌市下罗枫林东大街
邮　　编:330001
电　　话:0791－3806998
传　　真:0791－3805987

企业名称:南昌矿山机械有限公司
地　　址:江西省南昌市湾里区盘龙路23号
邮　　编:330004
电　　话:0791－3798611
传　　真:0791－3761006

企业名称:鹤壁中机矿山设备有限公司
地　　址:河南省鹤壁市汤河街63号
邮　　编:458000
电　　话:0392－2616293
传　　真:0392－2102988

企业名称:山东华特磁电科技股份有限公司
地　　址:山东省潍坊市临朐县经济技术开发区
邮　　编:262600
电　　话:0536－3158808
传　　真:0536－3158801

企业名称:抚顺隆基电磁科技有限公司
地　　址:辽宁省抚顺市经济开发区顺发路82号
邮　　编:113122
电　　话:0413－6700045
传　　真:0413－6605768

企业名称:浙江东海减速机有限公司
地　　址:浙江省温州市平阳县经济开发区(敖江镇)
邮　　编:325401
电　　话:0577－63675933
传　　真:0577－63635393

企业名称:石家庄油漆厂

地　　址:河北省石家庄市中山西路433号
邮　　编:050051
电　　话:0311-85233768
传　　真:0311-83013681

企业名称:洛阳兴达重工设备有限公司
地　　址:河南省洛阳市孟津县麻屯镇水泉村
邮　　编:471132
电　　话:0379-62232199
传　　真:0379-62231178

企业名称:鸡西永益煤矿机械制造有限公司
地　　址:黑龙江省鸡西市鸡冠区南星街47号
邮　　编:158100
电　　话:0467-2725068
传　　真:0467-2725068

企业名称:大连思沃特液力传动设备有限公司
地　　址:辽宁省大连市甘井子区营城子街道对门沟
邮　　编:116036
电　　话:0411-84444529
传　　真:0411-84444509

企业名称:遵化市君盛同合矿山机械厂
地　　址:河北省遵化市黎河桥西
邮　　编:064200
电　　话:0315-6601508
传　　真:0315-6603668

企业名称:遵化市禹铭矿山机械厂
地　　址:河北省遵化市黎河桥路西
邮　　编:064200
电　　话:0315-6883926
传　　真:0315-6603658

企业名称:河北宣化工程机械股份有限公司
地　　址:河北省张家口市宣化区东升路21号
邮　　编:075105
电　　话:0313-3186001
传　　真:0313-3186026

企业名称:哈尔滨国海星轮传动有限公司
地　　址:黑龙江省哈尔滨市哈平路工业区烟台三路8号
邮　　编:150060
电　　话:0451-86522278
传　　真:0451-86530858

企业名称:洛阳百力克矿山机械有限公司
地　　址:河南省洛阳市洛新工业园双湘路12号
邮　　编:471822
电　　话:0379-65190660
传　　真:0379-67312866

企业名称:无锡优利康电气有限公司
地　　址:江苏省无锡市蠡园经济开发区国家创意产业园5号楼三层
邮　　编:214000
电　　话:0510-85161131
传　　真:0510-85161139

企业名称:江苏三羊开泰煤矿电机制造有限公司
地　　址:江苏省丹阳市开发区胡桥大贡
邮　　编:212313
电　　话:0511-86981555
传　　真:0511-86967626

企业名称:《矿山机械》杂志社
地　　址:河南省洛阳市建设路206号
邮　　编:471039
电　　话:0379-64087786
传　　真:0379-64087868

企业名称:全国矿山机械标准化技术委员会
地　　址:河南省洛阳市建设路206号
邮　　编:471039
电　　话:0379-64087746
传　　真:0379-64087746

企业名称:国家矿山机械质量监督检测中心
地　　址:河南省洛阳市建设路206号
邮　　编:471039
电　　话:0379-64087838
传　　真:0379-64215427

企业名称:杭州重型机械有限公司
地　　址:浙江省杭州市东新路806号
邮　　编:310004
电　　话:0571-85378458
传　　真:0571-85374879

企业名称:朝阳重型机器有限公司
地　　址:辽宁省朝阳市黄河路三段22号
邮　　编:122000
电　　话:0421-2810279
传　　真:0421-2811597

破碎粉磨设备

企业名称:上海建设路桥机械设备有限公司

地　　址:上海市奉贤区金汇镇工业路 188 号
邮　　编:201404
电　　话:021－51393838
传　　真:021－51393800

企业名称:北方重工集团有限公司矿山冶金设备分公司
地　　址:辽宁省沈阳市经济技术开发区开发大路 16 号
邮　　编:110141
电　　话:024－25802282
传　　真:024－25802282

企业名称:山东山矿机械有限公司
地　　址:山东省济宁市济安桥北路 11 号
邮　　编:272041
电　　话:0537－2225292
传　　真:0537－2228529

企业名称:四川矿山机器(集团)有限责任公司
地　　址:四川省江油市建设北路 888 号
邮　　编:621701
电　　话:0816－3696888
传　　真:0816－3698888

企业名称:北京锋必达矿山机械有限公司
地　　址:北京市门头沟区中门寺街 69 号
邮　　编:102300
电　　话:010－61890942
传　　真:010－61891117

企业名称:上海重型机器厂有限公司
地　　址:上海市闵行区江川路 1800 号
邮　　编:200245
电　　话:021－67287017
传　　真:021－54725084

企业名称:云南冶金力神重工有限公司
地　　址:云南省昆明市龙泉路 871 号
邮　　编:650203
电　　话:0871－6085302
传　　真:0871－6085303

企业名称:河南焦矿机器有限公司
地　　址:河南省焦作市焦东中路 28 号
邮　　编:454002
电　　话:0391－3976001
传　　真:0391－3929939

企业名称:南昌矿山机械有限公司
地　　址:江西省南昌市湾里区盘龙路 23 号
邮　　编:330004
电　　话:0791－3782882
传　　真:0791－3961006

企业名称:河北金马矿山机械集团公司
地　　址:河北省遵化市东新庄镇
邮　　编:064209
电　　话:0315－6999117
传　　真:0315－6999117

企业名称:浙江矿山机械有限公司
地　　址:浙江省义乌市义亭镇矿机一路 96 号
邮　　编:322005
电　　话:0579－85815385
传　　真:0579－85815387

企业名称:河南省群英机械制造有限责任公司
地　　址:河南省焦作市解放中路 397 号
邮　　编:454002
电　　话:0391－3906898
传　　真:0391－3933430

企业名称:上海嘉庆轴承制造有限公司
地　　址:上海市民德路 158 号 1802 室
邮　　编:200071
电　　话:021－56559515
传　　真:021－56639899

企业名称:常熟仕名重型机械有限公司
地　　址:江苏省常熟市北三环
邮　　编:215500
电　　话:0512－52858639
传　　真:0512－52850414

企业名称:江苏鹏胜重工有限公司
地　　址:江苏省淮安市盱眙县工业园区国槐大道
邮　　编:211700
电　　话:0517－88293993
传　　真:0517－88293883

企业名称:松滋市金津矿山机械有限责任公司
地　　址:湖北省松滋市城东工业园永兴路 2 号
邮　　编:434200
电　　话:0716－6210381
传　　真:0716－6222339

企业名称:广西桂林矿山机械厂
地　　址:广西桂林市灵川县桂矿路 1 号
邮　　编:541200

电　　话:0773 - 6825032
传　　真:0773 - 6812096

企业名称:哈尔滨国海星轮传动有限公司
地　　址:黑龙江省哈尔滨市哈平路工业园区烟台三路8号
邮　　编:150060
电　　话:0451 - 86530858
传　　真:0451 - 86523288

企业名称:南宁广发重工集团有限公司
地　　址:广西南宁市秀安路15号
邮　　编:530001
电　　话:0771 - 3932005
传　　真:0771 - 3123661

企业名称:洛阳矿山机械工程设计研究院有限责任公司
地　　址:河南省洛阳市涧西区建设路206号
邮　　编:471039
电　　话:0379 - 64087722
传　　真:0379 - 64221800

企业名称:上海冶金矿山机械厂
地　　址:上海市闸北区汶水路210号
邮　　编:200072
电　　话:021 - 56650499
传　　真:021 - 56639508

企业名称:溧阳中材重型机器有限公司
地　　址:江苏省溧阳市天目湖工业园区滨河路11号
邮　　编:213332
电　　话:0519 - 80895001
传　　真:0519 - 80895018

企业名称:上海龙阳机械厂
地　　址:上海市浦东新区龙东支路98号
邮　　编:201201
电　　话:021 - 68915989
传　　真:021 - 58970007

企业名称:郑州一帆机械设备有限公司
地　　址:河南省荥阳市开发区演武路东段
邮　　编:450100
电　　话:0371 - 64962323
传　　真:0371 - 64606468

企业名称:遵化市宏宇矿山机械有限公司
地　　址:河北省遵化市西留村乡学汉坨村
邮　　编:064200

电　　话:0315 - 6601688
传　　真:0315 - 6603666

企业名称:湖北枝江峡江矿山机械有限责任公司
地　　址:湖北省枝江市白洋镇沿江街1号
邮　　编:443208
电　　话:0717 - 4400029
传　　真:0717 - 4402299

企业名称:淄博大通矿山机械制造有限公司
地　　址:山东省淄博市博山区夏家庄镇良庄村
邮　　编:255200
电　　话:0533 - 4200699
传　　真:0533 - 4200699

企业名称:上海多灵沃森机械设备有限公司
地　　址:上海市石龙路555号
邮　　编:200237
电　　话:021 - 54083495
传　　真:021 - 54083494

企业名称:成都大宏立机器制造有限公司
地　　址:四川省成都市大邑县工业大道128号
邮　　编:611330
电　　话:028 - 88201030
传　　真:028 - 88201030

企业名称:山东益杰重工机械有限公司
地　　址:山东省淄博市博山区博莱高速公路博山路口
邮　　编:255200
电　　话:0533 - 4658626
传　　真:0533 - 4658727

企业名称:河北万矿机械厂
地　　址:河北省张家口市西山产业集聚区(万全县)矿机路6号
邮　　编:076250
电　　话:0313 - 4881100
传　　真:0313 - 4811166

企业名称:包头市冶金矿山机械制造有限公司
地　　址:内蒙古包头市东河区巴彦塔拉大街128号
邮　　编:014040
电　　话:0472 - 4111538
传　　真:0472 - 4172310

企业名称:遵化新保益达重型机械制造有限公司
地　　址:河北省遵化市黎河桥西行4公里路南
邮　　编:064200

电　　话:0315－6989111
传　　真:0315－6989222

企业名称:海门市重型矿山机械厂
地　　址:江苏省海门市三厂镇厂洪路10号
邮　　编:226121
电　　话:0513－82602392
传　　真:0513－82608081

企业名称:成都市双流金石机械制造有限公司
地　　址:四川省成都市双流县金桥镇永和村三组
邮　　编:610200
电　　话:028－85851618
传　　真:028－85851618

企业名称:河北百盛重型机械有限公司
地　　址:河北省邢台市中兴西大街体育馆东侧天添宾馆401室
邮　　编:054000
电　　话:0319－2679180
传　　真:0319－2679180

企业名称:山东华力电机集团股份有限公司
地　　址:山东省荣成市明珠路89号
邮　　编:264300
电　　话:0631－7551153
传　　真:0631－7553744

企业名称:中南大学机械系
地　　址:湖南省长沙市岳麓山南路105号
邮　　编:454002
电　　话:0731－88877025
传　　真:0731－88851136

企业名称:湖北省荆州市巨鲸传动机械有限公司
地　　址:湖北省荆州市沙市区东方大道58号
邮　　编:434000
电　　话:0716－8303999
传　　真:0716－8303886

企业名称:河北省邯郸市邯山冶金机械备件厂
地　　址:河北省邯郸市马庄收费站东200米
邮　　编:056001
电　　话:0310－5503398
传　　真:0310－5276955

企业名称:山东华特磁电科技股份有限公司
地　　址:山东省潍坊市临朐县经济技术开发区
邮　　编:262600
电　　话:0536－3158808
传　　真:0536－3158801

企业名称:北京斯诺堡轴承有限公司
地　　址:北京市西城区广安门外三义东里20号
邮　　编:100055
电　　话:010－63427566
传　　真:010－63479753

企业名称:启东市南方润滑液压设备有限公司
地　　址:江苏省启东市惠萍镇工业园区
邮　　编:226255
电　　话:0513－83792888
传　　真:0513－83795028

企业名称:上海山姆卡特机械工业有限公司
地　　址:上海市奉贤区南奉公路4818号
邮　　编:201406
电　　话:021－51695510
传　　真:021－60911384

企业名称:浙江镇南精工机械有限公司
地　　址:浙江省诸暨市店口镇解放路259号
邮　　编:311835
电　　话:0575－87655388
传　　真:0575－87655618

企业名称:朝阳华亿重工机械制造有限责任公司
地　　址:辽宁省朝阳市双塔区中山大街一段13号
邮　　编:122000
电　　话:0421－3724900
传　　真:0421－3724900

企业名称:章丘市东风水泥机械配件厂
地　　址:山东省章丘市相公庄镇相四村
邮　　编:250203
电　　话:0531－83831130
传　　真:0531－83821626

企业名称:洛阳市豫跃矿冶设备有限公司
地　　址:河南省洛阳市建设路133号
邮　　编:471039
电　　话:0379－64250589
传　　真:0379－64250589

企业名称:定襄县佳敏机械锻造有限公司
地　　址:山西省忻州市定襄县神山乡神山村
邮　　编:035400
电　　话:0350－3329586

传　　真:0350－6090911

企业名称:山东黑山路桥机械科技有限公司
地　　址:山东省淄博市博山区八陡镇黑山前165号
邮　　编:255203
电　　话:0533－4518240
传　　真:0533－4518147

企业名称:浙江鑫隆机械制造有限公司
地　　址:浙江省瑞安市塘下镇海安城西南路92号
邮　　编:325205
电　　话:0577－65279838
传　　真:0577－65279868

企业名称:宁波市实立矿山机械制造有限公司
地　　址:浙江省宁波市象山县石浦镇兴港路100号
邮　　编:315731
电　　话:0574－65912665
传　　真:0574－65912665

企业名称:北京华诺维科技发展有限责任公司
地　　址:北京市南四环西路188号总部基地18区23号楼304室
邮　　编:100044
电　　话:010－88399333
传　　真:010－68364270

企业名称:邯郸四达电机股份有限公司
地　　址:河北省邯郸市中华北大街680号
邮　　编:056004
电　　话:0310－3178286
传　　真:0310－7022961

企业名称:宁波市江东昊伦联轴器机械制造有限公司
地　　址:浙江省宁波市江东北路403号
邮　　编:315051
电　　话:0574－87772470
传　　真:0574－87761632

洗选设备

企业名称:北方重工集团有限公司矿山机械分公司
地　　址:辽宁省沈阳市经济技术开发区开发大路16号
邮　　编:110141
电　　话:024－25802787
传　　真:024－24324605

企业名称:中信重工机械股份有限公司矿山机器厂
地　　址:河南省洛阳市涧西区建设路206号
邮　　编:471039
电　　话:13683852278
传　　真:0379－64088600

企业名称:淮北矿山机器制造有限公司
地　　址:安徽省淮北市濉溪经济开发区工业园白杨路15号
邮　　编:235005
电　　话:13965876158
传　　真:0561－6063318

企业名称:河南太行振动机械股份有限公司
地　　址:河南省新乡市经济开发区中央大道66号
邮　　编:453731
电　　话:13903800578
传　　真:0373－5586811

企业名称:鞍山重型矿山机器股份有限公司
地　　址:辽宁省鞍山市立山区胜利北路900号
邮　　编:114042
电　　话:13904120312、13019635430
传　　真:0412－5239900

企业名称:抚顺隆基电磁科技有限公司
地　　址:辽宁省抚顺市经济开发区顺发路82号
邮　　编:113122
电　　话:13904930842
传　　真:0413－6605768

企业名称:山东华特磁电科技股份有限公司
地　　址:山东省潍坊市临朐县经济技术开发区华特路
邮　　编:262600
电　　话:13791661888
传　　真:0536－3158801

企业名称:镇江电磁设备厂有限责任公司
地　　址:江苏省镇江市丹徒新区谷阳大道东延99号
邮　　编:212004
电　　话:13805282608
传　　真:0511－85622591

企业名称:海安县万力振动机械有限公司
地　　址:江苏省南通市海安县江海西路168号
邮　　编:226600
电　　话:13706277726
传　　真:0513－88814780

企业名称:北京矿冶研究总院机械研究所
地　　址:北京市西直门外文兴街1号

邮　　编:100044
电　　话:010－88399608
传　　真:010－68336186

企业名称:煤炭科学研究总院唐山设计研究院
地　　址:河北省唐山市新华西道21号
邮　　编:063012
电　　话:13703348985、13703385692
传　　真:0315－2829275

企业名称:中煤国际工程集团南京设计研究院
地　　址:江苏省南京市浦口区浦东路20号
邮　　编:210031
电　　话:025－85046362
传　　真:025－85046441

企业名称:洛阳矿山机械工程设计研究院有限责任公司
地　　址:河南省洛阳市涧西区建设路206号
邮　　编:471039
电　　话:0379－64087804
传　　真:0379－64221800

企业名称:东北大学资源与土木工程学院
地　　址:辽宁省沈阳市东北大学139信箱
邮　　编:110006
电　　话:15904051956
传　　真:024－23890448

企业名称:南昌矿山机械有限公司
地　　址:江西省南昌市湾里区盘龙路23号
邮　　编:330004
电　　话:13807085540
传　　真:0791－3761006

企业名称:柳州中特高压电器有限公司
地　　址:广西柳州市柳东路222号
邮　　编:545006
电　　话:13707726048
传　　真:0772－2615882

企业名称:新乡市瑞丰机械设备有限公司
地　　址:河南省新乡市高新技术经济开发区青龙路中段
邮　　编:453731
电　　话:13903734527
传　　真:0373－5595133

企业名称:钟祥市新宇机电制造有限公司
地　　址:湖北省钟祥市元佑路42号
邮　　编:431900
电　　话:13707264888
传　　真:0724－4223279

企业名称:沈阳鸿翔复合弹性设备有限公司
地　　址:辽宁省沈阳市大东区大什字街80－1号23－4
邮　　编:110014
电　　话:13604904882
传　　真:024－88472546

企业名称:上海嘉庆轴承制造有限公司
地　　址:上海市民德路158号1802室
邮　　编:200071
电　　话:13701723177、13801810616
传　　真:021－56559515

企业名称:辽源重型实业集团有限公司
地　　址:吉林省辽源市西宁大街273号
邮　　编:136200
电　　话:13604375653、13604375653
传　　真:0437－3170955

企业名称:上海盾牌筛网滤器合作公司(原上海前哨矿筛厂)
地　　址:上海市天目中路383号海文大楼1503号
邮　　编:200070
电　　话:13601943842
传　　真:021－23010291

企业名称:郑州一帆机械设备有限公司
地　　址:北京市海淀区三里河路11号建材联合会南配楼422室(总部)
邮　　编:100831
电　　话:13901186062
传　　真:010－88380880

企业名称:大同市矿山机械厂
地　　址:山西省大同市王家园
邮　　编:037039
电　　话:0352－4191172
传　　真:0352－4191320

企业名称:辽源市重型选矿机械有限公司
地　　址:吉林省辽源市友谊路17号
邮　　编:136200
电　　话:0437－3227060
传　　真:0437－3227060

企业名称:河南师大振动机械有限公司
地　　址:河南省新乡市建设东路46号

邮　　编:543007
电　　话:13603737789
传　　真:0373－3326999

企业名称:唐山汇力科技有限公司
地　　址:河北省唐山市路南区唐古街3号
邮　　编:063001
电　　话:13503152229
传　　真:0315－2876709

企业名称:徐州大陆振动机械厂
地　　址:江苏省徐州市铜山新区南
邮　　编:221112
电　　话:13905206272
传　　真:0516－83530939

企业名称:江苏保龙机电制造有限公司
地　　址:江苏省溧阳市昆仑开发区昆仑北路75号
邮　　编:213300
电　　话:13906143181
传　　真:0519－87301886

企业名称:江苏省姜堰市橡胶制品厂
地　　址:江苏省姜堰市广电路29号
邮　　编:225500
电　　话:13901420400
传　　真:0523－88286079

企业名称:河南省群英机械制造有限责任公司
地　　址:河南省焦作市解放中路397号
邮　　编:454002
电　　话:13782713789
传　　真:0391－3911397

企业名称:辽阳市望水橡胶制品厂
地　　址:辽宁省辽阳市振兴路下王家256号
邮　　编:111004
电　　话:13704196882
传　　真:0419－3306825

企业名称:江都市金马矿机配件有限公司
地　　址:江苏省江都市通江路43号
邮　　编:225200
电　　话:13705250833
传　　真:0514－86893833

企业名称:郑州矿山机械厂
地　　址:河南省郑州市崔庙镇
邮　　编:450131
电　　话:13838198558
传　　真:0371－64602334

企业名称:淮北市协力重型机器有限责任公司
地　　址:安徽省淮北市相山区任井村渠黄路
邮　　编:235000
电　　话:13905612169
传　　真:0561－4080808

企业名称:淮北市一环矿山机械有限公司
地　　址:安徽省淮北市淮海西路西段凤凰山工业园
邮　　编:235000
电　　话:13909615455
传　　真:0561－3015222

企业名称:淮北科源矿山机器有限公司
地　　址:安徽省淮北市南黎路西段
邮　　编:235000
电　　话:13905610939
传　　真:0561－3038516

企业名称:吉林新冶设备有限责任公司
地　　址:吉林省吉林市龙潭区新山路25－2号
邮　　编:132021
电　　话:0432－3043344
传　　真:0432－3043313

企业名称:北京有色冶金设计研究总院
地　　址:北京市海淀区复兴路12号
邮　　编:100038
电　　话:010－63936452
传　　真:010－63963662

企业名称:沈阳永翔科技有限公司
地　　址:辽宁省沈阳市和平区十三纬路39号(1－21－10)
邮　　编:110002
电　　话:13804077264
传　　真:024－22722669

企业名称:上海建设路桥机械设备有限公司
地　　址:上海市奉贤区金汇镇工业路188号
邮　　编:201404
电　　话:13801869012、13761239626
传　　真:021－63133936

企业名称:新乡市博恒机械有限公司
地　　址:河南省新乡市经济开发区高新西区中央大道
邮　　编:453731

电　　话:0373－5582038
传　　真:0373－5586895

企业名称:镇江市鸿兴磁选设备有限公司
地　　址:江苏省镇江市润州区民营开发区
邮　　编:212002
电　　话:13705283961
传　　真:0511－85287177

企业名称:松滋市金津矿山机械有限责任公司
地　　址:湖北省松滋市城东工业园永兴路2号
邮　　编:434200
电　　话:13972364370
传　　真:0716－5951166

企业名称:抚顺沃尔普机电设备有限公司
地　　址:辽宁省抚顺市望花区辽中街42号(抚顺县拉古工业园区)
邮　　编:113001
电　　话:0413－6380740
传　　真:0413－6380540

企业名称:辽宁志远筛子王制造有限公司
地　　址:辽宁省鞍山市达到湾工业园7506号
邮　　编:114044
电　　话:13204233336、13304926686
传　　真:0412－5210599

企业名称:镇江市江南矿山机电设备有限公司磁选设备厂
地　　址:江苏省镇江市丁卯开发区健力宝路(纬二路9号)
邮　　编:212009
电　　话:13906104105
传　　真:0511－88893966

企业名称:淮北中芬矿山机器有限公司
地　　址:安徽省淮北市烈山工业园A区011号
邮　　编:235000
电　　话:13905610503
传　　真:0561－3091224

企业名称:河南省平原矿山机械有限公司
地　　址:河南省新乡市黄河大道289号
邮　　编:453700
电　　话:13803802825
传　　真:0373－5071699

企业名称:河北金马矿山机械集团公司
地　　址:河北省遵化市新东庄镇
邮　　编:064209
电　　话:13933336380
传　　真:0315－6998918

企业名称:河南威猛振动设备股份有限公司
地　　址:河南省新乡市新乡县工业路1号
邮　　编:453700
电　　话:13837359259、13903809309
传　　真:0373－5590098

企业名称:唐山陆凯科技有限公司
地　　址:河北省唐山市高新技术产业园区南开道
邮　　编:063020
电　　话:13931545906
传　　真:0315－3852866

企业名称:江都市亚业筛网厂
地　　址:江苏省江都市城南工业园刘桥路
邮　　编:225200
电　　话:13905258171
传　　真:0514－86545138

企业名称:潍坊泉鑫电磁设备有限公司
地　　址:山东省潍坊市临朐县东城开发区嵩山路
邮　　编:262600
电　　话:13953602255
传　　真:0536－3159796

企业名称:中南大学矿物工程学院
地　　址:湖南省长沙市岳麓山
邮　　编:410012
电　　话:13930542510

企业名称:平顶山选煤设计研究院
地　　址:河南省平顶山市建设西路281号
邮　　编:467002
电　　话:13930542510
传　　真:0375－4938459

企业名称:北京煤炭设计研究院
地　　址:北京市东城区安德路67号
邮　　编:100011
电　　话:13930542510
传　　真:010－62015776

企业名称:太原科技大学
地　　址:山西省太原市万柏林区窊流路66号
邮　　编:030024
电　　话:13930542510

企业名称:柳州市远健磁力设备制造有限责任公司
地　　址:广西柳州市柳江县新兴工业园兴福路12号
邮　　编:545112
电　　话:13607806468、13607806468
传　　真:0772-3269178

企业名称:马鞍山矿山研究院网络信息中心
地　　址:安徽省马鞍山市湖北路9号
邮　　编:243004
电　　话:13956220721
传　　真:0555-2475796

企业名称:沈阳卓创科技开发有限公司
地　　址:辽宁省沈阳市沈河区西滨河路40号
邮　　编:110014
电　　话:13322435317
传　　真:024-62530971

企业名称:河南省金特振动机械有限公司
地　　址:河南省新乡市经济开发区太行北路西段
邮　　编:453731
电　　话:13803734948
传　　真:0373-5597320

企业名称:江苏科行环境工程技术有限公司
地　　址:江苏省盐城市亭湖区新洋路9号
邮　　编:224003
电　　话:13705103032、13705103032
传　　真:0515-88566200

企业名称:黑旋风工程机械开发有限公司
地　　址:湖北省宜昌市大连路8号
邮　　编:443005
电　　话:0717-6467192、13997721910
传　　真:0717-6066395

企业名称:浙江镇南精工机械有限公司
地　　址:浙江省诸暨市店口镇解放路259号
邮　　编:311835
电　　话:13395758888
传　　真:0575-87655618

物料搬运机械

企业名称:上海国际港务(集团)有限公司
地　　址:上海市杨浦区杨树浦路18号
邮　　编:200082
电　　话:021-65858328
传　　真:021-65858328

企业名称:株洲天桥起重机股份有限公司
地　　址:湖南省株洲市田心北门
邮　　编:412001
电　　话:0731-28462032
传　　真:0731-28462033

企业名称:浙江双鸟机械有限公司
地　　址:浙江省嵊州市黄泽镇工业园区
邮　　编:312455
电　　话:0575-83055888
传　　真:0575-83051765

企业名称:大连重工·起重集团有限公司研究院
地　　址:辽宁省大连市西岗区八一路169号
邮　　编:116013
电　　话:0411-86852061
传　　真:0411-86852099

企业名称:上海起重运输机械厂有限公司
地　　址:上海市杨浦区民星路191号
邮　　编:200433
电　　话:021-65561863
传　　真:021-56639864

企业名称:上海宏岸港口机械限公司
地　　址:上海市浦东新区新金桥中28号新金桥大厦19层
邮　　编:201206
电　　话:021-38726367
传　　真:021-38726372

企业名称:国家起重运输机械质量监督检测中心
地　　址:北京市东城区雍和宫大街52号
邮　　编:100007
电　　话:010-64018780
传　　真:010-64052252

企业名称:全国起重机械标准化技术委员会
地　　址:北京市东城区雍和宫大街52号
邮　　编:100007
电　　话:010-64053038
传　　真:010-64052252

企业名称:《起重运输机械》杂志社
地　　址:北京市东城区雍和宫大街52号
邮　　编:100007
电　　话:010-64052233
传　　真:010-84046354

企业名称:吉林水工机械有限公司
地　　址:吉林省吉林市吉丰东路86号
邮　　编:132013
电　　话:0432－4626703
传　　真:0432－4626703

企业名称:交通运输部水运科学研究院
地　　址:北京市海淀区西土城路8号
邮　　编:100088
电　　话:010－62079449
传　　真:010－62079447

企业名称:北京起重运输机械设计研究院
地　　址:北京市东城区雍和宫大街52号
邮　　编:100007
电　　话:010－64031452
传　　真:010－64052584

企业名称:华泰重工制造有限公司
地　　址:湖南省长沙市芙蓉中路二段279号金源大酒店
邮　　编:410007
电　　话:0731－85169170
传　　真:0731－85169169

企业名称:广州起重运输机械有限公司
地　　址:广东省广州市花都区北兴镇花都大道北28号
邮　　编:510897
电　　话:020－86790991
传　　真:020－86796828

企业名称:长春发电设备有限责任公司
地　　址:吉林省长春市经济技术开发区金川街588号
邮　　编:130031
电　　话:0431－84603800
传　　真:0431－84603811

企业名称:北京清源发机电设备监理有限公司
地　　址:北京市东城区雍和宫大街52号
邮　　编:100007
电　　话:010－84044057
传　　真:010－84052584

企业名称:大连港集团公司技术设备处
地　　址:辽宁省大连市中山区港湾街1号
邮　　编:116004
电　　话:0411－82626760
传　　真:0411－82624790

企业名称:秦皇岛港务集团有限公司技术中心
地　　址:河北省秦皇岛市海滨路35号
邮　　编:066002
电　　话:0335－3092223
传　　真:0335－3094331

企业名称:国家核电工程有限公司
地　　址:浙江省三门市核电站办公楼(国核技)
邮　　编:317111
电　　话:0576－81326991
传　　真:0576－81326900

企业名称:首钢集团公司设备部技术处
地　　址:北京市石景山区古城路
邮　　编:100041
电　　话:010－68875229
传　　真:010－88291279

企业名称:太原科技大学
地　　址:山西省太原市万柏林区窊流路66号
邮　　编:030024
电　　话:0351－6221994
传　　真:0351－6220233

企业名称:大连理工大学机械工程学院
地　　址:辽宁省大连市甘井子区凌工路2号
邮　　编:116024
电　　话:0411－84708409－8019
传　　真:0411－84708425

企业名称:大连重工·起重集团有限公司
地　　址:辽宁省大连市西岗区八一路169号
邮　　编:116013
电　　话:0411－86852166
传　　真:0411－86852222

企业名称:上海交大机械工程与自动化研究所
地　　址:上海市华山路1954号
邮　　编:200436
电　　话:021－62932641－807

企业名称:东北大学机械工程与自动化学院
地　　址:辽宁省沈阳市和平区文化路3号巷11号
邮　　编:110004
电　　话:024－83680540

企业名称:西南交通大学机械工程研究所
地　　址:四川省成都市二环北路111号
邮　　编:610031
电　　话:028－87601625

传　　真:028－87601625

企业名称:吉林大学机械工程学院
地　　址:吉林省长春市西民主大街6号南岭校区
邮　　编:130026
电　　话:0431－85095428
传　　真:0431－85095288

企业名称:洛阳起重机厂
地　　址:河南省洛阳市唐宫东路10号
邮　　编:471009
电　　话:0379－63453638
传　　真:0379－63415999

企业名称:山东省淄博生建机械厂
地　　址:山东省淄博市淄川区昆仑路1号
邮　　编:255129
电　　话:0533－5787353
传　　真:0533－5780070

企业名称:武汉港机重工有限公司
地　　址:湖北省武汉市汉阳区鹦鹉大道373号
邮　　编:430052
电　　话:027－84525462
传　　真:027－84524517

企业名称:江西起重机械总厂
地　　址:江西省樟树市共和东路82号
邮　　编:331200
电　　话:0795－7333174
传　　真:0795－7364566

企业名称:上海电力环保设备总厂有限公司
地　　址:上海市共和新路3155号15楼
邮　　编:200072
电　　话:021－56655880
传　　真:021－56657888

企业名称:焦作制动器股份有限公司
地　　址:河南省焦作市北环路1号
邮　　编:454001
电　　话:13603890366
传　　真:0391－2928045

企业名称:太原重型机械集团有限公司
地　　址:山西省太原市万柏林区玉河街53号
邮　　编:030024
电　　话:0351－6361948
传　　真:0351－6362554

企业名称:交通运输部水运科学研究院
地　　址:北京市海淀区西土城路8号
邮　　编:100088
电　　话:010－62079116
传　　真:010－62079116

企业名称:北京佳苏鸿源物流技术研究所
地　　址:北京市方家胡同46号松梅宾馆210室
邮　　编:100007
电　　话:010－84026658
传　　真:010－84026658

企业名称:武汉港迪机械工程设计有限公司
地　　址:湖北省武汉市武昌区和平大道1040号87信箱
邮　　编:430063
电　　话:027－68862958
传　　真:027－68862904

企业名称:河南重工起重机集团有限公司
地　　址:河南省新乡市长垣县位庄工业园区6号
邮　　编:453424
电　　话:0373－8927999
传　　真:0373－8712958

企业名称:广西百色矿山机械厂
地　　址:广西百色市江凤路31号
邮　　编:533000
电　　话:0776－2770806
传　　真:0776－2770488

企业名称:河南天隆输送装备有限公司
地　　址:河南省新乡市高新技术开发区科隆工业园
邮　　编:453000
电　　话:0373－5066522
传　　真:0373－5066226

企业名称:合肥迈特机械制造有限责任公司
地　　址:安徽省合肥市望江西路188号
邮　　编:230022
电　　话:0551－5584450
传　　真:0551－5584453

企业名称:赤壁俊雕起重机电有限责任公司
地　　址:广东省东莞市黄江镇华城小区中区604B
邮　　编:523750
电　　话:0755－26463893
传　　真:0755－26464562

企业名称:佛山市南海迪华输送设备有限公司

地　　址:广东省佛山市南海区大沥镇谢边
邮　　编:528231
电　　话:0757－85555554
传　　真:0757－85552145

企业名称:贵阳黔劲运输机械有限责任公司
地　　址:贵州省贵阳市乌当区新添寨新庄
邮　　编:550018
电　　话:0851－6461333
传　　真:0851－6461333

企业名称:中国华电工程(集团)公司物料输送部
地　　址:北京市海淀区西三环北路91号南门
邮　　编:100044
电　　话:010－51964967
传　　真:010－68710553

企业名称:秦皇岛市山海关北方博大起重机械有限公司
地　　址:河北省秦皇岛市山海关区关城南路东段
邮　　编:066200
电　　话:0335－5071178
传　　真:0335－5059288

企业名称:唐山矿山设备厂
地　　址:河北省唐山市开平区开平东环路13号
邮　　编:063021
电　　话:0315－3363158
传　　真:0315－3361264

企业名称:郑州天力起重设备有限公司
地　　址:河南省郑州市京广北路84号附1号
邮　　编:450052
电　　话:0371－66961464
传　　真:0371－66988649

企业名称:郑州市华中建筑机械有限公司
地　　址:河南省郑州市上街区工业路114号
邮　　编:450041
电　　话:0371－68934862
传　　真:0371－68942180

企业名称:新乡市中原起重电器厂有限公司
地　　址:河南省新乡市长垣县东关工业区
邮　　编:453400
电　　话:0373－8810889
传　　真:0373－8812882

企业名称:武汉市志伟输送机械制造有限公司
地　　址:湖北省武汉市黄陂区泡桐开发区护林岗
邮　　编:430347
电　　话:027－61660613
传　　真:027－61669074

企业名称:武汉丰凡科技开发有限责任公司
地　　址:湖北省武汉市青山区工业一路6号
邮　　编:430080
电　　话:027－86879863
传　　真:027－86879863

企业名称:南京科瑞起重输送机械有限责任公司
地　　址:江苏省南京市浦口经济开发区万寿路1号
邮　　编:211800
电　　话:025－58194652
传　　真:025－58194651

企业名称:宜昌市三峡输送机械制造公司
地　　址:湖北省宜昌市点军区
邮　　编:443000
电　　话:0717－6445067
传　　真:0717－6445067

企业名称:深圳市格蓝德工业自动化设备有限公司
地　　址:广东省深圳市南山区南海大道2005号海王大厦
邮　　编:518054
电　　话:0755－26434006
传　　真:0755－27434106

企业名称:承德输送机集团有限责任公司
地　　址:河北省承德市双塔山
邮　　编:067001
电　　话:0314－4320286
传　　真:0314－4044530

企业名称:长沙中圆重工机械有限公司
地　　址:湖南省长沙市宁乡县新城工业发展园
邮　　编:410600
电　　话:0731－87821958
传　　真:0731－87823499

企业名称:湖州电动滚筒有限公司
地　　址:浙江省湖州市经济开发区西凤路888号
邮　　编:313000
电　　话:0572－2031173
传　　真:0572－2053013

企业名称:阳泉电工机械有限责任公司
地　　址:山西省阳泉市南外路义井段
邮　　编:045000

电　　话:0353－2033451
传　　真:0353－2034938

企业名称:吴江市麒麟起重机械有限公司
地　　址:江苏省吴江市铜罗镇人民街20号
邮　　编:215237
电　　话:0512－63881419
传　　真:0512－63881774

企业名称:河南省东风起重机械有限公司
地　　址:河南省新乡市长垣县工业路96号
邮　　编:453400
电　　话:0373－8810220
传　　真:0373－8810386

企业名称:上海锋馥输送机械有限公司
地　　址:上海市奉贤区浦卫公路8208号
邮　　编:201417
电　　话:021－57451879
传　　真:021－57452792

企业名称:西安神力起重运输机械有限公司
地　　址:陕西省西安市新四路高科广场D座1号楼18层
邮　　编:710075
电　　话:029－84288254
传　　真:029－84204345

企业名称:无锡石油化工起重机有限公司
地　　址:江苏省无锡市惠山区长安张村路9号
邮　　编:214178
电　　话:0510－83592637
传　　真:0510－83591226

企业名称:成都三江起重机制造有限公司
地　　址:四川省成都市金堂县三中园区钢城路西段
邮　　编:610400
电　　话:028－84998583
传　　真:028－84998582

企业名称:鞍山市起重机械厂
地　　址:辽宁省鞍山市立山区奖工街1号
邮　　编:114033
电　　话:0412－6619166
传　　真:0412－6600118

企业名称:卫华集团有限公司
地　　址:河南省新乡市长垣县文明西路工业园区
邮　　编:453400
电　　话:0373－8887699
传　　真:0373－8887646

企业名称:开封起重机有限公司
地　　址:河南省开封市周天路西段6号
邮　　编:475004
电　　话:0378－2536388
传　　真:0378－2536387

企业名称:威信自动化设备有限公司
地　　址:江苏省昆山市周市镇新镇金龙路170号
邮　　编:215337
电　　话:0512－57666666
传　　真:0512－57666777

企业名称:上海大力神悬挂输送机械有限公司
地　　址:上海市北新区江场西路200号甲
邮　　编:200436
电　　话:021－56652356
传　　真:021－56652356

企业名称:上海海希工业通讯设备有限公司
地　　址:上海市田林路388号新业大楼1026－1033室
邮　　编:200233
电　　话:021－54902525
传　　真:021－54902626

企业名称:上海港能机电技术有限公司
地　　址:上海市浦东新区世纪大道1500号东方大厦820室
邮　　编:200122
电　　话:021－58357411
传　　真:021－58357456－24

企业名称:常州市潞城常东塑料五金厂
地　　址:江苏省常州市潞城镇光明村
邮　　编:213025
电　　话:0519－88402188
传　　真:0519－88400668

企业名称:江苏省泰州鑫光机械制造有限公司
地　　址:江苏省泰州市凤凰西路79号
邮　　编:225300
电　　话:0523－86848779
传　　真:0523－86845688

企业名称:韩国高丽制钢株式会社北京代表处
地　　址:北京市建国门外大街19号国际大厦19－5A
邮　　编:100004
电　　话:010－65931833

传　　真:010－65931876

企业名称:长沙第三机床厂
地　　址:湖南省长沙市韶山中路376号
邮　　编:410007
电　　话:0731－85531529
传　　真:0731－85538196

企业名称:岳阳强力电磁设备有限公司
地　　址:湖南省岳阳市冷水铺监生桥村
邮　　编:414000
电　　话:0730－8638729
传　　真:0730－8636523

企业名称:江阴凯澄起重机械有限公司
地　　址:江苏省江阴市澄江东路18号
邮　　编:214429
电　　话:0510－86199700
传　　真:0510－86196633

企业名称:霸州市格林电器有限公司
地　　址:河北省霸州市经济技术开发区迎宾道1号
邮　　编:065700
电　　话:0316－7950521
传　　真:0316－7950522

企业名称:大连众益电气工程有限公司
地　　址:辽宁省大连市沙河口区民政街417号B座10－3号
邮　　编:116021
电　　话:0411－84519311
传　　真:0411－84518435

企业名称:平凉市荣康实业有限责任公司
地　　址:甘肃省平凉市崆峒区西郊本义经济开发区312国道南
邮　　编:744000
电　　话:0933－8711841
传　　真:0933－8718305

企业名称:宁波莱斯特传动设备制造有限公司
地　　址:浙江省宁波市江北区庄桥车站对面
邮　　编:315032
电　　话:0574－87560766
传　　真:0574－87560966

企业名称:河南奔宇电机有限公司
地　　址:河南省新乡市长垣县南关工业区
邮　　编:453400
电　　话:0373－8898200
传　　真:0373－8856125

企业名称:天津市顺捷机械有限公司
地　　址:天津市河西区解放南路459号增18号
邮　　编:300120
电　　话:022－28237255
传　　真:022－23976330

企业名称:深圳市测力佳控制技术有限公司
地　　址:广东省深圳市南山区雨油天安工业区5座8A
邮　　编:518054
电　　话:0755－26416796
传　　真:0755－26052242

企业名称:陕西宝鸡第二发电有限责任公司
地　　址:陕西省宝鸡市凤翔县长青镇石头坡
邮　　编:721405
电　　话:0917－3815051
传　　真:0917－3815051

企业名称:华能国际电力开发公司北京分公司
地　　址:北京市朝阳区高碑店路
邮　　编:100023
电　　话:010－87737817
传　　真:010－87737817

企业名称:南京瑞昌物流有限公司
地　　址:江苏省南京市白下区苜蓿园大街66号15－204
邮　　编:210007
电　　话:025－84381490
传　　真:025－84381490

企业名称:衡阳起重运输机械有限公司
地　　址:湖南省衡阳市珠晖区狮山路1号
邮　　编:421002
电　　话:0734－3172001
传　　真:0734－8377929

企业名称:深圳赤湾港航股份有限公司港务本部
地　　址:广东省深圳市南山区赤湾二路5号
邮　　编:518068
电　　话:0755－26817658
传　　真:0755－26684567

企业名称:中国石化集团上海工程有限公司
地　　址:上海市浦东新区张杨路769号
邮　　编:200120
电　　话:021－58366600

传　　真:021－58354176

企业名称:南京港惠宁码头有限责任公司
地　　址:江苏省南京市新生圩1号
邮　　编:210038
电　　话:13809048382
传　　真:025－85801430

桥式起重机

企业名称:上海起重运输机械厂有限公司
地　　址:上海市杨浦区民星路191号
邮　　编:200433
电　　话:021－65564735
传　　真:021－56639864

企业名称:大连重工·起重集团有限公司
地　　址:辽宁省大连市西岗区八一路169号
邮　　编:116013
电　　话:0411－86852166
传　　真:0411－86852222

企业名称:卫华集团有限公司
地　　址:河南省新乡市长垣县文明西路工业园区
邮　　编:453400
电　　话:0373－8887699
传　　真:0373－8887646

企业名称:太原重工股份有限公司
地　　址:山西省太原市万柏林区玉河街53号
邮　　编:030024
电　　话:0351－6362824
传　　真:0351－6362554

企业名称:北京起重运输机械设计研究院
地　　址:北京市东城区雍和宫大街52号
邮　　编:100007
电　　话:010－64053039
传　　真:010－84037436

企业名称:株洲天桥起重机股份有限公司
地　　址:湖南省株洲市田心北门
邮　　编:412001
电　　话:0731－28462032
传　　真:0731－28462033

企业名称:山起重型机械股份公司
地　　址:山东省青州市昭德北路2198号
邮　　编:262515
电　　话:0536－3203038
传　　真:0536－3203037

企业名称:广州起重机械有限公司
地　　址:广东省广州市广园中路283号
邮　　编:510405
电　　话:020－86798891
传　　真:020－86796828

企业名称:宁夏天地奔牛银起设备有限公司
地　　址:宁夏银川市金凤区上海西路475号
邮　　编:750011
电　　话:0951－3066392
传　　真:0951－3067126

企业名称:武汉钢铁重工集团冶金重工有限公司
地　　址:湖北省武汉市青山区厂前街青王路9号
邮　　编:430083
电　　话:027－86303703
传　　真:027－86865751

企业名称:重庆起重机厂有限公司
地　　址:重庆市九龙坡区中梁山人和场
邮　　编:400052
电　　话:023－65269394
传　　真:023－65258916

企业名称:南京起重机械总厂有限公司
地　　址:江苏省南京市浦口区泰冯路62号
邮　　编:210032
电　　话:025－58842388
传　　真:025－58841693

企业名称:洛阳起重机厂
地　　址:河南省洛阳市唐宫东路10号
邮　　编:471009
电　　话:0379－63415918
传　　真:0379－63415999

企业名称:常州市常欣电子衡器有限公司
地　　址:江苏省常州市中凉亭夏凉路68号
邮　　编:213001
电　　话:0519－86643942
传　　真:0519－86640473

企业名称:杭州起重机有限公司
地　　址:浙江省杭州市良渚镇勾运路19号
邮　　编:311112
电　　话:0571－88747563

传　　真:0571－88747388

企业名称:黑龙江富锦富华起重机有限公司
地　　址:黑龙江省富锦市富福路西段
邮　　编:156101
电　　话:0454－2350200
传　　真:0454－2349210

企业名称:柳州起重机器有限公司
地　　址:广西柳州市荣军路226号
邮　　编:545005
电　　话:0772－3117615
传　　真:0772－3117615

企业名称:德马格起重机械(上海)有限公司
地　　址:上海市奉贤区庄行欧洲工业园区叶庄公路125号
邮　　编:201415
电　　话:021－37182205
传　　真:021－57464558

企业名称:河南豫飞重工集团有限公司
地　　址:河南省新乡市新飞大道北段81号
邮　　编:453002
电　　话:0373－3321000
传　　真:0373－3321906

企业名称:辽宁清原第一缓冲器制造有限公司
地　　址:辽宁省抚顺市146信箱
邮　　编:113103
电　　话:0413－3022438
传　　真:0413－3020828

企业名称:云南冶金昆明重工有限公司
地　　址:云南省昆明市龙泉路871号
邮　　编:650203
电　　话:0871－6085085
传　　真:0871－6085285

企业名称:江苏泰隆减速机股份有限公司
地　　址:江苏省泰兴市大庆东路88号
邮　　编:225400
电　　话:0523－87668088
传　　真:0523－87665426

企业名称:湖北银轮起重机械股份有限公司
地　　址:湖北省赤壁市河北大道170号
邮　　编:437300
电　　话:0715－5337928
传　　真:0715－5337966

企业名称:本溪钢铁(集团)起重机制造有限公司
地　　址:辽宁省本溪市明山区文化路14号
邮　　编:117022
电　　话:0414－4845903
传　　真:0414－4829202

企业名称:河南省郑起起重设备有限公司
地　　址:河南省郑州市化工路158号
邮　　编:450066
电　　话:0371－67848168
传　　真:0371－67848299

企业名称:新乡市中原起重电器厂有限公司
地　　址:河南省新乡市长垣县东关工业区
邮　　编:453400
电　　话:0373－8810889
传　　真:0373－8812882

企业名称:河南省东风起重机械有限公司
地　　址:河南省新乡市长垣县工业路96号
邮　　编:453400
电　　话:0373－8814223
传　　真:0373－8814996

企业名称:广东永通起重机械实业有限公司
地　　址:广东省顺德市陈村镇潭村工业区三路
邮　　编:528313
电　　话:0757－23329912
传　　真:0757－23833832

企业名称:石家庄市动力机械厂
地　　址:河北省石家庄市良村经济开发区三峡路23号
邮　　编:52165
电　　话:0311－86087072
传　　真:0311－88080711

企业名称:河南重工起重机集团有限公司
地　　址:河南省新乡市长垣县位庄工业园区6号
邮　　编:453424
电　　话:0373－8927999
传　　真:0373－8927999

企业名称:河南华东起重机集团有限公司
地　　址:河南省新乡市长垣县位庄工业区
邮　　编:453424
电　　话:0373－8619880
传　　真:0373－8619880

企业名称:江西起重机械总厂

地　　址:江西省樟树市共和东路82号
邮　　编:331200
电　　话:0795－7364266
传　　真:0795－7364566

企业名称:浙江众擎起重机械制造有限公司
地　　址:浙江省诸暨市城西工业区
邮　　编:311800
电　　话:0575－87385688
传　　真:0575－87387610

企业名称:无锡新大力电机有限公司
地　　址:江苏省无锡市长安镇
邮　　编:214177
电　　话:0510－83761037
传　　真:0510－83621022

企业名称:丹东振安建工机械有限公司
地　　址:辽宁省丹东市振安区鸭绿江村89号
邮　　编:118003
电　　话:0415－3147945
传　　真:0415－4188606

企业名称:四川川起起重设备有限公司
地　　址:四川省成都市金堂县赵镇赵杨路西段666号
邮　　编:610400
电　　话:028－84932244
传　　真:028－84932244

企业名称:通化市起重运输机械制造有限责任公司
地　　址:吉林省通化市保安路2369号
邮　　编:134000
电　　话:0435－3617315
传　　真:0435－3617752

企业名称:山东安信起重设备有限公司
地　　址:山东省新泰市羊流工业区
邮　　编:271208
电　　话:0538－7440328
传　　真:0538－7444617

企业名称:江苏三马起重机械制造有限公司
地　　址:江苏省靖江市江防西路3号
邮　　编:214500
电　　话:0523－84866933
传　　真:0523－56778610

企业名称:新乡市起重设备厂有限责任公司
地　　址:河南省新乡市红旗区南干道111号
邮　　编:453003
电　　话:0373－3054082
传　　真:0373－3058094

企业名称:中原圣起有限公司
地　　址:河南省新乡市长垣县位庄工业园区1号
邮　　编:453424
电　　话:0373－8710562
传　　真:0373－8711808

企业名称:河南省矿山起重机有限公司
地　　址:河南省新乡市长垣县长恼工业区
邮　　编:453400
电　　话:0373－8735555
传　　真:0373－8735555

企业名称:芜湖起重运输机器有限公司
地　　址:安徽省芜湖市长江南路8号
邮　　编:241001
电　　话:0553－5855088
传　　真:0553－5852711

企业名称:河南豫中起重集团有限公司
地　　址:河南省新乡市长垣县城南工业区
邮　　编:453424
电　　话:0373－8791368
传　　真:0373－8791898

企业名称:新乡市中原起重机械总厂有限公司
地　　址:河南省新乡市长垣县东关工业区
邮　　编:453400
电　　话:0373－8814682
传　　真:0373－8810258

企业名称:新疆通用机械有限公司
地　　址:新疆米泉市振兴路1号
邮　　编:831400
电　　话:0991－6868164
传　　真:0991－6868968

企业名称:河南省新乡市矿山起重机有限公司
地　　址:河南省新乡市长恼工业区
邮　　编:453423
电　　话:0373－8732008
传　　真:0373－8732014

企业名称:浙江通力重型齿轮股份有限公司
地　　址:浙江省瑞安市林垟工业区
邮　　编:325207

电　　话:0577－65599838
传　　真:0577－65598888

企业名称:江苏象王起重机有限公司
地　　址:江苏省盐城市建湖县经济开发区明珠东路1号
邮　　编:224700
电　　话:0515－86317221
传　　真:0515－86317221

企业名称:上海豪力起重机械有限公司
地　　址:上海市浦东新区凌白公路1128号
邮　　编:201201
电　　话:021－58971138
传　　真:021－58971159

企业名称:温州合力建设机械有限公司
地　　址:浙江省温州市平阳县鳌江镇鳌江大道390号
邮　　编:325401
电　　话:0577－63196610
传　　真:0577－63196610

企业名称:宁波市凹凸重工有限公司
地　　址:浙江省宁波市机场路与鄞州大道立交桥口
邮　　编:315176
电　　话:0574－88008778
传　　真:0574－88008779

企业名称:焦作制动器股份有限公司
地　　址:河南省焦作市北环路1号
邮　　编:454000
电　　话:0391－2931288
传　　真:0391－2924446

企业名称:宁波东力传动设备股份有限公司
地　　址:浙江省宁波市江北工业园区C区苏湖路1号
邮　　编:315033
电　　话:0574－87587777
传　　真:0574－88388889

企业名称:河南华北起重吊钩有限公司
地　　址:河南省新乡市长垣县工业园区华北大道12号
邮　　编:453424
电　　话:0373－8791377
传　　真:0373－8710583

企业名称:奔宇电机集团有限公司
地　　址:河南省新乡市长垣县起重工业园纬二路西段
邮　　编:453400
电　　话:0373－8622311
传　　真:0373－8622313

企业名称:武汉力威起重机制造有限公司
地　　址:湖北省武汉市武昌区张家湾
邮　　编:430065
电　　话:027－88117256
传　　真:027－88117256

企业名称:常州常矿起重机械有限公司
地　　址:江苏省常州市武进高新区凤鸣路18－2号
邮　　编:213119
电　　话:0519－88609206
传　　真:0519－88609203

企业名称:常州市潞城常东塑料五金厂
地　　址:江苏省常州市潞城镇光明村
邮　　编:213025
电　　话:0519－88402188
传　　真:0519－88400668

企业名称:上海市黄渡起重机械厂
地　　址:上海市嘉定区黄渡镇曹安路21号桥东首
邮　　编:201804
电　　话:021－59596451
传　　真:021－59595138

企业名称:山东省淄博生建机械厂
地　　址:山东省淄博市淄川区昆仑路1号
邮　　编:255129
电　　话:0533－5787381
传　　真:0533－5780070

企业名称:西安起重机械厂
地　　址:陕西省西安市莲湖区红光路72号
邮　　编:710077
电　　话:029－84241596
传　　真:029－84251072

企业名称:大连起重矿山机械有限公司
地　　址:辽宁省大连市甘井子区营日路10号
邮　　编:116036
电　　话:0411－86704818
传　　真:0411－86704184

企业名称:上海伯瑞制动器有限公司
地　　址:上海市奉贤区奉城镇东街98号
邮　　编:201411
电　　话:021－57522358
传　　真:021－57522350

企业名称:江西特种电机股份有限公司
地　　址:江西省宜春市东风大街10号
邮　　编:336000
电　　话:0795－3285285
传　　真:0795－3263554

企业名称:上海科大重工集团有限公司
地　　址:上海市青浦工业园区华青路815号
邮　　编:201700
电　　话:021－69211558
传　　真:021－69211138

企业名称:上海雄风起重设备厂有限公司
地　　址:上海市松江区佘北公路2199号
邮　　编:201602
电　　话:021－57796242
传　　真:021－57792656

企业名称:宝鼎重工股份有限公司
地　　址:浙江省杭州市郊塘栖镇一号桥南
邮　　编:311106
电　　话:0571－86380888
传　　真:0571－86380688

企业名称:常州市海之杰港口起重机设备有限公司
地　　址:江苏省常州市新区汤庄叶汤公路
邮　　编:213133
电　　话:0519－83205268
传　　真:0519－83205568

企业名称:天津津起起重设备有限公司
地　　址:天津市津南区葛沽镇
邮　　编:300352
电　　话:022－28682369
传　　真:022－28682369

企业名称:浙江阳戈电器有限公司
地　　址:浙江省台州市三门县海游镇沙田洋经济开发区
邮　　编:317100
电　　话:0576－83373753
传　　真:0576－83373755

企业名称:浙江立新起重开关厂
地　　址:浙江省乐清市柳市镇西仁宕工业区
邮　　编:325604
电　　话:0577－62718111
传　　真:0577－62718999

企业名称:大连辽南起重机器厂
地　　址:辽宁省大连市旅顺水师营
邮　　编:116065
电　　话:0411－86233046
传　　真:0411－86233046

企业名称:中外合资无锡天宝电机有限公司
地　　址:江苏省无锡市玉祁镇锡玉路38号
邮　　编:214183
电　　话:0510－83880261
传　　真:0510－83889752

企业名称:河南省中原起重机械总厂
地　　址:河南省新乡市长垣县文明路402号
邮　　编:453400
电　　话:0373－8810848
传　　真:0373－8813875

企业名称:常州武进起重电器有限公司
地　　址:江苏省常州市武进区横林镇莲蓉村
邮　　编:213103
电　　话:0519－88501043
传　　真:0519－88501298

企业名称:河南省飞马起重机械有限公司
地　　址:河南省长垣县位庄工业园区纬五东路
邮　　编:453400
电　　话:0373－8712222
传　　真:0373－8711976

企业名称:江阴真良机械有限公司
地　　址:江苏省江阴市利港镇
邮　　编:214444
电　　话:0510－86636637
传　　真:0510－86636637

企业名称:郑州市大林机械有限公司
地　　址:河南省荥阳市京城北路7号
邮　　编:450100
电　　话:0371－64601631
传　　真:0371－64607555

企业名称:昌乐县东田聚氨酯厂
地　　址:山东省潍坊市昌乐县红河镇大宅科
邮　　编:262413
电　　话:0536－6973111
传　　真:0536－6973255

企业名称:天水长城控制电器厂起重电气设备厂
地　　址:甘肃省天水市秦城区南廓路11号

邮　　编:741018
电　　话:0938－8383411
传　　真:0938－8383411

企业名称:新乡克瑞重型机械科技股份有限公司
地　　址:河南省新乡市长垣县华垣路西段
邮　　编:453400
电　　话:0373－8887988
传　　真:0373－8887999

企业名称:新乡市广增起重设备有限公司
地　　址:河南省新乡市长垣县长恼工业区
邮　　编:453423
电　　话:0373－8639183
传　　真:0373－8639488

企业名称:山东烟起起重设备有限公司
地　　址:山东省烟台市福山区福海路 141 号
邮　　编:265500
电　　话:0535－6362473
传　　真:0535－6367663

企业名称:厦门银鹭重工有限公司
地　　址:福建省厦门市翔安区银鹭高科技园区
邮　　编:361111
电　　话:0592－7177585
传　　真:0592－7177585

企业名称:大连宝通工业控制有限公司
地　　址:辽宁省大连市河口工业园区汇贤街 19 号
邮　　编:116023
电　　话:0411－84798860
传　　真:0411－84798611

企业名称:上海神安起重运输机械制造有限公司
地　　址:上海市青浦区西岑莲西路 4398 号
邮　　编:201721
电　　话:021－59294306
传　　真:021－59295355

企业名称:焦作市长江制动器有限公司
地　　址:河南省焦作市武陟县大司马工业区 888 号
邮　　编:454981
电　　话:0391－7517888
传　　真:0391－7515658

企业名称:焦作市制动器开发有限公司
地　　址:河南省焦作市武陟工业园 18 号
邮　　编:454950
电　　话:0391－7268818
传　　真:0391－7268019

企业名称:南京开关厂有限公司
地　　址:江苏省南京市江宁区滨江开发区秀王路 2 号
邮　　编:211178
电　　话:025－86106952
传　　真:025－86106515

企业名称:泰兴市华东减速机制造有限公司
地　　址:江苏省泰兴市鑫泰路 318 号
邮　　编:225400
电　　话:0523－87694282
传　　真:0523－87694337

企业名称:无锡市宏泰起重电机有限公司
地　　址:江苏省无锡市惠山区前州镇园区万寿路 17 号
邮　　编:214181
电　　话:0510－83392288
传　　真:0510－83395888

企业名称:新乡市鹏升起重设备有限公司
地　　址:河南省新乡市长垣县位梁工业区
邮　　编:453424
电　　话:0373－8719619
传　　真:0373－8719398

企业名称:施耐德电气(中国)投资有限公司
地　　址:上海市宜山路 1009 号创新大厦 15 楼
邮　　编:200233
电　　话:021－62848800
传　　真:021－62848800

企业名称:江苏太兴隆减速机有限公司
地　　址:江苏省泰兴市城区科技工业园
邮　　编:225400
电　　话:0523－87996888
传　　真:0523－87996999

企业名称:开封起重机有限公司
地　　址:河南省开封市周天路西段 6 号
邮　　编:475004
电　　话:0378－2521555
传　　真:0378－2536387

企业名称:泰兴市泰宏减速机制造有限公司
地　　址:江苏省泰兴市姚王镇大庆东路 999 号
邮　　编:225400
电　　话:0523－87548779

传　　真:0523－87540655

企业名称:无锡石油化工起重机有限公司
地　　址:江苏省无锡市惠山区长安张村路9号
邮　　编:214178
电　　话:0510－83592637
传　　真:0510－83591226

企业名称:中国长江航运集团电机厂
地　　址:湖北省武汉市江夏区藏龙岛科技园九凤街5号
邮　　编:430205
电　　话:027－81977307
传　　真:027－87801309

企业名称:焦作市虹桥制动器有限公司
地　　址:河南省焦作市武陟县虹桥工业区18号
邮　　编:454981
电　　话:0391－7541888
传　　真:0391－7541666

企业名称:中国有色(沈阳)冶金机械有限公司
地　　址:辽宁省沈阳市经济技术开发区沈辽路2号
邮　　编:110141
电　　话:024－25285707
传　　真:024－25378205

企业名称:甘肃省定西起重机厂有限责任公司
地　　址:甘肃省定西市安定区焦家坡新村3号
邮　　编:743000
电　　话:0932－8216532
传　　真:0932－8221013

企业名称:上海嘉庆轴承制造有限公司
地　　址:上海市普善路239弄19号101室
邮　　编:200070
电　　话:021－56559515
传　　真:021－56559517

企业名称:郑州凯澄起重设备有限公司
地　　址:河南省郑州市新郑双湖开发区磨河桥南
邮　　编:451191
电　　话:0371－62579688
传　　真:0371－62575699

企业名称:河南省远征起重机械有限公司
地　　址:河南省新乡市长垣县位庄工业区南
邮　　编:453400
电　　话:0373－8611999
传　　真:0373－8611997

企业名称:河南省盛达起重机械有限公司
地　　址:河南省新乡市长垣县长恼工业区
邮　　编:453423
电　　话:0373－8731356
传　　真:0373－8731355

企业名称:泰星减速机股份有限公司
地　　址:江苏省泰兴市姚王镇
邮　　编:225402
电　　话:0523－87635681
传　　真:0523－87635683

企业名称:河南省力源重型起重机公司
地　　址:河南省新乡市长垣县位庄工业园区
邮　　编:453424
电　　话:0373－8710919
传　　真:0373－8710919

企业名称:江苏锦友减速机制造有限公司
地　　址:江苏省泰兴市鑫泰路316号
邮　　编:225400
电　　话:0523－87692335
传　　真:0523－87694775

企业名称:上海宝松重型机械工程有限公司
地　　址:上海市宝山区盘古路732号
邮　　编:201900
电　　话:021－56698880
传　　真:021－56690455

企业名称:无锡大力起重机械有限公司
地　　址:江苏省无锡市华清路148号
邮　　编:214124
电　　话:0510－85628988
传　　真:0510－85627005

企业名称:淄博九州润滑科技有限公司
地　　址:山东省淄博市高新区万杰路121号
邮　　编:255086
电　　话:0533－4548567
传　　真:0533－4546336

企业名称:淄博博山益杰机械有限公司
地　　址:山东省淄博市经济开发区
邮　　编:255213
电　　话:0533－4658626
传　　真:0533－4658727

企业名称:江西飞达电器设备有限公司

地　　址:江西省宜春市工业园区长青大道
邮　　编:336000
电　　话:0795－2192198
传　　真:0795－3245060

企业名称:山东泰峰起重设备制造有限公司
地　　址:山东省新泰市羊流工业区
邮　　编:271208
电　　话:0538－7442272
传　　真:0538－7442858

企业名称:山东光明起重机械有限公司
地　　址:山东省新泰市羊流工业区
邮　　编:271208
电　　话:0538－7442429
传　　真:0538－7442118

企业名称:山东泰山起重机械有限公司
地　　址:山东省新泰市羊流工业区
邮　　编:271208
电　　话:0538－7442312
传　　真:0538－7442366

企业名称:江苏格雷特起重机械有限公司
地　　址:江苏省通州市平潮镇沿江工业园华能路58号
邮　　编:226361
电　　话:0513－86725777
传　　真:0513－86725777

企业名称:山东柳杭减速机有限公司
地　　址:山东省淄博市博山区水河路中段
邮　　编:255200
电　　话:0533－4266859
传　　真:0533－4182198

企业名称:淄博市博山起重机器厂
地　　址:山东省淄博市博山区白塔镇小庄村17号
邮　　编:255202
电　　话:0533－4680509
传　　真:0533－4680509

企业名称:南京特种电机厂有限公司
地　　址:江苏省南京市六合区雄州东路289号
邮　　编:211500
电　　话:025－57512565
传　　真:025－57512565

企业名称:湖北鄂南起重运输机械有限公司
地　　址:湖北省赤壁市经济开发区起重工业园
邮　　编:437300
电　　话:0715－5250777
传　　真:0715－5250326

企业名称:浙江茗东起重电器有限公司
地　　址:浙江省乐清市柳市镇马仁桥工业区
邮　　编:325604
电　　话:0577－62726000
传　　真:0577－62726000

企业名称:江苏宏达起重电机有限公司
地　　址:江苏省无锡市惠山区前州镇开发区惠和路3号
邮　　编:214181
电　　话:0510－83396666
传　　真:0510－83396666

企业名称:山东华通机械有限公司
地　　址:山东省新泰市羊流工业区
邮　　编:271208
电　　话:0538－7442393
传　　真:0538－7442393

企业名称:山东开元重型机械有限公司
地　　址:山东省新泰市羊流工业区
邮　　编:271208
电　　话:0538－7443936
传　　真:0538－7443936

企业名称:云南劲力重型机器有限公司
地　　址:云南省安宁市昆钢泰源物流园区
邮　　编:650238
电　　话:0871－8712750
传　　真:0871－8712749

企业名称:河南省中威金属制品有限公司
地　　址:河南省新乡市长垣县长城大道199号
邮　　编:453400
电　　话:0373－8885868
传　　真:0373－8885868

企业名称:上海海希工业通讯设备有限公司
地　　址:上海市田林路388号1026－1033室
邮　　编:200233
电　　话:021－54902525
传　　真:021－54902525

企业名称:河北金马矿山机械集团公司
地　　址:河北省遵化市东新庄镇
邮　　编:064209

电　　话:0315－6999117
传　　真:0315－6999117

企业名称:常州达卡重工机械制造有限公司
地　　址:江苏省常州市新北区薛冶路20号
邮　　编:213000
电　　话:0519－85135677
传　　真:0519－85135627

企业名称:无锡市安特防爆机电制造有限公司
地　　址:江苏省无锡市惠山区长安长东
邮　　编:214177
电　　话:0510－83620477
传　　真:0510－83622120

企业名称:湖北蒲圻起重机械有限公司
地　　址:湖北省赤壁市经济开发区起重机械工业园区
邮　　编:437300
电　　话:0715－5250377
传　　真:0715－5250489

企业名称:咸宁起重机械有限公司
地　　址:湖北省咸宁市巨宁大道56号
邮　　编:437000
电　　话:0715－8343666
传　　真:0715－8343666

企业名称:河南省宏业起重设备有限公司
地　　址:河南省新乡市长垣县长恼工业区
邮　　编:453423
电　　话:0373－8639350
传　　真:0373－8639350

企业名称:重庆金象起重设备制造有限公司
地　　址:重庆市江津区德感工业园18号
邮　　编:402284
电　　话:023－87063693
传　　真:023－87063693

企业名称:焦作市长控液压制动器有限公司
地　　址:河南省焦作市武陟县文化路东段08号
邮　　编:454950
电　　话:0391－7260558
传　　真:0391－7260558

企业名称:湖北省咸宁三合机电制造有限责任公司
地　　址:湖北省咸宁市咸安区同心路138号
邮　　编:437000
电　　话:0715－8322725
传　　真:0715－8322725

企业名称:无锡市安能滑触电器有限公司
地　　址:江苏省无锡市锡山区东北塘镇农坝村
邮　　编:214191
电　　话:0510－83776272
传　　真:0510－83776272

企业名称:江阴市兴科起重机械有限公司
地　　址:江苏省江阴市申港镇申港村工业园
邮　　编:214443
电　　话:0510－86621891
传　　真:0510－86621891

企业名称:河南华豫起重集团有限公司
地　　址:河南省新乡市长垣县起重工业园区华豫大道
邮　　编:453400
电　　话:0373－8717666
传　　真:0373－8717555

企业名称:四平市海格起重机器制造有限公司
地　　址:吉林省四平市红嘴开发区兴红路1515号
邮　　编:136000
电　　话:0434－5016806
传　　真:0434－5016816

企业名称:河南振强起重机械有限公司
地　　址:河南省新乡市长垣县恼里镇碱场工业区
邮　　编:453400
电　　话:0373－8639293
传　　真:0373－8639293

企业名称:青岛立邦达工控技术有限公司
地　　址:山东省青岛市人民路99号丙
邮　　编:266033
电　　话:0532－83758778
传　　真:0532－83758778

企业名称:河南诚信起重设备有限公司
地　　址:河南省新乡市长垣县起重机工业园区
邮　　编:453400
电　　话:0373－8927066
传　　真:0373－8928878

企业名称:江苏沃得起重机有限公司
地　　址:江苏省镇江市丹徒新区勤政南路
邮　　编:212143
电　　话:0511－85935166
传　　真:0511－85935226

企业名称:武汉正通传动器材有限责任公司
地　　址:湖北省武汉市汉阳区燎原工业园 10 号
邮　　编:430051
电　　话:027－84674487
传　　真:027－84631790

企业名称:上海共久电气有限公司
地　　址:上海市松江区石湖荡镇育新路 128 号－8
邮　　编:201617
电　　话:021－57842800
传　　真:021－57841775

企业名称:上海美绿起重设备有限公司
地　　址:上海市崇明县港沿镇富强路 807 号
邮　　编:202158
电　　话:021－59465126
传　　真:021－66206651

企业名称:无锡市新宏达电机有限公司
地　　址:江苏省无锡市惠山区玉祁民主新桥
邮　　编:214183
电　　话:0510－80226838
传　　真:0510－80226818

企业名称:河南省新科起重机有限公司
地　　址:河南省新乡市长垣县起重机工业园区纬七路
邮　　编:453400
电　　话:0373－8622113
传　　真:0373－8622113

企业名称:江苏武东机械有限公司
地　　址:江苏省常州市雪堰镇潘家工业集中区
邮　　编:213179
电　　话:0519－86169011
传　　真:0519－86169011

企业名称:江西冠华重工机械有限公司
地　　址:江西省宜春市环城南路 599 号
邮　　编:336000
电　　话:0795－3248111
传　　真:0795－3241888

企业名称:江西省宜春市建达安全装置设备有限公司
地　　址:江西省宜春市明月南路 267 号
邮　　编:336000
电　　话:0795－7040312
传　　真:0795－7040312

企业名称:江阴市金达传动机械有限公司
地　　址:江苏省江阴市青山路 111 号
邮　　编:214400
电　　话:0510－86022317
传　　真:0510－86022317

企业名称:南通力威机械有限公司
地　　址:江苏省如皋市如城镇
邮　　编:226522
电　　话:0513－87268999
传　　真:0513－87268999

企业名称:江苏省泰宇减速机有限公司
地　　址:江苏省泰兴市姚王镇石桥村工业园
邮　　编:225402
电　　话:0523－87540099
传　　真:0523－87540099

企业名称:上海申江锻造有限公司
地　　址:上海市嘉定区曹安公路 16 号桥南
邮　　编:201812
电　　话:021－69134181
传　　真:021－69134181

企业名称:天津重钢机械装备股份有限公司
地　　址:天津市塘沽海洋高新技术开发区厦门路 139 号
邮　　编:300459
电　　话:022－25211535
传　　真:022－25211535

企业名称:烟台天府起重设备制造有限公司
地　　址:山东省烟台市福山区上庄路 81 号
邮　　编:265500
电　　话:0535－6331648
传　　真:0535－6331648

企业名称:南京一嘉起重机械制造有限公司
地　　址:江苏省南京市栖霞区靖安街道飞花工业园
邮　　编:210059
电　　话:025－85738622
传　　真:025－85738622

企业名称:诸暨市宏贝达机械设备有限公司
地　　址:浙江省诸暨市人民中路 75 号
邮　　编:311800
电　　话:0575－87114125
传　　真:0575－87114125

企业名称:杭州浙起机械有限公司
地　　址:浙江省杭州市拱墅工业园区康惠路 1 号

邮　　编:310015
电　　话:0571－86331468
传　　真:0571－86331468

企业名称:河南省发达起重机有限公司
地　　址:河南省新乡市长垣县起重机工业园区
邮　　编:453400
电　　话:0373－8791378
传　　真:0373－8791378

企业名称:象山万邦电器有限公司
地　　址:浙江省宁波市象山县城东工业园望海路5号
邮　　编:315706
电　　话:0574－65626626
传　　真:0574－65626626

企业名称:河南省盛华起重机有限公司
地　　址:河南省新乡市长垣县起重机工业园区
邮　　编:453400
电　　话:0373－8712503
传　　真:0373－8712503

企业名称:新乡市志远起重配件厂
地　　址:河南省新乡市长垣县起重机工业园区
邮　　编:453400
电　　话:0373－8615167
传　　真:0373－8615167

企业名称:河南新起腾升起重设备有限公司
地　　址:河南省新乡市榆东产业聚集区
邮　　编:453000
电　　话:0373－7722088
传　　真:0373－7722088

企业名称:河南恒达机电设备有限公司
地　　址:河南省新乡市长垣县起重机工业园区纬四路
邮　　编:453424
电　　话:0373－8615219
传　　真:0373－8615319

企业名称:绍兴起重机总厂
地　　址:浙江省绍兴市袍江新区洋江东路38号
邮　　编:312000
电　　话:0575－88265977
传　　真:0575－88265977

企业名称:江阴市起重运输机械有限公司
地　　址:江苏省江阴市申港街道申新路33号
邮　　编:214443
电　　话:0510－86621524
传　　真:0510－86621524

企业名称:四川合起起重设备有限公司
地　　址:四川省成都市金堂县清江镇双江社区4组
邮　　编:610400
电　　话:028－84901618
传　　真:028－84903300

企业名称:成都三江起重机制造有限公司
地　　址:四川省成都市金堂县三中园区钢城路西段
邮　　编:610400
电　　话:028－84934393
传　　真:028－84934393

企业名称:江西华伍制动器股份有限公司
地　　址:江西省丰城市工业园区新梅路7号
邮　　编:331100
电　　话:0795－6203200
传　　真:0795－6203200

企业名称:郑州市华中路桥设备有限公司
地　　址:河南省郑州市上街区洛宁路88号
邮　　编:450041
电　　话:0371－68117266
传　　真:0371－68117258

企业名称:唐山沧达电缆有限公司
地　　址:河北省唐山市复兴路54号
邮　　编:63000
电　　话:0315－2863232
传　　真:0315－5933210

企业名称:长沙起重机厂有限公司
地　　址:湖南省长沙市韶山南路123号
邮　　编:410004
电　　话:0731－85590525
传　　真:0731－87807779

企业名称:天津港航安装工程有限公司
地　　址:天津市塘沽区新市北路5793号
邮　　编:300459
电　　话:022－25211535
传　　真:022－25213100

企业名称:天津市百业机械制造有限公司
地　　址:天津市东丽区民族路2号
邮　　编:300300
电　　话:022－84893995

传　　真:022－84893985

企业名称:江苏金长城减速机有限公司
地　　址:江苏省泰兴市经济开发区城东工业园
邮　　编:225400
电　　话:0523－87700018
传　　真:0523－87552788

企业名称:成都起重机械厂
地　　址:四川省成都市金牛区天回镇
邮　　编:610083
电　　话:028－82572910
传　　真:028－82572910

企业名称:湖北创新电气有限公司
地　　址:湖北省宜昌市伍家岗临江坪科技园
邮　　编:443000
电　　话:0717－6435383
传　　真:0717－6435545

企业名称:浙江欧迈特减速机械有限公司
地　　址:浙江省温州市平阳县宋桥镇工业园
邮　　编:325409
电　　话:0577－63770881
传　　真:0577－63775678

企业名称:新乡市起重机厂有限公司
地　　址:河南省新乡市南环路东1号
邮　　编:453003
电　　话:0373－5797669
传　　真:0373－5797669

企业名称:无锡文鼎线缆有限公司
地　　址:江苏省宜兴市官司林镇江工业区张来路
邮　　编:214251
电　　话:0510－87206210
传　　真:0510－87209409

企业名称:江阴市正盛机械制造有限公司
地　　址:江苏省江阴市申港镇于门工业园68号
邮　　编:214443
电　　话:0510－86688868
传　　真:0510－86623128

企业名称:银川银重(集团)起重机有限公司
地　　址:宁夏银川市金凤区贺兰山中路533号
邮　　编:750011
电　　话:0951－3073729
传　　真:0951－3072981

传动部件

企业名称:焦作制动器股份有限公司
地　　址:河南省焦作市北环路1号
邮　　编:454000
电　　话:0391－2931215
传　　真:0391－2924446

企业名称:北京起重运输机械设计研究院
地　　址:北京市东城区雍和宫大街52号
邮　　编:100007
电　　话:010－64053039
传　　真:010－84037436

企业名称:太原重工股份有限公司齿轮传动分公司
地　　址:山西省太原市万柏林区玉河街53号
邮　　编:030024
电　　话:0351－6366731
传　　真:0351－6360835

企业名称:大连重工·起重集团有限公司
地　　址:辽宁省大连市甘井子区新水泥路78号
邮　　编:116035
电　　话:0411－86426100
传　　真:0411－86426190

企业名称:上海冶金矿山机械厂
地　　址:上海市闸北区汶水路210号
邮　　编:200072
电　　话:021－56650499
传　　真:021－56639508

企业名称:嘉兴嘉冶机械制造有限公司
地　　址:浙江省嘉兴市角里街112号
邮　　编:314000
电　　话:0573－82820184
传　　真:0573－82818650

企业名称:广州劲草减速机机械有限公司
地　　址:广东省广州市白云区爱国11路1－1号
邮　　编:510450
电　　话:020－86601532
传　　真:020－86601532

企业名称:荆州市巨鲸传动机械有限公司
地　　址:湖北省荆州市开发区东方大道58号
邮　　编:434000
电　　话:0716－8303888

传　　真:0716－8303905

企业名称:沈阳市起重电器厂
地　　址:辽宁省沈阳市铁西区路宫 2 街 15－1－2 门
邮　　编:110023
电　　话:024－25922592
传　　真:024－25922582

企业名称:昆明重工集团有限责任公司减速机公司
地　　址:云南省昆明市茨坝路 31 号
邮　　编:650203
电　　话:0871－5150091
传　　真:0871－5150151

企业名称:上海起重运输机械厂有限公司
地　　址:上海市杨浦区民星路 191 号
邮　　编:200433
电　　话:021－65576452
传　　真:021－56639864

企业名称:太原科技大学机电学院
地　　址:山西省太原市万柏林区窊流路 66 号
邮　　编:030024
电　　话:0351－6963399
传　　真:0351－6998027

企业名称:甘肃天水长城控制电器有限责任公司
地　　址:甘肃省天水市秦州区南廓路 11 号
邮　　编:741018
电　　话:0938－8371651
传　　真:0938－8384077

企业名称:南京起重电器厂
地　　址:江苏省南京市江宁区淳化镇七里岗 12 号
邮　　编:211123
电　　话:025－52262856
传　　真:025－52252014

企业名称:江西华伍制动器股份有限公司
地　　址:江西省丰城市工业园区新梅路 7 号
邮　　编:331100
电　　话:0795－6203200
传　　真:0795－6242146

企业名称:焦作市长江制动器有限公司
地　　址:河南省焦作市武陟县大司马工业区 888 号
邮　　编:454981
电　　话:0391－7517556
传　　真:0391－7515658

企业名称:北京起重运输机械杂志社
地　　址:北京市东城区雍和宫大街 52 号
邮　　编:100007
电　　话:010－64032497
传　　真:010－64031987

企业名称:宁夏天地奔牛实业集团有限公司
地　　址:宁夏银川市金凤区上海西路 475 号
邮　　编:750011
电　　话:0951－3073858
传　　真:0951－3067126

企业名称:西安环力传动机械股份有限公司
地　　址:陕西省西安市经济技术开发区凤城 11 路 91 号
邮　　编:710018
电　　话:029－86171905
传　　真:029－85251911

企业名称:唐冶减速机制造有限公司
地　　址:河北省唐山市路北区缸窑路 4 号
邮　　编:063027
电　　话:0315－3202616
传　　真:0315－3202214

企业名称:包头市起重机械有限公司
地　　址:内蒙古包头市东河区西脑乡 135 号
邮　　编:014040
电　　话:0472－4874100
传　　真:0472－4862406

企业名称:内蒙古兴华机械制造厂
地　　址:内蒙古呼和浩特市南郊小黑河
邮　　编:010070
电　　话:0471－5686313
传　　真:0471－5686313

企业名称:天津理工传动机械厂
地　　址:天津市北辰区引河桥北
邮　　编:300400
电　　话:022－26972199
传　　真:022－26970838

企业名称:石家庄科一重工有限公司
地　　址:河北省石家庄市和平西路 595 号
邮　　编:050071
电　　话:0311－87796242
传　　真:0311－87756244

企业名称:山西新富生机器制造有限公司

地　　址:山西省太原市小东门街新开南巷27号
邮　　编:030013
电　　话:0351－3074892
传　　真:0351－3074892

企业名称:山西省平遥减速器厂
地　　址:山西省晋中市平遥县古城南路138号
邮　　编:031100
电　　话:0354－5622828
传　　真:0354－5651199

企业名称:沈阳金龟减速机厂有限公司
地　　址:辽宁省沈阳市辽中县商业街15号
邮　　编:110200
电　　话:024－87880508
传　　真:024－87881361

企业名称:青岛减速机厂
地　　址:山东省胶州市铺集镇铺集二村
邮　　编:266326
电　　话:0532－87737569
传　　真:0532－86250253－0075

企业名称:龙口市减速机机械有限公司
地　　址:山东省龙口市黄城区西市场1号
邮　　编:265701
电　　话:0535－8519156
传　　真:0535－8517471－8506871

企业名称:重庆减速机有限责任公司
地　　址:重庆市璧山县牛角湾
邮　　编:402760
电　　话:023－41432059
传　　真:023－41436677

企业名称:张家口市宣化区减速机厂
地　　址:河北省张家口市宣化区按院街11号
邮　　编:075100
电　　话:0313－3014659
传　　真:0313－3013870

企业名称:衡阳起重运输机械有限公司
地　　址:湖南省衡阳市珠晖区狮山路1号
邮　　编:421002
电　　话:0734－3172069
传　　真:0734－8290779

企业名称:宁波誉力冶金矿山机械有限公司
地　　址:浙江省宁波市鄞州区鄞州镇经济工业园
邮　　编:315151
电　　话:0574－88431146
传　　真:0574－88432207

企业名称:瑞慈马鞍山传动机械有限公司
地　　址:安徽省马鞍山市经济技术开发区湖西南路159号
邮　　编:243041
电　　话:0555－8323651
传　　真:0555－8323656

企业名称:浙江东海减速机有限公司
地　　址:浙江省温州市平阳县经济开发区(敖江镇)
邮　　编:325401
电　　话:0577－63631862
传　　真:0577－63635393

企业名称:焦作市起重控制电器厂
地　　址:河南省孟州市黄河大道东段
邮　　编:454750
电　　话:0391－8190687
传　　真:0391－8198930

企业名称:焦作神箍制动器制造公司
地　　址:河南省焦作市东二环路气象局南200米
邮　　编:454100
电　　话:0391－3933681
传　　真:0391－3933052

企业名称:焦作市虹桥重工科技发展股份有限公司
地　　址:河南省焦作市武陟县大虹桥乡南虹桥
邮　　编:454981
电　　话:0391－7543555
传　　真:0391－7541666

企业名称:焦作市虹发制动器有限公司
地　　址:河南省焦作市虹桥工业区
邮　　编:454981
电　　话:0391－7541838
传　　真:0391－7542897

企业名称:重庆起重电器厂
地　　址:重庆市九龙坡区石坪桥横街66号3－6
邮　　编:400051
电　　话:023－68825728
传　　真:023－68855478

企业名称:宁波名泰起重电器有限公司
地　　址:浙江省宁波市象山县丹城镇西丹路18号
邮　　编:315700

电　　话:0574－65723430
传　　真:0574－65723165

企业名称:宁波凯元电器有限公司
地　　址:浙江省宁波市象山县经济开发区白鹤路198号
邮　　编:315700
电　　话:0574－65758595
传　　真:0574－65713876

企业名称:上海伯瑞制动器有限公司
地　　址:上海市奉贤区奉城镇东街98号
邮　　编:201411
电　　话:021－57522358
传　　真:021－57522350

企业名称:青岛星轮实业有限责任有限公司
地　　址:山东省青岛市城阳区流亭建材工业园春雨西路8号
邮　　编:266108
电　　话:0532－84909136
传　　真:0532－84909003

企业名称:焦作市制动器开发有限公司
地　　址:河南省焦作市武陟工业园18号
邮　　编:454950
电　　话:0391－7268199
传　　真:0391－7268019

企业名称:焦作科佳(原虹宇)制动器有限公司
地　　址:河南省焦作市武陟县虹桥工业区
邮　　编:454981
电　　话:0391－7541288
传　　真:0391－7545568

企业名称:焦作银星制动器有限公司
地　　址:河南省孟州市东韩工业区
邮　　编:454762
电　　话:0391－8169889
传　　真:0391－8169385

企业名称:潍坊利达起重机有限公司
地　　址:山东省潍坊市北宫西街万家福超市北200米
邮　　编:261021
电　　话:0536－8321809
传　　真:0536－8323208

企业名称:石家庄三元机电有限公司
地　　址:河北省石家庄市桥东区清水街西南头
邮　　编:050091
电　　话:0311－86814291
传　　真:0311－86814291

企业名称:焦作市江河制动器有限公司
地　　址:河南省焦作市武陟县大虹桥
邮　　编:454981
电　　话:0391－7541060
传　　真:0391－7541132

企业名称:焦作市宏升实业有限公司
地　　址:河南省焦作市武陟县前牛工业区
邮　　编:454950
电　　话:0391－7618960
传　　真:0391－7619888

企业名称:浙江金安电气有限公司
地　　址:浙江省乐清市柳市镇新光工业区新光大道151号
邮　　编:325604
电　　话:0577－62799299
传　　真:0577－62799218

企业名称:晋城江淮工贸有限公司
地　　址:山西省晋城市凤台东街2755号
邮　　编:048026
电　　话:0356－2191906
传　　真:0356－2191600

企业名称:贵阳天龙摩擦材料有限公司
地　　址:贵州省贵阳市宝山北路372号16楼
邮　　编:550001
电　　话:0851－6612735
传　　真:0851－6612763

企业名称:焦作市制动器有限公司
地　　址:河南省焦作市大封东唐郭工业区8号
邮　　编:454950
电　　话:0391－7202113
传　　真:0391－7202566

企业名称:焦作市虹羽制动器有限公司
地　　址:河南省焦作市武陟县虹桥工业区
邮　　编:454981
电　　话:0391－7548258
传　　真:0391－7549898

企业名称:焦作市金牛机械制造有限公司
地　　址:河南省焦作市武陟县前牛村工业区
邮　　编:454981
电　　话:0391－7618368

传　　真:0391－7618368

企业名称:河南省电力液压制动器有限公司
地　　址:河南省新乡市长垣县魏庄工业区
邮　　编:453424
电　　话:0373－8618333
传　　真:0373－8619222

企业名称:大连通达电器厂
地　　址:辽宁省大连市沙区绿波路52号
邮　　编:116033
电　　话:0411－84288606
传　　真:0411－84288616

企业名称:江门市起重电器厂有限公司
地　　址:广东省江门市江海区五邑路滘头联星工业区1号
邮　　编:529040
电　　话:0750－3893637
传　　真:0750－3823995

企业名称:长沙市起重机械配件厂
地　　址:湖南省长沙市马栏山开福区工业基地
邮　　编:410003
电　　话:0731－84257534
传　　真:0731－84257534

企业名称:大连冶金起重电器厂
地　　址:辽宁省大连市沙河口区西南路433号－17南
邮　　编:116021
电　　话:0411－84337181
传　　真:0411－84337181

企业名称:河南省大众通用起重机械有限公司
地　　址:河南省新乡市封丘县起重工业园区
邮　　编:453322
电　　话:0373－8413198
传　　真:0373－8411555

企业名称:象山万邦电器有限公司
地　　址:浙江省宁波市象山县城东工业园望海路5号
邮　　编:315706
电　　话:0574－65622778
传　　真:0574－65622768

企业名称:象山亚伦电器有限公司
地　　址:浙江省宁波市象山县城镇建设路一营门路口
邮　　编:315700
电　　话:0574－65717717
传　　真:0574－65758877

企业名称:象山跃华电器设备厂
地　　址:浙江省宁波市象山县蓬莱路54弄3号
邮　　编:315700
电　　话:0574－65725597
传　　真:0574－65718621

企业名称:焦作市重工制动器制造有限公司
地　　址:河南省焦作市武陟县虹桥工业区
邮　　编:454981
电　　话:0391－7544555
传　　真:0391－7544077

企业名称:宁波华阳起重电器有限公司
地　　址:浙江省宁波市象山县大徐新凉亭工业园
邮　　编:315700
电　　话:0574－65625818
传　　真:0574－65765355

千斤顶

企业名称:江苏通润集团常熟市千斤顶厂
地　　址:江苏省常熟市联丰路58－1号
邮　　编:215500
电　　话:0512－52820788
传　　真:0512－52822288

企业名称:北京起重运输机械设计研究院
地　　址:北京市东城区雍和宫大街52号
邮　　编:100007
电　　话:010－64032277
传　　真:010－64052584

企业名称:一汽四环随车工具总厂
地　　址:吉林省长春市吉林大路3473号
邮　　编:130031
电　　话:0431－84842054
传　　真:0431－84842054

企业名称:嘉兴金腾机械实业有限公司
地　　址:浙江省嘉兴市海盐县西塘桥中乐路6号
邮　　编:314305
电　　话:0573－86811167
传　　真:0573－86811167

企业名称:上海宝山液压工具有限公司
地　　址:上海市宝杨路3055号
邮　　编:201901

电　　话:021－56801448
传　　真:021－56801448

企业名称:上海沪南千斤顶厂
地　　址:上海市浦东新区六灶镇
邮　　编:201322
电　　话:021－58162999
传　　真:021－58162126

企业名称:上海千斤顶厂
地　　址:上海市周家嘴路500号
邮　　编:200080
电　　话:021－65455036
传　　真:021－65415171

企业名称:承德胜利千斤顶有限公司
地　　址:河北省承德市承德县孟家院街6号
邮　　编:067411
电　　话:0314－3056478
传　　真:0314－3056478

企业名称:兖州金顶机械制造有限公司
地　　址:山东省兖州市中山东路243－2号
邮　　编:272100
电　　话:0537－3412567
传　　真:0537－3415225

企业名称:成都飞机公司(机电产品工程所)
地　　址:四川省成都市黄田坝660分箱
邮　　编:610092
电　　话:028－87401435
传　　真:028－87401435

企业名称:上海宝山千斤顶总厂有限公司
地　　址:上海市宝山区江杨南路1085号
邮　　编:200434
电　　话:021－56881711
传　　真:021－56881711

企业名称:承德润韩千斤顶有限公司
地　　址:河北省承德市西大街142号
邮　　编:067000
电　　话:0314－2185487
传　　真:0314－2185589

企业名称:安徽黄山市鑫佳橡塑有限责任公司
地　　址:安徽省黄山市屯溪区新潭东源口8号
邮　　编:245000
电　　话:0559－2557850
传　　真:0559－2557850

企业名称:国家起重运输机械质量监督检验中心
地　　址:北京市东城区雍和宫大街52号
邮　　编:100007
电　　话:010－64018780
传　　真:010－64052252

企业名称:抚顺市南山城螺旋千斤顶厂
地　　址:辽宁省抚顺市清原县南山城镇中街
邮　　编:113308
电　　话:0413－3555035
传　　真:0413－3555605

企业名称:海宁鼎立机械有限公司
地　　址:浙江省海宁市硖石镇大寨桥
邮　　编:314400
电　　话:0573－87022158
传　　真:0573－87021265

企业名称:杭州临安市橡胶有限公司
地　　址:浙江省临安市昌化工业园区1号
邮　　编:311321
电　　话:13906815862
传　　真:0571－63668866

企业名称:湖北3611工厂
地　　址:湖北省丹江口市浪河镇105信箱
邮　　编:441912
电　　话:0719－5619393
传　　真:0719－5619392

企业名称:嘉兴市大通机械厂
地　　址:浙江省嘉兴市余新镇
邮　　编:314009
电　　话:0573－83166238
传　　真:0573－83165918

企业名称:嘉兴市千斤顶厂
地　　址:浙江省嘉兴市海盐县城北西路388号
邮　　编:314300
电　　话:0573－86195128
传　　真:0573－86195128

企业名称:嘉兴市正发机械厂
地　　址:浙江省嘉兴市南湖区凤桥镇
邮　　编:314008
电　　话:0573－83131171
传　　真:0573－83131171

企业名称:江苏跃进常随汽车零部件有限公司
地　　址:江苏省常州市天宁区常焦路4号
邮　　编:213021
电　　话:0519－85311724
传　　真:0519－85311783

企业名称:绵阳市金象机械有限公司
地　　址:四川省绵阳市涪城区塘汛镇群丰东街154号
邮　　编:621000
电　　话:0816－2212022
传　　真:0816－2213008

企业名称:宁国宏达塑料厂
地　　址:安徽省宁国市工业西路83号
邮　　编:242300
电　　话:0563－4029234
传　　真:0563－4028305

企业名称:山东临沂启阳工具有限公司
地　　址:山东省临沂市河东区双桥街东段
邮　　编:276000
电　　话:0539－8082188
传　　真:0539－8082929

企业名称:上海金星机械实业有限公司
地　　址:上海市奉贤区庄行镇丁宁路28号
邮　　编:201415
电　　话:021－57469550
传　　真:021－57469550

企业名称:上海起重工具厂
地　　址:上海市隆昌路40弄8号
邮　　编:200009
电　　话:021－65431919
传　　真:021－65431919

企业名称:上海震达液压工具厂
地　　址:上海市隆昌路40弄8号
邮　　编:200090
电　　话:021－38923397
传　　真:021－58564465

企业名称:余江县千斤顶厂
地　　址:江西省鹰潭市余江县邓埠镇四青路冠英巷1号
邮　　编:335200
电　　话:0701－5881142
传　　真:0701－5881142

企业名称:重庆千斤顶厂
地　　址:重庆市北碚区静宁路44号
邮　　编:400700
电　　话:023－68862096
传　　真:023－68206405

企业名称:奉化南方机械制造有限公司
地　　址:浙江省宁波市奉化市尚田镇
邮　　编:315511
电　　话:13105588888
传　　真:0574－88637997

企业名称:杭州三星机械有限公司
地　　址:浙江省杭州市丁桥镇
邮　　编:310021
电　　话:0571－88111937
传　　真:0571－88111040

企业名称:上海江南千斤顶厂
地　　址:上海市奉贤区庄行镇邬桥安东路25号
邮　　编:201402
电　　话:13801704932
传　　真:021－57401566

企业名称:一汽技术中心
地　　址:吉林省长春市汽车产业开发区创业大街1063号
邮　　编:130011
电　　话:0431－85788546、13596499516
传　　真:0431－85788541

企业名称:杭州天恒机械有限公司
地　　址:浙江省杭州市临安板桥乡下板桥113号
邮　　编:311301
电　　话:0571－63780362
传　　真:0571－63780362

企业名称:海盐金鑫机械有限公司
地　　址:浙江省嘉兴市海盐县西塘桥镇曙光村
邮　　编:314305
电　　话:0573－86819668
传　　真:0573－86819668

企业名称:嘉兴大隆机械有限公司
地　　址:浙江省嘉兴市海盐县大桥新区西场路58号
邮　　编:314305
电　　话:0573－86811151
传　　真:0573－86811151

企业名称:山西太谷县永星铸造有限公司
地　　址:山西省晋中市太古县胡村镇墩坊村

邮　　编:030800
电　　话:13903446563
传　　真:0354－6325038

企业名称:承德相一机械有限公司
地　　址:河北省承德市平泉县红山嘴开发区
邮　　编:067500
电　　话:13663142639
传　　真:0314－6105589

输送机给料机

企业名称:芜湖起重运输机器有限公司
地　　址:安徽省芜湖市长江南路8号
邮　　编:241001
电　　话:0553－3916777
传　　真:0553－5852711

企业名称:北京起重运输机械设计研究院
地　　址:北京市东城区雍和宫大街52号
邮　　编:100007
电　　话:010－64032296
传　　真:010－64032442

企业名称:太原科技大学机电学院
地　　址:山西省太原市万柏林区窊流路66号
邮　　编:030024
电　　话:0351－6998039
传　　真:0351－6998027

企业名称:广西百色矿山机械厂
地　　址:广西百色市江凤路31号
邮　　编:533000
电　　话:0776－2770803
传　　真:0776－2770488

企业名称:湖北宜都机电工程股份有限公司
地　　址:湖北省宜昌市珍珠路69号盈嘉酒店23楼
邮　　编:443300
电　　话:0717－8868868
传　　真:0717－8868877

企业名称:上海科大重工集团有限公司
地　　址:上海市青浦工业园区华青路815号
邮　　编:201707
电　　话:021－69213885
传　　真:021－69211138

企业名称:四川省自贡运输机械有限公司
地　　址:四川省自贡市自井区大岩洞1号
邮　　编:643000
电　　话:0813－8236964
传　　真:0813－8236016

企业名称:甘肃兰州二通机械有限公司
地　　址:甘肃省兰州市安宁区安宁中路148号
邮　　编:730070
电　　话:0931－7752255
传　　真:0931－4938106

企业名称:江阴齿轮箱制造有限公司
地　　址:江苏省江阴市山观工业园区澄山路601号
邮　　编:214437
电　　话:0510－86993222
传　　真:0510－86993196

企业名称:诸暨链条总厂
地　　址:浙江省诸暨市牌头镇五一路1号
邮　　编:311825
电　　话:0575－87051296
传　　真:0575－87051296

企业名称:芜湖市爱德运输机械有限公司
地　　址:安徽省芜湖市高新技术开发区纬十路
邮　　编:241002
电　　话:0553－5682728
传　　真:0553－5687666

企业名称:天津减速机股份有限公司
地　　址:天津市河东区程林庄路8号
邮　　编:300160
电　　话:022－24328922
传　　真:022－24326558

企业名称:石家庄科一重工有限公司减速机分公司
地　　址:河北省石家庄市和平西路595号
邮　　编:050071
电　　话:0311－87731909
传　　真:0311－87772060

企业名称:邯郸市红星机械制造有限公司
地　　址:河北省邯郸市峰峰矿区太行东路25号
邮　　编:056200
电　　话:0310－5167699
传　　真:0310－5167188

企业名称:大连理工大学
地　　址:辽宁省大连市甘井子区凌工路2号

邮　　编:116024
电　　话:0411-84708409
传　　真:0411-84707507

企业名称:鹤壁链条有限责任公司
地　　址:河南省鹤壁市红旗街150号
邮　　编:458000
电　　话:0392-2912392
传　　真:0392-2891112

企业名称:焦作市新链条输送设备制造有限公司
地　　址:河南省焦作市解放西路中段54号
邮　　编:454191
电　　话:0391-2947975
传　　真:0391-2947487

企业名称:昆明市输送机械有限公司
地　　址:云南省昆明市人民西路684号
邮　　编:650106
电　　话:0871-8184910
传　　真:0871-8184910

企业名称:福州提升机厂
地　　址:福建省福州市仓山公园路5号
邮　　编:050007
电　　话:0591-83471735
传　　真:0591-83441278

企业名称:荆州市巨鲸传动机械有限公司
地　　址:湖北省荆州市开发区东方大道58号
邮　　编:434000
电　　话:0716-8303900
传　　真:0716-8303905

企业名称:宜昌三峡输送机械制造总公司
地　　址:湖北省宜昌市西陵区窑湾乡东山村
邮　　编:443000
电　　话:0717-6445067
传　　真:0717-6445067

企业名称:启东天地机械制造有限公司
地　　址:江苏省启东市和平南路105号
邮　　编:226200
电　　话:0513-83312668
传　　真:0513-83312649

企业名称:芜湖迪禄普胶带有限公司
地　　址:安徽省芜湖市高新开发区火炬2路15号厂房
邮　　编:241000
电　　话:0553-2245918
传　　真:0553-2245919

企业名称:巢湖市工矿配件有限公司
地　　址:安徽省巢湖市中旱工业区
邮　　编:238074
电　　话:0565-8531058
传　　真:0565-8531246

企业名称:江苏双菱链传动有限公司
地　　址:江苏省常州市武进区湟里镇卜东路1号
邮　　编:213151
电　　话:0519-83341135
传　　真:0519-83341270

企业名称:扬州市精固链传动机械制造有限公司
地　　址:江苏省扬州市朴席工业规划区
邮　　编:211426
电　　话:0514-83617988
传　　真:0514-83615003

企业名称:通化市起重运输机械制造有限责任公司
地　　址:吉林省通化市保安路2369号
邮　　编:134000
电　　话:0435-3652137
传　　真:0435-3617752

企业名称:宏兴机械制造有限公司
地　　址:黑龙江省鹤岗市红旗路69号
邮　　编:154101
电　　话:0468-3342098
传　　真:0468-3342098

企业名称:沈阳市通用电器研究所
地　　址:辽宁省沈阳市沈河区乐郊路35甲4号
邮　　编:110011
电　　话:024-24804947
传　　真:024-24804947

企业名称:江阴华东机械有限公司
地　　址:江苏省江阴市澄张公路518号
邮　　编:214429
电　　话:0510-86195578
传　　真:0510-86190678

企业名称:江苏泰兴隆减速机有限公司
地　　址:江苏省泰兴市城区科技工业园
邮　　编:225400
电　　话:0523-87996888

传　　真:0523－87996999

企业名称:江苏省国茂减速机集团有限公司
地　　址:江苏省常州市湖塘人民西路21号
邮　　编:213161
电　　话:0519－86552810
传　　真:0519－86578002

企业名称:朝阳东大运输机械有限公司
地　　址:辽宁省朝阳市中山大街二段38号
邮　　编:122000
电　　话:0421－3853370
传　　真:0421－3853370

企业名称:长沙起重运输机械厂
地　　址:湖南省长沙市临乡县华夏工业园新康路9号
邮　　编:410005
电　　话:0731－85555999
传　　真:0731－85010292

企业名称:常州东吴链传动制造有限公司
地　　址:江苏省常州市遥观镇东开发区洪庄路
邮　　编:213102
电　　话:0519－88700518
传　　真:0519－88700526

企业名称:湖南中特液力传动机械有限公司
地　　址:湖南省长沙市三湘中路928号天心丽城
邮　　编:413000
电　　话:0731－84743608
传　　真:0731－84792326

企业名称:铜陵三佳科技股份有限公司
地　　址:安徽省铜陵市石城路电子工业区
邮　　编:244000
电　　话:0562－2627641
传　　真:0562－2627501

企业名称:芜湖市康德机械制造有限公司
地　　址:安徽省芜湖市经济技术开发区桥北工业园
邮　　编:241008
电　　话:0553－5313315
传　　真:0553－5316579

企业名称:安徽省无为神力运输机器制造有限公司
地　　址:安徽省巢湖市无为县赫店镇苏塘
邮　　编:238366
电　　话:0565－6285091
传　　真:0565－6285008

企业名称:安徽省无为煤矿机械制造有限公司
地　　址:安徽省巢湖市无为县赫店镇
邮　　编:238367
电　　话:0565－6200038
传　　真:0565－6202198

企业名称:浙江上虞工程塑料厂
地　　址:浙江省上虞市五夫工业园区
邮　　编:312353
电　　话:0575－82415928
传　　真:0575－82415626

企业名称:杭州临安输送机械链条厂
地　　址:浙江省临安市青山工业园区
邮　　编:311300
电　　话:0571－63783450
传　　真:0571－63783450

企业名称:湖州电动滚筒有限公司
地　　址:浙江省湖州市经济开发区西凤路888号
邮　　编:313000
电　　话:0572－2022263
传　　真:0572－2022202

企业名称:芜湖市通达成套输送设备有限公司
地　　址:安徽省芜湖市清水工业园区
邮　　编:241060
电　　话:0553－8294780
传　　真:0553－8292361

企业名称:芜湖众发中运机械有限公司
地　　址:安徽省芜湖市鸠江经济开发区
邮　　编:241001
电　　话:0553－5716410
传　　真:0553－5716423

企业名称:安徽省黄山市轴承有限责任公司
地　　址:安徽省黄山市黟县马道路9号
邮　　编:242700
电　　话:0559－5522179
传　　真:0559－5522926

企业名称:佐敦涂料(张家港)有限公司
地　　址:上海市中山南路28号久事大厦20层
邮　　编:200010
电　　话:021－63330800
传　　真:021－63373384

企业名称:芜湖中南轴承实业有限公司

地　　址:安徽省芜湖市五一广场南侧
邮　　编:241002
电　　话:0553－4110362
传　　真:0553－4110363

企业名称:南京起重电器厂
地　　址:江苏省南京市江宁区淳化镇七里岗12号
邮　　编:211123
电　　话:025－52262925
传　　真:025－52252014

企业名称:焦作市华武制动器厂
地　　址:河南省焦作市虹桥工业区
邮　　编:454981
电　　话:0391－7543668
传　　真:0391－7543168

企业名称:盐城康威特橡塑有限公司
地　　址:江苏省大丰市大桥镇潘街39号
邮　　编:224000
电　　话:0515－83384848
传　　真:0515－83382398

企业名称:上海交华液力机械有限公司
地　　址:上海市崇明县绿华镇新建路575号
邮　　编:202151
电　　话:021－59353159
传　　真:021－59351202

企业名称:天津重钢机械装备股份有限公司
地　　址:天津市塘沽海洋高新技术开发区厦门路139号
邮　　编:300459
电　　话:022－25214993
传　　真:022－25211535

企业名称:安徽盛运机械股份有限公司
地　　址:安徽省桐城市同安路265号
邮　　编:231400
电　　话:0556－6206966
传　　真:0556－6205280

企业名称:中德(扬州)输送工程技术有限公司
地　　址:江苏省扬州市开发区鸿扬路66号
邮　　编:225009
电　　话:0514－85881696
传　　真:0514－85881690

带式输送机

企业名称:北方重工集团有限公司输送设备分公司
地　　址:辽宁省沈阳市经济技术开发区开发大路16号
邮　　编:110141
电　　话:024－25802099
传　　真:024－24835186

企业名称:北京起重运输机械设计研究院
地　　址:北京市东城区雍和宫大街52号
邮　　编:100007
电　　话:010－64032598
传　　真:010－64032570

企业名称:山东山矿机械有限公司
地　　址:山东省济宁市济安桥北路11号
邮　　编:272041
电　　话:0537－2226931
传　　真:0537－2228529

企业名称:焦作市科瑞森机械制造有限公司
地　　址:河南省焦作市解放中路23号
邮　　编:454150
电　　话:0391－2906388
传　　真:0391－2923690

企业名称:衡阳运输机械有限公司
地　　址:湖南省衡阳市珠晖区狮山路1号
邮　　编:421002
电　　话:0734－3172006
传　　真:0734－3172066

企业名称:四川自贡运输机械有限责任公司
地　　址:四川省自贡市自流井区大岩洞1号
邮　　编:643000
电　　话:0813－5500889
传　　真:0813－5500900

企业名称:铜陵天奇蓝天机械设备有限公司
地　　址:安徽省铜陵市经济技术开发区
邮　　编:244000
电　　话:0562－2689418
传　　真:0562－2822318

企业名称:太原科技大学
地　　址:山西省太原市万柏林区窊流路66号
邮　　编:030024
电　　话:0351－6221994
传　　真:0351－6220233

企业名称:上海科大重工集团有限公司
地　　址:上海市青浦工业园区华清路815号

邮　　编:201707
电　　话:021－69211558
传　　真:021－69211138

企业名称:集安佳信通用机械有限公司
地　　址:吉林省集安市经济开发区创业大路3号
邮　　编:134200
电　　话:0435－6225696
传　　真:0435－6225918

企业名称:北京约基同力机械制造有限公司
地　　址:北京市通州区次渠工业园区
邮　　编:101111
电　　话:010－81502099
传　　真:010－81502082

企业名称:东北大学机械工程学院
地　　址:辽宁省沈阳市和平区文化路8号
邮　　编:110004
电　　话:024－83679731
传　　真:024－83679731

企业名称:大连液力机械有限公司
地　　址:辽宁省大连市甘井子区东纬路99号
邮　　编:116033
电　　话:0411－86643187
传　　真:0411－86642765

企业名称:通化市起重运输机械制造有限责任公司
地　　址:吉林省通化市保安路2369号
邮　　编:134000
电　　话:0435－3652121
传　　真:0435－3616616

企业名称:首钢东华机械厂
地　　址:辽宁省兴城市南桥路102号
邮　　编:125100
电　　话:0429－5697951
传　　真:0429－5697951

企业名称:天津市凯劲运输机械有限公司
地　　址:天津市宁河县卢台镇卢汉路26号
邮　　编:301500
电　　话:022－69592695
传　　真:022－69592698

企业名称:SEW－传动设备(天津)有限公司
地　　址:天津市经济技术开发区第七大街46号
邮　　编:300457
电　　话:022－25322612
传　　真:022－25348795

企业名称:包头市万里机械有限责任公司
地　　址:内蒙古包头市东河区南二里半
邮　　编:014040
电　　话:0472－4604308
传　　真:0472－4604234

企业名称:青岛华夏橡胶工业有限公司
地　　址:山东省即墨市通济区城马路146号华夏工业园
邮　　编:266109
电　　话:0532－82519338
传　　真:0532－82518381

企业名称:唐山冶金矿山机械厂
地　　址:河北省唐山市缸窑路4号
邮　　编:063027
电　　话:0315－8992476
传　　真:0315－3203403

企业名称:唐山开元自动焊接装备有限公司
地　　址:河北省唐山市高新区火炬路189号
邮　　编:063000
电　　话:0315－3855257
传　　真:0315－3859644

企业名称:华电重工装备有限公司
地　　址:北京市海淀区西三环北路91号南门
邮　　编:100044
电　　话:010－51966621
传　　真:010－68710553

企业名称:芜湖起重运输机器有限公司
地　　址:安徽省芜湖市长江南路8号
邮　　编:241001
电　　话:0553－5859945
传　　真:0553－5852711

企业名称:铜陵三佳科技公司精密制品厂
地　　址:安徽省铜陵市西城路电子工业区
邮　　编:244000
电　　话:0562－2627641
传　　真:0562－2627501

企业名称:徐州光环钢管有限公司
地　　址:江苏省徐州市东三环路北段
邮　　编:221004
电　　话:0516－87779220

传　　真:0516－87779220

企业名称:江阴齿轮箱制造有限公司
地　　址:江苏省江阴市山观工业园区澄山路601号
邮　　编:214437
电　　话:0510－86993222
传　　真:0510－86993196

企业名称:安徽盛运机械股份有限公司
地　　址:安徽省桐城市同安路265号
邮　　编:231400
电　　话:0556－6213999
传　　真:0556－6205898

企业名称:安徽攀登重工股份有限公司
地　　址:安徽省桐城市南岛日华广场
邮　　编:231400
电　　话:0556－6131877
传　　真:0556－6127222

企业名称:江阴市鹏锦机械制造有限公司
地　　址:江苏省江阴市南闸镇观山东盟科技工业园10号
邮　　编:214405
电　　话:0510－86271858
传　　真:0510－86271878

企业名称:马钢输送机械设备制造公司
地　　址:安徽省马鞍山市经济开发区阳湖路499号
邮　　编:243000
电　　话:0555－2109762
传　　真:0555－2109765

企业名称:浙江双箭橡胶股份有限公司
地　　址:浙江省桐乡市洲泉镇工业区
邮　　编:314513
电　　话:0573－88532288
传　　真:0573－88531023

企业名称:东莞市奥能实业有限公司
地　　址:广东省东莞市万江区龙屋基
邮　　编:523039
电　　话:0769－22278244
传　　真:0769－22189485

企业名称:泰州机械厂有限公司
地　　址:江苏省泰州市海陵工业园区纵四路西侧
邮　　编:225300
电　　话:0523－86650182
传　　真:0523－86558037

企业名称:湖州电动滚筒有限公司
地　　址:浙江省湖州市经济开发区西凤路888号
邮　　编:313000
电　　话:0572－2031191
传　　真:0572－2111316

企业名称:桐乡机械厂有限公司
地　　址:浙江省桐乡市崇德路
邮　　编:341511
电　　话:0573－88385728
传　　真:0573－88381709

企业名称:宝鸡杭叉工程机械有限公司
地　　址:陕西省宝鸡市十里铺纺西村
邮　　编:721004
电　　话:0917－3423592
传　　真:0917－3415180

企业名称:太原向明科工贸有限公司
地　　址:山西省太原市小店区经济区唐槐路2号
邮　　编:030006
电　　话:0351－7024358
传　　真:0351－7022727

企业名称:河南天隆输送装备有限公司
地　　址:河南省新乡市高新技术开发区科隆工业园
邮　　编:453000
电　　话:0373－5066226
传　　真:0373－5066522

企业名称:中平能化集团机械制造有限公司
地　　址:河南省平顶山市矿山东路11号
邮　　编:467021
电　　话:0375－2743012
传　　真:0375－2743020

企业名称:国家起重运输机械质量监督检验中心
地　　址:北京市东城区雍和宫大街52号
邮　　编:100007
电　　话:010－64004968
传　　真:010－64052252

企业名称:本溪市运输机械配件厂
地　　址:辽宁省本溪市平山区生源街7号
邮　　编:117021
电　　话:0414－3190018
传　　真:0414－2372156

企业名称:本溪华隆清扫器制造有限公司

地　　址:辽宁省本溪市明山区大峪
邮　　编:117022
电　　话:0414－4592675
传　　真:0414－4592676

企业名称:鞍钢附企机电安装工程公司
地　　址:辽宁省鞍山市铁东区玉山区必山街51号
邮　　编:114021
电　　话:0412－6328182
传　　真:0412－6318878

企业名称:鞍钢附属企业公司烧结安装公司
地　　址:辽宁省鞍山市鞍钢南门内100米
邮　　编:114021
电　　话:0412－6724579
传　　真:0412－6728698

企业名称:鞍钢矿建建设工业公司
地　　址:辽宁省鞍山市立山区鞍干路143号
邮　　编:114031
电　　话:13050038165
传　　真:0412－6961145

企业名称:沈阳市煤机配件厂
地　　址:辽宁省沈阳市于洪区长江北街58号
邮　　编:110034
电　　话:13940317296
传　　真:024－86808506

企业名称:沈阳市通用电器研究所
地　　址:辽宁省沈阳市沈河区乐郊路35甲4号
邮　　编:110011
电　　话:024－24804947
传　　真:024－24802891

企业名称:沈阳万捷重工机械有限公司
地　　址:辽宁省沈阳市浑南新区沈营路15－8号49门
邮　　编:110168
电　　话:024－23814646
传　　真:024－23814545

企业名称:沈阳泰丰胶带制造有限公司
地　　址:辽宁省沈阳市东陵区榆树屯街55号
邮　　编:110161
电　　话:024－88421869
传　　真:024－88415248

企业名称:沈阳泰华伟业电力设备有限公司
地　　址:辽宁省沈阳市东陵区榆林大街28－5号
邮　　编:110045
电　　话:024－88260201
传　　真:024－88260069

企业名称:沈阳沈起技术工程有限责任公司
地　　址:辽宁省沈阳市和平区南三经街20号嘉隆大厦B座1802
邮　　编:110003
电　　话:024－62537066
传　　真:024－62537033

企业名称:沈阳制动电磁铁有限公司
地　　址:辽宁省沈阳市铁西区路官一街31号
邮　　编:110023
电　　话:024－25369240
传　　真:024－25295198

企业名称:沈阳市胶带运输机械有限公司
地　　址:辽宁省沈阳市经济技术开发区开发南26号路7号
邮　　编:110027
电　　话:024－84053389
传　　真:024－89255589

企业名称:沈阳市三原电器研究所
地　　址:辽宁省沈阳市大东区珠林路71号
邮　　编:110042
电　　话:024－88738001
传　　真:024－88738002

企业名称:沈阳液力偶合器有限公司
地　　址:辽宁省沈阳市皇姑区塔湾街40号238栋1门
邮　　编:110035
电　　话:024－86361982
传　　真:024－86362952

企业名称:沈阳东峰机械有限公司
地　　址:辽宁省沈阳市东陵区北大营街82号
邮　　编:110045
电　　话:024－88256055
传　　真:024－88340476

企业名称:朝阳宏达机械有限公司
地　　址:辽宁省朝阳市龙城区工业园区
邮　　编:122005
电　　话:0421－3931700
传　　真:0421－3931590

企业名称:大连营城液力偶合器厂

地　　址:辽宁省大连市甘井子区营城子工业园区
邮　　编:116036
电　　话:13909858073
传　　真:0411－86690273

企业名称:大连斯沃特传动设备有限公司
地　　址:辽宁省大连市沙河口区民权街
邮　　编:116000
电　　话:0411－84444529
传　　真:0411－84444509

企业名称:黑龙江鹤岗斯达机电公司
地　　址:黑龙江省鹤岗市南山区跃进路 87 号
邮　　编:154103
电　　话:0468－3731415
传　　真:0468－3382480

企业名称:青岛银龙特种胶带厂
地　　址:山东省胶州市石龙镇
邮　　编:266316
电　　话:0532－88208942
传　　真:0532－88208234

企业名称:青岛港(集团)公司机械维修中心
地　　址:山东省青岛市黄岛区黄河东路 114 号
邮　　编:266500
电　　话:0532－82988190
传　　真:0532－82988190

企业名称:山东省淄博生建机械厂
地　　址:山东省淄博市淄川区昆仑路 1 号
邮　　编:255129
电　　话:0533－5787491
传　　真:0533－7910977

企业名称:淄博博山益杰机械有限公司
地　　址:山东省淄博市博山经济开发区
邮　　编:255213
电　　话:0533－4658626
传　　真:0533－4658727

企业名称:北京新兴超越离合器有限公司
地　　址:北京市昌平区沙河镇昌平路 157 号
邮　　编:102206
电　　话:010－80712591
传　　真:010－80712591

企业名称:天津减速机股份有限公司
地　　址:天津市河东区程林庄路 8 号
邮　　编:300160
电　　话:022－24327886
传　　真:022－24326558

企业名称:石家庄科一重工有限公司
地　　址:河北省石家庄市和平西路 595 号
邮　　编:050071
电　　话:0311－87715966
传　　真:0311－87725249

企业名称:秦皇岛港务集团有限公司机械修造厂
地　　址:河北省秦皇岛市海港区开滦路 5 号
邮　　编:066012
电　　话:0335－3093149
传　　真:0335－3093943

企业名称:唐山市协力胶带运输设备公司
地　　址:河北省唐山市南工业园区北小街 2 号
邮　　编:063000
电　　话:0315－2867507
传　　真:0315－2877507

企业名称:保定华月胶带有限公司
地　　址:河北省保定市博野县橡胶工业区
邮　　编:071300
电　　话:0312－8349877
传　　真:0312－8349877

企业名称:河北万隆机械制造有限公司
地　　址:河北省沧州市盐山县北环西路
邮　　编:061300
电　　话:0317－6221546
传　　真:0317－6221546

企业名称:河北玉田金利冷拔钢有限责任公司
地　　址:河北省唐山市玉田县城东大街
邮　　编:064100
电　　话:0315－5052666
传　　真:0315－6114075

企业名称:内蒙古包钢建机电设备制造有限公司
地　　址:内蒙古包头市昆区包钢厂区北门外三角地
邮　　编:010070
电　　话:0472－2397260
传　　真:0472－2397260

企业名称:呼和浩特市强力煤矿机械有限责任公司
地　　址:内蒙古呼和浩特市回民区攸攸板镇西侧
邮　　编:010070

电　　话:0471－3682479
传　　真:0471－3682146

企业名称:天津宝来工贸有限公司
地　　址:天津市静海县大邱庄
邮　　编:301606
电　　话:022－68588001
传　　真:022－68587681

企业名称:河北鑫山输送机械有限公司
地　　址:河北省衡水市枣强县裕华东街20号
邮　　编:053100
电　　话:13403189363
传　　真:0318－8227488

企业名称:天津成科传动机电技术股份有限公司
地　　址:天津市华苑产业区(环外)海泰发展一路6号
邮　　编:300384
电　　话:022－83711199
传　　真:022－83711200

企业名称:山东华特磁电科技股份有限公司
地　　址:山东省潍坊市临朐县经济技术开发区
邮　　编:262600
电　　话:0536－3158986
传　　真:0536－3158801

企业名称:天津三岛输送机械有限公司
地　　址:天津市塘沽区北街3－269号
邮　　编:300451
电　　话:022－25213625
传　　真:022－25213279

企业名称:内蒙古神华皮带机有限公司
地　　址:内蒙古鄂尔多斯市伊金霍洛旗
邮　　编:017209
电　　话:0477－8284692
传　　真:0477－8284692

企业名称:兖矿集团大陆机械有限公司
地　　址:山东省兖州市
邮　　编:272109
电　　话:0537－3472969
传　　真:0537－3472969

企业名称:海汇集团有限公司
地　　址:山东省日照市莒县工业园
邮　　编:276500
电　　话:0633－6269999
传　　真:0633－6269777

企业名称:安徽扬帆机电设备制造有限公司
地　　址:安徽省桐城市西环线西南工业园
邮　　编:231404
电　　话:0556－6138888
传　　真:0556－6127788

企业名称:安徽永生机械股份有限公司
地　　址:安徽省桐城市快活岭
邮　　编:231400
电　　话:0556－6210779
传　　真:0556－6205888

企业名称:凯盛重工有限公司
地　　址:安徽省淮南市谢家集区蔡新路
邮　　编:232058
电　　话:0554－5727529
传　　真:0554－5717376

企业名称:铜陵飞特运输机械厂
地　　址:安徽省铜陵市西湖经济开发区
邮　　编:244000
电　　话:0562－6865379
传　　真:0562－6866021

企业名称:滁州市橡胶制品厂
地　　址:安徽省滁州市明光西路37号
邮　　编:239000
电　　话:0550－3023965
传　　真:0550－3034157

企业名称:安徽省无为神力运输机器制造有限公司
地　　址:安徽省巢湖市无为县赫店镇苏塘
邮　　编:238366
电　　话:0565－6285091
传　　真:0565－6285008

企业名称:安徽省无为煤矿机械制造有限公司
地　　址:安徽省巢湖市无为县赫店镇
邮　　编:238367
电　　话:0565－6200038
传　　真:0565－6202198

企业名称:芜湖市爱德运输机械有限公司
地　　址:安徽省芜湖市高新技术开发区纬十路
邮　　编:241002
电　　话:0553－5682700
传　　真:0553－5687666

企业名称:黄山市轴承有限责任公司
地　　址:安徽省黄山市黟县马道路009号
邮　　编:245500
电　　话:0559－5522179
传　　真:0559－5522926

企业名称:浙江上虞工程塑料厂
地　　址:浙江省上虞市五夫工业园区
邮　　编:312353
电　　话:0575－82415818
传　　真:0575－82415626

企业名称:宁波华达起重运输设备有限公司
地　　址:浙江省宁波市鄞州区下应街道王家弄村
邮　　编:315105
电　　话:0574－88546212
传　　真:0574－88546211

企业名称:浙江象山光明输送机有限公司
地　　址:浙江省宁波市象山县石浦光明路
邮　　编:315731
电　　话:0574－65983991
传　　真:0574－65977491

企业名称:宁波华臣输送设备制造有限公司
地　　址:浙江省宁波市象山县经济开发区大目涂滨海工业园
邮　　编:315712
电　　话:0574－65728116
传　　真:0574－65720918

企业名称:杭州雄鹰机械有限公司
地　　址:浙江省杭州市萧山区南阳南北路
邮　　编:311227
电　　话:0571－82186828
传　　真:0571－82180111

企业名称:浙江宇龙机械有限公司
地　　址:浙江省瑞安市塘下鲍四工业区
邮　　编:325204
电　　话:0577－65205101
传　　真:0577－65211889

企业名称:浙江通力减速机有限公司
地　　址:浙江省瑞安市林垟工业区
邮　　编:325207
电　　话:0577－65590088
传　　真:0577－65598888

企业名称:浙江鑫隆机械制造有限公司
地　　址:浙江省瑞安市塘下镇海安城西南路92号
邮　　编:325205
电　　话:0577－65279828
传　　真:0577－65279868

企业名称:湖州新天翔橡胶厂
地　　址:浙江省湖州市杨家埠镇九九桥北
邮　　编:313000
电　　话:0572－2351969
传　　真:0572－2361386

企业名称:上海一钢南翔传动设备厂
地　　址:上海市沪宜公路1389号
邮　　编:201802
电　　话:021－59123997
传　　真:021－59129910

企业名称:上海嘉庆轴承制造有限公司
地　　址:上海市普善路239弄17号100室
邮　　编:200070
电　　话:021－56559515
传　　真:021－56559517

企业名称:上海起重运输机械厂有限公司
地　　址:上海市杨浦区民里路191号
邮　　编:200433
电　　话:021－65564735
传　　真:021－56652969

企业名称:上海富运运输机械有限公司
地　　址:上海市东余杭路1168号
邮　　编:200082
电　　话:021－65590898
传　　真:021－65418294

企业名称:江西省萍乡市永固冶金矿山机械厂
地　　址:江西省萍乡市高坑镇铁桥背
邮　　编:337042
电　　话:0799－6374249
传　　真:0799－6374249

企业名称:江西铜业集团(贵溪)冶金机械厂
地　　址:江西省贵溪市320国道1号
邮　　编:335421
电　　话:0701－3338669
传　　真:0701－3331861

企业名称:江西华伍制动器股份有限公司

地　　址:江西省丰城市工业园区新梅路7号
邮　　编:331000
电　　话:0791－3770652
传　　真:0791－3770710

企业名称:南京梅山工程技术新产业开发有限公司
地　　址:江苏省南京市雨花台梅山街道中兴路
邮　　编:210039
电　　话:025－86926096
传　　真:025－86707834

企业名称:南京三户机械制造有限公司
地　　址:江苏省南京市八厂区新华四村2幢101号
邮　　编:210044
电　　话:025－57791473
传　　真:025－57058515

企业名称:南京夏元机械设备制造有限公司
地　　址:江苏省南京市六合区冶山镇
邮　　编:211523
电　　话:025－57571755
传　　真:025－57570570

企业名称:南京飞达机械有限公司
地　　址:江苏省南京市沿江工业开发区葛中路96号
邮　　编:210048
电　　话:025－58399816
传　　真:025－58398380

企业名称:无锡天龙钢管有限公司
地　　址:江苏省无锡市锡山经济开发区新民东路14号
邮　　编:214101
电　　话:0510－88700126
传　　真:0510－88203442

企业名称:无锡华嘉精密钢管有限公司
地　　址:江苏省无锡市新区坊前工业集中区锡义路88号
邮　　编:214111
电　　话:0510－88272545
传　　真:0510－88272545

企业名称:无锡市宝通带业有限公司
地　　址:江苏省无锡市张公路19号
邮　　编:214112
电　　话:0510－88155778
传　　真:0510－88157553

企业名称:江阴市特种运输机械有限公司
地　　址:江苏省江阴市云亭松文头路8号
邮　　编:214422
电　　话:0510－88610318
传　　真:0510－88615990

企业名称:江苏牧羊集团输送设备分公司
地　　址:江苏省扬州市邗江工业园牧羊路1号
邮　　编:225127
电　　话:0514－87848801
传　　真:0514－87848802

企业名称:江苏国茂国泰减速机集团有限公司
地　　址:江苏省常州市武进区湖塘镇人民西路21号
邮　　编:213161
电　　话:0519－86588878
传　　真:0519－86583315

企业名称:江苏环宇起重运输机械有限责任公司
地　　址:江苏省扬州市宝应县运西工业区
邮　　编:225805
电　　话:0514－88356868
传　　真:0514－88351351

企业名称:徐州光环皮带机托辊有限公司
地　　址:江苏省徐州市二环东路金骆驼科技园
邮　　编:221004
电　　话:0516－83876198
传　　真:0516－83876098

企业名称:江苏上齿集团有限公司
地　　址:江苏省溧阳市天目湖工业园区
邮　　编:213333
电　　话:0519－88301142
传　　真:0519－88301184

企业名称:响水县寇龙轴承座制造有限公司
地　　址:江苏省盐城市响水县张集工业园区
邮　　编:224600
电　　话:0515－86616568
传　　真:0515－86616586

企业名称:江苏三鑫输送机械制造有限公司
地　　址:江苏省靖江市祠镇21号
邮　　编:214531
电　　话:0523－81386620
传　　真:0523－81389188

企业名称:常州市传动输送机械有限公司
地　　址:江苏省常州市武进高新区龙惠路
邮　　编:213166

电　　话:15306613087
传　　真:0510－86480737

企业名称:台州千里马汽车零部件制造有限公司
地　　址:浙江省临海市沿江工业区
邮　　编:317022
电　　话:0576－85695777
传　　真:0576－85695600

企业名称:江阴市金达传动机械有限公司
地　　址:江苏省江阴市青山路111号
邮　　编:214440
电　　话:0510－86022317
传　　真:0510－86022092

企业名称:江阴华峰特种运输机械有限公司
地　　址:江苏省江阴市夏港工业区西城路101号
邮　　编:214442
电　　话:0510－86273273
传　　真:0510－86272216

企业名称:苏州皆喜爱输送设备有限公司
地　　址:江苏省苏州市工业园区金陵东路88号
邮　　编:215121
电　　话:0512－87163851
传　　真:0512－87163393

企业名称:张家港市力源输送机械有限公司
地　　址:江苏省张家港市全港镇南河工业集中区
邮　　编:215632
电　　话:0512－58376600
传　　真:0512－58376611

企业名称:广西百色矿山机械厂
地　　址:广西百色市江风路31号
邮　　编:533000
电　　话:0776－2770802
传　　真:0776－2770488

企业名称:南宁市德钢联重工机械有限责任公司
地　　址:广西南宁市秀安路13－11号
邮　　编:530001
电　　话:0771－3905535
传　　真:0771－2905589

企业名称:长沙第三机床厂
地　　址:湖南省长沙市含浦科技园
邮　　编:410208
电　　话:0731－88539158
传　　真:0731－88539151

企业名称:昆明市运输机械有限公司
地　　址:云南省昆明市人民西路684号
邮　　编:650106
电　　话:0871－8184208
传　　真:0871－8184910

企业名称:武汉北湖武钢机械制造有限公司
地　　址:湖北省武汉市青山区武钢北湖农场39号
邮　　编:430085
电　　话:027－86461933
传　　真:027－86469165

企业名称:武汉泛达机电有限公司
地　　址:湖北省武汉市青山区前龚家岭
邮　　编:430083
电　　话:027－86465086
传　　真:027－86465872

企业名称:武汉第七零一一机械厂
地　　址:湖北省武汉市武昌南湖汽校
邮　　编:430064
电　　话:027－88035450
传　　真:027－88035451

企业名称:武汉丰凡科技开发有限责任公司
地　　址:湖北省武汉市青山区工业一路6号
邮　　编:430080
电　　话:027－86879863
传　　真:027－86866860

企业名称:福州鑫广盛机电有限公司
地　　址:福建省福州市五一南路186号和平大厦
邮　　编:350009
电　　话:0591－83284295
传　　真:0591－83284295

企业名称:江门市南方输送机械工程有限公司
地　　址:广东省江门市港口路中远大厦远景阁12楼B
邮　　编:529030
电　　话:0750－3161908
传　　真:0750－3161878

企业名称:江门市振达机械制造有限公司
地　　址:广东省江门市东升路178号
邮　　编:529000
电　　话:0750－3065012
传　　真:0750－3065012

企业名称:广东中兴液力传动有限公司
地　　址:广东省云浮市郁南县都城镇河堤路 41 号
邮　　编:527100
电　　话:0766 – 7592180
传　　真:0766 – 7597178

企业名称:广州液力传动设备有限公司
地　　址:广东省广州市花都区炭步镇茶塘工业区
邮　　编:510820
电　　话:020 – 86735308
传　　真:020 – 86735228

企业名称:四川东林矿山运输机械有限公司
地　　址:四川省内江市市中区东贤工业集中开发区 398 号
邮　　编:641005
电　　话:0832 – 2190099
传　　真:0832 – 2112500

企业名称:中联重科物料输送设备有限公司
地　　址:湖南省长沙市国家高新技术产业开发区麓谷工业园
邮　　编:410205
电　　话:0731 – 88983204
传　　真:0731 – 88996186

企业名称:四川德恩机械有限责任公司
地　　址:四川省眉山市青神县工业集中区
邮　　编:620460
电　　话:028 – 38858855
传　　真:028 – 38858339

企业名称:许昌煤机制造有限公司
地　　址:河南省许昌市五一路 17 号
邮　　编:461000
电　　话:0374 – 2788626
传　　真:0374 – 3314613

企业名称:河南鹤壁市起重运输机械厂
地　　址:河南省鹤壁市长风路北段
邮　　编:458020
电　　话:0392 – 2897069
传　　真:0392 – 2897342

企业名称:郑州同力重型机械有限公司
地　　址:河南省郑州市高新区瑞达路华夏村 18 号
邮　　编:450001
电　　话:0371 – 63657050
传　　真:0371 – 63657050

企业名称:焦作李封工业有限责任公司
地　　址:河南省焦作市中站区跃进路 113 号
邮　　编:454191
电　　话:0391 – 2947049
传　　真:0391 – 2947049

企业名称:焦作市正洁机械制造有限公司
地　　址:河南省焦作市高新区中纬路
邮　　编:454003
电　　话:0391 – 8865566
传　　真:0391 – 8865511

企业名称:焦作市中和通用机械有限责任公司
地　　址:河南省焦作市焦西矿西 200 米铁路北
邮　　编:454000
电　　话:0391 – 2933380
传　　真:0391 – 2916939

企业名称:焦作市鑫恒起重运输机械有限公司
地　　址:河南省焦作市解放东路 827 号
邮　　编:454003
电　　话:0391 – 3955005
传　　真:0391 – 3955000

企业名称:焦作市虹发制动器有限公司
地　　址:河南省焦作市虹桥工业区
邮　　编:454981
电　　话:0391 – 7541838
传　　真:0391 – 7542897

企业名称:焦作制动器股份有限公司
地　　址:河南省焦作市北环路 1 号
邮　　编:454000
电　　话:0391 – 2931266
传　　真:0391 – 2928045

企业名称:焦作工业制动器制造有限公司
地　　址:河南省焦作市太行西路煤校北侧
邮　　编:454001
电　　话:0391 – 2314996
传　　真:0391 – 2314996

企业名称:河南锐达机械有限公司
地　　址:河南省焦作市太行东路张河路东
邮　　编:454100
电　　话:0391 – 3211368
传　　真:0391 – 3211399

企业名称:新乡中新环保输送设备有限责任公司

地　　址:河南省新乡市辖区 4281 信箱
邮　　编:453000
电　　话:0373－2682193
传　　真:0373－5466125

企业名称:开封市达昌起重运输设备有限公司
地　　址:河南省开封市宋城路南段 99 号
邮　　编:475004
电　　话:0378－3860009
传　　真:0378－3862188

企业名称:鹤壁煤业机械设备制造有限责任公司
地　　址:河南省鹤壁市车站路 3 号
邮　　编:458000
电　　话:0392－2911418
传　　真:0392－2911690

企业名称:长治市潞安合力机械有限责任公司
地　　址:山西省长治市城南长城工业园区
邮　　编:046000
电　　话:0355－3137318
传　　真:0355－3137324

企业名称:原平凯世达机械制造有限公司
地　　址:山西省原平市大牛店镇中神山村
邮　　编:034100
电　　话:0350－8352588
传　　真:0350－8352580

企业名称:原平市宝丰机械制造有限公司
地　　址:山西省原平市城西大运路
邮　　编:034100
电　　话:0350－8273788
传　　真:0350－8373360

企业名称:原平市丰峰起重运输机械有限公司
地　　址:山西省原平市永康南路 42 号
邮　　编:034100
电　　话:0350－8234366
传　　真:0350－8277010

企业名称:原平市宇峰起重运输机械有限公司
地　　址:山西省原平市原五线东营村路口
邮　　编:034100
电　　话:0350－8375112
传　　真:0350－8375115

企业名称:原平市兴胜机械制造有限公司
地　　址:山西省原平市东原南路 538 号
邮　　编:034100
电　　话:0350－8258123
传　　真:0350－8258123

企业名称:原平维达机械制造有限公司
地　　址:山西省原平市城南大运路西东泥河
邮　　编:034100
电　　话:0350－8256588
传　　真:0350－8586588

企业名称:甘肃升业物质有限责任公司钢构分公司
地　　址:甘肃省兰州市西津西路 955 号
邮　　编:730000
电　　话:0931－2567072
传　　真:0931－2563656

企业名称:长治市潞安飞虹煤机有限公司
地　　址:山西省长治市郊区
邮　　编:046011
电　　话:0355－2131119
传　　真:0355－2130560

企业名称:山西省繁盛昇煤机设备有限责任公司
地　　址:山西省朔州市城区阳街西沿线北
邮　　编:036002
电　　话:0349－2266040
传　　真:0349－2073716

企业名称:焦作宏德重型机器制造有限公司
地　　址:河南省焦作市太行街北侧 61 号
邮　　编:454000
电　　话:0391－2858229
传　　真:0391－2858232

企业名称:焦作三岛输送机械有限公司
地　　址:河南省焦作市高新区神州路 2878 号
邮　　编:454003
电　　话:0391－3683680
传　　真:0391－3683690

企业名称:义马永兴矿山机械设备有限公司
地　　址:河南省义马市毛沟开发区
邮　　编:472300
电　　话:0398－5637112
传　　真:0398－5637112

企业名称:天津中外建输送机械有限公司
地　　址:天津市津南区新双鑫工业园发港南路 27 号
邮　　编:300350

电　　话:022－88822043
传　　真:022－88822043

企业名称:天津市电动滚筒厂
地　　址:天津市东丽区津塘公路7号桥
邮　　编:300300
电　　话:022－24991119
传　　真:022－24995599

企业名称:泰州市运达电动滚筒制造有限公司
地　　址:江苏省泰州市职中路68号
邮　　编:225300
电　　话:0523－86231268
传　　真:0523－86214599

企业名称:镇江金钟机械制造厂
地　　址:江苏省镇江市东吴路120号
邮　　编:212003
电　　话:0511－88801307
传　　真:0511－88830936

企业名称:南宁市劲源电机有限责任公司
地　　址:广西南宁市北湖南路30号
邮　　编:530001
电　　话:0771－3323390
传　　真:0771－3323089

企业名称:桐乡市梧桐东方齿轮厂
地　　址:浙江省桐乡市梧桐街道文华路519号
邮　　编:314500
电　　话:0573－88107291
传　　真:0573－88112774

企业名称:阜阳轴承有限公司
地　　址:安徽省阜阳市阜蚌路189号
邮　　编:236023
电　　话:0558－2323368
传　　真:0558－2323368

企业名称:泰州市三星通用机械制造有限公司
地　　址:江苏省泰州市江州南路105号
邮　　编:225300
电　　话:0523－86311345
传　　真:0523－86341503

企业名称:南京宏力输送带厂
地　　址:江苏省南京市江宁区土桥工业园
邮　　编:211124
电　　话:025－84150840
传　　真:025－84153082

企业名称:张家港市三机机械制造有限公司
地　　址:江苏省张家港市东余镇机电工业园双丰路
邮　　编:215622
电　　话:0512－58119666
传　　真:0512－58119288

企业名称:宜昌市三峡输送机械制造公司
地　　址:湖北省宜昌市点军区
邮　　编:443000
电　　话:0717－6672989
传　　真:0717－6672227

企业名称:青岛雁山机械设备有限公司
地　　址:山东省青岛市四方区周口路310号
邮　　编:266000
电　　话:0532－84012138
传　　真:0532－84012139

企业名称:山东邹城东昱机械股份制造有限公司
地　　址:山东省邹城市南屯矿
邮　　编:273515
电　　话:0537－5446200
传　　真:0537－5443654

企业名称:大同市煤矿机械制造有限责任公司
地　　址:山西省大同市同云路2号
邮　　编:037034
电　　话:0352－7153338
传　　真:0352－7153338

企业名称:武汉市志伟运输机械有限公司
地　　址:湖北省武汉市黄陂区泡桐开发区
邮　　编:430347
电　　话:027－61669115
传　　真:027－61660613

冶金压延机械

企业名称:中国第一重型机械集团公司
地　　址:黑龙江省齐齐哈尔市富拉尔基厂前路9号
邮　　编:161042
电　　话:0452－6810186
传　　真:0452－6810111

企业名称:中国重型机械研究院有限公司
地　　址:陕西省西安市未央区东元路209号
邮　　编:710032

电　　话:029－86322669
传　　真:029－86713965

企业名称:中国重型机械总公司
地　　址:北京市公主坟复兴路甲23号
邮　　编:100036
电　　话:010－68221576
传　　真:010－68296106

企业名称:大连重工·起重集团有限公司
地　　址:辽宁省大连市西岗区八一路169号
邮　　编:116013
电　　话:0411－86852288
传　　真:0411－86852283

企业名称:昆明力神重工有限公司
地　　址:云南省昆明市茨坝路31号
邮　　编:650203
电　　话:0871－6085010
传　　真:0871－6085085

企业名称:上海市机电设计研究院
地　　址:上海市北京西路1287号
邮　　编:200040
电　　话:021－62479741
传　　真:021－62479741

企业名称:中国第二重型机械集团公司
地　　址:四川省德阳市珠江西路460号
邮　　编:618000
电　　话:0838－2341817
传　　真:0838－2201998

企业名称:上海重型机器厂有限公司
地　　址:上海市闵行区江川路1800号
邮　　编:200245
电　　话:021－54721141－2110
传　　真:021－54722933

企业名称:北方重工沈阳重型机械集团有限责任公司
地　　址:辽宁省沈阳市铁西区兴华北街8号
邮　　编:110025
电　　话:024－25802406
传　　真:024－25802416

企业名称:天津天重重型机器有限公司
地　　址:天津市北辰区高峰路
邮　　编:300400
电　　话:022－26341079
传　　真:022－26340718

企业名称:燕山大学机械学院
地　　址:河北省秦皇岛市河北大街西段438号
邮　　编:066044
电　　话:0335－8057040
传　　真:0335－8050148

企业名称:浙江省宁波凯特机械有限公司
地　　址:浙江省宁波市宁海县越龙街道西郊路55号
邮　　编:315600
电　　话:0574－65210558
传　　真:0574－65562620

企业名称:包头市冶金矿山机械制造有限公司
地　　址:内蒙古包头市东河区巴彦塔拉大街128号
邮　　编:014040
电　　话:0472－4111538
传　　真:0472－4172310

企业名称:一重集团大连设计研究院
地　　址:辽宁省大连市经济技术开发区东北大街96号
邮　　编:116600
电　　话:0411－87646168－9000
传　　真:0411－87536357

企业名称:昆明力神重工有限公司拉丝设备分公司
地　　址:云南省昆明市茨坝路31号
邮　　编:650203
电　　话:0871－5150091－2241
传　　真:0871－5150151

企业名称:一重集团大连设计研究院冷轧部
地　　址:辽宁省大连市经济技术开发区东北大街96号
邮　　编:116600
电　　话:0411－87646168－6310
传　　真:0411－87623627

企业名称:中冶京诚工程技术有限公司
地　　址:北京市经济技术开发区建安街7号
邮　　编:100176
电　　话:010－83587839
传　　真:010－83587998

企业名称:北京科技大学机械工程学院
地　　址:北京市海淀区学院路30号
邮　　编:100083
电　　话:010－62334723
传　　真:010－62329145

企业名称:北京有色冶金设计研究总院
地　　址:北京市海淀区复兴路12号
邮　　编:100038
电　　话:010-63936451
传　　真:010-63936618

企业名称:邢台冶金机械轧辊厂
地　　址:河北省邢台市新兴西大街1号
邮　　编:054025
电　　话:0319-2116090
传　　真:0319-2022061

企业名称:哈尔滨环保制氢设备工业公司
地　　址:黑龙江省哈尔滨市南岗区哈西大街107号
邮　　编:150080
电　　话:0451-86662954
传　　真:0451-86662954

企业名称:沈阳冶金机械有限公司
地　　址:辽宁省沈阳市技术开发区沈辽路2号
邮　　编:110141
电　　话:024-25810645
传　　真:024-25810645

企业名称:太原重型机械集团有限公司
地　　址:山西省太原市万柏林区玉河街53号
邮　　编:030024
电　　话:0351-6362594-8018
传　　真:0351-6365903

企业名称:太原矿山机器集团有限公司
地　　址:山西省太原市解放北路75号
邮　　编:030009
电　　话:0351-3041086
传　　真:0351-3041086

企业名称:太原科技大学冶金机械学院
地　　址:山西省太原市万柏林区窊流路66号
邮　　编:030024
电　　话:0351-6963332
传　　真:0351-6963332

企业名称:鞍山矿山机械股份有限公司
地　　址:辽宁省鞍山市立山区励工街5号
邮　　编:114032
电　　话:0412-6612676
传　　真:0412-6612313

企业名称:上海冶金矿山机械厂
地　　址:上海市闸北区汶水路210号
邮　　编:200072
电　　话:021-56771254
传　　真:021-56639508

企业名称:洛阳矿山机械工程设计研究院有限责任公司
地　　址:河南省洛阳市涧西区建设路206号
邮　　编:471039
电　　话:0379-64087777
传　　真:0379-64087818

企业名称:杭州拉丝机制造厂
地　　址:浙江省杭州市桐庐县富春江镇子陵路10号
邮　　编:311504
电　　话:0571-64653908
传　　真:0571-64653411

企业名称:西安忠义金属制品设备总厂
地　　址:陕西省西安市未央区宫乡小白杨路20号
邮　　编:710016
电　　话:029-86312404
传　　真:029-86312404

企业名称:锡山大象机械制造有限公司
地　　址:江苏省无锡市锡山区荡口镇人民路63号
邮　　编:214116
电　　话:0510-88741471
传　　真:0510-88741471

润滑液压设备

企业名称:太原矿山机器润滑液压设备有限公司
地　　址:山西省太原市经济技术开发区电子街25号
邮　　编:030032
电　　话:0351-3045918
传　　真:0351-3045918

企业名称:中国重型机械研究院有限公司
地　　址:陕西省西安市未央区东元路209号
邮　　编:710032
电　　话:029-86322543
传　　真:029-86322431

企业名称:四川川润股份有限公司
地　　址:四川省成都市郫县现代工业港北区港北六路85号
邮　　编:611743
电　　话:028-61836200
传　　真:028-61777787

企业名称:常州市华立液压润滑设备有限公司
地　　址:江苏省常州市武进区郑陆镇三河口
邮　　编:213115
电　　话:0519－88675056
传　　真:0519－88675343

企业名称:启东润滑设备有限公司
地　　址:江苏省启东市和平中路306号
邮　　编:226200
电　　话:0513－83356668
传　　真:0513－83312646

企业名称:一重集团大连设计研究院
地　　址:辽宁省大连市经济技术开发区东北大街96号
邮　　编:116600
电　　话:0411－39243635
传　　真:0411－39243366

企业名称:上海澳瑞特润滑设备有限公司
地　　址:上海市丰镇路788号
邮　　编:200434
电　　话:021－65288155
传　　真:021－65288155

企业名称:辽宁省机械研究院有限公司
地　　址:辽宁省沈阳市皇姑区北陵大街56号
邮　　编:110032
电　　话:024－86890291
传　　真:024－86890291

企业名称:启东市南方润滑液压设备有限公司
地　　址:江苏省启东市惠萍镇工业园区
邮　　编:226255
电　　话:0513－83792888
传　　真:0513－83795028

企业名称:燕山大学
地　　址:河北省秦皇岛市河北大街西段438号
邮　　编:066004
电　　话:0335－8051166
传　　真:0335－8074498

企业名称:上海润滑设备厂有限公司
地　　址:上海市奉贤区平港路655号
邮　　编:201413
电　　话:021－65430543
传　　真:021－65431871

企业名称:吉林四平维克斯换热设备有限公司
地　　址:吉林省四平市铁东区南一经街5665号
邮　　编:136001
电　　话:0434－3335589
传　　真:0434－3335515

企业名称:北方重工集团公司设计研究院
地　　址:辽宁省沈阳市经济技术开发区开发大路16号
邮　　编:110141
电　　话:024－25802407
传　　真:024－25802416

企业名称:太原科技大学机电工程学院
地　　址:山西省太原市万柏林区窊流路66号
邮　　编:030024
电　　话:0351－6963399
传　　真:0351－6963399

企业名称:中冶京诚工程技术有限公司技术研究院
地　　址:北京市经济技术开发区亦庄建安街7号
邮　　编:100176
电　　话:010－67835821
传　　真:010－67835154

企业名称:中色科技股份有限公司装备所
地　　址:河南省洛阳市西苑路1号
邮　　编:471039
电　　话:0379－64872373
传　　真:0379－64872352

企业名称:二重集团重型机械设计研究院
地　　址:四川省德阳市珠江西路460号
邮　　编:618000
电　　话:0838－2342292
传　　真:0838－2204416

企业名称:北京冶金设备研究设计总院
地　　址:北京市安定门外胜古庄2号
邮　　编:100029
电　　话:010－64428432
传　　真:010－64418694

企业名称:北京科技大学
地　　址:北京市海淀区学院路30号
邮　　编:100083
电　　话:010－62332916
传　　真:010－62332916

企业名称:大连华锐股份有限公司液压装备厂
地　　址:辽宁省大连市甘井子区新水泥路78－7号

邮　　编:116035
电　　话:0411－86426269
传　　真:0411－86427852

企业名称:宁波盛发液压有限公司
地　　址:浙江省宁波市鄞洲区望春宋家漕
邮　　编:315175
电　　话:0574－88449050
传　　真:0574－88055152

企业名称:启东江海液压润滑设备厂
地　　址:江苏省启东市江厦工业区1号
邮　　编:226259
电　　话:0513－68202988
传　　真:0513－83777536

企业名称:江苏澳瑞思液压润滑设备有限公司
地　　址:江苏省启东市城北工业园经济开发区杨沙路2号
邮　　编:226200
电　　话:0513－83637418
传　　真:0513－83637448

企业名称:沈阳市北方润滑设备制造有限公司
地　　址:辽宁省沈阳市沈河区文化东路99号
邮　　编:110015
电　　话:024－24824187
传　　真:024－24206028

企业名称:博山润滑设备厂
地　　址:山东省淄博市博山区北博山
邮　　编:255207
电　　话:0533－4548567
传　　真:0533－4546336

企业名称:温州市润滑设备厂
地　　址:浙江省温州市鹿城工业区三开路26号
邮　　编:325007
电　　话:0577－88781219
传　　真:0577－88781270

企业名称:温州市龙湾润滑液压设备厂
地　　址:浙江省温州市飞鹏巷6号(新14号)
邮　　编:325000
电　　话:0577－88290271
传　　真:0577－88295568

企业名称:温州市三丰润滑设备制造有限公司
地　　址:浙江省温州市双屿嵇师新街11号
邮　　编:325007
电　　话:0577－88763177
传　　真:0577－88766885

企业名称:沈阳市大金润滑设备厂
地　　址:辽宁省沈阳市沈河区沈洲路185－2号
邮　　编:110014
电　　话:024－22907338
传　　真:024－22940938

企业名称:南通市南方润滑液压设备有限公司
地　　址:江苏省启东市开发区纬二路236－238号
邮　　编:226200
电　　话:0513－83110190
传　　真:0513－83110290

企业名称:启东安升润液设备有限公司
地　　址:江苏省启东市久隆新巷工业集中118号
邮　　编:226222
电　　话:0513－83852668
传　　真:0513－83852108

企业名称:苏州宝宇液压设备制造有限公司
地　　址:江苏省太仓市浏河镇听海路106号
邮　　编:215431
电　　话:0512－53601818
传　　真:0512－53601155

企业名称:沈阳市北方润华冷却设备有限公司
地　　址:辽宁省沈阳市东陵区泉园二路15－4－212
邮　　编:110015
电　　话:024－86670917
传　　真:024－86670451

企业名称:启东中冶润滑设备有限公司
地　　址:江苏省启东市台角工业园区跃龙路16号
邮　　编:226200
电　　话:0513－83250190
传　　真:0513－83250310

企业名称:四平市隆百洲机电科技有限公司
地　　址:吉林省四平市铁东区山门镇
邮　　编:136002
电　　话:0434－3301333
传　　真:0434－3301598

企业名称:启东丰汇润滑设备有限公司
地　　址:江苏省启东市南苑西路999号
邮　　编:226200

电　　话:0513－83113685
传　　真:0513－83349800

企业名称:沈阳三丰液压润滑设备有限公司
地　　址:辽宁省沈阳市于洪区平罗镇陆家村
邮　　编:110147
电　　话:024－89286088
传　　真:024－89286893

企业名称:启东恒泰自动化润滑设备有限公司
地　　址:江苏省启东市南苑工业园区恒丰路28号
邮　　编:226200
电　　话:0513－80286900
传　　真:0513－83307018

企业名称:北京中冶华润科技发展有限公司
地　　址:北京市丰台区南四环西路188号三区21号楼
邮　　编:100070
电　　话:010－63964536
传　　真:010－63964534

企业名称:秦皇岛市隆达润滑技术研发有限公司
地　　址:河北省秦皇岛市北戴河区海宁路225号
邮　　编:066102
电　　话:0335－4289066
传　　真:0335－4289066

企业名称:浙江镇南精工机械有限公司
地　　址:浙江省诸暨市店口镇解放路259号
邮　　编:311835
电　　话:0575－87655388
传　　真:0575－87655618

重型基础件

企业名称:中国重型机械研究院有限公司
地　　址:陕西省西安市未央区东元路209号
邮　　编:710032
电　　话:029－86322583
传　　真:029－86322583

企业名称:重庆齿轮箱有限责任公司
地　　址:重庆市江北区南桥寺船舶小区重齿技术中心
邮　　编:400021
电　　话:023－86587827
传　　真:023－86587803

企业名称:宁波东力传动设备股份有限公司
地　　址:浙江省宁波市江北工业园区C区苏湖路1号
邮　　编:315033
电　　话:0574－88398821
传　　真:0574－88398840

企业名称:江苏省金象减速机有限公司
地　　址:江苏省淮安市淮海西路242号
邮　　编:223001
电　　话:0517－83649806
传　　真:0517－83649828

企业名称:马鞍山泰尔重工股份有限公司
地　　址:安徽省马鞍山市开发区红旗南路18号
邮　　编:243000
电　　话:0555－2229329
传　　真:0555－2229287

企业名称:浙江通力重型齿轮股份有限公司
地　　址:浙江省瑞安市林垟工业区
邮　　编:325207
电　　话:0577－65590088
传　　真:0577－65598888

企业名称:北方重工集团有限公司传动设备分公司
地　　址:辽宁省沈阳市经济技术开发区开发大路16号
邮　　编:110141
电　　话:024－85834628
传　　真:024－85834325

企业名称:中信重工机械股份有限公司齿轮箱厂
地　　址:河南省洛阳市涧西区建设路206号
邮　　编:471039
电　　话:0379－64088608
传　　真:0379－64211297

企业名称:天津市万新减速机有限公司
地　　址:天津市东丽区经济开发区一经路31号
邮　　编:300300
电　　话:022－24830967
传　　真:022－24374550

企业名称:燕山大学科学研究院
地　　址:河北省秦皇岛市河北大街西段438号
邮　　编:066004
电　　话:13081889632

企业名称:西安理工大学
地　　址:陕西省西安市金花南路
邮　　编:710048
电　　话:029－82319700

传　　真:029－83230026

企业名称:江阴齿轮箱制造有限公司
地　　址:江苏省江阴市山观工业园区澄山路601号
邮　　编:214437
电　　话:0510－86993103
传　　真:0510－86993103

企业名称:安徽省湖滨机械厂
地　　址:安徽省巢湖市巢湖北路369号
邮　　编:238013
电　　话:0565－2393587
传　　真:0565－2317765

企业名称:上海茂德企业集团
地　　址:上海市浦东新区沪南公路9408号茂德工业园
邮　　编:201300
电　　话:021－68016659
传　　真:021－68016458

企业名称:石家庄科一重工有限公司
地　　址:河北省石家庄市和平西路595号
邮　　编:050071
电　　话:0311－87796242
传　　真:0311－87783772

企业名称:山西省平遥减速器厂
地　　址:山西省晋中市平遥县古城南路138号
邮　　编:031100
电　　话:0354－5650091
传　　真:0354－5650268

企业名称:恒星科技控股集团有限公司
地　　址:浙江省杭州市萧山经济技术开发区鸿达路66号
邮　　编:311215
电　　话:0571－22892908
传　　真:0571－82605888

企业名称:杭州杰牌传动科技有限公司
地　　址:浙江省杭州市空港新城(萧山靖江)
邮　　编:311223
电　　话:0571－82996826
传　　真:0571－82994444

企业名称:泰星减速机股份有限公司
地　　址:江苏省泰兴市姚王镇
邮　　编:225402
电　　话:0523－87541669
传　　真:0523－87548888

企业名称:内蒙古兴华机械制造厂
地　　址:内蒙古呼和浩特市南郊小黑河
邮　　编:010070
电　　话:0471－2397262
传　　真:0471－5686313

企业名称:荆州市巨鲸传动机械有限公司
地　　址:湖北省荆州市开发区东方大道58号
邮　　编:434000
电　　话:0716－8303805
传　　真:0716－8303886

企业名称:中国第二重型机械集团公司
地　　址:四川省德阳市珠江西路460号
邮　　编:618000
电　　话:0838－2341179
传　　真:0838－2341179

企业名称:太原重工股份有限公司技术中心
地　　址:山西省太原市万柏林区玉河街53号
邮　　编:030024
电　　话:13513638123
传　　真:0351－6360407

企业名称:上海尔华杰机电装备制造有限公司
地　　址:上海市宝安公路1785号
邮　　编:201907
电　　话:021－66028006
传　　真:021－56022054

企业名称:德阳立达基础件有限公司
地　　址:四川省德阳市庐山南路3段32号
邮　　编:618000
电　　话:0838－2903951
传　　真:0838－2903848

企业名称:冀州市联轴器厂
地　　址:河北省冀州市
邮　　编:053200
电　　话:0318－8693695
传　　真:0318－8691484

企业名称:乐清重型机械配件厂
地　　址:浙江省乐清市城关宁康西路157号
邮　　编:325600
电　　话:0577－62522038
传　　真:0577－61527608

企业名称:大连重工·起重集团有限公司通用减速机厂

地　　址:辽宁省大连市甘井子区新水泥路 78－11 号
邮　　编:116035
电　　话:0411－86426178
传　　真:0411－86426041

企业名称:宁波市实立矿山机械制造有限公司
地　　址:浙江省宁波市象山县石铺镇兴港路 100 号
邮　　编:315731
电　　话:0574－65982886
传　　真:0574－65982886

企业名称:宁波市东钱湖旅游度假区华实传动机械厂
地　　址:浙江省宁波市东钱湖工业园区莫高公路 58 号
邮　　编:315121
电　　话:0574－88370903
传　　真:0574－88370903

企业名称:乐清市联轴器厂
地　　址:浙江省乐清市柳市镇上金垟
邮　　编:325604
电　　话:0577－62722326
传　　真:0577－62728326

企业名称:乐清虹桥万向轴有限公司
地　　址:浙江省乐清市虹桥镇西工业区 E2－1
邮　　编:325608
电　　话:0577－62311811
传　　真:0577－62322180

企业名称:常州市二传机械有限公司
地　　址:江苏省常州市武进区漕桥镇运村
邮　　编:213175
电　　话:0519－86131020
传　　真:0519－86133108

企业名称:常州减速机总厂有限公司
地　　址:江苏省常州市武进区振兴北路西侧
邮　　编:213149
电　　话:0519－86361549
传　　真:0519－86361355

企业名称:银川重程减速器制造有限公司
地　　址:宁夏银川市经济技术开发区 2 区诚信街 186 号
邮　　编:750021
电　　话:0951－2020630
传　　真:0951－2020390

企业名称:哈尔滨国海星轮传动有限公司
地　　址:黑龙江省哈尔滨市哈平路工业区内烟台三路 8 号
邮　　编:150060
电　　话:0451－86530788
传　　真:0451－86530858

企业名称:宝钢集团苏州冶金机械厂
地　　址:江苏省苏州市高新区浒关镇永安路 122 号
邮　　编:215151
电　　话:0512－66162701
传　　真:0512－66162901

企业名称:株洲沃尔得特种齿轮有限公司
地　　址:湖南省株洲市黄河南路天台金谷三号厂房 1 层 2 号
邮　　编:412007
电　　话:0731－22528908
传　　真:0731－22528908

企业名称:襄樊市新兴联机械有限公司
地　　址:湖北省襄樊市高新区十二号路
邮　　编:441058
电　　话:0710－3332586
传　　真:0710－3564322

企业名称:盐城华兴液压机械有限公司
地　　址:江苏省盐城市建湖县严桥
邮　　编:224700
电　　话:13921851333
传　　真:0515－86291052

企业名称:中钢西重传动机械公司
地　　址:陕西省西安市泾渭工业园中钢路 1 号
邮　　编:710201
电　　话:029－86969401
传　　真:029－86969401

企业名称:宁波中意液压马达有限公司
地　　址:浙江省宁波市镇海经济开发区中意路 88 号
邮　　编:315200
电　　话:0574－86264491
传　　真:0574－86264387

企业名称:宁波市镇海减变速机制造有限公司
地　　址:浙江省宁波市镇海经济开发区青青路 168 号
邮　　编:315200
电　　话:0574－86302258
传　　真:0574－86302358

企业名称:浙江东海减速机有限公司
地　　址:浙江省温州市平阳县经济开发区(鳌江镇)

邮　　编:325401
电　　话:0577－63631862
传　　真:0577－63635393

企业名称:西安环力传动机械股份有限公司
地　　址:陕西省西安市经济技术开发区凤城11路91号
邮　　编:710018
电　　话:029－86171905
传　　真:029－85251460

企业名称:天津格里森高精齿轮有限公司
地　　址:天津市东丽区丽新路10号
邮　　编:300300
电　　话:022－24993326
传　　真:022－24992296

企业名称:乐清机械厂有限公司
地　　址:浙江省乐清市城西路55号
邮　　编:325600
电　　话:0577－62522885
传　　真:0577－62522885

企业名称:扬中市金星联轴器制造有限公司
地　　址:江苏省扬中市新坝科技园区
邮　　编:212212
电　　话:0511－88433602
传　　真:0511－88436976

企业名称:上海浦江减速机械有限公司
地　　址:上海市浦东新区川北路2669号
邮　　编:201204
电　　话:021－58912233
传　　真:021－58443434

企业名称:陕西秦川机械发展股份有限公司
地　　址:陕西省宝鸡市姜谭路22号
邮　　编:721009
电　　话:0917－3670640
传　　真:0917－3393841

企业名称:青海华鼎齿轮箱有限公司
地　　址:青海省西宁市南川东路75号
邮　　编:810021
电　　话:0971－4310385
传　　真:0971－4310004

企业名称:山东博山减速机厂
地　　址:山东省淄博市博山区水河路中段
邮　　编:255200
电　　话:0533－4264888
传　　真:0533－4184888

企业名称:宁波天元压缩机有限公司
地　　址:浙江省宁波市长春路35号
邮　　编:315010
电　　话:0574－87294520
传　　真:0574－87294520

企业名称:唐冶减速机分厂
地　　址:河北省唐山市缸窑路
邮　　编:063027
电　　话:0315－3202248

企业名称:文成力生机械有限公司
地　　址:浙江省温州市文成县栖云路86号
邮　　编:315300
电　　话:0577－67862981

企业名称:福州传动机械厂
地　　址:福建省福州市工业路中段
邮　　编:350002
电　　话:0591－83711639
传　　真:0591－83712332

企业名称:象山港口制动器有限公司
地　　址:浙江省宁波市象山县天安路194号
邮　　编:315700
电　　话:0574－65723430
传　　真:0574－65723165

企业名称:西安航空发动机公司民品经营处
地　　址:陕西省西安市徐家湾
邮　　编:710015
电　　话:029－86624427
传　　真:029－86624427

企业名称:镇江市东方万向轴厂
地　　址:江苏省镇江市辛丰镇
邮　　编:212141
电　　话:0511－83321074
传　　真:0511－83322338

企业名称:苏州苏万万向节有限公司
地　　址:江苏省吴江市松陵镇
邮　　编:215200
电　　话:0512－63451010
传　　真:0512－63454482

企业名称:象山机械厂
地　　址:浙江省宁波市象山县城西路58号
邮　　编:315700
电　　话:0574－65725710
传　　真:0574－65714615

企业名称:温州市江南减速机厂
地　　址:浙江省温州市鹿城区高科技产业园
邮　　编:325028
电　　话:0577－88626587
传　　真:0577－88620938

企业名称:焦作市液压机械制造有限公司
地　　址:河南省焦作市解放中路11号
邮　　编:454150
电　　话:0391－2923824－378
传　　真:0391－2922653

企业名称:中南传动机械厂
地　　址:湖南省长沙市望城(湖南省长沙市521信箱)
邮　　编:410200
电　　话:0731－88862508
传　　真:0731－88062355

企业名称:泰顺县力达冶金机械配件厂
地　　址:浙江省温州市泰顺县城关马埠22号
邮　　编:325500
电　　话:0577－67581111
传　　真:0577－67588958

企业名称:象山兴池液压润滑有限公司
地　　址:浙江省宁波市象山县涂茨镇
邮　　编:315704
电　　话:0574－65690288
传　　真:0574－65691258

企业名称:兰州减速机厂
地　　址:甘肃省兰州市天水路80号
邮　　编:730000
电　　话:0931－8618094
传　　真:0931－8618094

企业名称:镇江通宇传动机械有限公司
地　　址:江苏省镇江市矿机路5号
邮　　编:212003
电　　话:0511－84421221
传　　真:0511－84422078

油膜轴承

企业名称:太原重型机械集团有限公司
地　　址:山西省太原市万柏林区玉河街53号
邮　　编:030024
电　　话:0351－6364048
传　　真:0351－6360514

企业名称:唐山钢铁集团公司第一轧钢厂
地　　址:河北省唐山市滨河路9号
邮　　编:063013
电　　话:0315－3707227
传　　真:0315－3707227

企业名称:首钢京唐钢铁联合有限责任公司热轧部
地　　址:河北省唐山市曹妃甸工业区
邮　　编:100043
电　　话:0315－8829215
传　　真:0315－8871799

企业名称:安阳钢铁股份有限公司第二炼轧厂
地　　址:河南省安阳市殷都区梅园庄
邮　　编:455004
电　　话:0372－3120928
传　　真:0372－3120909

企业名称:舞阳钢铁有限责任公司4100宽厚板厂
地　　址:河南省舞钢市湖滨大道
邮　　编:462500
电　　话:0375－8113800
传　　真:0375－8113800

企业名称:武汉钢铁集团公司热轧总厂
地　　址:湖北省武汉市青山区厂前
邮　　编:430083
电　　话:027－86891525
传　　真:027－86891525

企业名称:湘潭钢铁集团有限公司
地　　址:湖南省湘潭市岳塘
邮　　编:411101
电　　话:0731－58654951
传　　真:0731－58654951

企业名称:攀枝花钢铁集团公司热连轧厂
地　　址:四川省攀枝花市向阳区
邮　　编:617062
电　　话:0812－3393260

传　　真:0812－3396573

企业名称:太钢热连轧厂
地　　址:山西省太原市尖草坪区尖草坪
邮　　编:030003
电　　话:0351－3016907
传　　真:0351－3016907

企业名称:济钢中厚板厂
地　　址:山东省济南市工业北路21号
邮　　编:250101
电　　话:0531－88847758
传　　真:0531－88847461

企业名称:宝钢梅钢热轧厂
地　　址:江苏省南京市中华门外新建
邮　　编:210039
电　　话:025－58082132
传　　真:025－86702446

企业名称:本溪钢铁集团有限公司
地　　址:辽宁省本溪市北光路6号
邮　　编:117000
电　　话:0414－7825049
传　　真:0414－7820053

企业名称:重庆钢铁股份有限公司中板厂
地　　址:重庆市大渡口区车家坪58号
邮　　编:400082
电　　话:023－68871499
传　　真:023－68871380

企业名称:鞍钢热连轧厂
地　　址:辽宁省鞍山市鞍钢厂区北部
邮　　编:114021
电　　话:0412－6752915
传　　真:0412－6752915

企业名称:鞍钢中板厂
地　　址:辽宁省鞍山市鞍钢厂区北部
邮　　编:114021
电　　话:0412－6752034
传　　真:0412－6753575

企业名称:本溪钢铁集团有限公司冷轧厂
地　　址:辽宁省本溪市平山区轧钢路
邮　　编:117021
电　　话:0414－7821239
传　　真:0414－7821496

企业名称:唐山中厚板有限公司
地　　址:河北省唐山市乐亭县玉滩镇
邮　　编:063610
电　　话:0315－4959888
传　　真:0315－4959336

企业名称:唐山港陆钢铁有限公司
地　　址:河北省遵化市镇海东街
邮　　编:064200
电　　话:0315－6075518
传　　真:0315－6075518

企业名称:唐山不锈钢有限公司设备部
地　　址:河北省唐山市古冶区唐家庄
邮　　编:063105
电　　话:0315－3765888
传　　真:0315－3768802

企业名称:首钢新钢有限责任公司中厚板轧钢厂
地　　址:北京市石景山路68号
邮　　编:100041
电　　话:010－88292115
传　　真:010－88292115

企业名称:安钢股份有限公司第二轧钢厂
地　　址:河南省安阳市殷都区梅园庄
邮　　编:455004
电　　话:0372－3123012
传　　真:0372－3123613

企业名称:武汉钢铁集团公司冷轧厂
地　　址:湖北省武汉市青山区厂前
邮　　编:430083
电　　话:027－86894638
传　　真:027－86891470

企业名称:宝钢股份公司
地　　址:上海市宝山区富锦路宝钢指挥中心
邮　　编:201900
电　　话:021－56780055
传　　真:021－26648046

企业名称:涟源钢铁集团公司热轧板厂
地　　址:湖南省娄底市轧钢东路
邮　　编:417009
电　　话:0738－8663655
传　　真:0738－8663726

企业名称:攀钢冷轧厂

地　　址:四川省攀枝花市向阳区
邮　　编:617062
电　　话:0812－3380118
传　　真:0812－3380137

企业名称:攀枝花新钢铁集团公司设备部
地　　址:四川省攀枝花市向阳区
邮　　编:617062
电　　话:0812－3391151
传　　真:0812－3396418

企业名称:广州珠江钢铁有限责任公司
地　　址:广东省广州市经济开发区西基工业区
邮　　编:510730
电　　话:020－82222392
传　　真:020－82222400

企业名称:济南钢铁股份有限公司中板厂
地　　址:山东省济南市工业北路21号
邮　　编:250101
电　　话:0531－88866255
传　　真:0531－88866255

企业名称:宁波钢铁有限公司热轧厂
地　　址:浙江省宁波市北仑区霞浦临港二路168号
邮　　编:315800
电　　话:0574－86859108
传　　真:0574－86859126

企业名称:江苏沙钢集团有限公司
地　　址:江苏省张家港市锦丰镇
邮　　编:215625
电　　话:0512－58568831
传　　真:0512－58550681

企业名称:临钢中板厂
地　　址:山西省临汾市尧都区
邮　　编:041000
电　　话:0357－3091338
传　　真:0357－3091338

企业名称:包头钢铁(集团)有限责任公司宽厚板厂
地　　址:内蒙古包头市昆区河西工业区
邮　　编:014010
电　　话:0472－2188168
传　　真:0472－2181118

企业名称:宝钛集团宽厚板材料公司
地　　址:陕西省宝鸡市71号信箱
邮　　编:721014
电　　话:0917－3360180
传　　真:0917－3360180

企业名称:鞍钢新轧钢股份有限公司
地　　址:辽宁省鞍山市南中华路396号
邮　　编:114021
电　　话:0412－6734868
传　　真:0412－6722083

企业名称:新疆八一钢铁集团公司
地　　址:新疆乌鲁木齐市头屯河区八一路
邮　　编:830022
电　　话:0991－3893838
传　　真:0991－3890035

企业名称:天津轧一有限公司
地　　址:天津市大沽南路928号
邮　　编:300220
电　　话:022－63255800
传　　真:022－63255888

企业名称:南京钢铁联合有限公司中板厂
地　　址:江苏省南京市大厂区卸甲店
邮　　编:210035
电　　话:025－57074699
传　　真:025－57072545

企业名称:宝钢不锈钢分公司热轧厂
地　　址:上海市宝山区长江路735号
邮　　编:200431
电　　话:021－26033369
传　　真:021－26034661

企业名称:广西柳钢热轧板带厂
地　　址:广西柳州市北雀路117号
邮　　编:545002
电　　话:0772－2596358
传　　真:0772－2596355

企业名称:新余钢铁有限责任公司
地　　址:江西省新余市新钢冶金路
邮　　编:338001
电　　话:0790－6293328
传　　真:0790－6294999

企业名称:五矿营口中板有限责任公司中板厂
地　　址:辽宁省营口市老边区
邮　　编:115005

电　　话:0417－3256501
传　　真:0417－3256503

企业名称:首钢迁安热轧厂
地　　址:河北省迁安市扬店子镇滨河村
邮　　编:064404
电　　话:0315－7703962
传　　真:0315－7703011

企业名称:邯郸钢铁有限责任公司中板厂
地　　址:河北省邯郸市复兴路232号
邮　　编:056015
电　　话:0310－6075426
传　　真:0310－4959971

企业名称:酒钢集团热轧薄板厂
地　　址:甘肃省嘉峪关市五一北路1号
邮　　编:735100
电　　话:0937－6711948
传　　真:0937－6711982

企业名称:太原科技大学
地　　址:山西省太原市万柏林区窊流路66号
邮　　编:030024
电　　话:0351－6222894
传　　真:0351－6220233

企业名称:中冶恒通冷轧技术有限公司
地　　址:河北省唐山市丰南区青年路银杏街518号
邮　　编:063300
电　　话:0315－8164130
传　　真:0315－8164130

企业名称:承德新新钒钛股份有限公司供应公司
地　　址:河北省承德市双滦区滦河镇
邮　　编:067002
电　　话:0314－4079789
传　　真:0314－4314947

企业名称:广东韶钢松山股份有限公司宽板厂
地　　址:广东省韶关市曲江马坝
邮　　编:512123
电　　话:0751－8795907
传　　真:0751－8792504

企业名称:马钢股份有限公司第四钢轧总厂
地　　址:安徽省马鞍山市三台路
邮　　编:243051
电　　话:0555－2890809
传　　真:0555－2890805

企业名称:江苏飞达薄板材股份公司
地　　址:江苏省丹阳市高士桥工业园
邮　　编:212312
电　　话:0511－86326852
传　　真:0511－86326852

企业名称:江阴兴澄特种钢铁有限公司钢板厂
地　　址:江苏省江阴市滨江东路297号
邮　　编:214429
电　　话:0510－86193388－6718
传　　真:0510－86190970

企业名称:四川西南不锈钢有限责任公司轧钢厂
地　　址:四川省乐山市沙湾区嘉农镇泰山路
邮　　编:614951
电　　话:0833－5208601
传　　真:0833－5208998

企业名称:河北敬业中厚板有限公司设备采购部
地　　址:河北省石家庄市平山县南甸镇
邮　　编:050400
电　　话:0311－82873502
传　　真:0311－82873502

企业名称:河北普阳钢铁公司
地　　址:河北省武安市阳邑镇
邮　　编:056300
电　　话:0310－5178962
传　　真:0310－5178962

企业名称:沧州中铁装备制造材料有限公司
地　　址:河北省沧州市渤海新区
邮　　编:061113
电　　话:0317－5761678
传　　真:0317－5761614

企业名称:太原重工股份有限公司油膜轴承分公司
地　　址:山西省太原市万柏林区玉河街53号
邮　　编:030024
电　　话:0351－6366624
传　　真:0351－6367203

企业名称:山西百一机械制造有限公司
地　　址:山西省太原市尖草坪2号
邮　　编:030003
电　　话:0351－3016342
传　　真:0351－3016803

企业名称:常熟益成特殊钢有限公司
地　　址:江苏省常熟市经济开发区沿江工业区
邮　　编:215536
电　　话:0512－52655156
传　　真:0512－52655156

企业名称:铁岭橡胶设计研究院密封所
地　　址:辽宁省铁岭市辽海北路15号
邮　　编:112000
电　　话:0410－4564226
传　　真:0410－4501500

企业名称:优必胜(大连)轴承制造有限公司
地　　址:辽宁省瓦房店市北三家瓦窝工业园北路18号
邮　　编:116300
电　　话:0411－85508388
传　　真:0411－85545658

企业名称:广州机械科学研究院密封研究所
地　　址:广东省广州市黄浦区茅岗
邮　　编:510700
电　　话:020－32388050
传　　真:020－32389624

企业名称:中国石化润滑油公司北京研发中心
地　　址:北京市2852号研发中心
邮　　编:100085
电　　话:010－62949743
传　　真:010－62949751

企业名称:上海大学轴承研究室
地　　址:上海市延长路149号
邮　　编:200072
电　　话:021－56331937
传　　真:021－56331937

企业名称:一重大连设计研究院
地　　址:辽宁省大连市经济技术开发区
邮　　编:116600
电　　话:0411－39243235
传　　真:0411－39243366

企业名称:中国二重机械集团设计研究院
地　　址:四川省德阳市珠江西路460号
邮　　编:618013
电　　话:0838－2208846
传　　真:0838－2204416

企业名称:上海重型机器厂有限公司设计研究院
地　　址:上海市闵行区江川路1388号
邮　　编:200245
电　　话:021－64632262
传　　真:021－54722933

企业名称:鞍钢冷轧厂
地　　址:辽宁省鞍山市鞍钢厂区北部
邮　　编:114021
电　　话:0412－6751512
传　　真:0412－6751512

企业名称:中钢设备公司国际部
地　　址:北京市朝阳区芳园街1号
邮　　编:100016
电　　话:010－62688018
传　　真:010－62688098

企业名称:欧洛普过滤技术开发公司
地　　址:北京市中关村科技园区通州园
邮　　编:100176
电　　话:010－61279203
传　　真:010－61279958

企业名称:上海海联润滑材料科技有限公司
地　　址:上海市钤州路100号
邮　　编:200235
电　　话:021－64834393
传　　真:021－64837197

企业名称:本溪钢铁集团有限公司热连轧厂
地　　址:辽宁省本溪市平山区轧钢路
邮　　编:117021
电　　话:0414－7820053
传　　真:0414－7825049

企业名称:秦皇岛首秦金属材料有限公司轧钢部
地　　址:河北省秦皇岛市杜庄
邮　　编:066326
电　　话:0335－6086238
传　　真:0335－6089252

重型锻压机械

企业名称:中国第二重型机械集团公司
地　　址:四川省德阳市珠江西路460号
邮　　编:618000
电　　话:0838－2341482
传　　真:0838－2227489

企业名称:中国重型机械研究院有限公司
地　　址:陕西省西安市未央区东元路209号
邮　　编:710032
电　　话:029－86713411－2327
传　　真:029－86713965

企业名称:太原重型机械集团有限公司
地　　址:山西省太原市河西区和平北路
邮　　编:030024
电　　话:0351－6045384
传　　真:0351－6064467

企业名称:清华大学机械系
地　　址:北京市海淀区清华园
邮　　编:100084
电　　话:010－62771476
传　　真:010－62783387

企业名称:北方重工沈阳重型机械集团有限责任公司
地　　址:辽宁省沈阳市铁西区兴华北街8号
邮　　编:110025
电　　话:024－25802599
传　　真:024－25851610

企业名称:一重大连设计研究院
地　　址:辽宁省大连市开发区东北大街96号
邮　　编:116600
电　　话:0411－87646168－9700
传　　真:0411－87536357

企业名称:上海重型机械厂锻件厂
地　　址:上海市闵行区江川路1800号
邮　　编:200240
电　　话:021－54721141－2651
传　　真:021－64300132

企业名称:中国第二重型机械集团公司技术中心
地　　址:四川省德阳市珠江西路460号
邮　　编:618000
电　　话:0838－2342868
传　　真:0838－2227489

企业名称:中国重型机械总公司锻压部
地　　址:北京市公主坟复兴路甲23号
邮　　编:100036
电　　话:010－68221585
传　　真:010－68217772

大型铸锻件

企业名称:中国第二重型机械集团公司
地　　址:四川省德阳市珠江西路460号
邮　　编:618000
电　　话:0838－2239221
传　　真:0838－2201998

企业名称:中国第一重型机械集团股份公司
地　　址:黑龙江省齐齐哈尔市富拉尔基区厂前路
邮　　编:161042
电　　话:0452－6810111
传　　真:0452－6810111

企业名称:中原特钢股份有限公司
地　　址:河南省济源市
邮　　编:454685
电　　话:0391－6099030
传　　真:0391－6099019

企业名称:太原科技大学材料科学与工程分院
地　　址:山西省太原市万柏林区窊流路66号
邮　　编:030024
电　　话:0351－6221456
传　　真:0351－6221456

企业名称:大连华锐重工铸钢股份有限公司
地　　址:辽宁省大连市甘井子区中革镇堡新水泥路8号
邮　　编:116035
电　　话:0411－86428074
传　　真:0411－85583099

企业名称:天津重型装备工程研究有限公司
地　　址:天津市经济技术开发区宏达街21号B座
邮　　编:300457
电　　话:022－66226262
传　　真:022－66226262

企业名称:中国一重铸锻钢公司
地　　址:黑龙江省齐齐哈尔市富拉尔基区厂前路9号
邮　　编:161042
电　　话:0452－6811476
传　　真:0452－6810535

企业名称:云南冶金力神重工有限公司锻造分公司
地　　址:云南省昆明市龙泉路871号
邮　　编:650203
电　　话:0871－6085042

传　　真:0871－6085022

企业名称:沈阳铸造研究所
地　　址:辽宁省沈阳市铁西区云峰南街17号
邮　　编:110025
电　　话:024－25872249
传　　真:024－25851306

企业名称:太原重型机械有限责任公司铸锻分公司
地　　址:山西省太原市万柏林区玉河街53号
邮　　编:030024
电　　话:0351－6366750
传　　真:0351－6366750

企业名称:武汉重工铸锻有限责任公司
地　　址:湖北省武汉市青山区东武路1号
邮　　编:430084
电　　话:027－68861620
传　　真:027－68861617

企业名称:天津市天重曲轴锻造厂
地　　址:天津市北辰区高峰路马庄
邮　　编:300400
电　　话:022－26630208
传　　真:022－26340718

企业名称:内蒙古北方重工特殊钢分公司
地　　址:内蒙古包头市青山区
邮　　编:014033
电　　话:0472－3385721
传　　真:0472－3322346

企业名称:内蒙古北方重工集团
地　　址:内蒙古包头市青山区
邮　　编:014033
电　　话:0472－3386880
传　　真:0472－3335641

企业名称:中国中元兴华工程公司工艺工程院
地　　址:北京市海淀区西三环北路5号
邮　　编:100089
电　　话:010－68732550
传　　真:010－68732550

企业名称:中钢集团邢台冶金轧辊有限公司
地　　址:河北省邢台市新兴西路1号
邮　　编:054025
电　　话:0319－3932002
传　　真:0319－3123661

企业名称:中国南车集团资阳机车厂
地　　址:四川省资阳市雁江区
邮　　编:641301
电　　话:0832－2022061
传　　真:0832－2022061

企业名称:中国二重万航模锻厂
地　　址:四川省德阳市珠江西路460号
邮　　编:618013
电　　话:0838－2342304
传　　真:0838－2342304

企业名称:清华大学机械工程系
地　　址:北京市海淀区学院路
邮　　编:100084
电　　话:010－62789922
传　　真:010－62773637

企业名称:燕山大学材料科学与工程学院
地　　址:河北省秦皇岛市河北大街西段438号
邮　　编:066004
电　　话:0335－8387472
传　　真:0335－8074545

企业名称:北京科技大学材料科学与工程学院
地　　址:北京市海淀区学院路30号
邮　　编:100083
电　　话:010－62332572
传　　真:010－62332572

企业名称:大连理工大学材料工程系
地　　址:辽宁省大连市甘井子区凌工路2号
邮　　编:116024
电　　话:0411－84708434
传　　真:0411－84709284

企业名称:上海汽轮机有限公司锻冶处
地　　址:上海市闵行区江川路333号
邮　　编:200240
电　　话:021－64358331－3388
传　　真:021－64355046

企业名称:哈尔滨汽轮机厂有限责任公司
地　　址:黑龙江省哈尔滨市动力区大庆路
邮　　编:150046
电　　话:0451－82953194
传　　真:0451－82681364

企业名称:东方汽轮机厂

地　　址:四川省德阳市高新技术产业园
邮　　编:618000
电　　话:0838－6354422
传　　真:0838－6302335

企业名称:山东山一重工机械有限公司
地　　址:山东省泰安市山口镇
邮　　编:271000
电　　话:0538－8611866
传　　真:0538－86116666

企业名称:中冶京诚(营口)装备技术有限公司
地　　址:辽宁省营口市老边区柳树镇
邮　　编:115004
电　　话:0417－3251915
传　　真:0417－3256977

企业名称:二重集团德阳锻造厂有限责任公司
地　　址:四川省德阳市珠江西路460号
邮　　编:618000
电　　话:0838－2341377
传　　真:0838－2201742

企业名称:沈阳铸锻工业有限公司
地　　址:辽宁省沈阳市铁西区辽西路188号
邮　　编:110025
电　　话:024－89350259
传　　真:024－89350259

企业名称:二重集团德阳铸造厂有限责任公司
地　　址:四川省德阳市珠江西路460号
邮　　编:618000
电　　话:0838－2340008
传　　真:0838－2201574

企业名称:二重集团金结分厂
地　　址:四川省德阳市珠江西路460号
邮　　编:618000
电　　话:0838－2342383
传　　真:0838－2342383

企业名称:鞍钢重型机械有限责任公司锻造厂
地　　址:辽宁省鞍山市灵山红旗路
邮　　编:114042
电　　话:0412－6761494
传　　真:0412－6221199

企业名称:上海重型机器厂有限公司大锻所
地　　址:上海市闵行区江川路1800号
邮　　编:200245
电　　话:021－54721921
传　　真:021－54721921

企业名称:上重特种钢公司
地　　址:上海市闵行区江川路1800号
邮　　编:200245
电　　话:021－54721651
传　　真:021－54303203

企业名称:上海重型机器冶铸厂
地　　址:上海市闵行区江川路1800号
邮　　编:200245
电　　话:021－54721141－2752
传　　真:021－54722840

企业名称:上海重型机器锻件厂
地　　址:上海市闵行区江川路1800号
邮　　编:200245
电　　话:021－54721141－2651
传　　真:021－54720453

企业名称:广重铸轧钢有限公司
地　　址:广东省中山市黄圃镇鲤鱼嘴工业开发区
邮　　编:528429
电　　话:0760－321333
传　　真:0760－312227

企业名称:广东省韶铸集团有限公司
地　　址:广东省韶关市十里亭
邮　　编:512031
电　　话:0751－8853784
传　　真:0751－8853784

企业名称:天津天重车轴制造有限公司
地　　址:天津市北辰区高峰路马庄
邮　　编:300400
电　　话:022－26626168
传　　真:022－26341806

企业名称:无锡宏达集团
地　　址:江苏省无锡市南泉壬港
邮　　编:214128
电　　话:0510－85952557
传　　真:0510－85953536

企业名称:中冶陕压重工设备有限公司
地　　址:陕西省渭南市富平县庄里镇
邮　　编:714000

电　　话:0913－8622969
传　　真:0913－8622000

企业名称:内蒙古一机集团制造部
地　　址:内蒙古包头市2号信箱
邮　　编:014033
电　　话:0472－3118051
传　　真:0472－3117580

企业名称:中国长江动力公司(集团)
地　　址:湖北省武汉市关山一路105号
邮　　编:430074
电　　话:027－87801455
传　　真:027－87801455

企业名称:重庆焱炼重型机械设备有限公司
地　　址:重庆市大渡口区双山工业园区
邮　　编:400084
电　　话:023－68611119
传　　真:023－68883622

企业名称:山西大同机车厂技术中心工艺开发部
地　　址:山西省大同市大庆路
邮　　编:037038
电　　话:0352－7163354
传　　真:0352－7162440

企业名称:杭州宝鼎铸锻有限公司
地　　址:浙江省杭州市余杭区
邮　　编:311106
电　　话:0571－86380788
传　　真:0571－86380688

企业名称:秦南重工机械有限公司
地　　址:四川省德阳市青山巷6号
邮　　编:618000
电　　话:0838－2204470
传　　真:0838－2202266

企业名称:江苏国光重型机械有限公司
地　　址:江苏省江阴市利港镇镇澄路2558号
邮　　编:214441
电　　话:025－86609555－8005
传　　真:025－86600851

企业名称:上海交大申模计算机系统集成有限公司
地　　址:上海市华山路1954号
邮　　编:200030
电　　话:021－32260298
传　　真:021－62946388

企业名称:南京科润工业介质有限公司
地　　址:江苏省南京市江宁区秦淮路31号
邮　　编:211100
电　　话:025－52125195
传　　真:025－52101342

企业名称:德阳兴利机械设备有限责任公司
地　　址:四川省德阳市华山北路
邮　　编:618000
电　　话:0838－2226098
传　　真:0838－2226098

企业名称:德阳万鑫电站产品开发有限公司
地　　址:四川省德阳市广汉高坪镇龙潭村八社
邮　　编:618306
电　　话:0838－2225133
传　　真:0838－2225133

物流与仓储机械

企业名称:北京起重运输机械设计研究院
地　　址:北京市东城区雍和宫大街52号
邮　　编:100007
电　　话:010－64031452
传　　真:010－64052584

企业名称:上海精星仓储设备工程有限公司
地　　址:上海市闵行区莘庄工业区申南路505号
邮　　编:201108
电　　话:021－64897202
传　　真:021－64892100

企业名称:德马泰克物流系统苏州有限公司
地　　址:江苏省苏州市越湖路横泾工业园尧南小区
邮　　编:215103
电　　话:0512－66302031
传　　真:0512－66209538

企业名称:山西太原索斯沃斯升降台有限公司
地　　址:山西省太原市东岗路310号
邮　　编:030012
电　　话:0351－7074493
传　　真:0351－7040699

企业名称:昆明昆船物流信息产业有限公司
地　　址:云南省昆明市人民中路6号昆船大厦
邮　　编:650051

电　　话:0871－3172279
传　　真:0871－3173600

企业名称:北京机械工业自动化研究所
地　　址:北京市德胜门外教场口1号
邮　　编:100011
电　　话:010－82285588
传　　真:010－62050838

企业名称:辽宁国能集团铁岭精工机械有限公司
地　　址:辽宁省铁岭市银州区汇工街98号
邮　　编:112002
电　　话:0410－4501502
传　　真:0410－4562484

企业名称:湖州德马物流系统工程有限公司
地　　址:浙江省湖州市埭溪上强工业园区
邮　　编:313023
电　　话:0572－2686000
传　　真:0572－2686028

企业名称:北京科技大学物流研究所
地　　址:北京市海淀区学院路30号方兴大厦716室
邮　　编:100083
电　　话:010－82384142
传　　真:010－82384140

企业名称:太原刚玉物流工程有限公司
地　　址:山西省太原市东岗路310号
邮　　编:030012
电　　话:0351－7683088
传　　真:0351－7683072

企业名称:国家邮政局上海研究院
地　　址:上海市中山北路3185号
邮　　编:200062
电　　话:021－62970498
传　　真:021－62437035

企业名称:上海高惠物流技术工程有限公司
地　　址:上海市真南路500号(同济大学西区综合楼)
邮　　编:200331
电　　话:021－62504239
传　　真:021－62504239

企业名称:北方交大物流研究院
地　　址:北京市西直门外上园村3号
邮　　编:100044
电　　话:010－51683854
传　　真:010－51688649

企业名称:山东济阳机械厂
地　　址:山东省济南市济阳县经二路45号
邮　　编:251400
电　　话:0531－84211081
传　　真:0531－84211081

企业名称:南通安泰机械有限公司
地　　址:江苏省如皋市袁桥工业园
邮　　编:226575
电　　话:0513－87512997
传　　真:0513－87385886

企业名称:机械工业部第四设计研究院
地　　址:河南省洛阳市西苑路
邮　　编:471039
电　　话:0379－64818295
传　　真:0379－64818201

企业名称:常州长江客车集团矿山起重机械有限公司
地　　址:江苏省常州市横山桥镇
邮　　编:213119
电　　话:0519－88609202
传　　真:0519－88609203

企业名称:苏州市苏立液压升降机有限公司
地　　址:江苏省苏州市相城区望亭镇问渡路54号
邮　　编:215155
电　　话:0512－65388851
传　　真:0512－65384732

企业名称:常州市东方仓储设备厂
地　　址:江苏省常州市横山桥镇
邮　　编:213119
电　　话:0519－88604129
传　　真:0519－88601654

企业名称:北京百利铭泰仓储设备有限公司
地　　址:北京市海淀区首体南路20号国兴家园5号楼
邮　　编:100044
电　　话:010－88355058
传　　真:010－88355056

企业名称:苏州康博特液压升降机械有限公司
地　　址:江苏省苏州市相城区望亭镇问渡路50号
邮　　编:215155
电　　话:0512－66700119
传　　真:0512－65381996

企业名称:南京新众亚货架有限责任公司
地　　址:江苏省南京市江东北路200号7楼
邮　　编:210029
电　　话:025-86668857
传　　真:025-86538483

企业名称:吴江市九天升降机厂
地　　址:江苏省吴江市金家坝工业区
邮　　编:215215
电　　话:0512-63202711
传　　真:0512-63201405

企业名称:北京兰龙物流仓储设备厂
地　　址:北京市门头沟区滨河路37号
邮　　编:102300
电　　话:010-69845984
传　　真:010-69843791

企业名称:北京博瑞智德技术有限公司
地　　址:北京市朝阳区南新园西路6号
邮　　编:100021
电　　话:010-87326925
传　　真:010-87680485

企业名称:苏州市南方升降机厂
地　　址:江苏省苏州市相城区望亭镇宅基村
邮　　编:215155
电　　话:0512-65389379
传　　真:0512-65387786

企业名称:镇江东联仓储设备有限公司
地　　址:江苏省镇江市丁卯开发区纬三路
邮　　编:212009
电　　话:0511-88886548
传　　真:0511-88883008

企业名称:上海鸿安展升物流系统技术有限公司
地　　址:上海市长宁区仙霞路322号1803室
邮　　编:200336
电　　话:021-62085257
传　　真:021-52570087

企业名称:苏州市同创液压升降机械有限公司
地　　址:江苏省苏州市相城区望亭镇问渡路47号
邮　　编:215155
电　　话:0512-66702088
传　　真:0512-65382537

起重葫芦

企业名称:中国重型机械工业协会
地　　址:北京市公主坟复兴路甲23号
邮　　编:100036
电　　话:010-68185643
传　　真:010-68296074

企业名称:江阴凯澄起重机械有限公司
地　　址:江苏省江阴市澄江东路18号
邮　　编:214429
电　　话:0510-86199688
传　　真:0510-86196633

企业名称:卫华集团纽科伦(新乡)起重机有限公司
地　　址:河南省新乡市长垣县博爱南路6号
邮　　编:453400
电　　话:0373-8622060
传　　真:0373-8622001

企业名称:北京起重运输机械设计研究院
地　　址:北京市东城区雍和宫大街52号
邮　　编:100007
电　　话:010-84037438
传　　真:010-64079406

企业名称:天津起重设备有限公司
地　　址:天津市河西区大沽南路946号
邮　　编:300220
电　　话:022-28331506
传　　真:022-28331506

企业名称:南京起重机械总厂有限公司
地　　址:江苏省南京市浦口区泰冯路62号
邮　　编:210032
电　　话:025-58749786
传　　真:025-58841693

企业名称:北京起重工具厂
地　　址:北京市朝阳区红庙首都经贸大学内
邮　　编:100026
电　　话:010-65976750
传　　真:010-65067014

企业名称:杭州武林机器有限公司
地　　址:浙江省杭州市余杭区临平镇邱山大街1号
邮　　编:311100
电　　话:0571-86249998

传　　真:0571－86224369

企业名称:浙江五一机械有限公司
地　　址:浙江省衢州市东港开发区(闹桥)
邮　　编:324000
电　　话:0570－3836005
传　　真:0570－3830188

企业名称:浙江双鸟机械有限公司
地　　址:浙江省嵊州市黄泽镇工业园区
邮　　编:312455
电　　话:0575－83055888
传　　真:0575－83503801

企业名称:江苏三马起重机械制造有限公司
地　　址:江苏省靖江市江防西路3号
邮　　编:214500
电　　话:0523－84866933
传　　真:0523－84866284

企业名称:上海雄风起重设备厂有限公司
地　　址:上海市松江区佘北公路2199号
邮　　编:201602
电　　话:021－57796432
传　　真:021－57796450

企业名称:江西起重机械总厂
地　　址:江西省樟树市共和东路82号
邮　　编:331200
电　　话:0795－7364266
传　　真:0795－7364566

企业名称:新乡市起重设备厂有限责任公司
地　　址:河南省新乡市红旗区南干道111号
邮　　编:453003
电　　话:0373－3838082
传　　真:0373－3058094

企业名称:浙江众擎起重机械制造有限公司
地　　址:浙江省诸暨市城西工业区
邮　　编:311800
电　　话:0575－87385688
传　　真:0575－87387610

企业名称:德马格起重机械(上海)有限公司
地　　址:上海市奉贤区庄行欧洲工业园区叶庄公路125号
邮　　编:201415
电　　话:021－37182205
传　　真:021－57464558

企业名称:八达机电有限公司
地　　址:浙江省瑞安市经济开发区毓蒙路8号
邮　　编:325200
电　　话:0577－65156661
传　　真:0577－65156699

企业名称:南阳起重机械厂有限公司
地　　址:河南省南阳市光武中路1615号
邮　　编:473000
电　　话:0377－63382500
传　　真:0377－63380410

企业名称:湖北银轮起重机械股份有限公司
地　　址:湖北省赤壁市河北大道170号
邮　　编:437300
电　　话:0715－5337928
传　　真:0715－5337966

企业名称:洛阳起重机厂
地　　址:河南省洛阳市唐宫东路10号
邮　　编:471000
电　　话:0379－63953638
传　　真:0379－63415999

企业名称:甘肃省定西起重机厂有限责任公司
地　　址:甘肃省定西市安定区焦家坡新村3号
邮　　编:743000
电　　话:0932－8212961
传　　真:0932－8227125

企业名称:西安起重机械厂
地　　址:陕西省西安市莲湖区红光路72号
邮　　编:710077
电　　话:029－84241163
传　　真:029－84236974

企业名称:江阴市鼎力起重机械有限公司
地　　址:江苏省江阴市金山路303号
邮　　编:214437
电　　话:0510－86996868
传　　真:0510－86996666

企业名称:上海浦东明昌起重机械制造有限公司
地　　址:上海市浦东新区川沙镇川六公路1851号
邮　　编:201202
电　　话:021－58590038
传　　真:021－58590038

企业名称:广东超宇起重设备有限公司

地　　址:广东省梅州市梅江区城北新田福瑞岗
邮　　编:514089
电　　话:0753－2382083
传　　真:0753－2382063

企业名称:聊城五环机械有限公司
地　　址:山东省聊城市经济开发区嫩江路55号
邮　　编:252000
电　　话:0635－8880688
传　　真:0635－8321152

企业名称:聊城市东昌府区森达机械有限公司
地　　址:山东省聊城市东昌府区凤凰工业园
邮　　编:252000
电　　话:0635－8578888
传　　真:0635－8579988

企业名称:重庆凯荣机械有限责任公司
地　　址:重庆市九龙坡区九龙工业园区华龙大道9号
邮　　编:400052
电　　话:023－68466289
传　　真:023－68466279

企业名称:山西省潞城公建机械厂
地　　址:山西省潞城市公建路1号
邮　　编:047500
电　　话:0355－5688718
传　　真:0355－5688760

企业名称:慈溪市华表机械有限公司
地　　址:浙江省慈溪市庵东镇沿江路258号
邮　　编:315327
电　　话:0574－63479928
传　　真:0574－63479899

企业名称:慈溪市勤丰机械有限公司
地　　址:浙江省慈溪市庵东镇七二三大街11弄3号
邮　　编:315327
电　　话:0574－63477188
传　　真:0574－63479188

企业名称:广州广鸽起重设备有限公司
地　　址:广东省广州市荔湾区芳村白鹤洞罗冲岗1号之十三
邮　　编:510380
电　　话:020－81502431
传　　真:020－81515587

企业名称:南京宝龙起重机械有限公司
地　　址:江苏省南京市浦口区顶山街道姚洼58号
邮　　编:210031
电　　话:025－58802630
传　　真:025－58806417

企业名称:《起重运输机械》杂志社
地　　址:北京市东城区雍和宫大街52号
邮　　编:100007
电　　话:010－64031987
传　　真:010－64031987

企业名称:南京起重电机总厂
地　　址:江苏省南京市江宁区东山科宁路268号
邮　　编:211100
电　　话:025－51191919
传　　真:025－52282496

企业名称:南京特种电机厂有限公司
地　　址:江苏省南京市六合区雄州东路289号
邮　　编:211500
电　　话:025－57759990
传　　真:025－57752314

企业名称:杭州电机有限公司
地　　址:浙江省杭州市西湖区文三路上宁巷1号
邮　　编:310012
电　　话:0571－88833358
传　　真:0571－88077935

企业名称:南京开关厂有限公司
地　　址:江苏省南京市江宁区滨江开发区绣玉路2号
邮　　编:211178
电　　话:025－86106515
传　　真:025－86106518

企业名称:常州市常欣电子衡器有限公司
地　　址:江苏省常州市中凉亭夏凉路68号
邮　　编:213001
电　　话:0519－86643943
传　　真:0519－86640473

企业名称:浙江立新起重开关厂
地　　址:浙江省乐清市柳市镇西仁宕工业区
邮　　编:325604
电　　话:0577－62711333
传　　真:0577－62718999

企业名称:河南恒达机电设备有限公司
地　　址:河南省新乡市长垣起重工业园区纬四路东侧

邮　　编:453424
电　　话:0373－2156199－8008
传　　真:0373－2156189

企业名称:江苏象王起重机有限公司
地　　址:江苏省盐城市建湖县经济开发区明珠东路1号
邮　　编:224700
电　　话:0515－82068988
传　　真:0515－86312253

企业名称:杭州浙起机械有限公司
地　　址:浙江省杭州市富阳市东洲工业园区7号路9号
邮　　编:311401
电　　话:0571－87191600－808
传　　真:0571－87191609

企业名称:北京起重设备厂
地　　址:北京市大兴工业园金苑路19号
邮　　编:102628
电　　话:010－60213510
传　　真:010－60215147

企业名称:河南省飞马起重机械有限公司
地　　址:河南省新乡市长垣县起重工业园区纬五路11号
邮　　编:453400
电　　话:0373－8712222
传　　真:0373－8711976

企业名称:重庆市飞鹰起重设备有限责任公司
地　　址:重庆市九龙坡区中梁山起重新村1号
邮　　编:400052
电　　话:023－61771787
传　　真:023－65263571

企业名称:南京禄口起重机械有限公司
地　　址:江苏省南京市江宁区禄口街道燕湖路
邮　　编:211113
电　　话:025－52771222
传　　真:025－52775660

企业名称:北京双泰气动设备有限公司
地　　址:北京市通州区张家湾枣林庄工业大院
邮　　编:101113
电　　话:010－61569873
传　　真:010－61569872

企业名称:浙江凯勋机电有限公司
地　　址:浙江省瑞安市飞云镇林垟工业区林郑路2－6号
邮　　编:325207
电　　话:0577－65592888
传　　真:0577－65590198

企业名称:上海劲雕起重设备厂有限公司
地　　址:上海市闸北区汶水路88号
邮　　编:200072
电　　话:021－56655086
传　　真:021－56650541

企业名称:宁波市凹凸重工有限公司
地　　址:浙江省宁波市机场路与鄞州大道立交桥口
邮　　编:315176
电　　话:0574－88008778
传　　真:0574－88008779

企业名称:科美(杭州)机械有限公司
地　　址:浙江省杭州市萧山区义桥镇罗峰路100号
邮　　编:100027
电　　话:021－38820620
传　　真:021－38820619

企业名称:高博(天津)起重设备有限公司
地　　址:天津市经济技术开发区第十三大街58号
邮　　编:300457
电　　话:022－59822285
传　　真:022－59822286

企业名称:吴江市麒麟起重机械有限公司
地　　址:江苏省吴江市铜锣镇人民街20号
邮　　编:215237
电　　话:0512－63881419
传　　真:0512－63881774

企业名称:咸宁起重机械有限公司
地　　址:湖北省咸宁市巨宁大道56号
邮　　编:437000
电　　话:0715－8343111
传　　真:0715－8312668

企业名称:慈溪市金鑫机械有限公司
地　　址:浙江省慈溪市庵东镇工业园区南侧
邮　　编:315327
电　　话:0574－63471402
传　　真:0574－63475858

企业名称:湖北蒲圻起重机械有限公司
地　　址:湖北省赤壁市经济开发区起重机械工业园
邮　　编:437300
电　　话:0715－5250377

传　　真:0715 - 5250489

企业名称:赤壁市蒲圻起重运输机械有限责任公司
地　　址:湖北省赤壁市经济开发区凤凰山路
邮　　编:437300
电　　话:0715 - 5250823
传　　真:0715 - 5250823

企业名称:江苏佳力起重机械制造有限公司
地　　址:江苏省淮安市盱眙工业园区工六路
邮　　编:211700
电　　话:0517 - 88299039
传　　真:0517 - 88298123

企业名称:安徽九华机械有限公司
地　　址:安徽省池州市经济技术开发区金科东路
邮　　编:247000
电　　话:0566 - 2220792
传　　真:0566 - 2222099

企业名称:常州市沪力起重机械有限公司
地　　址:江苏省常州市天宁区青龙街道华严村 15 号
邮　　编:213028
电　　话:0519 - 85509090
传　　真:0519 - 85503356

企业名称:南京江陵机电制造有限责任公司
地　　址:江苏省南京市江宁区上坊镇魏村
邮　　编:211103
电　　话:025 - 52702818
传　　真:025 - 52703285

企业名称:四川合能起重设备有限公司
地　　址:四川省成都市金堂县清江镇双江社区 4 组
邮　　编:610400
电　　话:028 - 84903622
传　　真:028 - 84903300

企业名称:浙江扬戈电器有限公司
地　　址:浙江省台州市三门县海游镇沙田洋经济开发区
邮　　编:317100
电　　话:0576 - 83373758
传　　真:0576 - 83373755

企业名称:杭州四达机械电子有限公司
地　　址:浙江省杭州市余杭区瓶窑镇凤都工业园区
邮　　编:311115
电　　话:0571 - 88531361
传　　真:0571 - 88531629

企业名称:江阴市兴科起重机械有限公司
地　　址:江苏省江阴市申港镇申港村工业园
邮　　编:214443
电　　话:0510 - 86685317
传　　真:0510 - 86621770

企业名称:常州市武进起重电器有限公司
地　　址:江苏省常州市武进区横林镇莲蓉村
邮　　编:213103
电　　话:0519 - 88501043
传　　真:0519 - 88501298

企业名称:江苏宇泰电器有限公司
地　　址:江苏省泰兴市分界工业一区
邮　　编:225416
电　　话:0523 - 87261026
传　　真:0523 - 87261085

企业名称:无锡市永昌起重机械厂
地　　址:江苏省无锡市锡山区东港镇
邮　　编:214199
电　　话:0510 - 88761429
传　　真:0510 - 88760121

企业名称:陕西友联机械有限公司
地　　址:陕西省西安市幸福南路等驾坡工业园 3 号
邮　　编:710043
电　　话:029 - 82357380
传　　真:029 - 82357380

企业名称:杭州勤裕昌机械设备制造有限公司
地　　址:浙江省杭州市余杭区瓶窑镇工业园区
邮　　编:311115
电　　话:0571 - 88545633
传　　真:0571 - 88545611

企业名称:上海冠威工具有限公司
地　　址:上海市宝山区共康路 726 号
邮　　编:200443
电　　话:021 - 56405418
传　　真:021 - 56405418

企业名称:郑州起重设备厂
地　　址:河南省郑州市黄河路 43 号
邮　　编:450000
电　　话:0371 - 63932982
传　　真:0371 - 63931030

企业名称:天津永恒泰科技有限公司

地　　址:天津市高新区海泰绿色产业基地 K2 - 10 - 302 座
邮　　编:300384
电　　话:022 - 23789800
传　　真:022 - 23786763

企业名称:泰安金龙起重配件有限公司
地　　址:山东省泰安市泰山区省庄镇东羊楼工业区
邮　　编:271039
电　　话:0538 - 6512088
传　　真:0538 - 6512798

企业名称:乐清市东方胶塑电器开关有限公司
地　　址:浙江省乐清市柳市镇苏吕村苏太路 418 号
邮　　编:325604
电　　话:0577 - 62790993
传　　真:0577 - 62790780

企业名称:江西飞达电器设备有限公司
地　　址:江西省宜春市工业园区长青大道
邮　　编:336000
电　　话:0795 - 3245168
传　　真:0795 - 3245060

企业名称:江西省宜春市建达安全装置设备有限公司
地　　址:江西省宜春市明月南路 267 号
邮　　编:336000
电　　话:0795 - 7040312
传　　真:0795 - 7040312

企业名称:山东省聊城市隆达实业有限公司
地　　址:山东省聊城市开发区东城工业园九洲路 7 号
邮　　编:252000
电　　话:0635 - 6976982
传　　真:0635 - 8346011

企业名称:山东昌乐县东田聚氨酯厂
地　　址:山东省潍坊市昌乐县红河镇原大宅科镇政府
邮　　编:262413
电　　话:0536 - 6973111
传　　真:0536 - 6972555

企业名称:衡水起重机械配件厂
地　　址:河北省衡水市和平西路肖屯新区 60 号
邮　　编:053000
电　　话:0318 - 2328038
传　　真:0318 - 2328038

企业名称:慈溪市锦华机械实业有限公司
地　　址:浙江省慈溪市古塘街道新潮塘 368 号
邮　　编:315303
电　　话:0574 - 63272222
传　　真:0574 - 63272727

企业名称:慈溪市平浪实业有限公司
地　　址:浙江省慈溪市古塘街道新潮村
邮　　编:315300
电　　话:0574 - 63286888
传　　真:0574 - 63286888

企业名称:慈溪市华表五金厂
地　　址:浙江省慈溪市庵东镇北路 515 号
邮　　编:315327
电　　话:0574 - 63474222
传　　真:0574 - 63471848

企业名称:慈溪市腾达滚子有限公司
地　　址:浙江省慈溪市庵东镇工业园区纬三西路
邮　　编:315327
电　　话:0574 - 63472021
传　　真:0574 - 63472822

企业名称:慈溪市通发机械有限公司
地　　址:浙江省慈溪市坎墩工业开发区 A 区
邮　　编:315303
电　　话:0574 - 63288185
传　　真:0574 - 63282185

企业名称:慈溪市坎墩兴镇齿轮厂
地　　址:浙江省慈溪市坎墩街道坎中路 75 号
邮　　编:315303
电　　话:0574 - 63288255
传　　真:0574 - 63289280

企业名称:慈溪市威宁机械有限公司
地　　址:浙江省慈溪市坎墩街道五房弄 11 号
邮　　编:315303
电　　话:0574 - 63273238
传　　真:0574 - 63273237

企业名称:慈溪市庵东镇勤丰机械厂
地　　址:浙江省慈溪市庵东镇宏兴路 449 弄 6 号
邮　　编:315327
电　　话:0574 - 63471095
传　　真:0574 - 63476158

企业名称:慈溪市神州机电实业有限公司
地　　址:浙江省慈溪市坎墩街道兴安路 250 号

邮　　编:315303
电　　话:0574－63286681
传　　真:0574－63288238

企业名称:慈溪市朝阳机械有限公司
地　　址:浙江省慈溪市庵东镇府北路34号
邮　　编:315327
电　　话:0574－63471257
传　　真:0574－63472257

企业名称:慈溪市庵东镇红光滚柱厂
地　　址:浙江省慈溪市庵东镇南七二三大街
邮　　编:315327
电　　话:13906745562
传　　真:0574－63472963

企业名称:慈溪市文祥机械实业有限公司
地　　址:浙江省慈溪市坎墩街道坎中路1号
邮　　编:315303
电　　话:0574－63288232
传　　真:0574－63283488

企业名称:慈溪市金祥机械配件有限公司
地　　址:浙江省慈溪市坎墩街道坎墩大道606号
邮　　编:315303
电　　话:0574－63288363
传　　真:0574－63288011

企业名称:宁波博今机械有限公司
地　　址:浙江省慈溪市长河镇大牌头路7号
邮　　编:315326
电　　话:0574－63418700
传　　真:0574－63419928

企业名称:慈溪市春华机械配件厂
地　　址:浙江省慈溪市坎墩街道坎中村郑家甲北路
邮　　编:315303
电　　话:0574－63273105
传　　真:0574－63273105

企业名称:慈溪市启力机械厂
地　　址:浙江省慈溪市坎墩大道428号
邮　　编:315303
电　　话:0574－56337822
传　　真:0574－56338380

企业名称:慈溪市动力机械配件厂
地　　址:浙江省慈溪市坎墩街道长白路9号
邮　　编:315303
电　　话:0574－63273010
传　　真:0574－63273010

企业名称:慈溪市通发汽车配件有限公司
地　　址:浙江省慈溪市坎墩街道沈家甲北路96号
邮　　编:315303
电　　话:0574－63275628
传　　真:0574－63275628

企业名称:慈溪市航林机械配件厂
地　　址:浙江省慈溪市坎墩九甲弄
邮　　编:315303
电　　话:0574－63289316
传　　真:0574－56337602

企业名称:慈溪市兴迪机械配件有限公司
地　　址:浙江省慈溪市坎墩镇街42号
邮　　编:315303
电　　话:0574－63288032
传　　真:0574－63288297

企业名称:慈溪市庵东镇建兴机械配件厂
地　　址:浙江省慈溪市庵东镇元祥村
邮　　编:315327
电　　话:0574－63475790
传　　真:0574－63475790

企业名称:慈溪市海锐机械配件厂
地　　址:浙江省慈溪市坎墩街道坎中村坎中路118号
邮　　编:315303
电　　话:0574－63282081
传　　真:0574－63289281

散料装卸机械与搬运车辆

企业名称:大连重工·起重集团有限公司
地　　址:辽宁省大连市西岗区八一路169号
邮　　编:116013
电　　话:0411－86852166
传　　真:0411－86852222

企业名称:哈尔滨众鑫重型机器有限责任公司
地　　址:黑龙江省哈尔滨市高新技术开发区(哈平路集中区)大连北路15号
邮　　编:150060
电　　话:0451－87091666
传　　真:0451－87091617

企业名称:长沙重型机器制造有限责任公司

地　　址:湖南省长沙市东二环一段56号
邮　　编:410014
电　　话:0731－85318082
传　　真:0731－85318081

企业名称:北京起重运输机械设计研究院
地　　址:北京市东城区雍和宫大街52号
邮　　编:100007
电　　话:010－64023392
传　　真:010－64052584

企业名称:常熟电动平车厂
地　　址:江苏省常熟市梅李镇聚沙路5号
邮　　编:215511
电　　话:0512－52661892
传　　真:0512－52661886

企业名称:长春发电设备有限责任公司
地　　址:吉林省长春市经济技术开发区世纪大街3388号
邮　　编:130033
电　　话:0431－85868557
传　　真:0431－85868500

企业名称:秦皇岛秦冶重工有限公司
地　　址:河北省秦皇岛经济技术开发区鄱阳湖路2号
邮　　编:066318
电　　话:0335－8586386
传　　真:0335－8586258

企业名称:上海电力环保设备总厂有限公司
地　　址:上海市共和新路2499号
邮　　编:200072
电　　话:021－56655880
传　　真:021－56657888

企业名称:丹东振安建工机械有限公司
地　　址:辽宁省丹东市振安区鸭绿江村89号
邮　　编:118003
电　　话:0415－4188608
传　　真:0415－4188606

企业名称:上海振华重工(集团)股份有限公司散货公司
地　　址:上海市东方路3261号
邮　　编:200125
电　　话:021－51907501
传　　真:021－51907500

企业名称:岳阳强力电磁设备有限公司
地　　址:湖南省岳阳市冷水铺监生桥村
邮　　编:414000
电　　话:0730－8799598
传　　真:0730－8799009

企业名称:江阴市万事达液压机械有限公司
地　　址:江苏省江阴市周庄镇周西工业园区高僧桥
邮　　编:214423
电　　话:0510－86221271
传　　真:0510－86903068

企业名称:浙江特种电机有限公司
地　　址:浙江省嵊州市经济开发区加佳路18号
邮　　编:312400
电　　话:0575－83036592
传　　真:0575－83000507

企业名称:浙江双鸟机械有限公司
地　　址:浙江省嵊州市黄泽镇工业园区
邮　　编:312455
电　　话:0575－83503888
传　　真:0575－83503801

企业名称:沈阳矿山机械有限公司装卸设备分公司
地　　址:辽宁省沈阳市经济技术开发区开发大路16号
邮　　编:110042
电　　话:024－25802505
传　　真:024－24325449

企业名称:上海公茂起重设备有限公司
地　　址:上海市浦东新区云台路145号云台大厦13楼
邮　　编:200126
电　　话:021－50871759
传　　真:021－50871665

企业名称:中联重科物料输送设备有限公司
地　　址:湖南省长沙市国家高新技术产业开发区麓谷工业园
邮　　编:410205
电　　话:0731－88998358
传　　真:0731－88983019

企业名称:常熟市亿安电动平车有限公司
地　　址:江苏省常熟市董浜镇徐市安庆路
邮　　编:215535
电　　话:0512－52496081
传　　真:0512－52496082

企业名称:康稳移动供电设备(上海)有限公司
地　　址:上海市浦东新区世纪大道1500号东方大厦925室

邮　　编:200122
电　　话:021－68407060
传　　真:021－68968310

企业名称:沈阳邦正重工机械有限公司
地　　址:辽宁省沈阳市沈河区惠工街217号德郡7号2315号
邮　　编:110013
电　　话:024－31979525
传　　真:024－31979536

企业名称:武汉电力设备厂
地　　址:湖北省武汉市武昌区白沙洲特1号
邮　　编:430064
电　　话:027－68888405
传　　真:027－88113825

企业名称:上海特国斯传动设备有限公司(浙江东海减速机有限公司)
地　　址:上海市曲阜西路268号恒安大厦1302室(浙江省温州市平阳县鳌江镇东海工业园)
邮　　编:200122(325401)
电　　话:021－63812226(0577－63631860)
传　　真:021－63810571(0577－63635393)

企业名称:哈尔滨龙鑫重型机械有限公司
地　　址:黑龙江省哈尔滨市动力区香滨路4号
邮　　编:150040
电　　话:0451－55626600
传　　真:0451－55626600

企业名称:大连长盛输送设备制造有限公司
地　　址:辽宁省大连市金州区亮甲店镇石城村
邮　　编:116104
电　　话:0411－87275188
传　　真:0411－87275757

企业名称:大连通达矿冶机械有限公司
地　　址:辽宁省大连市金州区三十里堡镇
邮　　编:116104
电　　话:0411－87362498
传　　真:0411－87350008

企业名称:大连重工机电动力有限公司
地　　址:辽宁省大连市沙河口区中山路594号金玉星海大厦19层
邮　　编:116023
电　　话:0411－39757578
传　　真:0411－39757528

停车设备

企业名称:中国重型机械工业协会停车设备工作委员会
地　　址:北京市西城区月坛南街26号1号楼4076室
邮　　编:100825
电　　话:010－68584668
传　　真:010－68584667

企业名称:北京起重运输机械设计研究院
地　　址:北京市东城区雍和宫大街52号
邮　　编:100007
电　　话:010－64032277
传　　真:010－64052584

企业名称:杭州西子石川岛停车设备有限公司
地　　址:浙江省杭州市机场路176号
邮　　编:310021
电　　话:0571－88143666
传　　真:0571－88139678

企业名称:山东莱钢泰达车库有限公司
地　　址:山东省莱芜市经济开发区钢城分区莱钢工业园
邮　　编:271129
电　　话:0634－6899999
传　　真:0634－6894958

企业名称:深圳怡丰自动化科技有限公司
地　　址:广东省深圳市龙岗区龙城大道龙西路口龙岗高科技园
邮　　编:518116
电　　话:0755－84879829
传　　真:0755－84879397

企业名称:许继停车系统有限公司
地　　址:河南省许昌市许由路5号
邮　　编:461000
电　　话:0374－3219228
传　　真:0374－3219091

企业名称:北京航天汇信科技有限公司
地　　址:北京市经济技术开发区中和街20号
邮　　编:100176
电　　话:010－67886601
传　　真:010－67874871

企业名称:浙江艾耐特机械有限公司
地　　址:浙江省绍兴市袍江工业区桑港村
邮　　编:312071

电　　话:0575－88135759
传　　真:0575－88037566

企业名称:唐山通宝停车设备有限公司
地　　址:河北省唐山市丰润区公园道138号
邮　　编:063030
电　　话:0315－3080599
传　　真:0315－3080690

企业名称:杭州友佳精密机械有限公司
地　　址:浙江省萧山市经济技术开发区市心北路120号
邮　　编:311215
电　　话:0571－82831393
传　　真:0571－82831353

企业名称:上海万强机械车库制造有限公司
地　　址:上海市金山区松金公路2502号
邮　　编:201514
电　　话:021－57213927
传　　真:021－57213333

企业名称:上海浦东新区远东立体停车装备有限公司
地　　址:上海市浦东新区东川公路7447号
邮　　编:201201
电　　话:021－68907170
传　　真:021－68901921

企业名称:北京天宏恩机电科技有限公司
地　　址:北京市海淀区复兴路12号
邮　　编:100038
电　　话:010－63963040
传　　真:010－63962898

企业名称:敬稳(北京)机电设备有限公司
地　　址:北京市建国门外大街19号国际大厦202室
邮　　编:100004
电　　话:010－85261141
传　　真:010－85261145

企业名称:广州广日智能停车设备有限公司
地　　址:广东省广州市高新技术产业开发区科学城科林路1号
邮　　编:510660
电　　话:020－82075622
传　　真:020－82075606

企业名称:济南天辰立体停车设备有限公司
地　　址:山东省济南市高新区天辰大街天辰工业园
邮　　编:250101
电　　话:0531－88878888
传　　真:0531－88877018

企业名称:廊坊三联停车设备有限公司
地　　址:北京市朝外小庄6号中国第一商城B座26D
邮　　编:100020
电　　话:010－85623427
传　　真:010－85623428

企业名称:北京金地停车场建设管理有限公司
地　　址:北京市阜成路北3街6号轻苑大厦12层
邮　　编:100037
电　　话:010－68986975
传　　真:010－68986985

企业名称:上海天地岛川停车设备制造有限公司
地　　址:上海市东宝兴路157号17A、D
邮　　编:200080
电　　话:021－63563092
传　　真:021－63243053

企业名称:日立(上海)贸易有限公司
地　　址:上海市茂名南路205号瑞金大厦18楼
邮　　编:200020
电　　话:021－64721002
传　　真:021－64724990

企业名称:明椿电气机械股份有限公司
地　　址:上海市嘉定区南翔镇慧平路12弄4号
邮　　编:201802
电　　话:021－69123815
传　　真:021－59177920

企业名称:北京鑫华源机械制造有限责任公司
地　　址:北京市门头沟区矿后街47号
邮　　编:102300
电　　话:010－61814331
传　　真:010－61815320

企业名称:天马华源停车设备(北京)有限公司
地　　址:北京市朝阳区东四环中路195号华腾新天地大厦1003室
邮　　编:100022
电　　话:010－87952553
传　　真:010－87952559

企业名称:北京盛泰铭机械制造有限公司
地　　址:北京市朝阳区朝阳门外大街甲6号万通中心D座1501－1502室

邮　　编:100020
电　　话:010－59073288
传　　真:010－59073269

企业名称:北京大兆新元停车设备有限公司
地　　址:北京市海淀区北小马厂6号华天大厦12层13－16室
邮　　编:100038
电　　话:010－63319787
传　　真:010－63319786

企业名称:北京宏地车港科技有限公司
地　　址:北京市东城区建国门内大街18号恒基中心办公楼第三座818－819室
邮　　编:050000
电　　话:010－63383023
传　　真:010－63331279

企业名称:北京海亮机械制造有限公司
地　　址:北京市通州区漷县镇觅子店组团鑫隅四街2号
邮　　编:101112
电　　话:010－80569770
传　　真:010－80569770

企业名称:上海机械设备成套集团物流工程有限公司
地　　址:上海市四川北路1851号18楼
邮　　编:200081
电　　话:021－51053310
传　　真:021－51053309

企业名称:上海西飞三精机械有限公司
地　　址:上海市外高桥保税区华申路221号
邮　　编:200131
电　　话:021－58660159
传　　真:021－58665105

企业名称:上海远急国际贸易有限公司
地　　址:上海市铜仁路258号九安广场金6B
邮　　编:200040
电　　话:021－62890790
传　　真:021－62890788

企业名称:上海人本旭川自动化机械有限公司
地　　址:上海市闵行区顾戴路2525号
邮　　编:201100
电　　话:021－54888730
传　　真:021－54887736

企业名称:上海畅悦自动化机械有限公司
地　　址:上海市中兴路960号2号楼406室
邮　　编:200070
电　　话:021－66289252
传　　真:021－66289252

企业名称:上海日荣樱天客金属工业有限公司
地　　址:上海市松江区茸北工业区施惠路258号
邮　　编:201613
电　　话:021－57783889
传　　真:021－57783859

企业名称:上海爱登堡电梯有限公司
地　　址:上海市浦星公路1601号
邮　　编:201114
电　　话:021－54331601
传　　真:021－64970181

企业名称:上海赐宝停车设备制造有限公司
地　　址:上海市打浦路1号906室
邮　　编:200023
电　　话:021－53960436
传　　真:021－53960435

企业名称:上海沈中停车设备有限公司
地　　址:上海市浦东新区浦建路729号804室
邮　　编:200127
电　　话:021－61460138
传　　真:021－61460108

企业名称:上海禾通涌源停车设备有限公司
地　　址:上海市松江区车墩镇茸昌路100－1号
邮　　编:201611
电　　话:021－57609563
传　　真:021－57609565

企业名称:上海剑峰停车设备工程有限公司
地　　址:上海市南京东路61号新黄浦金融大厦607室
邮　　编:200002
电　　话:021－63392097
传　　真:021－63391924

企业名称:天津鑫基机械停车设备有限公司
地　　址:天津市东丽开发区二纬路27号
邮　　编:300300
电　　话:022－24982100
传　　真:022－24990569

企业名称:天津通广集团专用设备有限公司
地　　址:天津市河北区新大路185号

邮　　编:300140
电　　话:022－26237315
传　　真:022－26224197

企业名称:天津市天兴机械制造有限公司
地　　址:天津市大港区中塘镇港中公路899号
邮　　编:300270
电　　话:022－63276278
传　　真:022－63270525

企业名称:天津百利康城钢结构工程有限公司
地　　址:天津市西青开发区宏源道20号
邮　　编:300402
电　　话:022－26722583
传　　真:022－26722583

企业名称:山西华博科技有限公司
地　　址:山西省太原市长治路249号403室
邮　　编:030006
电　　话:0351－7024987
传　　真:0351－7024987

企业名称:大连华锐股份有限公司备料厂
地　　址:辽宁省大连市甘井子区中华东路3号
邮　　编:116031
电　　话:0411－86855206
传　　真:0411－86855208

企业名称:沈阳博林特电梯有限公司
地　　址:辽宁省沈阳市经济技术开发区十三号街20号
邮　　编:110161
电　　话:024－88456684
传　　真:024－88456356

企业名称:鞍山千钢机械制造有限公司
地　　址:辽宁省鞍山市千山区千山镇七岭街
邮　　编:114001
电　　话:0412－8435858
传　　真:0412－8435858

企业名称:沈阳华德机械工程安装有限公司
地　　址:辽宁省沈阳市大东区联合路176号甲
邮　　编:110044
电　　话:024－88093011
传　　真:024－88423105

企业名称:南京熊猫技术装备有限公司
地　　址:江苏省南京市白下区友谊河路1－2号
邮　　编:210007
电　　话:025－84236877
传　　真:025－84236878

企业名称:苏州江南嘉捷电梯股份有限公司
地　　址:江苏省苏州市工业园区娄江路(葑亭大道)88号
邮　　编:215122
电　　话:0512－62746790
传　　真:0512－62741517

企业名称:无锡许继富通达停车设备有限公司
地　　址:江苏省无锡市惠河路65号
邮　　编:214062
电　　话:0510－85877716
传　　真:0510－85877716

企业名称:镇江正豪立体停车工程有限公司
地　　址:江苏省镇江市学府路208号
邮　　编:212013
电　　话:0511－88781186
传　　真:0511－88786676

企业名称:江苏金冠立体停车系统工程有限公司
地　　址:江苏省南通市外环西路72号高新技术园201室
邮　　编:226005
电　　话:0513－83553951
传　　真:0513－83522919

企业名称:江苏润邦重工股份有限公司
地　　址:江苏省南通市经济开发区振兴西路9号
邮　　编:226010
电　　话:0513－68281808
传　　真:0513－85328260

企业名称:江苏启良停车设备有限公司
地　　址:江苏省江阴市大桥北路26号4楼
邮　　编:214400
电　　话:0510－80667788
传　　真:0510－80667733

企业名称:江阴市建优机械有限公司
地　　址:江苏省江阴市利港镇维常村西维常村1号
邮　　编:214441
电　　话:0510－86606825
传　　真:0510－86606825

企业名称:中国一航合肥皖安航空装备有限责任公司
地　　址:安徽省合肥市望江西路205号
邮　　编:230022
电　　话:0551－5587053

传　　真:0551－5569754

企业名称:合肥新科鼎精密机械有限公司
地　　址:安徽省合肥市包河区花园路葛大店工业园15号
邮　　编:230051
电　　话:0551－3475498
传　　真:0551－3475418

企业名称:兰州远达工程设备有限责任公司
地　　址:甘肃省兰州市西固西路59号
邮　　编:730060
电　　话:0931－7981190
传　　真:0931－7961566

企业名称:山东万斯达集团有限公司
地　　址:山东省济南市历下区解放东路27号万斯达大厦
邮　　编:250014
电　　话:0531－82315339
传　　真:0531－82315388

企业名称:潍坊大洋自动泊车设备有限公司
地　　址:山东省潍坊市高新开发区东明路北首806号
邮　　编:261031
电　　话:0536－8797707
传　　真:0536－8791526

企业名称:山东齐星铁塔科技股份有限公司
地　　址:山东省滨州市邹平县开发区会仙二路齐星大厦
邮　　编:256200
电　　话:0543－4305222
传　　真:0543－4305222

企业名称:青岛昊悦机械有限公司
地　　址:山东省青岛市遵义路3号
邮　　编:266043
电　　话:0532－84815754
传　　真:0532－84816885

企业名称:青岛金华工业集团有限公司
地　　址:山东省青岛市市北区辽阳西路51号
邮　　编:266034
电　　话:0532－85656888
传　　真:0532－85665098

企业名称:杭州福瑞科技有限公司
地　　址:浙江省杭州市西湖区塘苗路18号华星工业村1号楼2楼
邮　　编:310013
电　　话:0571－85123559
传　　真:0571－85123228

企业名称:杭州大中泊奥科技有限公司
地　　址:浙江省杭州市萧山经济技术开发区桥南区高新5路
邮　　编:311231
电　　话:0571－82696679
传　　真:0571－82695083

企业名称:浙江越宫钢结构有限公司
地　　址:浙江省绍兴市绍三线永仁路口
邮　　编:312000
电　　话:0575－88200390
传　　真:0575－88011958

企业名称:宁波神舟立体车库制造有限公司
地　　址:浙江省宁波市象山县爵溪镇新瀛路3号
邮　　编:315708
电　　话:0574－65605780
传　　真:0574－65605657

企业名称:宁波邦达实业有限公司
地　　址:浙江省宁波市国家高新区木槿路99号
邮　　编:315013
电　　话:0574－88416668
传　　真:0574－88411233

企业名称:宁波云环电子集团有限公司
地　　址:浙江省余姚市泗门镇小路下村
邮　　编:315472
电　　话:0574－62125892
传　　真:0574－62125891

企业名称:浙江力硕科技有限公司
地　　址:浙江省杭州市萧山区河上镇大桥工业园区
邮　　编:311264
电　　话:0571－82203870
传　　真:0571－82203800

企业名称:国家建筑城建机械质量监督检验中心
地　　址:湖南省长沙市银盆南路361号
邮　　编:410013
电　　话:0731－88923869
传　　真:0731－88910912

企业名称:郴州泰安智能立体车库设备有限公司
地　　址:湖南省郴州市槐树下北湖区工业园
邮　　编:423000
电　　话:0735－2176988

传　　真:0735 - 2176887

企业名称:中国船舶重工集团第713研究所海神停车设备公司
地　　址:河南省郑州市京广南路126号
邮　　编:450052
电　　话:0371 - 68717574
传　　真:0371 - 68733635

企业名称:新乡天丰机械制造有限公司
地　　址:河南省新乡市开发区新一街17号
邮　　编:453002
电　　话:0373 - 3526678
传　　真:0373 - 3526676

企业名称:广州番禺金马自动化停车设备有限公司
地　　址:广东省广州市番禺区石碁镇官涌开发区
邮　　编:511450
电　　话:020 - 84855063
传　　真:020 - 84859598

企业名称:佛山市南海高达建筑机械有限公司
地　　址:广东省佛山市南海区平洲五斗桥北侧
邮　　编:528251
电　　话:0757 - 86795321
传　　真:0757 - 86778582

企业名称:深圳中集天达空港设备有限公司
地　　址:广东省深圳市蛇口工业区工业四路4号
邮　　编:518067
电　　话:0755 - 26688488
传　　真:0755 - 26671643

企业名称:深圳市中科利亨车库设备有限公司
地　　址:广东省深圳市宝安区福永街道福海工业区13号
邮　　编:518103
电　　话:0755 - 29981555
传　　真:0755 - 29981777

企业名称:广西景和停车设备有限责任公司
地　　址:广西南宁市民族大道115 - 1号现代国际905 - 908室
邮　　编:311264
电　　话:0771 - 5596031
传　　真:0771 - 5596031

企业名称:成都东风停车设备制造有限公司
地　　址:四川省成都市外东沙河堡大观堰1号
邮　　编:610066
电　　话:028 - 84789033
传　　真:028 - 84785619

企业名称:成都正武停车设备制造股份有限公司
地　　址:四川省广汉市小汉镇康营村5社
邮　　编:618304
电　　话:0838 - 6839589
传　　真:0838 - 6839567

企业名称:昆明泊乐(风动)机械制造有限公司
地　　址:云南省昆明市高新技术开发区科泰路
邮　　编:650101
电　　话:0871 - 8325207
传　　真:0871 - 8325183

企业名称:福州三发发干燥设备有限公司
地　　址:福建省福州市金山开发区金洲北路2号
邮　　编:350002
电　　话:0591 - 83746374
传　　真:0591 - 83746364

企业名称:龙岩市广通钢结构工程有限公司
地　　址:福建省龙岩市龙州工业园高新区A - 06 - 2地块正合精密模具公司内
邮　　编:364000
电　　话:0597 - 2383630
传　　真:0597 - 2211639

企业名称:湖北华夫立体停车开发有限公司
地　　址:湖北省武汉市江岸区车站路长青广场A座309室
邮　　编:430018
电　　话:027 - 82824626
传　　真:027 - 82422626

企业名称:湖北金宝科技发展有限公司
地　　址:湖北省襄樊市国家高新技术开发区
邮　　编:441000
电　　话:0710 - 3752199
传　　真:0710 - 3086810

企业名称:武汉鸿迅立体停车投资有限公司
地　　址:湖北省武汉市江汉区江汉路步行街126号长盛大厦9楼
邮　　编:430014
电　　话:027 - 82842228
传　　真:027 - 82755680

企业名称:北京海康星机电设备有限公司

地　　址:北京市朝阳区拂林路9号(景龙国际)A座3层
邮　　编:100107
电　　话:010－64802408
传　　真:010－64802411

企业名称:欧姆龙自动化(中国)统辖集团
地　　址:上海市浦东新区银城中路200号中银大厦2211室
邮　　编:200120
电　　话:021－50372222
传　　真:021－50372200

企业名称:ABB(中国)有限公司低压部
地　　址:北京市朝阳区酒仙桥路10号恒通广厦
邮　　编:100016
电　　话:010－84566688
传　　真:010－84569907

企业名称:日立(上海)贸易有限公司
地　　址:上海市茂名南路205号瑞金大厦18楼
邮　　编:200020
电　　话:021－64721002
传　　真:021－64724990

企业名称:上海山电电机有限公司
地　　址:上海市普陀区绥德路889弄5号楼4楼
邮　　编:200331
电　　话:021－62841028
传　　真:021－52841755

企业名称:杭州东华链条集团有限公司
地　　址:浙江省杭州市机场路218号
邮　　编:310021
电　　话:0571－85041448
传　　真:0571－85040765

企业名称:杭州万杰减速机有限公司
地　　址:浙江省杭州市萧山·靖江工业园区
邮　　编:311223
电　　话:0571－82993168
传　　真:0571－82993333

企业名称:杭州澳琪同济停车配件制造有限公司
地　　址:浙江省杭州市下城区香积寺路白石路灯塔西苑
邮　　编:310004
电　　话:0571－85362212
传　　真:0571－85362212

企业名称:浙江诸暨链条总厂
地　　址:浙江省诸暨市牌头五一路1号
邮　　编:311825
电　　话:0575－87051296
传　　真:0575－87056868

企业名称:浙江神牛机械制造有限公司
地　　址:浙江省诸暨市丰南路8号
邮　　编:311800
电　　话:0575－87181152
传　　真:0575－87185255

企业名称:浙江恒久机械集团诸暨特种链条厂
地　　址:浙江省诸暨市城西开发区
邮　　编:311800
电　　话:0575－87213808
传　　真:0575－87214388

企业名称:杭州西林链条制造有限公司
地　　址:浙江省杭州市江干区丁桥镇同协路18号
邮　　编:310021
电　　话:0571－88126215
传　　真:0571－88126227

企业名称:浙江八方机械有限公司
地　　址:浙江省台州市武义县经济开发区玫瑰路6号
邮　　编:321200
电　　话:0579－87616258
传　　真:0579－87616198

企业名称:武义东风链条有限公司
地　　址:浙江省台州市武义县黄龙工业区
邮　　编:321200
电　　话:0579－87988090
传　　真:0579－87698070

企业名称:杭州天豪电梯成套设备制造有限公司
地　　址:浙江省杭州市富阳东洲工业功能区8号路9－1号
邮　　编:311401
电　　话:0571－87191198
传　　真:0571－87191178

企业名称:浙江康明斯机械有限公司
地　　址:浙江省温岭市新河镇中厢工业园
邮　　编:317502
电　　话:0576－86578602
传　　真:0576－86578336

企业名称:苏州环球链传动有限公司

地　　址:江苏省苏州市吴中区藏书镇石中路53号
邮　　编:215156
电　　话:0512－66244198
传　　真:0512－66235388

企业名称:无锡市三爱电器厂
地　　址:江苏省无锡市苏锡路553号
邮　　编:214121
电　　话:0510－85072580
传　　真:0510－85072581

企业名称:无锡市明达电器有限公司
地　　址:江苏省无锡市滨湖经济技术开发区立业路7号
邮　　编:214142
电　　话:0510－85072580
传　　真:0510－85072581

企业名称:北京金堂吉达机电设备有限公司
地　　址:北京市朝阳区朝外大街乙12号昆泰国际公寓2204室
邮　　编:100020
电　　话:010－58790418
传　　真:010－58790065

企业名称:苏州联发电机有限公司
地　　址:江苏省苏州市相城经济开发区富元路402号
邮　　编:215168
电　　话:0512－65793566
传　　真:0512－65793569

企业名称:江阴市国力金属制品有限公司
地　　址:江苏省江阴市南外环路898号
邮　　编:214433
电　　话:0512－65793568
传　　真:0512－65793569

企业名称:射阳达金机械厂
地　　址:江苏省盐城市射阳县合德镇创业园宏峰路10号
邮　　编:224300
电　　话:0515－82391680
传　　真:0515－82391080

企业名称:厦门正黎明冶金机械有限公司
地　　址:福建省厦门市集美区杏林杏前路187号
邮　　编:361022
电　　话:0592－6385802
传　　真:0592－6385810

企业名称:佛山市三浦重工钢构有限公司
地　　址:广东省佛山市三水区南山镇迳口华侨开发区A区8－2号
邮　　编:528145
电　　话:0757－87276686
传　　真:0757－87276680

〔供稿人:中国重型机械工业协会张艳君〕

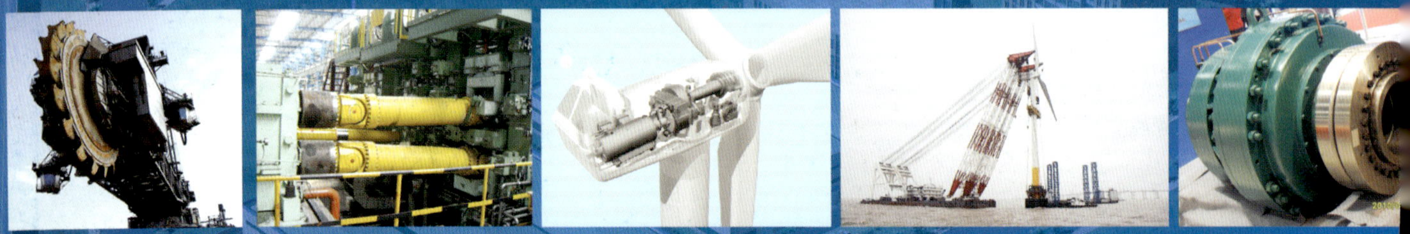